世纪中国论坛典藏文库

中国经济：

转型与增长

The Chinese Economy: Transitions and Growth

Barry Naughton
[美]巴里·诺顿 著　安佳 译

上海人民出版社

出版说明

出版作为人类思想和智慧的凝结，集聚了发明创造和社会实践的经验与成果，推动了人类文明进步。飞速发展的数字和互联网技术并未削弱出版业的这一功能，反而前所未有地促进了其创新发展。

长期以来，上海世纪出版集团始终以弘扬主旋律、引领学术思潮、关注时代命题为己任，并围绕中国发展的重大事件、重大战略决策和重大理论问题举办“世纪中国论坛”。结合 2016 年“世纪中国论坛”，上海世纪出版集团融合移动端、语音端等新技术，以纸电一体同步发布的方式隆重推出《世纪中国论坛典藏文库》，实现了出版方式与互联网、新技术、新模式的融合发展，表达了出版人在奉献好书的同时，努力践行社会责任、文化理想的使命追求。

《世纪中国论坛典藏文库》聚焦中国经济的长期增长主题，荟萃了诺贝尔经济学奖得主、熊彼特奖得主和中国经济学杰出贡献奖得主等中外著名经济学家的扛鼎之作，著译并重，经典闪耀。

著名经济史学家安格斯·麦迪森早在 1998 年出版的《中国经济的长期表现》英文版中就预言，中国可能在 2015 年成长为世界最大的经济体，从而恢复它在1890年之前所享有的世界经济地位。2014年，在《中国的奇迹：发展战略与经济改革》出版20周年之际，经济学家林毅夫在为图书新版撰写的长篇序言中特别指出："出乎主流经济学界预料之外的是，中国经济在此书出版后20年却基本沿着我们在书中所预测的增长轨迹前进。"

然而，中国经济自2012年增速明显减慢，国内生产总值（GDP）增长率一直处于下行趋势。经济学家们所预言的奇迹或增长赖以产生的基础是否改变？对于未来，我们是否还有足够的信心？

首届中国经济学杰出贡献奖得主吴敬琏在专著《中国增长模式抉择》第一版（2005年）中，就指出了转型、结构调整不能取得成效的很多具体原因，归结到一点，就是存在体制性障碍，核心内容就是政府仍然在资源配置中起决定性的作用，抑制或排除了市场的作用。他在第四版的序言中写道："中国在21世纪面对着两个必须解决的问题，一个是体制改革，一个是发展转型。"

无独有偶，中国经济改革研究的先驱巴里·诺顿在《中国经济：转型与增长》一书中，全面描述和评价了1949年以来的中国经济，并把中国的制度转型放在经济增长的大框架里论述，既突出了转型对中国经济增长的必要性，也突出了转型对中国经济增长的促进作用。

显然，制度转型不可能一蹴而就。诺奖得主道格拉斯·诺思和斯坦福大学教授青木昌彦在各自的经典作品《制度、制度变迁与经济绩效》与《比较制度分析》中，分别从东西方的不同视角阐释了制度的内涵，揭示了制度在经济发展和绩效中的作用。

公共选择理论的奠基者曼瑟·奥尔森的遗著《权力与繁荣》则提出了“强化市场型政府”这一分析经济增长的前沿性概念，为金融危机后的亚洲以及其他发展中国家的治理演变和经济政策提供了有用的分析框架。

对于那场起始于亚洲的金融危机，沈联涛用《十年轮回：从亚洲到全球的金融危机》一书进行了详细的解剖，并警示我们2017年可能发生的另一场全球金融危机。对于可能引发危机的高杠杆问题，瑞典的邓达德等在《新国富论：撬动隐秘的国家公共财富》一书中给出了全新的解决方案，并因此被《经济学人》和《金融时报》推荐为2015年度图书。

根据“十三五”规划的蓝图，中国经济将保持中高速增长，到2020年国内生产总值和城乡居民人均收入比2010年翻一番。2015年11月，习近平总书记提出要着力加强供给侧结构性改革，这是实现收入翻番的必由之路，其目标就是通过消除生产要素供给能力和配置效率以及全要素生产率提高的体制性障碍，消除经济运行中不平衡、不协调、不可持续的因素，一方面挖掘传统增长动能的潜力，另一方面开启新的可持续增长动能，最终实现经济增长方式的转变。正如习近平总书记指出的：“中国共产党人和中国人民完全有信心为人类对更好社会制度的探索提供中国方案。”我们将以出版更多的精品力作传播道路自信、理论自信、制度自信和文化自信，为实现中华民族伟大复兴的中国梦作出贡献。

《世纪中国论坛典藏文库》编委会

2016年7月

中文版序

中国经济自改革开放以来历经三十年的持续增长，使沉睡多年的中国成长为世界经济大国，举世瞩目。于是，这一宏伟业绩是怎样创造出来的，就成为世人关心的热点。当代中国正在经历两大转变，一是从计划经济转变为市场经济，二是从传统农业经济转变为现代产业经济。前者被称为转型，后者则被称为增长。什么样的"转型"促进了中国经济的持续"增长"？完成"转型"与"持续增长"面临的挑战是什么？中国经济的未来是一幅怎样的图画？中国的转型与增长和世界上其他转型经济体的异同与优劣表现在什么地方？为学者甚至一般公众留下了诸多疑问，需要给予回答。古老国家发生巨变的主要力量即经济"转型"，引起了世界上研究中国经济问题的学者的思考和探究。

2007 年，美国麻省理工学院出版社出版了中国经济问题专家巴里·诺顿(Barry Naughton)的《中国经济：转型与增长》，它集中了诺顿教授和西方学者以及中国国内对中国经济发展的研究成果，在现代经济学的理论框架下，对 1949 年以来的中国经济作了全面的介绍和系统的分析，受到了海内外关心中国的读者的热烈欢迎。这从国外各大图书网站上的读者评论也可见一斑。现在，这本书的中文版也与中国与读者见面了。中文版的出版，为中国 1949 年以来的经济发展研究提供了一个新的参考文本。

在我看来，诺顿教授这部著作有三个主要的优点：

第一，它对中国经济的分析，首先是实证性的，回答的问题首先是事物的本来面貌是怎样的，例如，之间存在着什么样的联系。即使出现了某些规范性的分析，也是建立在实证分析的基础上的。而在中国传统的经济学著作中，往往不问事实实际如何，先作出事物应当如何的规范性规定，然后推论出它必将如何发展，结果，就使我们的许多经济学著作变成了孙冶方所说的“道德训条大全”，完全脱离了实际。改革开放以来，中国的经济学有了很大的进步，但是有时还摆脱不了传统方法的影响。

第二，与上一条紧密相关的是，本书的分析都建立在经过检验的翔实数据的基础之上，使这些结论言之有据，令人信服。例如，为了让读者更好地了解中国经济的转型和增长，本书首先介绍了中国经济的资源禀赋和历史遗产，叙述了一百多年来中华民族为了从传统经济中挣脱出来所做的成功或者失败的努力，包括建立计划经济的努力，从而为读者理解当前的经济制度转型和经济增长建立了基础。然后，他用了15章的篇幅来分析中国经济转型和经济发展的方方面面。而在每一章里，他都是从状况和过程出发，从中引出自己的结论。诺顿教授之所以能做到这一点，除了与他经过严格的经济学科班训练有关外，还得益于他从20世纪80年代初期起就担任世界银行中国处经济学家的职业生涯，这一经历为诺顿教授提供了直接的感性认识和资料积累。

诺顿教授把他数十年的理论和经验数据积累汇集在这本书里，对中国复杂的经济局面作了清晰的解读，使包括中国读者在内的所有读者能够分享，值得感佩。还要说明的是，在中文版即将付梓之际，诺顿教授对英文版的经济数据重新进行了校阅和更新，使本书提供的资料更为全面和准确。诺顿教授这种严谨的治学态度，很值得我们学习。

第三，本书的研究视角广阔，不仅有宽广的历史视角和全局视角，还有比较的视角。诺顿教授从教育背景来说，学的是比较制度分析。在这本书中，他很好地运用了自己的专长，把中国经济发展置于多国比较的背景中，联系其他转型经济体如印度、巴西、俄罗斯等，以及发达经济体如美国、日本、德国等进行比较研究，更清晰地展现了中国经济转型的实际运作以及复杂而又充满活力的发展。正是缘于诺顿教授扎实的功底，这本书被一些外国学者评价为“是理解和讲授下一个经济强国的标准参考书”。

总之，诺顿教授这本专著的中文版的出版，对于正在总结30年市场化改革经验和规划下一步改革进程的中国人来说，是一件值得庆幸的事情。当然，写书和建筑一样，是一种“遗憾的艺术”。当书籍写成出版以后，回头一看，往往会感到有不尽如人意的地方。以诺顿教授这本杰出的著作来说，在我看来，在它对中国转型的两个基本分析框架，一个是“计划外成长”(growing out of the plan)，与另一个，也是更主要的分析框架——“渐进主义”(gradualism)之间，就存在一定的矛盾和不够清晰的地方，需要进一步厘清。好在诺顿教授在书中提供了丰富的实际材料，可供读者自己作出判断。

吴敬琏

2010年7月12日于北京

中文版前言

自《中国经济：转型与增长》一书的英文版面世以来，中国经济表现之优异甚至超过了多数乐观学者的预期。2003—2007年，中国还是全球经济繁荣的组成部分，不过，中国竟然避开了2008—2009年最为糟糕的全球金融危机。截至2010年，中国经济增长率已经恢复到可媲美于危机前的水平。因为这种经济表现，中国在2010年成了世界第二大经济体，大大出乎之前的预期。

过去五年来横扫世界和中国经济的诸般大事任何人都没能预见得到，本书初版时也没有试图进行具体预测，但平心而论，过去几年发生的经济事件已经证明了本书所采用的解释架构的有效性。本书基于中国正在经历的结构变化过程和经济改革获得成功的基本事实，从根本上对中国经济持乐观看法。一直以来，中国的结构变化过程与其他东亚"奇迹"经济体经历的过程极为相似，但是，中国的结构变化首先得益于成功的经济改革规划，其次得益于一系列保增长政策。此外，中国经济的加速增长，是在平均收入水平低于其他快速发展经济体的基础上开始的。因此，中国结构变化的步伐较快，而且增长速度和增长时间都快于和长于世界历史上的所有经济体。中国经济的主要发展情况一如本书初版所展示的：转型和增长仍然是核心驱动力。

中国经济在过去五年中非同寻常的快速转型引出了我们在英文版中很少关注的一些新问题。首先，如此快速的增长已经使中国取之不竭的劳动力供给正在接近于发展的末期，而且重要的是，我们开始目睹中国经济正在进入新的发展阶段。其次，出乎我们的预期，中国已经采用并强化了某些政府控制经济的制度，因此在英文版中对中国向“更加正常”的经济体迈进的长期趋同过程的描述，较为合理。这一过程目前仍在继续，中国正在沿着一条宽广的转型道路向现代市场经济的一般模式趋进。然而自20世纪90年代以来，制度趋同的过程在某种程度上已经放缓，同时，由于全球金融危机揭示出发达资本主义经济制度中的普遍性问题，这一制度趋同的过程将会更为缓慢。这些变化都将在下文进行讨论。

1. 中国与世界：增长和危机

中国是2004—2007年世界经济繁荣的主要参与者。这次全球性经济繁荣踩着中国加入世界贸易组织(WTO)的脚步迅即出现，并非偶然。在这一时期，中国拆掉了其商品生产部门的贸易壁垒。私营部门不仅成了重要的出口商，而且享有更顺畅地获取进口投入品的通道。这些政策导致出口部门生产力增长加速，中国开始以实实在在的低价向世界经济提供日渐增多的出口商品。与此同时，美国也因为宽松的货币政策和财政政策以及允许美国居民增加负债的金融创新，进入了一个非同寻常的需求迅速增长时期。生气勃勃的美国需求和丰裕充沛的中国供给相互影响，创造出世界范围的繁荣。中国在保持对美国持续大量贸易顺差的同时，也从世界其他地方迅速增加了能源和原材料进口，对繁荣世界贸易作出了全方位的贡献。

这一时期，中国和世界其他国家都从日渐增长的经济一体化和红红火火的国际贸易中获益良多。中国的国内生产总值增长持续加速，2007年达到了让人惊叹的13%。但在这些好消息后面，问题也在不断滋生。中国和美国再次面对同样的问题，尽管角度不同。中国自改革开放以来第一次拥有大量的外部顺差(即出口总额大于进口总额)。2007年，中国的经常账户顺差(包括服务贸易)占了国内生产总值的8%，表现出对出口需求的过度依赖，并引发了贸易之争。然而，结束这次繁荣的并不是中国的外部贸易失衡，而是美国宏观经济状况的不可持续性。2007年中，美国住宅市场的繁荣已经明显露出颓势，由于房屋价格的下跌，金融体制其他方面的脆弱性马上显现。2008年，美国全面陷入了金融危机，全球经济繁荣戛然而止。中国和世界的经济状况也在2008年急剧恶化，2008年10月之后，美国金融危机发展成全面危机。

但引人注目的是，中国竟能避开2008年10月始自美国的全球经济危机的多方面不良效应。通过及时部署的大量有效的刺激计划，中国得以在2008年底止住了威胁世界经济的增长下滑趋势。中国是第一个走出危机的经济体，2009年初中国经济增长的复苏不仅有助于缓解全球经济的衰退，也为全球经济复苏铺平了道路。对中国来说，21世纪非同寻常的经济增长业绩是21世纪头10年中期的增长趋势加上2009年较早摆脱衰退而发展的总和。

2. 增长的失衡

迅速摆脱全球金融危机与中国经济的持续结构变化有关。正如本书第6章所说，中国经济很长时间以来一直具有独特的结构性特点。中国对总产出的投入比例大于任何一个大型经济体，中国总产出中制造业所占比例也大于任何一个大型经济体。中国对全球金融危机的回应意味着，这些独特的结构性特点并未发生变化，因此中国其实更大地偏离了全球规范。比如说，中国固定投资对总产出贡献在2009年超过了46%这一改革时期的纪录。政府将资源大量注入基础设施建设的直接动机是一种短期动机：基础设施投资可以刺激国内需求，因此可以防止中国经济进一步衰退。然而，这种短期政策导向也标志着中国经济长期趋势的持续性。自20世纪90年代末期以来，中国政府一直把发展基础设施建设看成优先于需求的任务(见第14章)。政策的驱动力是期望新机场、高速公路和高速铁路的建设可以改善生产力，提高经济活动水平，甚至想创造出新的基础设施供给品的服务需求。从中国2008—2010年的刺激政策看，由于短期政策与现有长期政策配合紧密，所以短期政策的实施非常迅捷，而且惊人平稳。这一结果显然迅速改善了中国基础设施的方方面面，中国现在已经拥有了世界第二大高速公路系统，成为全部基础设施都更为发达的国家。

然而，这些成就也付出了代价。自2004年以来，中国领导人一直呼吁要有一个更为“均衡”的增长模式以及要转变增长模式。这些目标现在已经包括在2005年通过并于2006年到2010年实施的第十一个五年计划之中。这一指导思想是期望采用这样一种增长模式，即更少使用重工业投入(和投资)，更多使用中国人一直以来累积的技术和教育的增长模式。这些复杂的变化我们将在稍后作深入的讨论。虽然这一政策也在最低限度上要求拉升中国经济的国内消费比重，减少用于投资和净出口的最终产品比重，但到目前为止，这些目标并未实现。由于21

世纪头10年的投资都在持续增长，所以居民消费比重实质上也在下降。这里我们要强调的是，虽然绝对意义上的居民消费增长迅速——大大快于其他发展中国家的消费比重——但国内生产总值的增长更快，经常超过居民消费增长2到3个百分点。因此，居民消费占总产出中的比重也在稳步下降。2009年，居民消费仅占国内生产总值的36%。这一数字大大低于诸如美国这类由消费驱动经济发展的国家的数字，21世纪头10年初期，在这类经济体中，消费占到了国内生产总值70%的极端水平，而在1945年之后的多数时间里，消费在这类国家一直占国内生产总值的60%以上。虽然我们没有理由让消费达到类似于美国那样的高水平，但消费占国内生产总值比重的实质性增长可以使中国人的生活方式更加健康，更加多样化，也更有意义。此外，消费也是最终需求的最稳定来源，因为消费受到人的需求和习惯的驱动，无论人们的经济状况和收入如何波动，居民也会本能地平滑自己的消费。与此相反，投资在很大程度上要受未来预期的影响，如果未来预期让人失望，私人投资就可能（理论上）下降至零。虽然中国政府在2009年能够很快提升投资水平，但展望未来，对投资的绝对依赖肯定会成为中国经济的软肋。

中国经济另一失衡指标就是21世纪头10年一直在发展的大额外部顺差。如上文所说，中国的外部顺差在2007年之前一直在增加，2007年之后稳定了下来。然而，从2009年年中开始，中国的贸易顺差大幅减少。原因很明显：由于全球金融危机之故，作为中国主要出口市场的发达国家对中国商品的需求正在下降。2009年，在世界贸易大幅下滑的同时，中国积极的经济刺激计划和经济的快速复苏使中国在2009年下半年出现了进口需求普遍上升的局面。2009年年中之后，中国的国际贸易顺差事实上已经减少。因此在2009年，净出口已经达到较为合意的水平，占国内生产总值的4.5%，2010年初，顺差还在继续减少。但是，这种减少多半是受外部因素的影响，而不是中国增长模式的全面重新调整。国外需求的强劲复苏或国内宏观经济政策紧缩，都会很快引发顺差再次膨胀。很显然，中国的增长模式依然很“不平衡”，未来的增长趋势在很大程度上仍然要由投资和出口增长决定。

3. 增长的阶段

中国在过去几年的快速增长意味着，中国面临向新的增长阶段转型的急迫任务。中国一直快速地积累着物质资本和人力资本。除了我们在上文提到的基础设施发展以外,由于新工厂和新住宅的快速开工,物质资本存量的增长也很快。但一直以来,人力资本的增长也不慢。一直到 2000 年,大专和大学毕业生也还只有 100 万之众,但截至 2009 年,这个数字已经超过 500 万。小学入学情况的改善意味着,教育金字塔的底部正在强化。这个数字的变化表明,中国的要素禀赋也在发生变化。中国不再只是劳动丰裕和土地及资本稀缺的经济体,中国现在正在发展资本和技术密集型部门的比较优势。20 世纪 80 年代和 90 年代,中国由于采用了与其要素禀赋相一致的向劳动密集型部门倾斜的增长策略而衍生出巨大的优势。(在这一过程中,中国放弃了计划经济时代过分偏向资本密集型部门的战略。)现在,依赖于劳动密集型部门的增长期也已经走到了终点。变化的要素禀赋和要素价格正在使中国离开传统的劳动密集型部门,把中国推向新的生产部门。

大体上,这种转变会在一个相当长的时期内渐进而平稳地发生。但这里有两个原因使我们怀疑,这个过程在中国将会更加混乱。首先,有证据表明,中国的劳动力市场正在发生巨大的变化。多年来,中国一直依赖于表面看来取之不尽用之不竭的农村劳动储备。随着工业和城市建设的发展,差不多无限量供给的农民工愿意进入城市从事这类工作。从 20 世纪 90 年代到 21 世纪头 10 年,非熟练劳动的工资几乎没有增长。与此同时,因为相对而言劳动在农村不能得到充分利用,所以在外出打工人员离开以后,农业生产还能维持。但现在这一阶段已经走到了尽头。日渐增多的农村调查表明,所有身强体壮的年轻人都已经外出,至少在中国中东部交通条件较好的那些村庄里,年轻人都已经外出。如我们在第 5 章所说,这些年轻人外出打工时,几乎都处于 15—30 岁这个年龄段。现在,整整一代生于农村长于农村的人完全没有直接的农作经验,他们的成长岁月都在求学和寻找城市工作中消耗掉了。为了从更为遥远的乡村吸引农民外出打工,为了吸引那些可能已经在农村接受过其他良好的职业教育的人外出打工,城里用人单位不得不提高工资。在城市劳动力市场都可以看到这些变化。比如在广东省的珠江三角洲地区,工资已经开始大幅上涨。有迹象表明这一过程始于 2006—2007 年。然而,这一过程却因 2008—2009 年的全球金融危机和出口下滑而中断,当时,许多城市工人尤其是出口部门的工人都失去了工作。但由于中国在 2009 年下半年的快速复苏，对劳动力的需求又重新振奋起来。因此，珠江三角洲出口加工区的工资上涨压力较之以前更为明显。在其他发达地区，尤其是浙江和苏南地区，也明显具有相同的压力。

对很多观察者来说，这些变化表明中国已经到了一个“转折点”，或是取之不尽的劳动力供应时期已经走到尽头。1954年，阿瑟·刘易斯(Arthur Lewis)第一次提出了“劳动力过剩”经济的概念，20世纪60年代，费景汉(Fei Jinghan)和古斯塔夫·拉尼斯(Gus Ranis)对这一思想作了详尽阐述。费景汉和古斯塔夫·拉尼斯强调，成功的发展可以通过“转折点”来推动经济。费景汉和古斯塔夫·拉尼斯认为，过了这一转折点，工资将会大幅上涨，收入不平等现象会减少，他们经常引用中国台湾的经济发展来支持自己的理论。按照这种观点，中国现在正在经历转折点，接下来将会出现社会和经济的急速变化。然而，并不是所有的经济学家都确信他们所谓的“转折点”真的能带来这种激烈而突兀的变化。或许，类似于中国台湾这种小型经济体能够出现这种独特的转折点，而中国这种大型经济体是否也会因一个突然的转折点而成为某种经济体，眼下还不甚清楚。或许中国将发生的这些变化会成为更为渐进和长期的转型过程的组成部分。

无论如何，由于人口变化，中国的劳动力市场条件也在发生变化。我们在第7章已经描述过在过去20年使中国获益的人口“良机窗”。从现在开始——2010年之后——这个良机窗将逐渐关闭。因为中国人口出生最多的年份在20世纪90年代初期，所以新生劳动力的最大群体已经在过去5到10年中进入了市场，大批新工人的出现也使中国的经济增长率总体保持了较高水平(也会对那些寻找工作的工人形成挑战)。从现在开始，进入市场寻找工作的新人将逐渐减少，预期这种情况也会使中国的总体增长率有一定程度的下滑(也会使寻找工作的年轻工人感觉轻松)。这些变化也会促成类似刘易斯和费景汉及古斯塔夫·拉尼斯所描述的由于“转折点”而发生的劳动力市场的变化。

理论上，向新的发展阶段的转变可以以一种平稳而渐进的方式进行。然而，其他东亚发展中经济体的经验表明，要从由劳动密集型产业推动的超快增长阶段转型，常常会引出动荡。1950年到1972年，日本经济每年增长10.4%，但1973年之后，就再也没有超过6%。韩国的增长模式也在20世纪90年代经历过严重的困难。与这些经济体相比，中国向前发展的增长潜力似乎更大。中国国内市场非常庞大，而中国的平均生活水平仍然低于这些先行经济体在到达劳动密集型增长阶段末期时的生活水平。因此，中国仍然存在基于国内市场继续高速发展的巨大潜力，中国没有理由重蹈日本和其他先行经济体经历过的增长率暴跌的覆辙。但是，这种经历也可以成为一种警示，即从一种增长模式向另一种增长模式的转换并不总是那么容易。此外，理论上较为平稳的经济变化也常常会受到现实中不可预期事件的扰乱。中国现在正在进入通常已经预见到的转型时期，但人们并没有预见到这一转型会在 2015 年之前开始。驾驭好这一转型对中国经济的重要意义，绝不亚于 1978 年开始的向市场经济的转型。

4. 驾驭向新增长模式的转型

中国政府已经设计出一个雄心勃勃的增长模式转变的规划。我们在上文讨论了政府的希望，中国政府不仅希望增长模式更为“平衡”，而且希望降低过高的投资率和外部顺差。现在我们明白，这一规划不仅仅是(就算最初是)出于对静态的“平衡”问题的考虑，更是希望借助于中国已经累积的物质资本和人力资本，促成劳动密集型模式向技术密集型模式的转变。

这是一个艰难的政策挑战。长期内，市场力量将不可避免地推动中国经济向正确的方向前进。更加昂贵的劳动力与更为丰裕因此更为便宜的技术(人力资本)和物质资本，已经驱使中国进入了新的比较优势领域。这种自然演化会因为中国的巨大规模而更加容易。从国内来看，中国的国内市场如此巨大，所以中国的企业家和工商企业有大把的机会适应新的市场并扩大经济规模。从国际来看，中国已经参与了差不多每种商品的制造，所以与那些规模较小但更专业化的经济体比较，中国的产业升级以及进入价值链的不同阶段相对而言更加简单和直接(见第 16 章)。因此，摆在中国决策者面前的挑战是，他们想作出多少努力来推动并加速这些变化。

与此同时，现有市场力量已经把中国推入了资本密集行业领域，比如钢铁行业，这种行业都是极端能源密集和污染行业，而且需要密集使用中国短缺而且必须进口的资源(高质量的铁矿石)。因此，就算中国生产出比世界上所有经济体都要多的钢铁，中国好像也不大可能在这一部门拥有可持续的长期比较优势。这些部门表现出一种完全不同的挑战。支持这一部门发展的市场力量因监管和价格失灵而扭曲。尽管中国的经济改革取得了巨大的成就，但仍然存在改革不完善的领域。在市场不能为外部性比如污染的外部性定价的时候，就出现了市场失灵，虽然在这种情况下政府可以通过监管取得成功，但要取得成绩却非常困难。在当今中国，政府政策效应和监管效应一直共同发挥作用来降低资本成本和能源价格。因此在未来的进一步改革中，市场会把支持无效益的资本密集型行业的信号送给民营企业。这些领域中的挑战是改善市场信号的质量，以改变挥霍性地将资本过多地配置在这些相对无效而且污染严重的部门的情况。

中国政府已经开始着手解决这些问题。自21世纪头10年中期以来，政府已经提出了“转变增长模式”的目标。这一目标是想通过增加知识投入以及获取更大的生产力收益而提高增长的质量，这就有可能减缓资本和物质投入的增长，并相应减少污染排放。这样做的净收益将是中国人生活质量的改善。在2008—2009年全球金融危机期间，政策重心从长期增长模式转向了危机管理模式，但随着经济的复苏，政府再次将重心转向了长期增长模式。这种方法的实质可以通过两大主要政策概括：一是鼓励“自主创新”，一是降低中国国内生产总值的能源密集度。

鼓励自主创新的政策是中国长期以来志在进口技术以及升级技术能力政策的延续和强化（见第15章）。这是一个受欢迎的政策，因为随着中国脱离低技术劳动密集型增长模式，中国显然要从事更高技术的活动并实质上要有持续的生产率增长。中国的政策就是通过鼓励和补贴研发、支持采用中国制定的技术标准以及加速新技术的推广而推进这种转变。2009年和2010年政府颁布的一系列政策都表明，政府明显加强了这方面的努力。

一段时期以来，降低中国能源消耗的紧迫感一直在不断加强，节能目标也写入了中国的十一五规划（2005—2010年）。近年来，这方面的努力还在加强。正如本文第二节所述，由于较高水平的投资不可避免地会增加类似钢材和水泥这类能源密集型产品的需求，所以投资率的上升也一直在拖这种努力的后腿。因此，经济的“重新平衡”不仅成了降低中国经济带来的能源消耗和污染之工作的组成部分，而且有助于改善中国人的生活水平，有助于全球气候稳定。

这些寻求促进而且加速经济增长模式变化的新方案与中国现阶段的发展状

况较为相称。这些目标的紧迫性和迄今为止中国政府的反应意味着，在接下来的几年内，政府会采取强有力的干预措施。这种干预措施与另一种更"顺其自然"的方法截然不同。如果采用更"顺其自然"的方法，政府政策将重点改善监管程序和定价程序(包括外部成本的内部化)，虽然这种方法实施起来比较缓慢，但也会发生相同的总体变化，中国仍然会向有较高技术并更有益于消费和环境的可持续增长道路前进。较强的干预主义措施和中国政府偏好的"积极插手"方法既有潜在的收益，也存在相应的隐患。当然，如果这种政策能够加速增长模式的转变，使中国能够更快地走向更为可取的增长模式，利益才能到手。隐患则来自政府对市场进行多种干预所造成的无法预期的后果。中国政府正在通过行政裁定、强化监管和强制性产业政策，加强在很多具体经济领域的干预措施，不过，这种干预也可能会无意中创造出一种新的市场扭曲信号。比如说，为鼓励创新而采用的补贴研发的政策，可以减轻生产者的税收负担，但也会在无意中加重消费者的税收负担。即使在政府的另一个明确目标是刺激消费的条件下，这种情况也会出现。此外，政府的这种政策常常会引出针对政府政策的策略反应，比如说，生产商可能针对研究补贴搞些并非真正创新的半吊子研究规划。在这种情况下，不太可能有效达成政策的预期效果。

随着这些政策的实施，这些政策将不可避免地经历评价、再形成和调整几个阶段。就像技术促进政策一直碰到的不断学习和不断调整那样(第 15 章)，现有的"转变增长模式"的政策也会碰到不断评价和重新评估的问题。这些政策有的会因为成功而赢得称赞，有的则很快会被确认为无效或具有反作用。无效的政策应该马上废除，以便于实际有效的政策有实施的空间。由于中国政府大力实施"积极插手"的政策决策，所以一个必须回答的老生常谈是，另一种"顺其自然"的政策是否也可以获得同样的或者更好的结果。比如说，在技术政策方面，"顺其自然"的政策不仅可以为民营创新型企业提供更多的政策支持，也可以为它们创造的知识产权提供强有力的法律保障，这样可能会比向国有企业注入公共资金补贴更能刺激出民营企业的革命性创新。有选择的政府干预显然也有助于增长模式的转变，但也存在一种危险，即政府政策也会成为持续经济变化的绊脚石。

5. 体制趋同还是中国模式？

多年来，中国一直在朝"更为正常"的经济形式迈进。改革开放的 30 年已经逐渐改革了大多数毛泽东时代的独特制度，使中国成为了以市场为基础的国际化开放经济体。由于民营企业的兴起，中国变得更为多样化，更具市场导向且生活更加富裕。但中国在很多方面，比如发展速度和发展规模方面仍然具有独特性，中国正朝着一个具有与其他中等收入国家的制度基本相似的大型中等收入国家的方向迈进。中国漫长的发展道路确实是一条向现代市场经济转型的道路。

然而，自 20 世纪 90 年代以来，体制改革的步伐已经放缓。政府决策者的重心已经转为纠正改革初期阶段出现的某些问题。比如说，政府不是继续推进私有化或鼓励外国投资者，而是重在为农民尤其是西部偏远地区的农民提供医疗和教育福利。现在，政府也为个人提供(早该提供)在改革初期忽视了的经济和社会机会。由于政府的注意力已从早先过分关注经济改革转移开来，在改革过程中形成的许多制度得以稳固并强化。比如说，国有企业已经成了经济活动中既稳定又重要且相对而言性质明确的角色。肯定地说，到 21 世纪头 10 年末，绝大多数中国产业都是民营企业。然而，政府企业也加强了在战略性部门中的主导作用。石油、电力和通信行业都掌握在国有企业手中，民营企业要进入这类行业明里暗里都有诸多限制。其他行业，比如钢铁业，则是国有和民营共存，但这种行业也限制竞争，也有民营企业无法逾越的“隐性障碍”。国有资产监督管理委员会的建立，稳固了央企的发展，根除了大型企业的管理层收购。因此，我们渐渐形成了一个预期，中国将会出现一个国有企业和民营企业共存的独特模式。一个强大的中央直属国有企业群体现在已经成为中国体制的长期特征。此外，从 2009 年开始，中国某些公开发表的文章已经开始担忧，具有强大融资能力的国有大企业，正开始遏制中国民营部门此前的蓬勃扩张局面。

国有企业的稳定性和日渐增长的盈利能力鼓舞政府利用国有企业来达成自己的政策目标。一流的国有企业如中石油、中石化和中铝集团都被用来获取海外自然资源。中央政府也要求最具盈利能力的电信企业如中国移动，通过实施 3G 电信标准 TD-SCDMA(政府在国内最优先发展的技术标准)，来支持“自主创新技术”计划。这些行动都获得了国有银行的慷慨信贷资助。20 世纪 90 年代，国有银行一直受到坏债的影响，但到了 21 世纪头 10 年末，多数大型国有银行已经卸掉了包袱，重新成为具有偿债能力且资本金雄厚的金融机构(见第 19 章)。与此同时，2004 年之后稳步增加的外汇储备也为政府的这类行动创造了另一个融资来源。虽然大部分外汇储备都由国家外汇管理局审慎管理，但部分外汇却被注资于银行，并出资用于名为中国投资公司(CIC)的新型中国主权财富基金。中国投资公司虽然是长期投资者，但在自己的投资决策中却要时时考虑政府的意愿。由于中国企业既能从政府支持中获益，又能从政府银行获取丰厚的信贷，所以中国企业日渐成长为全球经济中的重要行为人。

这些变化在某些方面也有助于新型中国模式的形成。基本上，作为一个市场经济国家，中国的特点是政府与企业(尤其是国有企业)的紧密合作，以及与大多数中等收入国家相比，政府对经济无所不在的干预。这与美国的经济体制形成鲜明对照。政府、企业与金融组织的合作创造出在世界任何地方都无与伦比的集中力。对中国来说，为了尽快成长为一种更多样化、更为分权且更加灵活的创业型经济，在接下来的 10 年内，一个最为紧迫的挑战就是控制和削弱这种力量。说到底，这是真正实现向高增长模式和新的发展阶段转变的唯一途径。无论如何，在最近的将来，中国不会向美国或者西欧的资本主义模式趋同。实际上，全球金融危机使人们都看到了资本主义的美国模式暴露出来的缺陷。因此我们不奇怪中国领导人的结论，即没有必要改变自己的市场经济与政府导向相结合的特点。只要中国领导人继续经营这种独特的中国模式，趋同就不太可能出现。

6. 结论

尽管过去几年中国经济发生了巨大变化，但经济发展的基本轨迹仍然没有改变。中国今天面临的是很早就预料到的经济变化，但这个变化来得早了一点，速度也快于外部观察者的预期。因此，虽然中国克服了一些局限性，却又发现了一系列新的挑战。今天，中国站到了大国的门口，即将跨入中等收入生活水平国家的行列。为迎接这一挑战并进入新的发展阶段，中国需要继续适应各种制度，构建自己的能力，并对急剧变化的环境灵活作出反应。为了做到这一点，有必要对过去的经验进行评估和评价，从中汲取有益的教训。本书希望能有助于这种持续进行的努力。

巴里·诺顿

2010 年 7 月 5 日

目 录

第 2 篇　增长与发展模式

第3篇 农村经济

第 4 篇 城市经济

第 5 篇 中国与世界经济

第7篇　结论：中国的未来

致谢

本书是我自1988年开始在加州大学圣迭戈分校国际关系与太平洋研究学院开设中国经济课程的过程中逐渐形成的。我对国际关系和太平洋研究学院一直充满感激之情。二十多年来，学院创造了一个非常活跃的多学科环境，校园里不仅有激烈的学术讨论，也非常重视实证研究。在我班上学习中国经济的学生，对丰富本书的内容贡献良多，他们不断提出问题，不停地研讨，时时提出全新的分析方法。所有这一切都大大充实了本书的内容。我还有幸得到一群杰出的助理研究人员的帮助。正是他们的多方帮助，才使本书成型。齐元（音，Qi Yuan）对所有的材料进行了整理，并拟出了我们现在在本书中看到的篇章结构。考特妮·海因茨（Kourtney Heinz）则尽其所能，从头至尾仔仔细细对全书进行了审核和校订。孙淑燕和程跃（音，Sun Shuyan & Cheng Yue）花了一年时间查找并整理资料和更新数据。阿德里娅·侯（Adria Hou）、劳拉·凯尔克（Laura Kaelke）和宁霞（音，Ning Xia）也对本书贡献良多。

我还要加倍感谢下列学者。多年来，他们一直影响着我对中国经济的理解；他们不仅对本书的内容提出了具体建议，还对手稿做了修订。路易斯·帕特曼（Louis Putterman）较早对这一写作计划产生兴趣，并给我提出了很多有价值的意见，但愿我已经采纳了他的所有的意见。查尔斯·吉托默（Charles Gitomer）在我草拟农业生产与技术这一章时给了我很多帮助。穆嘉（Carsten Holz）、谢千里（Gary Jefferson）和托马斯·罗斯基（Thomas Rawski）对部分或全部手稿做了评论，修正了一些错误。另外，麻省理工学院出版社的匿名审稿人也提出了很多有价值的意见。

一般而言，要撰写这样一部著作，不可避免地要借鉴许多从不同领域对中国经济进行研究之学者的著作，这种受惠涉及范围太广，有时候甚至是潜移默化，因此我无法充分表达我的谢意。但我还是非常愿意承认这种思想上的受惠。首先， xvi

我衷心感谢我的老师们，迈克尔·蒙蒂亚斯(Michael Montias)提出了一种比较经济体制的分析方法，这种方法使我有了一个研究处理中国几十年来诸般变化的坚实平台。尼古拉斯·拉迪(Nicholas Lardy)和其他几位中国学者也使我在最大程度上对中国经济有了透彻的理解。我在本书有些地方对中国经济史的讨论，要一直回溯到我最初开课的时候，这一切都要感谢尼古拉斯·拉迪；同时，他近期对中国金融体制的研究也在本书后面的章节有所体现，这充分反映了他对我的影响。我特别要感谢詹姆斯·托宾(James Tobin)，他一直鼓励我投身于中国经济研究，并以其严谨而注重实际的研究工作为我树立了典范，鼓舞着我的研究兴趣。

在本书中，我已经努力指出哪些地方的分析依赖于哪些学者，但我拿不准我是否充分表达了我对所有这些经济学家和中国学者之研究工作的谢意。除了前面提到的学者之外，我还应该感谢：劳伦·布兰特(Loren Brandt)、刁新生、周锡瑞(Joseph Esherick)、葛强(John Giles)、余曦(Jean-François Huchet)、李稻葵、李善同、林毅夫、朴之水(Albert Park)、德怀特·珀金斯(Dwight Perkins)、钱颖一、玛丽-弗朗索瓦·勒纳尔(Mary-Françoise Renard)、李思勤(Carl Riskin)、罗思高(Scott Rozelle)、史泰丽(Terry Sicular)、苏黛蕊(Dorie Solinger)、宋丽娜、仝月婷、王红岭、黄佩华、吴敬琏、沙希德·优素福(Shahid Yusuf)、张学军和周小川。

我在加州大学圣迭戈分校国际关系和太平洋研究学院的同事和朋友们，也用他们的智慧和友谊使我这项长时间的研究工作充满乐趣。多年来，安德鲁·麦金泰尔(Andrew MacIntyre)、克里斯·伍德拉夫(Chris Woodruff)和斯蒂芬·哈格德(Stephan Haggard)一直使我处于兴奋和愉快的氛围之中，我要特别感谢约翰·麦克米兰(John McMillan)，他在圣迭戈分校的时候就一直鼓励我的研究，使我保持研究的兴趣，现在他已经远离了圣迭戈，但仍然给我以鼓励。谢淑丽(Susan Shirk)跟我既是同事又是朋友，她给我的帮助很大，跟她一起尝试新的想法和分析方法，总是让人高兴的事情。苏君乐(Kwan So)一直以来的支持和热情是创造这种生机勃勃环境的重要因素。

麻省理工学院出版社的诸位编辑一直非常耐心，而且始终如一地支持本书的写作。约翰·科维尔(John Covell)从一开始就满腔热情地为出版本书奔忙，南茜·隆巴迪(Nancy Lombardi)也在编辑本书的时候付出了很多心思和精力。

本书是我的第一本书，因此我想可能会引发我的父辈和我的子女的兴趣。我父亲或许会在空闲时拿起本书翻阅一下，我也希望基兰(Kieran)和克劳迪娅(Claudia)能在年龄稍长之后发现本书的意义。谨以此书献给他们。

导　论

长城

从转型到发展 3

中国经济不仅具有举世无双的活力，而且还存在无可比拟的复杂性。自 20 世纪 80 年代初以来，中国一直是这个世界上经济增长最快的国家。按官方统计，从 1978 年到 2005 年，中国经济一直保持着 10%的年均增长率。另外，所有小学生都知道，中国还是世界上人口最多的国家，尽管近年来出生率在下降，但到 2004 年，中国的人口已经超过了 13 亿。急剧增长的人口和庞大的人口基数，意味着中国最终会站到世界经济的前列。在新千年里，这种看法已经成为现实。2005 年，中国的国内生产总值(GDP)按现行汇率计算，已达到 20 225 亿美元。因此，中国已超过英国和法国这两个国内生产总值过 2 万亿美元的经济体，成为世界第四大经济体。自 2004 年以来，中国紧随美国和德国之后，已成为世界第三大贸易国。中国经济理所当然地赢得了一片赞叹。

但是，中国也还在与贫困作斗争。20 世纪 90 年代末，世界银行已将中国的地位从“较低收入”国家提高到“较低中等收入”国家。中国的人口尽管是美国人口的 4 倍，但国内生产总值却只有美国的 20%。与美国今天(2006 年)4 万美元的人均国内生产总值相比，中国 2005 年的人均国内生产总值(按汇率计算)为 1 700 美元，只达到美国 1850 年前后的人均国内生产总值(按 2006 年价格计算)。此外，中国还是一个包括从绝对贫穷到相对富裕的区域经济国家，虽然大部分中国农民仍然在为生存而奋斗，但当代信息经济已经在上海、北京和广东建立起来。让人想起工业革命早期阶段的燃煤锅炉与国内自行设计的核电站和载人航天计划并存。在某些部门占据了主导地位的官僚体制的国有企业，不仅在与条件艰苦的家庭企业进行竞争，还与管理人员都在商学院受过最新技术培训的跨国公司进行竞 4
争。这种多样化使中国经济充满活力，但也使我们很难全面了解中国。

从根本上说，中国经济的多样性源自两个未完成的转型。第一，中国仍然在完善从计划经济向市场经济的转型。第二，中国正处在工业化过程之中，这是一个仍在延续的从农村向城市社会的转变。中国正处于“经济发展”的过程中，这是一个经济体的各个方面，即社会和文化各个方面的转型过程。这两个转型都还远没有完成。所以，今天的中国拥有传统的、社会主义的、当代的和市场的各种成分，所有这些混杂在一起，呈现出一种极不寻常的复杂性。

漫漫改革之路

自 1949 年中华人民共和国成立后的 50 多年里，中国走过了一条革命、社会主义与毛泽东式的激进主义，继而又是渐进式经济改革和快速经济增长的发展道路，这是一条与众不同且动荡不安的发展历程。1949 年之后，中国政府开始致力于创造社会稳定和经济增长，并因此迅速告别了战争、内战和普遍贫穷的时代。但不久之后，中国又陷入艰难困境，尤以“大跃进”之后的饥荒期间为甚。随后而来的“文化大革命”的混乱，也扰乱了无数中国人的生活。自 1978 年经济改革以来，中国摆脱了许多计划经济意识形态的束缚，开始了新的长征。这一次改革的领域涉及生活水平的较大改善，社会环境的全面放松，以及社会的相对稳定。转型的目标——以市场经济为基础的适度繁荣的社会——现在已经接近于实现。

中国在过去的 25 年里到底走了多远一直是个引人关注的问题。20 世纪 70 年代末，中国即开始了试探性的经济改革，但当时很少有人预见到，中国的渐进式转型过程已经确立，如果没有某些痛苦而令人难忘的停顿，这一转型过程会一直向前。不过这停顿却实实在在发生了。中国经济和政治的意识形态发生了翻天覆地的变化，许多观念被摒弃，制度做了重新修订，经济的物质基础也全部重新建立。此外，现在人们已经清楚地认识到，中国的渐进式改革道路和稳定的经济增
5 长事实上已经获得成功。遵循所谓“摸着石头过河”的教诲，中国在这 25 年里，已经从一个封闭的社会主义国家演变为一个强大的全球经济体。不可否认的是，与这一转型过程相连的也有焦虑和痛苦，但或许最值得一提的事实是，相比于其他转型国家，与中国漫漫改革之路相伴的是相对较小规模的冲突和相对较低的社会成本。此前从来没有这么多人在这么短的时间内脱离了贫困或半贫困。

二元转型

今天，随着中国向中等收入国家行列迈进，中国与其他国家，尤其是发展中国家的制度越来越趋同。从某些方面来讲，这种相互趋于一致的趋势使中国越来越容易让人理解。正如中国的经济体制已经渐渐与其他发展中国家趋同一样，中国所面临的挑战不仅正在发生变化，也正在与其他中等收入国家面临的挑战趋同。在过去不长的时间内，中国面对的最棘手的挑战是从社会主义指令性经济向市场经济转型。今天，在最初的市场转型中遇到的困难都已经克服。在当今中国，市场已成为具有支配地位的经济体制。这样的结果是，转型的挑战渐渐被发展的挑战所取代：必须投资于人力技能和物质基础设施，必须创建有效的制度，必须保护弱势群体的利益。这些新的挑战现在依然严峻，因为相比于之前的转型挑战，这些挑战更难把握。事实上，中国的成功将取决于它创建稳定而有效的制度的能力，取决于处理社会压力、升级人力技术素质的能力。

今天，经济发展的紧迫性尤其明显。事实上，在中国当代历史中，经济发展的紧迫性一直是一个恒定不变的主题。20 世纪 50 年代之所以采取社会主义体制，部分原因是当时的领导人认为，只有社会主义制度才是中国成为富强国家的捷径。“大跃进”和“文化大革命”的灾难使人们对作为发展战略的社会主义计划经济越来越失望，也使人们越来越相信，市场或许是一种较好的发展途径。因此，为加速经济发展，中国开始实施向市场的转型。从此，经济欠发达和转型的双重挑战交织在转型过程的所有阶段。1978—1979 年，中国开始市场转型过程，当时最 6
大的挑战就是能否获得关乎国计民生的商品，如粮食和石油，以及实际上并不存在的基础设施。在这段时间里，人们并不确信中国能够加速经济发展，原因很简单，人们并不清楚有没有足够的粮食来维持人民的生存，有没有足够的电力供工厂运行，有没有可以到世界市场进行交换的充足的产品。所有这些基本的供给不确定性今天都不再存在。中国事实上已经从早期的危机中走了出来，并持续增加着增长的势头。在所有转型经济体的转型过程中，中国独此一家维持——事实上加速了——经济增长。

经济增长不仅改变了经济的物质基础，也改变了我们评价经济的标准。30 年前，中国普遍存在的贫穷被认为是理所当然的事情，即使身处社会主义，贫穷也可以“与我们同在”。今天，虽然中国仍然存在极度贫困的 1 亿人口，但人们不再将其视为必然现象，也不再愿意接受贫穷这一事实。此外，转型在使几乎所有中国人都提高了生活水平的同时，也增加了经济的不确定性，增加了许多风险。现在，中国的城镇正在努力解决就业问题，解决已经形成缺口的医疗保险制度。中国的乡村人口在被拴在家乡的土地上时，就没有享受过真正的经济成长或医疗保险，现在，当他们为寻找机会而四处迁徙之时，他们身处的经济环境更不稳定。伴随着经济增长而来的收入分配的两极分化，使人们逐渐看到了社会日渐增长的不公。事实上，比之社会主义条件下发生的问题，这些问题更难解决，但至少在原则上，增长所创造的物质财富使解决贫穷和匮乏问题成为可能。

中国经济的增长业绩

过去25年来，中国的经济增长成就非常突出。但是，中国为什么会有这种经济表现？为什么偏偏在今天才有这种经济表现？一般的研究都无法从不同方面为中国经济的增长寻找原因。但将中国经济增长放入一个大的框架中，减少它的神秘性，增加它的可理解性，还是做得到的。实际上，中国经济今天的急剧增长是三种独特的历史因素——结构的、过渡性的和传统的因素——造成的结果。

首先，中国呈现出与急剧增长相符的一系列结构性特征。之所以这么说，是
7 因为这些特征与经济投入的急剧增长相一致。中国每年都会拿出国民收入中的很大一部分用于投资，投资中的相当一部分则用于属于公共资产的重要的物质基础设施。中国的人口已处在社会发展的一个阶段，即劳动力增长格外迅速的阶段。劳动力的急速增加，部分是因为“人口红利”，即出生率的降低导致赡养率的下降。随着城乡转型达到高点，城市可以大量吸纳从农村经济流出的劳动力，因此当代劳动力的增长步伐也在加快。社会主义制度下建立的卫生和技能的广阔基础，也成就了今天对更高级人力资本的大量投资。因此，中国正处于一个物质资本、劳动力和人力资本都急剧增长的时代。

其次，中国正从社会主义计划经济向市场经济的成功转型中获取经济利益。有很多文献讨论了中国从社会主义计划经济向市场经济的转型，当然，也有许多不同意见，对转型的经验教训进行了总结。对“大爆炸”和“渐进主义”孰优孰劣的讨论也持续了多年。但是，基本上每个人都会同意从中国的这段经历中可以汲取两点教训：第一，市场才是组织经济交易的较好途径。事实上，在中国转型过程的每一个阶段，加速增长都与开放市场和引入竞争相关。不久之前，中国又在为在

2001年底加入世界贸易组织做准备，这一轮开放市场的措施加速了(从2002年至少持续到2005年)的经济增长。不管怎么说，中国的经验显示，市场作用才是一国发展的核心所在。第二，中国的经验不支持"市场原教旨主义"。也就是说，中国的经验不支持这样一种观点，即因为市场机制是一个较好的机制，所以应该尽可能在许多领域尽快实施全盘市场化。相反，中国的经验表明，人员和机构的稳定扩充，激励与财产权的一致性和可预见性，以及弥补市场失灵的政府协调，与市场的稳定扩张同样重要。在某一特定阶段，市场制度的发展可能并不比其他类型的制度和能力的发展更加重要。

成功的转型在使中国获取过去社会主义的福利(比如，相对基础广泛的教育
和医疗卫生)的同时，也避免了许多转型经济体国家那种将这种福利一扫而光所 8
带来的萧条。这些转型因素与结构因素相互发生作用：投资率高是因为国内储蓄率高，国内储蓄率高是因为随着经济改革的成功进行，中国居民和企业已经体验到了宏观经济的稳定和增长。

再次，中国也在从其传统经济关系的复兴中获取利益。与中国深厚的传统农业经济一起成长起来的高度商业化和企业化的社会，在中国很多地方都重新开始出现。这种重现让中国有能力利用与中国经济增长相关的许多特点，比如长期的国家经营的历史，宝贵的习俗和信用的沿革以及对商业程序的熟悉。古老而深远的亚洲文明——中国和印度——正在重新获取拥有了几个世纪的全球经济地位(参见Bockstette, Chanda and Putterman, 2002)。中国经济的崛起也得益于中国大陆与香港、台湾地区和东南亚国家重新建立传统商业联系。这些联系有助于使中国向全球经济的开放更为容易。换句话说，全球化促使资源贫乏和劳动力充裕的中国和印度这类经济体，可以充分利用自己长期拥有的优势。经济发展所需的资源可以用远远低于国内成本的价格从全球获取，大量的劳动密集型制造业和服务业，也为劳动力充裕的经济体提供了机会。总是在理论上可行的先进技术，现在也受到中国人和印度人的追捧。当代经济发展已经使中国可以充分利用自己的商业和制度的遗产。

成为"正常"的国家

过去，中国经济有许多独特的特点。在社会主义计划经济制度下，中国的经济制度具有自己的特色。由于中国的社会主义制度，中国不在发展中国家之列。

但由于中国一直对贫穷而重要的农村经济实施灵活的社会主义制度，所以，中国也不在传统意义上的社会主义国家之列。因此，中国这个相对孤立的大国，在许多经济问题上都有自己的一套说法和行事准则。另外，中国独一无二之处不仅是一个制度问题，其实际经济结果也很有特色。计划经济条件下的中国独具一格，中国对某些国家是一种“榜样”，但对另一些国家则是一个“噩梦”。因此，毫无疑问，中国走的是具有中国特色的道路。

9 比如说，如果我们采取标准的经济指标来研究 1978 年改革开放前夕的中国经济，就能观察到许多相互矛盾的特征。简言之，中国仍然很贫困，按照世界银行的估计，中国人均国内生产总值相当于按(2000 年)不变价格(PPP)计算的 674 美元。这一数字意味着在这一时期，中国是一个典型的低收入国家。然而，根据这一时期的价格，中国国内生产总值的 44%是由工业生产的，这一比例大大高于其他低收入国家。此外，中国每 1 美元的国内生产总值的能耗又是其他低收入国家的几倍，所以，中国又是一个“过度工业化”的国家。还是这一年，中国的人口中只有 18%居住在城市，这一点则低于低收入国家的平均水平。因此，中国又显现出“低度城市化”的倾向。同时，对一个处于这种收入水平的国家来说，其平均寿命和识字水平又非常高。由于中国有一个极为罕见的人类发展记录(human development record)，所以评价中国并不能套用任何一种常规模式。毋庸置疑的是，评价难的问题使得任何简单比较都难以进行，故对中国 1978 年的国内生产总值和其货币价值的估算都颇成问题。往上调整国内生产总值数据会使能源消耗和预期寿命更为正常，却使城市化水平更不正常。更有甚者，为了走上开放经济之路，1978 年后，中国就开始实施货币贬值。事实上，并没有一种简单的方式可以对中国 1978 年的这些数据进行调整，由于自身的历史和经济体系，中国就是这样与众不同。

根据世界银行的说法，截至 2003 年，中国的人均国内生产总值已达到 4 726 美元，按 2000 年购买力平价不变价格计算，这一数字现在属于中等低收入国家的水平。此外，其他多数指标也与典型国家一致。比如，按现行价格计算，国内生产总值的 40.5%是由工业(包括矿业和公共事业)生产的，这一比例虽然仍然很高，但毕竟工业增长非常迅速——比 25 年来的国内生产总值增长更为快捷——而且，中国已成为“世界工厂”。按购买力平价计算的国内生产总值的每 1 美元能源耗费，虽然仍然高于应该耗费的数字，但现在已与发展中国家的平均水平相同，而且明显属于正常范围之内。城市发展也很快，城市化程度已达 41%，已经“赶上了”中国收入水平这样的发展中国家的预期水平。平均寿命和识字率仍然可观，但也未超过人们认为中国这样的收入水平的国家应有的水平。1978 年的中国在很多方面都非常“各色”，很多方面直到今天，才算接近“正常”。

向“正常”制度的趋同以及许多方面的发展，都使中国越来越容易让人理解， 10
由于中国越来越开放，也越来越容易分析，中国的某些特征也越来越清晰。比如，中国经济的高速增长和不同寻常的持续性；极高的投资率；制造业对国内生产总值和增长的极大贡献，以及中国不断提高的对世界经济的参与度。概括而言，在广泛领域内中国发展能力的迅速提升，绝对让人印象深刻。

当然，中国的规模、多样性以及快速增长——再加上其过往的丰富遗存——仍然对我们理解其独一无二的制度、经济策略和当前考验，提出了挑战。一般而言，人们很难对中国经济进行分类，因为中国经济既是一个竞争性市场经济，又是一个受到严重扭曲的经济。政府管制、国有化、腐败、不完全市场以及不完善的制度，都严重扭曲了经济激励机制，但同时，新竞争者的进入以及个人、企业和区域间的激烈竞争，也在不断侵蚀着由特权设定的封锁和壁垒。通常共产党政权意味着经济制度和政策制定过程大部分不向外界开放，同时，也不存在自由报刊来调查那些自相矛盾的事情。中国的情况不够透明，有时候经济数据失真，使用这些数据总要小心翼翼。本书主要使用的是官方数据，但自始至终都要考虑数据的可靠性，并不得不放弃某些不太可信的数据(参见第 6 章对国内生产总值数据的讨论)。尽管这些情况在中国经济的开放过程中不断得到改善，但中国经济依然保留了特殊的制度，有时候也会出现前后矛盾的报告和让人难以置信的信息，这一切都使得分析极为困难。

走向未来的中国

中国依然面临严峻挑战。一般报道总是趋向于要么高估中国面临的挑战，要么低估中国面临的挑战。个别报道往往在一句话中就忽然从高估挑战转向低估挑战。其实，重要的是不能无视中国所面临的那些可怕的挑战，即始终存在的困境和数不清的难题。由于中国刚刚才摆脱极度贫困，中国的人力资本和物质资本仍然很不充分，教育与技术水平非常低，多数交通和工业设施都需要建设。支持
高生产力的经济机制要么没有，要么就是最近才在仍不稳定的基础上颁布出台。 11

诚然，很多挑战最终都可以追溯到一个中国根本无法摆脱的事实：在一个有限的资源环境基础上的巨大的人口压力。不过，由于中国也拥有大量心灵手巧和勤劳智慧的人力资源，所以才有希望克服所面临的难题。

在20世纪90年代的大部分时间里，外界普遍低估中国面临的挑战。1989年的政治风波，使许多观察家降低了他们对中国未来的预期。然而，自21世纪以来，世界又普遍高估中国。高估中国是因为人们常常把中国看成经济竞争对手，看成美国潜在的战略敌人。中国经济的成功使许多人确信，中国在某种程度上已经是一个超级经济大国，而不是一个奋斗中的发展中国家。这种观点反映了一种误解，一种对美中关系经济联系的根本误解和对中国所面临挑战的严重程度的误解。如果将中国放在一个发展的环境中就能看出，中国要面对难以克服的挑战，而且中国的政策制定者也认识到了外部观察者所看到的同样的问题和挑战。但是，中国的政策制定者并不总是拥有能快速应对挑战的制度手段和其他手段。尽管在过去的25年中，中国政府一直在进行一些必要的基本政策的改革，但可以肯定，如果认为中国人每件事都没做错，也未必然。恰恰相反，过去25年中，中国犯下的错误与其经济成功一样多。但重要的是，中国人已经在这25年中排除了最大障碍，实现了保证发展过程持续向前的根本变化。当然，这里并不能保证这种说法在未来依然成立。这些成就表明，在绝对需要的时候，中国的政治体系也能锁定一些关键问题，动员和组织人力及资源去解决这些问题。这就说明，一定程度的弹性是这一体系的一种重要力量。

根据其他成功的发展中国家的经验，我们知道，对一个达到中等发达水平的国家来说，这个国家对世界福祉的贡献已经开始显现。人类新的才智应该致力于世界福祉。比如，日本从发展中国家转向发达国家之时，新的制造技术、新的产
12 品、新的和传统的文化影响，开始源源不断地流出日本。今天，美国人民使用并欣赏从最高级的日本产品和理念到最基本的日常用品，同样的变化也开始在中国发生。随着中国的发展，中国日益提高的对世界福祉的贡献，将以我们根本不可能预见的方式产生。在接下来的整整一个世纪中，科学和医学的发现，新产品和新服务以及再度复兴的文化贡献，都会流出中国。中国将会在一个日益拥挤的世界占有更多的空间，但中国对世界的贡献也会不断增加。在下面的章节中，我们将对中国经济进行全面描述，描绘出一幅全景图。我们将尝试对中国令人瞩目的崛起进行解释，并尽可能展望其未来。

如何使用本书

本书的篇章结构按照自下而上的方式组成。前半部分涉及自然资源、历史遗产、经济体制及经济结构、劳动力和生活水平等总的议题。后半部分讨论具体部门，先讨论农业，进而讨论工业和技术，外贸和投资以及宏观经济。最后一章讨论环境与可持续性问题。我们将本书设计成一个涵盖中国经济基本信息的平台，可以作为对任一具体专题进行深入研究的出发点。

本书各章可以互为参阅，但也独立成章。因此，讲课时可以按照各自对材料的偏好，按不同的顺序组织不同的篇章。如果按照篇章顺序往下讨论，用中国的地理和历史作为开篇，最后会对中国有更加清晰的了解。这种"安排"尤为适合于中国经济课程，或东亚经济课程的一部分。另一种安排则可以从第 3 章和第 4 章(社会主义经济和转型经济)开始，然后跳到第 12 章和第 13 章(工业中的乡镇企业、国有企业和控股企业)。这种"安排"着重在市场转型，较适合比较经济体制课程。那些希望强调中国的开放性和世界经济一体化的人，可以从第 16 章和第 17 章(国际贸易与外商投资)开始。当然，还可以有许多其他安排和使用本书的方法。本书还提供了很多图表，图表所使用的原始数据和一些补充材料及更新的数据，都可以登录 http://irps. ucsd. edu/Chinese_economy 网页查到。 13

进一步阅读的建议

进一步阅读相关具体经济议题，可以参见以下每一篇章所给的建议。英文所写的综述性著作，可以参阅林毅夫、蔡昉和李周(Lin, Cai and Li, 1996)。他们的讨论非常有益，社会主义计划经济时期这一部分尤为有用。吴敬琏(Wu, 2005)是现阶段对中国体制改革讨论最好且最为全面的一位。如果从严格的经济学范围之外来看，约翰逊(Johnson, 2004)力图通过三篇详细而感人的报道，把握当代中国生活的实感。如果从商业角度讨论中国的崛起，可参阅麦克格雷戈的报道(McGregor, 2005)。诺顿和扬(Naughton and Yang, 2004)也讨论过自 20 世纪 90 年代中期以来，外部对中国进步和未来的估算。

还有很多学术杂志现在也刊登关于中国经济的文章。两份高质量的中国学杂志也刊登经济学论文。当今，大多数经济学杂志至少有几篇学术文章讨论中国问题。在中国学杂志中，我可以给出几个刊名，其中包括《中国季刊》(*The China Quarterly*，伦敦，剑桥大学出版社)，《中国研究》(*China Journal*，堪培拉，澳大利亚国立大学)以及《国际中国研究杂志》(*China: An International Journal*，新加坡大学出版社)，可登录 http://muse. jhu. edu/journals/china/index. html 获得。在经济学杂志中，一直引人关注的有关中国的文章出自《比较经济学杂志》(*Journal of Comparative Economics*)，完全关注中国的专业性杂志有《中国经济评论》(*China Economic Review*)，刊登有很多重要文章。

数据和图表资料来源

本书大多数数据引自中国官方数据。中国官方数据存在很多问题，但没有任何机构另行公布一套可信的数据。本书使用的是官方数据，但也对数据中的某些重要不足予以说明。我一直尽可能使用大多数人都能看到的所有数据来源。这就意味着要依赖《中国统计年鉴》(*SYC*)，该书每年由国家统计局(NBS)出版。这本年鉴适用范围很广，而且有一个明显的优点，即它的所有表格都有英文标题。《中国统计年鉴》涵盖的内容每年都有很强的连续性，所以，可以从《中国统计年鉴》上得到某些种类的连续数据，但某些数据永远也得不到。国家统计局每年(一般在 6 月)还出版《中国统计摘要》(*SAC*)，摘要涵盖的内容略有不同，也有英文标题。所以，也可以为我所用。还有许多统计数据则是每年 2 月在"年度经济报告"中发布。"年度经济报告"可在国家统计局网站上找到，网址为 www. stats. gov. cn/tjgb/ndtjgb/t20050228/_402231854. htm。

自 1993 年开始颁布的中国官方国内生产总值年度数据于 2005 年末进行了修正。2004 年 12 月 31 日完成的经济人口统计揭示出中国存在大量小型服务业，超过了之前的预期。于是，2004 年的经济人口数据被用来对国内生产总值数据进行调整，并一直回溯到 1993 年。本书采用的就是国家统计局(2006)经过调整的最新数据，并辅以稍早得自国家统计局的国内生产总值平减指数。

有些篇章使用的数据来自其他渠道。国家统计局全面负责数据的收集与分析，但具体部门的数据经常由具体部委收集。这些部委与国家统计局的合作有时也会出现纰漏。部委由于行使行业行政权的原因，会专门拿出某些行业的数据，比如，乡镇企业的数据主要来自农业部，城市劳动力的数据主要来自劳动与社会保障部，科学与技术的数据主要来自科技部。每个政府组织都有自己的官方网站，每个部委都与统计局合作公布统计数据，但合作并不是没有纰漏
14 (参见 OECD，2005，第 5 章)。对中国数据质量和涵盖性的讨论非常多，比较好的阅读起点是罗斯基(Rawski，2001)、许宪春(Xu，2004)和扬(Young，2003)所讨论的问题。

至于用以比较的国际数据，我还是遵循相同的原则，尽可能使用大众都能看到的数据，实际上就是世界银行的《世界发展指数》(*World Development Indicators*，*WDI*)，这些数据可以从网站 http://devdata. worldbank. org/dataonline/得到。在世界发展指数不敷使用的条件下，我也指出了另一数据渠道以及使用理由。

美国在 19 世纪中期的国内生产总值数据，出自约翰逊和威廉森(Johnson and Williamson，2005)。

参考文献

Bockstette，V.，A. Chanda，and L. Putterman(2002). "States and Markets: The Advantage of an Early Start." *Journal of Economic Growth* 7(4):347—369.

Johnston, Louis, and Samuel H. Williamson(2005). "The Annual Real and Nominal GDP for the United States, 1790—Present." Economic History Services, October, http://www.eh.net/hmit/gdp/.

Johnson, Ian(2004). *Wild Grass: Three Stories of Change in Modern China*. New York: Pantheon Books.

Lin, Justin Yifu, Fang Cai, and Zhou Li(1996). *The China Miracle: Development Strategy and Economic Reform*. Hong Kong: Chinese University Press.

McGregor, James(2005). *One Billion Customers: Lessons from the Front Lines of Doing Business in China*. New York: Wall Street Journal.

Naughton, Barry, and Dali Yang(2004). "Holding China Together: Introduction." In Naughton and Yang, eds., *Holding China Together: Diversity and National Integration in the Post-Deng Era*. New York: Cambridge University Press.

NBS[National Bureau of Statistics] (2006). "Woguo Guoneishengchan Zongzhi Lishi Shuju Xiuding Jieguo[The Results of Revision of China's Historical GDP Figures]," January 9, http://www.stats.gov.cn/tjdt/zygg/t20060109_402300176.htm.

OECD(2005). *Governance in China*. Paris: Organization for Economic Cooperation and Development. Chap. 5 on institutional arrangements for statistics, http://www.sourceoecd.org/governance/926400842X.

Rawski, Thomas(2001). "What Is Happening to China's GDP Statistics?" *China Economic Review*, 12:347—354.

SAC(Annual). *Zhongguo Tongji Zhaiyao*[Statistical Abstract of China]. Beijing: Zhongguo Tongji.

SYC(Annual). *Zhongguo Tongji Nianjian*[Statistical Yearbook of China]. Beijing: Zhongguo Tongji.

World Bank. (Annual). *World Development Indicators*. Washington, D. C.: The World Bank. http://devdata.worldbank.org/dataonline.

Wu, Jinglian(2005). *Understanding and Interpreting Chinese Economic Reform*. Singapore: Thomson.

Xu, Xianchun(2004). "China's Gross Domestic Product Estimation." *China Economic Review* 15:302—322.

Young, Alwyn(2003). "Gold into Base Metals: Productivity Growth in the People's Republic of China During the Reform Period." *Journal of Political Economy* 111(6): 1220—1261.

第 1 篇

历史遗产与资源禀赋

1982年河南登封使用传统农具耕作的农民

第1章

地理概况 17

中国是世界上人口最多的国家，也是国土面积最大的国家之一，继俄罗斯和加拿大之后位居世界第三。中国的国土面积比美国大2%，地理条件非常相似。两个国家纬度相同，气候条件也很相像。这种相似性使两个国家的东部地区有很多共同点。广州的气候与迈阿密的气候一样，东北的气候则类似于明尼苏达。中美之间的差异在于，中国的地形更起伏不平，土地也更荒凉。中国的土地多数是丘陵、山脉以及由河谷分裂的高原、少数平原和盆地。中国西部与中亚的大沙漠接壤，世界最高的喜马拉雅山就坐落在中尼边境。新疆的吐鲁番盆地是这个地球上的第三低地，低于海平面155米。中国高于海平面不足500米(1 640英尺)的土地只有国土面积的25%，比较而言，北美有60%，欧洲有80%。尽管中国有史以来就是一个农业国，但只有很少的一部分土地适于耕作。中国最大的平原与美国中西部辽阔的中央平原相比，简直微不足道。中国是一个国土辽阔、地貌起伏不平、地形多样的国家。

中国只有一条海岸线，东部的海岸无法使用，南方的部分海岸高低起伏，丘壑纵横，偶尔有一个不与内陆相连的良港。在北方，特别是在长江和山东半岛之间，有几个海岸较低且气候湿润的良港。由于这种地理条件，中国的传统经济是内向型经济，外向型的航海亚文化也存在，但都被限制在东南沿海，经济上不具有重要意义。因此，中国大陆与那些具有强烈远洋趋向和商业传统的国家和地区，如北欧、日本、中国台湾地区和朝鲜有明显差别。远洋取向不足是中国经济现代化起 18
步较晚的部分原因。实际上，中国与当代世界经济联系的增加，开始于1842年外国通商条约迫使中国开放重要的经济区域之后。就是今天，这一广袤的内陆在极大地耗费着中国的经济能力之时，也将对未来的发展产生复杂且难以预料的结果。1999年以来，中国一直在实施西部大开发战略和定向投资，并实施向西部和内陆地区的政策倾斜。这种政府计划反映出这样一个事实，即在沿海地区向前发展，并与海洋运输以及全球经济联系紧密之时，西部经济仍处于滞后状态。

1.1 地形

整个中国的地形是西高东低。喜马拉雅山脉是一条年轻的山脉，由于印度次大陆与亚洲板块的挤压，喜马拉雅山脉每个世纪都要上升几英尺。这一造山运动过程决定了整个中国的地形，创造出西部地区连绵不绝的高山峻岭和东部低矮的丘陵。大概而言，中国的地形有三个大的高度"阶梯"，最高一级是寒冷的青藏高原，平均海拔高度超过4 000米(13 000多英尺)，还有一座世界最高峰；第二阶梯是一系列高原和盆地，高度在1 000—2 000米(3 000—7 000英尺)之间。这一区域包括干旱少雨的中国西北地区(比如塔里木和准噶尔盆地)，中国北部的内蒙古高原和黄土高原，以及中国西南部的云贵高原。第三阶梯由平原和中国东部的低矮丘陵组成，这一地区的海拔高度一般低于500米。即使在东部，相对较低的山脉也是南北交通的阻碍。

中国有三条重要的河流，长江、黄河和珠江。三条河流都按照基本地形从西向东流淌。甚至南亚和东南亚的最大河流，如湄公河和恒河，都发源于中国的青藏高原。这些河流在转而向南并在进入南海途中切割崇山峻岭之前，最初都是流向东方(见图20.2)。中国的西部地势高，气候干旱，人口也很稀少。如果从东北的黑龙江省瑷珲县到西南部云南省的腾冲画一条线(瑷珲—腾冲线，
19 图1.1)，将中国一分为二，那么，94%的中国人口居住在中国的东半部，仅有6%的人口居住在干旱而多山的西部。瑷珲—腾冲线的西—西北区域的人口密度为每平方公里11人，大约为世界平均水平的25%。在这块巨大的区域中，青藏高原占了中国土地面积的25%，但人口却低于1%。西北地区居住着4.5%的人口，但多数集中在少数几个盆地和四处分散的绿洲。水资源的短缺严重限制了西部地区的人口发展。瑷珲—腾冲线的东—东南区域海拔较低，水资源较为丰富。这个区域被认为是"中国的季风区"。夏天的降水给这一地区提供了丰沛的水量。这一地区的人口密度为每平方公里260人，是世界平均人口密度的6倍。

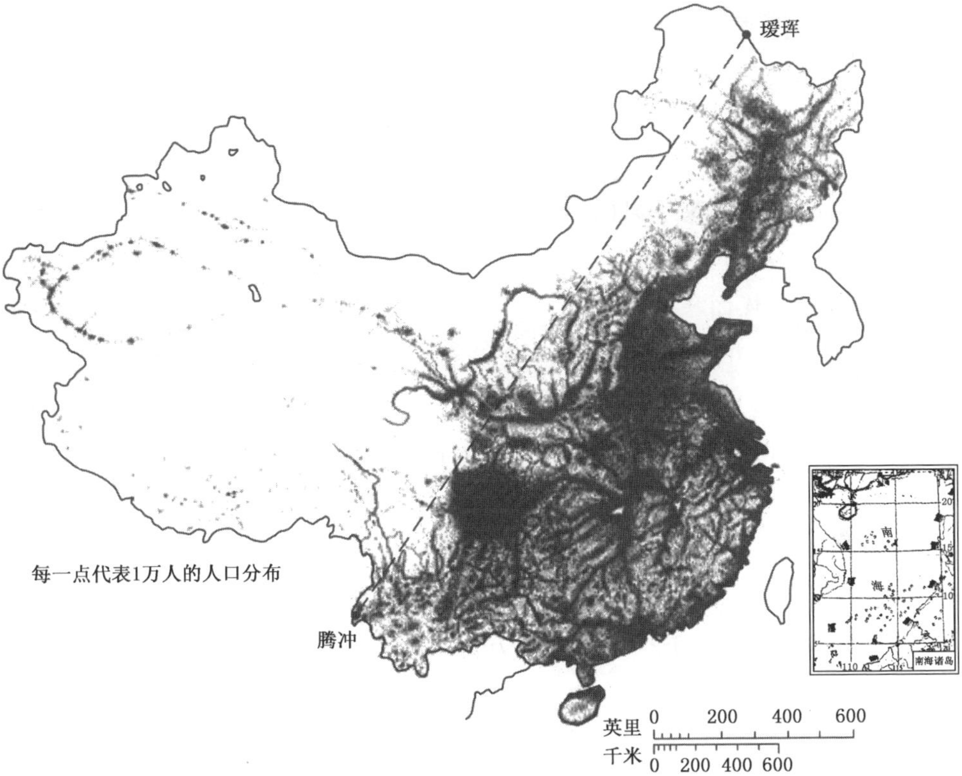

图 1.1　人口分布(万人)与瑷珲—腾冲线

表 1.1　土地与人口(2002 年) 20

	土地面积(1) (百万公顷)	可耕地(2) (百万公顷)	可耕地百分比 (2)/(1)×100	人口 (百万)	人均可耕地 (公顷)
中　国	933	143	15.3	1 280	0.11
印　度	297	162	54.4	1 049	0.15
美　国	916	176	19.2	288	0.61
俄罗斯	1 689	123	7.3	144	0.86

注:1 公顷为每边长 100 米的正方形,约为 2.5 英亩。

中国多山的地形和复杂的地貌,意味着适于耕作的土地相对较少。优良的农业耕地位于肥沃的平原和由山丘与山脉分割开来的河谷上。中国只有 15%的土地可以耕作(参见表 1.1),而且几乎所有可耕作的土地都已经开发殆尽。美国的可耕土地多于中国,但人口却不到中国的 25%。中国人均可耕作土地只有 0.1 公顷,或 0.25 英亩,也就是美国中等的郊区家庭用地的规模。数个世纪以来,中国一直采用劳动密集型农业来弥补土地的不足，并从土地上获取了比其他任何国家都要多的食物。

1.2 气候与水资源

中国的气候受东南季风的控制。东南季风使中国的气候夏季湿润、冬季干燥。在冬季，中国所有的区域都少见雨雪，中亚上空形成的高压带，持续不断地向中国东部刮去干燥而寒冷的空气。但到了夏天，亚洲大陆的高温又在中亚上空形成一个低气压区，并将湿润的热带海洋空气吹入中国东南部。进入中国东南的空气受到山脉的阻拦，并与冷空气摩擦，在中国南部形成丰沛的降雨。因此，在内陆盆地，尤其是中国中部的“四大火炉”（重庆、武汉、长沙和南京）以及西部沙漠地区极为炎热的时候，沿海反倒相对凉爽。

随着夏季季风向西北移动，势力也在减弱，并降下少量雨水（参见图 1.2）。因此，中国北方干旱少雨，中国南方草木葱茏，河道纵横。中国古代有句形容传统交通方式的老话就反映了这一差别：“南方行船，北方骑马。”通常，季风吹过长江和

21

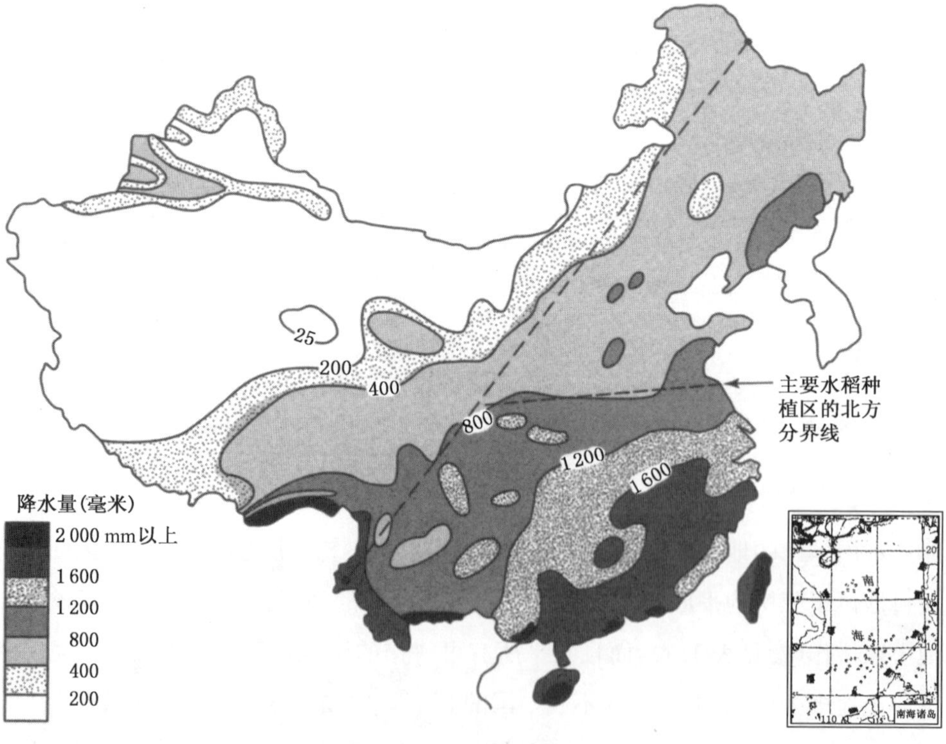

图 1.2 年降水量

黄河盆地之间的山区时，就会为中国北方带来适度的夏季降雨。然而，如果季风太弱，吹不到黄河河谷，季风就会滞留在中部山区。在这种年份，北方地区遭受干旱之苦，南方地区则阴雨绵绵，乡村则成了泽国。因此，这条中央山脉又是雨水丰沛的南方与长期缺水的北方之间的另一条分界线。

事实上，中国总的来说是一个干旱的国家。人类居住地的边界是由人类与威胁人类前进并湮没农田的沙漠持续不断的拉锯战决定的。瑷珲—腾冲线是水资源丰沛与水资源不足的标志线。在北方，黄河流经的整个干旱与半干旱地区，中国北方众多的人口，产生了对黄河水的巨大需求。黄河是世界上最长的河流之一，长度为 4 800 千米，但黄河的水量只是中等水量，很多年份干脆就干得见底，根本无水可用。1997 年更创下 226 天内下游无水的纪录（Liu，1998， 22
899）。此外，黄河水还夹带着大量泥沙，每年大约为 10.6 亿吨，其中 25%的泥沙留在河床上。这使得河床每年抬升 10 厘米。因此，今天的黄河——由两岸堤坝夹着的河水——是沿着一条隆起的河道流淌着的，所以，一旦河水到来，就总是威胁着黄河两岸低于河道的乡村田野。与之相反，在湿润的南方，长江虽然只比黄河稍长一点，但水量却是黄河水量的 20 倍。长江全年都源源不断向下流淌，但携带的沉淀物却只有黄河泥沙的三分之一。甚至珠江的水量都是黄河水量的 4 倍。所有河流的河水的涨落都与季风有关。一般每年 2 月是枯水期，水位达到最低点；8 月和 9 月则河水持续上涨，并常常上涨到与河岸持平，整个流域皆然。

与中国众多的人口相比，中国的可耕地、森林和水资源都很短缺。这使得中国的环境问题十分严峻。只要考虑到资源分布和人口分布的极不平衡——尤其是中国北方和西部的水资源短缺——我们就明白巨大的环境退化问题对中国的挑战。实际上，由于经济增长已经推进到土地可以支持的限度，在未来 50 年左右，中国可能会陷入持续的环境危机（见第 20 章）。

1.3　行政区划

将中国巨大的土地划分成行政省份，是我们最熟悉的方式。中国现有 31 个省级行政单位，某些中国省份的人口甚至多于世界上多数国家。比如，河南省就是人口最多的省份，2004 年的人口记录是 9 700 万。西藏是中国人口最少的省份，只有 270 万人。按照官方的划分方法，中国共有 23 个省，4 个直辖市，5 个少数民族自治区。在国家行政体系中，这些都属于“省级”，所以我们使用“省份”这个词来称呼。有些是最近刚刚成立的（2 个），如海南省是 1988 年从广东省划分出来的，重庆市是 1997 年与四川省分开的。此外，现在还有两个特别行政区
23 （SARs），即香港（1997 年）和澳门（1999 年）。图 1.3 是中华人民共和国行政区划图。

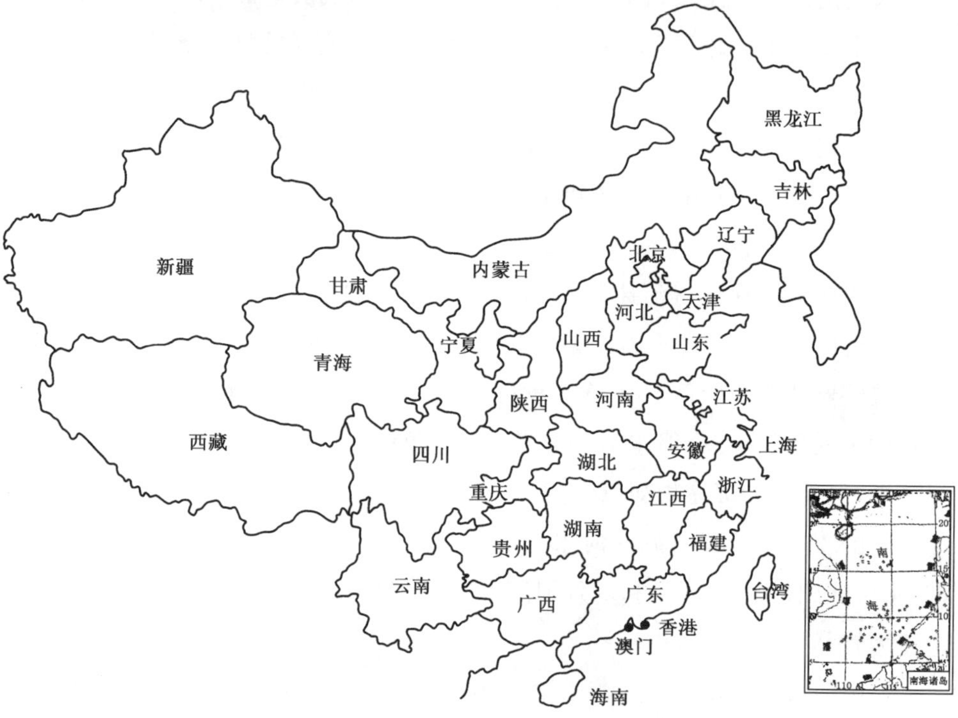

图 1.3　中国行政区划，包括省、自治区、直辖市和特别行政区

行政区划并不一直是划分中国经济空间的最自然的方式。根据人类学家施坚雅（William Skinner）的方法，可以按照地形将中国划分成“大区”，每个大区都由一个以上的省份组成，通常包括一个人口密集居住的核心区域和一个人口稀少的区域，以及一个山势起伏的边缘地带。尽管我们完全可能将全中国划分为几个大区，但并不是所有的大区都相等，我们接下来看几个最重要的大区（参见图 1.4）。最重要的大区是华北，华北平原并不是中国土地面积最大的平原，但拥有中国全部农业耕地的 25%，以及超过 25% 的人口（在图 1.4 中，密集人口核心区域用黑色表示）。作为中国北方城市中心的首都北京与其姐妹城市

24

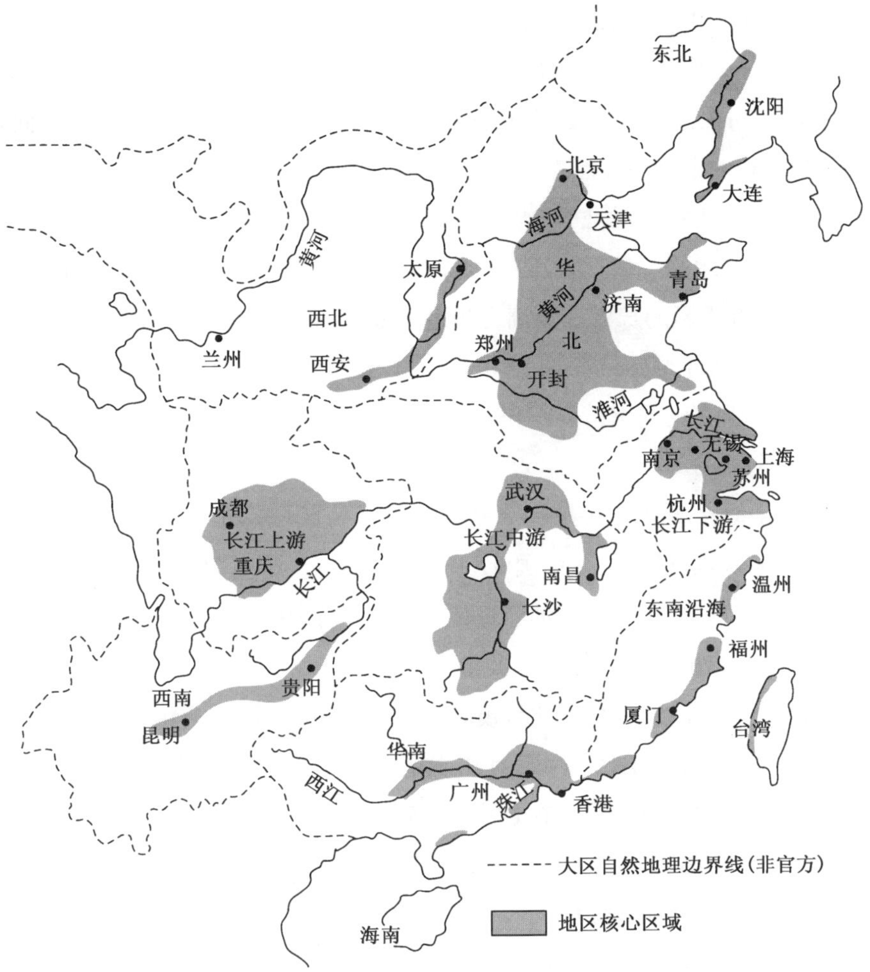

图1.4　中国的大区和东部主要城市

天津,共计人口2800多万。华北地区的范围、地点以及首都等因素,使华北成了 25
中国最重要的地区。尽管北京和天津是重要的大都会,但华北平原还是乡村占据优势,大量的村庄密集地分布在整个区域。华北平原的多数地区都没有水利工程,因此这些地区都需要依赖不可靠的雨水,并定期遭受干旱和洪水的肆虐。这一区域的主要农作物是小麦,但有的地区也种植经济作物,如棉花和花生。华北不仅因为其绝对规模而在中国各区域中占有重要地位,它的平均发展水平也在其他区域之上。全国人口的27%居住在这个区域,其工业产出占全国的30%,粮食产量占全国的31%。

中国最发达的地区是长江中下游地区。这片区域的中心是上海这个大都会。

从经济上看，上海是中国最重要的城市，虽然这个区域只居住了中国10%的人口，但2003年，中国国内生产总值的21%都产自这里。这个区域的收入水平和城市化程度都高于中国其他地方。事实上，在最近几年中，工业生产已经快速向乡镇地区发展，所以，很多传统上是乡村的地方，现在实际上已成了城镇。几百年来，这里就是中国最为富庶的地方，尤其是过去几十年中，这一地区的经济增长已经超过了全国平均水平。因此，长江下游地区依然保持着中国经济领头羊的地位。幅员5 000平方千米的长江三角洲也是世界最大的三角洲之一。水稻是这里的主要农作物，一般每年两熟或三熟。由于水源充分，水道纵横，这一地区草木繁盛，郁郁葱葱。由于农业采用精耕细作，所以在只占中国可耕地7%的条件下，粮食产量却占到了全国的10%。

与华北平原接壤并与其具有众多经济联系的区域是东北。东北地区是一个资源丰厚的地区，这里居住着中国9%的人口，拥有全国可耕地的17%，并蕴藏着丰富的资源，如铁矿石、煤和石油。这使得东北成了中国重工业的中心。从20世纪初开始，中国的百姓就冒着严寒开垦东北北部森林的可耕地，相对富庶的土地促进了相对高水平的农业商品化程度，并向中国其他地区供应粮食和大豆。东北的工业中心在辽宁省沈阳市，围绕着沈阳还有8个中等工业化城市，其中包括拥
26 有中国最老的钢铁厂的鞍山。在过去20年中，东北的日子也较为艰难。多数国有企业破产，这一地区失去了在计划经济时代的重要作用，而且经济增长滞后。东北从一个较富庶的地区变成了人口占全国9%，但2003年的国内生产总值贡献只占全国10%的区域。

最近几年，华北、东北和长江下游地区都走上了不同的发展道路。从历史上看，华北平原与长江下游地区的联系使中国成了一个单一的经济体。大运河将长江下游地区剩余的粮食船运到位于华北平原的首都。而今，北京—上海的联系仍然是经济的轴心。20世纪中叶有一段时期，东北地区的矿产和土地资源以及东北重工业基地的地位，使东北高度融入了社会主义工业化的中国，但在过去20年中，东北在某种程度上边缘化了，其中心地位已经让位于长江下游地区。这三个互为关联的区域构成了中国经济的重要部分：拥有全国人口的46%和可耕地的51%，2003年对国内生产总值的贡献为55%。

中国的其他大区与中国单一的国民经济体系的关联度不是很高。长江中游地区的湖北省、湖南省和江西省，在改革开放时期达到了中国经济发展的平均水

平，但还是滞后于沿海发达地区。这三个省份占全国人口的13%，但2003年的国内生产总值贡献仅为9.5%。这里的土地基本上是可耕地，并采用精耕细作模式。因此，这里虽然只占有中国可耕地的10%，但粮食产出占14%。与长江下游地区的农业经济的绝对多样化不同，长江中游地区主要生产各种谷物。谷物的单一种植使这一区域得以向中国其他地区大量出口剩余谷物。这一区域的中心城市是武汉，武汉拥有延伸至这一区域外的贸易和产业作用。

溯长江而上就到达了四川。四川是一个四面环山的巨大盆地，也是长江上游地区的中心。四川土地肥沃，人口密集，世界上任何地方都没有类似于四川的地理特征。四川盆地现在被划成两个省市，一个是直辖市重庆，一个是四川省。两者共有人口(2004年)1.18亿。进出四川盆地并没有天然通道，即便流经四川的长江，也是在崇山峻岭中为自己切割出一条通道。那个引发争议的横跨长江的巨
大的三峡工程，就建在这里。三峡现在已经被渐渐上涨的水库水淹没了。重庆和 27
成都(四川省会)都具有长江上游地区中心城市的功能。靠近四川盆地并因经济与交通而连在一起的是云贵高原，也就是图1.4中标为中国西南地区的地方。中国政府通常将云南和贵州与四川和重庆合并为大西南地区。这四个省市的地形不同，但都是人口密集且收入水平较低的地区。这一地区的人均国内生产总值只是全国人均国内生产总值的一半，居住在这里的人口占全国人口的15.5%，但对国内生产总值的贡献却只有8.5%。

图1.4还标出了东南沿海的两个大区。这两个大区都具有外向型航海贸易的趋向，而中国其他地区则多属于内向型。费正清认为："中国沿海省份"是一个完全不同的地区，是中华文明中的亚文化。沿海地区也是1949年之前多数离开中国的海外华人的故乡，是以山脉与中国其他地区分割开来的一块沿海狭长地带。这个地区几乎没有内陆，传统上都是靠船沿海岸线进行联系。沿海地区的最大中心是肥沃的珠江三角洲，也就是广东省的腹心地区。长久以来，珠江三角洲就有多样化的农业。人口密度相对较高，广州和香港是这一地区的中心城市。

近年来，东南沿海地区发展迅速的外向型经济使这一地区发生了根本改变。一直以来，中国沿海地区就是一个互有关联的区域。这一区域方言众多，而且有复杂的海外关系。过去25年中，中国沿海各地区共同成长，渐渐形成了一个单一的经济强势体。来自香港特区和台湾地区的投资在这一地区建起了许多工厂和

新的贸易联系。当然，台湾和香港传统上就是中国沿海地区的一部分，香港特区和台湾地区与中国沿海地区紧密的文化、经济和地理联系，都在1949年后出现了暂时的断裂。因此，20世纪70年代初期，中国疆域内这部分沿海地区的贫困和倒退，尤为令人惊异。作为1978年改革开放的首批试点之一，其首要任务是重建与沿海其他地区的传统经济联系。1978年后，中国经济开放早期阶段，很大程度上就是逐步重建这种传统联系。

1979—1980年建立的四个经济特区(SEZs)吸引了很多投资者来到中国。从
28 策略上说，每一个经济特区都瞄准了一个特定的海外华人群体作为投资的最主要来源。最大的经济特区是靠近香港的深圳经济特区，建立经济特区的目的是吸引从当时还是英国殖民地的香港流出的资本。对隔离香港和珠江三角洲的障碍的逐步清除，意味着城镇地区渐渐往一起发展，并在整个珠江三角洲东部形成一个单一的经济综合体。同时，与珠江对岸的葡萄牙殖民地澳门毗邻的珠海，也建成为经济特区。沿海岸线往上靠近潮州族群祖地的汕头也建立了经济特区，以便吸引在东南亚经济发挥重要作用的群体的投资。厦门经济特区的建立也是为了恢复福建南部(闽南)各地传统的海外联系。台湾人讲的闽南话与厦门人讲的闽南话相同。多数台湾人是自17世纪从福建移民到台湾的。闽南人很久以来就有越洋贸易的习惯，现在整个东南亚和台湾以及福建的商业网络使用的就是中国闽南方言。随着中国大陆的开放，台湾投资急剧增长，台湾开始成为整个东南地区的中心之一。因此，台湾和今天的珠江三角洲是中国沿海的双重中心。

中国其余的人口分布在相对干旱的北部和西北部地区。由山西、陕西、内蒙古、甘肃和宁夏组成的北部高原地区，居住着中国10%的人口。这些人口耕种着中国18%的可耕地，但这些土地多是旱地，且肥力不足。这一地区的农作物产出占中国农作物产出的8%，但工业仅占6%。高原地区的人口多集中于几个肥沃的河谷地带，比如陕西省环绕西安的渭河平原，山西省太原市的汾河平原。高原西部的人们主要居住在西北的绿洲或孤立的几块河谷地带，或干脆就是游牧民族。随着地势越来越高并进入了青藏高原，我们就能看到大片未经开垦的无人居住区。

1.4　矿产资源

总之，中国是一个人均土地稀少、劳动力丰裕的国家。人口是世界人口的

20%,土地却是世界土地面积的 7%。中国所拥有的矿产资源大致与中国所拥有的土地面积相当,因此,人均矿产储量只有世界平均水平的一半或不足一半。就 29
是中国大量采掘并用于燃料的煤炭储量,也只占世界全部已查实的煤炭储量的 11%。中国现在已发展成为世界第五大石油产业国,但已探明的石油和天然气储量只有世界已探明储量的 2.3%和 0.8%。但是,中国的有色金属储量丰富,比如锡和铜,尤其是钨和稀土资源。

中国矿产资源和能源资源的分布极不规则。化石燃料主要分布在北方。北方拥有石油储量的 90%,煤炭储量的 80%。水电的潜力很大。南方有水,西部的地形落差较大。因此,西南地区拥有 68%的水电潜能。但是,经济增长极快的南方沿海地区基本上没有能源储备。所以,资源(地理)约束决定了中国只能发展劳动密集型产业,并最终走上知识密集型道路。此外,在可预见的未来,持续的环境问题也使得经济协调更为困难和复杂。

1.5　结论:地区差异

自中国市场经济转型开始,沿海省份的经济增长就一直比内陆省份更有活力。从某种程度上说,这种差异也反映出沿海地区的追赶型增长性质。按理说,这三个地区即南方地区、东南沿海和长江下游地区,在计划经济时代都在倒退,都是在没有表现出自己实力的情况下进入改革时代的。因此,这几个地区的增长一直快于全国平均水平,并不让人感到奇怪。但在急速增长 25 年后,南方沿海地区比中国其他地区发展更快,也更为富裕。毫无疑问,现在人们已经认识到沿海地区与内陆省份的差距是中国经济的基本特征。1999 年,中国政府正式公布了在投资项目和其他发展政策上向西部和内陆省份倾斜的西部大开发计划。

然而,只用沿海地区和内陆省份的差距来解释中国经济地理的复杂性,还过于简单。首先,南北的增长率差距与东西的增长率差距一样巨大,南方增长更快一些。事实上,中国政府 2003 年推出东北振兴计划时,就意味着承认了南北差 30
距,因此,在面临资源耗竭、消费者流失和规模缩减时,政府用这一计划帮助东北地区重建重工业体系。更重要的是,在沿海地区不可避免地成为中国经济的动力之后,考虑到中国大张旗鼓地重振国际贸易,考虑到中国已经取得的高度开放性,这一看法尤为真实(参见第 16 章和 17 章)。2005 年,中国政府的政策开始向中国中部倾斜。在某种意义上,从 1979 年到 1999 年的改革初期,沿海地区就得到了优惠政策，今天，包括沿海地区在内的每一个地区都从优惠政策中受益。实际上，这些优惠政策各有千秋。即使如此，这些地区的发展规划不会使中国已经发生的从传统内向型经济向全新的、全球化的和外向型经济发展的转变产生根本变化。毕竟，沿海省份并不只是中国边缘上的一块“狭长地带”：占中国总人口 40%的人口就居住在沿海地区。从更宽泛的意义上说，与沿海接壤的 5 个地区拥有中国总人口的 59%。希望沿海地区的经济增长效应将会自然地向内陆传播，是非常合理的想法。

与这种想法不同的是，要引发远离沿海地区的内陆省份的经济增长，恐怕要花较长时间。在西部内陆省份，即瑷珲—腾冲线以西的半壁国土上，居住的人口只占总人口的 6%，这些人还远远没有感受到沿海地区发展的影响。事实上，中国最大的发展挑战并不是西部内陆地区的辽阔和空旷，而是西部地区的人口密度的上升受制于水资源和土地的供给。决定这一局限的就是瑷珲—腾冲线——一条划过中国的斜线。贯穿内蒙古、陕西、甘肃、四川、贵州和云南的一条较宽的地带，就是中国最难对付的贫困问题集中的地区。正是在这条地带上，大量的人口仅靠贫瘠的土地勉强维持生存。环绕这条线的就是环境逐步恶化的地区。环境的恶化包括：森林退化及土地被侵蚀，以及尤为严峻的经济挑战，即在这一地区集中反映出的环境、社会和经济的问题。地理条件以及与之相关的环境问题将持续决定中国面临的发展挑战及可持续性和改善之余地，资源禀赋所提供的经济和社会据以发展的基础是无法摆脱的。与此同时，通过不间断的经济活动，环境也在不断重建。

31 **进一步阅读的建议**

凡·斯莱克(Van Slyke, 1988)从长江的角度对中国地理状况作了生动的介绍。冀朝鼎[Chi, 1964(1936)]的著作仍然不失为对不同地区的绝佳描述的佳作。

现在也有几本英文标注的中国地图册较适合阅读，但其中最好的一本出自地理研究所(Institute of Geography, 2000)。

数据和图表资料来源

图 1.1：根据孙敬之(Sun, 1988)。

图 1.2：根据利明(Leemin, 1984)与地理研究所(2000)。

图 1.3：根据地理研究所(2000)。

图1.4:根据费正清和梅谷(Fairbank and Goldman, 1998)。

表1.1:世界银行世界发展指标,http://devdata.worldbank.org/dataonline。

本章关于中国地貌的数据主要来源于赵济(Zhao Ji, 1990)。其他资料摘自赵松乔(Zhao Songqiao, 1994)和李汝燊(Li Rushen, 1984)。CIA(1971, 52—53)的地图明白指出了中美两国的相似之处。

大区分析法由施坚雅(Skinner, 1977)创立,但图1.4中的地图则由费正清和梅谷(Fairbank and Goldman, 1988)据此方法绘制。大区统计数据来源于李汝燊(1984),并根据《中国统计年鉴》(*SYC*)的数据进行了修订。

有关海外华人及其在中国的祖地的具体情况,出自张兴汉等(Zhang Xinghan et al., 1990)。

煤炭与石油储量数据来自英国石油公司,中国各种已探明矿产储量数据来自《中国统计年鉴》(*SYC*, 2005, 10—12)。

参考文献

BP(2005). British Petroleum. *Statistical Review of World Energy*. June. Accessed at http://www.bp.com/statisticalreview.

Chi, Ch'ao-ting(1963[1936]). *Key Economic Areas in Chinese History: As Revealed in the Development of Public Works for Water Control*. New York: Paragon Book Reprint Corporation.

CIA[Central Intelligence Agency] (1971). *People's Republic of China: Atlas*. Washington, DC: U.S. Government Printing Office. Most of these maps can be accessed at http://www.lib.utexas.edu/maps/china.

Fairbank, John King, and Merle Goldman(1998). *China: A New History*, enl. ed. Cambridge, MA: Belknap Press of Harvard University Press. Accessed at http://www.history.ubc.ca/lshin/teaching/311/weekl/m_region.htm.

Institute of Geography, Chinese Academy of Sciences, and China Population and Environment Society, eds. (2000). *The Atlas of Population, Environment and Sustainable Development in China*. New York: Science Press.

Leeming, F. (1984). *Selected China Maps*. Leeds: Department of Geography, University of Leeds. Li Ruluan, ed. (1984). *Ziran Dili Tongji Ziliao*[Natural Geography Statistical Materials], new ed. Beijing: Shangwu Yinshuguan.

Liu Changming (1998). "Environmental Issues and the South-North Water Transfer Scheme." *China Quarterly*, no. 156(December), 899—910.

Skinner, G. William(1977). "Regional Urbanization in Nineteenth-Century China." In Skinner, ed., *The City in Late Imperial China*. Stanford, CA: Stanford University Press.

32 Sun Jingzhi(1988). *The Economic Geography of China*, Hong Kong: Oxford University Press. *SYC*(Annual). *Zhongguo Tongji Nianjian*[Statistical Yearbook of China]. Beijing: Zhongguo Tongji.

Van Slyke, Lyman P. (1988). *Yangtze: Nature, History and the River*. Reading, MA: Addison-Wesley.

Zhang Xianghan et al. (1990). *Huaqiao Huaren Daguan*. 11—18. Guangzhou: Jinan Daxue.

Zhao Ji, ed. (1990). *The Natural History of China*. New York: McGraw-Hill.

Zhao Songqiao(1994). *Geography of China: Environment, Resources, Population and Development*. New York: Wiley.

第2章

1949年以前的中国经济 33

1949年是中国历史的分水岭。1949年之后的政府与之前的政府完全不同，而让人印象更为深刻的是中国经济的增长成就。1949年之前，中国从来没有快速增长的现代经济。从1949年开始，中国经济一直增长迅速，尽管其间也有过失策，一个多世纪以来——从19世纪初到20世纪中期——中国的经济表现充其量也就是一般。此外，在西方的压力下，中国在政治上分崩离析。最普遍的解释是，中国经济在19世纪和20世纪初一直处于衰退状态。因此，1949年是一个真正的转折点。前后的差异毕竟太大，所以，一定有某些基本的东西发生了变化。

这种传统观点一直受到某些经济学家的挑战，他们认为中国经济在20世纪初就有过巨大成功(T. Rawski, 1989; Brandt, 1987, 1990; Myers, 1980)。托马斯·罗斯基(1989)对19世纪末的总产出估算进行了修正，修正的估算为，人均产出虽然增长缓慢，却十分稳定。或许，这里更为重要的是这批人的观点之哲学基础。他们认为，中国的传统经济非常适于支持经济的增长。在经济发展初期，确实也出现过政府政策失灵的时候，但政府的政策失灵并没有严重到毁坏传统经济的发展潜力。此外，经济发展是一个由人力资本和物质资本的积累加上现代经济制度的演化合力构成的长期过程。因此，这些经济学家强调传统经济的特点与1949年后日渐明显的急剧增长经历之间的持续性。其含义为：如果没有社会主义革命，中国经济在任何经济制度条件下都会迅速增长，沿着资本主义道路，中国也可以走上发展之路。

关于1949年前中国社会的传统观点受到另一批学者，主要是历史学者的辩 34
护(Eastman, 1988; Esherick, 1991; Richardson, 1999对这一争论的评述)。历史学家主要强调的是中国社会的特征，即由于人口的增长而日益增加的对生活水平的压力；农业技术缺少质的变化；阶级分化日趋严重，强夺豪取贫困农民的租金和剩余物，以及威胁大多数人口的饥荒和疾病。在这些学者看来，1949 年的转折是社会及经济革命的结果。他们认为，由于对土地和可产生收入的资产的控制而导致的不公平分配，使传统社会受到严重损害。按照他们的看法，腐败的政治权力阻碍了能为广大人民提供福祉的经济增长的出现。如果不解决这个问题，不断增加的人口对有限资源产生的压力就无法得到控制。革命则为解决这些问题提供了一条道路，并促进了经济的快速增长。

争论的一方（主要是经济学家）强调经济的持续性，即在 1949 年前后出现的有利的经济条件。按照他们的观点，如果许多有利的经济条件已经存在，1949 年后的快速经济增长才能产生。20 世纪 50 年代，香港和台湾更加快速的经济增长支持这样的观点，即基本条件已经有利于资本主义经济的增长。争论的另一方（主要是历史学家）强调社会的非持续性，即 1949 年前后已经出现了极为不同的社会条件。按照这种说法，经济增长的突然加速表明，某种能使“追赶”发生的新的经济条件已经出现。那么，1949 年前中国经济真的“不行”吗？如果真的不行，那么为什么会不行？中国传统经济适合经济发展吗？如果是这样，那为什么面对西方的挑战，反应却如此软弱无力？1949 年前的时代到底为 1949 年后生机勃勃的经济增长打下了什么样的基础？在开始回答这些问题之前，我们首先要对三个历史时期传统的中国经济进行研究，然后，对传统经济的遗产进行评价。

2.1 传统中国经济（1127—1911 年）

2.1.1 高产的传统农业

中国传统社会基本上是个农业社会，90%以上的人口居住在乡村。农民使用
35 精耕细作的农业技术从每块可耕地上获取较高的谷物产量（King, 1911）。这种产出取决于对较小土地的巨大的人力投入。这种复杂而高效的农业技术的发展，并不是依赖于现代技术，而是依赖一代代农民的反复试错。农业技术的“传统三点”主要是指三个关键要素，即选种、施有机肥和水利灌溉。中国早在南宋时期（1127—1279 年）就有了东南亚的早稻。早稻生长季节较短，所以，农民每年可以在同一块地上种植两季或三季稻。有机肥则是用来维持土地肥力，任何一种土地可用的养料都要，比如最重要的就是人类（“夜里起肥”）和畜类粪便，但农民也往田里添加塘泥，给田里施放石灰和绿藻，甚至砌烟囱用过的灰砖，在充分吸收了烟

灰之后，也会打碎施进田里，以保持土地的有机成分。而且，精耕细作的耕作方式也使农民可以精确地控制自己地里的水源，并充分利用田地进行多种农作物的间作和施肥。秧苗一般播种在秧田里，然后再移种到水田里。由于稻米种植技术成熟，田里又有水利系统，因此水稻丰收。在这里，每一要素都由于传统三要素中其他要素的存在而增强。

高产的传统农业体系必须与大量而密集的劳动力投入相结合才有作用。田间管理和灌溉渠道、运送化肥以及移种秧苗，都是极重的体力劳动。因此，虽然每单位土地的平均产出较高，但每单位劳动力投入的平均产出却很低。许多农民劳苦一年，只能供一家糊口。但农民总能够找到一些可额外增加吃用的工作，而这些工作的边际劳动力甚至比种田的平均产出还低。虽然有很多劳动力加入，边际劳动力也没有很快下降为零。虽然传统农业可以维持增长的人口，但收入和消费标准仍然极低。这种农业体系最重要的特征——与欧洲同期逐渐形成的农业体系相反——就是在农业耕作和人类饮食中，动物的作用非常有限。对于大多数中国人来说，肉是一种奢侈品，蛋白质的消费也不充分，几乎所有的卡路里和蛋白质都来自谷物。

在小块地上密集使用人类劳动力，在早期西方人对中国花园而不是农田的叙述中已有所提及。这些叙述都无一例外地表达了对高产出及资源的极端利用的印象。持续不断地往地里施粪便改变了土壤的成分，并有助于维持生产力。“由于许多世纪以来的耕作（19 世纪的中国）已经没有未开垦的田地了。所有的土地都经过了不同程度的人力改造”（Vermeer，1988，224）。高产的体系最初在长江 36
下游创造出来，后来又传播到有可能进行灌溉的低洼地和沿河地区。人口的增长推动农民向更高的山坡进发，新大陆粮食作物——尤其是玉米和土豆——的引入，使农业向不太适合传统农作物的全新地域铺开。

这种农业体系支持了 400 年的人口增长，从 1400 年到 1820 年，人口增长了 5 倍，从明朝（1368—1644 年）初年 1400 年的 7 200 万人口（估算数）增长到 1820 年的 3.81 亿人口。在这一时期，中国的人口增长率为 0.4%，对一个前现代社会来说，人口增长相当快速（见第 7 章）。到 1820 年，中国人口估计已达到世界总人口的 36%（Maddison，1998；Wang，1999）。此外，中国的生活水平直到 19 世纪都较为稳定，没有证据显示出大的增长和衰退，而且也接近于世界平均生活水平。因此，1820 年中国的国内生产总值是世界的三分之一。

2.1.2 商业化的乡村

密集的乡村人口支撑起一个密集的市场网络。那些适合于修建水渠的地区，尤其是长江和珠江三角洲下游，都被高度发达的水上运输体系紧紧联在了一起。主要河流，尤其是长江，为整个地区的往来提供了便利。大运河则将粮食丰裕的长江下游地区与缺少粮食的华北平原联结在一起。在那些拥有水利交通网络的地区，甚至沉重而庞大的商品都可以进入贸易领域。地方市场都被纳入了区域内贸易渠道。密集的人口和交通网络支撑起一个高度商业化的前现代社会经济，其中包括复杂的制度、竞争性市场以及小型"农本"(bottom-heavy)经济(Zelin，1991；Brandt，1990；Naquin and E. Rawski，1987)。

2.1.2.1 复杂严密的社会制度

支撑经济的制度如下：

● 广为使用的货币。1820 年流通领域中的全部货币已有三分之一的纸币或更多。

● 有一定熟悉度的大型正规组织。家族和宗亲组织具有广泛的经济功能。有时候，也会通过派发正式的股份来规范同一宗族或地方协会中个人的会员资格。

37 ● 先进的商业程序。书面契约普遍存在。契约的使用已经超出了商业交易的范围，还用来约束家庭责任、神以及来世。早在公元 1 世纪，"庙宇契约"(tomb contracts)就为死者提供了死后入土埋葬的权利。在个人交易和商业交易中借助中间人差不多是普遍现象。

● 支持经济的法律制度和地方习俗。法庭是用来处理诉讼的，区域内交易常常由地方协会和商会来管理，以便解决争端及创建支持网络。

● 传统银号使商人可以在全国范围内调拨资金。

2.1.2.2 竞争性市场

● 多数产品都有高度竞争的市场，近几年来对煤炭、铁、纺织品和茶叶市场的研究表明，每个市场都有大量的商品供方，市场进出方便，常年存在。

● 土地和劳动市场具有竞争性，效益也高。

● 大量的社会流动。中国不存在与生俱来的贵族或等级。个人常常为了寻找经济机会而四处流动，社会也很少对人口流动加以限制。一到社会不公平非常严重的时刻，潜在的社会流动就成了现实。

2.1.2.3　小型的“以农为本”的经济

中国农业主要依靠个体小农户进行，不存在大农场或大土地主。多数非农业生产的规模也非常小，并由农户自己进行。纺织品、皮货与铁制工具以及酒、茶叶、糖、面条和食用油等，也由乡村的小作坊生产。多数农户不仅自己耕作农田，还制造自用的手工产品，并拿到市场出售。因此，中国传统经济是以农户为基础的小规模经济。

农户也与很多市场有直接的联系。在很多情况下，生产链上不同的生产阶段是由与市场有联系的专业化农户掌握的。比如，我们垂直细分丝绸的生产，从养蚕、照料蚕茧、纺丝到织绸，这一连串过程都由具体的农户或小作坊分别进行，并在市场上相互交易。因此，就存在将农户生产者、商人和消费者联系起来的中间 38
人或掮客。

19 世纪 80 年代以后，中国茶叶出口产业的迅速发展是中国“全球化”的第一次成功。在其顶峰阶段，光是福建省就有大约百万户农民加入这一行业。每户茶农每年平均生产 200 磅茶叶，然后又由数百家小型茶叶作坊进行加工。茶叶出口在 19 世纪末 20 世纪初增长极快，但 20 世纪初期过后，中国的体制就无法应付来自日本和印度的竞争，参与竞争要求标准化以及可靠的产品质量。对于中国这种规模小且又分散的生产者来说，要想组织起来提供标准化的高质量产品则不太可能。因此，在 20 世纪 20 年代，中国的出口商被迫退出了他们创造的世界茶叶市场。随着出口产业的衰落，茶农退出茶叶生产与其进入茶叶生产同样迅速。

这是一种不太稳定但可灵活调整资源配置的经济。从积极方面来说，资源和劳动都非常有效地向具有最高回报率的地方流动，一旦回报下降，资源和劳动也迅速退出这类活动。从另一方面来说，经济活动被细分成只有少量资本的小生意，比如，中国乡村每年三个季度从事棉纺织生产，但大规模的纺织厂，也就是工业革命的基础，在 20 世纪之前一直没有在中国出现。资本向大型企业的积聚，与分散的以农户为基础的生产相比，要么非常困难，要么没有效益。实际上，这种流动部分是出于规避风险的需要，防止露富显眼而让打劫者或贪婪的官员盯上的风险。无论如何，我们无法不对传统中国经济的复杂与严密产生一定的印象。我们希望传统中国经济在面对西方冲击带来的全新挑战和机遇时，能有较好的反应。当然，正如我们将看到的那样，情况并非如此。

2.1.3 传统经济的危机？

尽管经济强盛，但在整个20世纪还是有迹象显示，中国传统经济已经面临日益严峻的局限。不断增长的人口给相对稳定（至少在短期内）的资源压上了日益沉重的负担。到18世纪末，除了东北还有最后一块土地外，中国几乎所有能耕作的土地都已开垦完毕。伊懋可(Elvin，1973)认为，中国已处于"高水平均衡陷阱"
39 之中。传统技术可能可以带来高水平的产出，但进一步增加产出的新的投资机会却丧失殆尽。李思勤(Riskin，1975)则指出，实际上还有大量可用来投资的权势者收入(elite income)，所以这里的解释应该是，传统经济的生产潜力已接近耗竭，或者说，制度并不支持生产性投资。

在18世纪生产能力的顶峰时期，清朝一直可以提供用来支持经济稳定的主要公共品。但到了18世纪末，清朝明显进入了衰退期。18世纪90年代之后，公家粮仓的储备减少，对提高农业生产力至关重要的大型灌溉系统的维护，也已经后续无力(Elvin and Liu，1998；Will and Wong，1991)。农民开始往错综复杂的河流生态系统的基本组成部分湿地和湖泊发展。由于洪灾和旱灾都会导致可怕的饥荒，所以，随着人口的持续增加，乡村人口的增长已成为乡村体系的薄弱点。比如，古城西安所在的渭河流域实施精耕细作的农业已有2 000年之久，但到了19世纪，渭河灌渠破败，沿岸人口受到干旱的威胁。1928—1931年连续三年的旱灾过后，200万人死于突如其来的饥馑。即使在中国经济最强盛时期，相对于中国的巨量人口而言，中华帝国政府一直单薄而弱小。朝廷赋税从来没有超过国民收入的2%—3%。1800年前后，中国每32 000人中才有一名政府工作人员，欧洲同期则是每600—800人中就有一名政府工作人员(Perkins，1967)。由于人口增长和公共基础设施的破败，政府也无力组织和筹措支撑经济所需要的资金和人力。

这些社会影响使中国的贫困更显突出。事实上，这种以市场为基础的活跃的竞争性经济，也不能使我们忘掉绝大多数中国人的极度贫困。收入不平等极其严重，中国的"士绅"不到人口的1%，却拥有全部国民收入的20%(Zhang Zhongli，1955)。土地的分配倒不是绝对不平均：由于劳动投入要素的重要性，小农户是一个有效的组织形式。但收入的巨大差距对这样一个低生活水平的经济来说则非常重要。租佃在南方水稻种植区司空见惯，尤其在最富庶的长江下游和广东。在北方，租佃则不太常见，主要问题在于边际劳动生产力较低，将农田分割得过小，就无法支撑一个家庭之用。但也有数据显示——来自 20 世纪 20—30 年代的大 40
规模乡村调查——土地的实际租佃情况。根据中华民国国立农业研究局 1931—1936 年进行的调查，乡村农户中 46%为自耕农，24%为自耕与租佃兼半，30%为佃农。租佃的租金很高，大约为全部产出的 45%。许多农民负债累累，费惟恺(Feuerwerker，1969，87)汇集各种估算显示，农户中有 40%—55%的人借债支付 20%—40%的年利息率。实际上，由于小土地所有者都难以存活，所以对负债累累的佃农来说，生活确实非常艰辛。许多贫苦农民无力成婚，也无力赡养家庭。因此，毫无办法地眼看宗系在自己这一代断裂。不孝有三，无后为大，无后是对父母和祖宗最大的不孝。精耕细作的农业使人口得以大量增长，但这么多人口在养活自身的农业体系中却极不安全。正如托尼(Tawney，1964)在 20 世纪 30 年代指出的："中国的农民就像踮起脚尖从水中露出鼻子，一个小小的涟漪就足以让他溺水身亡。"

在传统技术(创造出严重危机)条件下，经济发展可能性的局限给中国的压力，恰好在西方巨大挑战来临时出现在中国面前。很显然，生态枯竭使经济发展所需的物质枯竭，比如木材和金属，环境问题越来越严重。中国清政府不仅无法对外部挑战形成前后一致的回应，甚至无法维持自己最基本的功能。1860 年，中国南方爆发了太平天国起义，十年时间就摧毁了长江下游地区。因此，在欧洲诸国进入一个前所未有的经济和人口增长之时，中国却进入了长达一个世纪之久的衰落期。

2.1.4　无力应对西方和日本的挑战

19 世纪，外国列强对中国的政治、军事和经济影响力日益扩张。从这一接触中产生的经济刺激，可能比较积极。事实上，在整个 19 世纪，中国已经陷入了持久的社会危机。这一危机确实由于西方的政治和军事挑战而更趋恶化。即使这样，我们也无法直接用西方的影响来对中国的情况进行解释。外国对中国的侵略始于朝代衰弱的时期，始于一场经济危机。几个世纪以来，中国一直对外部世界，包括欧洲保持出口盈余。输入的是外国人进口传统中国产品丝绸、茶叶和瓷器所支付的白银。截至 19 世纪 20 年代，持续的白银流入扩大了中国的货币供给，并 41
有助于中国的经济扩张。但在 19 世纪初，大不列颠成了世界霸主，英国商人对白银持续流入中国非常生气。他们四处寻找一种能吸引中国消费者、并能让中国进口的商品，从而纠正贸易收支失衡的状况。最终，他们找到了鸦片。成箱的在印度种植的鸦片由英国商人借道香港输入中国。至19世纪30年代，中国的进口已经超过了出口，中国现在面临的问题有二：一是经济问题，即由金属货币供应减少的缓慢调整而引致的经济下滑；二是社会问题，鸦片吸食成瘾。

中国阻止鸦片输入的努力引发了1839年的鸦片战争。英国击败了已完全落伍的中国军队，并在《南京条约》(1842年)中逼迫中国将香港"割让"给英国，并开放五口通商。尽管在1895年，中国针对外国侵略四次开战，但每次都以失败告终。每次失败之后，中国都被迫向战胜国赔款，并向外国人开放更多的城市。清政府已经被内外打击弄得疲惫不堪，从未能对外部挑战作出有效反应。从内部看，1860年的太平天国起义和1890年的义和团起义是最大的动乱之源，外部则有外国列强试图瓜分中国，因此，中国清政府不得不对付多个对手。

1895年中日甲午战争后，日本占领了台湾，并将台湾"并入"日本帝国。从那以后，日本渐渐从经济、政治和军事上替代了英国，成了侵略中国的主要外国势力。中国对外国势力的反应相对软弱的一个原因，可能是一个多世纪以来，中国一直处于一连串不同对手的持续压力下，因此从来就没有得到过"喘息的机会"。在排外的义和团起义之后，八国联军(6个欧洲国家再加上美国和日本)占领了北京，并迫使清政府签订了1901年的《辛丑条约》。基本上，清政府形同软禁，关税和其他赋税收入也受到外国列强控制，以保证巨额赔偿的支付。所以，十年后的1911年，清政府下台，一点都不令人奇怪。

中国对外部世界的历史性开放是与长期的国家耻辱同时发生的。国家衰弱
42 诱使外国侵略，外国的控制又进一步削弱了中国。在1895年《马关条约》签订之前，中国并不允许外国在中国投资，《马关条约》不仅结束了中日战争，而且让中国接受了外国投资。中国的现代工业差不多就是在这一条约签订之后出现的。外国投资大量集中在由外国势力控制且中国无司法权的通商口岸。高潮时期，全国共有80多个通商口岸，上海则是其中最重要的一个。治外法权(外国人不受所在国法律管辖的特权)和外国对通商口岸以及海关收入的控制，在政治上引发了很大争议，并在20世纪中叶遭到废除。由于对外交往与国家耻辱之间的这种联系，所以，对外国人在经济和政治上"开放"的政策，今天依然是一个敏感问题。

中国对外国的反应与日本对外国的反应截然不同。同在外国威胁下，日本却能强化一国政府，避开了外国的直接干预。日本政府的强化是通过快速的土地改革，因而使国民生产总值的10%重新在政府和正在上升阶段的企业地主间(entrepreneurial landowners)进行了分配。然后,政府马上开始实施国家发起的产业化计划,并同时进行技术转让和人员培训。中国政府则没有能力作出这样的反应。有些政府官员明白要采取某种措施应对挑战,19 世纪末,这些官员开始支持一些工业计划,其中包括最著名的汉阳铁厂以及上海地区的造船厂和兵工厂。由于这些产业项目都是由政府赞助,授权有经验的商人来管理,所以称为“官督商办”。有些项目因为过于庞大而未能成功。管理不善和质量问题给汉阳铁厂带来了很多麻烦,即使政府担保铁厂作为第一条铁路的铁轨供应商,需求仍然不旺。与其他多数项目一样,汉阳铁厂最后也倒闭了。

麦迪逊(Maddison, 1998)曾经做过世界人口和国内生产总值的长期估算。估算虽然有些粗糙,但也对这一时期正在发生的变化提供了一些想法。1913 年,即太平天国运动之后,中国人口大约为 4.37 亿,人口的增长自 1820 年以来急剧下降,总人口从占世界人口的三分之一下降到四分之一。更重要的是,1820 年,中国的国内生产总值是世界国内生产总值的 32%,但到了 1913 年,中国的国内生产总值已经急剧下降到只占世界国内生产总值的 9%。1820 年估算的人均国内生产总值为世界人均国内生产总值的 90%,尽管中国的绝对人均国内生产总值在 43
1820 年和 1913 年间只稍微下降了一点,但由于这一时期欧洲和美国经济增长迅速,所以中国的相对人均国内生产总值下降到只有不到世界平均水平的 40%。由于年份选择或估算的因素,这些数据对中国的相对衰退可能有些夸大,但一般情况下还是正确的。中国从一个世界文明的中心衰败成了一个欠发达的落后国家。由于相对地位的下降和西方殖民主义的侵略和掠夺,再加上中国政府对西方完全没有作出有条有理的反应,西方的冲击成了一种深深的创痛就不难理解了。

2.2　工业化的开端(1912—1937 年)

1911 年辛亥革命与清朝灭亡后,中国进入了一个新的阶段。在这一阶段,政治与经济的变革日渐清晰,现代产业的发展开始起步,现代运输和通信的发展使其他部门有了发展的机会。1911 年后,中国马上陷入军阀混战、政治支离破碎的国内战争时期。1927 年国民党统一了中国。到 1937 年日本侵华前,这十年间中国环境相对和平,国民政府也在为经济发展构建制度架构。我们经常以国民政府的首都南京将这一时期命名为“南京十年”。在这一时期,政府开始试探性地投资教育和农业推广服务,一项国家调查项目列出了国家资源清单,并据此规划了国家发展计划。虽然这一时期进行的这些活动基本都没能完成，却为未来打下了基础。这一时期也训练了一些技术人员，发展了一些新技术，比如粮食新品种的发现等。不管虚实，未来增长的种子已经种下了。

2.2.1 工业

从 1912 年到 1936 年，现代工厂的生产在一个薄弱的基础上以每年 8%—9%的速度增长，工业化的步伐非常快(John Chang，1969)。1933 年，现代工厂生产了国内生产总值的 2%，雇用的工人几近百万，尽管这只是中国劳动力的 0.4%。在工业增长的最初阶段，有两个显著不同的模式："通商口岸工业"和"满洲工业"。

44 20 世纪初期，现代工业在通商口岸的飞地上开始兴起，这是严格意义上的中国(即除东北以外的"长城之内"的中国)工业化的主导模式。外国人在 19 世纪末 20 世纪初开始兴办工厂，中国人也很快照样做了起来。早期的飞地工业主要集中在轻工业和消费品产业，这就是说，主要集中在价值链下游的工业(进一步的讨论参见第 3 章)。根据 1933 年对关内中国工业的普查，纺织业占全部产出的 42%，食品生产(包括烟草)占 26%。现代工业多集中在几个通商口岸，比如，70%的纺织业都集中在上海、天津和青岛三座城市。1933 年，仅上海一座城市的产出就占了工业产出的 40%。现代纺织行业的产出增长非常快，很快就替代了进口产品。20 世纪 30 年代，中国基本上停止了纺织品的进口，取而代之的是进口大量的原棉来供应自己的纺织厂。

飞地工业始于外国人，并以外国为样板、在竞争推动下成长起来。但本土的中国资本家很快成为这一进程的主角。到 20 世纪 30 年代，大约 78%的工厂产值来自中国自己的企业，中国企业获取了市场份额。很显然，现代工业所需的技术很快就传播开来。成功的中国企业家常常有一些外国经历，或者与外国商人有联系，这有助于他们进入现代工业。不过，这些技术传播得很快，形成了进一步产业化的基础，尤其形成了上海的工业基础。上海大隆机器厂就是一个例子。大隆机器厂起初是一家修船厂，后来开始修理纺织业的机器。到 20 世纪末，该厂开始生产自己的纺织机。在中国的一些地方非常明显地出现了现代工业技术的溢出效应。另一个例子是本土杰出资本家荣氏家族。荣氏家族的领军人物是荣宗敬，1904 年，他在无锡(上海以外)创立了第一个现代面粉厂。到 30 年代末，荣氏企业生产了占中国工厂大约四分之一的棉纺织品和三分之一的面粉。

在东北出现的工业模式完全不同(见表 2.1，东北地区)。东北的投资最初是由日本政府和日本政府的半官方机构南满铁路株式会社进行的。日本政府在东北实施工业化有自己的经济和战略目标，其发展主要集中在重工业和铁路。日本在东北兴建了一个密集的铁路网，并积极开发利用这一地区蕴藏丰富的煤矿和铁矿。比 45
如，日本在鞍山建了一个很大的钢铁厂，这个工厂现在仍然是中国最大的钢铁生产厂商。钢铁厂于 1917 年开始由南满铁路株式会社兴建，在生产进入正轨并带来丰厚利润之前，日本持续 15 年在钢厂投资。在长城以内的任何地方，我们都找不到一个投资者有能力持续为一个需要投入如此巨量资本的工业项目进行投资。

表 2.1　工业化的两种模式

	长城以内地区	东 北 地 区
市　　场	中国国内	日本工业
所 有 权	中国，外国	外国
结　　构	轻工业品、消费品	重工业、采矿、生产资料
技术形成	持续积累	少许技术转让
联　　系	反馈	很少或没有

日本政府希望东北的日本企业能为其带来利润，但策略性考虑也非常重要。大多数东北工业是为日本国内企业生产原材料，所以，日本是最重要的市场。工厂使用的机器是从日本进口的，厂方也不鼓励经理将材料输入或机器维修等活计分包给中国小企业。此外，厂内的技术情况专门有日本人保管。因此，东北工业与中国基本没有联系，也不存在溢出效应。1933 年，东北工业的产出只占全部产出的 14%，相对于总产出来说，重工业较高的净产出更具重要意义，所以，东北的增加值比例几近这个数字的两倍。另外，在接下来的一个时期，东北工业处于急速扩张阶段。

2.2.2　评估：1912—1937 年的发展程度

现在人们广泛赞同这种说法，20 世纪 20 和 30 年代，中国已存在规模虽小但意义重大的现代工业，不太清楚的是这些现代工业部门对传统经济有什么影响。罗斯基(Rawski, 1989)实际上已经指出，从成长的城市和日益增加的交易中，可以看出现代工业对需求增长的传统部门的积极影响。罗斯基根据自己别出心裁地从有限数据中萃取的信息估算，1914 年到 1936 年，农业、手工业和传统运输业都有很大增长。他把这些信息与现代小企业的迅速增长结合在一起，然后得出结
论，这一时期的人均国内生产总值虽然增长缓慢，但意义重大。现代企业与传统 46

部门之间关系的复杂性，可以通过研究一个最重要的产业部门，即棉纺织业的情况来弄清楚(Richardson, 1999, 58)。纺织业有两个主要分支，即纺纱和织布。工厂生产的冲击对传统手工纺纱和手工织布行业的影响完全不同。工厂纺织比手工纺织效率更高，所以，工厂纺织占领了市场的绝大部分。30 年代，家庭纺纱业减少了三分之一多，使这一地区专于纺纱的农户家庭生活更为困难。工厂织布也增长迅速，30 年代已占市场的 1/3，但这里的情况不同，市场总量的增加还要考虑到手工纺织产品更暖和耐用，更受乡村人们的欢迎。便宜的机纺线使现代工厂生产出低成本高耐力的混纺织物，因此，比传统家织布有更大的市场。

所以，棉纺织业是现代技术影响的复杂性的典型案例。有些领域则是由于新的技术、新的外资来源和国内需求的刺激而获益。其他行业则由于其产品无法与新产品竞争而受损。农业则听任其在未进行技术革新的情况下，继续强化业已提高的商业化。中国东部城市的扩大增加了城市日用产品的地方需求，尤其是对棉花、花生、蔬菜、水果和油菜以及桐油的需求。城郊地区的非农佣工也有了更多的机会。新的农作物品种的引入以及随之普及的商品化，是使乡村收入保持不变还是增加了呢？很显然，很多地区，尤其是环沿海城市的地区都从增加的机会中受益。多数农民，尤其是内陆地区的农民还在继续从事几个世纪以来的那种只能维持生计的农业。他们或许基本没有注意到现代工业的影响。很显然，工业化已经开始进行，而且也为未来的进步打下了基础。但是，这时的工业基本上还没有开始改变中国经济的整体结构。

从更广泛的意义上说，这是一个为未来的发展打基础的生机勃勃的社会。这一时期读书识字的人也有所增加。从 1920 年后出生的人开始计算，人口的识字率在逐渐而稳步地改善，甚至后来的战争都没能使之发生变化。此外，这一时期
47 中国对外国相当开放，约有 10 万名中国学生到海外长期学习。留学海外的学生选择日本的最多，也有很多人去了欧美。1936 年，在中国居住的外国人达到了 37 万人。这一大的相互交流也带来了相应的技术交流，并创造了一个开放和激发思想和文化的环境。上海则成为一个生机勃勃、五色杂陈的现代文化中心。尽管社会由于政治和社会分裂而分化，但似乎也在迅速向前进。

2.3 抗日战争和国内战争(1937—1949 年)

不断增长的日本势力对这一时期的成功一直是一个威胁。日本 1905 年从

俄国手中夺走了辽东半岛，在东北获得了立脚点。此外，第一次世界大战后，日本又得到了之前德国在山东的特权。1931 年，日本建立了伪满洲国傀儡政府，有效扩大了对东北全境的控制。1937 年，北京城外的卢沟桥事变标志着日本侵华的开始。对中国来说，从此开始了持续十多年的战争，直到 1949 年共产党取得政权。

战争给老百姓带来了极大痛苦，给经济造成了巨大伤害。战争造成的损害使国共两党之间的内战形势更加混乱。日本侵华削弱了国民政府，与日本人的战斗也使共产党游击队获得了新的合法地位。1945 年太平洋战争的结束只是为国民党军队与共产党军队之间的决战搭起了一个舞台。战争的迷雾也妨碍我们对这一时期的重要变化的理解。战时经济也常常使我们忽略了中国经济的发展，事实上，在这 12 年中，还发生了一些重要的变化。

2.3.1　以日本为中心的东亚经济的兴衰

日本统治下的东北的迅速军事工业化能使我们更清楚地了解 20 世纪 40 年代东亚发展的总体情况。这一时期，以日本为中心的东亚经济体系逐步形成。以日本为中心的经济体系的形成，部分出于日本政府明显的帝国主义策略，部分由于东亚经济的内在本质。所以，这个以日本为中心的体系有一个明显的结构。从某些方面来说，如果我们知道了中国不同区域与日本经济体系的关系，我们就能 48
很容易地对中国经济发展模式进行观察(Ho，1984)。

这一体系的核心是日本本身。大多数制造业和服务业以及政府都服务于日本。接下来是这一核心的内圈，即主要是台湾和朝鲜的食品生产商。尽管在政治上受压迫，但这些生产商还是被纳入帝国体系，由于这些生产商被视为日本帝国的永久性内圈，所以，日本人非常细心地管理着这些“资产”。日本人在台湾和朝鲜每年都进行土地调查，并强化税收基础。日本人在这里修建了较好的运输基础设施，改善了教育、农业和医疗设施。在这两个殖民地，死亡率都有所下降，识字率——即读写日文的能力——都得到加强。

接下来是原材料和半成品供应的中圈。东北主要为日本生产农业原料(大豆和豆饼饲料)，也生产重要的工业原料。具有讽刺意味的是，东北拥有石油资源，但日本人却没能发现石油。日本人对东北的政策相比于对台湾的政策更明显地显示出利用和剥削。他们几乎不在推进基础广泛的经济增长上花力气，也不向百姓扩散经济增长的福利。最后一圈是外圈，包括中国内地大部分地区，这一部分由那些有潜力的市场和投资基础以及未来可以扩张的地区组成。20世纪30年代中叶，日本已经超过了英国，成为上海最大的外国投资者（其时，中国内地三分之二外国投资集中在上海）。日本经济帝国的不同地区在一个功能合理的经济体系中相互作用。由于日本在太平洋战争中战败，这一体系最后崩溃。1949年后，中国从东亚经济中退出；几十年后，东亚经济一体化才重新出现。

2.3.2 满洲的出现

尽管日本的帝国计划最终破灭了，但它对东北地区工业经济的贡献却一直持续下来。在战争初期，东北地区的工业化实际上出现了加速局面，从1936年到1942年，年均增长至少14%。与之相反，上海和中国内地其他地方的工业产出在1936年达到顶峰，但在1949年前却从未再达到战前的产出水平。截至1942年，中国绝大部分电力、铁、水泥都由东北地区生产，一半以上的工业产值也出自东北地区。到战争结束时，中国大部分工业生产能力也在东北地区。

49

2.3.3 国家干预的加强

抗日战争期间，国民政府撤退到中国内地，并在四川重庆设立了陪都（Kirby，1990，1992）。与所有面临相同局面的情况一样，战时的压力导致国家对经济的干预日益增加。战前，中国工业并没有大的公共部门。为了将工业从上海迁往内地，并在内地建立起军事工业能力，国民党政府设立了一个计划委员会，叫“资源委员会”（NRC），以经营政府支持的企业发展。由于资源委员会的成员主要是工程师和技术员，所以委员会一开始关注的是矿业的发展，又由于其工作效率和实在而赢得很高声誉。截至20世纪40年代初，资源委员会经营着拥有16万人的诸多工厂（1933年全部工厂拥有100万工人）。在中国未沦陷土地上的全部工业中，国家经营的工厂占全部资本的70%，工人占32%。

与此同时，日本当局为了支持自己的战争，在占领区上海开始重建工业。许多上海的企业转而开始从事军品生产，所以，在消费品产出下降的同时，机器和武器的产出却在增长。到战争结束时，大部分上海工业都控制在日本军事当局手中。战时，日本人没收了许多企业，并强迫中国资本家与他们合作，所以战争结束时，日本人已经是上海最大的外国投资者。但所有这些企业都于1945年被国民党接管。40年代末，由于手上已经拥有资源委员会经营的企业，再加上没收了日伪的工厂，使得国民政府突然拥有了大笔资产，国民政府资源委员会因而控制了现代产业资本的90%。到1947年，中国政府已经控制了90%的钢铁产量、66%的电力生产以及 45%的水泥产量。此外,大多数大银行和运输企业也在政府控制之下。1949 年后,萌芽中的国营经济被共产党政府接管。

2.3.4　通货膨胀

为了支付战争费用,尽管国民政府已经与长江下游的经济基地分开了,但国民政府还是开始印刷钞票,以维持财政运行。这一结果加速了通货膨胀并最终导致了恶性通货膨胀。随着国民政府的垮台,通货膨胀日益恶化。如果我们将上海战前的价格水平设为 100,那么,1948 年的价格水平则为 6.60 亿。宏观经济的严重失衡威胁着陷入困境的经济。

2.4　1949 年前的经济遗产 50

2.4.1　留给社会主义计划经济时代的遗产(1949—1978 年)

战争时代的直接遗产就是对经济基础设施的极度破坏和严重伤害。工业资本的毁坏和农业基础设施(特别是灌溉系统)的恶化尤为严重。因此,对经济的破坏极大。与此同时,恶性通货膨胀也证明了金融领域的混乱,需要立即采取必然会损害短期经济发展的补救措施。此外,战争已经扰乱了自 20 世纪 20 年代和 30 年代开始的经济增长,所以中国仍然非常贫困,或许还稍稍落后于同时期的印度(见表 2.2)。

表 2.2　基准比较:1952 年的中国和 1950 年的印度

	中国(1952 年)	印度(1950 年)
人均国民生产总值(1952 年的美元价格)	50	60
人口(百万)	573	358
稻米产量(吨/亩)	2.5	1.3
小麦产量(吨/亩)	1.1	0.7
人均工业产出		
煤(千克)	96	97
钢铁(千克)	2	4
电力(千瓦)	0.005	0.04
棉锭(包)	0.01	0.03
铁路(千米,1936 年)	20 746	72 000

具有讽刺意味的是,1949 年前一些负面的经济经验可能相对顺利地促成中国在 1949 年后采取了社会主义计划经济制度。从 1839 年到 1945 年——即从鸦片战争到抗日战争——中国受外国侵略的经历,当然会引起中国人对西方制度和西方世界观的深深怀疑。中国人对西方势力的强烈厌恶让他们选择了闭关锁国的

社会主义发展战略。此外，国民政府——即共产党的主要对手——的声誉，也因恶性通货膨胀和无力管理1945年到1949年的经济而受到损害。更泛而言之，十几年战争的动乱、破坏和痛苦，使中国人愿意接受一个哪怕非常严厉的政府，如果这个政府允诺给他们和平以及一定程度的经济安全的话。

更具体地说，战时的经济变化有助于共产党政府实施其社会主义工业化战
51 略。日本人已经在东北地区开始了重工业核心区的发展，接着，这些工业又落到苏联军队手中，最后交到了中国政府手上。严格地说，在中国，国民党资源委员会开发的工业和日本当局没收的企业一起，为中国共产党(CCP)建立对工业部门的直接管制打下了基础。事实上，国民政府已经建立了一个计划机构的核心部分。资源委员会的许多技术官员仍然在新的中华人民共和国领导下继续从事相关工作。因此，新成立的共产党政府并不是从零开始，也没有在开始的几年中就实施具有政治敏感性的工业国有化。

1949年之前，中国依然贫困，但经济发展已经起步。中国拥有相对丰富的人力资本禀赋，人口的识字率也相对较高，而且还在不断增长。大学体系虽然很小，但已建立起来。技术人员也在国外受过训练。某些能够作为进一步经济发展之需的现代产业资本和运输资本也已经创建。1949年到1978年遵循的社会主义发展战略又回到传统经济生机勃勃的道路上。具有讽刺意味的是，过去的成果掉到了新政权手上，新政权就像接到了一份对其新的发展方式的授权书一样。

2.4.2 留给1978年后市场经济的遗产

传统经济的遗产对社会主义时代的重要性，对1978年后的市场经济同样重要，按理来说甚至更为重要。随着中国开始对外开放，对传统的以家庭为基础的经济体系的熟悉，使人们有很强的适应新的经济机会的能力。1978年后，我们可以在中国任何一个地方看到传统的回归。更重要的是，小规模的家庭企业突然在中国各地发展起来，以满足在社会主义计划经济体系下受到忽视的市场需求。以“乡镇企业”为名的农村企业在许多地方迅速增加，并出现了许多不同的组织形式。但任何地方的乡镇企业都没有中国人口密集地区的乡镇企业那么红火，高度商业化的农村一片欣欣向荣(见第10章)。传统的经济中心突然以令人惊奇的速度复兴了，长江下游地区开始恢复其传统经济的基础地位，而东北地区(即计划经济的核心地区)则降低了重要性。而且，传统以市场为基础的组织形式也开始恢
52 复了，大量的小型专业化企业通过市场与上游和下游的生产者联合了起来。我们

以东南沿海的温州地区为例，那里的私人企业已经通过极强的创业才能发展起来。事实上，中国在 1978 年后之所以能如此迅速地发展起来，相当一部分原因在于传统经济滋养的创业才能和竞争性行为。

传统经济与中华人民共和国外部的“海外中国”部分的联系，也很快恢复起来。改革初期经济特区的建立，反映了中国领导人想通过境外力量进行重建的意图（见第 1 章）。事实上，20 世纪 60 年代和 70 年代香港与台湾地区快速的经济增长，本身就可视为传统经济的延续。毕竟，这两个地区属于传统中国经济领域，而且走的是一条自传统开端，并主要依赖小企业推动经济发展的增长路径。1978 年后，已经发展起来的香港和台湾地区的企业的生产能力，与中华人民共和国的劳动力及其他资源重新整合，创造出了对外贸易的爆炸性增长。从这一方面来讲，传统经济为 1978 年后的经济发展留下了一份极有意义的遗产。

最后，传统经济可能留下的是一份复杂的遗产。这份遗产影响了从计划经济向市场经济转型的性质。在 20 世纪 70 年代后期，外国进入中国仍然是一个敏感问题，邓小平提倡的经济特区推动着经济开放的进程。经济特区虽然限制了外资进入的范围，但也同样表明政策制定者愿意克服自己对外国控制力量的传统厌恶心理。最终出台的政策虽然模仿了 19 世纪中国被迫打开通商口岸的某些特征，但这一次，主权在中国人手里。早期经济特区的经验可能促成了已经成为中国制度转型之典型特征的“双轨制”的实施（见第 4 章）。经济特区允许企业在计划经济的夹缝中实施一系列全新而不激烈的市场运行规则，因而预示着中国经济更大范围的转型。事实上，中国全面转型的道路，包括极力主张追寻一条有“中国特色”的改革计划的决定，似乎都跟与西方碰撞的这 100 年痛苦经历有关。

从这一点和其他多个方面看，中国当代经济包括了对传统的再发现。那么，中国的传统经济过去是失败了吗？更准确些说，中国传统经济的潜力和成就被压制了多年。抗战、国内战争和社会主义都使传统经济无法发挥作用，但从当代立 53
场来看，传统经济已经出现反弹，植根于过去的商业和企业才能以及商业网络和企业行为，都有了重新发现，并为未来提供了一份积极的遗存。

进一步阅读的建议

有关中国的历史研究文献汗牛充栋，随手可得。与本书所采取的关于中国近代经济史相似的观点，可见理查森（Richardson，1999）。集中了中国现代史上不同时期的相关论题的一部论文选，可见卡尔戈伦等(Kallgren et al.，1991)。对中国历史的概述，可见史景迁(Spence，1999)出版的可读性极强的著作。张戎的《鸿》(*Wild Swans*)(Jung Chang，1991)通过一个家族的回忆，向我们展示了一幅丰富的中国史画。

数据和图表资料来源

表2.2源自库马尔(Kumar，1992)。中国铁路总长度数据来自罗斯基(Rawski，1989，208—209)。

参考文献

Brandt, Loren (1990). *Commercialization and Agricultural Development: Central and Eastern China, 1870—1937*. Cambridge: Cambridge University Press.

Brandt, Loren (1987). "Farm Household Behavior, Factor Markets, and the Distributive Consequences of Commercialization in Early Twentieth-Century China." *Journal of Economic History*, 47, no. 3 (September): 711—737.

Chang, John K. (1969). *Industrial Development in Pre-Communist China: A Quantitative Analysis*. Chicago: Aldine.

Chang, Jung (1991). *Wild Swans: Three Daughters of China*. New York: Simon & Schuster.

Eastman, Lloyd (1988). *Family, Fields, and Ancestors: Constancy and Change in China's Social and Economic History, 1550—1949*. New York: Oxford University Press.

Elvin, Mark (1973). *The Pattern of the Chinese Past*. Stanford, CA: Stanford University Press.

Elvin, Mark, and Liu Ts'ui-jung, eds. (1988). *Sediments of Time: Environment and Society in Chinese History*. New York: Cambridge University Press.

Esherick, Joseph (1991). "Review of Loren Brandt, *Commercialization and Agricultural Development: Central and Eastern China*." *Journal of Economic History*. 51, no. 2 (June): 501—503.

Feuerwerker, Albert (1969). *The Chinese Economy, ca. 1870—1911*. Ann Arbor: Center for Chinese Studies, University of Michigan.

Ho, Samuel P. S. (1984). Colonization and Development: Korea, Taiwan and Kwantung. In Ramon Myers and Mark Peattie, eds., *The Japanese Colonial Empire, 1845—1945*, 347—398. Princeton, NJ: Princeton University Press.

Kallgren, Joyce, K. Lieberthal, R. MacFarquhar, and E. Wakeman, eds. (1991). *Perspectives on Modern China: Four Anniversaries*. Armonk, NY: M. E. Sharpe.

King, Frank H. (1911). *Farmers of Forty Centuries*. Emmaus, PA: Rodale Press.

Kirby, William C. (1990). "Continuity and Change in Modern China: Economic Planning on the Mainland and on Taiwan, 1943—1958." *Australian Journal of Chinese Affairs* 24: 121—141.

Kirby, William C. (1992). "The Chinese War Economy." In James C. Hsiung and Steven I. 54
Levine, eds., *China's Bitter Victory: The War with Japan, 1937—1945*, 185—212. Armonk, NY: M. E. Sharpe.

Kumar, Dharma(1992). "The Chinese and Indian Economies from ca. 1914—1949." *STICERD Research Program on the Chinese Economy*, CP no. 22, May, London School of Economics.

Maddison, Angus(1998). *Chinese Economic Performance in the Long Run*. Paris: Development Centre of the Organisation for Economic Co-operation and Development.

Myers, Ramon(1980). *The Chinese Economy, Past and Present*. Belmont, CA: Wadsworth.

Naquin, Susan, and Evelyn Rawski(1987). *Chinese Society in the Eighteenth Century*. New Haven, CT. Yale University Press.

Perkins, Dwight(1967). "Government as an Obstacle to Industrialization: The Case of Nineteenth-Century China." *Journal of Economic History*, 27(4):478—492.

Rawski, Thomas(1989). *Economic Growth in Prewar China*. Berkeley: University of California Press.

Richardson, Philip(1999). *Economic Change in China, c. 1800—1950*. Cambridge: Cambridge University Press.

Riskin, Carl(1975). "Surplus and Stagnation in Modern China." In Dwight Perkins, ed., *China's Modern Economy in Historical Perspective*, 49—84. Stanford: Stanford University Press.

Spence, Jonathan D. (1999). *The Search for Modern China*, 2nd ed. New York: W. W. Norton. Tawney, R. H. (1964). *Land and Labour in China*. New York: Octagon Books.

Vermeer, Eduard(1988). *Economic Development in Provincial China: The Central Shaanxi since 1930*. Cambridge: Cambridge University Press.

Wang, Gabe T. (1999). *China's Population: Problems, Thoughts and Policies*, 6, 28—29, 38—39. Aldershot: Ashgate.

Will, Pierre-Etienne, and R. Bin Wong(1991). *Nourish the People: The State Civilian Granary System in China, 1650—1850*. Ann Arbor: Center for Chinese Studies, University of Michigan.

Zelin, Madeleine(1991). "The Structure of the Chinese Economy During the Qing Period." In J. Kallgren et al., eds., *Perspectives on Modern China: Four Anniversaries*. Armonk, NY: M. E. Sharpe.

Zhang, Zhongli(1955). *The Chinese Gentry: Studies on Their Role in Nineteenth-Century Chinese Society*. Seattle: University of Washington Press.

第 3 章

社会主义计划经济时期(1949—1978 年):
55 大力推进工业化与政策的不稳定性

1949 年 10 月,中华人民共和国成立后,中国经济猛然脱离了传统框架,朝着一个全新的方向走去。中国的新领导人背离了传统的以家庭为基础的农本经济,开始通过直接的政府控制,发展大规模的社会主义工业联合体。计划者完全无视适合中国众多人口的劳动密集型部门,而将资源全部注入生产金属、机器和化工品等资本密集型企业。他们完全摒弃了早期面向太平洋的沿海飞地所获得的工业化成就,另外采取了一种新的内向型策略。一开始,中国是把苏联作为自己的榜样以及主要贸易伙伴和技术来源。

30 年来,中国追求的就是这种社会主义。我们将这种发展战略称为"大力推进工业化"战略,因为这一战略倾其全力最大限度地将所有投资都投入了重工业。而大推进发展战略对中国经济的方方面面都产生了实质性影响。本章的第 1 节讨论"大推进"经济战略,并阐述资源配置的总体模式。为实施这一战略,1949 年和 1956 年(1979 年后结束)开始分阶段实施计划经济体制。"经济体制"这一术语描述了支配具体的资源配置决策的制度,这一部分在本章的第 2 节。中国所采取的体制常被称为"指令性经济",之所以如此,是因为市场力量受到严厉打压,政府计划者通过"指令"直接分配资源,指令就是经济中的重要信号。指令性经济是一种将个体经济决策置于整体国家发展战略之下的有效方式。

即使大推进战略和指令性经济体制的总体原则支配了这一时期的社会主义
56 发展道路,但这一原则在不同的年份也有不同的做法。政策的摇摆性不仅使政策不可预测,而且对经济的扰动很大。实际上,经济的不稳定性和政策的摇摆性也是 1978 年的特征。本章以政策不稳定性为架构,对中国社会主义计划经济阶段最为重要的这一时期进行阐述。大推进和指令性经济模式中有一些有独特的成功的中国式调整,但也有一些灾难性的误导政策。在这段时期中,最特别且最冒进的是"大跃进",其特别之程度甚至使"文化大革命"也黯然失色。自 1979 年以来,中国实质上已渐渐废除了指令性经济体制,然而,社会主义计划经济留给中国当代经济的遗产既庞大又复杂。事实上,当代经济的各个领域都受到了指令性经济的负面影响。在结论部分,我们将对社会主义计划经济时期及其社会遗产作简短评价。

3.1　大推进发展战略

1949 年后,中华人民共和国遵循的是一种社会主义重工业优先的发展战略,或称大推进战略。由于快速工业化成了重中之重,所以消费被极度收紧。政府直接控制了大部分经济,并运用自己的控制权将资源源源不断地输入新建的工厂。投资(事实上所有投资都是政府投资)不仅急剧增长,而且已超过国民收入的 25%。即使在今天,穷国的平均投资率也只占国内生产总值的 20%。事实上,自 20 世纪 50 年代以来,中国的投资率全面上升,中国在 1954 年虽然还是一个非常贫穷的国家,投资率已经上升到国内生产总值的 26%(见图 3.1,图 3.1 显示了资本形成总额,即作为国内生产总值份额的实物生产新投资、投资折旧和存货积累的数量)。"大跃进"期间,投资进一步上升,但由于"大跃进"的灾难性后果,投资又忽然下降。如图 3.1 所示,尽管时时出现不稳定,但在整整一个相当长的时期内,中国的投资率一直很高,而且一直在上升。

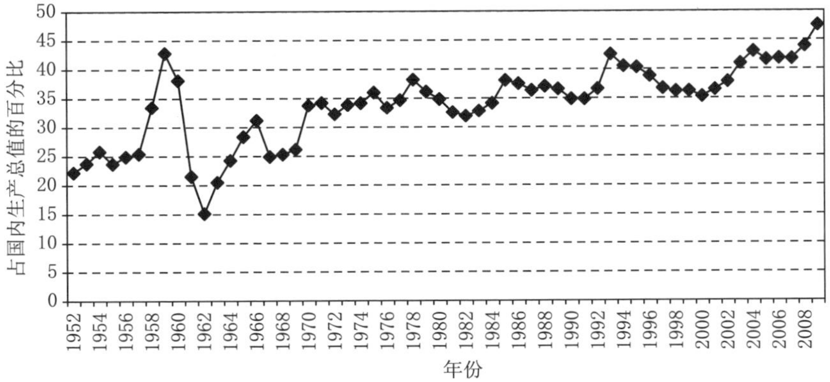

图 3.1　投资占国内生产总值之比

中国的大多数投资投往工业，工业投资中的80%又投向了重工业。由于计划者将资源都投入了工业，工业增长较快并不令人奇怪。1952年到1978年间，工业产出的年均增长率为11.5%。此外，同一时期工业产出占全部国内生产总值的份额从18%稳步上升到44%，农业产出占国内生产总值的份额则从51%下降到
57 28%（按现行价格计算，见第6章的进一步讨论）。比如说，创建的全新工业有电力设备、化肥和汽车生产，等等。更重要的是，在经过萧条与停滞和战争的扰乱之后，20世纪50年代，中国经济开始起飞。大推进战略对推动中国工业起飞似乎很有作用，新政府有能力动员财政和其他资源，为维持投资效益提供源源不断的财政支持。

中华人民共和国并不是20世纪50年代亚洲唯一的一个增长加速的国家或地区。同一时期，香港和台湾地区也经历了快速工业化的过程，但它们的这一过程很大程度上是遵循了中华人民共和国放弃了的发展战略。对这些战略进行直接比较，可使我们对这一区域的经济增长有更进一步的了解（见表3.1）。我们可以把整个工业经济看成一个联结许多不同活动的“价值链”或“价值流”。在价值流的上游是自然资源开采和物质产业；开采出资源送去提炼，成为加工产品后进入机械工业；价值流的终端是生产和消费的最终产品。由于实施的是重工业优先战略，所以，中国关注的是工业经济的上游和中间阶段。某些行业被视为战略性行业，是因为这一行业与其他行业有很多关联。比如，钢铁工业就与下游企业有非常重要的关联，因为如果钢铁企业为机器制造厂和设备制造厂供应高质量低成本的产品，就会降低这些企业的成本，并促成这些企业的发展。但是，钢铁工业也与“上游工业”有很重要的关联，因为钢铁工业增长会增

58 **表3.1　两种不同的工业化战略**

	中国大陆的重工业优先	台湾和香港地区的轻工业优先
基本战略	从最上游的战略性行业以及与下游关联的行业开始	从下游的消费品行业开始，逐渐往上游发展
储蓄构成	政府、国营企业	家庭、私人企业、政府
投资决策	政府	私人企业、政府基础设施部门
需求增长之源	国内企业、政府投资项目	国内外消费品市场
家庭收入	缓慢增加	适度增加到快速增加
协调	计划	某种程度上政府“操控”市场
对世界的开放度	低	高

加煤、铁矿石和特种机械的需求，并因此推动这些行业的经济增长。（投入—产出表就是表明部门之间所有直接供给关系的一个工具，可以用来计算产出或需求方面全部直接和间接的变动）。对战略性部门大量投资造成的经济增长会创造出一个自我强化和自给自足的过程。在政府投资决策基础上发展起来的重工业部门相互为对方提供需求，但对市场发展的溢出效应有限。由于国家实施这种自力更生战略，对外部世界有限开放，这种道路走起来非常容易。

香港和台湾地区与中国大陆相反，它们首先专注于纺织和食品以及其他轻工业消费品。换句话说，它们的工业集中在产业价值链的“下游”端。这也是多数发展中国家和地区开始自己的产业化进程时的“早期行业”，也是 20 世纪 20 年代和 30 年代中国“飞地工业化”过程中的最重要部门。事实上，在某些地方，也是由同一批人在开办工厂，比如说，上海多家纺织厂在 20 世纪 50 年代迁到香港，有的上海企业则迁到了台湾。这些行业的市场最初在海外，尤其集中在发达国家。贸易的对外开放意味着工厂主能从世界市场获取自己所需的原材料和设备等投入物。只是到了后来，即在轻工业发展成功后，台湾和香港才往上游移动，（有时候）开始 59
在政府的帮助下，发展更具技术要求的资本密集型产业。有意思的是，中国香港与台湾地区、韩国和新加坡都是通过相对平稳的转型，从早期的轻工业消费品制造转到更具技术要求的部门。20 世纪 60 年代和 70 年代，这四个经济体经济增长加速。换言之，在最初的工业化阶段，即使缺乏与国内工业部门的联系，台湾和香港也能通过其他的开放优势，获得更多的补偿。由于拥有来自世界市场的低成本投入，廉价的生产不仅加快了世界技术的吸收，也加快了对出口市场的了解，因此导致生活水平的更快上升，并最终加速向世界最好水平靠拢。与此同时，在大推进战略的促进下，中国大陆的经济增长虽然也在加速，但慢于同时期亚洲其他地方的经济增长。到 1978 年，台湾、香港的经济发展已远远领先于大陆，并成为中国领导人相信改革开放经济效应的证明。1979 年后，当中华人民共和国最终重新调整了发展战略，并改变了大推进战略之后，人们在轻工制造业和出口市场发现了许多未加利用的机会。中国大陆在与香港或台湾企业的合作中，对这些被忽视的机会作出了回应（见第 16 章和第 17 章，对当代中国大陆、香港和台湾之间相互关系的阐述）。

3.2 中国的指令性经济体制

那么，计划者是如何设法将资源调拨到大推进工业化战略的呢？形成决策的重要机制是什么？中国仿照苏联采用了“指令性经济”。指令性经济具有如下基本特征：

- 政府拥有所有大型工厂、运输企业和通信企业。在农村，农业集体农场接管了土地所有权和农业经济的管理权。
- 计划者对企业发布指定生产目标的命令，并在各个生产者之间分配资源和物资。价格失去了在经济中指导资源配置的重要信号功能。金融被用来查账并监管经济表现，而不是用来推动投资决策。
- 60 虽然政府完全不顾价格的微观配置作用，但政府却控制了价格体系，建立了将资源汇于政府手中并输入大推进产业的相对价格。
- 政府与共产党通过一种层级人事制度，强化了对经济的控制，通过这种人事制度，共产党控制了管理层的职业生涯道路。

这就是在斯大林领导下的苏联最初制造出来的独特体制。中国在20世纪50年代将这一体制复制过来。正如我们在下文将要讨论的，60年代和70年代，中国对这些制度进行了改动，以适应毛泽东思想的意识形态和较其苏联导师更糟糕的经济制度。

由于政府拥有工厂并控制了价格体系，因此，工业品昂贵、农产品便宜就不足为奇了。这就是说，社会主义国家有意识地制定了相对较高的工业品（由政府拥有）价格，制定了相对较低的农产品（农民集体所有）价格。社会主义国家一直维持着国企部门与居民的贸易条件并使贸易条件有利于国企部门。1953年，（在农业集体化形成之前）中国政府就实行粮食强制征购，建立了持续30多年的政府垄断重要农产品的制度。农民被迫按较低的固定价格满足因政府粮食垄断而设定的收购定额。这样，农产品价格便宜，工业消费品的“价格加成”又非常高（比如棉布），同时，工资又保持在较低且稳定的水平上。根据这种价格制定的体制性偏差，农业似乎是一种“低回报”活动，工业才有可能有较高的利润。由于不想让过多的农民离开农村，政府实施了限制人口流动的政策（见第5章）。

国有企业的盈余构成了政府财政收入的主要来源。扭曲的价格体系意味着就算国有工业企业的经营没有效率，国有工业企业也绝对盈利。国有工业企业就是政府和整个经济的大笔资金和利润来源(cash cow)。这种体制使中国政府拥有为大推进工业化和其他优先战略调动资源的财政能力。现代税收体制在中国也没有存在的必要。20 世纪 50 年代中期，中国政府已经将预算收入提高到国内生产总值的 25%。对一个穷国来说，这一税收水平令人惊讶。而且，这一水平也远远高于战前国民政府所达到的水平。

建立了政府控制经济的先决条件之后，具体决策就通过计划体制来实施。 61
"物资平衡计划"就是经济运行中实际使用的主要技术。"物资平衡"这一术语意指计划者在配置所有供应品的过程中，"平衡"资源的估算和个别商品的使用。计划者只是配给"数量"而不管"价格"。中国也有为单一生产者制定的产出计划，以及在众多生产者之间转移资源的供给计划。在理论上，计划者可以使用投入—产出表来估算整个经济相互依赖的需求。但实际上，对计划者来说，中国太大了，生产者也是各式各样，根本无法通过一种单独的技术手段来协调经济。计划者的做法是，先在不同的利益相关方(stakeholders)之间分配资源，然后再按自己的意愿开列出优先项目清单以及这些项目所需要的资源，最后才用剩下的资源去满足无数尚未满足的需求。外贸部门则是出售盈余弥补所缺的最后手段。

政府所采取的其他控制措施就是强化对物资的控制。对人的控制则通过党管干部制度来实施。党管干部制度是共产党领导下的一份城市工作名录，共产党凭此通过公共部门对个人职业生涯进行管理。共产党建立了一套严格的等级制度。在这种等级制度中，上一级对下一级的个人表现和工作进行监督，因此，共产党控制了个人的职业生涯道路和最终的激励体系。最后，对资金流动和信贷的控制也是自上而下地实施。最典型的就是通过国家垄断银行体系(或曰"垄断银行")审核遵守国家指令的情况。价格、利润、货币以及银行业都在这一体系中，但金融体系本身却非常"被动"。也就是说，资金流动被指派去适应计划(按照物质的数量开列清单)，而不是独立地影响资源分配。唯一的例外就是家庭预算，每个家庭可以自行决定如何在有限的消费供应品中分配自己的收入。

由于有计划、命令和控制，所以，典型的国有企业几乎没有什么权利。国有企业既不能调整自己的劳动力，也不能保留任何利润，甚至不能在寻找其他投入品和增加生产上进行竞争。与此同时，中国的核心计划体系不如苏联的集中程度高，控制也没有苏联那么紧。小型企业在中国的产业结构中比苏联的小型企业更为重要。由于运输和通信几乎没有得到发展，所以实施中央控制的效果不彰就不
62 那么奇怪了。比如说，北京的中央计划设计者要分配大约 600 种不同种类的工业品，而 20 世纪 70 年代的苏联要分配 6 万种不同的商品。在其他方面，中国的集中化程度也较低一些，尤其是在 70 年代，金融权力下放加强了计划体制的权力下放，使地方政府在制定经济发展决策方面有了相当大的余地。上述证据表明，中国工业经济的上层（中央政府）和下层（企业）都缺少决策权，权力处于中间一级，即地方政府官员手中。

另一方面，中国实质上比苏联控制更严，意识形态和社会控制尤其紧。在毛泽东时代，政治是“命令”，共产党严格控制了言论乃至思想。中国对劳动力的控制也非常严，包括限制劳动力迁移和劳动报酬。从农村迁往城市也受到严格限制。“文化大革命”期间，700 万城市中学毕业生被送往农村（见第 5 章）。在国有企业工作的人要在指定的企业工作一辈子，有时候甚至要孩子接岗。劳动力流动事实上并不存在。企业解聘工人实际上不可能，原则上也不合法，辞职更是闻所未闻。尽管存在权力下放，但中国的体制在许多方面仍然极其僵化。

3.3 政策的不稳定性

自 1949 年以来，中国的历史一直非常动荡。1949 年革命成功后，政策（包括经济政策）的突然转向几乎能标示出中国的每一发展时期。变化，甚至是突然转向，在经济政策的许多领域都很普遍。正因为如此，社会主义时期的遗产尤为复杂。在某一时期，由于实施的政策很有特点，所以被人称为中国式的或毛泽东式的发展模式。另一些时候，政策又较为接近传统的苏联模式，或者由于短期实用主义的驱使，不同时期的政策导致了不同的经济后果，有的很成功，有的则是灾难性的。

经济政策的摇摆不定常常源于激烈的政治冲突。毛泽东本人就按照他自己的革命理想或个人意愿，反复改变经济政策。共产党自 1949 年以来便一直独掌
63 政权，所以主要的政治问题常常随着分裂党的内部权力斗争而出现。派系斗争中的赢家常常利用政策手段击败自己的对手，而且一旦赢得权力之后，便实施自己所偏好的政策。正是有这样的原因，毛泽东时代中国政策的转向和变化，通常可以用政治观点进行描述。认清了政治的重要性后，我们才能在本节对 1949—1978

年的情况进行简要的描述。本节的重点是经济变化及蕴含于其中的政治因素。这种方法不仅可以使我们的叙述紧凑，而且能把握政策取向的多样性和不稳定性。

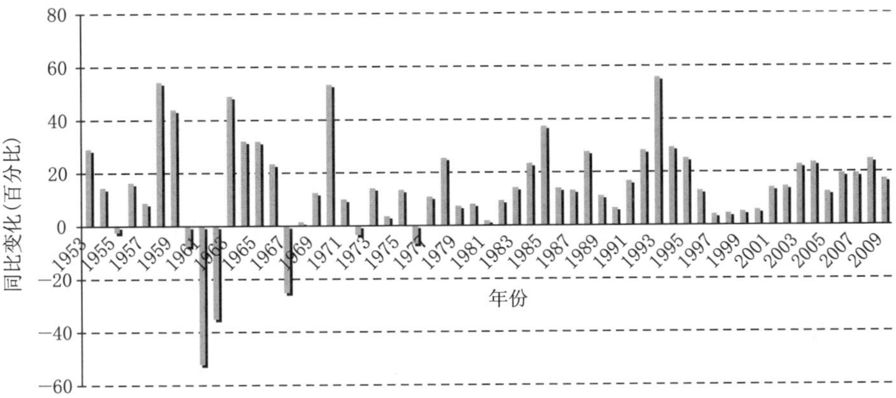

图 3.2　投资的增长(1953—2009 年)

图 3.2 的数据提供了解决这一问题的方法。图中显示的是每年投资增长的百分比(图 3.1 使用的是相同的数据)。数据清楚地表明了这一连串投资急速增长之后，接踵而来的增长放缓甚或投资下滑的各个阶段。图 3.2 标出了 5 个急速增长的投资波。在一个单独的年份中，投资增长每次超过 20％就意味着一次“洋跃进”。虽然每次“洋跃进”都是一个投资增长加速的阶段，但也与政治运动和制度转变阶段相对应。“洋跃进”倾向于激进或左倾，是社会变动最大的阶段。政治与经济运动的 5 个周期在中国的数据中是很明显的。每次“洋跃进”过后总是紧 64
随着一个紧缩与巩固及减缓投资的阶段。这些紧缩阶段也具有更温和的政治气候的特征(尽管 1967—1968 年的“文化大革命”初期是一个例外)。因此，投资周期与政策周期和反复出现的政策冲突相一致。政策像钟摆一样左右摇摆，它推动经济发展，但又受经济发展的推动。这种分析方法可以为复杂的中国社会主义史构建一个简明的框架，这一框架可以使我们将整个社会主义时代分为几个时期，这一分期与中国政府所采取的分期完全不同。

3.3.1　1949—1952 年的经济恢复时期

1949 年中国新领导人掌握政权并决定在中国建设社会主义。对他们来说，这一承诺意味着他们要再创造一个中国式的苏联经济模式。他们毕竟同是共产党，同时，也没有证据表明领导层在采取苏联模式方面存在重大争议或不同意见。但这绝不意味着中国确定要(或能)尽快建成苏式体制，也不意味着中国打算赶超苏联。中国面对的是急迫的经济问题。战争对工业和农业损害极大，恶性通货膨胀仍在蔓延。1950 年 6 月，朝鲜战争的爆发，大大加剧了资本主义国家对新共产党政权的仇视。由于中国的干预，朝鲜战争变成了持续的僵局，西方国家开始实施对中国的贸易制裁。这些事情使中国更加靠拢苏联，同时也使中国的决策者继续审慎和细致地关注经济建设。事实上，政府在最初几年中也很快转向恢复国内经济，并作出了引人注目的成就。对预算和货币供给的严格控制，使通货膨胀在 1950 年底得到控制。与此同时，工业和农业也恢复了正常。到 1952 年，工业和农业都超过了战前的最高水平，并为新的发展打下基础。1953 年，朝鲜停战协议的签订，为新时代的到来扫清了道路。

新中国成立初期特别让人感兴趣的是，新政府如何有效地使意识形态适应当时的经济和政治挑战。在农村，共产党推动了一场急风暴雨式的土地改革运动，
65 城市工人深入全国农村，将土地分配给贫苦农民。1950—1952 年，即朝鲜战争胶着时期，42%的中国可耕地都已重新分配，多数重新分配的土地都位于以前的共产党游击队没有进行过土改的南方。在这一阶段，土地仍然由农户私人所有，但土地所有权极为平等。共产党用这种方式巩固了贫下中农对自己的支持，也摧毁了地主的经济和政治力量。与此同时，他们延缓了如何才能把农民组织起来走农业集体化道路的问题。

在城市，新政府接收了许多工厂，其中包括战后没收的日本人的工厂和国民党的工厂，以及 1949 年后逃离中国的资本家的工厂。这时的政策还是受到其他社会群体的普遍欢迎。在“新民主主义”的口号下，共产党欢迎那些愿意与新政府合作的非共产党人，也鼓励那些愿意留在中国的资本家(有很多人)扩张自己工厂的生产。还有一些在国民政府资源委员会工作的计划人员，愿意以同样身份继续为共产党工作。许多知识分子和科学家也满怀信心地将自己的技能贡献给新中国的建设。通过有技能的企业家和技术人员的工作，政府才可能以惊人的速度恢复工业。政府自己的投资主要集中在对大推进发展战略极为重要的东北地区，因为只有东北才拥有最大和最重要的重工业。具有讽刺意味的是，这些工厂最初是作为日本本国发起的产业化战略的一部分，由日本人投资兴建起来的，在“二战”结束时，这些工厂又被苏联人接管。现在，这些工厂到

了中国政府手中，而且是在苏联帮助下迅速恢复生产的。东北重工业是一个试验场，指令性经济体制就是在这里首先引入的。到 1952 年末，经济恢复和经济重建大获成功，这就发出了一个信号，即在全国范围内铺开社会主义工业化的时机已经来临。

3.3.2　1953—1956 年第一个五年计划的“双高峰”时期

1953—1957 年的五年被中国官方媒体称为第一个五年计划时期。事实上，这是不停变化和调整的时期。毫无疑义，这时采用的基本是苏联模式，但也考虑了转型的速度、适合于中国的集中化程度和适当的工资制度以及城市地区的奖励政 66
策等严肃的政策问题。苏联体制的引入是在运动和急速变动这两个时期之后的紧缩与稳定时期。具有讽刺意味的是，虽然变化的方向始终是走向苏联体制，但由于中国一直没有统一实施苏联体制，所以大多数时期实施的是一种混合型的多元化经济。这一点非常重要，因为这一时期的经济发展非常成功。

20 世纪 50 年代，中国社会的各方面都受到苏联的极大影响。苏联的大推进战略与指令性经济体制被全盘照搬过来。与此同时，苏联的工业技术和组织设计也传入中国。1953 年和 1956 年是变化尤为剧烈的“双高峰”时期。在第一次高峰期（1953 年），作为依据苏联模式的全国性投资计划的一部分，投资上升极快，农业应该获得的投资却在下降。1953 年到 1957 年的第一个五年计划是“一半在莫斯科，一半在北京”规划出来的。五年计划的核心是 156 个大型工业项目的建设，所有这些项目都从苏联或东欧进口。实际上，所有这些项目都建在内地或东北地区。因此，五年计划的开始意味着区域布局的开始，以及意图将工业中心从沿海内移的开始。俄制机器也含有相当先进的工业技术、机器蓝图和规格说明。苏联在全国各地提供了大量技术援助，进行了大量技术培训。从建筑到体育训练，到工业工程，到科研组织和教育机构，几乎所有领域都是按苏联的指导和培训来进行。苏联派出了 6 000 名顾问到中国，为时一年或两年，在苏联学习的中国留学生则有 1 万多名。中国虽然因这些顾问付出了一定代价，但这些援助对中国也有很大帮助。对一个没有经验的国家来说，要在没有援助的情况下在全国范围内成功实施一个复杂的投资计划，会是极其困难的事情。

1953 年投资的突然增加几乎立刻使人感受到了重新抬头的通胀威胁，所以投资马上被削减。1954—1955 年的经济状况较为适中。中国这时仍然是一种混合型经济。尽管这时政府已经建立了粮食采购的垄断体制，同时又鼓励农民加入合

作社，但农业仍由以家庭为基础的农户来主导。在城市，虽然多数资本家已经被
67 迫与国有批发商签订了合同，但仍然允许私人业主开办工厂和商店。这一均衡态势将要发生改变。

1955—1956年的第二个转型高峰期为“社会主义高潮”时期，即突然发动的向公有制的转型。事情发生在1955年的年中，当时，毛泽东批评农业集体化的步伐太慢，并嘲讽负责农业政策的官员胆子小，将他们比作小脚老太婆。毛泽东的批评引发了一场大规模的推进农业集体化的运动。1955—1956年的整个冬季，运动一直在持续进行。这一次，毛泽东的个人干预至关重要，政策的改变立刻使所有农民都加入了农业集体组织。1954年末，只有2%的农户加入了合作社或农业集体组织；到1955年，有14%的农户加入了合作社；1956年末，加入农业集体组织的农户达到了98%。接下来，所有的注意力都转向了城市。1956年初，城市的私人企业和商店转向合作社，或加入实质上由国家控制的“公私合营”(joint public-private)工厂。中华人民共和国成立后依然存在并发展了6年的私人所有权，在1955年末和1956年初的6个月里终于不复存在。由于政府不断将资源输入新成立的社会主义组织，投资增长的加速达到了新的高峰。两次运动使社会和经济发生了巨大变化。苏联模式在1956年全面到位，1956年这一年也正是中国全面实施“社会主义”经济的第一年。

3.3.3 紧缩阶段：1956—1957年的“百花齐放”时期

正当中国刚刚设计出指令性经济的重要特性，并复制出斯大林(Stalin)在苏联创建的体制时，1956年2月25日，苏共二十大之前，赫鲁晓夫(Nikita Khrushchev)站出来谴责斯大林，并揭露了斯大林主义的罪行。赫鲁晓夫因为宣称所有的社会主义国家都有权决定自己建设社会主义的道路而引发了全球震撼。在中国，与1955—1956年工业增长和变化步伐太快相关的压力和紧张，使经济问题日渐严重，加之置身于这样的国际环境，因此，中国领导人放宽了政治环境。1956年，国营部门招收了500万工人，其中半数是以前在私人企业做工的城里人，半数则是迁移到城市的农村人口。当时的平均工资上涨很快，新的银行贷款大量流入
68 农村，以资助新诞生的农业合作社。与此同时，农业产出却停滞不前。快速发展的集体化并没有引起农业产量的急剧下降——像苏联20世纪30年代的情况——农村受到制度变化的伤害，使供给完全无法与需求的增长保持同步。不久，经济因素和国际因素就逼得中国领导人放缓了变化的步伐。

到1956年中，中国的政策与1956年初相比，有了180度的转弯，这时强调的是谨慎而渐进的变化，而早些时候的政策被批评为“冒进”。1956年9月，中国共产党召开了第八次全国代表大会(实际是1949年后的第一次大会)，大会通过了一个适度的经济计划。“八大”以后，公开讨论的经济改革规划设想出一种有重要意义的具有市场机制的经济体制，尽管这一体制只是一种补充机制，却考虑了各种所有制形式的恢复和共存。这次党的代表大会引发了一个自由化的时期，在1978年后推进的许多计划中，都能发现这一阶段的回响。经济自由逐渐延伸到政治领域，1957年初，党的领导人公开号召进行政治讨论，即后来所称的“百花齐放”运动。在某种意义上，这种政策表明了有中国特色的另一条社会主义道路，即比苏联模式更温和且更具市场导向的社会主义道路。然而，这一复杂时期的实际后果却出乎任何参与者的想象。

“百花齐放”似乎表明中国有了一个重要的新开端。尽管向“百花齐放”转向的根源是前一年过热的压力和紧张，但似乎显示出一个自信而有社会活力的新时代。事实上，这种转向有非常充分的意义，因为整个中国都在回顾之前非凡的成功记录。1952—1957年，工业生产年均扩张17%，经济出现了不寻常的快速增长。经济中的每个部门都恢复了正常。对教育和培训的大量投资也为维持未来的经济增长打下了基础。这个时期也是一个社会流动性较大的时期，农民进了城，年轻人进了大学。这一时期也是现在许多中国老人记忆中最怀念的进步显著的时期。由于在经济建设中积累了经验，中国此时似乎已经走上了自己的社会主义道路，这是一条比苏联模式更具活力和市场倾向的社会主义道路。但这条道路却走不通。仅仅几个月内，毛泽东就非常明确地提出了改变这条道路的精神。
1957年，社会主义转向了一个全新的不祥的方向。中国从空前的成功走入了空前 69
的灾难，“大跃进”(the GLF)开始了。

3.3.4　1958—1960年的“大跃进”时期

“大跃进”是中华人民共和国历史上很不寻常的一个时期。标志“大跃进”开始的转折点实际上是在1957年的年中。当时，毛泽东突然攻击自由派，批评他们在“百花齐放”中的公开言论。几周内，毛泽东就发起了一场反右派斗争，目标对准党外知识分子以及任何有独立思想的人。在接下来的几个月里，几十万知识分子和其他在“百花齐放”中有过公开言论的人都遭到谴责，并被开除公职；很多人则被送到劳改农场。政治气氛一夜之间发生了变化。1957年11月，权力下放的经济体制改革已经做好了最后准备，并在一个全新的激进政治气氛中开始实施。

“大跃进”本身受一种极度的政治狂热所左右，想象着可以在几年内跃入完全的共产主义社会。人们也经常将“大跃进”看成是在毛泽东领导下、中国第一次提出的有别于苏联模式的社会主义发展道路。事实上，在“大跃进”的早期阶段，因对作为苏联体制组成部分的大工厂和官僚机构的不满，“大跃进”的热情尤为高涨。但与此同时，“大跃进”也使“大推进”战略更进了一步。事实上，“大跃进”最主要的成果就是资源从农业转向工业的比例大幅提高，“大跃进”是“一种幻想，而不是计划”的产物(Schurmann，1966，74)，其逻辑并不总是前后一致。的确，“大跃进”完全不顾实际资源的限制，意图诸事并举、全面推进。但不管怎样，其中也确实有一些创新性因素：

(1) 在农村建立了“人民公社”。人民公社是政府职能和经济职能的集合体(大于任何集体农庄)。它可以用来为建设项目动员劳动力，可以提供社会服务，可以发展农村小企业。

(2) 物质刺激和货币奖励都被抛弃，国营企业的奖金也受到限制，农村自由市场也被关闭。

70 (3) 经济决策权力下放。

(4) 建立了“两条腿走路”的技术方针，即简单的技术(适用于穷国)与先进的工业技术相结合。

1958 年，意识形态领域的气氛持续偏激。同时，中央领导人也得到了越来越多来自经济领域的好消息。1958 年秋天，粮食丰收，并超过了前两年的水平，钢铁产量也迅速增长。增长确实是有，但所有的报告存在浮夸。在一个过热的意识形态环境中，党内官员竞相报告引人注目的成就，其结果是统计报告水分越来越多，并最终导致突然的衰退。领导人渐渐相信，史无前例的政治运动可以使中国经济突破 1957 年初看来无法抗拒的资源限制。由于意识形态的高涨使人失去了判断力，统计工作的“耳目”作用也受到损害。高层领导人作出了两个决定命运的决策。第一，削减农业的生产资料(劳动力和土地)供给，尤其是粮食生产的供应。第二，增加了粮食收购，即增加了向国家缴粮的任务。第一个决策意味着农村的粮食生产减少，第二个决策意味着国家要拿走更多的粮食。

起初，这些政策的影响由于非常明显的增长态势而不为人注意。1958 年，国有部门又招收了近 3 000 万名新工人。在农村，数百万年轻力壮的工人也脱离农业进入乡镇企业工作，其中包括轰动一时的“土炼铁厂”。1958 年丰收后，这些依然留在农业部门的工人被指示要减少播种粮食的土地面积，异想天开的科学使中央领导人相信，深耕密植能使粮食产量增长两三倍，因此可以腾出更多土地去种植经济作物，尤其是工业急需的棉花。各年龄段的劳力都被鼓动推到了劳动第一线，一周七天连轴转，疯狂地想要马上做成世间一切事情。在工业领域，大型工厂和小型工厂同时增加(“两条腿走路”)，教育和文化企业也像工业企业那样迅速扩张。在人民公社，新的生活服务如公社食堂和托儿所也开始大规模建立，还举行群众诗歌朗诵会。工业产出目标也不断修改提高，尤其是钢铁生产的目标提高更 71
快。工人们竭尽全力要在三年内超过英国，赶上美国。事实上，工业增长确实非常快，但大部分产品都是无法使用的东西。同时，最根本的问题还不是工业产出的劣等质量，而是根本无法维持的资源消耗，以及从农业部门抽走劳力。

如果共产党在反右派斗争中善于纳谏，或者说，如果能够倾听农民对灾难的警告，“大跃进”的狂热就不太可能出现。有段时期，好像共产党本身也看到了危险，并纠正过政策。1959 年夏天，党在庐山召开工作会议，决定纠正已经出现的严重失衡，其中包括地方粮食短缺问题。但在几天的讨论之后，毛泽东突然利用国防部长彭德怀的批评，发动了一场对批评“大跃进”的有力反击。一次新的“反右倾”运动开始了，这一次的目标是共产党内部和政府内部那些敢于对“大跃进”提出实际批评的人。“大跃进”的两个主要政策又重新开始实施，即在 1960 年，国有企业再次大量招收新工人，粮食收购又达到一个新高度。但这一次，这一体制已经拿不到什么粮食储备或人力了。丰收已经不再，粮食库存也已经耗尽，进入 1960 年，地方粮食短缺已经发展成区域性短缺，中国正面临一场大规模的生存危机。

1960 年，外部因素也使这一形势更为恶化。很明显，基本问题仍然是以毛泽东为首的中国领导人之固执盲干。1960 年相对恶劣的气候也恶化了粮食危机，但气候并没有引发危机。1960 年夏天，赫鲁晓夫担心中国政策的无序变动和危险倾向，突然从中国召回了所有的苏联顾问。毫无疑问，这一行动是打算迫使中国放弃因错误的想法而实施的政策，但结果却是两国关系的破裂。1960 年，中国突然爆发饥荒，但饥荒基本上是在农村地区，而且内地省份最为严重。在这一最糟糕的时候，政府还在持续从农村征收粮食以供应城市，维持沿海主要城市的表面正常。

72

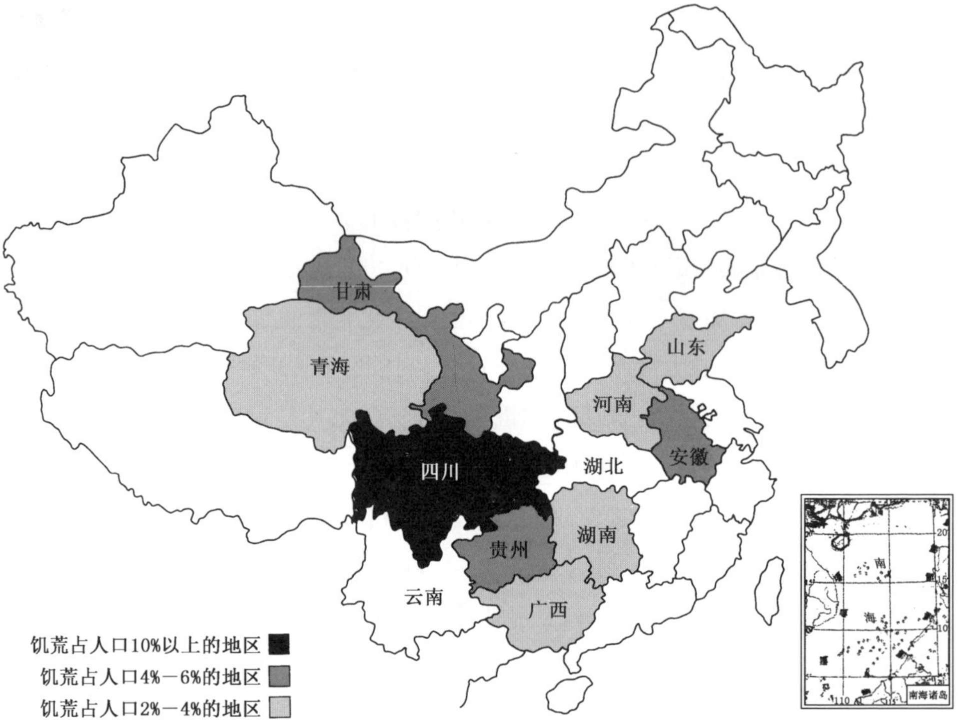

图 3.3 “大跃进”后的饥荒

中国官方的人口数据完全反映了这一情况。我们可以根据这一数据用不同方法来计算灾难的全貌。人们一般认为，到 1961 年末，由于这次大饥荒引起的非正常死亡的人数大幅度增加。另外，由于营养不良和粮食短缺而延迟了大约 3 000 万人的出生。1962 年，尽管死亡率仍然大大高于正常死亡率，但饥荒最坏的阶段已经过去。1962 年底，巨大灾难终于结束。这次饥荒是 20 世纪世界范围内最大的一次饥荒。

3.3.5 紧缩阶段：1961—1963 年的危机与“重新调整”

1961 年初，中国领导人最终认识到了采取严厉措施的必要性。当年初便准备好了一系列政策。首先是削减投资，并将 2 000 万工人遣回农村。在农业领域，则
73 迅速对公社进行重组，并将农业生产的责任交给了生产队。工业领域又重新采用奖金和物质奖励等手段，并在全国范围内关闭了数以千计的小企业，目的是将生产分散到数量更少但相对具有生产效率的企业。乡村企业则彻底关闭。为了恢复秩序，中央又重新集中了经济控制权，并对所有的必需品实施了配给制，以最小

化短缺的影响。为了给农业提供更多的投入，现有的生产都尽可能调整了生产方向。中国这个在50年代一直出口食品的国家，第一次进入世界粮食市场，成了粮食净进口国。

1964年，危机控制政策仍然继续实施，并有某种程度的延伸。在“大跃进”中关闭的自由市场也重新开放，为农民向城市提供食品并吸收购买力提供了另一条渠道。消费品的进口和市场自由化逐渐稳定了价格，但这个价格却是在一个较高水平上的新价格。1963年，所有的注意力都从危机管理转到了对一系列新的长期政策的讨论。新的五年计划初稿意在从大推进战略转向恢复生活水平。这些政策看起来不过就是当时的常识问题。农业由于政策的误导而受到严重破坏。很多耕地都因为兴建水利工程和厂矿而毁坏，森林也遭到砍伐。城市和农村的生活水平都因短缺和通货膨胀而受到严重影响。而且，中国已经不能再依赖苏联的援助了，新计划草案希望能重振沿海地区现存的工业基础，并将投资集中于那些能通过生产化肥和化纤而支持农业的企业(尤其是化工企业)。

3.3.6　1964—1966年初的“三线”建设：激进主义操纵的新扩张

1961年到1964年出现的温和政策并没有持续进行，由于对中国在世界上的孤立感到担心，同时也感受到美国插手越南的威胁，毛泽东于1964年再次改变了中国的发展战略。由于“大跃进”遗留的危机已经结束，毛泽东又推动了“三线”建设。“三线”建设是一个重点放在中国内地省份的建设规划(见图3.4)，其目的是创建一个能使中国具有战略独立性的完整的工业基地。通过在遥远的中国内地大山深处建立的工厂，毛泽东希望保证中国的工业基地不会受到美苏的军事攻击。从1964年末开始，重点在中国西南省份(特别是四川和贵州)建设工厂和铁 74
路的高潮开始了。由于这个规划，“大推进”战略最终作为中国发展战略的基础而得以重新提出，但这一次扮演的是重新进行军事和区域布局的角色。1965年和1966年，作为内地建设第一阶段的投资和工业生产高潮已经完成，从1964年开始，“三线”建设成了经济建设的重点。然而，由于“文化大革命”的突然爆发，使“三线”建设的急剧扩张突然停顿下来。

3.3.7　紧缩阶段：1967—1969年的“文化大革命”时期

1966年8月，毛泽东发动了所谓的“文化大革命”。“文化大革命”有很多定义，也有很多解释。在中国，“文化大革命”时期常常指1966年到毛泽东逝世的

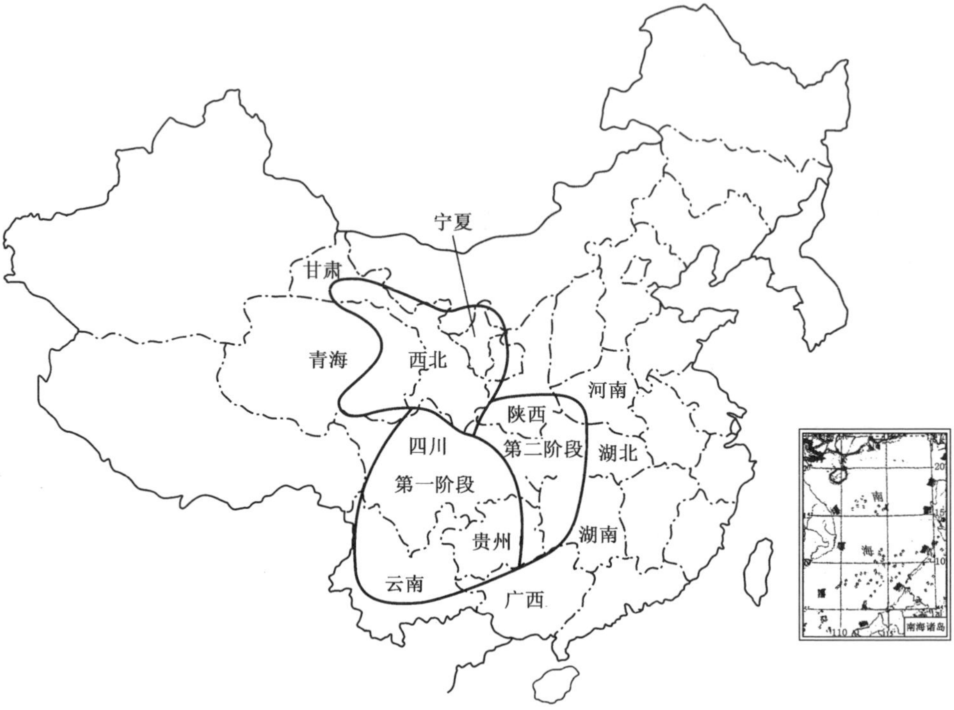

图 3.4　1964—1975 年的“三线”建设

75 1976 年这 10 年，这一用法也成了指代某种左派政治修辞主宰一个时代的同义词。然而，更准确的方法就是使用这一术语来描述 1966 年到 1969 年这一较短时间内持续的政治动乱。在这一时期，毛泽东鼓动称为红卫兵的学生团体推翻了除他本人之外的巩固的共产党领导层。包括邓小平在内的共产党领袖突然受到批判和撤职，更坏的就是落到学生组织和“革命群众”手中。“文化大革命”并不很复杂，也不是什么说不清楚的现象，通常人们要么认为“文化大革命”是毛泽东利用年轻人振兴革命精神并肃清官僚趋势的一种做法，要么认为是毛泽东为清除权力机构中的对手而实施的一种手段。不管是哪种情况，其结果都是实实在在的动乱，并逐步演变成无法控制的派系斗争。

从经济角度来看，“文化大革命”（狭义上的）令人奇怪的不是一个特别重要的事件。“文化大革命”产生了很多戏剧性的新的政治形象，但对经济的影响相对较小。很显然，之所以出现这种结果是因为政治激进阶段与经济紧缩阶段的巧合。与“大跃进”不同，“文化大革命”有相对有效的“管理”：投资仍然在下降，农业生产只受到轻微影响。工业生产虽然下降，但下降程度有限。重要的必需品和优先发展的项目仍在继续进行。在最坏的阶段过去之后，“文化大革命”前的指令性经济政策于 1969 年初很快重新原样出现。与 1965 年和 1966 年一样，经济建设的重心仍然在“三线”。这里只有一点不同，即在 1966 年，来自东南亚的美国的威胁似乎逐渐减轻，而中国和苏联的关系则继续恶化，甚至到了在边界有争议地区发生公开军事冲突和苏联武力威胁中国的地步。

3.3.8　毛泽东模式：1970 年的新跃进

1969 年到 1971 年，中国已经从“狭义”的“文化大革命”走了出来，并同时开始了重点在“三线”的新的“跃进”。这一次，中国没有大规模地从农业部门调集资源，而是紧缩消费，尽力对工业建设进行投资。这一时期，中国处于准军事管制之
下。军队一直奉命制止因“文化大革命”而恶化的派系武斗，现在，军队对国内事 76
务的直接干预又因看到了苏联的军事威胁而加强。由于社会的军事化，重振“大跃进”理想的意图又再次出现。因此，物质刺激再次受到批评，奖金再次被取缔，经济决策权力又再次下放，在农村和城市同时发展工业的想法再次抬头。与“大跃进”不同的是，这次计划从一开始就要求节约，中国人鼓励百姓勒紧裤带，全心全意搞建设，而不是试图全面并举。这一政策在一个时期似乎取得了成果，生产很快超过了“文化大革命”前的最高水平。

毛泽东模式与苏联体制相比在哪些方面有了明显变化呢？我们可以列出以下五个方面：

(1) 经济领域中无处不在的“军事化”。优先发展与国防有关的“三线”投资项目。另外，调动中国人民解放军来解决“文化大革命”的派系斗争。因此，身着军装的军方人员管理着生产设施，艰苦朴素受到鼓励。

(2) 经济权力下放。鼓励农村发展工业，尤其鼓励服务于农业的“五小产业”的发展(见第 10 章)。

(3) 实施相对自给自足的经济。与外部世界的经济联系非常少，只能寄希望于国内各区域尽自己所能的自力更生。

(4) 完全不存在物质鼓励(奖金或计件工资)。只有少数为农民开放的农产品市场，没有粮食市场。

(5) 基本不存在市场推动的劳动力流动。城镇中学毕业生被送到农村，政府指挥人力和资源向边远内地的调动，移民和城市化完全停顿下来。

3.3.9 紧缩阶段：1972—1976年的巩固与摇摆

1971年，经济问题再次出现。尽管一直在紧缩，但工业增长再次以极大的领先幅度超过了农业增长。持续增加的产业工人队伍使粮食供应的压力增大。在权力下放和投资组织不善的过程中，已经多年没有希望进行生产的很多新项目也
77 开工了。在日益增加的人力和资源都投资于建设而无法挪用的同时，还必须用产出来支撑这些尚未得到支持的项目。经济的压力又因为急剧变化的政治事件而突然增大。1971年林彪出逃，这一事件几乎立刻加速了中美两国恢复友好关系，其标志就是1972年理查德·尼克松总统访华。由于国际环境突然缓和以及中国最有权力的军队人物遭到清洗，中国领导人开始致力于解决正在出现的经济问题。

周恩来优先将这一时期的经济引入了一个新的更为稳健的发展进程。给“三线”的投资被大幅削减，优先给予“三线”的资源也大幅减少。有些投资被转移到可以发挥更大效益的沿海地区。与资本主义世界的经济关系也重新建立起来，还决定拿出43亿美元进口工业设备。最大的一套设备是美国—荷兰合资的国际开发财团的11个超大型化肥厂设施。1972—1973年，中国经济政策经过重大改组，呈现出更温和的趋势。由于周恩来的健康恶化，毛泽东在1974年末让邓小平重返岗位。1975年，邓小平对政策进行了“纠正”，试图解决“文化大革命”的某些最坏的问题。但让人头疼的政治变化仍然没有停止，1976年，邓小平再次被逐出权力舞台。

政治斗争阻碍了中国政策的重新定位。图3.2显示出每年投资波动的情况：要想把成体系的经济政策贯彻到底几乎不太可能。上了年纪的毛泽东拒绝听取任何与“文化大革命”有关的政策批评，并鼓励一批激进分子(后来称为“四人帮”)阻挡经济合理化的趋势。这批激进分子在彻底改变文化和意识形态方面很是成功，但他们从来没有控制住经济决策权。他们的政治权力使中央领导层出现了一段僵持阶段。随着毛泽东继任者问题的日益临近，这一僵持渐渐转化为公开的权力斗争。1974年到1976年，经济决策已经陷入瘫痪。

3.3.10 洋跃进：1978年与毛泽东时代的结束

1976年9月毛泽东的逝世最终打破了这一僵局。几天之内，新的领导人即将“四人帮”关进了监狱，并很快将注意力转向了经济问题。1977年，由于觉察到经
78 济管理工作中的混乱局面，新的领导人把工作重点集中在一系列整改和数据收集

事务上。在权力适当向中央集中的同时，投资也维持在适度水平。经济恢复的同时，领导层又开始制定大的计划了。新的党中央领导人华国锋利用自己的声望发动了一场浩大的投资推进计划，制定了 1975—1985 年的十年计划。这一计划设想创建 120 个大型项目，所有项目不仅是大型项目，而且多数是重工业项目。设想中有 10 个大型综合钢厂，10 个新油田，30 个大型电站，以及 5 个新型港口。支撑这一庞大计划的是这样的信仰，中国经济可以快速增长：只要中国可以清除左倾政治势力，集中精力搞经济，重建经济制度，中国就可以体验到经济起飞。

实际上这一计划做不到这一点，因为中国还没有为经济加速做好准备。基于某种计算的这一计划，有些地方还有错误。在 20 世纪 60 年代初期到 1977 年，中国的石油生产年均增长 15%，因此，华国锋的十年计划基于这样一种理念，中国可以用自己的石油收入来购买具有最新西方技术的高质量工业品。正是这个原因，这一计划按中国的说法被戏称为"洋跃进"。由于在"文化大革命"期间政府计划机构受到破坏，计划人员无法就新技术的吸收、大规模的资源流动、计划项目的选址和细节等难题提出意见，并对众多新项目进行协调。而且，有两个原因使"洋跃进"不堪本身的重负而失败。第一，各种投资水平的计划在一个不现实的环境中持续增加，就像 20 年前的"大跃进"时期一样。由于允许进口外国技术，很多中国机构开始与国外供应商签订大笔合同。1978 年末，中国对至少价值 400 亿美元的投资项目进行了严肃的讨论，其中实际上已经签署了价值 70 亿美元的合同。对一个刚刚对外部世界开放的经济来说，这是一个巨大的负担和承诺。第二，中国为增加出口而发展自己油田的努力，碰到了一个没有预料到的障碍。事实上，中国一半的石油生产都产自位于东北的大庆油田，但该油田却出现了生产下降的信号。1977 年和 1978 年，中国新钻油井达 1 500 万米(在西方要耗费数十亿美元)，但只有一次在遥远的新疆发现了油田。很显然，中国没有石油收入来支付这些昂 79
贵的合同。由于所有的计划都不切实际，所以大开放战略垮台。

3.3.11　决定性的转折：中共十一届三中全会与经济改革的开始

1978 年末，各种政治因素汇集在一起，使经济政策和其他政策基本与"文化大革命"时代的政策背道而驰。1978 年 12 月，中共十一届三中全会开启了中国经济与中国政治的新时代。中共十一届三中全会明确标志着与过去的决裂。从政治上讲，中共十一届三中全会意味着邓小平与其他经验丰富的中国共产党领导人，比如陈云和李先念一起，回到了最高领导人职位。从意识形态上讲，意味着对以前忌讳的一系列问题放开了一条自由讨论的道路。在经济领域，则采取了一系列新的政策。从1979年开始，对某些具体经济政策的讨论，就与当代经济改革阶段联系到了一起(见第4章)，而不是与指令性经济的遗产联系到一起。

3.4 社会主义计划经济时期的遗产

3.4.1 政策不稳定的后果

让毛泽东时代的中国不断发生分裂的政治冲突之细节非常耗人精力，有时也让人费解和沮丧。到最后，上了年纪的毛泽东将自己的个人权力与自我证明(self-justification)与中国的现实和需要混为一谈。从经济角度看，出现了一个非常简单的情形，即形成了一种使所有战略性和体制性政策都为最大程度地让资源流入工业部门服务的体制。这一体制的顶端是高度集中的自行决断权，因此，中央领导人可以按自己认为的轻重缓急调拨资源。换句话说，这种体制可以最大化"跃进"的潜能。实际上，每当这一体制开始加速运行，都会碰到重大问题。经济会被弄得过头，并因撞墙而超出预定范围。那么，这个"墙"是什么呢？墙就是农业不能很快生产出足够的粮食供给，而体制也难以为丰裕的劳动力提供就业岗位。

这一社会主义时期的遗产在1978年后产生了一些重要影响。首先，它甚至
80 在中共领导人中都引发了对计划经济的长久而深远的不满。在并没有从根本上放弃计划经济的20世纪70年代末期，基于对计划经济的深深疑虑，社会上出现了实验和修正社会主义制度的意愿。其次，尖锐的政治分歧意味着，中共领导人可以借批评毛泽东的错误(毕竟他也应该受到这样的批评)而将自己与过去的失败分而论之。后来，中共领导人也发现，在过去的实验时期或经济恢复时期的政策模式，也适用于经济转型时期。最有用的灵感来源是1956年到1957年的"百花齐放"，以及"大跃进"之后马上在60年代初期实行的经济政策组合和农业政策实验。事实上，20世纪80年代初作为重大改革突破的包产到户，其基础就是1962—1963年安徽省的农业政策。20世纪70年代的权力下放也对80年代的改革者具有示范价值。最后，70年代末，改革者已经了解到计划经济的问题多么根深蒂固，他们也意识到可能要作出选择。

3.4.2 发展战略的缺陷

与社会主义发展战略相关的还有一系列不利因素。第一，一心一意地追求工

业发展意味着忽视了消费。从 1952 年到 1978 年,资本形成总额的年均增长率为 10.4%,1978 年已经是 1952 年的 13 倍;但居民消费增长仅达 4.3%,1978 年仅为 1952 年的 3 倍。由于放开人口增长,按官方统计资料,每年户均消费增长率仅为 2.3%,而官方统计有时还夸大实际增长。此外,城乡差距非常大,城市消费增长率达 3%,大大高于农村增长率 1.8%。因此到 1978 年,城市的人均消费与 1952 年相比增长略为高于 2 倍,但农村人均消费只比 1952 年高出 58%。消费的增长虽然较慢,但还能感觉得到。比较来看,确实没有什么突出的地方。

服务的增长也不受重视。在正常情况下,随着经济的发展,农业的相对重要性会略微减小,工业和服务业会扩张(关于这一关系的更详细的讨论,见第 6 章)。然而,在 1952 年和 1978 年的中国,这种一般性规律并不存在。在整个这一时期,服务从占国内生产总值的 29%下降到占国内生产总值的 24%,其中主要的原因就是商业的贡献下降。政府对市场和私人企业一直持不支持的态度:1952 年,一个零售商所服务的人数约为 81 人,但到了 1978 年,一个零售商所服务的人数达 81
到了 214 人。1952 年,每 676 人可以有一家餐馆,但到了 1978 年,8 189 人才摊到一家餐馆。像科学、教育和医疗这类社会服务占国内生产总值的份额也有所增加,但低于 1 个百分点。

零售部门的萎缩反映出这样一个事实,即消费市场上不存在真正的竞争,因此也不会有改进服务质量和引进新产品的情况。此外,定价策略也歧视消费,任何一样大概能视为“奢侈品”的消费品,就会按较高的加成价定价,这样既满足了平均主义的冲动,也便于吸收过多的购买力。包括相对普通的诸如手表、电扇这类商品,即使有卖,也不是一般家庭买得起的东西。事实上,虽然收入增长缓慢,且奢侈品定价高,但还是实施配给制来限制需求,以分配供应不足的商品。从 1955 年一直到 80 年代,购买粮食和棉布都需要票证。配给的范围则因短缺程度的不同而变动。比如在 1978 年,还有 20 多种商品有配给限制,除了农产品和棉布之外,还有肥皂、豆腐和质量较好的自行车。基本消费品的短缺程度更是高于苏联,苏联在第二次世界大战后已经废止了对多数商品的配给。

发展战略的第二个主要缺点是就业的增加相对较慢。由于多数工业都是资本密集型产业,且又忽视服务业的发展,所以,对新劳动力的需求不大。1952 年到 1978 年间,全部劳动力增加了 1.91 亿人(从 2.07 亿人增加到 3.98 亿人),但现代企业和服务部门的增长仅吸收了劳动力增长的 37%。这一时期,农业劳动力按每年2%的速度增长，到1978年，农业劳动力的增长与1952年相比，已高于1952年的70%，而可耕地因工业化的持续进行实际增长为零。因此，失业，尤其是农村地区的失业，仍然是一个严峻问题。

第三，大多数工业投资不仅是资本密集型，而且相对来说也需要技术。这一时期建设的工厂常常是大型的综合企业，需要耗费数年乃至几十年的时间，经由多方支持才能建成并投入运行。这一事实的直接含义是：经济回报极低，因为资本会一连数年被束缚在建设中而没有产出。事实上，中国工厂从未完全走上大规
82 模生产的完整过程。比如钢铁厂就遇到难选矿石和复杂过程的问题。或许这也是工业增长呈现出衰退趋势的原因，即20世纪50年代的增长率最高（比如1952—1957年的年均增长率为17%，但在1970—1979年则下滑到年均增长8%）。从某种意义上说，中国的产业化战略过于雄心勃勃。由于将重点放在资本与技术密集型的重工业，忽视劳动密集型消费工业的发展，所以，中国将稀缺的资源都投入到难以产生结果的企业，而没有抓住开发相对"容易有结果的"项目的机会。这一战略虽然创立了一个重要的工业基地，但这些资产的使用都效益极低。

3.4.3 人力资本基础

对中国社会主义政策具有正面评价的一个领域就是对基础人力资本的投资。在整个社会主义计划经济时期，向基础卫生和教育领域投入的资源相当可观。到改革开放前期，中国人有了更好的卫生条件和更好的教育。在节制个人消费的同时，"社会"消费，比如教育和医疗却在急剧增长。此外，这些开支常常是以社会低收入人群获益的方式进行的。因此，尽管"文化大革命"中大学停止招生数年，但同期的基础教育却大面积铺开。不识字人口也在迅速减少。与此同时，农村的医疗卫生基础机构也建立了起来。按照我们最好的估计，正是这个原因使1964—1982年中国人的平均预期寿命达到60岁。从中国的收入水平看，这个水平相当高，且超过了1957年50岁的水平，而在20世纪初，中国人的平均预期寿命只有30岁(Banister and Hill, 2004)。根据1982年的人口统计，识字人口占总人口的三分之二，这是一个相对较好的成绩。同时，基本产业培训在人口中也很普及。

有人可能会说，社会主义制度在提供基本需求以及为其最穷困的民众提供最低限度的生活水平方面，做得很不错。不过也存在问题，即1959—1961年出现的饥荒和经济问题。事实上，这一体制的非理性影响非常深远。1978年12月之后，中国领导人尽最大努力改变了这一他们自己建设了达30年之久的计划经济体

制。由于数十年反复曲折的道路，他们面对的这一经济体制与苏联的模式相比权力更为分散，更具争议性，但惰性更少。中国领导人拥有更多的选择和灵活性，他们下决心不能让自己再落在充满活力的东亚邻国的后面。 83

进一步阅读的建议

要对社会主义计划经济时代有更好的了解，可参见李思勤(Riskin，1991)、拉迪(Lardy，1987)、林毅夫、蔡昉和李周(Lin，Cai and Li，1996)的文章。关于"大跃进"期间及后来的饥荒，现在也有很多文献，白克尔(Becker，1996)就有感人的描述。阿什顿等(Ashton et al.，1984)首次对数据进行了严谨的分析，自那以后，张欣和文贯中(Chang and Wen，1997)、彭希哲(Peng，1987)、林毅夫和杨涛(Lin and Yang，2000)都作出了重要贡献。邹伟廉、黄佩华和崔大伟(Joseph，Wong and Zweig，1991)对"文化大革命"时期也有很好的重新评价。

数据和图表资料来源

图 3.1：《新中国 50 年统计资料汇编》(1999，6—7)；《中国统计年鉴》(*SYC*，不同年份)。

图 3.2：《新中国 50 年统计资料汇编》(1999，6—7)；《中国统计年鉴》(*SYC*，不同年份)。

图 3.3：林毅夫和杨涛(Lin and Yang，2000)；国家统计局(NBS，1999)。

图 3.4：诺顿(Naughton，1988)。

参考文献

Ashton, Basil, Kenneth Hill, Alan Piazza, and Robin Zeitz (1984). "Famine in China, 1958—1961." *Population and Development Review* 10(December): 613—645.

Banister, Judith, and Kenneth Hill (2004). "Mortality in China 1964—2000," *Population Studies* 58:1, 55—75.

Becker, Jasper (1996). *Hungry Ghosts: Mao's Secret Famine*. New York: Free Press.

Chang, Gene Hsin, and Guanzhong James Wen (1997), "Communal Dining and the Chinese Famine of 1958—1961." *Economic Development and Cultural Change* 46(October): 1—34.

Joseph, William, Christine Wong, and David Zweig, eds. (1991). *New Perspectives on the Cultural Revolution*. Cambridge, MA: Harvard University Press. Includes reassessments of rural industry, the Third Front, and central-local relations during the Cultural Revolution.

Lardy, Nicholas (1987). "The First Five Year Plan, 1953—1957," and "The Great Leap Forward and After," in Roderick MacFarquhar and John K. Fairbank, eds, *The Cambridge History of China*, vol. 14: *The People's Republic*, Part 1: *The Emergence of Revolutionary China, 1949—1965*. New York: Cambridge University Press.

Lin, Justin Yifu, Fang Cai, and Zhou Li(1996). *The China Miracle: Development Strategy and Economic Reform*. Hong Kong: Chinese University Press. The section on the socialist development stralegy is especially good.

Lin, Justin Yifu, and Dennis Tao Yang(2000). "Food Availability, Entitlements and the Chinese Famine of 1959—1961." *Economic Journal* 110(January), 136—158.

NBS[National Bureau of Statistics, Department of Comprehensive Statistics] (1999). *Xiandai Zhongguo 50 Nian Tongji Ziliao Huibian*[Comprehensive Statistical Data and Materials on 50 Years of New China]. Beijing: China Statistics Press. Easily accessible source of official data, with headings in Chinese and English.

84 Naughton, Barry(1988). "The Third Front: Defense Industrialization in the Chinese Interior." *China Quarterly* 115(Autumn):351—386.

Peng, Xizhe(1987). "Demographic Consequences of the Great Leap Forward in China's Provinces." *Population and Development Review* 13(December): 639—670.

Riskin, Carl(1991). *China's Political Economy: The Quest for Development since 1949*. New York: Oxford University Press.

Schurmann, Franz(1996). *Ideology and Organization in Communist China*. Berkeley: University of California Press.

SYC(Annual). *Zhongguo Tongji Nianjian* [Statistical Yearbook of China]. Beijing: Zhongguo Tongji.

第 4 章

市场转型：战略与过程 85

中国自 1978 年末开始经济改革以来，已经经历了 30 年的市场转型期。实际上，今天的中国搞市场经济的时间与毛泽东搞计划经济的时间差不多一样长。通过经济改革，中国的经济已经转型。这么多年来，为适应新的挑战和环境，改革的内容也在不断修正。尽管改革的过程有时也有失败和反复，但最值得注意的事情很简单，即中国离市场经济还有多远，以及随着经济所面临的挑战之变化，如何保持改革过程与经济的相互关系。至少在 20 世纪 90 年代中期，中国已经成功地走出了指令性经济体制，采用了市场经济功能。直到今天，中国的市场转型过程还远远没有完成，许多市场经济必需的制度还没有发育成熟，进一步的市场建设和制度化非常必要，转型的问题深入到今天经济的各个方面。本章的重点就是市场转型的全部过程。在接下来的第 5 章要关注当代经济的 20 个具体部门或方面，时间自 1978 年始，对每个部门的讨论都放在中国转型经济框架内进行。

本章一开始就讨论导致中国改革者进行转型过程的设想和目标。这些设想使中国有别于其他前社会主义经济体，引出了一种有特色的市场转型方式，并最终形成渐进式转型战略。一开始，我们重点关注中国在农村地区的突破，因为正是初始工作的成功决定了改革的走向，而且使中国的改革者接二连三地抓住了转型成功的更根本的问题。接下来本章为中国的改革过程勾画出一个基本框架，并把整个改革过程分为两个主要阶段来加以解释。由于农村改革的成功，所以第一
阶段的改革采用了渐进改革、双轨制和权力下放几种方式。这一阶段的基本目标 86
是在维持经济增长的同时，废除指令性经济功能，这一目标实际上已经达成。在现有的制度框架下，中国几乎在每个领域都引入了市场功能，引入了多种所有制形式并创造了竞争。第二阶段大约在 1993 年后，随着改革的深入，这一阶段改革

的重点也有了转移。这一阶段的主要成就是重新设立了适应市场经济的发展和国有部门急剧衰退的制度，为所有市场参与者创造了一个公平竞争的条件。第二阶段的改革目前仍在进行之中。尽管这两个阶段都有实质性成功，但中国的政策制定者在处理转型到这一程度所出现的社会问题时，仍在努力改善市场经济的功能。

4.1 中国的转型之路

中国的经济转型道路与大多数社会主义国家的转型道路迥然不同。中国领导人正确地将中国视为一个低收入发展中国家，并一直将积极发展看成当务之急。直到制度转型到一个阶段后，中国的政策制定者才相信自己的经济也可能会延缓经济的发展。人们通常假设，制度转型会与经济发展同时进行，事实上，经济发展过程也会驱动市场转型向前发展，并保证转型最终成功。人们常常根据每项改革政策对经济增长的贡献（而不是对转型的贡献）来评价改革政策。人们起初按照这种方法评价是因为改革者的确不知道，他们应该朝哪个方向前进。他们进行的是“没有蓝图的”改革，他们只是在寻找一条改进计划经济严重问题的路径。但市场经济的目标在改革者心中渐渐占据了优势后就不难预期，一旦经济至少达到了中等收入水平，市场转型就完成了。事实上，这也确实是最终发生的事情。

市场转型的道路在东欧和鲍里斯·叶利钦（Boris Yeltsin）的俄罗斯完全不同。在这些国家，坚定的改革者的主要目标就是尽快走向现代市场经济。改革者
87 们有一个模式，即和他们毗邻的西欧经济体相同的模式。他们想尽快甩掉共产主义的遗产，并迅速靠近这一模式。改革者们并不相信政府能够纠正经济中的扭曲现象，因为经济中存在太多的扭曲，太深的相互关联。另外，这些改革者都是通过民主程序走上权力岗位的，对他们替换下的共产党领导人极不信任。他们如何能肯定党管干部和计划人员会听从新政府的指令？最好的办法当然就是砸碎全部体制，清除这些扭曲与特权以及所有可能导致寻租的机会，让一切从头开始。如果在这一过程中出现短期的产出下降，那也只能这样了。这一战略常被人们称为“大爆炸”。对这些改革者来说，最重要的是尽快放开价格，尽早让价格制度开始运作。为了给今后健康的长期增长打下基础，较好的方法就是接受前期付出的成本。然而，实际经验表明，这些成本超过了预期。

相反，中国的改革者在他们的经济中碰到的是方方面面未能得到满足的需

求。有些需求得不到满足当然是因为中国太穷，又是欠发达国家。但有些需求得不到满足则是因为指令性经济的浪费。改革者无法对这两种形式进行区分。指令性经济对那些昂贵的工业项目非常大方，却无视那些简单且容易满足的消费者需求。大体上，中国的改革者认定，应该允许个人和组织去满足未能满足的需求，并可以赚取额外收入。如果在这一过程中，这种新的活动会侵犯到指令性经济，因此不得不撤销某些规定，那也只能这样了。中国的改革者降低壁垒，渐渐放开了体制，让个人和群体有机会进行创业活动以满足市场需求。早期的改革者在现有体制内创立了一个不受规制约束的低营业税制。改革者之所以允许少数人先放开手脚，是因为他们认为，这样做对某些发展目标会有所贡献。比如，允许农村公社在计划外经营乡镇企业，因为这样会对当地的投资和经济增长作出贡献。在某些经济特区还允许外国企业自由经营，因为这样一来，就可以增加对中国的投资，也可能会使外国企业坚定向中国转移技术的信心。人们一般认为，这种政策有益于经济增长，而且也不是一开始就威胁到了中国政府管理和指挥经济的能力。

因此，早期的改革者从未试图减少或消除经济领域中的扭曲现象。相反，他
们放松了对资源的管制，这样就鼓励了这些资源（人、货币和创造精神）流入这些 88
规制较少的“地方”（pockets），而个人或团体也看到了他们可以加以利用的合适“利基市场”（niches）。虽然这些最先动起来的人获得了高利，但看见这一“公平赛场”的人也确实有限。然而，这一过程引发的经济活动又导致了竞争加剧。由于一些富有开拓精神的企业家从某些地方不断发掘出自己的第一桶金，计划经济变得像在市场活动为主的海洋中漂浮的一块海绵。从 20 世纪 90 年代中期多数部门的这种成就来看，经济改革的新阶段可能已经开始了。这一阶段改革的重点转向消除强制性计划并为所有经济部门创立统一规则和税率。计划与市场双轨制被逐步淘汰。多数价格都统一为市场价格。让人吃惊的是，中国从来没有发生过“大爆炸”。这一过程是通过最小的经济动荡和相对的社会稳定完成的。而东欧和俄罗斯的转型过程却因漫长的经济下滑和社会动荡尤为引人关注。

4.2　改革的发端：农村的最初突破

中国的市场转型始于 1978 年末对指令性经济几乎所有方面的广泛的重新评估。事实上，在“文革”风暴后的这一时期，社会上已经出现了某种程度的松动。

一些政治犯获得了自由，成百万上山下乡的青年人回城，讨论的领域放宽了，讨论也有了相对的自由。在这一情况下，虽然改革的可能性到底有多大人们并不清楚，但实验性的改革却在经济的各个部门展开。然而，改革却首先在农村获得了成功，农村改革的巨大成功为更持久和稳步的重大变化扫清了道路(见第 10 章)。

农村改革始于一个简单的政策决定，即政府想减轻过去 30 年来一直压在农民身上的压力。多年来，中国一直把农民卡在一个恶性循环的圈子里，即政府被迫要从农民那里收购更多的粮食，但收购的指标一直很高，收购价格却一直很低。农民也一直抗拒这种让人反感的交易，所以粮食生产一直增长缓慢，农产品销售
89 也难以增加。农民也没有热情在农业生产中投入更多的时间和金钱。1978 年末，以中共十一届三中全会为标志，中国领导人作出了放开农业贸易条件的决定，“让农民有一个休养生息的机会”。农产品收购指标稳定了下来，并慢慢开始下降，收购价格也开始提高。更为重要的是，收购指标以外的农产品销售价格上升极快。作出这一决定是一件很不容易的事，因为这一决定涉及大量需要进行协调的工作。比如，因为这一政策涉及的支出，计划人员就不得不减少了 1979 年的投资，三年内的粮食进口也成倍增加，并砍掉了雄心勃勃的“洋跃进”技术进口项目(见第 3 章)。让中国领导人作出这一决策的唯一的事情是，他们深信，农业经济需要有一个较长的重建和复原的机会。

一开始，改革者并不清楚如何才能使农业经济重新恢复。所有农民天经地义都是农业集体的成员，改革者起初并没有想改变这种安排，他们只是想给予农民更多喘息的空间。这一时期的改革者强调的是给予其他部门的企业更大的自主决策权，更多的激励，所以对农业集体经济也持同样的想法。他们允许农业集体经济试验不同的支付方式、组织方式和不同的销售方式。农村集体也采用了很多创新的方法。但到最后，所有人都转向了一种更为根本的解决之路：土地承包到户。由农村家庭接管每一块具体土地的农业生产，并签订一个协议，承诺在收成后出售一定具体数量的收购粮(低价)并上交公粮(零价格)。由于集体组织退化到连“地主”都不如，所以，这一政策基本是对传统家庭农业经济的重建。又由于农村改革意味着集体作用的急剧减少(但又没有废除)，这一政策引起很大争议。但中国领导人并没有因此而中断改革进程，1980 年后，他们逐渐又有了转变，给农民的支持更为实在。

接下来发生的事情让人更为吃惊。土地承包制迅速传遍了中国农村。到

1983 年底，农村几乎普遍采取了土地承包制。农业生产开始发展起来。由于农产品价格提高，以及诸如化肥等现代投入要素的增加，1984 年的农业生产迅速上扬（见第 11 章）。到 1984 年，粮食产量已上升到 4.07 亿吨，比 1978 年增加了三分之一。这就使中国每个人都有了足够的粮食。中国过去几十年的工业化不断被农 90
业拉后腿的情况似乎一下子成了过去，中国粮食短缺的时代也成了过去。

事实上，粮食产量的增加只是事情的一方面。由于可以用自己愿意的方式自由处置自己的劳动，所以农民在增加自家粮食产量的同时，实际上还减少了耗费在农田上的劳动时间。而且，他们还增加了在非粮食作物和非农业生产上的劳动投入。在乡镇企业（TVEs，即地方上开办的工厂）中工作的工人人数也迅速增加，这些部门的产品也大量涌现（见第 12 章）。乡镇企业的生产并不包括在国家计划之中，所以它们的产出要么用来满足以前没能满足的生产需求，要么用来参与与现有国有企业的新的竞争。无论怎样，乡镇企业的活动都破坏了计划经济并引发了重大变革。成功的农村改革和乡镇企业改革使改革者有勇气、有信心坚持改革计划。由于这样的背景，改革者打算推进原来改革不成功的几个部门的改革进程。另外，由于农村收入的大幅增加，改革者获得了大多数农村人口的支持。

4.3　经济改革的两阶段框架

成功的农村改革也巩固了改革过程中的某些方法。农村改革之所以没有引起经济或社会的动荡，其中很大一部分原因是因为采取了双轨制。在农民签订土地承包合同时，他们同意上缴一定数量的粮食给政府，剩余的则到市场出售。改革者将这一经验看成一种模式，即在使用合同来稳定现有经济体制中的某些关键部分的同时，放开其他部分。合同的构建体现了双方受益原则，即政府需要的粮食得到了保证，同时也为农民提供了强有力的刺激，因为农民可以保有合同上缴以外的百分之百的收成。改革者力图将这一方式推广到工业和商业改革中。在推广过程中，他们创造了一种带有 1978—1993 年这一阶段特征的经济改革模式。总体上，改革是个权力分散的过程。权力和资源从中央计划人员手中转移到了地方，但核心利益却通过合同受到保护。这一过程消除了市场进入的壁垒，市场力量得以成长起来。尽管到 1993 年时，对这一特殊的改革模式基本还是采取自然的方式。由于市场范围得到扩展，所以经济增长“超出了计划”。同时，因为为正在发展的市场经济构建一个更为坚实的制度基础的必要性日渐增强，决策者的重

91 心也出现了转移。表 4.1 显示出两个阶段改革战略的主要因素，便于我们比照。

表 4.1　经济改革方式的对比

20 世纪 80 年代的改革	20 世纪 90 年代的改革
审慎的、获得一致赞同的决策	迅速的、个人决断
在可能的地方引入市场，重点是农业和工业	强化市场经济体制，重点是金融与监管
双轨制战略	市场统一，统一双轨制
具有极大激励的具体合同	统一规则："公平赛场"
通过进入而非私有化创造竞争	国有部门精简，市场化的开端
权力下放，资源分散	重新集中资源，宏观经济调控
短缺的通货膨胀经济	价格稳定，物品丰富
没有受损者的改革	有受损者的改革

4.4　1978—1992 年中国经济转型的基本内容

在讨论 20 世纪 80 年代经济改革（准确地说是从 1979 年到 1992 年）的时候，中国渐进转型的特色可以用 9 个重要特征来概括，以下几个小节的内容最直接地反映了这一时期的成就。通过逐渐摆脱计划经济体制束缚的方式，中国避免了苏联式的崩溃。

4.4.1　双轨制

或许双轨制才是中国最初脱离计划经济的最大特征。双轨制这一术语是指
92 在给定的商品配置中，同时存在传统计划和市场渠道两种方式。为了保证稳定，保证某些重要的政府优先项目（在中国主要指能源和基础设施的投资）的成功，改革者没有废除计划，而是允许继续发挥计划的作用。双轨制则意味着多数商品都具有两种价格体系，每一种商品都具有一个（比较低的）政府定价的计划价格和一个（比较高的）市场价格。

这里需要说明的是，双轨制是指两种同时存在的协调机制（计划与市场），不是指同时存在的两种所有制。20 世纪 80 年代中期，多数国营企业都被分配一个必须完成某一产量的国家计划，但如果还有额外的生产能力，也可以用来从事计划外的市场商品的生产。因此，双轨制战略是在国营部门，即每一国营企业，以及大多数工业经济中实施的战略。这一事实非常重要，因为这实际上意味着，包括国营企业在内的所有企业都进入了市场，都开始了适应市场的过程。双轨制允许国营企业与非国营企业进行交易和合作，允许价格浮动，但集体、个人和外资企业日渐增长的重要性，却不在严格定义的双轨制范围内。其原因在于，这三类企业

从一开始就是绝对市场取向的企业(Wong，1986)。

4.4.2　计划外增长

双轨制的存在本身并不足以推动经济向市场经济转型。在某种意义上，所有的计划经济都有某种程度的双轨制，因为所有的计划经济都拥有正式计划体系之外的各种黑色或“灰色”市场。中国的计划人员在 1984 年却明确承诺要按绝对价值计算，保证中央政府物质分配计划的整体规模。随着经济的不断发展，这一承诺意味着，计划的重要性将在这一渐进过程中相应地越来越低。图 4.1 用最具计划经济特征的成品钢的销售和分配来显示这一过程。1984 年前，由中央政府计划人员分配的钢材量随着生产的增加而逐步增加。与一般计划经济不同的是，在全部钢材产量中，也存在由地方政府计划人员分配的相当可观的份额，这一部分也随时间而持续增加。另外非常小的一部分由企业单独销售。然而，在 1984 年后， 93
由中央政府分配的数量稳定下来并不再增长，而几乎所有的产出增量都流入了市场。这就是说，所有产出的增量都掌握在企业手中，并以它们所能得到的最好价格出售。20 世纪 90 年代初期，由政府支配的数量开始了绝对意义的下降，大约在 1993 年更出现了直线下降。过了这一点后，经济出现了计划外增长的局面。用一个动态过程挤掉强制性计划的诚信承诺，使经济市场转型中的非计划部分逐渐增加，并使双轨制成为一种毫无愧色的转型手法。

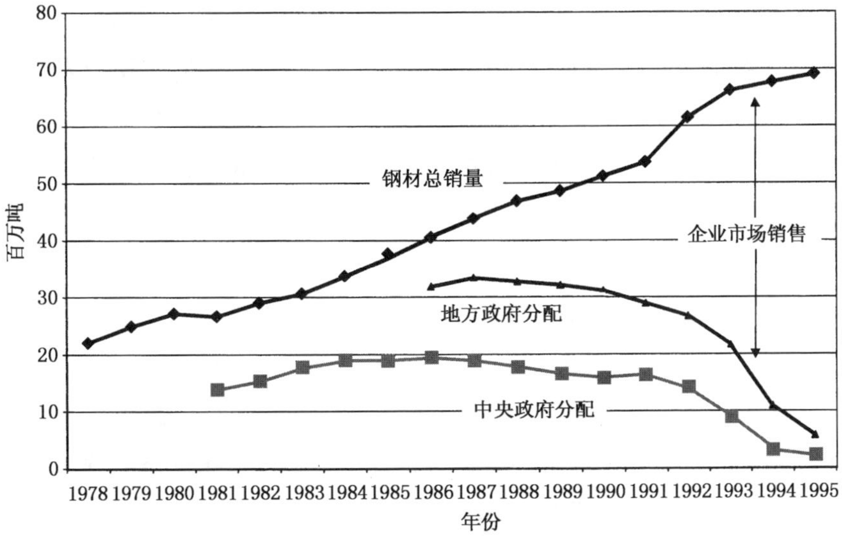

图 4.1　钢铁生产与计划分配

计划外增长的承诺决定性地改变了企业个体层面的激励方式。由于计划基本上已经固定不变，所以，企业面对的是“边际市场价格”(Byrd，1991)，甚至那些强制实施国家计划，比如90%的生产都要执行计划的企业，其未来的增长和盈利机会也都要按市场价格进行。计划就像是对企业实施的课税总额(或补贴)。只要这一承诺不改变，承诺就是诚信承诺。所以，这一承诺事实上不会影响到企业的任何决策。现行决策将基于市场价格进行，基于利润最大化进行。从这个意义上说，计划与企业生产没有了相关性。

94 **4.4.3 特殊的承包合同**

为了促进双轨制的运行，计划人员与每家国营企业都单独签订了合同。这些合同明确规定了税收和必须要为物资平衡计划作的贡献(某种程度上有些类似于农村的家庭承包制)。事实上，这种政策意味着中国没有正规的税收制度，只有具体到每一企业的实际税(de facto tax)：每份合同都以企业前一个基年的成绩为基础拟定。所以，每家企业都是在没有新条款制约条件下进入转型体制的(见第13章)。

4.4.4 市场准入

由于中央政府放松了对工业的垄断，从1979年开始，中国受保护的工业部门向新的进入者打开了大门。大量新成立的企业，尤其是乡镇企业很快就充分抓住了工业部门中可能存在的盈利机会。它们的进入也迅速增加了工业部门的竞争，改变了市场状况。这些企业多数属于集体所有制，其他则是私人或外资企业。实际上，关键问题在于中央政府放弃了对高利润制造业的高进入壁垒的维持。由于中国的规模和多样性，降低进入的门槛对中国非常有利，同时也使地方政府在经济管理中的作用相对于改革之前增加了不少。大规模和多样性意味着，即使许多企业依然在某些层面上与政府保持着关系，“公共部门”的企业之间也存在竞争的空间。

4.4.5 用价格平衡供给与需求

用以平衡供给与需求的弹性价格很快在中国经济中开始发挥重要作用。从20世纪80年代初期开始，大部分交易都按市场价格进行。1985年，按市场价格进行计划外的生产性物品交换，已经获得了正式承认。这样的结果是，由于所有的国有企业都有计划外生产，所以，国营企业已正式按市场价格运营。对消费品控制的逐渐减少——最初非常谨慎——稳稳当当地将多数消费品归类到市场价格体系内。市场价格获得合法地位之后，一个重要的好处就是国营与非国营企业之间的交易得到了承认，并且由此发展出很多很好的形式。由于追逐利润的国营企业通过与拥有较低劳动成本和土地成本的乡镇非国营企业用分包合同的方式 95
来减少成本，单一的贸易就出现了多种合资方式和协作安排。

4.4.6　强化管理体制改革而非私有化

国有部门管理体制的改革是作为更激进的私有化政策之替代选择开始的。由于国营企业面临日益增长的竞争压力，政府官员开始在国有部门内进行激励机制和管理方式的改革。这一试验重点在于，企业要慢慢从原来的完成计划为主转向将利润作为衡量企业业绩的重要指标（见第 13 章）。现在有大量证据表明，整个 20 世纪 80 年代，日益增加的竞争、不断改善的激励机制以及更为有效的绩效管理方法，确实改善了国营企业的业绩。从逻辑上讲，我们并没有理由认为，私有化不能与双轨制战略结合。实际上，做出这种替代选择却事出有因。匆匆忙忙的市场化常常是基于这样的信念，即国有企业的业绩不可能有所改善。同时，随着改革者的注意力从企业的短期行为转移到艰难的私有化重任时，企业常常会出现短期的"企业放纵"。相反，私有化的意义并不是立刻就急着改变国有部门的管理、控制和激励方式。很显然，在转型的初期阶段，中国的道路走得相当不错。然而，有关国有部门稳步改革的成就是否大到可以判定其改革成功，争议仍在持续。

4.4.7　脱钩

除了考虑对计划经济的核心部分进行改革之外，中国的改革还通过确认与计划机制最没有联系的经济活动来促进改革，推动在这一有限范围的改革。初期的改革遵从一种"脱钩"的战略。根据这种战略，经济部门相继与计划核心部门分离。很显然，这并不是一种蓄意而为的策略，而是在政策实施过程中自然出现的事情，是出于中国的决策者不想扰乱核心经济的考虑。最早建立的经济特区就是这一政策的明显范例，最初创立的出口导向飞地基本上与经济的其余部分没有关系（见第 17 章）。这种方法也是改革首先在农村成功的原因之一。决策者已经意识到，将农村全部整合到计划经济中完全没有必要。由于改革开始于最贫穷的地 96
区，所以，决策者允许一些地区与计划经济脱离。国家只要能够购买到足以保证装满粮仓的粮食，就可以把农村的组织形式交到农户手中。谨慎行事使他们采取了脱钩的战略。

4.4.8　用计划稳定宏观经济的最初成果

1979 年到 1981 年，中国的改革者面对的是严重的宏观经济失调。当时，他们运用计划经济的机制来削减投资，消除经济的压力。中国人在改革之初就运用计划经济的工具，把资源转入消费部门，以减轻宏观经济的压力，而不是将稳定和改革整合成一个类似“大爆炸”那样的快速却痛苦的过程。这种发展战略的迅速转变，为市场的渐进发展创造出非常有利的条件。供给增加使通货膨胀压力得以释放，但不是用那种从抑制型通胀到无管制通胀（open inflation）的快速转移的解决方法。按照相同的方式，计划结构也被用来提供最初的动力，即将资本密集型的大推进战略转移到更具持续性的劳动密集型部门。这一向劳动密集型部门的战略转移，还因需要为大量失业的年轻人，包括众多从农村返城的青年人提供工作岗位而显得格外紧迫。很显然，要完成这种长期转移，计划是一个非常笨拙且无效的工具。但临时使用这一工具来降低失业率，可以保持改革的稳定性和支持度。

4.4.9 持续的高储蓄和高投资

由于宏观经济的稳定，居民储蓄逐渐替代了政府储蓄（见第 18 章）。所以，高储蓄与高投资的状况得以持续。在改革初期，中国政府为了让城乡居民得到更多的资源和更好的激励，有意识地降低了政府收入在国内生产总值中的份额。幸运的是，居民收入的稳定增加以及经济环境中日渐增多的经济机会，也使居民的储蓄急剧上升。居民愿意增加自己的自愿储蓄是改革者通过渐进式改革得到的相对稳定经济环境的附带利益。急剧增长的居民储蓄表明，居民相信自己的资产有
97 一定的安全保障。反过来说，由于居民储蓄与同时发生的政府储蓄减少相互抵消，居民的行为也有助于宏观经济的稳定。政府储蓄的减少是因为政府收入不断减少，而政府收入的减少最终可以追溯到政府工业垄断的瓦解。由于国民总储蓄依然很高，投资和增长也依然维持在较高水平。这种情况的间接后果是大大增强了充当居民储蓄向工业部门流动之中介渠道的银行系统的作用。这一过程相对比较缓慢，因为要让政府默认这一过程并管理日益减少的资源，是一件非常困难的事情。而且，宏观经济决策也越来越复杂，越来越困难。

4.4.10 第一阶段改革的总结

回过头来看，我们这里所描述的政策有很明显的前后一致性，而且也获得了空前的成功。国家垄断的减少也使新进入的企业大量增加。新进入的企业由于采用了市场边际价格而强化了企业之间的竞争，并迫使国有部门的管理人员开始对市场作出反应。价格管制的逐步解除是一个基础。由于企业所有的人都日渐关注利润，竞争一开始就侵蚀掉了国有企业的高边际利润，并引起政府收入的减

少。政府试验过更好的激励方式和管理工具，这一试验改善了国有部门的经济表现。然而，国有部门比新进入市场的非国有部门的增长更为缓慢。随着计划本身和国有部门在经济中的主导因素逐渐降低，经济开始慢慢向计划外发展。这种持续的经济增长是由于保持了作为稳定器的一小部分计划企业，同时也是因为旺盛的储蓄强化了经济的持续性增长。

然而，改革第一阶段的成功在向前推进的时候并不是一个不证自明的成功过程。相反，改革总是一个充满争议的过程，改革的成就也常常遭到对改革持怀疑态度的保守派的挑刺。这种政策较量的结果就是“进两步，退一步”模式。改革坚定向前的具体年份有 1979 年、1984 年、1987—1988 年，其他年份则表现为后退(1981—1982 年、1986 年、1989 年)。在整个改革过程中，宏观经济周期也与政治周期保持了一致。一般都是在稳定取得成功之后才趋向于实施大胆的改革措施。然后，改革措施又形成了新的宏观经济不平衡，并最终导致新一轮的宏观经济紧缩。因此，宏观经济政策常常是决定具体改革行动成功或失败的重要因素(见第 98
18 章)。奇怪的是，这种“政治经济周期”也反映出社会主义经济的经验；但在 1978 年后，经济扩张阶段就是加速改革阶段，而不是政治动员阶段。

这些宏观经济周期随时都会产生出附带利益。计划人员不仅跟不上急剧变化的周期，甚至还遭受经济情况急剧变化的打击。在一种可以强行稳定的条件下，实施计划经济是一个几乎无法完成的任务。但没有这一刻意的稳定，试图对经济进行计划的弊病就非常明显。每一个周期都给经济带来巨大成本，也损害了对改革派政治家的支持。实际上，对改革过程最严重的挑战，明显来自这样一个周期之后，即经济状况的周期性恶化在 1989 年给城市的不满情绪火上浇油。

4.5　1989 年政治风波

1988—1989 年，我们在前面讲过的一次严重的宏观经济失调引发了一场严重的政治风波。1989 年，城市里早就弥漫着不满情绪，因为几个因素而突然爆发：不断攀升的通货膨胀使实际收入减少，对腐败和垄断特权的愤怒，对政治和经济改革上升的期望。

然而，市场转型过程在倒退两年后又重新开始。改革过程的内在动力使经济改革得以存留。经济原因无疑是引发这一风波的重要原因。1988—1989 年的通 99
货膨胀也蚕食了在 80 年代多数时间内都受到保护的实际的城市收入。一种认为政府没能忠实于与城市居民的隐性社会契约的看法，使原有的不满更加高涨。与此同时，抑制通货膨胀的措施也已经开始影响到经济的增长，并引发人们对经济反向下滑的未来预期。在这样一种困难的环境中，认为政府背叛了政治承诺，政治改革已经出轨的看法，使原有的失业和不满进一步恶化。

从长期的视角来看，让人印象深刻的是，主要的社会群体在80年代遭受了严重的经济损失的情况极为罕见。国营企业（SOEs）工人的地位在改革过程中尤其受到保护。这一结果被人称为"没有受损者的改革"（Lau，Qian and Roland，2000）。农村居民从集体的瓦解和农产品价格的改善以及农村急速发展的非农业生产中获益。城市居民的获益一方面是因为他们能在经济中寻找到新的位置，一方面是因为他们的经济地位受到政府继续支持国营企业的保护。普遍享受到改革的好处——没有哪个群体因改革而明显失去优势——意味着，尽管出现了1989年的政治风波，但改革仍然受到广泛欢迎。

政治风波之后的1989年到1991年，是保守观点占上风的一段时期。某些人将改革拉回到原来轨道的意图根本没能成功，而且也被人们忘却。1988年那场看起来非常严重的通货膨胀，事实上也很快得到控制。市场力量用一种让人吃惊的速度迅速纠正了经济中的失调，并使计划者瞠目其后。很显然，持保守观点的人并没有什么切实可行的计划，他们在共产党内部获得的支持也开始衰落。

正是在这样的条件下，由于钟摆重新摆回到主张改革的一方，所以，邓小平才出来全力推进钟摆的摆动。1992年初，邓小平视察南方，访问了他本人在十年前就认可的经济特区。邓小平非常明确地支持经济特区的概念和实践，以及支持中国共产党精英观中的传统"带头羊"。邓小平再次强调要加速经济改革，尤其重申要试验一种非意识形态的实用主义方法。"发展是硬道理"。邓小平宣布："只要
100 能加快发展，姓社姓资都不要紧。"邓小平的说法是一种原则，不是实际政策，但足以让政府重新实施经济改革。1992年10月，中国共产党的第十四次全国代表大会确立了社会主义市场经济体制目标，清楚表明了要把市场推进到经济的所有部门。这是邓小平个人最后一次对中国决策的果断干预。当然，邓小平的主张也足以重新点燃经济改革的火焰，邓小平不愿意，可能也无法重开政治改革进程。因此，邓小平最后遗留的问题是一个强健的经济改革以及相对滞后的政治改革的不协调组合。

4.6　改革的第二阶段：1993 年至今

邓小平以后的领导层与经济改革的新阶段相关联。这一新阶段是从早期阶段系统发展而来的一个阶段。在经济政策方面，朱镕基很快成为最重要的决策人物。朱镕基在 1993 年中期确立了自己在决策上的重要地位，尽管当时他还是副总理，并要到 1998 年初才正式出任总理。朱镕基个性强势，行事果断，经常很快就作出个人决策。朱镕基领导了第二阶段的经济改革，直到他 2003 年卸任。

这一时期与上个时期的区别在表 4.1 中显示出来。改革的第二阶段的重要特征可以从概念上表述为前提条件、规制变动和结果。全部改革的基本前提条件是三个政策措施：结束双轨制、重新集中财政资源以及宏观经济紧缩。在这样一种坚实的宏观经济基础上，改革者的重点转向了关键市场部门的规制和管理重建，比如从银行体系、税收体系、协调治理机制以及外部性部门一直到世界贸易组织的成员资格。这种政策改革的结果是，从通货膨胀转向了价格稳定，国有部门迅速减少，一定程度的市场化以及“有受损者的改革”的出现。朱镕基的政策一直与强势的权威政府机构和更果断的决策相关联。

4.6.1　前提条件 101

4.6.1.1　市场的重新统一

20 世纪 90 年代初，双轨制发挥着作用。图 4.1 显示了 1991 年之后的物质分配（以钢材为例），钢材生产在连续几年平稳发展之后，出现了急速下降。到 1993 年底，物质平衡计划已完全废除。正统的计划体系在几乎无人注意的情况下消失了。与各个企业签署的特殊合同也终止实施。原因有两方面，一方面是因为这些合同已经过时（分配计划内产出），另一方面是财务安排与即将实施的财政和税收改革相矛盾，而财政与税收改革是改革日程表上的重点。

4.6.1.2　重新集权

改革的第二阶段，集权化成了改革的主要内容。这一点看似很矛盾，因为改革第一阶段的关键内容是放权。事实上，基本的情况是，进一步的经济改革要在中央和地方对责任作更为适当的划分。在改革的第一阶段，放权的内在动力是想要在体制内引入市场和激励机制。在改革的第二阶段，中央和地方已经对管理责任作了更为清楚的划分，但总的来说，是想用重新集权的方式对资源进行控制。中央政府需要强化自己的规制和宏观经济管理功能。为了做到这一点，中央政府也需要建立一个能完成这一任务的适当而合理的财政收入来源。图 4.2 显示了这一结果以及 1995 年的重要转折点。在 15 年多的改革过程中，中国的财政状况受到严重威胁。财政收入从 1978 年占国内生产总值的 33.8%下降到 1995 年只占 10.8%的低点。预算收入的减少主要是因为旧体制无法回避的毛病。在旧体制中，国有企业主要是通过垄断地位获取高额收入。更一般地说，除了放松对资源的政府控制并交由市场外，财政收入下降也是强调权利与利益放权的转型战略的逻辑结果。尽管转型取得了成功，但在 20 世纪 90 年代初期，人们还是注意到中国将会出现严重的财政危机。财政改革(我们将在第 18 章讨论)为经济提供了一个全新的税收基础，并重新稳定了政府的预算性收入。从 1995 年开始，现代税收体制渐渐显露雏形。

102

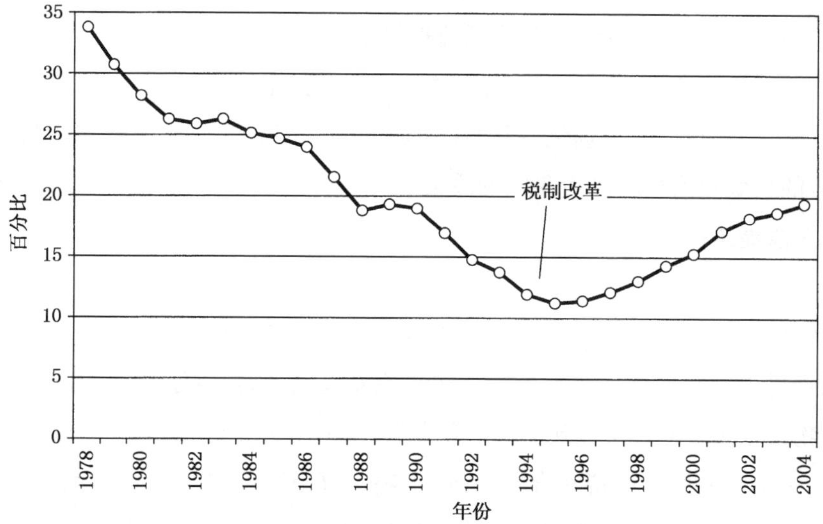

图 4.2　国内生产总值的预算收入份额

4.6.1.3　宏观经济紧缩

宏观经济紧缩要从短期和长期之必要性进行考虑。邓小平视察南方后，一种淘金式投机思想和金融越轨现象便很快引发了一波银行信贷潮，并加速了通货膨胀。朱镕基就是在 1993 年中实施宏观经济紧缩政策从而造成一段艰难时期而一举成名的。金融治理显然很有必要，但其结果却标示出新的宏观经济政策的开端。这一政策减少了国有企业可以得到的信贷，并减缓了货币与价格的增长。迟至 1997 年，情况已经清楚，中国的政策已经转向了长期的宏观经济保守政策，而且也不负众望达成了宏观经济的稳定(见第 18 章)。这一转型也使企业有了“硬”预算约束，为公共企业为自己的收益和损失负责提供了重要的前提条件。强硬的宏观经济政策创造了条件。在这些条件下，进一步的企业重组主要由市场力量驱动。

4.6.2 调控方式与管理体制改革

朱镕基还主持并提出了一种新的调控经济改革的方法。新的改革调控方法引入了一种至少在原则上同样适用于所有经济行为人的新规制(和新价格)。这 103
一改革的重点更多地集中在创造和规制作为经济变化力量的竞争，更少关注管理生产企业的直接政府行为。20 世纪 90 年代，由于经济已经成了“计划外增长”的经济，所以最重要的任务就是改善法律和规制环境，创造一个“公平赛场”，以减少经济中最为明显的扭曲状态。下面一节我们将对经济领域中四个最重要部门的规制和管理体制改革进行讨论。其实，很早就有了致力于这一全新方向改革的强烈信号。1994 年 1 月 1 日，有三个非常重要的措施生效，这就是新的财政体制、新的外贸体制和新的公司法。

4.6.2.1 财政和税收体制

1994 年的财政改革不仅是为了阻止预算收入的下滑，也是为了通过 17%的增值税和其他营业税的实施，拓宽征税基准。相比较旧的税制，这种税制收费相对较低，但税率统一适用于所有经济部门。1995 年后，税收收入的强势表现表明，拓宽税基获得了成功。财政改革还有一个原因，就是想把中央和地方政府的财政关系放在一个更合理、更稳定的基础上。为了达到这一目的，改革者增加了最初由中央征收的全部利润份额，并建立了在中央和省级政府之间分享税收收入的一套规则(见第 18 章)。

4.6.2.2 银行和金融体制

20 世纪 90 年代后半期，银行体制作了重大调整。1983 年，中国人民银行从名义上说已经是中央银行，但当时的中国人民银行仍然拥有中央与省级两个层级的政府职权。1998 年底的调整计划废除了中国人民银行的省级分行，建立了按照美国联邦储备委员会体制设立的 9 个大区分行，银行最终成了切合实际的组织机构。由于中国人民银行被授权实施货币政策，又由于建立了作为管理和咨询机构的货币政策委员会，中央银行在货币政策决定和货币政策实施上，开始发挥积极作用。这一管理职能是与宏观经济紧缩同时进行的。由于国有商业银行轻松获得政府货币的渠道已经收紧，商业银行突然发现自己面对非常严格的预算约束。因此，国有商业银行也开始对国有企业客户实施更严格的标准。

104 中央银行体制建成后不久，银行官员便开始处理所有国有银行存在的金融监管懈怠和不良资产问题。1999 年，政府设立了四大资产管理公司，接管四大国有商业银行的不良资产，并尽可能对其残余价值进行清算。很显然，这是向稳定的银行体制这一遥远而艰巨的目标迈进时必要的步骤。2003 年 4 月，中国人民银行的监管职能终于交给了新成立的中国银行业监督管理委员会（见第 19 章）。

4.6.2.3 企业治理机制

对国有企业部门的大规模调整开始于 1993 年末《公司法》的通过。《公司法》包含这样的条款，即所有国有企业都要逐步重组为具有清晰的企业治理机制的有限责任公司。虽然这些条款的实施是渐进性的，但也慢慢转变了中国公共部门的组织结构（见第 13 章）。系统的企业治理机制的重建也与国有企业在 20 世纪 90 年代末期突然壮大的中国股票市场的上市结合了起来（见第 19 章）。这些措施改变了中国大型国有企业的结构，并创造了对此前不存在的政府规制的需求。随着 1999 年 7 月《证券法》的实施，中国证券业监督管理委员会（CSRC）成立，因此形成了集中而统一的证券监管网络。与此同时，还建立了很多新的中央政府机构，比如国家知识产权局、国家技术与质量监督局来监管其他事宜。中国开始向规制国家（regulatory state）迈进。

4.6.2.4 外贸部门：世界贸易组织成员

中国大规模的外贸改革于 1993 年末开始。这一年，中国统一了汇率体制，实施了人民币贬值，建立了经常账户的可兑换性。这些改革都是中国领导人为获得世界贸易组织成员资格而扫清道路的重要步骤。中国在 2001 年 12 月最终被接纳为世界贸易组织成员之前，还是经过了一段艰难的谈判和协商过程。加入世界
105 贸易组织意味着中国要认可并承诺与国际标准的协调以及接受监管，同时也意味着更为根本性的问题，即中国经济的开放度又前进了一步，也意味着外国商品和企业在中国参与竞争的程度前进了一步。

4.6.3 成果

4.6.3.1 从通货膨胀到价格稳定

1996 年后，中国的通货膨胀趋向平稳，尽管周期性还没有完全消失，但整体宏观经济走势还是趋向于价格稳定（另一轮扩张阶段出现于 2002 年之后）。价格稳

定和不断增加的竞争大大强化了中国企业——尤其是公共部门——产品市场的压力。

4.6.3.2　国有企业重组与精简

从 20 世纪 90 年代中期开始，中国当局开始切断政府与国有企业的紧密联系。一方面，公共企业开始面对日益增强的产品市场的竞争和压力；另一方面，从政府银行获取资金的渠道也开始减少。由于政府的鼓励，国有企业慢慢开始了大规模重组与精简。国有企业重组意味着将原来定义模糊的公共所有权转变为具有法律意义的所有权形式，有时甚至就是私有化。1997 年 9 月中共十五大后，地方政府官员获得了进行国有部门改革的权力，其中包括破产、出售和拍卖以及收购和合并的权力。纵观从 1978 年到 1993 年这 15 年的经济改革，虽然国有企业的重要性已经相对降低，但在绝对意义上就业和产量还在继续增长。正如图 4.3 显示的那样，自 20 世纪 90 年代中期以来，国有企业的就业人数开始大幅减少，虽然这些企业的一些工人还是由政府管理(但已经不再是传统的国有)，公共部门就业人数的总量却下降了 40%强。

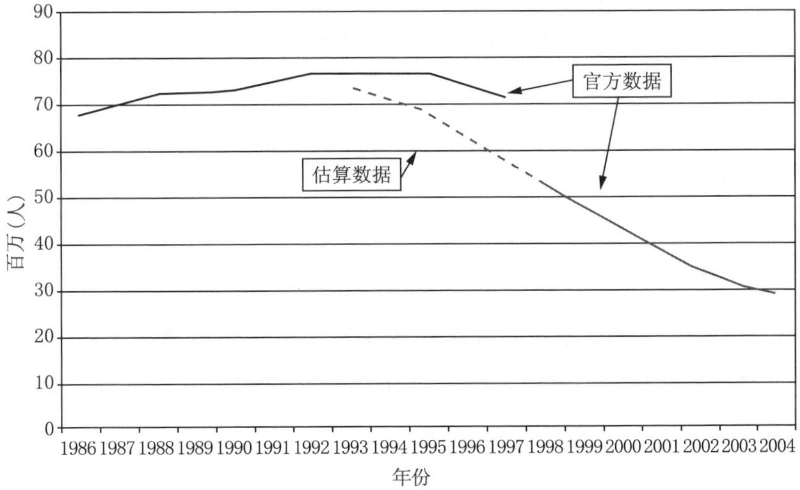

图 4.3　国有企业的工人

考虑到中国经济放权的性质，国有企业的重组过程取决于拥有大多数国有企业的地方政府所面临的激励条件。事实上，国有企业已经不再是地方政府官员可以提款的利润来源了。1978 年，工业国有企业利润是国内生产总值的 15%，但到了 1996—1997 年，国有企业的利润下降到国内生产总值的 2%。地方政府开始重

106 新思考它们所拥有的国有企业的价值，并很快得出结论，他们从当地国有企业得到的利益少于从繁荣的地方经济中得到的利益。

4.6.3.3　私有化

中国政府从来没有明确地提出私有化，而宁愿用“重组”这种含糊的说法，也不使用私有化这一术语。但20世纪90年代中期以后，私有化常常以管理层买断的形式成为乡镇企业、集体企业和国有企业中非常普遍的现象。更一般地说，民营企业已经渐渐得到人们的认可并具有了法律地位。实际上，民营企业的崛起可能也是政策转向公平赛场的必然结果。到2004年末，不计外商投资企业，城市私有部门雇用的工人数已是传统国有部门的两倍，相比较国有部门的3 000万工人，私人部门雇用的人数已经达到了5 500万。

4.6.3.4　有受损者的改革

转型战略的重要变化由于改革初期的重要特点之一而突然中断。1993年后的改革明显让有些社会群体承担了极大的损失。最直接影响的是国有企业工人，
107 而国有企业工人过去一直是相对优越的群体。在这一改革过程中，数百万工人被辞退，更多的人则舍弃了处于衰退中的企业(见第8章)。自中华人民共和国成立以来，国有企业工人第一次感受到就业的不确定性，有的国有企业工人的收入和社会地位急剧下降。一般来说，这一群体和个人较之过去更无法顶住竞争的压力。因此，当转型继续向前推进的时候，转型的利益在中国人中的分配较之80年代的情形更不公平。

4.7　当前的挑战

1992年到1993年转型策略的转移意味着中国的转型道路比之以前，在某种程度上少了一点特色。当今中国的经济决策与其他转型经济体如波兰和捷克共和国更为接近，因此也不再存在“大爆炸”与“渐进式”转型的两个极端。两组转型经济体的改革者现在的重点都在维持财政政策与金融政策的稳定和一贯性。两组转型经济体都在努力建设可以减少腐败、支撑前进的市场经济，并保护公平竞争的监管环境。回应转型挑战的性质现在更为相近。

然而，中国的经历也给了我们很多可供汲取的有益经验。这些经验主要来自中国的转型观，而不是来自可以移植到其他经济体的具体政策。中国的决策过程毕竟极其复杂，而不同的“渐进式”转型时期又产生了不同的转型效果。对中国的

转型的讨论也常常无法说清楚这一点。比如，萨克斯和胡永泰(Sachs and Woo, 1994)就提出，中国早期改革的成功实际上是因为中国具有欠发达的优势。这使中国拥有了一个作为改革温床的相对巨大而富有活力的农村经济基础。然而，欠发达也有利有弊，欠发达就无法让改革更为简单轻松。早期的改革确实非常成功，因为早期的改革有效地适应了那个时期中国环境提出的具体挑战和机会。第二阶段的改革有很大变化，但也适应了全新的挑战和机会。正如麦克米兰(McMillan, 2004)所指出的，这些经验并不是某些具体的环境给予的内在优势，而是谨慎而坚决地依照具体情况进行决策。这就比那种事先开好一揽子政策处方有更多的成功机会。另外，将政策的重点放在发展社会和经济潜能上，比那种重在 108
制度变革的政策更有成功机会。正如邓小平在中国转型过程中所说："发展才是硬道理。"

尽管转型改革获得了巨大成功，但并不能保证改革在将来仍然会获得成功。2003 年，中国新一届领导人接班，胡锦涛成为共产党最高领导人及国家领导人。温家宝接替朱镕基担任总理，继续负责转型阶段的政府部门，成为主要的经济决策者。在温家宝领导下，决策方式也发生了变化。比之朱镕基，温家宝的决策方式没有那么迅捷，而是更审慎，更注重听取各方意见。尽管这时的政策议题更广泛了，但基本的政策方向却没有发生重大变化。很显然，新一届政府在缓冲日趋严重的不平等和日趋下降的经济安全等改革效应的同时，面对的是推进改革过程的双重挑战。一方面，转型过程还远远没有完成；另一方面，问题仍在增加。因此，在转型的第二阶段迫切需要采取补救行动。

转型的第二阶段比第一阶段更为深刻和彻底，但在许多领域中创立的制度还远远不那么完善。金融体制(见第 19 章)仍然由国有银行主导，并受到政府和关系良好的内部人群体的影响。一连串的不良资产与坏债以及随之而来的政府紧急财政援助，反映了金融体制不承担法律责任的现状。尽管税收体制也作了调整，但中央政府与地方政府的财政关系仍然未能很好地明确界定。所以，地方政府的财政能力极其低下(见第 18 章)。中国企业虽然一直就有法律特权，但多数企业远远没有达到不断发展的企业管理的国际标准，也不具备在全球市场竞争的能力(见第 13 章)。中国虽然也创建了监管机构，但这些机构还没能完全独立于它们刚刚与之"分离"的政府管理机构。我们还可以继续往下罗列这些情况，但改革面对的挑战和改革的重点仍然在不断强化着金融、财政和监管机构，并构建着复杂的市场经济制度。

从某种意义上说，具体的挑战在不断变化，而且越来越“政治化”。中国正努力构建一种更多样、更合理的所有制体系，一个更为强健和透明的财产权制度。对依法治理和监管体制的要求日渐增长，而且，中国百姓也广泛要求具有法律权
109 利和公平公正的监管。但监管机构的发展却受到透明和法律责任的限制。一旦监管机构触及无法超越的政治权力，监管权就只能在有限范围内实施。中国的改革者为强化体系内的检查权和监管权作了很大努力，但所有的改革者最终都只能在某种程度上依赖中国共产党的自律(self-policing)。经济仍然是政治化的经济，强大的利益集团也常常是政治精英与经济精英的结合。在这种条件下，不管是因为自身的问题还是因为妨碍了其他问题的解决，腐败不可避免地成为严重问题。因此，真正的“公平赛场”仍然有待创建。

中国的改革者在努力减轻经济变化对易受冲击人群的影响的同时，也面临各种挑战。不平等现象急剧增加(见第 9 章)，经济生活的不确定性也日渐增强。在农村地区，农业收入有所增加，但收入的增长明显滞后于城市收入的增长。中国的决策者非常有效地利用了转型的第一阶段为进一步的改革提供支持。正如我们前面所述，20 世纪 80 年代的改革是“没有受损者的改革”，由于没有损害任何群体，改革非常成功。90 年代中期以后，中国的改革者放弃了这一良性的社会结果。由于无法不加限制地保护竞争中的国有企业，改革者迅速收缩国有部门。毫无疑问，一旦决策者决心要“打破铁饭碗”，缩小国有部门的规模，即使养老金和医疗保险计划远远没有完成，市场化也要一跃而成。其结果，不管是在城市还是在农村，社会上很大一部分人感到自己被排除在周围正日趋繁荣的生活之外了。改革者需要做些补救工作，修复城市社会安全网络中的漏洞，让农民工得到基本的社会安全保障。更宽泛地说，改革者需要确保尽可能为社会最大多数人带来尽可能多的经济福利，保护弱势群体，重新强化 20 世纪 80 年代人们拥护改革的情感。

实际上，胡锦涛—温家宝政府在 2003 年后立刻就将政府工作转为更关心农村地区，关心落后于发展进程的地区和个人。一些较好的计划和方案也表示出政策的重大变化。比如在农村地区减税，削减农民向城市移动时增加的某些不合理负担。当然，这种方向性转移还需要靠有效的政策才能强化，这就包括需要给更
110 广大的民众带来增长的福利。这一目标并不轻松。现行的政策正处于继续增加竞争和开放经济的艰难时刻。中国自 2001 年成为世界贸易组织的成员后，对世

界贸易组织的承诺限制了中国保护大部分经济免于国际竞争的能力。这一状况不可避免地加速了成功的市场竞争者对不成功的市场竞争者的市场歧视。在这一过程驱使一个更具生产性和竞争性的经济出现之时，还加剧了中国提供一个有效政策的紧迫性，以减轻淘汰数百万过时的低效工作而带来的痛苦，并尽快为他们确定在新兴经济部门中的有效作用。只有在改革的福利广泛铺开的情况下，中国才能作出向高速运转的市场经济迈进的下一步改革。

进一步阅读的建议

吴敬琏(Wu，2005)对中国转型作出了最全面的描述。如果要对中国的渐进式改革与苏联和波兰的"大爆炸式"改革的争论做一个快速了解，可以参考麦克米兰(McMillan，2004)和哈夫里辛(Havrylshyn，2004)的文章。还有一些讨论东欧与中国转型的重要著作，包括世界银行(1996)、萨克斯和胡永泰(Sachs and Woo，1994)以及麦克米兰和诺顿(McMillan and Naughton，1992)。

刘遵义、钱颖一和罗兰(Lau，Qian and Roland，2000)讨论过"没有受损者的改革"概念。这一概念是本书讨论两个阶段改革的基础。钱颖一(Qian，2003)也有关于这一概念的引人注目的阐述。诺顿(Naughton，1995)对 1993 年后的时期还有更详尽的讨论。钱颖一和吴敬琏(Qian and Wu，2003)也采用了同样的两个阶段的解释。

数据和图表资料来源

图 4.1：诺顿(Naughton，1995，224)。

图 4.2：《中国统计年鉴》(*SYC*，2005，第 271 页以及之前的年份)。为使分类与时间一致，并方便与国际惯例进行比较，本书对官方数据有所调整。官方数据将对亏损国有企业的补贴列为负收入项，本书将这些补贴放到收入与支出项。

图 4.3：《中国统计年鉴》(*SYC*，不同年份)以及劳动与社会保障部公布的统计数据(不同年份)。参见第 8 章的讨论。

参考文献

Byrd，William(1991). *The Market Mechanism and Economic Reforms in China*. New York：M. E. Sharpe.

Havrylshyn，Oleh(2004). "Avoid Hubris but Acknowledge Successes：Lessons from the Postcommunist Transition." *Finance and Development*，September，pp. 38—41，in "Point/Counterpoint—Reform：What Pace Works Best?"

Lau，Lawrence，Yingyi Qian，and Gérard Roland(2000). "Reform Without Losers：An Interpretation of China's Dual-Track Approach to Transition." *Journal of Political Economy*, 108(1), February, 120—143.

111 McMillan, John(2004). "Avoid Hubris, and Other Lessons for Reformers." *Finance and Development*, September, pp. 34—37, in "Point/Counterpoint—Reform: What Pace Works Best?"

McMillan, John, and Barry Naughton(1992). "How to Reform a Planned Economy: Lessons from China." *Oxford Review of Economic Policy* 8(1), 130—143.

Naughton, Barry(1995). *Growing out of the Plan: Chinese Economic Reform, 1978—1993*. New York: Cambridge University Press.

Qian, Yingyi(2003). "How Reform Worked in China." In Dani Rodrik(ed.), *In Search of Prosperity: Analytic Narratives on Economic Growth*, 297—333. Princeton, NJ: Princeton University Press.

Qian, Yingyi, and Jinglian, Wu(2003). "China's Transition to a Market Economy: How Far Across the River?" In Nicholas C. Hope, Dennis Tao Yang, and Mu Yang Li, *How Far Across the River?*, 31—64. Stanford, CA: Stanford University Press.

Sachs, Jeffrey, and Wing Thye Woo(1994). "Structural Factors in the Economic Reforms of China, Eastern Europe, and the Former Soviet Union." *Economic Policy*, 9(18), April, 101—145.

SYC(Annual). *Zhongguo Tongji Nianjian*[Statistical Yearbook of China]. Beijing: Zhongguo Tongji.

Wong, Christine(1986). "Ownership and Control in Chinese Industry: The Maoist Legacy and Prospects for the 1980s." In Joint Economic Committee, U. S. Congress, *China's Economy Looks Toward the Year 2000*, 571—603. Washington, DC: U. S. Government Printing Office.

World Bank(1996). *From Plan to Market: World Development Report 1996*. Oxford University Press.

Wu, Jinglian(2005). *Understanding and Interpreting Chinese Economic Reform*. Singapore: Thomson.

第5章

城乡差距 113

在中国，城市与乡村之间的差别特别明显。虽然城乡差距在发展中国家是一个无法避免的问题，但中国的城乡差距却尤为巨大。作为指令性经济的组成部分，早在20世纪50年代，中国就在城市与乡村之间人为设立了行政障碍。50余年来，城市与乡村地区各有不同的管理结构和财产权体制。最重要的是，由于体制不同，所以中国有城市与乡村两种不同形式的公民身份。农村居民的特权少于城市居民，也难于获得城市居民资格。在中国，城市与乡村似乎是两个不同的世界，各自依不同的方式和不同的技术条件组织与运行，并具有不同的生活水平。这些差别因严格的人口流动管制而得以长期保持。从20世纪60年代到90年代，对于农村人来说，要想移居城市是一件极其困难的事情。过去几年中，人口大规模地从农村向城市的流动已经开始，分隔城市与农村的隐形围墙已经被打破，但在这股流动潮开始重新塑造中国社会的时候，城市与乡村的差距还需要花多年的时间才能消失。

本章首先描述了具有农村和城市经济特点的不同组织结构和财产权制度的起源和本质。这有助于我们对城市与乡村差距的深度进行解释，也有助于我们引入对中国财产权制度的讨论。在任何一种经济体中，财产权都是激励机制的构成部分，因此也有助于经济发展和市场转型的形成。中国城市与乡村社会的财产权和管理体制不仅少见，而且有本质上的差别。人口流动的障碍和不同的公民身份形成了体制性鸿沟。第5.2节就分析了城市化的过程。城市化是经济发展的正常部分，但在中国，极端的政策产生了一个高度扭曲和极不寻常的城市发展模式。在"文化大革命"期间，农村向城市的人口流动根本不存在，新中国成立后的20年 114
间，城市也根本没能成长壮大。20世纪70年代末，这些政策放松之后，城市化过程重新开始，并在90年代加速发展起来。第5.3节讨论人口流动，人口流动在90年代重新出现并急剧发展。在本章的最后部分，我们还将讨论城乡差别的经济后果。中国的政策决策由于实际上向“城市倾斜”而有自己的特色，这也与巨大的城乡差距相关联。最近几年，从制度上造成城市与农村差距的多数政策已经有所松动。现在，从农村向城市的大规模人口流动已经展开。尽管有这些变化，城乡收入差距仍然没有缩小，而且在未来的几年中，也不会有什么改变。

5.1 城乡差距的二元体制

5.1.1 城乡差距的由来

今天这种巨大的城乡差距之根源，就起因于社会主义时期，因为在传统中国，城市与乡村之间原来就存在一些障碍因素。如我们在第3章中所阐述的那样，在20世纪50年代，每个中国公民是通过自己的工作地点与社会主义国家发生联系。事实上，每家企业和生产单位都已改成了公共所有，并直接或间接服从政府控制。但这一制度在城市和乡村，却有不同的实施方式。城市居民是由他们工作单位的地点组织起来，也就是说，城市居民是由“单位”组织起来。城市中几乎所有的工作单位都是国营单位，也就是说，城市的工作单位都已成了国家所有。因此，国家所有成了城市地区所有权的主导形式，这一所有权形式造成了两种结果。第一，城市工作单位已经进入了正式的等级体制，服从直接的政府计划、命令和管制。第二，工作单位逐渐发展成了一种社会福利和权利体系，这一体系或多或少地联结起了所有的城市工人。城市居民是中国社会中一个具有相对特权的群体，工作单位则是城市社会的基石。

农村的制度完全不同。1955年，土地的私有权被消灭，每个乡村的土地都合到了一起，成了全村的财产，或者称为“集体”财产。集体所有权是所有制的主导形式。农村居民自动成了新的农业集体成员，土地则在集体内平均所有。然而，国家没有设立越过集体重新分配资源的机制，也没有适用于所有农村居民的标准
115 或权利。国家鼓励集体用自己的地方资源支持社会服务，但集体成员却无权索要国家资源。农业集体成员的主要作用就是从事农业生产并挣些收入，但如果他们从事农业生产之后还有剩余劳动，他们也能提供一些社会服务和公共产品。因此，农村的福利水平和公共物品大大低于城市，农村居民比城市居民更为贫穷，为他们提供服务的社会制度也非常简单且很难无所不包。

城市与农村行政体制的差别是实施社会主义大推进战略的工具。这两种体制有两种截然不同的作用:农村的制度被用来从农民那里获取低成本食品和棉织纤维,农村集体组织则管理农业劳动力,并给政府输送粮食。在城市,工作单位本身就可以获得政府投资,城市工人也被认为是社会主义先锋,因此,如我们在第3章中讨论的那样,二元体制的根源是深植于政府为工业化获取资源的战略之中。中国政府使用这种管理手法来购买低成本的农业产品,这一政策也使中国政府可以保持工资的低廉以及国营企业的利润。这一体制的关键因素就是1955年实施的粮食配给制度。一开始,政府将发放粮票看成是一种权宜手段,通过工作单位将粮票发到城市居民手中,事实上粮食配给制度一直持续了30多年。二元体制是强加在农民头上的隐性税,农民之所以收入较低,是因为他们被迫按一种人为的低价向政府出售粮食。这一结果使得农业——尤其是生产粮食——相比较其应该有的回报而言,成为一种低回报的职业。

为使这一制度有效发挥作用,农民就必须与土地连在一起。管理的强化与二元体制使农民与土地的关系越来越深,越来越刚性,在不知不觉间加剧。最初,许多农民还可以进城在工厂找到一份收入较好的工作。在"大跃进"(1958—1960年)的第一年,社会流动还较多。但"大跃进"失败之后,事情发生了变化。虽然政府还是不断从农村获取食品,但不久之后政府渐渐清楚,他们已不可能从农村得到更多东西了,可是城市居民至少可以得到自己的一份粮食配额。成为一名城市居民突然成了一个巨大的特权。"大跃进"后农村竟然出现了饥荒,并迅速蔓延,在几个农业省份,比如四川和安徽(1960—1962年)造成了重大灾难,但城市居民有幸度过了最困难的日子。

随着"大跃进"之后的灾难性后果日渐明显,中国领导人迅速减少了他们对城 116
市居民的义务和责任。城市仍然一如既往地为有城镇户口的居民提供食品配额,但却对合法受益者的人数实施严格限制。1961—1962年,近几年刚从农村出来的600万城市居民被劝返回乡,其中多数人再也没能重回城市。居民登记制度的最初意图是控制人口的流动,而不是控制城市居民,但随着农村向城市移民的限制逐渐加强,居民身份登记就成了一个家庭生活希望的基本决定因素。没有城市居民户口,一个农民根本不可能在城市工作。20世纪60年代初期之后,对一个农村居民来说,最不可能做到的事情就是得到城市户口。农村向城市的人口流动实际上已减少到零。从60年代中期往后,这一制度僵化为一种在城市和农村居民之间形成巨大特权差别的等级制度。体制的刚性直接产生于“大跃进”的痛苦经历(Cheng and Selden，1994)。

一直到80年代初期农村改革成功之后，中国才开始放松这一刚性的二元体制。农村改革的成功减轻了对基本食物供应的顾虑，增加了可在自由市场出售的粮食。粮食配给逐渐淡出历史舞台，城市居民户口也不再意味着一定要得到吃的东西。政府也开始放松对城市移民的限制，当然，最初放松的是对小城市的临时性移民限制。巨大的经济变化增加了农民工进城的机会，并引发了非常壮观的人口流动，这一点我们在下面还要讨论。但是，城市居民户口仍然存在，拥有城市户口仍然标志着中国社会的巨大差距。对一般农民来说，尽管没有户口也能在城里生活，但实际上要获得户口仍然非常困难。没有城市户口，农村流动人口仍然难以或无法享受到城市居民享受的福利，包括医疗和社会保险，以及孩子的教育。行政管理体制仍然将城市居民和农村居民划分为两个公民阶层。

5.1.2 城市经济体制

5.1.2.1 “单位”

20世纪90年代中期，中国的城市生活由与产权相关联的特殊待遇和与单
117 位相关联的身份决定，城市居民的户口是保证持有人在单位的身份，因此具有工作的资格。城市居民从中学或大学毕业后(如果足够聪明和幸运的话)，按例可以分配到单位就业。往后，就由工作单位负责给城市居民提供服务和福利。从60年代中期到90年代，在城市单位发展的高峰期，城市居民拥有下列福利：

- 工作保障；
- 有保障地低价获取粮食和食品以及其他稀有商品；
- 医疗(大约40%的综合医院床位在国营企业里)；
- 退休后的养老金和其他福利，包括医疗；
- 孩子的小学和中学教育(70%的国营企业开设有相同的学校)；
- 由工作单位提供的低成本住房。

这些昂贵的补贴增加了城市居民的待遇。这些补贴也意味着极度扭曲的城市价格体系。因为许多重要的服务和主要食品，都是按低于成本的价格提供给城市居民的。中国这一制度的典型特征就是永久就业。在60年代中期实施农村到

城市人口流动的限制之后，城市与城市之间的工作单位的调动也消失了。从这种意义上说(将在第 8 章讨论)，中国的工作单位与苏联的模式完全不同，尽管中国是承继苏联的做法，一旦一名工人进入了一个单位，该名工人就将一辈子都是这个单位的成员(Lü and Perry, 1997)

工作单位的最普通形式就是国营单位，国营单位生产商品和服务并获取收入和利润。然而，工作单位也可能是非营利性质的公共服务单位[公共服务单位(PSU)也归政府所有]，或者也可能是政府部门。尽管这些单位有不同的作用或职能，但一般来说，不同的工作单位也有许多自己的特点。首先，每个单位都归属于一个国家行政级别，单位负责人则由共产党任命。另外，每个工作单位给自己职工提供的福利，显然也要由不同的资格来决定，具体则由地位或规定来决定。因此，福利是隐性城市社会契约的一个部分，这也是政府一致承认而且试图保护的部分(尽管并不总是成功，详细情况将在第 8 章讨论)。最后，除了主要职能之 118
外，每个单位都还负责社会和文化活动，甚至配合政治活动。单位就是城市社会的基本建筑砖石或者细胞。许多工作单位甚至具备细胞的物质形式，比如有一道围墙围住生产活动的中心。单位就是城市社会的一个缩影。个人在单位里出生，并在单位里生活、工作，直至去世。

5.1.2.2 城市产权

正如城市工作单位和工人都被纳入单一的国家行政分级体系一样，所有的城市财产也以相同的方式纳入全民所有的分级体系中。20 世纪 50 年代，城市土地全部国有化，所有大规模的城市企业也都是国家所有，地方政府预算属于国家预算的组成部分。因此，地方的收入和支出也被纳入到全年的国家预算之中。所以，政府事实上要负责提供自来水、污水处理、交通、公安以及教育等全部的公共服务。这种体制就是班久蒂(Judith Banister, 1987, 328)所描述的经典体制："城市区域基本上由国家拥有并管理。"

多数名义上称为"国营"的企业实际上并不是由国家一级的政府进行管理。尤其在中国采用了小型企业发展战略之后，让国家一级的政府对分布广泛的资产进行有效监管，几乎是不可能的事情。管理国营企业的权力不可避免地委托给地方政府，尽管名义上的所有权还在国家一级政府手中。后来接二连三的放权，尤其是 20 世纪 70 年代初期的放权，使地方政府实际上拥有了财产权。由于控制了日常工作的决策权，地方政府领导人对现金流和土地以及其他资产的使用拥有了重要的权力。但这些权力总被视为由中央政府下放给地方政府的权力，而地方官员也是中央政府和共产党的正式成员，是通往北京最高政治官员权力链中的一环。因此，80 年代之后的经济改革就是在国有等级制度之内，反复、仔细地对职权链进行协商。

城市的土地市场就是在这一分级制度下发展起来的。即使到了今天，至少在理论上，所有的土地仍然属于国家所有，但一个涉及 50 年土地使用权的购买和出
119 售的体系已经逐步形成。20 世纪 90 年代，一个可以转让城市土地租赁权的市场开始出现。根据这一制度，通常获得认可的现有居住者的使用权，在政府同意的条件下，可以由居住者购买和出售，但占地者所有权(squatter's rights)并不一定获得承认。对于国有企业和控制了土地转换过程的个人来说，城市土地已经成了重要的财富资源。土地交易虽然也需上税，但大部分钱都落到了占有企业、地方政府和私人群体手中。

5.1.3 农村经济体制

5.1.3.1 农村集体组织

中国政府从来没有打算将农村土地纳入已经在城市中实施的全民所有分级制度之中。当然，农村也存在政府分级体制。这种分级体制向下一直扩展到县，今天更是一直下到了乡。然而，农村生活却在这一政府体系之外，农村集体组织也从来不是这类正式政府分级制度的组成部分。就是在今天，虽然各个村庄都有自己的村委会，都选举村长，但乡村从来不是政府等级体系中的正式组成部分。理论上，乡村是一种自治组织(事实上，重要的决策还需要乡政府和县政府的官员认可)。因此，从 1955 年到 1982 年，即便是在农业集体化阶段，多数乡村居民只是被组织进了一个具有基本经济职能的地方组织中。农村的组织也含有政治控制，而且受到政治控制，但相对于城市组织来说，农村的政治控制程度相对宽松，我们在第 10 章还将对这种组织形式进行进一步的讨论。正因如此，农业集体组织的权力较小，农业集体组织的成员也没有获得任何政府服务的资格。农村集体组织也没有财政资源对大量的商品和服务进行补贴，所以，农村居民要为自己获得的任何公共服务支付全部成本。

5.1.3.2 农村产权

与农村集体组织从来没有纳入国家行政分级体系一样，农村产权，包括土地，也从来没有纳入国有体系之内。原则上，农村土地以及非农业的农村企业都归农

业集体所有。因此,农村的所有权从来没有像城市的国家所有权那样,集中到政府手中。农村家庭总是可以得到土地,农户可以保有自己的房屋(当然是在自己 120 的宅基地上),并且可以通过村委会得到农田。

1978—1984年的农村改革结束了全中国的农业集体耕作现象,家庭农作成为了主要的农业形式。每个集体组织都按照集体内部的协商计划在农户之间分割土地。为了实施以劳动力的数量和家庭赡养人口数量为基础的分配方案,土地分配没有承认集体化之前的旧有土地所有权。由于这个原因,大家说,土地分配的过程非常平稳,这次改革被称为"历史上最平等的土地改革"(Walder, 2000)。即使在土地分配之后,土地制度并没有因此而变成私有产权制度。虽然土地是由农户耕作,但正式的所有权仍归"集体"所有,一个完全的农村土地私有产权制度并不存在。相反,农民还要与集体签订一定期限内的土地使用合同,这一使用期限不断延长,现在已经扩展到了50年。所以即使在今天,农民也没能完全拥有自己的土地。这一土地制度因此而具有一系列不同寻常的副作用。

● 在中国的许多地方,集体组织可以重新分配土地。根据一项大规模调查的结果,在被调查的村庄中,有66%的村庄至少重新分配过一次土地,有25%的村庄重新分配过三次或更多次土地(Rozelle and Li, 1998)。一般来说,重新分配是为了适应自然人口增长。因此,尽管私人农户拥有土地使用权和收益权,但并不是绝对拥有这些权力。

● 实施这种土地制度的结果是,几乎没有剩余的土地存在。由于几乎所有的农民都得到了一些土地,所以在许多发展中经济体中,几乎没有发现由绝对的无土地状况引致的绝对的贫穷。事实上,保证拥有土地是农村最为重要的社会保障形式。在某些贫穷和边远地区,土地初次分配之后集体组织就消失不见了。在这些地区,农户事实上拥有土地所有权,没有土地的情况可能最终会出现并发展起来。

● 缺乏充分牢固的土地所有制影响了农民的积极性。对土地长期生产力的投资回报非常低(因为所拥有的土地可能被重新分配)。土地不能作为借贷抵押物,土地使用权市场也发展缓慢。此外,对永久性向外流动的人也有额外成本,那些永久向外流动的农民必须将自己的土地交给集体,由于这种流动的成本太大,所以很少有人这样做。相反,这种土地制度鼓励农民在临时性外出打工或是长期外出打工之时,要在家中留人守住土地。

121 5.1.3.3 “模糊”产权与土地使用争论

正是因为如此，所以农村地区的产权情况仍然非常复杂，产权争端也只能在当地协商解决。中国不存在记载财产权的全国土地登记制度，只是在每个村庄里保有村里分配土地使用权的记录。随着中国经济的发展，土地越来越有价值。由于城市的发展已经突破了原有的有限范围，工业用地和商业用地也随之扩展。但是，农村土地是正式的“集体”财产，农户的土地使用权只以农业耕种为目的。因此，一旦出现了可以将土地转为工业或商业用地的机会，或出现了将土地租赁给外人的机会，村领导或乡镇官员常常会依据自己的意见作出决策。作为拥有土地的集体的代表，村领导常常指出，只有他才能决定如何管理这些土地，官员们则协议土地的价格，并为失去了土地的农民安排补偿或搬迁。在这些交易过程中，许多官员也为自己找到了致富的途径。

然而，对多数农民来说，土地就是他们的生命线，而且(与城市居民不同的是)，农民得到拥有土地 50 年的承诺。一旦土地违背他们的意愿被出售或出租，农民肯定会有愤怒的反应，尤其在补偿不公的情况下更是如此。中国今天最大的社会冲突根源基本上都是土地交易争端(Cai，2003；Yu Jianrong，2005)。腐败的土地交易在地方上不断引发大规模的抗议，中央政府对此也作出了反应。2003年，新的农村土地合同法的通过，就是为了保障农民的财产权，并为公正的补偿提供指导性意见。但是，这部法规未能制止不断增加的争论。中国的农民似乎需要一种比现行制度为他们提供的更为牢固的土地产权制度。

财产权的复杂性和“模糊性”也影响到了农村在 20 世纪 70 年代发展起来的所谓“村办”非农业企业的发展轨迹。1982 年之后，这些已经成为乡镇企业(TVEs)的企业在中国经济中扮演着重要角色(第 12 章专门讨论乡镇企业现象)。这些企业多数属于“集体所有”，意思是指其理论上的所有权归属于集体，这些企业要么是早期政府主办企业时留下的遗产，要么是农业集体组织崩溃之后乡政府接手建立的新的乡镇企业。与土地制度相类似，乡镇企业的终极所有权虽然属于集体，但使用权却常常掌握在企业经理人手中。对乡镇企业产权的具体分配，一
122 般是在当地通过当面讨价还价的过程进行的。这种安排的复杂性使人们对乡镇企业财产权的描述有些“模糊”。事实上，财产权能够灵活地适用于众多的持有人，也能适用于很多情况。所以，财产权能够产生效益并产生企业家组织。非常有意味的是，乡镇企业这种公共拥有的经济实体，在中国向市场竞争体系的迈进

中，在进一步的经济改革中却扮演着重要角色。

5.1.4　市场转型过程中农村与城市体系的演变

在始于 1978 年的复杂的市场转型过程中，农村与城市的体系都发生了根本转变。这些变化淘汰了农业集体组织，消除了城市中的永久就业制度，并极大地降低了城市单位的重要性。我们将在下一章对这些巨大的变化作更为详尽的讨论，并在第 8 章重点讨论城市劳动力市场，第 10 章讨论农村组织形式。我们在这里只是简单地指出，这些变化在农村与城市有很大的差别。农村的体系是一种更为松散的组织，因此，在某种意义上更容易产生变化。而且农村中的多数经济活动，也不在政府管辖范围内。但与之相对应，一旦农业集体组织解散，农村公共物品的供给也随之消失殆尽。由于中央政府已经习惯了农村集体的自立原则，所以并没能马上接手前些年由集体提供的服务。相反，城市的社会服务不仅由工作单位提供，而且也有清晰的为其提供保障的权利体系，所以城市的体制很难改变。正是因为这个原因，中央政府才觉得必须强力保障城市社会契约的某些部分。城市企业改革也尽可能集中在努力去除国有企业的社会职能，将企业改革为利润导向型企业（参见第 13 章）。但直到建立了某些基本的社会规则来接手这些职能后，城市单位才能放手这些服务。因此，虽然中国城市的“社会保障网络”已经开始建立，但政府仍然试图为城市居民提供社会服务。政府投入了大量的资源以图重新设计城市社会保障网络，并通过政府的直接预算投入和社会保险体制的间接投资，为医疗和社会保障提供大量的资金资助。

不同演变过程带来的结果在医疗体制方面表现最为明显。农村居民为医疗
服务从自己的腰包“往外掏钱”要比城市居民多很多，尽管农村居民的收入要低很 123
多。世界卫生组织（2000，190—192）对 191 个国家在医疗卫生服务体系（health delivery system）的效益方面的工作进行了研究，总的来看，中国的成绩不错，但在“医疗卫生公平分配”方面较差。在这一点上，中国在 191 个国家中位列第 188。这里的解释是：多数有较高收入的城市居民，为自己的医疗支出较少，而多数农村居民因为只是缴纳或支付了最低保险责任的保费，所以要为医疗服务自掏腰包。与中国一起排在最后的另两个国家是巴西和越南，这两个国家也是有大量没有医疗保险的农村人口，以及可以从大量的福利措施中获益的城市居民。实际上，改革并不总是有益于城市工人。工人现在要从工资里拿出更多的钱来支付医疗保险，而且许多服务都有保险范围之外的固定付费项目。更麻烦的是，城市工人的

大病保险还有很大的一个缺口。但总的来说，城市工人仍然强于农村居民，农民几乎完全依靠自己。

另一个明显有利于城市居民的巨大变化是在住房领域。从20世纪90年代中期开始，多数城市工作单位开始向自己的职工出售住房，中国城市的住房所有权模式因此整个发生了变化。自1999年以来的几年中，48%的城市家庭从自己的单位购买了住房，到2005年，城市住房由住户自己拥有的比例已超过80%，其中包括新建和现有的私人住宅以及私有化的工作单位住房。那些从自己的工作单位购买了自己居住房的城市居民，购房条件非常优惠。工人和较老资格的退休工人买房付的价格极低。一套单元房的平均价格是19 000元人民币，相当于2 300美元，或相当于城市家庭一年的平均收入。一般而言，工人可以分10年按零利率或低利率购买单元房。住房私有化标志着城市社会性质的巨大改变，因为住房私有化，城市开始向中产阶层社会推进。城市住宅所有权的普及，推动了耐用消费品市场和房屋装修市场火红发展。而且城市居民还可以在5年以后出售分配的住房，所以2000年以后，城市房地产市场成长极快。

城市住房改革的经验揭示出中国改革过程中一个基本的特征。城市居民从
124 城市住房私有化和市场化中获益匪浅，虽然单位制度的解体使城市工人再也得不到过去曾经拥有的社会保护，但改革仍然以这种方式为城市工人设计出巨大的福利。从这种意义上说，中国的城乡差距依然存在，城乡差距不仅仅表现在管理差异上，也表现在当代政策制定的影响上。

5.1.5 无形之墙：当前的管理障碍

在中国，将城乡分割开来的最重要的壁垒就是户籍制度。中国的每个家庭都必须在永久居住地进行登记。但不管是在城市还是农村，这一制度的重要特征就是按具体居住地和具体身份登记。这一身份代代相传，个人要改变这一身份几乎不可能。实际上直到1998年，孩子都是自动承袭母亲的身份。因此，农村女性无法通过与城市居民的婚姻改变自己孩子的身份。中国是一个传统的从父居婚姻制国家，女性婚后通常要搬到夫家居住，所以这一规定阻塞了一条重要的移民渠道，并使户籍制僵化成了类似于分级制的东西。允许承续父母任何一方的身份是2000年左右采取的一揽子宽松政策措施之一。

即使在今天，也只有那些获得了城市居民许可证——通常称为城市户口——的人，才有权永远住在城里。自20世纪80年代开始，户籍制已经放开，但户口仍

然存在，是否拥有户口仍然是一种差别，中国公民现在可以通过更多的方法获得城市居民身份。在市镇或小城市获得户口就比较容易。移居者必须先有一份工作，而且要就业一年以上，但如果他们想在大城市获得户口，机会就要少很多，要获得上海或北京的户口尤其困难。由于现在许多中国城市都希望促进知识密集型产业的发展，所以最近名牌大学的毕业生就可以不太困难地将户口转入城市。有钱人可以通过一次性付款购买房产或通过新的投资或在城市开办企业，获得一张“蓝印”户口。事实上，一份1994年的调查估计，1993年出售的300万城市户口的平均价格是8 000元人民币(大约1 000美元，超过了平均城市工资)。但这些服务于有钱人或高学历人口的计划，并没有使广大中国公民能够更容易地获得城市户口(Wu and Treiman，2004)。

对一般的移居者来说，现在如果没有正式的城市户口，要想在一定时间内在 125
城里生活和工作，已经变得更为容易了。从20世纪90年代中期开始，中国政府就开始认真地重新思考人口流动和农民工政策。像广东这种经济繁荣区域中心的众多出口导向城市，就需要更多的工厂工人。北京的决策者也逐渐认识到了外来工人的困境，以及他们家乡农村的境况。对待外来工人的官方态度也慢慢有了变化，从原来的不快和敌意到渐渐认可，并正式表达出对许多外来工人困境的同情。2005年，中央政府承认，流动人口有权利在城市生活和工作，他们“应该”获得城市里的社会服务。多数城市也采取了临时户口登记和流动人口就业的对策。

然而，户籍制度的真正改革是一个缓慢的过程。地方城市政府在完全接受流动人口的问题上一直犹犹豫豫。国有企业的破产使城市政府面临严重的失业问题。为了保障本地人的工作机会，政府就要把外来工人赶出去。城市的公共服务成本也较高，所以城市政府也不愿意向外来工人及其子女开放教育和医疗服务。外来工人们也面对歧视与盘剥，企业经理与建筑包工头也希望外来工人处于无法讨价还价的弱势地位，拿较低的工资。事实上，有很多案例表明，有些雇主根本就不给外来工人支付工资。北京法律援助青年中心于2003年12月在8个省份对8 000名农民工做了调查，他们发现，这些农民工中有48%的人有过拿不到工资的经历。另外，这些农民工也几乎没有资源，为了拿不到工资而告状要花费几千元人民币并耽误工时，还要交行政诉讼费。全国总工会估计中国没有给付农民工的工资达1 000亿元人民币(120亿美元)。作为对这一揭露的回应，国家开始实施强制雇主支付工资的计划，现在看来并没有消除这种不正之风。

直到 2004 年末，一些省份包括湖北、山东和浙江才宣布，它们将在未来一年内采取一种新的居民登记制度，并将最终消除城乡户口之间的差别（山东，2004；浙江，2004）。户籍制度的改革之难不仅因为在巨大的利益面前要冒风险，而且因为城乡体制本来就有较大的差异，所以改革提出了权利问题：流动人口到底该如
126 何获得城市中的社会保障和孩子受教育的权利？到什么程度就可以取消流动人口在农村的土地所有权？

5.2 城市化

城市化是发展过程中的重要部分。随着经济的发展，农民工一旦集中于城市而不是散居于农村之时，他们便迁出了农业，进入了更有效益的工业和服务业。中国现在正处于急速城市化的过程中，至 2005 年底，中国的城市人口占总人口的 43%。中国已不再是农业经济国家。2004 年，农业只占了国内生产总值的 13%，虽然中国人口的绝大部分居住在乡村，但就算我们将农村产业和服务业包括进来，农村产业仍然只占中国国内生产总值的 48%（CASS Rural，2005，36，42）。作为一个发展中国家，中国今天的城市化仍然在一个正常范围之内，但中国达到今天这一程度走了一条非常独特，甚或有些奇怪的途径。在多数发展中国家，城市化的步伐由数百万不同的个人决策决定，这些人自己估计自己的生活机会，决定是否离开农村进入城市。但中国过去的城市化过程主要是由政府决策决定，直到最近，个人选择的范围还有严格限制。

图 5.1 显示的是中国城市化过程的数据。浅色点线代表“非农业”的中国公民百分数，也就是那些有城市户口的人。这些人数与我们在本章前面讨论的城市户口相一致，这也是中国特色。黑色点线代表居住在城市中的中国居民的百分数。在其他国家，这些数字就可以定义出城市化的程度，也可以使用这些数字进行比较研究。这两条线揭示出中国奇怪的城市化历史。从 20 世纪 50 年代末期到 1978 年，中国处于逆城市化阶段。根据图 5.1 中的数据，这一阶段的城市人口比例下降幅度超过两个百分点。从 1964 年开始（这是一个相对正常的年份，也做过一次人口普查），城市人口比例下降了一个百分点。这种逆城市化现象在其他任何国家都找不到实际的可参照情况。因为世界上其他的国家都在持续城市化过程，而 20 世纪 70 年代末期，中国就表现出越来越不寻常的情况。1964 年，相比较所有发展中国家 26%［世界银行世界发展指数（World Bank WDI）］的城市化

率,中国的城市化率为 18.4%。1978 年中国的城市化率仅有 17.9%,但发展中国家的平均城市化率已达到 31%。从 1978 年开始,中国开始了极其快速的城市化过程,事实上,至 2005 年,中国的城市化率已经增长到与发展中国家平均 43%(2003 年的数据)的城市化率持平。中国已经迎头赶上,并正在成为一个正常的城市化国家。 127

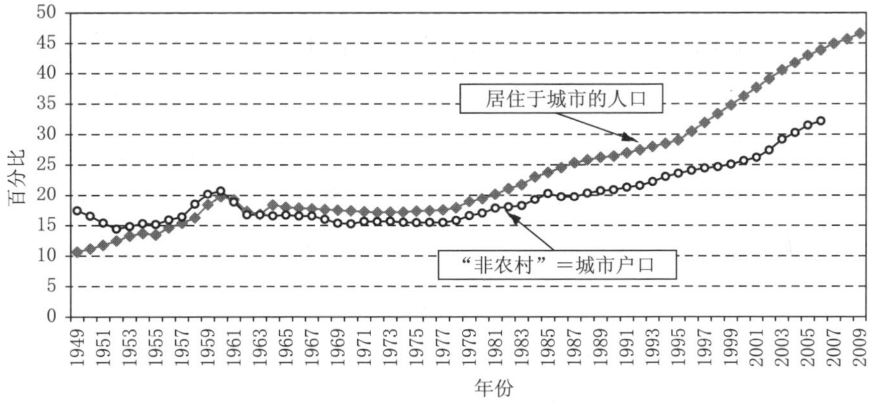

图 5.1 城市人口占总人口的比例

1978 年以前的数字清楚地表明了中国对人口流动严格限制的结果。早期城市化的高峰,即 1960 年"大跃进"时期的城市化高峰,当然无法持续。但最引人注目的是 1964 年和 1978 年之间对城市化实施的严格管制,这一时期城市经济的规模扩大了三倍。在整个时期中,对城市居住证的发放十分严格,农民几乎无法搬到城里居住。事实上,这一时期甚至还强迫人们从城市往外移民。从 20 世纪 60 年代中期到 70 年代中期,数百万城市居民被遣送到农村。数量最多的一次大约有 1 700 万人,都是"文化大革命"运动中"下放"到农村的中学毕业生。"下放"到农村的年轻人在农村的时间从两年到一辈子都有,他们被告知要向贫下中农学习。工人们也会离开大城市,到中国西部去建设工厂。从 1955 年到 1976 年,中国最大的城市上海,就有过一次净输出 186 万人的经历。这样不寻常的人口变动 128
能够发生,正好说明了毛泽东时代中国政治控制和组织动员的绝对程度。正如马洪所说:"每一次政治运动之后都有一大批城里人被下放到农村"(Zhang Shanyu, 2003, 362, 367, 376)。

随着 1978 年改革开始而来的社会宽松形势,结束了这种最为极端的人口控制形式。"上山下乡"年轻人的返城,标志着对人口流动控制逐渐放松过程的开始，以及城市化的复苏。最初政府官员非常谨慎，他们努力限制小城市的人口增长，并控制大城市人口增长。一直到了20世纪90年代，政府计划人员才勉强接受了这一事实，即最大的城市也需要成长，在长期经济发展中也会增加城市总人口的份额。我们估计最终有60%的上海外移人口回到了上海，回到了自己家中，加入了当前的经济开发行列。

在过去30年中，中国的城市化基础极为广泛。向大城市的人口流动重新开始，城市也开始往农村扩展，新的城市居民区在以前的农村地区发展起来。1982年，中国只有2 660个建立了城市管理体制的小城镇(建制镇)；但到了2001年，这一数字增长到了20 374个(Zhang Shanyu，2003，321)。或许最引人注目的城市转型发生在广东省珠江三角洲地区。25年中，珠江东岸120公里的土地已经完全从农村转变成了城市。在香港和省会城市广州之间，发展出两个全新的城市，即深圳和东莞，创造出一个每个城市的人口都超过了600万的大城市链。长江三角洲的城市化过程比珠江三角洲迟了十年左右，但出现的仍然是“农村城市化”的相同模式。在北方，北京已经从中心城区往外铺开，现在已建设到五环以外了。这种转型意味着，虽然城市化的统计并不完全准确，但也反映出名副其实的变化：20年前很容易辨别的城乡界限，现在已经模糊不清，而且随着城乡的相互渗透越来越看不清了。

如前面所述，图5.1也显示出，城市居住证持有者的增加要大大少于全部城市居民的增加。至2003年，中国人口中有10%的人住在城里，但没有城市户口。到2020年，预计会有60%的人口住在城里，另有100万—200万农村居民
129 会在城里工作。从大城市的人口密度、交通状况和集中程度来考虑，中国如何应对这种持续发展的城市化浪潮，将会对进化中的中国社会的许多方面产生重大影响。此外，城市急速发展的情况，还要取决于中国将如何有效地减小城乡差别。

5.3 从农村到城市的人口流动

自20世纪90年代以来，中国农村到城市的人口流动增加极为迅速，但流动人口仍然受到歧视，他们融入城市社会的能力也受到限制。多数流动人口仍处于城市社会的边缘，居住在处于城市边缘地区违章搭建的房子里，工作时间较长，而且都有重返农村的计划。事实上，中国农村流动人口在城市中的许多方面都与美

国城市中没有工作证的墨西哥移民相同。通过移民，他们极大地增加自己创造收入的潜力，并开始逐步发展自己的道路。此外，他们不仅对经济作出了贡献，也通过把工资寄回家乡而对自己的家乡作出了贡献。但他们依然处于一种过渡状态，受到歧视与不公正对待。移民需要有效地融入城市社会的渠道。这一融入过程不可避免地需要附带城市公民所拥有的教育、住房和社会服务。

5.3.1　人口流动概况

中国当今的人口流动状况到底如何？中国突然出现并迅速增长的大规模人口流动，一开始就使人们对这一现象的性质和重要程度产生了很多困惑。概括地说，中国的人口流动，尤其是从农村到城市的人口流动与其他许多发展中国家的人口流动相似。由于长期禁止人口流动，所以中国城市中的流动人口已变成了不熟悉城市的访客，他们的再次出现引起了城市居民复杂有时甚至是负面的反应。中国"流动人口"(floating population)这一术语有很多不同的定义，根据这些定义可以对流动人口的全部数字作出非常不同的估算。我们根据2000年的人口普查数据可以勾画出更为准确的情景(Liang and Ma, 2004)。这一人口普查数据是根据个人在一个地方居住至少6个月的时间，而不是根据人们的登记居住地进行统计。使用这种长期"流动人口"的准确定义，流动人口总数是大约1.44亿，几乎占中国人口的12%。其中大约一半即6 500万人是仍然居住在户口登记的同一城市，但离开了自己的正式登记地居住的当地人。其余7 900万人则是远距离离开 130
户口登记地的长期"流动人口"。还可以进一步划分为省内(但是跨县)流动人口，这些人大约有3 600万，跨省流动人口则有4 200万人。远距离"流动人口"数据可与之前1990年和1982年的人口统计数据相比较，这些数据可在图5.2中看到。中国的远距离流动人口增长非常迅速，从1982年的700万到1990年的2 200万，一直增加到2000年的7 900万，占了全部人口的6%。跨省流动人口增长尤为迅速。

流动人口尤其集中于经济繁荣的南方沿海地区。总的来看，2000年流动人口的53.5%居住在拥有四分之一中国人口的南部沿海省份。迄今为止，最重要的人口流动目的地是广东省。在2000年的人口普查中，广东省的流动人口记录是2 100万，占了全省人口的25%。向长江下游的上海、江苏和浙江这三个地区的大规模人口流动虽然晚于广东，但也增长非常迅速。2000年，这三个地区的流动人口达1 500万，占这三个地区总人口的11%。另外，还有2 000万流动人口已经在

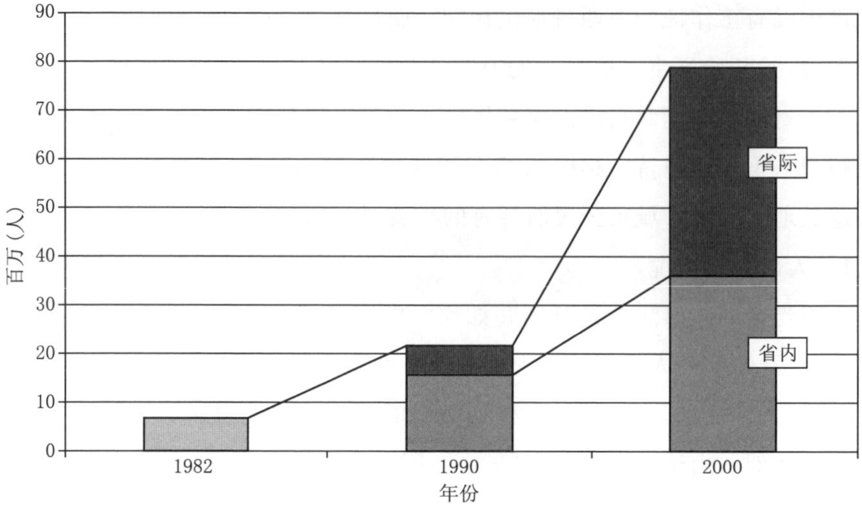

图 5.2　中国人口普查中的远距离“流动人口”

131 2000 年人口普查的前 5 年成功地获得了永久居住权。这一“永久性”人口流动拥有与“流动人口”完全不同的情况。这些人受教育程度较高，有的原来就是城市居民，他们改变自己居住登记地的最重要因素就是受过教育。

5.3.2　流动人口的特征

随着行政管制的弱化，中国的人口流动也与其他多数发展中国家一样，开始不断增长，并且也开始了大规模从农村向城市的流动以及城市化进程。全世界都是根据推进与拉动因素来预料人口流动的现象。拉动因素反映的是城市中较高收入工作的吸引力，推动因素是指人口来源地区缺少经济机会。中国的研究一直证明了流动人口都是往工资较高且工作机会较多的地区集中，人们来来去去就是为了寻找工作机会。推动因素的影响力在中国可能较薄弱，因为如我们之前所讨论的，中国几乎不存在没有土地的情况，虽然确实也存在极端贫穷的地区。

更一般地说，往城市流动只是中国农村居民寻求农业之外的经济机会的几个选择中的一个。中国农民的诸种选择和流动决定将在第 8 章中进行更为充分的讨论。然而，流动人口的具体特征却各有特色。农村中的年轻人和男性更倾向于流动，年龄处于 16—20 岁的人是流动可能性最高的人群，年龄每增长 10 岁则流动的可能性下降一半左右。20 世纪 90 年代，在相同特征的人群中，男性流动的可能性比女性高出 3 倍，但女性参与流动的人数比男性增长更快，男女之间的差距正在缩小。东南沿海地区的轻工业出口企业比较喜欢雇用女性工人，这也吸引了女性流动人口的增长。男性流动人口则广泛分布在中国城市中的建筑行业、工厂和商业行业。

5.4　城乡差距的经济后果

如前所述，在发展的过程中，不可避免地会产生城乡差距。在发展的初期，工业化会从城市开始，所有的现代经济都会首先落脚于城市。与城市居民相比较，农村人口受教育水平较低，资本较少，而且因远离市场且市场不完全，无法获得许多所需要的资源。因此，现代经济的参与者，即城市居民获得较高的收入，而依然 132
生活在传统经济中的农村居民长时期内收入不高，并不让人奇怪。下一节我们将讨论城乡差距对收入和生活水平的影响。

5.4.1　生活水平与流动限制

从 20 世纪 60 年代直到 70 年代，在中国计划当局基本上停止了人口从农村往城市的流动之时，也对城市居民实施工资冻结措施。事实上，由于绝大多数年轻人都处于工资级别的最低层，所以平均实际工资（度量因价格变化而受到影响的工资购买力）20 年来一直在下滑。尽管有工资冻结，但这一时期的城乡收入差距事实上在增大。城乡收入差距增大的主要原因是，城市就业体系的扩大纳入了许多年轻女性，由于女性劳动力参与工作渐渐普及，所以几乎所有的城市居民家庭都有一个以上挣工资的人。此外，最先在大城市实施的严格的计划生育政策，也减少了需抚养的孩子数。这样造成的结果是，城市的抚养比率（全部人口/就业人口）急剧下降。这种人口政策的效应是，虽然工资增长停滞，但城市人均收入仍在上升。从 1957 年直到 1977 年，虽然实际工资在下降，但人均抚养率却从 3.4 下降到 2.0，所以城市人均收入仍在上升。相反，农村收入一直停滞不前。由于农村人口增长受到管制，所以农民的边际产品下降，又由于政府的农产品收购价格一直保持不变，所以边际价值产品（marginal value product）也在下降。

为了理解最近几年城乡差距的演变，我们在图 5.3 中用城市户均货币收入与农村户均货币收入之比率进行说明。这些信息来自由中国国家统计局实施的一次家庭抽样调查。当然，这些比率并不能够完全反映城乡居民之间的全部差距。正如我们之前所描述的，城市居民的货币收入不仅高于农村居民的货币收入，而且他们还享有很多与较高货币收入一起获得的补贴。但是，我们很难计算出这些补贴的货币价值，就算进行计算也还需要有几个参照年份才行（这一点在第 9 章将有更全面的讨论)。城市中的消费价格较高这一事实，部分抵消了这些补贴。
133 另外，包含在收入中之某种程度的隐性和显性的补贴，也影响到城乡之比较。因此，这些数据仅仅提供了部分信息。图 5.3 中的数据表明，在中国 1978 年发起改革的时候，城乡差距已经非常巨大：城市居民的人均收入高于农村居民 2.6 倍。改革的前几年，由于农村改革的成功迅速增加了农民的收入，所以城乡差距有所缩小。但从 1984 年开始，这一差距又再次扩大。直到 1992 年，这一差距在某种程度上仍然小于 1978 年，20 世纪 90 年代，城市经济的快速增长又导致了新的两极分化。而在 1995—1997 年这一段时间内，这一差距又再次缩小，主要是因为农产品市场价格的大幅增长所致。但高价格并没能维持多长时间，从 1998 年到 2003 年，城乡差距再次急剧扩大。今天的城乡差距比之 1978 年的城乡差距，又大了很多。

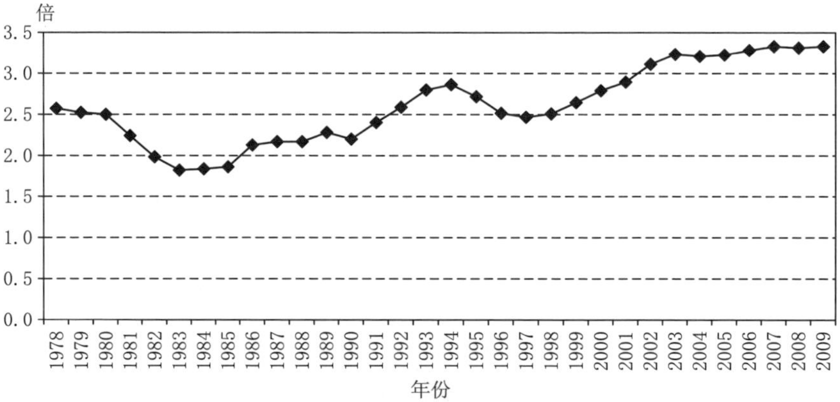

图 5.3　城乡居民收入比例

就算消除了对人口流动的限制，中国农民身上的经济压力仍在持续。中国于 2001 年加入世界贸易组织之前就实施了渐进性进口自由化措施，这一措施影响了农产品价格。实质上，世界贸易组织给中国的农产品价格制定了一个上限，以防止中国的农产品价格高于世界价格。根据中国发展研究中心的计算，世界贸易组织的成员资格意味着，中国要在小麦、棉花和大米生产上失去大约 1 300 万个工作机会(与中国不采取进口自由化的另一种设想相比较)。这些失去的工作要通过
134 其他农业活动中 250 万个粮食生产工作，再加上纺织服装业和商业以及建筑业 1 000 万个工作机会进行补偿。基本上，进一步融入全球经济将加速中国资源流入中国具有比较优势部门的速度(劳动密集型制造业)，也会加速资源流出中国具

有比较劣势部门的速度(尤其是要密集使用稀缺土地的粮食生产)。一旦发生了这种转移,农村居民就不得不流动。由贸易自由化引起的相对价格的变化可能还会对农村收入产生压力。因此,城乡差距仍然是中国经济的一个特征。

5.4.2 消除城乡差距

近几年来,城乡收入差距拉大以及加入世界贸易组织对农民收入的预期影响,使中国的决策者开始关注农民的收入。自 2003 年以来,中国采取了一系列的政策来改善农民的收入,以防止城乡收入差距进一步扩大。2003 年中央一号文件(Central State Council Document No. 1,国务院《关于全面推进农村税费改革试点的意见》)给出了一个政策目标,一系列的政策措施紧跟出台。2005 年底,政府废除了农业税,因此实际上减轻了农民的负担。此外,设立了对种粮大户的直接补贴计划。这些政策的目的都是为了保护农民收入,而不是为了劝阻农村向城市的人口流动。2003 年公布的"阳光政策"(Sunshine Policy)就是为了给未来的流动人口提供基本的工作培训,以及目标城市的情况与信息。在中华人民共和国历史上,2003 年可能是第一次由中央政府出面开始系统地纠正过去城市工作的偏差,政策开始倾向于对农民提供帮助(更多的细节请参阅第 18 章)。但这些政策如果真正生效,还需要与保护农民和流动人口权利的地方政策结合起来,还要寻求将流动人口完全融入城市社会之中。

5.5 结论

分割城市和农村地区的行政壁垒有自己的经济根源和经济后果。随着社会主义中国的经济发展,影响劳动力流动和城乡地区报酬结构的经济政策国家不断提出。最重要的经济后果是城市经济中的工人享受着相对较高的工资和福利,而 135
农村劳动力依然关闭在农村经济中。这一政策的后果是极其严重的劳动力错配和不公平。农村劳动力的收入低于他们的边际产出,而城市劳动力的收入则高于他们的边际产出,两者之间的收入差距大于两者应该拥有的正常状况。经济改革开始了一个拆除或至少降低城乡经济壁垒的过程。拆除壁垒的过程虽然很慢,却非常重要。20 世纪 90 年代中期之后,拆除壁垒的过程开始加速。今天,这些壁垒虽然失去了原来的重要性,但仍然是理解中国经济运行,以及决定中国居民不同生活结局的基本因素。

进一步阅读的建议

奈特与宋丽娜(Knight and Song，1999)从一个宽广的结构性视角，以调查数据为基础进行了微观经济分析。苏黛瑞(Solinger，1999)集中关注的是城市中的农村流动人口之主观和客观经历。

数据和图表资料来源

图 5.1:《新中国 50 年统计资料汇编》(1999，1)户口专辑;并根据《中国统计摘要》各年数据以及《中国人口统计年鉴》(2005，265)进行修正。《中国统计年鉴》的标准城市化专辑，根据《中华人民共和国 2005 年国民经济和社会发展统计公报》(2006)数据修正。

图 5.2:梁在和马忠东(Liang and Ma，2004)。

图 5.3:《中国统计摘要》(SAC，2005:102)，并根据《年度经济报告》(2006)数据修正。

城市化率:全部中低收入城市的平均数来自世界银行的世界发展指数(平均数中也包括中国)。中国的数据来自《中国统计年鉴》以及《中华人民共和国 2005 年国民经济和社会发展统计公报》(2006)，其中的数据与世界银行数据略有不同。国与国之间评断城市定居(urban settlement)的标准有很大的不同，所以各国城市化比较不可能精确。此外，中国的数据被中国统计学家修订了多次，最近的一次修订是在 2000 年人口普查之时。2000 年之后的解释将那些 3 000 人以上的定居地以及属于城市管辖范围(根据行政管理标准决定)的人口都包括在内。中国的统计学家为了使后来的数据具有一致性和跨时可比性，对早先数据做了几次修订，但现在仍然存在可比性的问题。张善余(Zhang Shanyu，2003:289—291)对此进行过比较好的讨论。

参考文献

Annual Economic Report(2006). National Bureau of Statistics. "Zhonghua Renmin Gongheguo 2005 nian guomin jingji he shehui fazhan tongji gongbao[National economic and social development statistical report of the People's Republic of China]" February 27, 2006, accessed at www. stats. gov. cn/tjgb/ndtjgb/qgndtjgb/t20060227_402307796. htm

Banister, Judith (1987). *China's Changing Population*. Stanford: Stanford University Press.

Cai, Yongshun(2003). "Collective Ownership or Cadres' Ownership? The Nonagricultural Use of Farmland in China." *China Quarterly*, no. 175, September, 662—680.

CASS Rural Development Research Institute and NSB Rural Society and Economy Investigation Team(2005). *Nongcun Jingji Lupishu, 2004—2005 Nian: Zhongguo Nongcun*
136 *Jingji Xingshi Fenxi yu Yuce*[Rural Economy Green Book 2004—2005: Analysis and Projection of China Rural Economy]. Beijing: shehui Kexue Wenxian.

Cheng, Tiejun, and Mark Selden(1994). "The Origins and Social Consequences of China's

Hukou System." *China Quarterly*, no. 139, September, 644—668.

Knight, John, and Lina Song(1999). *The Rural-Urban Divide: Economic Disparities and Interactions in China*. Oxford: Oxford University Press.

Liang, Zai, and Zhongdong Ma(2004). "China's Floating Population: New Evidence from the 2000 Census." *Population and Development Review*. 30(3), September, 467—488.

Lü, Xiaobo, and Elizabeth Perry, eds. (1997). *Danwei: The Changing Chinese Workplace in Historical and Comparative Perspective*, 169—194. Armonk, NY: M. E. Sharpe.

National Bureau of Statistics, Department of Comprehensive Statistics (1999). *Xiandai Zhongguo 50 Nian Tongji Ziliao Huibian*[Comprehensive Statistical Data and Materials on 50 Years of New China]. Beijing: China Statistics Press.

Population Statistics Yearbook(various years). National Bureau of Statistics, Department of Population and Employment Statistics, ed., *Zhongguo Renkou Tongji Nianjian*[Population Statistics Yearbook of China]. Beijing: Zhongguo Tongji.

Rozelle, Scott, and Guo Li(1998). "Village Leaders and Land-Rights Formation in China." *American Economic Review(Papers and Proceedings)*, 88(2), May, 433—438.

SAC(Annual). *Zhongguo Tongji Zhaiyao*[Statistical Abstract of China]. Beijing: Zhongguo Tongji.

Shandong(2004). "Shandong Is Eliminating the Distinction Between City and Rural Registration." *Huasheng Bao*, August 20, http://www.people.com.cn/GB/shizheng/14562/2726307.html.

Solinger, Dorothy(1999). *Contesting Citizenship in Urban China: Peasant Migrants, the State, and the Logic of the Market*. Berkeley: University of California Press.

SYC(Annual). *Zhongguo Tongji Nianjian*[Statistical Yearbook of China]. Beijing: Zhongguo Tongji.

Walder, Andrew(2000). "Chinese Society." Public Lccture. Institute for International Studies Conference, "China at the Crossroads." Stanford University, May 19, 2000.

World Bank(various years). World Development Indicators. Washington, D. C.: World Bank. http://devdata.worldbank.org/dataonline/.

World Health Organization(2000). *World Health Report 2000*. Geneva: World Health Organization. http://www.who.int/whr/2000/en/whr00_annex_en.pdf.

Wu, Xiaogang, and Donald J. Treiman(2004). "The Household Registration System and Social Stratification in China: 1955—1996." *Demography*, 41(2), May, 363—384.

Yu Jianrong(2005). "Social Conflict in Rural China Today: Observations and Analysis on Farmers' Struggles to Safeguard Their Rights." *Social Sciences in China*, March, 125—136.

Zhang Shanyu(2003). *Zhongguo Renkou Dili*[China Population Geography]. Beijing: Kexue Publishing House.

Zhejiang(2004). "Zhejiang Will Implement a Unified Country-City Household Registration System Next Year." *Xiandai Jinbao*, December 27, http://www.china.org.cn/chinese/zhuanti/jrfwc/739294.htm.

第2篇

增长与发展模式

1985年的北京：结构变化给城市形态和规模造成的变化

第6章

增长与结构变化 139

经济增长最简单的含义，可直观地解释为可得到的商品与服务总量的增加。这一增加可以通过经济中全部价值增值的总量，即国内生产总值的增长进行度量。将人口增长计算在内，就可得出每人可得到的商品与服务总量，即人均国内生产总值。发展过程是一个渐进但稳定且保持人均产出增长的过程。产出的增长是因为社会积累的物质资本使得工人的生产力增长，工人的生产力增长则是因为居民通过人力资本的投资，尤其是医疗和教育投资而使家庭成员的生产力增长。由于人们有了更好的教育，设备也更为精良，所以，工人的技术也越来越熟练。另外，由于许多个人的行为使经济再次发生变化，经济中也出现了许多正常的结构变化。

前一章讨论了结构变化中最重要的一个方面，即人口从农村向城市社会的流动。本章讨论的结构变化更为宽泛，要从比较的角度对经济增长、劳动和国内生产总值的分配变化进行讨论。中国的经济发展过程有很多与其他发展中国家相同的结构变化特征。本章的主旨就是要对中国在常见的发展路径上进展到什么程度，给出一个基准，并采用中国数据来讨论问题。在描绘出共同特征的同时，本章也着重讨论了中国特色的发展模式。前一章以城乡为例，强调的是妨碍结构变化的独特制度，本章的重点则是驱动所有经济体结构变化和经济增长的常见过程。

我们可以从比较与结构的角度对中国经济的几个方面进行解释。首先，虽然中国的发展过程与其他经济体相似，但中国还有完全不同的三个方面：第一，中国 140
的投资多于其他经济体，相比较其他经济体，投资又多集中于制造业，经济增长也快于其他经济体。第二，结构视角也有助于解释中国经济增长如此快速的原因。高投资率也可以对中国经济的快速增长作出说明。此外，中国正处于经济发展阶段，在这一阶段中，急剧的结构变化为经济的高速增长提供了一种动力。第三，结构视角也为预测中国的未来发展提供了基础。由于结构变化是以正常的形式发生，所以我们可以预期中国将会重复先期发展的东亚经济体所经历过的许多变化。尤其是我们预期中国的快速增长再持续10年，然后，随着劳动力增长的下滑，以及农村向城市人口流动的减少，增长将会放缓。结构的变化与社会的变化相关联：随着产业和现代服务业的成长，将会出现具有高收入和新技术的新的城市社会群体，在这些群体出现的同时，也会出现新的市场和新的社会机会。

6.1 增长

从1949年到1978年，中国经济获得了快速发展，但实际上增长的起飞开始于1978年的改革之后。此外，由于经济增长增速与人口增长放缓相一致，所以人均增长的增速更快。表6.1的官方数据显示，国内生产总值增长的增速从1978年以前的6%上升到1978—2005年的9.6%。与此同时，人口增长速度减速从1978年以前的1.9%下滑到1978年之后的1.1%。因此，人均国内生产总值增长一倍多，从每年的4.1%跳升到8.5%。无论用何种标准衡量，中国1978年之后的增长经历都很不寻常。

6.1.1 增长的数据及对增长的度量

表6.1中显示的数据，即是本书使用的数据，是中国的官方数据。那么，这些数据的可信度怎样呢？首先，这些数据是我们所能找到的最可靠的数据，也就

141 **表6.1 人均国内生产总值的增长(年均增长率百分比)**

	国内生产总值	人　口	人均国内生产总值
1958—1978年	6.0	1.9	4.1
1978—2005年	9.6	1.1	8.5

是说，不存在其他貌似可信的中国数据可供选择，同时，也没有人表示这些公开出版的中国数据与外部可核实的数据相互矛盾或是不一致。因此事实是，我们除了使用官方数据之外别无选择。毕竟，官方数据也是大批勤勤恳恳的政府统计学家经过数据搜集系统分析的产物。当然，我们也有许多理由强调一下，这些数据并不像我们希望的那样准确或可信。中国是一个转型经济体，又是一个发展中国家，而多数发展中国家的国内生产总值数据容易出现重大错误，由于变化实在太大，所以统计的准确性是转型经济体都存在的一个问题。

最麻烦的是，中国在 1998 年开始实施一种新的数据采集体系，从某些方面看，这是一次失败。为了对一个有众多小型企业的经济体进行数据统计，国家统计局调整了数据采集程序，他们转而使用抽样调查方法来估算小型工业和服务业的规模。这就使得国内生产总值数字不仅比以前可信度更低，也使我们更难用过去的数据采集方法予以证实。事实上，在 2005 年，国家统计局将国内生产总值上调 16%，以反映包括运输、零售和餐饮从业者在内的数字(本书也采用了这些年新的估算数字)。此外，1998 年彻底转向新的体系之时，凑巧与现实经济中罕见的迅速变化的时期相一致，因此我们对 1998—1999 年这一时期的描述也特别模糊。正如我们在第 14 章讨论的那样，这一问题在能源数据上表现得特别严重，那一时期的能源数据完全不可信。不幸的是，中国的数据并没有出现日渐准确的趋势。

有三组问题影响中国数据的准确性：价格、覆盖范围和政治。首先，官方数据并没有对通货膨胀效应进行校正。国内生产总值平减指数，即官方统计学家用来将名义(现价)国内生产总值增长转换为实际(不变价格)国内生产总值增长的通货膨胀计量方法，比所有其他通货膨胀计量方法的增长都要慢很多。任若恩(Ren，1997)和扬(Young，2003)对这一数据做了较好的解释，也提出了使用其他价格指数的有说服力的观点。使用不同价格指数对扬研究的 1978—1998 年进行分析，可使每年的国内生产总值增长率降低 1.6 个百分点。这一问题在 20 世纪 80 年代最为严重，当时的通货膨胀极为疯狂。但自 1996 年开始，价格一直较为稳定，所以这一问题变得不那么严重。第二，统计学家也很难计算经济的扩张程度。25 年前，中国根本不生产彩色电视机，更别说计算机了。中国的统计学家倾向于对计算机这类增长快速的产品，初期按较高价格计价，使这类产品在国内生产总 142
值中所占权重较大，因此过高估计了增长。但也存在一开始就估价较低的增长快速的产品，比如医疗和住房。早期这些产品多是配给品，但现在已经按市场价格计算。如果按照这些产品的初期价格进行计算，又出现了另一个不准确的数据来源，但这种计算又倾向于低估增长。所以，净效应如何现在并不清楚。

第三，中国的数据收集与政治相互关联，所以也在某种程度上减少了统计数字的准确性。国家统计局对统计数据采集的垄断，使竞争市场的收益不在数据采集范围内。又由于许多重要的数据，比如国内生产总值，被用来作为衡量地方官员政绩的指标，所以地方官员有动力去扩大或歪曲这些数字。此外，共产党也垄断了媒体对经济新闻的报道。比如说，在修订国内生产总值数据的时候，他们从来不会向下调整国内生产总值增长率，即使向下调整了国内生产总值，给人的印象也似乎是逻辑上适当的调整。这些都是严重的问题。这些问题告诉我们，我们只能在一个具有较大误差的范围内谨慎而小心地使用中国的数据，并承认这些数据。

6.1.2 增长的比较研究

然而，我们在上一节讨论的问题并不表明中国经济的增长在某种程度上是虚假的。恰恰相反，某些关键的经济因素是可以得到充分证明的。比如，出口增长就比国内生产总值的增长要快很多，而且也能通过进口国家的独立统计获得充分证实。如果中国国内生产总值的实际增长要大大慢于官方数字表明的增长，出口在国内生产总值中占有的份额就需要更大的增长，但要对出口增长为什么会大大快于国内生产总值的增长的原因进行解释，就有了难度。中国出口的快速发展只有放在国内生产总值快速增长的背景下才有意义。相同的已得到证实的数据还有很多，比如财政收入。正如前面讲述，我们没有其他的步骤可对中国的增长是否满足基本一致的检查标准进行评估，也没法对这种快速增长和转型是否与个人的共同体验相一致进行评估。总之，官方记录的增长率似乎有某种向上的偏差，但这一点并没有改变快速增长的基本情况。考虑到20世纪80年代和90年代不充分的通货紧缩，再考虑到1978年可能对国内生产总值的低估，我们可能可以将中国国内生产总值的增长每年调低1个到2个百分点。这一调整使中国1978—
143 2005年的人均国内生产总值每年大约增长7%。这一数字仍然是人类历史上经济快速增长最为持久的时期。

在一个很长的时间内达到人均国内生产总值6%以上的增长水平并非前所未有的事情，但在世界范围内也只在三个较短的时期内发生过这样的事情，而这三次都发生在东亚。第一次是从1955年直到1973年，日本带头在18年内每年达到了人均国内生产总值增长8%的水平。1973年后，日本的经济增长放缓，直到20世纪80年代末期，日本经济仍然健康发展。第二次是从1982年直到1996年的14年里，几个东亚经济体以极高的速度增长。在这一时期内，韩国每年人均国内生产总值的增长是7.4%，台湾地区是7.1%，泰国则是6.8%。然而，1996年后这些经济体经历了相当严重的经济紧缩，因此增长放缓，1996年之前的经济快速增长不再持续。第三次则是自1978年以来的中国。中国当代经济的增长代表了第三次东亚增长浪潮。在校正了统计夸大之后，中国的经济增长可能并不比其他两次更快。但是,中国的经济增长仍然是独一无二的增长:它比前面两次增长影响了更多的人;27 年后,中国的经济增长浪潮仍然持续走强,所以中国的经济增长过程长于其他两次增长。

6.1.3　增长的不稳定性

图 6.1 显示了 1978 年之后的国内生产总值增长一个明显的周期性模式。其中尤其有四个快速增长时期的增长接近或超过每年 10%,高峰期出现在 1978 年、1984—1985 年、1992—1994 年以及 2003—2005 年。每一高峰增长期都使经济出现紧张,包括通货膨胀和部门瓶颈,接下来就是一个紧缩和较慢增长的阶段。长期的经济增长明显是一件好事,但不能因此认为短期内的最大化增长总是可取的。增长必须持续给出它的好处。尽管中国展示出极大的宏观经济不稳定,但迄今为止每一次紧缩之后都会跟着新一轮的增长周期。因此,我们没有明显的理由认为,中国的快速经济增长就不能再持续 10 年。

6.2　投资

与中国的快速增长紧密相关的是中国在过去 25 年内进行了大量的投资。虽然中国已经放弃了大推进的社会主义发展战略,但中国的投资率实际上却在上

144

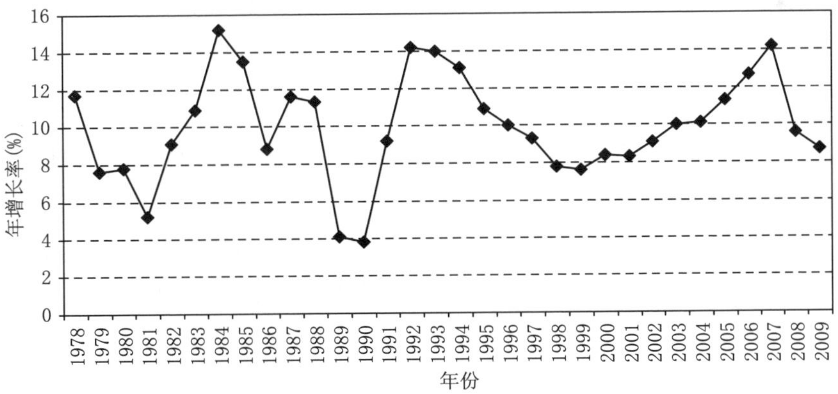

图 6.1　1978—2009 年国内生产总值年增长率

升。事实上,对中国经济快速增长最直接的解释,就是中国一直持续的极高投资率。图 6.2 显示了一些基本数据。该图表明了资本形成总额以及总资本的两个组成部分:固定资本形成和库存积累,我们最感兴趣的是固定资本形成(用实线显示),固定资本相当于新工厂、道路和房屋,是经济增长的根本。20 世纪 70 年代末

期，固定资本形成总值已经达到国内生产总值的约 30%，80 年代的多数时间里仍然处于这一水平。到了 90 年代，固定资本形成增长到国内生产总值的约 35%，2004 年又跳升到国内生产总值的 40%，2005 年的固定资本形成也超过了国内生产总值的 40%。中国的投资率不仅很高，而且一直在上升。最近增加的投资属于宏观经济过热阶段的组成部分，大多不可能持续，但固定资本投资率增加的长期趋势还是非常清楚的。

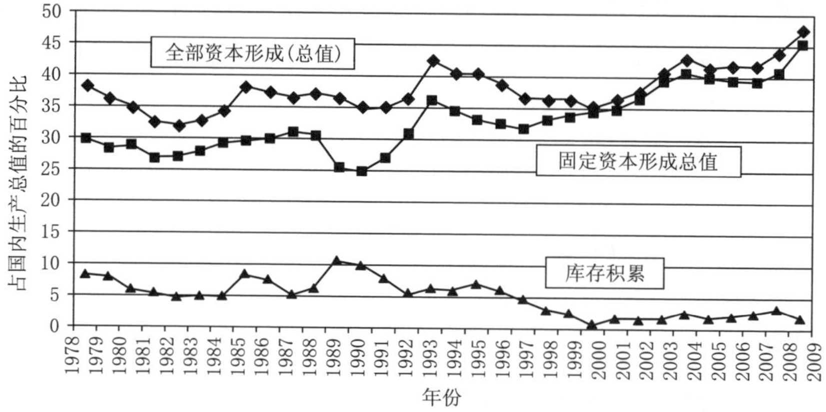

图 6.2　资本形成总值

以前我们见过这么高的投资率吗？当然见过，不过那都是特殊环境下的事情。而且，东亚的前两次快速增长也都具有高投资推动的特征，尽管不如今天中国的投资率那么高。日本在 1970—1973 年间固定资本形成总值为国内生产总值的 35%—37%，韩国 1990—1997 年一直维持一个极高的固定投资率，1991 年的
145 高峰为 39%。泰国和马来西亚在 90 年代中期一个较短的时期中（分别为 1993—1996 年和 1995 年），固定资本投资超过了国内生产总值的 40%。泰国和马来西亚的高投资率在很大程度上依赖外商直接投资的流入，外商直接投资流入相当于它们国内生产总值的 5%—6%。日本和韩国则完全没有依赖外国资本的流入。

中国确实接收了大量的外国投资，在过去 10 年中，外国资本的流入占到国内生产总值的 4%。然而，与泰国和马来西亚不同的是，中国最近几年并没有出现经常账户赤字，因此中国并不依赖于外国资本流入来为其国内投资融资。总的来说，中国的投资完全来自中国的国内储蓄。由于中国的国内储蓄必须为国内庞大的投资提供资金，所以中国的国内储蓄率较高。当然，外国投资仍然在中国经济中起着重要作用。基本上，中国利用了外商直接投资带来支持和发展重大投资项

目的机会和技术，由这些重大项目创造的日渐增长的回报，也对保持较高的投资率作出了贡献。

高投资是中国经济快速增长的主要解释因素和先决条件，正如高投资也是之前东亚经济增长的解释因素一样。很显然，对“中国经济增长为什么如此之快”这 146
一问题，大部分可以简单答以“因为投资如此之高”。我们可以通过对投资和增长基本关系的分析，更好地解释中国的经历，并可以利用中国的例证来阐释全球的经济增长。尤其在 20 世纪 40 年代到 60 年代，经济学家们通过对发展与增长的研究，趋向于将投资看成是增长的重要因素。发展经济学家认为，发展的首要任务就是将投资从比如国民收入的 5%增加到 15%或以上。(今天多数经济体的投资已经超过国民收入的 15%，而中国的投资明显高于这一数字。)最简单的增长模型就是哈罗德—多马模型(Harrod-Domar model)。该模型只将固定资本作为增长的源泉。这一简单模型只有在劳动非常丰裕，而且总是能按最小成本与新增资本搭配的条件下才具有意义。在这种条件下，只要给定固定资本/产出率，就可以构建模型。这就是说，设定一个参数，$k = K/Y$，在这里，小写的 k 代表一单位国内生产总值或一单位收入(Y)所需要的单位资本 K 的数量。在一个运行良好的理性经济体中，我们可以预期这一资本/产出率是在 3 和 6 之间的一个数。假设在一个给定的经济体，比如中国经济中，这一比率在短期内是固定的，并且等于 4，那么，产出(国内生产总值)可由资本存量给定：

$$Y = 1/k \times K$$

增长则由资本存量的增量给定：

$$dY = 1/k \times dK$$

$$dY/Y = 1/k \times dK/Y$$

如果我们忽略货币贬值，那么，由于 $dK/Y =$ 投资 $/Y$；再设增长率为 g，投资率为 i，则增长是投资的线性函数：

$$g = i/K$$

在中国，由于投资率已达到国内生产总值的 40%，所以总体经济的增长率接近 10%(10% = 40%/4)。很显然，这一简单的关系说明了中国经济增长过程中某些重要的东西。

在进行阐释时，这一角度的局限性太大。首先，国际经验表明，投资与增长的关系并不是这样简单直接，而且也无法用来解释国与国之间极为不同的增长过
147 程。投资虽然是增长的先决条件，但在今天，实际上所有经济体的投资都超过了国内生产总值的15%，有的国家增长强健，有的国家则没能增长。事实上，即使是一个单个经济体，投资率在长期中也具有相对持续性，但国家的增长率却可能出现较大波动，比如中国的经验就表明了这点。虽然投资与增长之间有非常明显的联系，但这一关系既不像我们期望的那么强，也不像预测的那样有明显的因果关系（Blomstrom, Lipsey and Zejan, 1996; Easterly and Levine, 2001）。东亚的发展经验明显依赖大量的投资，但也不像中国或韩国那样，一定取决于极高的投资率。比如说，台湾地区的经济也获得了非常快速的增长，但台湾地区的固定资本形成只在偶然情况下才达到30%以上（最近一次是在1980年）。就算投资刺激了经济增长，投资的成本也十分巨大。由于资源是从消费中转移出来的，所以投资就与"紧缩开支"相关。长期内的挑战是，要了解在现有劳动与资本的生产力条件下，如何才能达成经济的持续增长。

按标准的经济学观点，我们会看到持续增加的资本收入逐渐下降的情况，因此，投资率最终由投资回报率决定：投资者继续将货币用于投资，直到投资的边际回报下降到资本成本为止。即使按照标准的"新古典"增长观，虽然投资率由增长直接决定，但我们仍然有必要为了解释投资率而了解投资的生产力。按照另一种增长观，增长的关键因素是技术的变化，技术变化反映了投资之外的不同的因素。按这种观点在解释经济成就时，"思想差距"(idea gaps)比固定资本禀赋的差异更为重要。由于技术转让可以导致一个经济体生产力的跳跃发展，所以技术才是增长中最重要的决定因素。按这种观点，吸收技术的能力由一个经济体的教育、制度和政策内生决定。投资并不一定引起回报下降——因为技术具有"共享性"(non-rival)，可以免费共享——但投资也不再是解释增长的决定因素。这样一些观点也适用于中国的情况。

中国的情况特别不同，是因为在极为不同的经济体制和政体条件下，投资率一直很高。在大推进时期，由于政府的直接作用，所以不管投资生产力如何，投资
148 率一直保持较高水平。中国在向市场经济的转型过程中，其固定资本形成总值在最低的年份（1981年和1989—1990年）也从来没有低过国内生产总值的25%，这是独一无二的。这与其他所有转型经济体有很大的差别。其他转型经济体在指

令性经济条件下，投资率同样也很高，但在转型期则急剧下降。此外，中国只是逐渐减少了基本上是浪费的部分投资。图 6.2 显示，资本形成总值是由固定资本形成和库存积累两部分组成。某些库存积累，比如工厂和商店的库存，是经济增长的必要部分，市场经济肯定会有少于国内生产总值 1%的部分是库存积累，除非出现了未预期到的衰退。中国与其他指令性经济体一样，库存积累一直只占国内生产总值的 5%，其中最主要的原因是大量没有价值、低质量和不适用的产品的堆积。这种库存积累水平可以视为体制中指令性经济无效益的指标。中国在 20 世纪 90 年代中期显示了这种无效益，但在这种条件下中国仍然努力维持较高的投资。在 90 年代后期的改革第二阶段中，库存积累基本上下降为零。国内生产总值中消费部分的持续增长已成为常态，投资者则用加速投资来回应生产能力的提高。总投资的上升超过了之前的高度。由于上升的总投资中没有库存积累，所以固定投资总额猛增并超过了以前的高度。

中国经济增长中的关键因素之一，是经济体生产能力的逐步改善而得以持续增加的高投资。这一解释得到外商直接投资保持强劲流入的支持，这表明外国企业在中国继续找到可以投资的盈利项目。从机制的意义上说，虽然高投资率“引发”了经济增长，但高投资率本身也是生产能力提高的征兆，生产能力提高则是经济增长的最终源泉。然而，对这些改善进行解释也是一种挑战。从最低程度讲，技术、制度和政策都必须能够支持生产性投资，国家也愿意推迟消费来维护自己的储蓄率，并将资源用于再投资。所有这些问题都将在本书中加以讨论。

6.3 结构变化：共同的模式

新的物质资本和人力资本的积累以及生产能力的提高引起了人均产出的持
续攀升。生产力的增长是因为现有的工作升级换代，同时，工人离开了传统部门 149
的现有工作，进入了生产力和未来增长潜力都更高一些的现代部门，也对生产力的增长产生了同样重要的作用。因此，产出的长期增长不可避免地与重要的结构变化相关。我们可以通过劳动力和国内生产总值对此进行追溯。

所有国家的发展都是从农业发展开始的。在发展的早期阶段，农民占了劳动力的绝大部分，所以增加值都是农业增加值。随着发展的继续进行，人们观察到了一个与增长相关的共同的结构变化模式，即从农业经济转向工业化和多元经济的模式。追踪这些变化的最简单方式就是将所有的经济活动分为三个产业：第一产业(农业，包括渔业和林业以及畜牧业)；第二产业(包括矿产、制造业、建筑业和公用事业部门)；第三产业或服务业(包括运输、通信、房屋与企业服务、社会服务以及技术和教育)。

发展过程中第一个明显的变化是第一产业中劳动力所占份额的下降。随着经济从低收入水平向中等收入水平发展，农业中工人的绝对数量(不止是份额)开始下降。留在农业领域中的农民劳动生产力迅速提高，而且能够为整个国家提供粮食。这一过程可以无限期延续下去：在美国那样的高收入国家，农业中的劳动力只占劳动力的3%。罗思高(Rozelle, 2004, 60)，将农业中劳动力份额的减少称为“发展的铁律”。最初，人们似乎认为农业在经济中是一个完全被动的角色，会随着经济的现代化而稳步收缩。事实上，成功的发展中经济体一般在发展的初期都经历过农业部门的现代化，农业部门的现代化是整个发展过程中的一个组成部分。接下来我们在第11章中将讨论到，农业的发展以一系列重要的方式为经济增长的整个过程“提供投入”：首先是以低成本提供食物，这些低成本食物可以使工资保持在合理水平；其次是向正在成长的现代部门输送工人；第三是为现代发展部门提供资金来源和市场。健康的农业发展可以使经济更快发展。

从一个微小基础上开始的产业化过程逐渐改变着经济的结构。第二产业通过最初的发展阶段成长起来，并逐步扩大工人的数量和在国内生产总值中的份额。工业增长并不会永远持续，而且在某一点上，工业占国内生产总值的比重也
150 会下降。此外，随着工业生产力的持续上升，产业部门的职工总数会减少。目前，我们还没有产业部门发展的铁律，各国的经历不仅多种多样，也反映了各国的特殊性和资源禀赋。然而，“共同的”模式是，在一个国家达到人均国内生产总值1万美元的收入水平(按购买力平价计算，见框6.1)之前，工业占国内生产总值份额先是增加，然后会停止不动，再开始下降。制造业这个第二产业最重要的部门一般的高峰点是国内生产总值的20%—25%，但也存在很大的差别。

框6.1　购买力平价(PPP)

每个国家的国内生产总值最初都是以这个国家的货币为基础进行计算，所以中国的国内生产总值最初是用人民币进行计算。为了在国与国之间进行比较，我们需要将国内生产总值或人均国内生产总值转换成某种基准货币，最常用的基准货币就是美元。转换的最简单方式就是使用现行汇率。然

而，使用汇率进行转换常常不能让人满意，因为根据各国货币供给的不同，不同国家的价格结构可能绝对不同，所以有时候汇率可能出现大幅波动。另一种方法就是使用购买力平价进行计算。对中国来说，这种计算意味着，首先要计算出购买一给定篮子的商品和服务要拿出多少人民币，然后将这一数字与在美国购买相同篮子所耗费的美元进行比较。这一比例就可以用来评价人民币的“购买力”，这样我们就可以使用调整过的购买力平价美元与中国的人均国内生产总值相比较。这种方法对评价生活水平或是贫困发生率(incidence of poverty)尤其有用。我们在第 9 章讨论这些问题时，还要使用这一术语。

此外，如果我们对许多不同国家进行购买力平价的计算，我们就会有一个评估发展过程的共同标准。由于不同经济体生产和消费极为不同的商品和服务，所以计算非常困难。购买力平价计算需要大量数据，没有哪种计算绝对相同。但是，根据大多数经济体采用的一致方法，我们可以通过一些大型比较方案(包括世界银行采用的方法)估算出购买力平价。本章对结构变化共同模式的讨论，就是基于世界银行的已调整购买力平价人均国内生产总值。根据世界银行的计算，2004 年中国已调整购买力平价人均国内生产总值，按 2000 年不变美元价格计算，大约为 5 000 美元。

第三产业或是服务业更为多样化。在发展的早期阶段，服务业占国民经济的比重并不一定出现大比例的变化，许多欠发达经济体也有很大比例的劳动人口从事服务业，但是，这些工作主要是低值的工作：比如小型零售业和修理工，以及装运货物和个体服务等。这些经济体的早期发展可能会在第三产业就业没有大的变动的条件下使农业份额减少，工业份额增加。但是，超过一定的门槛，比如我们设定的按购买力平价人均国内生产总值 1 万美元的门槛，由于第一产业和第二产业份额的下降，服务部门的份额不可避免地将会增加。像美国这种人均国内生产总值达到 4 万美元的国家，70%的就业都会在服务部门。现在让我们看看这一模式如何适用于中国。

6.4　中国劳动力的结构变化 151

中国的劳动力非常庞大。根据 2000 年的人口普查，中国现有职业人口 7.4

亿。人口中劳动年龄人口不仅多，而且占人口的比重不断增加。事实上，职业人口中的绝大部分就属于劳动力。我们将在后面两章对这些数据进行充分讨论，本节引入的讨论是为了给劳动力结构变化的过程提供一个背景。劳动力的结构变化是在经济的就业创造能力毫无缓解的压力条件下发生的。正在成长的现代部门吸收劳动力的能力是经济转型能力本身的决定性因素。

正如图 6.3 所示，在 1978 年计划经济时代的末期，中国的劳动力状况反映的不仅是欠发展的事实，还反映出强制划分城乡的行政体制带来的扭曲现象。在这一时期，中国劳动力中的 71%都在农业领域(如果将农业中的农村企业和服务业

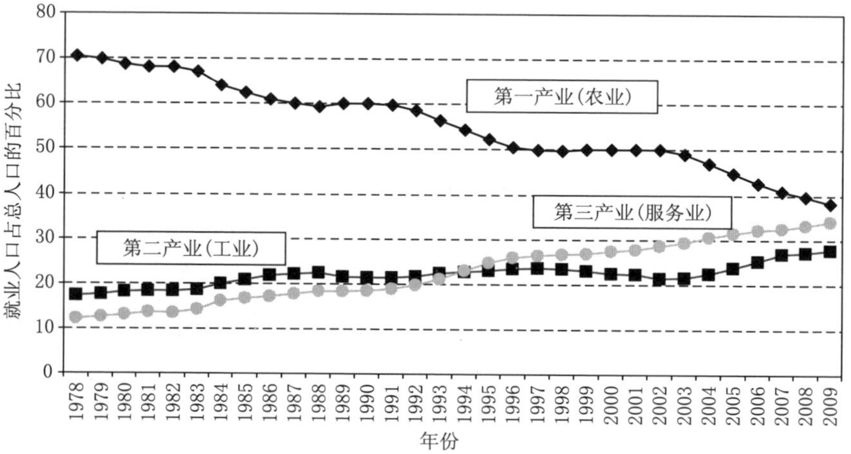

图 6.3　就业的结构变化

152 包括在内，全部农村劳动力人数占到了 76%)。按照结构变化的共同模式，农业劳动力的人数从 1978 年开始大幅度减少，并于 2004 年第一次大幅下跌到 50%。快速的结构变化出现在三个时期：1983—1987 年，1991—1996 年以及 2003 年以后。第一次突然发生的结构变化表明了早期农村改革的成功：随着 20 世纪 80 年代初期公社集体的解散和农业产量的迅速增长，数百万农民离家前往沿海经济特区，从事新的非农业工作(见第 12 章)。第二次大规模结构变化发生在 90 年代初期，这一时期由于经济的大幅增长，农村向城市的人口流动限制也大大减少。第三次变化则与 2003 年投资推动的经济加速相关。经济急速发展的时期也是农村劳动力获得更多机会的时期，也是结构转型加速的时期。1991 年，农村劳动力的绝对数量达到了 3.91 亿的高峰，自这年开始，农村劳动力人数开始了长期而稳定的下降。到 2004 年底，农村劳动力数量为 3.53 亿，累积下降约 10%。中国的农村劳

动力数量已不再占其劳动人口的绝大部分，中国也不再是一个以农业经济为主的国家。由于中国的半数劳动人口仍然在农村，所以中国仍然站在现代经济的入口之外，更多的转型任务还在前头。

这里尤为值得一提的是，1996 年和 2002 年之间出现的非常缓慢的结构变化步伐。1996 年以后，受国有部门重组的影响，农村劳动力离开农业外出就业的步伐大为放缓。国有企业减缩使国有企业大规模裁员（见第 8 章），城市失业率的大幅上升给向城市流动的农村劳动人口寻找城市工作的机会带来了很多难题。实际上，自 20 世纪 80 年代末期以来，工业劳动力的比例一直略高于 20%，而工业产出占国内生产总值的比例也一直在增长。这种现象与一种观点较为符合，即整个 20 世纪 90 年代中期，中国工业中有许多就业不充分的工人，而这些工人中的多数人实际上已经下岗。剩余劳动力的大量释放使劳动力的结构转型在世纪之交暂时延迟，直到 2003 年后才重新继续。

图 6.3 也显示出中国新发展起来的服务部门的逐渐成长。1978 年，服务业从业人员人数极少，只有 12%。这里可能也有少算的问题，因为统计学家好像无法获得那些实际上在为其他工作单位的员工提供服务的城市产业工作单位的所有员工人数。正如我们在第 3 章提到的那样，无可怀疑的是，指令性计划经济时期的发展较为忽视对服务业的投资，也比较歧视个体服务人员。既然有这样的背 153
景，那我们就可以预期，市场转型会使服务部门的就业急剧扩大。图 6.3 也确实显示出服务部门的强劲发展，因为在 2004 年，服务业拥有的劳动力已缓慢攀升至 30%以上。然而，由于 1978 年以前服务业受压制的程度较深，所以我们预期服务业会有更大的发展。此外，许多中等收入发展中国家的劳动力有 40%或更多都在服务业就业，中国的较低数据可能反映出没有对小型服务企业进行计算。但即便对少算现象进行了调整，这种情况似乎也反映出改革对服务业部门就业增加的影响仍然缓慢，而且相对较弱。这种情况可能是出于这样一个事实，即市场开放和多样化经营在商品生产部门（即第一产业和第二产业）进行得很好，政府却一直在高技术服务部门包括金融服务部门，维持着准垄断控制。自 20 世纪 90 年代以来，由于工业重组导致制造业就业下降，服务业就业在某种程度上的增长更为快捷，也吸引了一些从工业部门释放的工人。这是一个让人高兴的信号，它表明经济已经产生出更多的服务部门就业岗位，因此，可以为农业中的失业人员以及生产力低下行业的工人提供新的工作。

6.5 中国国内生产总值的结构变化

我们可以通过第一、第二以及第三产业所生产的全部国内生产总值的份额变化来看结构变化。与劳动力的情况不同，劳动力结构的变化可以简单地通过数人头就能计算出来，但国内生产总值则必须由价值衡量。因此，为了便于比较，便于处理逐年变化的价格，我们必须选择一个合适的价格标准。这些问题对于中国来说尤为重要，因为大推进的社会主义发展战略已经扭曲了中国的价格体系和经济的真实结构。正如前面章节所讨论的那样，由于把工业发展置于优先地位，再加上需要保证财政预算收入的来源，所以指令性经济时期的政府对工业产出实施了高价政策，这就引致了工业对国内生产总值贡献的高估。这样从相对意义上说，农产品和服务业的价格则出现低估。与此同时，计划人员遵循工业优先的发展战略，也使工业的实际发展过早成熟。

154 这种因素的结果是，中国 1978 年的国内生产总值（按当年价格计）主要出自工业。第二产业部门生产了全部产出的 48%，农业则只占 28%，而服务业更是只有微小的 24%。按这种由政府设定的扭曲价格进行工作，一名产业工人的生产力可以达到农业工人的 7 倍。在 1978 年后的改革中，政府在 1978 年之前在价格体制上实施的许多扭曲政策已经消除。经济向竞争和国际贸易的逐步放开，再加上政府价格管制的取消，压低了制造业产品的相对价格（相比较于服务和农产品价格）。在享有经济中最高实际增长率的同时，工业的价格上涨率也最低。因此，中国的价格变化与实际增长率负相关。虽然这也是发展中经济体常见的现象，但由于改革之初的价格扭曲过大，且经济增长过于快速，所以中国产业的负相关效应也尤其大。

价格与实际增长的负相关意味着，一旦按现行价格计值，中国三个产业部门的产出大概是按相同的速度增长（因为较高的增长趋向于抵消较低的价格上涨，反之亦然）。因此，以现行价格计，中国国内生产总值的产业部门构成显示出与发展趋势不一致的现象。比如说，按现行价格计，中国工业部门的国内生产总值份额从来没有超出过 1978 年记录的 48%，甚至到了 2004 年，这一份额也只有 46%。现行价格基数的不断变动无法对结构变化进行真正的度量。由于我们有很好的理由相信，近期的价格更接近世界价格，而且我们也知道早期的价格已被高度扭曲，所以，最好的选择就是使用相对较近年份的固定价格。只要我们采用这种方法，只要我们以一个固定价格为基数，使用隐含的部门国内生产总值平减指数重新为产业部门定价，长期结构变化的模式就能清楚显现出来。图 6.4 是采用 2004 年价格来计量 2005 年的结构和结构变化，它也可以使我们从另外一个角度，通过用 2004 年的价格对国内生产总值份额的计量，考察 1978 年的经济结构。使用这种价格基数，1978 年的农业国内生产总值产出为 42%，工业产出为 29%。这一更为合理的数字意味着，1978 年的中国并不像以前指出的那样，具有与众不同的高度产业化境况。此外，一旦我们使用更为实际的 2004 年的价格对 1978 年的产出进行重新估价，一名产业工人的生产力差不多是农民生产力的 3 倍（而不是 7 倍）。这一计量方法的生产力差异与其他发展中国家报告的生产力差异相同，它合理地反映出相比较农业工人而言，产业工人受过更多的教育，装备也较好。从这两个方面看，如果采用现行价格数据进行考察，中国与世界并没有太多的不同。 155

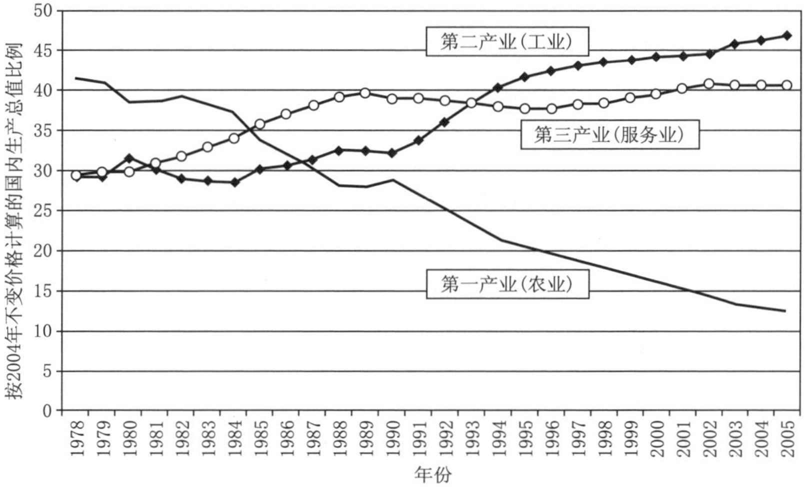

图 6.4　国内生产总值构成

图 6.4 清楚地展示出自 1978 年以来结构变化的境况。我们可以从中识别出两个时期。1978—1990 年为第一时期，这一时期的结构变化较为温和，并表现出一种复杂的趋势。从 1985 年开始的 6 年中，由于改革者重新强调农业优先发展政策，所以农业比重一开始出现缓慢下降。服务部门的发展较为迅速，这反映出服务业从指令性经济时代的高度压制条件下的强力复苏。与之相反，工业比重的增长相对缓慢，整个 1990 年只增加了 3 个百分点。然而，随着 1991 年之后的经济改革重新进行和经济的迅速发展，结构变化又开始加快。工业的快速发展在这一

过程中占据了主要地位。工业产出的国内生产总值份额从1990年的32%跳升至1995年的42%，这一趋势继续发展，并于2004年超过了46%。实际上，工业的快速发展势不可挡，所以我们预期，按中国这种收入水平急速上升的情况，服务业比重将会迅速增加。实际上，自1990年以来，服务业已平稳达到国内生产总值的40%(即使在加上经过修订的服务部门增加值的较高估算来纠正少算的小型服务业之后)。在工业的繁荣过程中，农业占国内生产总值的比重继续快速下滑，从1990年占国内生产总值的29%下滑到2004年的13%(以2004年固定价格计)。
156 随着中国现代化进程的快速发展，中国已经将农业经济大国的历史留在了身后，但中国的服务产业仍然滞后于爆炸性发展的制造经济之后。

6.6 结构变化与全球化

2004年，中国的工业在国内生产总值中所占比重极高。工业包括采矿、石油开采提炼以及公用事业。当然，这些部门各国的差别非常大，但中国的差别不大。从国际比较的目的出发，比较国内生产总值中制造业所占份额最为有用。在中国，制造业占了全部第二产业的75%(这也包括建筑业)。因此，制造业的新增值占了2004年中国国内生产总值的35%。对一个大国来说，制造业在国内生产总值中占有这样的比重就非常高了。当然，也有少数国家的制造业在国内生产总值中的份额达到了35%(比如1982年的巴西以及2003年的泰国，马来西亚的制造业在2000年也占到国内生产总值的33%)，但这些国家都没有达到像中国这样高度集中或持续时间如此之长的情况。很显然，中国制造业的高份额与中国的高投资率相关，制造业的高份额保持了对原料和机器的高度需求，因而保证了政府促进工业发展的政策。所以，虽然中国放弃了大推进战略，但中国的投资率和制造业的比重却达到前所未有的高度。

同样明显的是，中国制造业的高比重也与中国“世界工厂”的身份明显紧密相关。全球化改变了结构变化的某些模式。由于中国是世界范围内某种类型的制造产业的最佳场所，是亚洲制造网络的集中地，所以很明显，中国可以在一个更长的时间内扩张自己的制造部门，但如果中国没有与世界产业保持一体，中国也做不到这一点(见第16章)。另一个也涉及全球化和经济发展模式的是印度，这是一个富有启发意义的比较。印度结构变化模式在图6.5中显示。与中国相似，印度也表现出农业在国内生产总值中的所占份额之稳定下降。但工业变化与服务业变化之间的关系在两个经济体中截然相反。在印度，工业份额大致保持稳定，而服务业的份额却上升到国内生产总值的 50%。每一经济体实际上都在自己的一个部门中建立了比较优势。因此，每一经济体都是在这一比较优势部门中沿着一条稳定增长的路径发展。从这个意义上，全球化与国际贸易为专业化创造出额外的机会。很显然，如果一个经济体与世界一体化进程的关系较少，就不会出现"不平衡增长"的情况。

157

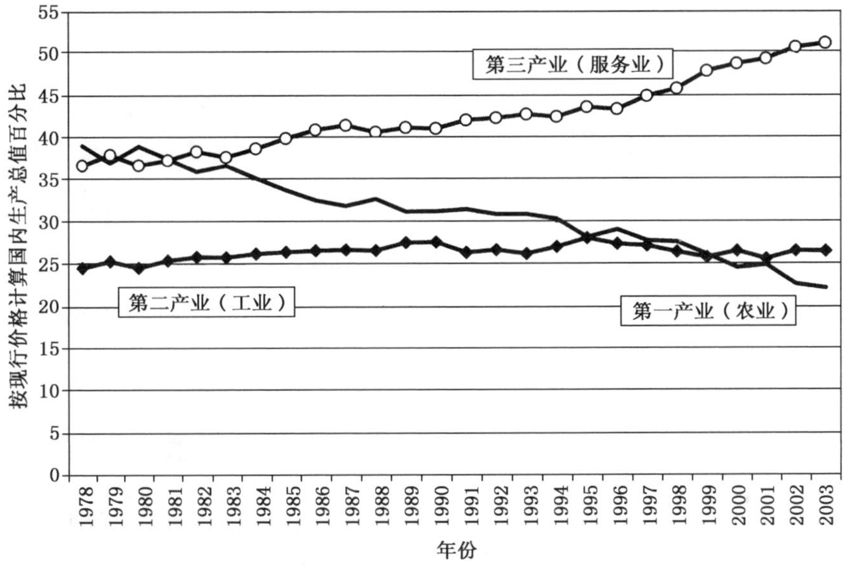

图 6.5　印度国内生产总值的构成

6.7　结论

综观中国的整个经济发展过程，经济增长一直与结构变化相互纠缠。通过对中国结构变化之基准问题的研究，我们已经确定，中国在动态发展过程中，已经稳健地走上了自己独特的道路。中国的指令性经济和大推进产业化战略，包括对劳动力流动的限制政策和价格管制政策，以及对农业和服务业的漠视。所有这些政策都对中国的经济发展和结构变化产生了影响，并使发展过程出现偏差。但尽管存在这些偏差，中国还是遵循了我们在世界范围内能够看到的共同的发展模式。今天的中国是一个非常多样化的国家，有大得极不寻常的制造部门，有高度发达的中心城市，有滞后的服务业和欠发达的农村。虽然结构变化的过程正在很好地向前发展，但持续性调整已现端倪。下一章，我们将转而讨论中国的人口结构和独特的福利政策，以及这一人口结构和福利政策对中国未来的经济和社会发展形成的挑战。

158 ## 进一步阅读的建议

珀金斯等人的著作(Perkins et al.，2001)对发展进程中结构变化的规制有很好的研究。世界银行(1997)对中国的结构变化和生产力发展做了通俗易懂的解释。关于中国经济发展的文献非常多：穆嘉(Holz，2005)用最直接的方式重点对劳动力质量进行了考察。

数据和图表资料来源

图6.1：《中国统计年鉴》，1993年之后的数据根据国家统计局数据(NBS，2006)修订。

图6.2：《中国统计年鉴》(*SYC*，2005，64)。基于国内生产总值支出类数据(expenditure side data)的近似计算，1993年后的数据依据假设，即固定投资和库存积累依然与早期数据相同，国内生产总值数据根据国家统计局数据(NBS，2006)修订。

图6.3：《中国统计年鉴》(*SYC*，2005，118)。

图6.4：《中国统计年鉴》(*SYC*，2005，51，53)；1993年之后的数据根据国家统计局数据(NBS，2006)修订。

图6.5：世界银行，世界发展指数。

表6.1：国民账户分类(1997)；《中国统计年鉴》(*SYC*，2005，51，53)；1993年以后的数据根据国家统计局数据(NBS，2006)修订。

本章的讨论以及图6.1、图6.2和图6.4的数据都根据国家统计局提供的1993年之后国内生产总值的修订数据(2006)。这些修订使2004年的国内生产总值增长了16.8%，原因主要在于更好地涵盖了第三产业的小型企业，所以价值上调到了48.7%。很多未能解决的问题需要采取折中方法，即这里出现的数据最低限度地有利于本章的论点。比如说，图6.2是根据采自稍早未经修订的支出账户中的投资数据(因此假设没有发生变化)制图的，但用后来修订过的较大的国内生产总值数据进行了修正。

国民账户数据最弱的部分是隐含价格平减指数。扬(Young，2003)根据另外的价格指数估算，1978—1998年的国内生产总值增长是8.1%，而不是官方记录的9.7%。更麻烦的是，国家统计局在没有改变固定价格增长率的情况下，几次修改了名义价值。因此，事实上使用了变化的隐含价格平减指数来弥补差异。比如，1995年工业普查后，乡镇企业工业产出数据下调，工业和国内生产总值的增长率却从未降低。在最近的一次修订中，2004年的工业产出高于之前的记录，工业增长率却从未上调过(尽管有几个部门的增长率上调了)。收入表6.1中的国内生产总值增长率的新官方数据高于以前的增长率，但低于工业产出增长上调应该达到的数字。这些方面我要感谢穆嘉(Carsten Holz)的研究。

投资率、增长率和结构的比较数据采用的是世界银行的世界发展指数。

台湾地区的数据采自台湾经济计划和发展委员会(2005)。

参考文献

Blomstrom, Magnus, R. Lipsey, and M. Zejan(1996). "Is Fixed Investment the Key to Economic Growth?" *Quarterly Journal of Economics*, 111(1):269—276.

Easterly, William, and Ross Levine(2001). "It's Not Factor Accumulation: Stylized Facts and Growth Models." *World Bank Economic Review*, 15(2):177—219.

Holz, Carsten(2005). "China's Economic Growth 1978—2025: What We Know Today about China's Economic Growth Tomorrow." Hong Kong University of Science and Technology, Center on China's Transnational Relations, Working Paper No. 8. http://www.cctr.ust.hk/articles/pdf/WorkingPaper8.pdf.

National Accounts Division, National Bureau of Statistics (1997). *Zhongguo Guonel* 159
Shengchan Zongzhi Hesuan Lishi Ziliao[The Gross Domestic Product of China, Historical Materials], *1952—1995*. Dalian: Dongbei Caijing Daxue.

NBS(2006). National Bureau of Statistics. "Woguo Guoneishengchan Zongzhi Lishi Shuju Xiuding Jieguo"[The Results of Revision of China's Historical GDP Figures]. January 9, 2006, at http://www.stats.gov.cn/tjdt/zygg/t20060109_402300176.htm.

Perkins, Dwight, Steven Radelet, Donald Snodgrass, Malcolm Gillis, and Michael Roemer (2001). *Economic Development*, 5th ed., 83—87, 652—655. New York: W. W. Norton.

Ren Ruoen(1997). *China's Economic Performance in an International Perspective*. Development Centre of the Organization for Economic Co-operation and Development. Paris: OECD.

Rozelle, Scott(2004). "The Rural Economy" and Discussion in Hearing before the US-China Economic and Security Review Commission, *China as an Emerging Regional and Technology Power: Implications for US Economic and Security Interests*, 36—61. Washington, DC: U. S. Government Printing Office.

SYC(Annual). *Zhongguo Tongji Nianjian*[Statistical Yearbook of China]. Beijing: Zhongguo Tongji.

Taiwan CEPD(2005). Council for Economic Planning and Development Republic of China. Taiwan Statistical Data Book, http://www.cepd.gov.tw/upload/statis/TSDB/2005DataBook@774477.875041538@pdf.

World Bank(1997). *China 2020: Development Challenges in the New Century*. Washington, DC: World Bank.

World Bank. *World Development Indicators* Washington, DC: World Bank. http://devdata.worldbank.org/dataonline/.

Young, Alwyn(2003). "Gold into Base Metals: Productivity Growth in the People's Republic of China During the Reform Period." *Journal of Political Economy*, 111(6): 1220—1261.

第 7 章

161 人口增长与独生子女政策

中国是世界上人口最多的国家,世界人口中大约 20%是中国人。20 世纪 50 年代,中国人口就占了世界人口的 30%,由于全球人口发展趋势在很大程度上取决于中国人口的发展趋势,因此中国人口增速放缓对全球人口增速降低意义非凡。这样说不仅仅是因为中国人口规模的重要性。中国近代人口发展经历了两个引人关注且在世界人口史上经常能看到的时期。第一个时期是“大跃进”之后的经济困难时期。第二个时期是 20 世纪 70 年代由严格的政府节育政策引致的出生率急剧下降,这一时期出生率的下降比世界上其他地区类似的出生率下降都要更快更彻底。除了人口下降所带来的内在好处外,这两个时期对中国经济的现在和未来都产生了影响。过去的人口发展趋势造就了今天的人口总体状况:即年轻,而且有一个有益于经济增长的低赡养率。这种趋势同样也表明,未来的中国会面临人口的快速老龄化过程,这种状况会在中国的收入仍然处于相对较低水平时,给中国造成巨大的社会负担。

7.1 人口转型

在传统社会,人口增长率通常不高。如我们在第 2 章所述,400 多年来中国前现代时期的人口增长大约为每年 0.4%,中国在 19 世纪就已经是世界上人口最多的国家。事实上,这一长期的人口增长已经接近前现代社会所能维系的人口增长
162 的最大极限。尽管传统社会的出生率高,人口增长却很缓慢,原因是死亡率同样很高。传统社会出生率一般为 30‰—40‰,死亡率则在 20‰—40‰之间波动。①

① 人口统计学家一般用千分之几来表示人口变化。出生率 40‰和死亡率 20‰表示人口增长率为 20‰,或者 2%。

框7.1　出生率和总和生育率

在描述生殖率时，我们经常用到的是两个比率。第一个也是最简单的比率是出生率，出生率表示出生人数占总人口的百分比(有时候我们称作自然出生率)。这项统计有一个好处，就是很容易得到并提供有关当前人口增长的信息。人口增长等于自然出生率减去自然死亡率。但出生率会因人口年龄构成而波动。例如，当大量的女性达到生育年龄时，出生率总会暂时升高。第二个比率是总和生育率。这个比率用来描述人口的基本行为和理解长远趋势。总和生育率首先计算既定年份内女性龄别生育率。也就是说，分别计算18岁和19岁等妇女的生育率，然后将这种龄别生育率加总，从而得到一名典型女性的总和出生率或总和生育率，形式上就好像这名女性一生是按照该年份全部女性的平均生育率连续生育一样。我们还可以换一种说法，总和生育率表示一名女性一生中所能生育的孩子数目，等于相关年份中所有适龄妇女的平均生育率。总和生育率不受人口年龄构成的影响，但受生育时间变化的影响。一般来说，如果女性推迟生育，总和生育率在一段时期内将暂时下降。一旦总和生育率降至2.1以下，生育就低于更替基准线，人口增长率最终降至零。

人口增长处于不稳定平衡之中。在收成不好或疾病肆虐时，人口就减少。虽然每名成年女性都生育几个小孩，但许多孩子中途夭折。总和生育率(TFR)是衡量一名妇女一生所能生育的孩子的尺度。一般而言，一名女性差不多生育6个孩子左右(见框7.1)。一直到1949年，中国仍然是前现代人口模式。死亡率较高，加上疾病和歉收以及内战，无疑是那个糟糕的年代引起人口锐减的原因。1850—1950年的估算人口增长率是年0.3%，这主要是因为中国经历的社会和经济倒退，使得人口锐减到甚至低于过往四百年的地步。1949年后中国人口恢复增长，1953年中国进行第一次现代人口普查，人口总计为5.94亿。

在现代化进程中，中国人口存活率的变化比较正常。首先，营养和公共卫生
得到改善，所以全民健康增强，健康增强的结果是死亡率下降。而女性医疗状况 163
的改善和营养跟进以及对传染病的有效控制，也使婴儿死亡率迅速下降。一开始，死亡率的下降与出生率的相应变化无关。出生率一开始就居高不下，甚至还有所提高。因为吃得好的健康女性生养也较多，所以人口增长加速。另外，由于

每名妇女都生养几个孩子，这些孩子多数都能长大成人，然后再生养他们自己的孩子。所以，人口增长率迅速从 10‰以下加速增至 30‰以上，从而导致人口爆炸。19 世纪欧洲曾发生过这种人口爆炸。在绝大多数发展中国家，死亡率下降和相应的人口激增也是“二战”之后才有的现象。1949 年共产党执政后不久，中国的死亡率开始下降。50 年代初期，公共卫生迅速改善，粮食供应更加平等，再加上最重要的一点，即传染病的有效控制，导致死亡率下降。而这时出生率仍然居高不下，所以到 20 世纪 50 年代中期，中国人口以每年 2%以上的增速增长：中国进入了人口爆炸的年代。

人口爆炸不能无限期持续。我们也观察到全部人口的出生率出现了逐渐下降的趋势。是什么导致了出生率的下降呢？原因之一是由于婴儿存活率提高，节育技术进步，所以家庭认为少生几个孩子可能更好些，也能达到“目标家庭规模”。但更重要的原因则是，与现代化相关的社会变化使人们更偏好较小的家庭，这种偏好又转而使人们更为注重较小的理想家庭规模。社会变化又使父母重新定义养育孩子的成本和收益。随着家庭向城市的迁移以及妇女进入（有偿）劳动力行列，母亲的时间机会成本也越来越高。母亲外出工作可以给家庭带来更多的收入，放弃外出工作在家照顾孩子的成本更为昂贵。此外，非农业家庭很少需要使用孩子的劳力。同时，母亲和孩子的教育水平的提升也在降低出生率方面发挥了非常重要的作用。由于孩子的教育越来越重要，家庭也把提高自己孩子的教育水平当成了一个目标。一开始，家庭只是认为需要支持孩子 5—6 年的学校教育，在后来的发展过程中，又发现需要支持大约 10—20 年的学校教育。因此，支持孩子完成学业的成本日益庞大。所以家庭决定少生一些“更贵的”孩子，以便把更多的
164 资源用在单个孩子身上。母亲受教育程度的提高也有重要影响，因为它会通过一系列不同的渠道同时对女性生育产生影响。教育程度较高的女性一般会有较高的外部工作报酬，所以时间机会成本也较高。而且，教育程度较高的女性也更看重孩子的教育，对健康和节育问题也更加理解。由于上述种种原因，家庭少生孩子的倾向不断发展，每个家庭都努力把自己的空闲时间和资源投在单个孩子身上。所以有人说，他们是在以“量”换“质”。

出生率下降的结果是人口增长放缓，这个过程需要漫长的时间。在欧洲国家，19 世纪下半叶经历了一个死亡率明显下降的过程，出生率的下降却非常缓慢并持续了大约一个世纪。20 世纪 70 年代末，总和生育率在许多发达国家比如德

国和日本，都降到了人口替代率以下。由于年龄构成和移民的综合作用，虽然这些国家的人口还在增长，但增长非常缓慢。2005 年，日本人口增长首次下降。这一过程——从低到高再到低的人口增长——称为人口转型。欧洲的人口转型大约花了 100 年，但"二战"之后其他国家的人口转型过程更为迅速。东亚的人口转型过程尤其迅速，比如日本和中国台湾已经快速完成了低出生率和低死亡率、低人口增长的均衡转变。中国大陆也在不同寻常的条件下，用不到 20 年的时间完成了人口转型。

7.2　中国的人口转型

中国的人口发展过程见图 7.1。图 7.1 中，出生率用千分之几表示。两条线之间的纵距差代表年人口增长率（每千人）。在我们把注意力投向图中所示的长远趋势之前，我们必须看一下图中显示的一个特别事件。这个引人注目的事件无疑就是 1960 年——"大跃进"的最后一年——达到顶峰的人口危机。图中曲线清楚地显示出 1960 年死亡率暴涨（高于下降趋势的死亡率线的另一条清晰的死亡率线）和出生率暴跌的现象。由于死亡率骤升而出生率暴跌，中国的人口增长出现下降趋势（见第 3 章的描述）。过多的死亡就是实际死亡线以下和正常死亡线以上的那个区域。按照这一估计，这场危机造成大量人口因饥饿或严重疾病而死

165

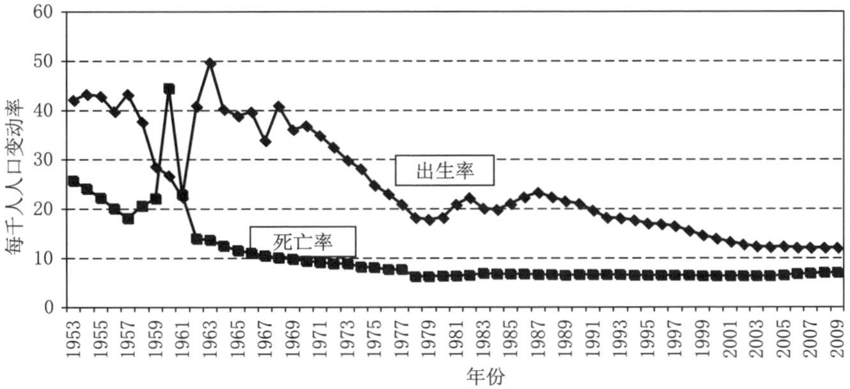

图 7.1　人口变动率

亡。此外，有成百万的人因饥荒而推迟降生。自 1982 年人口普查以来，中国官方出版的人口统计数据清楚地表明了"大跃进"的巨大影响。

现在我们必须把“大跃进”的这场灾难搁置一边，以便考虑所要叙述的长远趋势。首先，除了“大跃进”期间的非正常死亡以外，死亡率的持续下降也让人印象深刻。这种死亡率快速下降的情况在世界上并不是孤例，但是中国的情况非同寻常。之所以说非同寻常，是因为这种情况居然出现在收入相对较低的人口大国。从世界经验看，之所以出现这种情况是因为人口的卫生状况不断得到改善，比如公共卫生和供水条件得到改善、鼠疫的控制和接种疫苗，再加上营养改善，尤其是最贫困人群卫生状况的改善。在中国，政府不仅强调公共卫生和预防疾病，还建立了大规模的工人基层保健网络——即接生员和“赤脚医生”——因而成就了上述成绩。人口的预期生命也从 20 世纪 50 年代初预计的
166 41 岁增加到 2000 年人口普查官方发布的 71 岁[(Zhang Shanyu, 2003, 92)。班久蒂和希尔(Banister and Hill, 2004)基于未报告的婴儿死亡数，把官方 2000 年的数字下调为 70 岁]。

从 20 世纪 50 年代初期到整个 70 年代，中国的出生率仍处于高位，基本是在 35‰—45‰之间波动(没有考虑 1959—1961 年的暴跌)。事实上，出生率的最高峰是 1963 年。这个高峰反映出“替换生育”的现象，也就是说，在灾荒年份推迟生育的家庭或是在灾荒年份失去了家庭成员的家庭，现在随着条件改善，异乎寻常地生下了很多孩子。总之，整个 70 年代的中国和那个时期的发展中国家非常相似。持续的高出生率和稳定下降的死亡率意味着人口的急剧增长。在 20 世纪 60 年代中期的人口增长高峰时期，人口增长率约为每年 3%。

截至 1970 年，中国的人口变动趋势非常具有代表性。从 1970 年后就很少出现出生率急速下降的情况了。1970—1977 年间，中国的出生率下降了 50%。总和生育率下降更快，从 1970 年的 5.8 下降到了 1978 年的 2.7(见表 7.1)。我们认为，排除加速增长和快速收缩后，这一下降是人口转型中的正常过程。20 世纪 90 年代，人口增长也一直处于下降趋势，总和生育率更是降到了人口替代率以下。根据中国官方的数据，2000 年的总和生育率仅为 1.22，这一数字太低，所以遭到大多数观察家的反对(原因我们将在下文讨论)。表 7.1 显示出(见中国 B)出雷瑟福德等人(Retherford et al., 2005)所做的另一种估算，这一估算可能仍然偏低。无论如何，中国生育率迅速下降，而且可能已降至人口替代率以下，基本没有任何疑义。

表 7.1　东亚生育率的下降(总和生育率)

年　份	中国 A	中国 B	韩　国	泰　国	中国台湾	中国香港
1950—1955	6.2		5.2	6.6	6.7	4.4
1955—1960	5.4		6.1	6.4	6.0	4.7
1960—1965	5.9		5.4	6.4	5.1	5.3
1965—1970	6.0		4.5	6.1	4.2	4.0
1970—1975	4.8		4.1	5.0	3.4	2.9
1975—1980	2.9	3.1	2.8	4.3	2.7	2.3
1980—1985	2.5	2.4	2.4	3.0	2.2	1.8
1985—1990	2.4	2.3	1.7	2.6	1.7	1.4
1990—1995		1.6				
1995—2000		1.4				

167

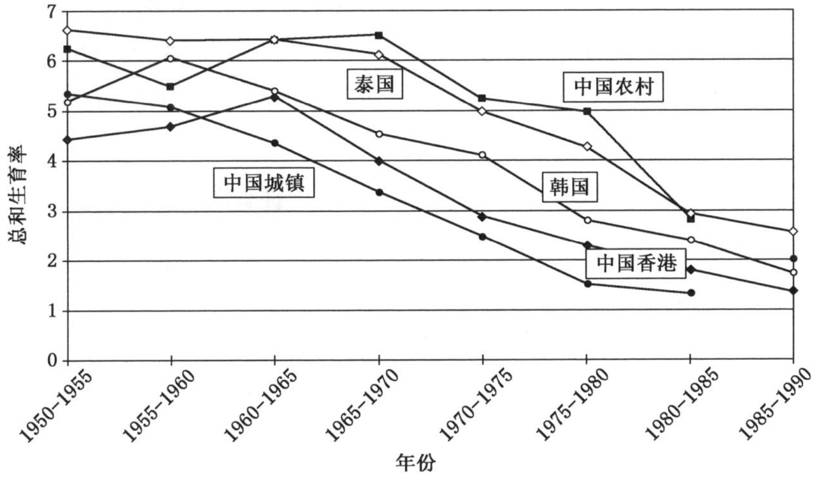

图 7.2　比较生育率的下降

图 7.2 显示的是表 7.1 的比较生育率数据,图中是将这些数据与中国城乡各自的生育率放在一起进行比较。这些数据显示,把中国的人口发展历程与东亚的人口发展历程相比较,并无什么异常。我们可以肯定的是,中国城市的生育率下降最快,而且处于最低的水平,但中国农村的生育率却最高。中国社会这两端的情况与其他东亚经济体并无不同。再者,城乡社会的巨大鸿沟(见第 5 章)在中国尤为突出。中国城市社会中的许多特点与小型目标家庭规模有关联。作为一个低收入国家,中国城市劳动力中有大量的女性参与者,女性受教育程度较高,对孩子的教育热情也较高,也容易得到卫生和节育服务,并有相对较好的社

会保障体系。相反，中国农村就没有这些东西。社会和制度的特征尤为凸现出城乡之间目标家庭规模的基本差异。在农村，孩子小小年纪就要为家里赚取收入。农村孩子六七岁就要养猪放羊喂鸡，给自己挣生活费。由于农村居民的目标家庭规模较大，所以中国城乡的生育动机存在很大不同，一点都不让人感到奇怪。

7.3 政府政策的作用

1953年中国第一次现代人口普查之后不久，政府就启动了计划生育政策。计
168 划生育政策反映出中国的人口官员开始面对中国人口众多的问题。一开始，这项计划涉及的范围不算很大，不过是提供一些节育知识，并在自愿的基础上开展节育服务。这样一个小规模的计划也在毛泽东的干预下，于20世纪50年代末被废除。毛泽东认为，尽管中国资源有限，但人口众多是一个优势，人力和人的创造力再加上人民的艰苦奋斗，可以创造出更美好的社会。然而，紧随“大跃进”而来的灾难使许多中国领导人相信，应该对计划生育政策加以考虑。毛泽东最终也同意了这一政策的实施。1962—1966年，小规模的城市计划生育政策取代了只是提供有关节育知识的政策。

1971年，中国政府受自愿节育成果的鼓舞，启动了第一次全民计划生育计划，即“晚—稀—少”政策，意思是“晚婚，晚育，少育”。根据这个政策，政府提高了法定结婚年龄，并要求一对夫妇在一段时间之后才能生育第二或第三个孩子。这一政策一直持续到1978年，政策目标是所有的城乡夫妇。从许多方面看，这项政策都取得了很大的成功。总和生育率因此下降了一半，从1970年的5.8下降到1978年的2.7。实际上，生育率下降是少生第三胎及更多孩子的结果。1979年，已生有一胎的夫妇生第二胎的几率是95%(Feeny and Yu，1987)，这个政策被称为“老二等等再来”政策。

“晚—稀—少”政策的成功并不足以减轻对人口危机的恐惧。即使生育率有所下降，随着中国“婴儿潮”人口达到了结婚年龄，人口会出现加速增长局面。中国的“婴儿潮”主要集中在1962—1971年出生(其中包括“大跃进”后的“替换出生”人口)，这批人在80年代和90年代进入了育龄期。中国领导人担心持续的人口增长会超过国家的人口承载能力，阻碍经济的发展。人口问题上的强硬观点认为，必须把生育率降低到人口替换率以下，哪怕是暂时低于人口替换率也行，以防

止另一波生育潮。他们认为，只要实施严厉的政策措施，就能打破持续而不可阻挡的人口增长势头。在这种情况下，政策开始收紧。1980 年 9 月，政府正式开始实施“独生子女政策”，目标在 2000 年把人口控制在 12 亿。

独生子女政策力图使中国家庭相信，一个孩子是家庭最理想的孩子数目，政策对生两个或（尤其是）更多孩子的妇女给予种种制裁和惩罚。由于在政策 169
开始实施的头 5 年，执法格外严厉，所以独生子女政策立即引起了广泛争议。比如说在 1983 年，这一政策强制性要求已有一个孩子的妇女安置避孕环，同时对已有两个或更多孩子的夫妇实施绝育手术，对未经许可的怀孕实施人工流产。1984 年，由于国内的抵制和国际的争议，中国政府实际上在这一政策上有所松动，所以 1984 年后的这一政策被准确描述为“一个半孩政策”。政府正式宣布放弃强制绝育和强制堕胎政策。地方政府则立法规定，允许第一个孩子是女孩的夫妇或者有实际困难的夫妇生养第二胎。立法的结果导致了这一政策在全国范围内的松动。1990 年后，在全国范围内严格实施政策方面出现了进一步松动。

独生子女政策一直交由地方政府贯彻执行。一方面，对地方政府官员以及基层官员的工作业绩，基本上是依据其是否成功地使辖区内人口增长率有所下降来进行评价。这样，在自上而下控制出生率的强大压力下，地方官员有时会采取与中央政府既定政策相违背的行动，比如强迫绝育或人工流产；另一方面，又允许不同地区的独生子女政策存在重大地区差别。存在这种差别是为了避免有人指控中国政府想控制非汉族的少数民族人口的发展，所以在少数民族地区不实施独生子女政策。事实上，少数民族的出生率大约是汉族出生率的两倍。

独生子女政策控制了所有中国家庭的出生率。这种控制在城市更加严格。在城市，一般由工作单位掌握女工的生育周期，农村地区也存在这种严格的控制。在城市，生育指标由工作单位分配，有时候，夫妇哪怕是生第一个孩子，也必须等“轮到自己”才可以生育。保证只生一个孩子的夫妇可以拿到“独生子女证”，这个证使他们可以享受各种优惠，包括优先进入托儿所和上学。在获准生养了第一个孩子后，夫妇再想生养孩子就会受到各种压力的限制。

在多数乡村地区，如果第一个孩子是女孩，这对夫妇就可以在不受太多干预的情况下获准生养第二个孩子。而在其他地区，由于原来的压力依然存在，所以还是继续实施原来的独生子女政策。如果一对夫妇在获准生养了一两个孩子后

又怀孕了，他们首先会迫于当地计划生育工作者的压力去打胎。计划生育工作者
170 会不分白天黑夜，轮番造访这对夫妇，劝说他们去做人工流产手术。如果夫妇俩未经许可自行生下孩子，他们会受到各种惩罚。在多数省份，惩罚实际上就是经济处罚，对有三四个孩子的家庭征收的罚款几乎等于一个家庭的年收入甚或更多。如果家庭交不出罚款，他们的财产可能会被充公，有时候房子都会被拆掉。与此同时，许多地区的农民一直在抵制独生子女政策。他们有时候会躲起来生孩子，或由亲戚把新生儿偷偷带走抚养。

7.4 独生子女政策的后果

独生子女政策自提出以来一直争议不断。支持者称它是应对中国生育高峰期人口激增的必要紧急措施。批评者认为，这一政策既不必要也不恰当。他们断言，这一政策未可预料的后果非常严重。尽管这一政策非常严格，却从来没有取得完全成功。即使在政策执行最为严厉的1983年，总出生率中也有19%是第三胎或第四胎。在80年代的其他年份里，总出生率中有一半是第一胎，另一半则是第二胎或第三胎。可能部分是因为这个原因，中国的人口在2000年超过了原先设想的12亿人的目标，在当年的人口普查中达到了12.66亿。一些人口统计学家认为，通过继续积极鼓励家庭实施晚育并增加遵守这一政策的福利，实施更为温和的政策，实际上可能更为有效(Bongaarta and Greenhalgh, 1985)。

独生子女政策涉及政府对中国人口采用的实际强制程度的问题。这种强制程度在不同地区之间存在实质性差别。在大城市，平均目标家庭人数可能已经降到了政府政策设定的出生限制以下。中国的人口统计学家已经为每个省计算出了一个符合政策的总和生育率，这个生育率告诉我们，如果某个省份完全遵守政策，该省份的总和生育率会是多少。上海的总和生育率最低，只有1.28；新疆最高，达到了2.4。有13个省的实际总和生育率大大低于政策规定的总和生育率，在政策执行最为严格的那些城市和沿海地区，这个差距也最大。差距最大的是上海。2000年，上海的实际总和生育率只有0.68(Zhang Shanyu, 2003, 68—71)。因此，中国很多地区几乎不采用强制手段执行政策，而其他地区也确实存在实实
171 在在的抵制。在有些省份——尤其是贵州和江西等贫困边远省份——生育率大大高于理论上政策允许的范围。

表 7.2　性别比(每 100 女性的男性比)

年　份	出生时	0—4 岁年龄组
1953	104.9	107.3
1964	103.8	106.5
1982	107.6	107.0
1990	111.8	109.8
1995	116.6	118.8
2000	117.8	120.8
2003		121.2

独生子女政策最重要的副作用源于中国人对男孩的偏爱。传统文化对男孩的偏爱通过婚姻制度得以维持和存在。女孩总归要离开自己的村子“出嫁”,而男孩不仅留在村里,而且常常就住在祖宅里。因此,男孩更有可能为家里挣钱,为父母养老。女孩或许也愿意帮忙,但她们离家起码有一段距离,而且受婆家的约束,很少有财力和能力来帮助年迈的双亲。因此,对许多农民家庭来说,男孩从文化上和物质上都比女孩更有用。对男孩的偏爱与政府的强制生育限制发生冲突的结果,就是性别比的严重失衡。

在大多数人口中,男孩都多于女孩。平均男女性别比一般是 106∶100(103—110 都可以视为正常范围)①。传统中国扼杀女婴的行为使这一比例出现严重偏斜。20 世纪 30 年代末,男女性别比为 120∶100。1949 年以后经济与社会的进步使这种不平衡有了缓解。所以在 20 世纪 60—70 年代,年轻人中的男女性别比为 108∶100(表 7.2,见 Coale and Banister, 1994)。自 20 世纪 80 年代开始,这一男女性别比的失衡再次加大。而且,如表 7.2 所示,性别比的失衡还在逐渐增加。在 2000 年的人口普查中,0—4 岁年龄组中的男女性别比为 120.8,这显然超出了正常范围。这些数字表明,就现有的男孩人数来说,2000 年的人口普查中有 1 200 万女孩“失踪”。

那些失踪的女孩去哪里了?在一些边远地区,一直存在溺死女婴的现象,多 172
数研究者觉得这不是性别比失衡的主要原因。许多女婴只是未报户口,或者在人口普查中没有申报。既然未经许可的出生会受到处罚——不光家庭要受处罚,负责实现节育目标的地方官员也要受罚——于是家庭选择瞒报出生或尽可能拖着

① 大多数人口中,男孩死亡率比女孩死亡率略高,这样当群体达到生育年龄时,性别比会趋向于平衡。中国和其他国家一样,老年妇女的人数要多于老年男子。

不报。事实上，2000 年的人口普查中 10 岁孩子的人数的确要比 1990 年普查的新生儿多出 12%以上，这意味着家庭在 1990 年的人口普查中成功地瞒报了孩子，而且这些孩子大多数是女孩。如果 2000 年有同样比例的瞒报现象，那么失踪女孩中有三分之一是瞒报女孩(Cai and Lavely, 2003)。如果中国日益增加的流动人口导致更高的漏报率，那么，失踪女孩人数还会更大。①

但是，瞒报现象还不能完全解释性别比的失衡，性别比的失衡一直在加大，这种现象不仅在农村有，即使在监控更紧的城市也有(Zhang Yi, 2004)。最重要的因素很可能是选择人工流产的作用。自 20 世纪 80 年代初开始，可以用来查出胎儿性别的超声波设备在整个中国包括农村都在使用。超声波操作员说出胎儿的性别，虽然从技术上说不合法，但人们很容易违反这一规定。事实上在许多亚洲国家，超声波的普遍采用与性别比的严重失衡有极大的关联。迫于每个家庭生育总数的限制，中国家庭对限制生育的反应就是更倾向于选择男孩。随之而来的问题，便是女婴死亡率高于男婴。这种形态与其他国家的常规观察形成鲜明对比。性别比的偏斜本身就是一个问题，这个问题会对中国的社会发展产生严峻影响。未来中国女性相对于男性的稀缺可能引发“单身汉问题”，这会使新娘的价值升水，并使那些找不到对象的乡村穷人灰心丧气。

7.5　人口年龄结构的变化

当前的年龄结构给中国经济提供了一个良机：中国拥有人口年轻、赡养率低
173 的优势。也就是说，受抚养的幼儿和受赡养的老年人占总人口的比例相对较小。2000 年，总人口中 70%的人口的年龄在 15—64 岁之间(所有中等收入国家平均才达到 61.5%)。假设生育率和死亡率不变，人口未来发展趋势可以依此类推。图 7.3 显示的是 1990 年到 2050 年，受赡养人口(包括小孩和老人)占工作人口(15—64 岁)的百分比，即“赡养率”。2000 年，中国的赡养率已经降到了低于 50%的程度，2005 年则进一步降至 40%。今天中国(从 2005 年到 2015 年)的赡养率正处于低谷。之所以存在低谷，是因为中国 20 世纪 60 年代生育高峰期出生的人和后来 80 年代末高峰期出生的人，现在都是主要劳动力。由于本章所阐述的严厉

① 瞒报也意味着中国的人口、人口增长率和生育率都高于官方数据。中外人口统计学家根据这种瞒报来修正官方数据。

的节育政策，幼年受赡养比率也在明显下降。同时，因为中国刚刚摆脱贫困，自 50 年代开始的死亡率的下降，现在正好使老年人口开始增长。因此，受赡养的老年人口(65 岁及以上)还没有占到人口的大部分。

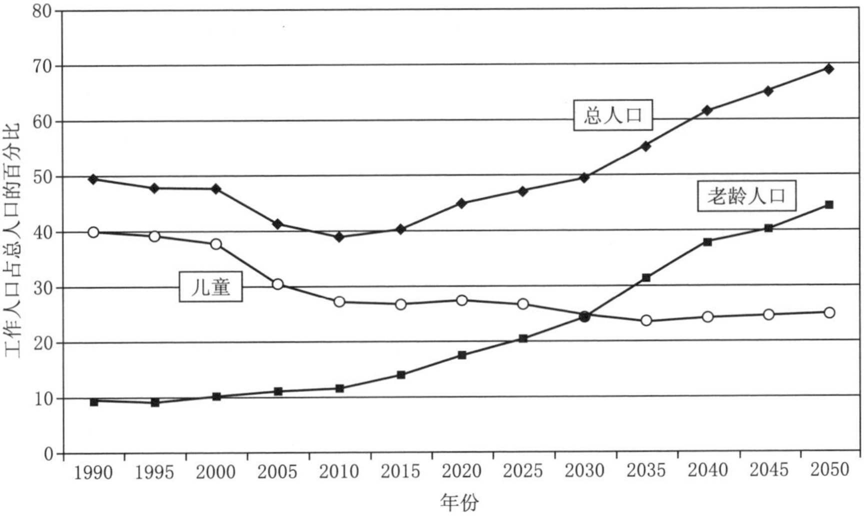

图 7.3　赡养率

这种类型的年龄结构的好处既实在，又不实在。近几年人们都很关注很多东亚国家在经济高速增长期因赡养率降低带来的“人口红利”的可能性(Mason 174 and Kinugasa, 2005)。赡养率降低意味着劳动适龄人口的增长要高于总人口的增长，也就是说，每单位工人生产力的提高就会导致人均国内生产总值的更快增长。更一般地说，较低的赡养率也意味着在现有工人生产力水平条件下更高的物质生活水平。中国不断下降的赡养率可以用来部分解释过去 20 年来人均国内生产总值快速增长的原因。除此之外，一个低赡养率的社会会有更多的储蓄，从而也会有更多的投资。存在这种可能性是因为，如果一个家庭的大部分储蓄可以用“生命周期”来解释的话，在今天的老年人花光用完早先的积蓄的同时，今天的工人也会留出部分财力用来防老。因此，近几年来中国极高的家庭储蓄率和极高的投资率(见第 6 章和第 18 章)都必然与低赡养率有关。最后不太实在的是，年轻人的适应力较强，也更能接受随市场经济转型而来的社会剧变。

现有人口结构加上生育率和死亡率保持不变，使我们可以预见到劳动力的变化形态。在整个20世纪80年代和90年代，劳动适龄人口的急速增长当然快于总人口的增长。整个80年代，劳动适龄人口年增长为2.5%。而且，人口增长和农民进城使城市劳动力的增长如烈火烹油，这一结果造成80年代以来每年约4%以上的城市劳动力的增加。① 如表7.3所示，劳动力的增长实质上已经开始放缓。劳动力市场正在吸收最后一批生育高峰出生的人(即出生于80年代末的回声潮一代)，未来进入劳动市场的年轻一代将是90年代出生的人。在90年代，节育政策已经完全得势，所以出生回波的规模会更小。在既有的年龄结构不变并假设龄别生育率保持不变的条件下，劳动适龄人口的增长会快速下降，并在2015年后达到零增长。一旦劳动力的增长为零，当代劳动力增长的唯一来源只能在农村。表7.3是基于农民进城人数保持不变的假设绘制的。根据这一假设，未来20年内农

175 **表7.3 劳动适龄人口的增长(平均年增长率)** 单位:%

年 份	全 国	农 村	城 市
1982—1990	2.5		
1990—1995	1.7		
1995—2000	1.4		
2000—2005	1.6	—0.1	4.1
2005—2010	1.0	—0.9	3.2
2010—2015	0.5	—1.6	2.5
2015—2020	—0.1	—2.4	1.6
2020—2025	0.0	—2.3	1.5
2025—2030	—0.2	—2.8	1.1
2030—2035	—0.7	—3.8	0.6
2035—2040	—0.8	—3.9	0.3
2040—2045	—0.5	—3.5	0.3
2045—2050	—0.6	—3.6	0.0

村劳动力的规模开始快速缩小，而城市劳动力将保持缓慢增长。城市劳动力的缓慢增长不仅可以部分缓解城市就业的压力，同时也使稳定的结构转型进程至少持续到2020年前后。城市劳动力的缓慢增长肯定也会使国内生产总值的增长放缓。如果城市劳动力的增长在2005—2025年间下跌3个百分点，预期国内生产总值的增长也会放缓大致相等的百分点。

① 1990年，就业的定义和城乡劳动力的定义有了变化，这就给准确追踪20世纪80年代的就业变化带来了极大困难。

从人口统计学上说，1990—2025 年是一个对中国经济增长极为有利的时机。再往后，老龄化人口将是中国社会制度的沉重负担。尤其是 2015 年之后，人口的年龄结构会成为那时就业人口的极大负担，所以需要对中国人口的快速老龄化作出积极的应对。据估算，中国 60 岁以上的老人人数会从 2000 年的 1.28 亿增加到 2030 年的 3.5 亿。这一增加意味着，到 2030 年，老人赡养率将达到 25%，并超过儿童抚养率。如图 7.3 所示，2030 年之后，赡养率还会在一个长时期内持续增长。人口快速老龄化基本上是对早前生育率和死亡率降低的回应。在中国目前的情况下，生育率快速下降的影响将由于对最早一批生育高峰人口实施强制退休政策而放大(许多行业是 60 岁退休)，这个影响将从 2015 年前后开始。

在农村，老人的经济来源基本依赖他们的子女(见表 7.4)，虽然男性依赖子女的程度低于女性，这主要是因为男性只要还能干得动，就得继续劳作。相反，大多

表 7.4 60 岁及以上人口的基本经济来源(2004 年) 单位：% 176

	工 作	养老金或保险	孩 子
城镇男性	8	80	12
城镇女性	4	59	38
农村男性	43	12	38
农村女性	23	4	73

数城市居民 60 岁后即退出劳动场所，靠养老金过日子。无论老人是否在经济上依靠子女，多数老人还是和子女生活在一起。在农村，60 岁以上的老人只有 9% 不是几代同堂，城市居民中则有 26%的老人独立生活。事实上，子女在法律上负有照顾年迈父母的责任。由于中国出生率的下降，传统上对子女的依靠会面临严重困难。到 2030 年，65 岁的城市居民平均只有一个孩子，同样年龄的农村居民有 2.3 个孩子。

城市和农村地区同样都要面对未来人口老龄化的严峻挑战。我们有理由说，农村地区处于劣势。农村老人通常不在对城市居民来说很平常的养老计划的覆盖范围内，农村老人的收入也普遍较低，而且由于适龄青年涌入城市打工而导致了较高的赡养率。这三种因素造成的结果是，农村老人比城市老人更需要自食其力，而且也更依赖子女的经济资助。在城市里，多数工人都在退休后享有某种法定的养老金。在 20 世纪 90 年代初之前，整个中国的养老责任制度并未建立，也就是说，由于根本没有为未来的退休人员专门拨出什么款项，所以眼下退休人员

的养老金是由现在的工人支付的。20 世纪 90 年代以来，中国政府一直努力建立能有效发挥作用的基金型养老金制度，同时，改革养老金制度也成为了重要议题（见第 8 章的讨论）。在这方面，中国同许多国家相似，正在尽力加强人口老龄化与社会保障和养老计划之间的联系。中国与其他国家有一个重要区别，其他多数发达国家都是先富裕起来，然后才进入老龄化社会；中国则是在有机会致富之前，就进入了老龄化社会。

177 ## 7.6 结论

独生子女政策不仅在很多重要方面造就了中国今天的状况，而且对中国的经济发展产生了重要影响。独生子女政策迫使中国以更快的步伐进行人口转型，并为改革时代的经济增长创造了一个独一无二的人口时机。同时，不久的将来独生子女政策也是挑战中国决策者的严峻问题的来源。独生子女政策会引发退休人数和未来老年赡养率的快速增长，使未来的人口负担问题日趋恶化。独生子女政策还引发了严重的性别比失衡，而性别比的失衡最终又会引发不满以及进一步的问题。此外，独生子女政策还会使“政府出生报告体系的可信度大大降低”（Wang Feng，2005）。

与独生子女政策相关的日渐增大的负担已经引发了对这一政策的新一轮批评（Peng Xizhe，2005）。起初，批评者认为，从长远来看，如果不采用强制性独生子女政策也会取得相同的效果，尤其是我们已经看到 20 世纪 70 年代生育率的急剧下降（Bongaarts and Greenhalgh，1985）。实际上，独生子女政策是为防范“人口危机”制定的，而在 90 年代初期，育龄妇女人数已经从峰值开始下降，因此，人口危机的高潮实际已经消退。如果独生子女政策在未来的 10 年或 20 年内有所放松，出生率的适度增长会有助于改善人口老龄化趋势。今天，中国城市的新家庭一般是由两个“独生孩子”结成的婚姻，在现行政策下，这种家庭有权生育两个孩子。中国社会的快速城市化和快速发展或许不再需要独生子女政策这样极端的措施。

进一步阅读的建议

彭希哲（Peng xizhe，2004）和王丰（Wang Feng，2005）对与今天中国独生子女政策相关的问题做了非常清晰的讨论。《人口与发展评论》（*Population and Development Review*）杂志也有许多文章对中国的人口问题做了讨论;参见约翰逊(Johnson, 1994),科尔和班久蒂(Coale and Banister, 1994)。

数据和图表资料来源 178

图 7.1:班久蒂(Banister, 1987),最新数据取自美国人口普查局。

图 7.2:约翰逊(Johnson, 1994)。

图 7.3:美国人口普查局国际部。

表 7.1:约翰逊(Johnson, 1994),中国(B)数据取自雷瑟福德等(Retherford et al., 2005)。

表 7.2:人口普查办公室,转引自蔡泳和雷伟立(Cai and Lavely, 2003), 2003 年数据取自张翼(Zhang Yi, 2004), 1995 年和 2003 年数据取自调查报告。

表 7.3:2000 年数据取自《中国统计年鉴》(*SYC*, 2005, 188)。预测数据来自美国人口普查局国际部。

表 7.4:《中国人口统计年鉴》(2005, 106—113)。

年龄结构:《世界发展报告》(1994, 210)。1996 年中国人口估算数据来自美国人口普查局国际数据库。感谢洛兰·韦斯特(Loraine West)为我提供数据并花费时间进行了全面解释。

参考文献

Banister, Judith(1987). *China's Changing Population*. Standford, CA: Stanford University Press.

Banister, Judith, and Kenneth Hill(2004). "Mortality in China 1964—2000." *Population Studies*, 58(1), March, 55—75.

Bongaarts, J., and S. Greenhalgh(1985). "An Alternative to the One-Child Policy in China." Center for Policy Studies, Working Papers. New York: Population Council.

Cai, Young, and William Lavely(2003). "China's Missing Girls: Numerical Estimates and Effects on Population Growth." *China Review*, 3(2), Fall, 13—29.

Coale, A. J., and J. Banister(1994). "Five Decades of Missing Females in China." *Demography*, 31(3):459—479.

Feeney, G., and Jingyuan Yu(1987). Period Parity Progression Measures of Fertility in China. *Population Studies*, 41(1):77—102.

Johnson, D. Gale(1994). "Effects of Institutions and Policies on Rural Population Growth with Application to China." *Population and Development Review*, 20(3), September, 503—531.

Mason, Andrew, and Tomoko Kinugasa(2005). "East Asian Economic Development: Two

Demographic Dividends." *East-West Center Working Papers: Economics Series*, No. 83, Honolulu, June.

Peng Xizhe(2005). "Is It Time to Change China's Population Policy?" *China: An International Journal*, 2(1), March, 135—149.

Population Statistics Yearbook(various years). Department of Population and Employment Statistics, National Bureau of Statistics. *Zhongguo Renkou Tongji Nianjian*[*Population Statistics Yearbook of China*]. Beijing: Zhongguo Tongji.

Retherford, Robert D., Minja Kim Choe, Jiajian Chen, Li Xiru, and Cui Hongyan(2005). "How Far Has Fertility in China Really Declined?" *Population and Development Review* 31(1), March, 57—84.

SYC(Annual). *Zhongguo Tongji Nianjian*[Statistical Yearbook of China]. Beijing: Zhongguo Tongji.

Wang Feng(2005). "Can China Afford to Continue Its One-Child Policy?" *AsiaPacific Issues*, No. 77, March, Honolulu: East-West Center.

Zhang Shanyu(2003). *Zhongguo Renkou Dili*[China Population Geography]. Beijing: Kexue Publishing House.

Zhang Yi(2004). "Woguo Renkou Chusheng Xingbiebi de Shehen ji Jijiang Zaocheng de Shida Wenti"[China's Unbalanced Population Sex Ratio and Ten Problems That It Will Create]. Chinese Academy of Social Sciences, Population and Labor Economics Research Institute, November. http://www.sociology.cass.net.cn/shxw/zxwz/t20041117_3459.htm.

第8章

劳动力和人力资本 179

在指令性经济时代，中国没有劳动力市场。每个工人终身都是城市或者农村这两个大型公共就业体系中的成员。这一体系现在正慢慢发生变化，城市的变化尤甚。从改革开始直到20世纪90年代，国有企业就业在将近20年的时间内一直保持良好的增长态势。从90年代中期开始，中国国有企业40%停工，将近5 000万工人失业。今天，政府控制的整个就业体系已经消失，全国各地实施的是政府的积极劳动力市场政策。运行良好的劳动力市场虽然可以为成熟与兴旺发达的经济创立基础，但中国依然面对许多挑战。过去的就业制度为每个人都提供了一份工作，但这一制度的消失也造成了大量失业，并为当今社会遗留下一个严峻而长期的问题。中国应该如何提升劳动力的素质？工人们如何得到相应于其高超技术与才智的适当报酬？随着退休工人的增加，中国如何才能赡养急速增加的老年人口？尽管劳动力市场的变化对中国经济的总体增长有诸多贡献，但上述挑战也一直在增大。

许多第一次访问中国的人都对中国劳动力市场中占绝大多数的体力劳动者印象深刻。在很多使用机器就能轻易完成的任务中大量使用人力的现象仍很普遍。人的劳动力被用来开山炸石，挖沟推道，背负重物。在南方农村，人们经常可以看见用竹扁担担起70—80磅的重物翻山越岭的男人和女人。与较低的人均国内生产总值相对应，人们终身劳作，非常辛苦。在一个低收入经济体中，人们实际上也只有这种现实的选择。对工人们来说，工作非常艰辛，而且让人精疲力竭；对企业来说，由于劳动力非常便宜，所以企业几乎没有用机器替代人力劳动的动力。但是，如果劳动力市场运行良好，劳动力市场就可以在发展过程和劳动力转换过程中发挥重要作用。运行良好的劳动力市场可以创造出需要有具体技术和教育

180 的工作，这样工人们就有了接受培训和教育的动力，企业也有了寻找有更多才智或训练有素的工人的动力，并会给他们更多的报酬。中国的劳动力正处于这样一种转型的过程中：即从低技术型的艰苦体力劳动为主的形态，向中等收入经济体那种多数工人都受过教育和技能培训的劳动形态转换。

本章研究过去数十年来劳动力制度上的变化，时间从 1978 年到 2003 年。主要讨论的是 1995 年到 2000 年城市国有部门的转型，在这一时期，大规模裁员使劳动力流动和失业现象开始显现。然后，我们将讨论转向城市经济中的正规部门与非正规部门，以及农村劳动力市场。第 8.2 节研究劳动力市场的作用。劳动力市场是否会对人的教育与经历产生积极影响？这一节也对人力资本回报和人口流动的最新著作进行讨论，并对改善劳动力教育水平方面的进步进行思考。人口流动的决定则置于变化的劳动力市场条件下进行讨论。第 8.3 节对社会保障制度有所涉及，一个有组织的社会保障体系是城市劳动力市场正规部门与非正规部门的区别之一。由于社会保障体系的成功运营取决于人口的年龄组成，所以，中国在创建一种使未来急剧增加的老年人口得以生存的社会保障体系之时，面临极为严峻的挑战。这些复杂的市场和制度因素都在重新塑造工人在中国当代经济中的地位。

8.1 中国劳动制度的变迁

8.1.1 劳动力

2004 年末，中国的就业人口为 7.52 亿。即使相对于中国巨大的人口数量，这也是一个巨大的数字。正如前面所讨论的，根据 2000 年的人口普查数据，中国人口的年龄结构中，有 70%（这在人口中是一个相对较大的比例）的人正处于就业年龄。此外，中国的劳动参与水平（即实际就业人口或积极寻找工作的人的比例）也非常高，这其中的主要原因是女性劳动力参与比例极高。中国的女性，尤其是城市中的女性，几乎都参加了工作。1990 年的人口普查中，劳动参与率为 86%，后来由于大学教育大量增加以及退休时间提前而有所下降（《中国统计年鉴》，2005，
181 120—121；《中国人口统计年鉴》，2003，264）。综合所有这些因素，中国的适龄人口中，年轻人较多，这对经济发展较为有利，可能也会有利于经济改革。中国也很好地利用了我们在前面所讨论的“人口红利”的优势。中国就业人口的平均年龄（城市和农村合计）虽然一直在增长，但仍然较低：1978 年的平均年龄为 31 岁，

2000 年的平均年龄为 37 岁。由于劳动力的年龄只略微超过 30 岁，所以生产率或许会有改善。此外，这种相对年轻的劳动力也显示出对经济转型带来的变化之极大的适应能力。

8.1.2　就业：所有制与劳动力流动

在指令性经济体制的最后几年中，99%的中国工人都在公有制企业中工作，其中的三分之二在农业部门，其余三分之一在其他部门（见图 8.1）。1978 年，农村的大部分农业工人都在农业集体中种田，其他 6%的劳动力则在公有制的乡镇企业中工作（当时称作社队企业）。只有 2%的劳动力在这一体制之外就业。这些企业大多为村办集体“小企业”，偶尔也有个体生意或个体运输。在城市，所有的劳动力都被组织在国有企业或城市集体企业之中。在 30 年的社会主义运动中依然保持独立，但已受到某种程度管制的少部分私人企业（15 万家），则多为年纪较大的生意人或修理工。

182

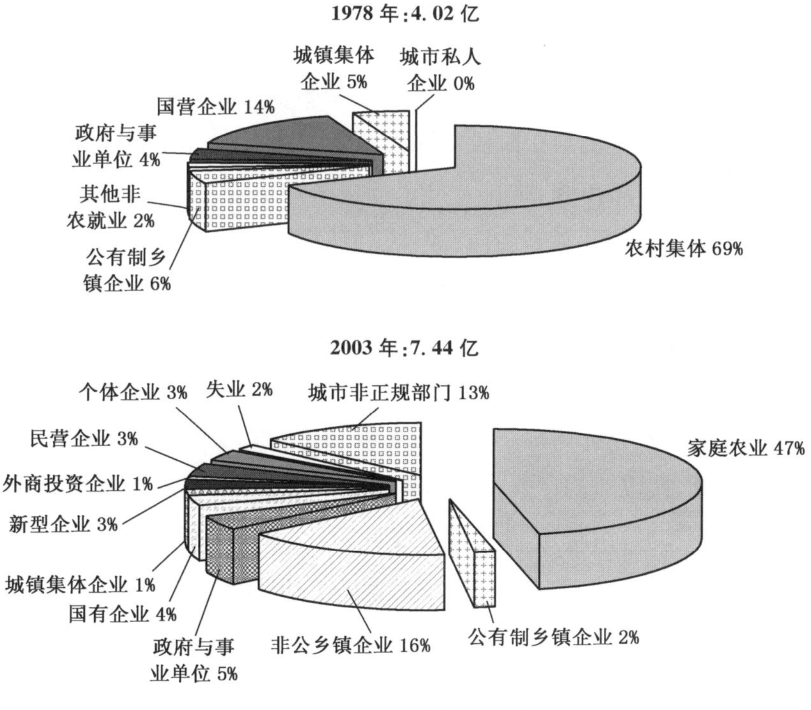

图 8.1　不同所有制的就业情况

在这一体制下，事实上不可能存在劳动力流动的情况。我们在第 5 章描述了 20 世纪 60 年代在“大跃进”失败后对农村人口往城市流动的控制程度到底有多紧，也描述了城市居民的特权地位。各种形式的流动包括工作调动，在“大跃进”失败后迅速减少。政府对城镇就业采取了直接控制措施：从60年代开始，政府为95%的高中或大学毕业生分配了工作，并有权聘用和解雇私营企业成员(Bian，1994)。由于工人一经聘用就获得单位的庇护，所以城市地区自愿的工作调动也消失了。1978年之前，自愿辞职和解聘事实上已不存在，就在这一年，全中国城市地区有3.7万名工人辞职或被解聘，这一人数占到所有工人的0.05%。对工人而言，最愿意的事情是在工作单位工作直到退休，其次则宁愿在工作单位去世也不愿辞职或是被解聘。国家决定了你的工作，活着就要工作。中国指令性经济最有特色的地方就是根本没有劳动力市场。在苏联，工人也很少被解聘，但他们却有
183 辞职的自由。事实上，在1978年，俄国全部产业中有16%的人辞去了自己的工作(Granick，1987，109)。苏联工人随意调换工作的情况比中国要普遍得多。中国劳动力市场的极度刚性明显是“大跃进”之后控制人口流动和就业的结果。1978年市场转型过程开始之后，城市劳动力市场的刚性成了阻碍渐进式转型进程的障碍，抑制了改革者引入市场力量的努力。

因此，尽管农村地区的变化非常迅速，但是改革者在城市引入劳动力市场时还是万分谨慎。在改革的第一阶段(见第4章)，农村集体组织的解体创造了数百万家庭农业企业。在城市和农村，开办企业成了非常容易的事情，新企业的涌现导致了一个更加多元的所有制结构。但从1978年到1996年，差不多在20年时间内，城市就业体制的改变仍然被限制在一个严格的范围之内。

- 私营企业面对官方的歧视。官方同意私人开办类似饭馆和小作坊这样的小型企业，开办严格私人意义上的大型资本密集型企业几乎不可能。
- 国有企业从不允许解雇工人。改革者考虑到有保障的就业是隐性的城市社会契约的基础，所以他们在改革的第一阶段并没有挑战这一重要的既得利益。

然而，推行劳动力市场改革的人已经开始在一定的体制范围内进行某种变通。1986年之后，参加工作的新工人签的是5年合同，只有在双方都满意的条件下才签订新合同。因此，与旧时的永久性工人相比，年轻的合同制工人辞职或被解聘的机会更多了一些。所以，劳动制度出现了一些细小的表面裂纹。

因此，整个20世纪90年代中期，就业领域中还是国家所有制一枝独秀。事实上，国有企业的就业总人数从1978年的5 800万增加到了1996年的7 500万，在改革开始18年之后的1996年，国有企业的就业占了城市就业的绝大多数。此

外，公有制企业的三种形式，即国有企业、城市集体企业以及乡镇企业仍然占据了全部就业的24%，只比1978年的25%降低了1个百分点！90年代中期，中国渐进主义转型战略第一阶段的特色已经显现：经济中公有制企业的就业和产出都在增长；由于国有企业的工作受到保护，所以改革是"没有受损者的改革"；市场化只 184
开始于产品市场，正在缓慢地向劳动力市场渗透。

在90年代中期，整个机构设置发生了巨大变化。在日渐增加的竞争压力下，国有企业开始解雇多余的人员，图4.4显示了1996年之后国有企业工人急剧减少。事实上，自1993年开始，已有3 000万国有企业工人下岗，这个人数占全部劳动力的38%，各类城市工人失业下岗人数达到了5 000万。城市集体企业工人失业下岗的比例比国有企业更高。由于政策的巨大转型(将在第8.1.3节作进一步讨论)，公共就业渠道急剧缩小。此后不久，自90年代末开始，中国政府开始给予私营企业更多的合法性和法律保护。所有这些变化都对就业市场的所有制构成产生了巨大影响，并向多样化市场经济迈出了重要一步。90年代后期，所有重要的公有企业形式都大为缩小。国有企业就业人数下降到占劳动力总人数的4%，城市集体所有制的劳动力减少更多，只占了1.3%，在集体经营的乡镇企业中就业的劳动力暴跌到只占全部就业人口的1.7%。三种形式的公有企业的就业比重从1996年占全部劳动力的24%下降到2003年的7%。[更宽泛的公有企业定义还应包括在政府控制的新企业中就业的2%的劳动力(见第13章)，加上这部分之后，2003年在公有企业就业的劳动力仍然急剧减少到占劳动力的9%。]变化的规模十分巨大：如果我们将中国转型中发生的什么事情视为"大爆炸"，那么，这就是大爆炸。随着失业的增加，劳动力流动也大量增加。现在，人们时常变换工作，时常流动以寻找经济机会。工作调动的增加也受到国有企业非自愿下岗急剧增长的影响。

自2003年开始，差不多有5%的中国劳动力在政府或政府下属的国有事业单位工作。在全部就业份额中，这个部分的就业稍稍有些增长，这里的原因很大部分是由于政府开薪的教师人数的增长。扣除在政府和公共企业就业的工人人数后，现在80%以上的中国工人都在私营部门工作。私营部门的大多数劳动力是农业工人，这些人占全部劳动力的47%，城市劳动力现在也主要是在私营部门工作。根据乡镇企业的记录，在城市地区注册的各类公司里，私营企业占了全部就业的8.6%，注册为"个体经营"或家庭企业的有7.2%，在其他非直接政府控制的企业形式中就业的占 2.7%，外资企业就业的占 2.1%。所有这些加在一起，已登记注册的非农业私营部门中的就业人员占到中国工人的 20.7%。正如图 8.1 所示，在
185 城市与农村，一个非常大的非正规部门成了劳动力市场极为重要的组成部分。我们还缺少对小型且常常没有登记注册的企业的准确统计，毫无疑问的是，这一部分的人数甚多，约占了全部就业人口的 20%［绝大部分（但不全）是在集体乡镇企业之外的农村非农业就业人口］。失业人口（包括传统登记失业和从国有企业下岗的工人）占了全部劳动人口的 2%。劳动力市场的变化确实非常大，但最大的变化则是最近才开始发生。中国现在已经创造了一个有弹性的多元化就业体制，但却是一个缺乏旧体制的确定性和保障性的体制。

8.1.3 就业、失业与国有部门精简

未充分就业一直是中国的一个严重问题。在计划经济条件下，所有人都有工作，尽管工作常常意义不大，收入也很少。很多人常常被困在农业部门无事可做。改革初期（1978—1979 年），当数百万“上山下乡”的年轻人返城寻找工作时，中国短时间出现了一段公开失业的时期。在这一阶段，中国城市的工作单位因人设事，为自己职工的子女创造出了工作。此后，在 20 世纪 80 年代和 90 年代的多数时间里，由于前面所说的审慎的劳动力政策，所以公开失业一直保持在 3%以下。而审慎的劳动力政策也是对数字压力以及 80 年代急剧增长的人口和劳动力的反应（这一增长也引出了独生子女政策）。由于劳动力增长如此迅速，即在 80 年代达到了每年 2.5%的平均水平，所以政策制定者也不敢削减国营企业的就业人数。政策制定者不断指出，中国的剩余劳动力是一个包袱，这个包袱迫使他们小心翼翼地从事经济改革，迫使他们宽容（甚至创造）因人设事的工作，并使他们排除了以短期失业的骤然增加为代价，实施能够迅速提升生产力的更激进的改革措施的机会。90 年代中期之后，改革者因为对城市经济的弹性有了足够的信心，才愿意改变这一立场。

90 年代中期，解决国有企业人浮于事问题的劳动制度改革开始加速。企业对工人进行了新的分类，一开始是叫“剩余人员”，后来叫“下岗职工”。企业要确定出剩余人员并组织他们从事新的活动，以优化工作单位的就业结构。于是，在 90
186 年代中期，这批工人被工作单位辞退，从而出现了大量的“下岗”工人。在从 1993 年到 2003 年的 10 年过程中，官方数据显示有 2 818 万国有企业工人下岗。事实上，这个数字是个较低的估算，因为直到 1998 年之后，才把地方数据和程序汇总

到下岗工人范畴(《中国劳动和社会保障年鉴》,2004, 478)。1998年之后,中国政府建立了新的劳动与社会保障部,在收集数据、规划程序上做了很大的努力,而且建立了将下岗工人从其企业转入再就业中心(RECs)的渠道。再就业中心主要是为下岗工人提供培训并帮助寻找工作。最重要的是,再就业中心从企业接收了工人的关系,为工人支付社会保险和福利基金,还给工人提供一点补贴。工人们一般可以与再就业中心保持最长达三年的关系,如果他们能更快寻找到新的工作,时间还可以缩短。在像上海和北京那样繁华的大城市,这种制度意味着这些剩余工人可以获得多达5年的转岗资助,以资助他们逐渐离开国有就业场所。那些不太繁华的城市通常无法维持这么高的资助标准。中国政府尽了最大努力来减轻这一巨大而让人痛苦的就业冲击。

图8.2描绘出让国有企业、城市集体和其他企业以及政府机构和事业单位5 000万工人下岗的变化模式。竖的条块显示了每年新下岗的企业工人数,但不包括政府机构和事业单位的就业人数(这些数据是1992年的官方数据,1996年是估算数据)。下岗的大潮出现于1995年和1996年,在4年中(1996—1999年),平均每年有700多万工人下岗。

图8.2中实体部分显示的是失业存量,和到年末仍然没能重新就业的下岗工人。下部区域表示的是登记失业工人,上部区域是下岗工人,下岗工人只要保持"下岗"称号,并保持与再就业中心的关系,就不会包括在失业工人之内。这两个部分的总数代表的是没有收入的城市居民的官方数据。按照这个分类,1993年的失业人口有700万,其中300万是仍与自己的工作单位保持联系的下岗工人。1996—1997年,这个数字一下子上升到1 500万,而且所有这些人都已经与工作单位分离。因此,在这3年中,全部失业人数翻了一倍。然而,政府仍在继续实施这一政策,1997年下岗人数达到600万,1998年下岗人数达700多万,1999年大约有800万。2000年之后,新的下岗工人人数才逐步减少,从此之后,永久性固定 187
就业体制(终身就业)永远消失了。

那这些下岗工人怎样了呢?中国官方宣称,下岗工人中有四分之三的人找到了新的工作。这种说法可能没错,但正如我们下面将会看到的那样,自改革开放以来,正规部门的城市工作数量大幅减少,大多数新的工作一定是在非正规部门。多数工人很早就退休了,男性工人50岁退休,女性工人则40岁退休。有些工人在再就业中心待了三年之后,又重新登记失业。图8.2表明,2000年之后,官方失

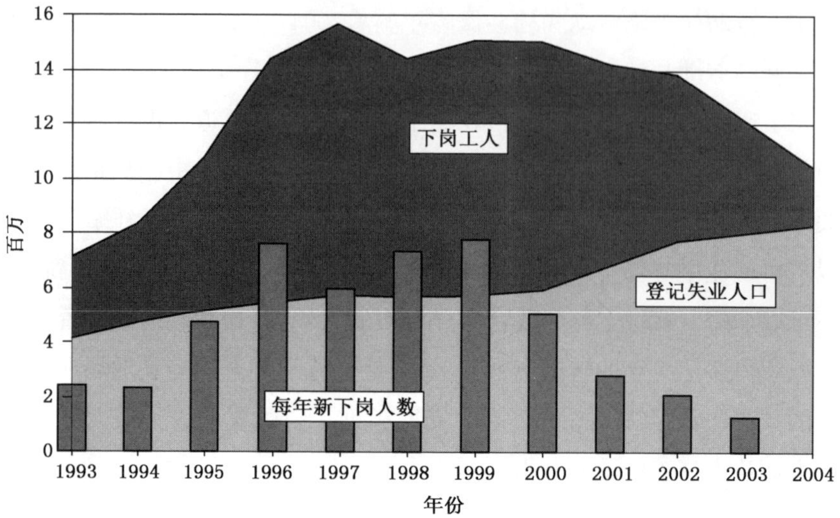

图 8.2 下岗工人与失业工人

业人数增加，而失业的下岗工人存量却在减少。之所以出现这种变化，是因为下岗工人开始“逐渐”从再就业中心转入了失业的行列。总失业人数（两部分的总和）的高峰出现于 1997 年，自那时开始直到 2002 年，失业人口总数一直保持在 1 400 万人的较高水平。因此，失业率一直高达 8%—10%，比官方当时公布的失
188 业率 3%要高。① 2002 年后，中国的经济繁荣最终降低了失业人数。2004 年底，中国城市中仍然有 1 000 万失业人口，其中包括 830 万登记失业人数，200 万下岗工人。

管理如此数量庞大的国有企业下岗工人是一项巨大的社会工程。政府花费了很大的成本和努力来减轻国有企业工人的失业冲击，但下岗工人的收入和生活水平仍然急剧下降（Appleton et al.，2002；Giles，Park and Cai，2006）。下岗工人在保有工作单位提供的一些收入和福利（特别的住房和医疗保险）的同时，也在寻找新的就业岗位。不同地方的下岗工人受到的实际影响也很不相同，其原因一方面是因为地方经济条件实际上差异较大，一方面也由于地方政府对劳动力市场的政策不尽相同。地方政府要处理一些几乎是相互矛盾的事情：精简国有企业，

① 这一讨论试图调整官方失业统计，使这两个数据逻辑上一致。这里并不是想使这一数据拥有国际比较性，或者是想找到“真实”的失业率。这些数字在某种程度上容易让人产生误解，因为它们只考虑城市地区登记的失业人口，而流动人口则既没有放在分子（失业人口）中考虑，也没有放在分母（城市劳动人口）中考虑。

改善劳动力市场的效率，降低失业率以及保护本地居民的利益（Solinger，2004）。地方官员还要确定如何给予下岗工人更多的过渡性支持。

比如，上海就率先对下岗工人实施了最有可行性的过渡性支持计划。上海在 1996 年 7 月就建起了第一个再就业中心，这一再就业中心最初是为最早经历合并的纺织和仪电部门的下岗工人创建的。上海的再就业中心与后来各地的再就业中心一样，都由国有企业建立，而这些国有企业与市政府大多是平级关系。其中国有企业是受益者，因为国有企业只给下岗工人支付三分之一的生活费，而不是像以前那样支付全部生活费。上海的这一计划耗资巨大，平均每年支出 10 亿元人民币为 25 万下岗工人提供生活费。此外，由于将鼓励下岗工人提前退休作为主要渠道，上海市政府每年还需追加 10 亿元人民币的养老保险金（Urban Labor，1998）。基本上，上海作为一个经济逐渐增长且相对富裕的地区，还是能给国有企业的下岗工人提供巨额补贴，以保证他们在离开国有部门之后的生活水平。

东北偏远省份黑龙江的情况与上海正好相反，黑龙江艰难地致力于振兴停滞的经济和毫无竞争力的大批重工业企业。黑龙江的下岗工人从再就业中心拿到的津贴只有 1997 年国有企业平均工资的 6%，是上海再就业中心支付的 43%。由于无法为提前退休的工人提供另外的养老保险，黑龙江甚至无法满足现有养老金
的要求，1997 年拖欠的养老金达 10 亿元人民币，有 50 万国有企业退休工人根本 189
拿不到养老金（Mo Rong，1998）。因此，黑龙江省出现大规模的偶发性暴力事件就不足为怪了。最终，中央政府被迫插手干预，承担了黑龙江省的部分养老金的发放。中国多数城市则处于上海和黑龙江这两极之间。

尽管大规模失业与国有企业整改有关，且失业人数随着 2003—2005 年的经济繁荣而逐渐减少，至少到 2015 年，中国都将面临长期而严峻的失业问题。未来 10 年或更远，中国的城市部门每年必须吸纳成百万的新工人。正如我们在第 6 章中所说，虽然服务业的发展可以解决就业问题，但中国依然没有充分开发服务业以创造就业机会。如果未来 10 年内经济可以尽力吸纳大部分现有劳动力，失业问题的严重性才有可能在劳动力缓慢增长和结构转型完成并发生效应的条件下得到缓解。

8.1.4　非正规部门：城市劳动力市场的二元结构

大部分下岗工人最终都在城市的非正规部门找到了工作。非正规部门一般

是指小型无照经营企业，这也是多数发展中国家城市中的重要部分。中国在计划经济条件下，除了农民短途进城出售农产品之外，实际上并没有非正规部门。然而，由于最近几年农村人口向城市流动以及城市公有企业中大量工人下岗，使得城市非正规部门急速发展起来。因此，随着国有企业的紧缩与重组，公有企业工人与城市居民之间的旧有身份消失了。替而代之，现在城市劳动力之间的区别，在某种程度上反映并替代了城市工人与农村工人之间的旧式区别。我们可以从城市就业的总数中看出这一发展的整体特征。尽管这些数字在涵盖非正规部门方面并不十分准确，但仍然给最新的发展提供了一幅清楚的画面。

图 8.3 根据官方数据显示了城市就业的演变过程。图上呈现的趋势多少有些让人震惊：政府雇员和事业单位工人的绝对数在 20 年中几乎没有变化。国有企业和集体企业急剧缩小，而一组“新企业”却在急剧增加，这些新的企业形式包
190 括有限责任公司和合资企业，其中有的仍然受到政府控制。概而言之，将现有新的企业形式以及国有企业和集体企业、政府雇员和城市外商投资企业都归类为城市正规部门，还是说得通的。

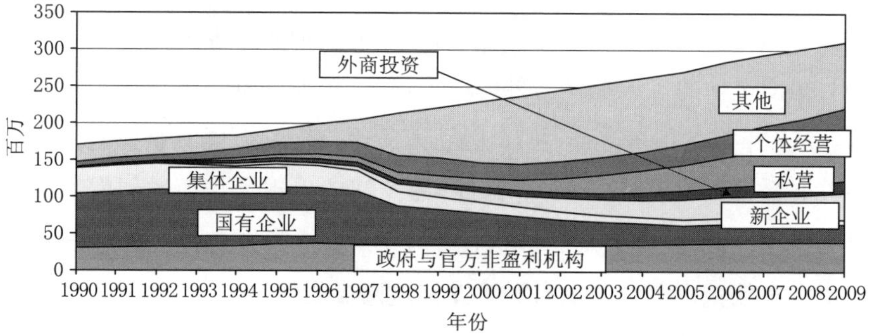

图 8.3　城市劳动力

按照这个定义，城市正规部门的就业人口数量已从 1996 年的 1.52 亿减少到 2003 年的 1.055 亿（然后又开始发展，并在 2004 年达到 1.067 亿）。城市劳动力市场增长的主体——已从 1996 年的 2 亿发展到 2004 年的 2.65 亿——已经扩展到了私营企业、个体经营等“其他”类别。有的私营企业实际上已经组成为正规的公司，这种情况并不是很多。因为一旦私营企业组成了有限责任公司，这些企业就要包括在“新企业”就业形式之中。“其他”就业形式只代表已知为工人的人，因为调查和人口统计显示了现有城市劳动人口，但这些人口没有列入任何已注册的

组织形式。“其他”就业形式归拢了大多数人口流动以及未注册登记的企业。非正规部门的广义定义包括私营部门、个体经营以及“其他”形式，非正规部门就业人口已从 4 800 万增长到 1.6 亿。一般认为，非正规部门就业现在已经超过了正规部门。

流动人口和城市居民现在已经至少在某些劳动力市场，即部分增长较快的小型非正规部门互相竞争。流动人口主要在某些工作部门，如建筑业或纺织厂工作，这些部门都是特别累或者枯燥的地方，城市工人一般没有兴趣。城市居民在 191
某些部门会得到优惠待遇，这些部门包括政府部门或地方服务性贸易部门。因此，城市中已出现劳动力市场分割现象。然而，在某些部门比如零售、餐饮以及小商小贩，流动人口也与城市居民进行面对面竞争。90 年代，下岗工人都有维持自己与工作单位或再就业中心关系的强烈动机，但同时也在非正规的灰色市场工作。在这些市场中，他们面对的是提供相同劳动服务的农村移民。与此同时，激烈的竞争也使现有的国有企业无视规则，开始雇用那些更便宜且有工作努力美誉的农村移民(Urban Labor，1998)。劳动力市场竞争的存在并不意味着城市与农村居民之间的差别已经消失，也不意味着竞争是公平的。这不仅表现在城市当局在很多事情上都站在城市居民一边，而且也表现在城市永久居民常常会得到各种不同的补贴。因此，即使城市居民与农村移民拿同样的工资，城市居民的总收入还是高于农村移民。

8.1.5 农村劳动力市场

农村劳动力市场也在迅速发生变化。当然，农村劳动力的主体仍然是从事家庭农业。在整个 20 世纪 90 年代，中国的农村劳动力市场显示出在非农业就业方面的急剧增长。根据一项大型调查(de Braw et al.，2002)，在某种程度上脱离了农业劳动的个人比例大大增加，从 1982 年占劳动力的 15%上升到 1995 年的 32%，又进一步上升到 2000 年的 43%。这一趋势正在使中国的农村发生变化。最引人注目的是，截至 2000 年，16—20 岁这一年龄段的人中有 76%的人都在从事一些脱离农业的工作，这些脱离农业劳动的人中有不到四分之一的人根本没有在农业中投入过任何时间。一代农村居民正在脱离土地，这一过程在 2000 年之后的 10 年内还在加速。

今天，有各种可供选择的适合于农村居民的非农业工作。在某些地区，农民可以在自己家里创建非农业企业，或是到城郊的农业企业做工。为简单起见，我们可以将农村劳动力的选择归为三类：继续从事农业，离开农业从事当地非农业劳动（从事雇佣劳动或开办企业），或是移民离开本土。后两项选择现在日渐增多。实际上，离开自己居住的村庄的农民工在1990年前后开始迅速增加，到2000年，许多以前在当地的农民工成了流动人口，全部农村劳动力中20%多的人选择
192 了后两种选择。在人口普查（见第5章）中已列入远距离移民的人中，差不多有四分之一的人又重新在其他地方回归农业，或是从事农业劳动和进入农业企业。多元化的农村劳动力市场提供了向城市流动的选择。

8.2　当今中国劳动力市场的功能

如果中国劳动力市场体制的发展虽然并不完整，但却非常迅速，那么我们就值得对劳动力市场的运行情况进行探讨。我们非常想知道，最有价值的工人是否拿到了与他们的生产力相称的报酬。我们原则上希望看到生产力得到报酬，希望看到与生产力不相干的各种因素，比如农村或城市身份，对报酬没有影响。事实上，我们也不可能直接度量每个工人的生产力。我们可以研究影响工人收入的因素预期会对生产力产生的影响。这些因素中最重要的当然是教育，即人力资本的度量，我们希望教育对生产力有正面效应（见框8.1）。在第8.2.1节，我们研究与教育回报相关的证据，在第8.2.2节，我们探讨中国变化中的人力资本禀赋。在第8.2.3节，我们主要探讨可能与工人生产力相关的另外三个特征：经历、党员身份和性别。这些因素虽然不如教育那么重要，但对现有结果的阐释却更为复杂，不过我们只是涉及了一些不完整的观察资料。在第8.2.4节，我们还将探讨个人特性与移民选择之间的联系。

8.2.1　教育回报

社会主义计划经济体制在为全体大众提供基础教育方面做得很好，中国对教育和培训提供公共支持，在大众中普及识字能力和基本劳动技术，但在给那些拥有较高技术水平或者受过高等教育的人的报酬方面做得很不像样。研究人员开始研究计划经济结束时期（70年代末期到80年代初期）中国城市收入的决定因素时，他们发现，受过较高教育的群体的收入并不一直都高于他人。其他的高收入因素也很重要：党员身份、男性以及较高的工作职位，都与高收入有关系。但教育对增加收入的意义不大，教育的个人回报几乎接近于零。

框 8.1 人力资本与教育回报率

193

近来,经济学家越来越关注人力资本在发展过程中的作用。人力资本是通过投资于知识而创造出的一种资源。与物质资本相同,人力资本也是一种生产要素。这就是说,人力资本是一种在生产过程中被使用,但不会消失殆尽的基本资源。

与物质资本相比,人力资本也是由之前的活动产生出来的。教育则是最重要的人力资本生产者,但人力资本也能通过工作经验,通过投资于健康或其他投资创造出来。人力资本又与物质资本不同,因为人力资本不是有形资本:人力资本看不见,也摸不着。而且,人力资本只有一个所有人。一个人所"拥有"的人力资本是通过他或她的教育创造出来的。受过良好教育的工人创造出来的较高收入属于工人自己。

人力资本的回报有时候与"知识升水"相关。知识升水是指一名受过良好教育的工人拥有的额外的赚钱能力。在美国,有大量证据表明,自 20 世纪 80 年代初期以来,知识升水就与大学教育的回报有关。这一趋势可能是生产过程技术变化影响的结果,也可能是世界经济全球化的结果。

估算知识升水价值的最普遍方法就是估算的明瑟尔教育回报率(Mincerian return to education),这一方法得名于最先探讨这一方法的经济学家雅各·明瑟尔(Jacob Mincer)。明瑟尔教育回报率是指对一系列工资解释变量进行回归时的受教育年份系数。对系数的解释取决于一系列的严格假设。此外,由于教育的实现常常标志着无法观察的个体属性,所以对系数值的解释取决于难题选择的偏离方式以及对劳动力市场信号的把握。当然,大多数问题都是本章讨论范围之外的问题。在中国,用明瑟尔教育回报率度量的知识升水量的变化非常大,因此,我们可以用技术来对劳动力市场的演变进行分析。

这一结果揭示了这一时期的中国经济体制与充分发展的市场经济职能有多不相符合。或许一个运行良好的市场经济最基本的要求就是,只要你对能创造产业和收入的过程持续投资,你就能够获得自己的投资所创造的收入。教育投资(人力资本)提高了全部经济的生产力。对一个运行良好的市场经济而言,一种提高社会生产力的投资也必定会给个人提供一份回报。只有在这种情况下,个人才有投资提高社会生产力的动力。由于教育耗资较多，因此政府即使想承担也不可能承担全部成本，所以，个人不可避免地要承担很大一部分教育成本。因此，教育的正回报是经济发展所必需的持续健康的投资基础。教育回报在某种程度上也
194 是一个良性指数，它可以表示劳动力市场的成熟程度，表示市场可以为那些投资于人力资本的人提供适当的回报。如果教育回报不能出现实质性增长，中国的市场转型就不可能健康发展。

大量的文献对中国城市正在发生变化的教育回报问题进行了研究。值得注意的是，这些文献得出一个较为一致的结果，即从 90 年代初期开始，教育回报率已开始缓慢攀升，在接下来的 10 年中也一直在增长。张俊森等人（Zhang Junsen et al.，2005）使用年度数据（见图 8.4）对中国城市从 1988 年到 2001 年的教育回报率进行了追踪分析。他们指出，在 80 年代末期到 90 年代初期，城市工人所完成的学业每增加一年，每年的收入就有 4%—5%的增长。不过，这个比例远远低于 9.7%的世界平均水平，甚至更低于 10.9%的低收入国家平均水平（Psacharopoulos and Patrinos，2002）。然而，回报率在 90 年代开始缓慢上升，在 1999—2001 年期间，预测的回报率大约为 10%，已经极为接近世界和低收入国家的平均水平。周雪光（Zhou Xueguang，2000）则使用记忆收入数据对更长时间内的教育

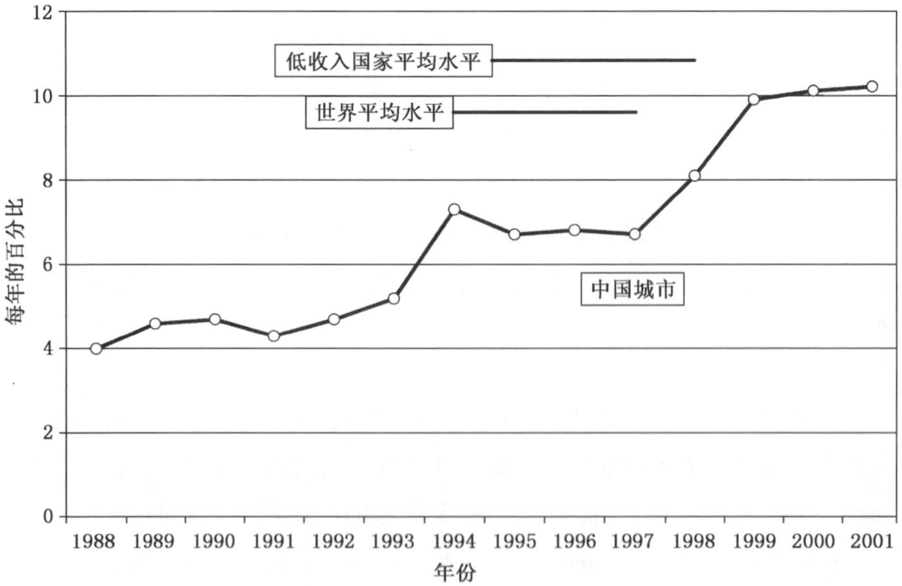

图 8.4　每增加一年学业的收益回报

回报进行了研究。他发现，与较早时期相比，教育回报在 1987—1999 年期间大概翻了一倍。阿普尔顿、宋丽娜和夏庆杰（Appleton, Song and Xia, 2005）利用从 1988 年到 2002 年四个标志性年份的城市收入数据对教育回报进行了研究。他们发现，对教育回报的估算表明，教育回报已从 1988 年的 3.6%上升到了 2002 年的 195
7.5%，这一结果基本上与张俊森等人用自己所能控制的一组无法观测到的个体属性（固定效益）和职业效应数据计算的结果一致。正如我们预期的那样，这一调整结果降低了所预测的教育回报，但整个这一时期教育回报日渐增长的模式更为显著。

这样的数字并不能证明中国的劳动力市场就是有效运行的市场，其结果与竞争性劳动力市场更为一致。中国的劳动力市场正在克服计划经济时代留给他们的明显的功能扭曲状态。那么，这种巨大的变化是如何产生的呢？20 世纪 90 年代，市场力量改变了工人获取报酬的方式，这种改变不仅表现在为那些绩效更好或者生产率更高的工人提供了更大的激励，而且表现在劳动需求的结构变化对收入决定因素的改变。在现有的工人中，受教育较少的工人更容易被解雇。实证表明，受教育期限每减少一年，下岗的概率增加一个百分点（Appleton et al., 2002）。因此，下岗对教育程度较低的工人产生了收入下降的压力。相反，人们也承认，外商投资企业提高了受教育程度较高的城市工人的工资。外商投资企业认为有价值的技术包括管理技术和英语水平，这使得受教育程度较高的工人的工资有上升的趋势。阿普尔顿等人（Appleton et al., 2002）发现，"从未下岗"（never-laid-off）的城市工人和农民工每增加一年受教育年份，工资就增加大约 7%。有报告说下岗工人获得的教育回报非常少（一年教育的回报低于 4%），很多研究者将这一结果归结于新建立的市场经济。其意思是，下岗工人无法顺利将自己的教育或经验转变为收入。总之，教育回报的增长对个人投资于自己的人力资本提供了一种再保险，因此，这极有益于促进中国进入技术密集型经济所必需的技术积累。

8.2.2　人力资本与受教育程度

那么，中国正在积累人力资本的证据何在呢？尽管中国进步较快，但受教育程度的平均水平仍然很低。根据 2000 年的人口普查数据，中国适龄劳动人口中只有 20%的人拥有高中学历。表 8.1 显示了标志性年份中受教育程度的数据。表中给出的分类表明，使用这种涵盖范围较广的方式可能会高估受教育程度。同
时在每一分类中都包含只拥有部分教育程度的人，因此，只上过一年或两年学的 196

人也包括在一个分类中。也就是说，这一分类并没有要求必须读到毕业。此外，大学教育中包括有很大部分的三年制大专和技术学校毕业的人，也包括了大量的成人教育毕业的人。有了这一认识我们就能看出，中国与发达国家的差距仍然很大。比如，2002 年，美国 25 岁以上的人口中有 84%的人是高中毕业，52%的人是大学毕业，从四年制大学毕业的人在这一分组中占了 26.7%(美国人口普查局)。

表 8.1　人口受教育程度(百分比)

15 岁及以上人口	1982 年	1990 年	1995 年	2000 年	2004 年
大学(12 年以上)	0.9	1.7	2.3	4.7	6.7
高中(不超过 12 年)	10.0	9.4	9.4	14.4	15.6
初中(不超过 9 年)	23.8	27.2	31.0	39.1	—
小学(不超过 6 年)	30.8	43.2	43.6	32.9	—
非正式入学	34.5	18.5	13.6	9.0	—

但是，中国受教育的人口尤其是受高等教育的人口增长极为迅速。中国刚刚结束"文化大革命"的时候，教育状况非常特别。根据 1982 年即改革开放初期的人口普查(见表 8.1 的第一列)，基础教育在中国这种低收入国家得到了很好的普及，成年人口中有三分之二的人接受过正规学校教育。虽然成年人口中有三分之一的文盲或半文盲，但这一数字大大低于印度，印度在同一时间里有一半多的成年人是文盲。然而，中国人口中接受过大学教育的人不到 1%，而同一时期内，印度受过高等教育的人是中国的 3 倍。

改革开放开始以后，为了纠正"文化大革命"中的极端平均主义现象，教育资源开始向高等教育集中。而且，这一过程在 90 年代中期之后开始加速。在多年对高等教育体制投资与重建之后，高校毕业生人数从 2001 年开始急剧增长。从 2001 年到 2005 年，大学毕业生的总人数增加了 2 倍，从 100 万发展到了 300 万人(参见第 15 章)。正如表 8.1 中的数字所显示的那样，这一结果让人印象非常深刻。2004 年，15 岁以上人群中有 6.7%的人进过大学或接受过大专以上的教育，
197 这一数字是 20 年前的 7 倍。这是一个快得惊人的增长率。虽然印度的大学入学率在这一时间内也快速增长，但中国已经赶上了印度。

对高等教育的重视也导致了对初等教育某种程度的忽视，尤其是对农村地区的忽视。不过，表 8.1 也显示出在教育金字塔底部有一些改善。由于出现了大批受过良好教育的适龄年轻人，因此人口均势被打破，文盲人口的比例急速下降。到 2003 年，15—45 岁的人口中只有 2.4%是文盲。除了年龄以外，性别与居住地

也是文化水平的重要决定因素：15岁以上的农村女性中有19%的人是文盲，农村男性的这一比例只有8%。在城市中，女性和男性中只有7%和2%的人是文盲。人口(6岁及以上)中就学的平均年份也在稳步上升，2004年已经接近于8年(《人口统计年鉴》，2004，302；2005，54—57，320)。比较而言，墨西哥成人平均就学年份为7年，韩国是10年，美国则是12年。

此外，从20世纪90年代中期开始，政府将重心转向了基础教育。政府采取了9年义务教育制，目的是消除年轻人中的文盲，这一计划最初是在经济发展情况较好，而且有预算资源支持的县实施。从那时开始，这一比例慢慢地稳步发展。2004年，中国政府宣布，在占中国人口94%的2 774个县级管辖范围内，都在某种程度上实施了这一计划(教育部，2005)。政府的努力让人印象深刻。最终结果仍未可知，其中的关键是钱的问题，因为中国的大部分教育资金来源于地方政府。在农村地区，地方财政因为财政体制改革削减了地方财政收入，因而挤掉了教育经费(见第19章)，同时，政府改革也限制了地方政府征集非正规费用的能力。这样的结果是，中国全部的教育经费从90年代开始就一直维持在国内生产总值的3%左右，略低于其他可供比较的经济体。因此，在地方政府由于政治压力而表明和报告推广普及教育的同时，地方政府实际上并没有拿出相应的资源。城市和农村地区之间，师资和教学设备的差距都非常大。

为解决这些问题，中国又宣布了一个雄心勃勃的计划。中国计划在2007年之前让所有贫困学生都能得到助学金；2010年之前在所有农村地区实施免费小学教育体制，2015年之前实施免费普及教育(教育部，2005)。实施这一计划需要中央政府给予大量的财政资金支持。近几年来，中国提倡“以人为本”的政策，鼓励 198
技术创新，走“科学发展道路”。最近的政府计划文件也提出：“加快教育发展，是把我国巨大人口压力转化为人力资源优势的根本途径。”(《中共中央关于制定国民经济和社会发展第十一个五年规划的建议》，2005，第30条)如果这种说法不是一个空洞的口号，政府就将承担普及初级教育的资金。

尽管近来有了这么多的改善，但中国的总体教育结构只是达到了发展中国家的程度。对女孩教育的低投资现象仍然在继续。虽然年轻人中的文盲比例非常低，但性别歧视现象依然存在，女孩子不能上学的人数是男孩子的两倍多。另外一个弱势群体则是农民工的孩子。这些孩子上学要收费，而且进入地方公立学校也受到限制。作为对这一问题的反应，很多地方开办了私人经营的“打工子弟学校”(migrant schools)，按一个合理的价格为农民工的孩子提供最低限度的教育。政府现在已经承诺要解决这一问题，但到目前为止进度缓慢。虽然政府在发挥积极作用，但居民仍然可能要负担大部分的高等教育成本。教育回报的改善证明了我们在前面对过去10年来受教育程度的急剧上升所作的解释。虽然对中国人来说，高等教育的成本越来越大，但由于教育投资的回报为正，所以中国家庭一般也愿意支付这笔费用。为了保证高等教育的快速发展，政府必须作出更多努力来保证所有的中国人都能进入大学。

8.2.3 其他属性

虽然教育乍看起来还具有生产性，但工人的其他属性的作用则非常模糊不清。工作资历(在中国主要等同于年龄)在计划经济时期可以得到充分的回报，因为计划经济时期主要实施的是工龄工资制。在整个改革开放时代，资历的报酬缓慢下降，但并没有彻底消失(Appleton, Song and Xia, 2005; Zhang Junsen et al., 2005; Zhou Xueguang, 2000)。这种变化似乎与市场竞争一致，因为一方面，年轻人拥有的技术越来越有价值，而老年人基于工作的经验越来越过时；另一方面，工作专长和生产力仍然在逐年增加。最后，这些研究表明，不同所有制形式和部门
199 在教育回报方面的差异正趋向于逐年缩小。至少在城市居民中，工人之间的壁垒已经减少。遗憾的是，我们并没有足够的资料来追述城市居民与农村流动人口之间报酬的差距。根据推测，这两者之间的差距依然非常大。

在计划经济时期，工资在性别方面的差距相对较小。虽然在高级经理行列没有多少女性，但这一制度还是主张“同工同酬”。阿普尔顿、宋丽娜和夏庆杰发现，性别差距，即在资历和教育可比较水平上的男性和女性工资差异，从1988年的12%扩大到1999年的22%，但在2002年又下降到19%。他们认为，相比较于2000年美国25%的性别工资差，这一水平相对较为适中。从某种程度上来说，性别工资差是歧视的结果，更表示竞争性市场的失灵。在国有企业重组过程中，女性比男性更容易被企业辞退，虽然这一事实反映出歧视的存在，但也确实表明了选择过程中的一种变化，即仍然处于劳动力行列中的女性选择过程的变化。我们还需要更多的分析才能理解这一重要的变化。

8.2.4 人口流动的决定

研究了不同的工人特性或属性的回报之后，我们现在可以返回来研究第5章已经谈到的人口从农村向城市流动的现象，并对其个人决定过程进行充分讨论。

人口流动是为了寻找机会，因此，我们预期人口流动的动力是收入差距，正如移民是为了寻找较高的收入一样。对中国流动人口所做的最好研究已经通过家庭决策框架进行了解释。基本的假定前提是，外出务工是由家庭作出的决定，而不是个人的决定。人口流动的初期成本非常大，家庭必须对外出流动人员的(一般是 200
年轻的家庭成员)初期费用进行补贴。他们之所以这样做是因为他们期望，外出人口会给家庭带来长期的福利。因此，尽管城市工资和农村报酬之间的个体收入差距是理解人口从农村向城市流动的正确起点，但这也仅仅是个开始。比如说，泰勒、罗思高和德布劳(Taylor, Rozelle and de Brauw, 2003)发现，家中成员每多一个人就增加了一个成员外出流动的机会，这一比例在90年代达到了28%。其原因是，一个较大的家庭才能够提供得起外出流动人口的初期费用，也更容易维持农业生产。

中国独一无二的制度特征也有助于形成外出流动的决定。在流动人口的原住地，由于土地使用权在某种程度上以农民对土地的使用为条件，所以农民对土地的依附性仍然较强。流动人口可能非常害怕失去土地的使用权，因为集体组织有权力也有动力将稀缺的土地，重新分配给那些有更多的劳动力待在家中的农户。在流动人口的流动目的地，中国的居民分级制度也使城市生活的成本(或风险)上升，并使落户城市更为昂贵。此外，正如我们早先时候所讨论的那样，城市劳动力市场还很不完整，有些职业仍然不对外来人口开放。正是由于这些原因，所以我们认为，中国的流动人口采用的是在城市中期“暂住”的形式，然后返回原住地。事实上，每个地方的流动人口在很大程度上都具有暂住的特征。如果这一现象在中国日渐明朗，就会对农村的发展模式产生重大影响。

事实上，我们观察到流动人口常常返回他们的原住地，这里的部分原因是要完成自己的长期生活目标，比如结婚或生孩子(Hare, 1999; Robert et al., 2004)。我们应该怎样理解这些已经返回原住地的移民？他们代表了那些在城市生活中失败，现在返回自己原住地的人吗？或者说，他们代表那些相对而言受过较好教育现在带着新的经验和企业家思想回到家乡，并准备为自己的原住地带来福利的人吗？赵耀辉(Zhao Yaohui, 2002)对6个省份回归的流动人口进行的研究发现，年纪较大和已婚的人更愿意返回原住地，返回的可能性则随着流动人口在城市定居的时间长度而下降。人们可能感到奇怪的是，受教育更多的流动人口返回原住地的可能性特别大。这一特点似乎表明，返乡人口可能是那些拥有较多技术和经验，并且能够带回家乡开花结果的人。

教育与外出流动之间的相互作用特别值得一提。对流动人口的大多数研究，
201 都认为教育对外出流动起着推动作用。事实上，农村地区受教育的最大经济价值来自这样一个事实，即教育增大了一名劳动力在自己原住地之外的地方重新定居并获得较高收入的机会。然而，最初对中国流动人口进行的几份研究却发现，教育与人口流动的关系非常弱。赵耀辉(1999)对四川省的一个样本进行的研究发现，上学虽然增大了一个人在自己家乡参加非农业工作的可能性，但也对外出流动产生了极大的影响。黑尔(Hare, 1999)则在对河南省夏邑县的深入研究中发现了同样的结论。德布劳和葛强(De Brauw and Giles, 2005)也对农村高中和外出流动的相互影响进行了研究，他们发现，读高中并不会增加外出流动的收入，因此很可能外出流动是对读高中的替代选择。这些研究说明，由于中国的制度刚性，所以外出移民的正福利效应有限。如果教育不能增加流动人口的福利，那么在中国现有条件下，由外出流动所可能创造的机会范围也非常有限。

然而，德布劳等人(de Brauw et al., 2002)也发现，进城农民工越来越年轻，正规教育的回报也日渐增长。事实上，他们在研究中发现，90 年代每多受一年教育就多了 17%的外出流动，这一比例大大超过了 80 年代 6%的增长率(重新整理的数据)。这一发现与流动人口大潮中年轻人的比例迅速增长有关。通过人口流动或当地非农业就业，年轻劳动力尤其在非农业就业中增长迅速，这一趋势可能会改变流动人口的计算方式。这些年轻人多数都没有或很少有农业工作的直接经验。他们更愿意长时间待在城里，一般来说也较为排斥回原住地从事农业工作。女性人口的流动比例仍然较男性人口的流动比例低，但近年来也增长较快。这一发现说明，中国的人口流动方式已不再是上一代人惯常的只在城市里短暂居留的方式。而是随着年轻人离开土地成为一种大规模的流动方式。如果持续这种变化，中国的城市劳动力市场必须要有吸收日渐增长的流动人口的能力，还要有为流动人口提供更多机会的能力。

8.2.5 劳动力市场小结

中国的劳动力市场由于按工人的生产特性给予回报而显得更有竞争性，并更
202 有效率。现在有越来越多的证据表明，城市与农村的教育回报都在逐渐增长。然而，中国的劳动力市场仍然因制度性障碍和不完全竞争市场而有所扭曲。农村工作与城市工作一开始绝对分离情况虽然正在消失，但这种情况由于农村流动人口

全部在非正规部门工作，被条块分割的城市劳动力市场所取代。我们期望深入整合劳动力市场，可以极大地改善中国经济的生产力。

8.3　社会保障

社会保障是城市劳动力市场正规部门的明显特征之一。这也是有关中国未来的关键问题，是一个诸多的中国经济特色都在发挥作用，而且是未预期作用的问题。在旧的体制下，城市工人通常享有“工作单位”体制下所应有的社会保障：工作单位用自己的利润为自己的退休工人支付养老金。由于退休人员的数目并不大，而且企业也不是利润最大化企业或竞争性企业，所以这笔资金还不是问题。随着中国向市场经济转型，将整个社会保障从单位转移出来，转为由政府机构管理的全国社会保障计划，显得尤为重要。在这个方面也已经有了重要开端：事实上我们在本章一开始谈到国有部门紧缩被延迟的原因时就谈到过，直到基本的社会保障机制接手了管理下岗工人的责任之后，国有部门精简才得以开始。与此同时，这个领域内的进展并不平稳，而且由于存在以下原因，所以在中国建立切实可行的社会保障网络的问题尤为艰巨。

● 城市工人习惯于一种养老制度，觉得这是他们应得的权利；社会保障必须达到与预期相符的最低水平，并要在政治上获得成功。

● 竞争性市场中的企业经营使企业无法负担不成比例的支付养老金的重任。有大量退休工人的老企业负担尤为沉重，养老基金必须承担起支付的法律责任和义务。

● 中国将面对以空前速度增长的老年人口大军和极低的人均收入水平（见第 7 章）。2020 年后，老年人口的增长将尤为迅速。

● 传统社会保障体制（国有企业和政府雇员）的资金基础正在迅速收缩，城市
经济中新出现的许多部门经常不在现有社会保障机制之内，拥有社会保障条款的 203
正规部门在全部城市就业中的份额在下降。

● 最后，国有企业减缩造成了大量相对年轻的退休人员，由于没有什么工作可做，所以允许这些人 50 岁退休。

年轻的退休人员、大量地领取养老金的人以及日渐增长的赡养比例，使中国在未来的几年中将面临严峻的经济挑战。中国过去 20 年中急剧增加的人口和制度性变化，使中国的社会保障问题更为严重。

由于中国的就业关系从本质上发生了变化，所以要精心安排新的制度以便接手以前由工作单位承担的负担。最近的养老体制改革作了一些适当的努力，以均分现有的国有企业养老制度的风险。作为对改革过程中渐进主义和自下而上的组织模式的反应，中国已在地方一级政府建立了养老基金和医疗保险制度。然而，中国还没有建立统一的全国性组织。当前，也只有城市居民(通常为政府机构或国有企业雇员)享受到了公共养老福利。农村的大部分人口不在公共养老体制的涵盖范围之内，但在较为富裕的地区，当地政府为老年人提供了养老的福利。政府雇员的养老金则来自政府预算。就中国养老制度而言，这是一个有着不同贡献率、不同覆盖水平和不同福利计算方法的数百个不同种类养老制度的混合体，所有这些因素都在建立中国统一的退休制度过程中造成了更多的复杂因素。

但是政府也在试图建立一个全国统一的社会养老保障体系，并试图将养老计划扩充到涵盖全部城市职工。在不同的地区和企业进行了几年试验之后，国务院于1995年3月发布了《关于深化企业职工养老保险制度改革的指示通知》，该通知的宗旨是建立一个由国家、企业和个人三方投入资金的多层养老体制。这一体制由三个要素组成：一个以现收现付为基础的基本养老保险以及由强制性供款形成的企业补充养老保险和个人自愿储蓄养老金保险。前两个部分由企业和个人
204 拿出，企业和个人缴纳的规模根据地区的不同大约为职工工资的10%—20%。这10%—20%中，职工个人缴纳的部分占2%—5%，其余的由企业缴纳(West，1999)。

公共养老制度的这三个基石只是提供了最低水平的养老保障(其目标是替代50%的工资)。改革者希望这一制度的这部分资金能使政府避免许多工业化国家经历过的老年危机，否则这是中国从现在起20年内即将面临的危机。国外的基本公共养老制度比如新加坡模式，是将老年社会保障作为金融部门的问题(强制性供款和市场化运作)，这一点对中国的政策制定者颇有吸引力。虽然建立一个全融资型的养老基金的希望几乎没有获得成功，但这似乎说明，中国政府很认真地考虑到不能让巨大的公共养老制度成为财政当局的沉重负担，这一点对尚不成熟的中国金融市场特别有意义(见第19章)。

2000年9月，中国国务院建立了一个直接由国务院管理的全国社会保障基金。该基金经营管理由中央政府通过出售国有资产而重新分配的资金。其他重要的任务还包括选择职业资产管理公司，以确保基金的经营。国务院还允许该基金通过选择的资产管理公司将基金的部分资金投资于股票市场。在此之前，养老

基金只能投资于银行存款和政府债券。这一规定意味着，如果处于低利率时期，基金就可能出现亏损。因此，养老基金的创立对扩大金融市场将有意想不到的持续性影响。

表 8.2 表明，社会保障体系已经逐渐成长壮大。2003 年，中国有 4 500 万名退休职工，即每 2.7 位职工中就有一人受惠于这一基本计划，相较于之前所计算的城市正规部门的 1.055 亿职工而言，2003 年受惠于养老计划的全部人数为1.16 亿。因此，政府在将养老覆盖范围从正规部门扩大到一些私人和农业企业作出了

表 8.2　社会保障体系

年　份	全部退休人员（百万）	就业与退休之比	全部城市养老基金（10 亿元人民币）	占国内生产总值份额（%）
1980	8.2	12.8	5.0	1.1
1990	23.0	6.1	39.6	2.1
2000	38.8	3.5	273.3	2.8
2003	45.2	2.7	414.9	3.1
2004	46.7		451.1	2.8

一些努力。尽管这样，某些多为年轻人且很少有退休负担的新企业（包括外商投 205
资企业）却不愿加入这一已经接近涵盖了全部正规部门的计划。而且随着非正规部门城市职工的增加，多数工人还是没有得到社会保障体系的覆盖。尽管保障制度的覆盖范围并不全面，但涉及的保险金额却非常巨大，而且增长极快。事实上，2000 年平均每个养老基金获得的资金数额为当年国家平均工资的 75%，相当于过去 20 年的替换率。此外，虽然这些养老基金越发类似于全国性的社会保障基金，但多数情况下仅在各省保持一致。

事实上，虽然有这么多的进步，但社会保障体系仍然有很多工作要做。由于对这一体系的需求大于预期，而地方对基金的管理仍然存在障碍，所以进步非常缓慢。除去政府直接的财政支付使这一养老体系得以运行之外，养老基金的费用支出还没有并入预算数额之内。2003 年，政府不得不拿出全部资金的 15%来贴补赤字地区，这一数字大约占中央政府支出的 6%。由于一些地方政府官员出于自身利益挪用了养老基金余额，所以养老基金一直丑闻不断。资金不足一是因为企业无法（和不愿）往账户中付款，一是因为一般的退休福利已经扩展至更为年轻的退休人员。最初的改革设计是个人的退休账户全由职工个人供款，但由于实际上没有足够的钱，所以这一设计失败。2004 年后又重新开始建立这种账户。东北

地区的养老基金尤以麻烦不断闻名，也出现了公开的游行和示威以反对无法按时支付养老金的现象。2003 年之后开展的东北振兴计划的主要条款，就是由中央政府保障东北的养老计划。面对这样的问题，养老计划无法为现有养老保险提供足够的资金保证支付，更无法为未来的付款提供安全的融资基础。从未来的社会稳定着眼，这是对政策制定者的最大挑战。

养老保险体制只是社会保险体制的一根支柱。近年来，医疗保险也发生了重大转变。到 2000 年，医疗改革才开始铺开，但到了 2004 年，这一体制已覆盖了全国 9 000 万职工[《中国统计年鉴》(*SYC*)，2005，798]。医疗保险对城市职工的覆
206 盖率明显低于计划经济体制下为职工提供的医疗覆盖率。现在，职工不仅要用自己的工资为自己的医疗保险提供部分资金，而且在某些具体的大病种类方面，还存在费用缺口(Duckett，2004)。根据 2002 年的居民调查(见第 9 章)，有 32%的城市职工(无论属正规部门还是非正规部门)根本没有医疗保险。在医疗保险改革成功地从企业身上卸下一个社会职能的同时，收入保障却有所下降；而且，医疗保险在一些城市居民中也很不得人心。

8.4 结论

巨大的变化几乎影响了中国劳动经济的方方面面。这些变化消除了指令性经济条件下国有企业职工的特权社会地位。与此同时，这些变化为农民工寻找城市就业机会、为拥有较高技术水平的城市职工的流动的开发了新的资源。总之，城市收入在迅速增加，同时，这些制度性变化也使城市地区的收入差异日益增加。对那些已经下岗的职工来说，由于需要适应持续的工作不稳定，所以他们收入的下降正在恶化。因此我们要承认，社会保险措施远不如以前完备和可靠。城市的正规部门与非正规部门之间日益增长的分歧，也为中国制造出新的社会挑战。

进一步阅读的建议

何瑞和陶然(Brooks and Tao，2003)对最近的情况有一个全面的概述。德布劳等人(De Brauw et al.，2002)对农村劳动力市场的讨论是一个非常重要的阅读材料。奈特和宋丽娜(Knight and Song，2005)在进行深入探讨的有关章节中对相关情况进行了很好的概述。李实和佐藤宏(Li Shi and Sato，2006)收集了很多非常重要的文章。

数据和图表资料来源

图 8.1:《中国劳动统计年鉴》(*Labor Yearbook*, 1994),《中国统计年鉴》(*SYC*, 2004, 122—123, 132, 177)。

图 8.2:《中国劳动统计年鉴》(*Labor Yearbook*, 1996, 409; 1997, 213, 405; 1998, 431; 1999, 441; 2000, 409—410; 2001, 401—412; 2002, 109—110; 2003, 135; 2004, 146)。《中国劳动和社会保障年鉴》(*Labor and Social Security Yearbook*, 2004, 478);杨宜勇(Yang Yiyong, 1997);莫荣(Mo Rong, 1998);2004 年下岗工人存量数来自《中华人民共和国 2004 年国民经济和社会发展统计公报》(*Annual Economic Report*, 2005);其中国有企业职工估计占全部下岗工人的 70%。2004 年新增下岗工人数据还没有发表。

图 8.3:《中国统计年鉴》(*SYC*, 2005, 120—121)。

图 8.4:张俊森等(Zhang Junsen et al., 2005, 739)。

表 8.1:1982 年的数字来源于 1985 年人口统计,第 360—361 页。1990 年、1995 年和 2000 年数据来源于《人口统计年报》(*Population Statistics Yearbook*, 1996, 5, 154—155; 2002, 287)。2004 年数据来源于《中国统计年鉴》(*SYC*, 2005, 105—107)。

表 8.2:《中国劳动统计年鉴》(*Labor Yearbook*,不同年份);《中国统计年鉴》(*SYC*, 207
2005, 795—800)。

劳动力数据:劳动力的官方数据主要来源于由劳动和社会保障部出版的《中国劳动统计年鉴》(*Labor Yearbook*,有时候是与国家统计局合编)。《中国劳动和社会保障年鉴》也来源于该部,统计报告则可以从该部的网站上找到,网址为 http://www.molss.gov.cn/index_tongji.htm.。

1978 年,为了与国家的需要和发展相配合,国家也将一些工人重新分配到新的企业,其中包括偏远地区的城市,所以也出现了其他的工作流动。文章中所讨论的数字并没有包括不论是自愿选择还是重新分配工作在国有企业内部变换工作的职工。"解雇和停职"一般指有了政治问题或犯罪行为。此外,国有部门还有 1 100 万不是终身就业的短期工人[《中国劳动统计年鉴》(*Labor Yearbook*), 1993, 308]。

参考文献

1982 Census Summary (1985). Population Census Office, State Council. *Zhongguo 1982 Nian Renkou Pucha Ziliao (Dianzi Jisuanji Huizong)* [*1982 Population Census of China* (Results of Computer Tabulation)]. Beijing: Zhongguo Tongji.

Annual Economic Report (2005). National Bureau of Statistics. "Zhonghua Renmin Gongheguo 2004 nian guomin Jingji he shehui fazhan tongji gongbao [National economic and social development statistical report of the People's Republic of China for 2004]" February 28, 2005, accessed at www.stats.gov.cn/tjgb/ndtigb/qgndtjgb/t20050228_402231854.htm.

Appleton, Simon, John Knight, Lina Song, and Qingjie Xia(2002). "Labour Retrenchment in China: Determinants and Consequences." *China Economic Review*, 13 (2—3): 252—276.

Appleton, Simon, Lina Song, and Qingjie Xia(2005). "Has China Crossed the River? The Evolution of Wage Structure in Urban China During Reform and Retrenchment." *Journal of Comparative Economics* 33:644—663.

Bian, Yanjie(1994). "*Guanxi* and the Allocation of Urban Jobs in China." *China Quarterly*, no. 140, December, 973.

Brooks, Ray, and Ran Tao(2003). "China's Labor Market Performance and Challenges." IMF Working Paper(Asia and Pacific Department) WP/03/210, November. Washington, DC: International Monetary Fund.

de Brauw, Alan, and John Giles(2005). "Migrant Opportunity and the Educational Attainment of Youth in Rural China," July 6. Available at http://www. msu. edu/~gilesj/adjglfinal. pdf.

de Brauw, Alan, Jikun Huang, Scott Rozelle, Linxiu Zhang, and Yigang Zhang(2002). "The Evolution of China's Rural Labor Markets During the Reforms." *Journal of Comparative Economics* 30:329—353.

Duckett, Jane(2004). "State, Collectvism and Worker Privilege: A Study of Urban Health Insurance Reform." *China Quarterly*, no. 177, March, 174—189.

Eleventh Plan Suggestions(2005). Chinese Communist Party Central Committee. "CP Center Suggestions on Setting the 11th Five-Year Plan for National Economic and Social Development," October 11. Accessed from October 18, report at newsxinhuanet. com/politics/2005-10/18/content_3640318. htm.

Giles, John, Albert Park and Fang Cai(2006). "How has Economic Restructuring Affected China's Urban Workers," *China Quarterly*, no. 185(March), 61—95.

Granick, David(1987). "The Industrial Environment in China and the CMEA Countries." In Gene Tidrick and Chen Jiyuan, eds., *China's Industrial Reform*. New York: Oxford University Press.

Hare, Denise(1999). "'Push' and 'Pull' Factors in Migration Outflows and Returns: Determinants of Migration Status and Spell Duration among China's Rural Population." *Journal of Development Studies*, 35(3):45—72.

Knight, John and Lina Song(2005). *Towards a Labour Market in China*. Oxford: Oxford University Press.

Labor Yearbook (various years). National Bureau of Statistics, Department of Population, Social, and Science and Technology Statistics, and Ministry of Labor and Social Security, 208 Department of Planning and Finance, ed., *Zhongguo Laodong Tongji Nianjian*[Yearbook of Labor Statistics of China]. Beijing: Zhongguo Laodong.

Labor and Social Security Yearbook (various years). Ministry of Labor and Social Security, ed., *Zhongguo Laodong he Shehui Baozhang Nianjian*. Beijing: Zhongguo Laodong Shehui Baozhang.

Li Shi and Hiroshi Sato, eds. (2006). *Unemployment, Inequality, and Poverty in Urban China*. New York: Routledge.

Ministry of Education(2005). "China Universal Education Report[*Zhongguo Quanmin Jiaoyu Guojia Baogao*]," November 10. At http://www.edu.cn/20051110/3159881.html.

Mo Rong(1998). *Jiuye: Zhongguo de Shiji Nanti* [Employment: China's Problem of the Century], 20, 28—29. Beijing: Jingji Kexue.

NBS[National Bureau of Statistics](2004). *Annual Report*.

OECD(2005). *Governance in China*. Paris: Organization for Economic Cooperation and Development. Chapters 1—2 on government employees, civil service, and PSUs. Available at http://www.sourceoecd.org/governance/926400842X.

Population Statistics Yearbook(various years). National Bureau of Statistics, Department of Population and Employment Statistics, ed., Zhongguo Renkou Tongji Nianjian[*Population Statistics Yearbook of China*]. Beijing: Zhongguo Tongji.

Psacharopoulos, George, and Harry Anthony Patrinos(2002). "Returns to Investment in Education: A Further Update." World Bank Policy Research Working Paper No. 2881, September.

Roberts, Kenneth B. (2002). "Female Labor Migrants to Shanghai: Temporary Floaters or Potential Settlers." *International Migration Review*, 36(2), Summer, 492—519.

Roberts, Kenneth D, Rachel Connelly, Zhenzhen Zheng, and Zhenming Xie(2004). "Patterns of Temporary Migration of Women from Anhui and Sichuan Provinces of China." *China Review*, 52.

Solinger, Dorothy(2004). "Policy Consistency in the Midst of the Asian Crisis: Managing the Furloughed and the Farmers in Three Cities." In Barry Naughton and Dali Yang, eds., *Holding China Together: Diversity and National Integration in the Post-Deng Era*. New York: Cambridge University Press.

SYC(Annual). *Zhongguo Tongji Nianjian*[Statistical Yearbook of China]. Beijing: Zhongguo Tongji.

Taylor, J. Edward, Scott Rozelle, and Alan de Brauw(2003). "Migration and Incomes in Source Communities: A New Economics of Migration Perspective from China." *Economic Development and Cultural Changes*, 52(1), October, 75—101.

Urban Labor (1998). Urban Labor Market Research Group, China Economy Research Center, Beijing University. "Shanghai: Stratification and Integration of Urban and Rural

Workers." *Gaige*, 4:99—110.

U. S. Census Bureau. U. S. educational attainment available at http://www.census.gov/population/socdemo/education/tabA-2.pdf.

West, Loraine A. (1999). "Pension Reform in China: Preparing for the Future." *Journal of Development Studies*, 35(3), February, 153—183.

Yang Yiyong(1997). "China's Unemployment Problem: Current Conditions, Trends, and Appropriate Measures." In Liu Guoguang, Wang Luolin, and Li Jingwen, eds., *1998 Nian Zhongguo Jingji Xingshi Fenxi yu Yuce: Jingji Lanpi Shu*[1998 China Economic Conditions, Analysis and Projections: Economic Blue Book]. Beijing: Shehui Kexue Wenxian.

Zhang Junsen, Zhao Yaohui, Albert Park, and Xiaoqing Song(2005). "Economic Returns to Schooling in Urban China, 1988 to 2001." *Journal of Comparative Economics*, 33: 730—752.

Zhao Yaohui(1999). "Labor Migration and Earnings Differences: The Case of Rural China." *Economic Development and Cultural Change*, 47(4):767—782.

Zhao Yaohui(2002). "Causes and Consequences of Return Migration: Recent Evidence from China." *Journal of Comparative Economics*, 30:376—396.

Zhou Xueguang(2000). "Economic Transformation and Income Inequality in Urban China: Evidence from Panel Data." *American Journal of Sociology*, 105(4), January, 1135—1174.

第 9 章

生活水平：收入、不平等和贫困 209

中国的收入增长很快，但不平等程度也在迅速加剧。收入的增长不仅使中国减少了贫困和风险，也增加了消费和休闲。这种增长带来的收益在人口中的分配并不平等。中国的情况正好反映出在收入增长、不平等以及贫困之间存在的复杂关系。事实上，自 1978 年以来，中国的家庭收入增长迅速，个人的收入也明显好于 25 年前或者 30 年前的情况。此外，人口中的绝对贫困人口数也在大幅下降。就在同一时期，收入分配也越来越不平等。沿海地区地理位置最佳的城市的家庭收入增长最快，而西北地区的农村家庭收入增长最慢。因此，中国社会富裕人口增加了，贫穷人口减少了，但不平等却加剧了。收入平等状况的恶化表明，数千万的低收入家庭被甩在了后面，他们生活水平改善的程度比地理位置较好地区的家庭差得很多。中国国内一个广受认可的观点认为，社会与以前相比更加不平等了，与本该达到的情况相比更加不公平了。

我们在前面讨论了中国人收入的基本趋势，这一趋势基本上取决于所有在中国可以得到的数据。关于这种基本趋势并不存在争议，但关于中国家庭收入更准确（或者更根本性）的特征的讨论正受到挑战，其中某些观点还存在极大的争议。在任何一个国家，能够精确度量贫困、不平等和幸福程度的数据，都很难得到。而且，中国经济独特的特征，即巨大的城乡差异，收入的特殊性，以及自改革开放以来家庭收入结构的变化，都给收集和解释数据带来了挑战。本章从收集数据开始，对贫困和不平等作了讨论，然后又将讨论扩展到对人民幸福的量度，其中包括对健康和识字的讨论。最后我们会使用一个比较架构，用这些标准来确定中国人 210
民从经济增长中得到了多大的好处。

9.1 收入增长

中国的家庭收入增长很快，到过中国几次的游客都能亲眼见证衣、食、住等水平的显著提高。最能反映这种巨变的统计数据是由中国统计学家从20世纪70年代末期开始的每年一次大规模家庭统计调查。统计学家的大型调查样本分为两种，一种是农村，一种是城市（城市人口是指持有城市户口的人，我们在第5章有过讨论）。由于这些调查结果是我们了解或不了解的中国收入趋势的基础，所以本章一开始就对数据透露的中国家庭收入增长的情况作一个概述。表9.1给出了城市和农村家庭收入系列的数据，并将（官方）消费者价格指数转换为2004年的不变价格。根据这些数据，农村和城市家庭收入的增长都非常迅速：从1978年到2004年，城市和农村的家庭收入都增长了5倍以上。所以，城市和农村地区总体收入快速增长的情况肯定比较确切。

表9.1　家庭户均收入的实际增长

	农村家庭净收入	城市家庭可支配收入
以2004年不变价格计算的收入（元人民币）		
1978年	（大约500）	1 701
1985年	1 343	2 728
1991年	1 585	3 612
2004年	2 936	9 422
平均每年增长率（百分比）		
1978—1985年	（大约15）	7.0
1985—1991年	2.8	4.8
1991—2004年	4.9	7.7

注：按照2004年的官方汇率，1元人民币等于0.12美元，或等于购买力平价0.55美元。

但是，如果我们更仔细地研究一下数据，就会发现有三个完全不同的时期。我们可以把时间顺序倒过来，先看离我们最近的这个时期，因为最近这个时期的数据是最可信的数据。

● 从1991年到2004年，城市家庭收入按每年7.7%的快速水平不断增长，这
211 种增长速度一直持续了13年。在此期间，农村的增长也很快，每年的增长达到4.9%，但不如城市地区的增长速度那样令人瞩目。

● 紧接着的是1985年到1991年，这一时期城乡地区的收入增长都较为缓慢，但城市和农村家庭的相对状况相同，城市收入增长为每年4.8%，农村收入增长相对较慢，为每年2.8%。

因此，从 20 世纪 80 年代中期开始，城乡差距逐渐扩大的趋势已经持续了大约 20 年。这个发现与我们在第 5 章的讨论一致，数据也清楚地给出了证明。而且，1985 年以后的数据可信度较高，原因是这些数据是对两个地区的消费者价格进行合理计算的结果，数据收集的基础也较为广泛。遗憾的是，1978—1985 年的数据可信度较低。

● 官方的数据表明，由于农村的改革，1978 年到 1985 年期间，农村收入大幅增长，年增长率达到 15%（见表 9.1）。同一时期城市家庭收入的增长也很强劲，每年有 7%。这期间，城乡之间的差距大幅缩小，20 世纪 80 年代中期，城乡差距达到了最低点。

很遗憾，我们无法接受这种实际收入增长的计算。这里的问题是，这种计算是用农村消费价格指数粗略计算的结果，实际并不准确。这一时期最初几年的农村收入实际增长明显有夸大。我们很遗憾这一计算的不准确，因为实际上在这个时期，农村收入的增长确实十分迅速，而且肯定快于城市收入的增长。但现在我们无法对增长率进行合理的估算。因此，农村收入的长期增长在某种程度上似乎也有夸大。除非国家统计局回过头来重新计算出一个可靠的农村消费者价格指数，否则我们将不会知道农村的真实水平。

官方数据还存在其他局限性。家庭调查的范围只涉及农村居民和拥有户口的城市居民，因此流动人口和其他中间状态的人口都没有包括在内。而且，城市和农村地区在收入的计算方法方面也有很大的不同，对不同时期实物收入的估算也不相同。这些问题限制了城乡收入的可比较性，夸大了早期农村收入的增长率；同时，也可能夸大了其他时期农村和城市的收入增长（参见 Bramall，2001，
Gibson，Huang and Rozelle，2003；Park and Wang，2001；Ravallion and Chen， 212
1999 对数据的讨论）。尽管有这些不足，城乡收入的增长确实非常强劲。而且，家庭调查为进一步的分析提供了非常完整的数据框架，也超出了只用于宣传平均收入增长数字的范围。接下来，我们根据家庭调查得到的数据，会进一步讨论贫困和不平等的发展趋势。

9.2　贫困

9.2.1　农村贫困

增长减少贫困，因此中国经济改革最成功之处，尤其是在改革开放的开始几

年，就是减少了贫困人口的数量。

9.2.1.1 官方制定的贫困线

由于1978年的2.5亿贫困农村居民这个数字缩小到了2004年的2 600万，所以中国官方的数据给我们勾画出了一幅不同寻常的脱贫画面。改革初期，贫困人数下降非常快，到1985年时，贫困人口数量已经减少了一半。从历史看，我们几乎不可能找到在如此短的时间内让这么多的人脱离绝对贫困的现象。20世纪80年代中期以后，贫困人数减少的速度慢了下来，但是持续的经济增长一直在降低绝对贫困人口占总人口的比例和数量。2004年的中国官方数据显示，只有2.8%的农村人口收入处于官方公布的贫困线以下。事实上，根据官方的贫困线，城市基本没有贫困人口，所以贫困基本上是一个农村现象。但是，中国官方的贫困线非常低，2002年是每年每人627元人民币，低于世界银行使用的国际参照贫困线，这个问题我们在后面还会讨论。这一点可以理解，一个较穷的国家会对贫穷设置一个较低的标准。事实上，这也是一个正常的国际模式。图9.1中底下那条线是根据中国官方贫困线计算出的农村贫困的发生率。

9.2.1.2 世界银行的国际参照贫困线

为使中国的数据可以与国际标准进行比较，同时也为了纠正某些问题，拉瓦利翁和陈少华(Ravallion and Chen，2004)对中国的数据进行了修正。首先，世界
213 银行的标准是每人每天1美元，按购买力平价(见框6.1的讨论)将1美元换算成国内等价。根据拉瓦利翁和陈少华的计算，2002年中国农村地区的国际参照贫困标准应该等于每人850元人民币。乍一看，这个标准与627元人民币的中国标准之差距并不大：按汇率换算，它只是把贫困的门槛从76美元提高到了103美元。由于很大一部分中国农村人口的收入与这个贫困门槛非常接近，今天对贫困的评估就有了很大的不同。由于门槛提高，按中国标准计算，农村贫困人口比例从3.2%提高到12.5%，而贫困人口总数也从2 900万上升到1.14亿。如果只使用中国标准，贫困就是一个人所能想象到的今日中国之最为严峻和持续存在的问题。而且，世界银行划定贫困线的目的是为了获取那些没有足够食物作为基本营养的人口数目。调整了各地区价格差异(按购买力平价计算)之后，那些生活在贫困线以下的人即使将他们的一半收入用于购买食物，也不能摄取足够的热量。因此，处于中国贫困线和世界银行贫困线之间的那部分家庭似乎也有营养不良的情

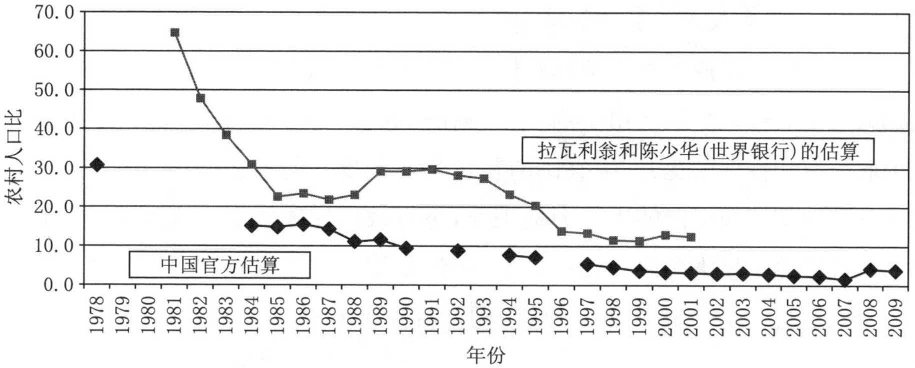

图 9.1 中国农村贫困发生率

况。此外，由于改革期间经济不稳定性的增加和卫生医疗保障的降低，使穷人的 214
生活更不稳定，所以低收入家庭的问题更加恶化。

但是，拉瓦利翁和陈少华重新计算的结果并没有贬低中国消除贫困的成绩，而且根据他们的标准，穷人的总数在各个时期都很大，脱贫的人数也很大。根据拉瓦利翁和陈少华的数据，在 20 世纪 80 年代初期，绝大多数中国农民生活在每天 1 美元的贫困标准以下，这样就有 4 亿以上中国农村人口脱离了贫困，这比中国官方的说法——2.2 亿——翻了一倍。①拉瓦利翁和陈少华对最近一段时期的计算更为准确一些，这也使我们可以更仔细地追溯中国的脱贫进程。他们的计算清楚地显示出，自 20 世纪 80 年代中期以后，中国脱贫的速度渐渐减缓，而且自 1991 年以来贫困人口占总人口的比例事实上开始上升。1993—1996 年脱贫的步伐再次有了较大的进展，从 1996 年开始，脱贫的速度更为缓慢，进展也更为有限。与此相比，中国官方数据显示出的贫困人口的平稳减少有些让人怀疑，而且数据也没有清楚地显示出具体的周期。

① 事实上，由于拉瓦利翁和陈少华使用的是官方平减价格指数，且我们在前面已经说过这个指数并不适用于 1985 年之前的农村地区，所以他们高估了 20 世纪 70 年代后期中国的贫困情况。即使中国官方的贫困度量标准也明显剔除了官方平减价格指数。1978 年的官方贫困标准是用一种逻辑上前后连贯的方式计算出来的，再按通胀率对今天的贫困线做了下调(拉瓦利翁和陈少华就是这么做的)。然而这种调整使他们得出的结论为，1978 年的贫困线是每年每人 180 元人民币。(因为官方平减指数表明不存在通货膨胀，所以只需将贫困的门槛降低一点就行。)但这种方法也使 1978 年的贫困数量非常庞大，而且几乎成了普遍贫困状况。但是在 1978 年，这些统计学家都在中国农村地区生活过，按他们的回忆，当时并不是人人都是穷人，而且 180 元人民币事实上足以满足一定的消费水平。所以他们在 1978 年使用了每人 100 元人民币的合理的贫困线标准。这就使 1978 年的贫困人口总数减少了很多，因此 20 世纪 80 年代初期贫困人口的总数也就少了很多。

9.2.1.3 对贫困发展趋势的解释

什么样的经济原因可以解释农村脱贫的这些模式？20 世纪 80 年代初期农村贫困人口的大幅减少反映出了当时汇集在一起的一系列因素。由于极度歧视农民的农村统购价格的提升，给农民的现代化设备投入的大量增加，再加上农业集体劳动的取消使农民能够更努力地工作，更有效地配置农业投入要素，所以农业贸易条件获得了极大的改善。一开始，土地是按平均主义原则分配到农户，基本
215 上每个人都有一份。中国很多地区定期重新分配土地，意味着中国有一条村内贫穷底线（a floor for intravillage poverty），而且几乎不存在没有土地的劳动者。此外，由于改革之前农村地区广泛存在贫穷，所以全面经济增长会对减少贫困产生很大的作用。改革初期贫困人口的大幅减少是对前经济体制下政策性贫困程度的间接度量。这些因素中的大部分在 80 年代中期消失了，所以减少贫困的速度也慢了下来。

20 世纪 80 年代中期以后，脱贫变得更加困难。中国政府实际上也意识到了这个问题，因此在 1986 年特别设立了由国务院直接领导的扶贫领导小组。这个领导小组的主要目标就是指定有资格获得特殊帮助的 328 个贫困县。（1993 年，指定贫困县的数目达到了 592 个，也就是中国全部县的 20%。）从那以后，按地理位置指定的贫困县就一直是中国扶贫政策的重点。当然，对这项扶贫计划的评价也各种各样。一开始，政府拿出了很多扶贫资金，但 90 年代后期扶贫资金不再增加。由于贫困县内的很多人并不贫穷，而贫困县外反而有很多穷人，所以指定的扶贫目标并不是很准确。尽管如此，严谨的评估也表明，这种指定确实会使贫困县的经济以每年约 1%的速度增长（Park, Wang and Wu, 2002）。20 世纪 80 年代后期的通货膨胀损坏了农业贸易条件，也收窄了贫困县进入市场的通道。第二次贫困人口的大规模减少出现于 1993—1996 年。这一次同样也是庞大的经济力量对农村的贫困人口产生了重要的影响，随着农村统购价格的迅速市场化，以及政府开始为农民制定农业支持价格，农业的贸易条件再次得到改善。最重要的是，在这一时期内，农村的非农业就业和人口流动创造了很多新的机遇。

那么，为什么从 1996 年开始脱贫的速度放慢了呢？尤其到了 90 年代后期，经济增长主要集中在沿海地区的城市，因此在偏远地区，特别是资源较少，而且环境恶劣的地区，经济增长产生的影响极其有限。中国的贫困县多集中在瑷珲—腾冲线一带（见第 1 章），这里虽然人口稠密，但环境的可持续性较差。市场力量又

一直让中国政府致力于提高农产品价格，从而改善农业贸易条件的努力受挫。事实上，在 20 世纪 90 年代后期，市场放开后农产品价格一直在下跌。城市改革减轻了城市企业的人员过剩问题，但引发了城市失业问题，并增加了劳动力市场的 216
竞争，因而限制了农村贫困家庭到城市寻求新工作的机会。总之，中国的财政体制给贫困地区提供财政资助的工作做得不很到位（见第 18 章），所以政府资金不是按照累进方式重新分配，因而不足以改善农村贫困人口的生活条件。继续实施的人口流动管制限制了长期贫困地区的人口“外出”。从 2000 年开始，政府致力于将大量的资源用于更广泛的地区开发行动，尤其是用于西部大开发计划。这些行动受到很多束缚：大部分资金用于对基础设施的投资，虽然这种投资在长期内会有益于穷人，但短期内的作用不大。然而，这些项目也确实增加了西部贫困地区的财政资源，也使许多贫困乡村有了学校和教师，以及社会服务设施。总的来说，强大的经济力量限制了经济增长的“渗透效应”，政府的政策也限制了扶贫工作的有效性。

9.2.2　城市贫困

与大部分发展中国家不同，中国的贫困基本上是一个农村现象。过去，政府的政策通过对外来人口的限制控制了城市人口，从而保证了城市的每个人都能有一份公有部门的工作（见第 5 章和第 8 章）。自从中国改革开放以来，大部分经济增长都出现在城市。传统上，城市居民能够享受稳定的社会福利和大量满足基本需要的政府补贴。今天，在这些让人舒适的既定福利逐渐消失之时，城里仍然存在少数收入在贫困线以下的永久性城市居民（持有城市户口的人）。拉瓦利翁和陈少华发现，2002 年城市的居住成本高于农村居住成本 41%，根据这个计算，他们认为城市的贫困线是每人每年 1 200 元。即使使用这一较高的贫困线门槛，他们仍然发现，2001 年仅有 0.5%的城市人口处于贫困之中。虽然城市状况日渐不平等，失业和各种身体障碍也会引发严重的经济难题，但很少有城市永久居民属于绝对贫困人口。但是我们应该记住，这个结果只是他们的样本所涉及的城市永久居民的结果，外来人口并没有包含在内。我们会在下一节继续讨论这个问题。

9.2.3　总体贫困概况

拉瓦利翁和陈少华通过城市和农村两个不同的贫困线，对城市和农村两个样本进行分析后发现，中国总人口中贫困人口的比例已从 1996 年的 22%下降到 2001 年的 8%。这一下降主要是由于农村地区贫困人口的减少，农村贫困人口 217

的减少在下降的 14 个百分点中占据了 11 个百分点。大约有 3 个百分点是因为城市化的发展，城市贫困人口的减少引发的总体贫困人口减少不到 0.5 个百分点。

9.3 不平等

在计划经济条件下，中国社会具有二元性，但也存在平均主义。也就是说，虽然城乡居民的差距非常大（社会的“二元性”），但是在城市内部和农村内部，收入分配还是非常平等（“平均主义”）。20 世纪 70 年代后期和 80 年代初期，农村改革缩小了城乡差距，这一结果使当时中国的二元性降低，但农村和城市内部仍然是高度平均主义。因此，1983—1984 年可能是中国有史以来最为平等的时期，其平等程度甚至超过计划经济条件下的平等。

经济学家经常使用基尼系数作为衡量收入分配的基本工具，基尼系数取值范围在 0 到 1 之间。基尼系数为 0 表示收入得到了完全平均的分配，基尼系数为 1 表示收入全部集中在少部分人手中。在现实世界里，我们可以看到一些相对平等的国家都有较低的基尼系数，比如瑞典为 0.25，日本为 0.25，德国为 0.28。相对不平等的国家都有较高的基尼系数，比如巴西为 0.59，墨西哥为 0.55［联合国开发计划署（UNDP），2005，270—272］。图 9.2 显示，按照收入计算，中国 1983 年的总体基尼系数为 0.28，这一数字使中国成为世界上最平等的国家之一，中国城市地区尤其平等，城市基尼系数只有 0.166。

我们有必要强调一下，中国在那段时期有如此低的基尼系数是一件很不寻常的事情。总的来说，大国的基尼系数都比较高（因为它们内部的自然禀赋会有很大差异），中国当然是一个大国。此外，一般而言，中低收入经济体的基尼系数高于发达国家和高收入经济体的基尼系数，中国在 1983 年当然还是一个低收入的国家。之前一些小型社会主义国家的平等程度也可以用来进行比较，但这些国家大部分都比较小，而且收入也显然高于 1983 年中国的收入。对于一个发展中大国来说，中国有一个相当平等的社会。由于大部分发展中国家的城市不平等程度要高于农村地区，所以中国城市地区的数字尤为不同寻常。

自从 20 世纪 80 年代初开始，中国社会的不平等程度开始稳定而持续地上升，图 9.2 显示，城市和农村地区的不平等程度都在持续增长。由于城乡差距的

218

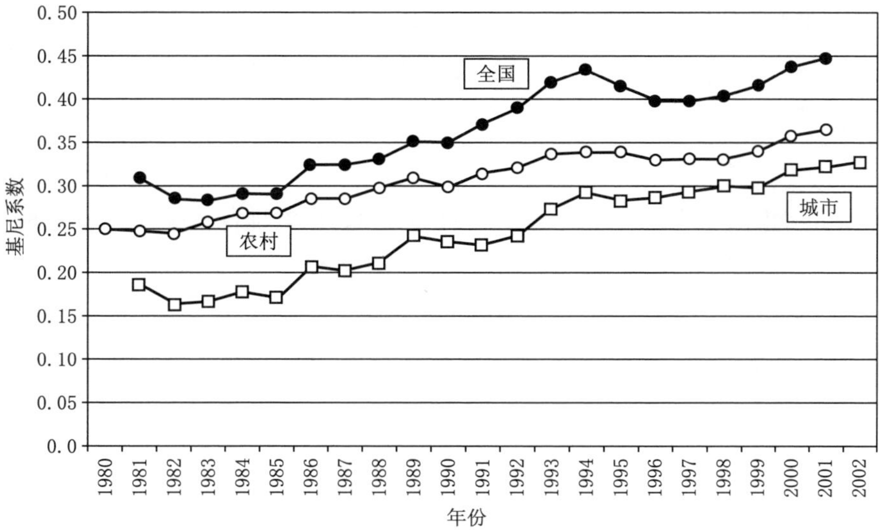

图 9.2　基尼系数的演变

扩大，所以全国总体不平等程度每年都要高于农村或是城市的不平等。而且，由于自 1983 年以来城乡差距加大，总体不平等恶化的速度更快于农村和城市。截至 2001 年，中国的总体基尼系数已经增加到 0.447，不平等增加的程度前所未有。中国现在的不平等程度已经高于中等收入国家的平均水平，与低收入国家的水平相差无几。中国现在的不平等程度还没有达到拉丁美洲大部分国家的极度不平等的状况，但高于亚洲大部分发展中国家的不平等程度。举例来说，印度的基尼系数为 0.325，印度尼西亚为 0.34，收入水平较高的韩国为 0.32。中国的情况与亚洲发展中国家中最不平等的国家相同，比如基尼系数为 0.43 的泰国，0.46 的菲律宾。根据基尼系数，并按照中国的面积和地理多样化来估计，中国目前的不平等程度接近发展中国家的中间水平。但中国的情况变化很大，我们也许很难再找到任何一个收入分配恶化如此严重，而且恶化速度如此迅速的社会了。另外，美国在 2000 年的基尼系数为 0.408，中国已经超过了美国，因此，在 20 年的时间里，中国已经从一个像日本那样平等的最平均主义的社会，发展为比美国更为不平等的社会了。

什么样的经济原因导致了中国收入分配的巨大变化？这里有许许多多的因 219
素。中国不平等的最重要原因就是城乡差距。我们在第 5 章看到，计划经济强化了城市和乡村的划分，从而加重了不平等。市场改革因为先给农村居民带来了收益，所以改革起初缩小了城乡差距，最终却因为加速了城市的经济增长而加剧了不平等。有人认为，经济发展的过程会在中间的一段时期内不可避免地加剧不平等程度。发展经济学的先驱库兹涅茨(Simon Kuznets, 1995)认为，在发展的最初阶段，不平等会恶化，但在随后的阶段，不平等程度会降低。库兹涅茨的逻辑是，当代经济增长先带动有限的部分地区的收入增长，而大部分传统经济地区的收入水平仍然较低，但随后增长就会扩散到大部分的经济中。这个观点中的第一阶段对于中国来说是正确的，我们可以从三个方面加以说明：第一，中国面积大，地理情况多样，这就限制了经济的溢出效应；第二，自然集中在沿海城市的对外贸易和投资起到了推动作用；第三，计划经济体制的遗存仍然存在。由于高收入多集中于快速增长的沿海城市，所以加剧了不平等程度。

城市内部和农村内部的不平等程度也在加剧。在城市经济中，各种资本的回报增长非常快。改革开放之前，没有人拥有任何可以带来收入的资本，所以平等程度很高。改革开放之后，城市居民很快分成两类差异性人群，一类人群拥有资本、技术和从新经济中获利的机遇，另一类人则没有必要的资本和技术。如我们在第8章所讨论的，人力资本回报大量增长，而人力资本的分配却很不平均。而且，有些城市居民身处经济衰退的部门，他们的收入逐渐减少。市场扭曲也使一些占位较好的人有了利用机遇的能力，这里就包括了腐败以及获得机会的特权，上述种种也造成了城市的不平等。在农村地区，最不平等的是收入，收入的不平等是乡镇企业和个体企业造成的工资的不平等和盈利机会的不平等。由于这些新的收入来源都集中在城郊地区(见第10章)，因此加重了整个农村地区的不平等。

中国社会的这种不平等状态将继续恶化么？或者说，随着增长的扩散和市场
220 扭曲以及障碍的减少，市场力量会降低目前的不平等程度？由于农村会因技术变化和农民外出打工而发生转型，发展的进程最终会减小城乡差距吗？政治和法律改革会通过减少特权使中国变得更为公平，更加可预测，从而更加平等吗？这些趋势有能力终止甚或逆转迄今持续增加的基尼系数。如果政府的社会政策能够重新定位，发展的大趋势就会增强，从而使中国成为更加平等的社会。

9.3.1 全部收入来源的说明

前面讨论的收入不平等问题仍然有一些重要的局限性。城市居民也有现有收入(多半为现金)计量方法没有涉及的福利或补贴等额外收入，农村居民也有一

些非现金收入。但是农村的收入形式与城市完全不同，而且两种收入在计划经济条件下的差异比我们预期在市场经济中出现的差异要大。学界和中国社会科学院以及国家统计局经过多年合作，对农村和城市居民所有重要收入来源做了更全面的解释。这一国际团队在1988年、1995年和2002年3个基准年里，在中国各省选取了大量有代表性的样本，并结合常规的家庭调查完成了一系列补充调查。这项重要分析的结果说明，中国正走在一条极为不同的转型道路上，其结果和其他方法得出的结论完全一致。按这种方法计算，2002年的基尼系数为0.45，这与陈少华和拉瓦利翁计算的2001年的基尼系数相同(Khan et al. 1993; Khan and Riskin, 1998, 2005)。

按卡恩和李思勤(Khan and Riskin)的分析，中国20世纪80年代的平均化程度比按传统统计方法得出的结论要差一些，这里的原因主要是城市居民享有很多福利。对城市收入的完整计算使城市收入增加了55%。城市居民享有大量补贴收入，尤其是免费供应的具有隐含价值的定额票证。同时，由于城里人居住单位提供的房屋时只付极低的房租，所以他们还享有巨额的房屋补贴。让人惊奇的是，农村收入的完整统计也使农民的收入增加了将近40%，增加的主要原因是重新对自有住宅进行了估价以及按照市场价格(不是统购价格)对自产食物做了估价。卡恩和李思勤的计算是，1988年全国的基尼系数为0.38，比陈少华和拉瓦利 221
翁估算的0.33要高一些。

按照卡恩和李思勤的计算，1995年全国基尼系数的增长速度不如陈少华和拉瓦利翁计算的那么快，而且，陈少华和拉瓦利翁的基尼系数是在持续攀升，但卡恩和李思勤的结论却是保持稳定。不过，2002年的计算结果两方相同。那么，是什么导致了这种不同的趋势呢？这里的不同在于，卡恩和李思勤认为，截至1995年，大部分隐性的城市补贴或者取消了，或者转换成了显性形式。比如废除了定额票证，私有化了补贴的住房。2002年，城市家庭的总体收入比货币收入只高出了29%，而农村家庭的总体收入比货币收入高出了33%。由于将城市和农村的非现金收入计算在内，事实上并没有使城乡收入差距发生变化，所以卡恩和李思勤的计算方法也得出了与陈少华和拉瓦利翁的标准计算方法相似的结论。这两种计算方法对2002年中国情况的计算结果相同。

卡恩和李思勤的分析非常有用。比如说，很多国家都不把自有住房的估算收入包括在收入分配的计算中。陈少华和拉瓦利翁的结论或许更适合用来进行国家之间的比较，但是，卡恩和李思勤的结论对分析全部收入的各个部分的整体变化更有意义。卡恩和李思勤的结论对中国收入分配状况的描述更为乐观，他们认为，中国的不平等程度在20世纪90年代中期达到顶峰，从那以后发展比较平稳（这一观点要想得到广泛认同，还需要更进一步的证明）。卡恩和李思勤也提醒我们，由于总收入中有如此大的一个部分是非现金形式的补贴，城市中更是如此，所以对中国收入增长的解释必须慎重。如果不对这些补贴加以考虑，我们就会高估收入的增长。

9.4 物质生活质量指数

本章虽然已经讨论了收入数据中的一些复杂性，但我们还有必要看一看生活水平的其他指标，尤其是那些直接影响健康、人身安全和人类幸福的指标。我们这里所说的物质生活质量指数（PQLI）是另外一种用来考察生活水平的指标，也是一种用来进行中外比较的方式。经济增长，特别是经济发展初期阶段的经济增长，就与物质生活质量指数的改善紧紧联系在一起。而且，物质生活质量指数也被认为是度量生活质量改善程度的一种更直接的方法。

222 **9.4.1 平均预期寿命**

在影响物质生活质量指数的各种要素中，最重要的或许就是平均预期寿命了。平均预期寿命反映了影响人类机体的健康和营养状况，也反映出与健康危害相比更有欠发达特点的环境危害的净效应（通常为工业化社会的副产品）。[①]中国人的平均预期寿命相对较高。按照联合国的数据，2002年中国的平均预期寿命为70.9岁，这表明中国处于中等收入国家的寿命水平。中国的情况与拉丁美洲的总体情况差不多，拉丁美洲的人均收入较高，但平均预期寿命低于发达国家78岁的平均预期寿命（UNDP，2005；Banister and Hill，2004）。在发达国家，女性的平均预期寿命（73岁）高于男性（69岁）。在改革开放阶段，平均预期寿命也在持续增长，平均预期寿命从1980年的67.8岁稳定增长到1990年的68.5岁。在这段时期，女性平均预期寿命增长高于男性（高出大约2岁）。

由于过去20年经济快速增长的时期内，对健康和穷人的营养以及女性社会

① 而且，在计算平均预期寿命时，每一个人都相当于一个单独的单位。我们研究收入变化时，把它当作衡量幸福程度变化的指标，高收入居民的福利明显高于低收入居民的福利。

角色问题的制度支持力度减少，所以平均预期寿命的逐步改善让人很受鼓舞。平均预期寿命统计学家指出，总的来说，经济增长带来的正面效应大于社会保障制度减弱带来的负面效应。尽管如此，平均预期寿命的改善速度还是远远不及收入增长的速度。实际上，全世界各个地方的平均预期寿命都在增长——除了受艾滋病影响最为严重的地区——但中国的情况却非常独特。相对于 25 年前中国的低收入而言，中国平均预期寿命的数据确实让人印象深刻。最近，中国的收入“赶上了”平均预期寿命，所以中国现在看上去更像一个正常的国家，尽管它仍然是一个平均预期寿命相对较好的国家。

9.4.2　与健康相关的其他指标

与平均预期寿命密切相关的还有其他健康指标。婴儿死亡率（出生第一年的死亡）在中国比较低，2003 年的情况是每 1 000 人中死亡 30 例。这个数字相当于中等收入国家的平均水平，大致与巴西相同，但不如墨西哥 23‰的情况。由于出生报告有遗漏，所以中国的婴儿死亡率也可能被低估。根据报告，出生时体重较 223
轻的婴儿比例只有 6%，这个比例不仅非常接近发达国家的水平，也说明中国有一个相对健康的出生环境。死亡率的变化情况同样非常重要。在经济发展的初期阶段，传染病对儿童的危害与对成人的危害相同，都是死亡的主要原因。但是，增加公共卫生和医疗保健的投资可以相对容易地降低婴儿死亡的情况。中国已经克服了最初的障碍：85%的儿童已经接种过预防大部分儿童疾病的疫苗。中国今天正面临“第二次健康革命”的挑战。这一次，引发死亡的主要原因与发达国家一样，主要有心脏病、癌症和肺病。这些病不是传染病，而是与年龄增长及生活方式相关的慢性疾病。环境污染当然也有一定的影响，吸烟的影响也很大，包括艾滋病在内的性传播疾病现在也成为一个重要的卫生保健问题，过去从未听说过的过度肥胖问题，也成为伴随高收入而来的一个不受欢迎的问题。

9.4.3　教育

物质生活质量指数的另一个重要指标是教育。中国的识字率相当高，2003 年成年人口的识字率为 91%。这个数字稍微高于中等收入国家 90%的平均水平，也高于巴西的 88%。文盲率与年龄的相关度非常大：在平均水平为 12%的文盲率中，70%以上的文盲年龄在 68 岁以上，而年龄在 21—25 岁的人群中，只有 5%的人不识字。尽管文盲比率摆在这里，中国仍然有 1.45 亿的成年人不识字。正如第 8 章中讨论的，中国很早就开始提高人口的识字率。实行计划经济的 30 年中，中国采取了包括关注所谓“基本需求”在内的发展策略，政策重点是向百姓提供基础卫生服务和基础教育服务。尽管近期的进展情况并不明显，但趋势仍在继续，识字和基础教育已经普及。

9.4.4 人类发展指数

联合国开发计划署(UNDP)提出的人类发展指数(Human Development Index, HDI)是概括各种物质生活质量指数的一个重要成果。很多国家都对本国的
224 人类发展指数做过计算；人类发展指数是包括平均预期寿命、识字率和入学率以及购买力平价人均国内生产总值的一个平均指数。联合国开发计划署还资助了一系列《中国人口发展报告》(*China Humax Development Reports*)，尤其是2005年的报告做得非常好(联合国计划并发署和中国发展研究基金会，2005)。这个报告不仅计算了中国每一省份的人类发展指数，而且还给出了中国各省之间进行比较以及中国与其他发展中国家进行比较的好方法。这项工作首先给出了中国各个省份之间的巨大差异(见表9.2)。最富裕的省份是直辖市上海，最贫穷的是西藏自治区，而贵州则是东部人口密集地区最穷的省份。当然，大部分的排名反映的是城乡差距(见第5章)，也反映了各省城市人口的相对比例。但是，我们可以
225 看到上海的人类发展指数可以和香港特区、韩国和阿根廷相比；其他一些沿海省份的人类发展指数则与墨西哥类似，都在缓慢进入人类发展指数“较高”的行列。中国有一些农业大省的人类发展指数低于全国平均水平，大致与菲律宾和土耳其相当，有些西部和西南省份如甘肃、云南和贵州的水平，低于印度尼西亚和越南，相当于洪都拉斯或者埃及的程度。通过这些比较可以很明显地看出，中国面临着持续而严重的发展挑战。同时，就像每个身处经济高速发展国家的人所期待的那样，中国的人类发展指数排名在过去的23年里已经获得了明显的改善。今天，中国的排名仅仅低于巴西、泰国和哥伦比亚这些中等收入经济体。

表9.2 各国人类发展指数比较(2003年)

中国省份		国家或地区	
较高人类发展指数			
上海	0.91	挪威	0.96
北京	0.88	中国香港	0.92
天津	0.86	韩国	0.90
广东、辽宁、浙江、江苏	0.81—0.82	阿根廷	0.86

（续表）

中国省份		国家或地区	
		墨西哥	0.81
中等程度人类发展指数			
黑龙江、福建	0.79	巴西、马来西亚、哥伦比亚	0.79
山东、河北、吉林	0.77—0.78	泰国	0.78
海南、新疆、湖北、山西、湖南、重庆	0.75—0.76	菲律宾	0.76
		中国 2003 年	0.75
		土耳其	0.75
河南、内蒙古	0.74		
		中国 1999 年	0.72
江西、广西、陕西、四川、安徽	0.73		
宁夏	0.71		
		印度尼西亚、越南	0.70
青海、甘肃	0.68		
		危地马拉、洪都拉斯	0.67
云南	0.66	埃及	0.66
贵州	0.64		
		中国 1990 年	0.63
		印度	0.60
西藏	0.59		
		缅甸	0.58
		中国 1980 年	0.56
		巴基斯坦	0.53
低度人类发展指数			

9.5 再论收入、人均国内生产总值和购买力平价

如何拿中国与其他发展中国家进行比较？现在重新对人均国内生产总值以及按购买力平价(PPP)对人均国内生产总值的计算进行讨论，还是有一定意义的。我们为了进行国际比较，已经采用了购买力平价的方法计算了中国的贫困线，并在第 6 章对结构变化的一些方面做了估算。而且，购买力平价人均国内生产总值也是前面讨论过的人类发展指数的一个部分。为了进行比较，我们重新对购买力平价人均国内生产总值和按汇率换算的普通人均国内生产总值进行研究。表 9.3 对国内生产总值和购买力平价国内生产总值进行了比较。2003 年，中国按汇率换算的人均国内生产总值是 1 274 美元。表 9.3 中，最前面的 6 个国家是大型半工业化经济体，在表 9.2 中这些国家的人类发展指数水平和中国相似。所有这些国家按汇率换算的人均国内生产总值水平都大大高于中国，巴西和泰国的人

均国内生产总值是中国的两倍，土耳其和马来西亚是中国的3倍。

如果我们按购买力平价来估算人均国内生产总值，中国和这些大型中等收入国家的差距就会缩小，如框6.1所讨论的那样，评价实际生活水平时，购买力平价的计算更为合适。表9.3说明了一个普遍规则，即用购买力平价计算的穷国的收入要高于按汇率（正常）计算的收入。根据这一规则，穷国的服务和非贸易产品中内含这些国家大量的丰裕要素（因此便宜）——非熟练劳动，因此，不用于贸易的商品和服务比用于贸易的商品和服务要便宜得多（相对于发达国家的价格）。购买力平价计算则对没有用于国际贸易的商品和服务非常重视，但汇率换算的比较

226 **表9.3　人均国内生产总值（2003年）**

国　家	购买力平价（美元现价）	汇率（美元现价）	比率 购买力平价/汇率
马来西亚	9 512	4 187	2.3
墨西哥	9 168	6 121	1.5
巴　西	7 790	2 788	2.8
泰　国	7 595	2 305	3.3
土耳其	6 772	3 399	2.0
哥伦比亚	6 702	1 764	3.8
中　国	**5 788**	**1 274**	**4.5**
菲律宾	4 321	989	4.4
危地马拉	4 148	2 009	2.1
印度尼西亚	3 361	970	3.5
印　度	2 892	564	5.1
越　南	2 490	482	5.2

显然只是基于用于国际贸易的商品和服务（会影响汇率）。中国也符合这一规则：中国的购买力平价人均收入大大高于按汇率计算的人均收入。而且对于中国来说，两种计算结果的差距之大，大大出乎我们的预料。究其原因，是因为中国有大量价格极低的非贸易产品，比如城市住房、医疗保健和基本食品等，这就压低了中国的生活成本，也使得购买力平价人均收入高于我们的预期。表9.3表明，在购买力平价计算基础上的人均国内生产总值与按汇率计算的人均国内生产总值相比，按购买力平价计算的人均国内生产总值可以在很大程度上改变各个国家的相对位置。根据这种比较，中国的情况有所改善。除了缩小了与土耳其、泰国和巴西之间的差距外，中国和危地马拉的排名也与按汇率计算时危地马拉人均国内生产总值高于中国的情况相反。但是，使用购买力平价还是没有改变中国与印度之

间的位置关系，印度与中国一样，用购买力平价计算的国内生产总值是按汇率计算的国内生产总值的好几倍。

9.6 结论

没有一个单独的指标可以告诉我们，中国的经济增长对人们的幸福程度作出了多大贡献。但是，如果我们把各种指标综合在一起，就可以使我们对中国的了解更加合理，而且准确，同时也方便将中国与其他发展中国家放在一起进行比较。227
中国的人均国内生产总值(按汇率计算)排名表示，中国正处于从低收入水平向中等收入水平发展的情况。实际上，对中国幸福程度的量度比我们从这种方法预期的结果要好得多。这一调整部分是由于中国的价格体系和汇率的影响。此外，用购买力平价计算的人均国内生产总值也缩小了人均国内生产总值与其他结果，比如人类发展指数涉及的那些结果之间的差距。

使用了购买力平价人均国内生产总值之后，中国的情况看起来相对好了一些。中国的人类发展指数同土耳其和巴西这样的中等收入国家差不多，而且购买力平价国内生产总值的水平还要高一些。毋庸置疑的是，这种差异反映出中国过去计划经济条件下相对平均主义的遗留问题。30 年前的基本医疗和教育在全国范围的推广对今天提高人民的幸福程度的影响持续存在。过去 20 年的不平等趋势也告诉我们，中国不会再从过去那些政策中获益，而且不平等程度的增加也在干扰着社会的其他方面。未来生活质量的改善取决于经济发展政策将如何把经济增长带来的好处，尽可能广泛地传递给整个社会。这不仅仅是因为全面增长模式会将增长带来的利益更广泛地造福于人民，而且如果人民更加健康，吃得更好，有更好的教育，未来的经济增长才会更好地持续到下一阶段。

进一步阅读的建议

2005 年的《中国人类发展报告》非常不错，我们可以很容易在网上找到(联合国开发计划署和中国发展研究基金，2005)。姚树洁、张宗益和露西娅·汉默(Yao, Zhang and Hanmer, 2004)对此有进一步的讨论。

数据和图表资料来源

图 9.1：《中国统计摘要》(*SAC*, 2005, 104)；拉瓦利翁和陈少华(Ravallion and Chen,

2004)。

图 9.2：拉瓦利翁和陈少华(Ravallion and Chen, 2004)；参见布拉莫(Bramall, 2001)。

表 9.1：《中国统计摘要》(*SAC*, 2005, 101)；《中国统计年鉴》(*SYC*, 2004, 347)。

表 9.2：联合国开发计划署和中国发展研究基金会《中国人类发展报告》(2005, 154)；联合国开发计划署《2005 年人类发展报告》(2005, 219—223)。

表 9.3：联合国开发计划署《2005 年人类发展报告》(2005, 266—269)。根据国家统计局对国民收入账户的修订也对中国的数据做了修正，上调了 15.7%。参见第 6 章。

平均预期寿命：联合国开发计划署，《人口发展报告》(*Human Development Report*, 2005, 219—222)。中国的官方数据(*SYC*, 2004, 98)稍微高一些(2000 年为 71.4)，这显然是因为低估了婴儿死亡率而高估了平均预期寿命。尽管中国的数据报告让人产生怀疑，但是近期的研究表明，70 岁以上的平均预期寿命调查数据与核查数据比较吻合，参见班久蒂和希尔(Banister and Hill, 2004)。

所有基尼系数都来自联合国开发计划署《2005 年人类发展报告》(2005, 270—272)。

228 **参考文献**

Banister, Judith, and Kenneth Hill(2004), "Mortality in China, 1964—2000." *Population Studies*, 58(1), March, 55—75.

Bramall, Chris(2001). "The Quality of China's Household Income Survey." *China Quarterly*, No. 167, 689—705.

Gibson, John, Jikun Huang, and Scott Rozelle(2003). "Improving Estimates of Inequality and Poverty from China's Household Income and Expenditure Survey." *Review of Income and Wealth*, 49(1), March, 53—68.

Khan, Azizur, Keith Griffin, Carl Riskin, and Zhao Renwei(1993). "Sources of Income Inequality in Post-Reform China." *China Economic Review*, 4(1), Spring, 19—36.

Khan, Azizur, and Carl Riskin(1998). "Income and Inequality in China: Composition, Distribution and Growth of Household Income, 1988 to 1995." *China Quarterly*, No. 154, June, 221—253.

Khan, Azizur, and Carl Riskin(2005). "China's Household Income and Its Distribution, 1995 and 2002." *China Quarterly*, No. 182, 356—384.

Kuznets, Simon(1955). "Economic Growth and Income Inequality." *American Economic Review*, 45(1), 1—28.

Park, Albert, and Sangui Wang(2001). "China's Poverty Statistics." *China Economic Review*, 12:384—398.

Park, Albert, Sangui Wang, and Guobao Wu(2002). "Regional Poverty Targeting in China." *Journal of Public Economics*. vol. 86, issue 1(October), pp. 123—153.

Ravallion, Martin, and Shaohua Chen(1999). "When Economic Reform Is Faster Than Statistical Reform: Mesauring and Explaining Income Inequality in Rural China." *Oxford Bulletin of Economics and Statistics*, 61(February):75—102.

Ravallion, Martin, and Shaohua Chen(2004). "China's(Uneven) Progress Against Poverty." World Bank Policy Research Working Paper 3408, September.

SAC(Annuai), *Zhongguo Tongji Zhaiyao*[Statistical Abstract of China]: Beijing: Zhongguo Tongji.

Stockholm Environment Institute in collaboration with United Nations Development Programme(UNDP) China (2002). *China Human Development Report 2002: Making Green Development a Choice*. New York: Oxford University Press.

SYC(Annual). *Zhongguo Tongji Nianjian*[Statistical Yearbook of China]. Beijing: Zhongguo Tongji.

UNDP(2005). *Human Development Report 2005: International Cooperation at a Crossroads*. New York: Oxford University Press. http:hdr. undp. org/reports/global/2005/.

UNDP and China Development Research Foundation(2005). *China Human Development Report 2005*. http://www. undp. org. cn/downloads/nhdr2005/NHDR2005_complete. pdf.

Yao, Shujie, Zongyi Zhang, and Lucia Hanmer(2004). "Growing Inequality and Poverty in China." *China Economic Review*, 15:145—163.

第3篇

农村经济

当代中国乡村，2005年的阳朔（承蒙查克·莫罗提供照片）

第 10 章
农村组织 231

村庄是当今农村社会的基本单位，已经存在了几百年，中国的村庄在 20 世纪后半期有过两次激烈的变革。第一次变革发生在 20 世纪 50 年代，这次变革将所有的村庄都转变成了农业集体合作社，并鼓动起数千万农民一起建设社会主义农村。第二次变革发生在 1979 年之后，这次变革的激烈程度和重要性与第一次相同，但这次变革结束了农业集体合作社，并推动农村向现代化和市场经济大步迈进。这两次变革都对中国农村——尤其对传统村庄——具有极其重要且广泛的影响，两次变革的后果造就了今天中国农村的局面。

我们在本章首先要研究使中国农村成为今天这种状况的农村组织的巨大变化。在第 10.1 节中，我们研究中国农村生活中的传统基础性组织。第 10.2 节研究农村集体所有制，研究集体所有制的本质和特征，研究集体组织的变化过程以及集体组织的解体。第 10.3 节研究中国农村的第二次变革，并强调这次变革对农业生产具有明确的积极影响，但这次变革对农村生活其他方面的影响却颇为复杂。我们没有发现集体所有制的某些社会功能给中国带来的挑战有其他的解决方法。第 10.4 节研究农村土地市场的出现。虽然在集体所有制解体的过程中要素市场的发展非常缓慢，但在 21 世纪最初 10 年中发展强劲。

10.1 中国的村庄

在中国，几乎所有农民都生活在村庄里，村庄是有历史记载以来农村组织的
主要形式。中国共有 380 万个村镇和小村庄，在大城市周边的发达地区，特别是 232
沿海地区，那些原来的独立村庄现在已经与工业化的城郊和城市周边的人口密集区融为一体。在偏远地区，村庄的规模也在缩小，有的地方可能只留下五六户长

期居住的住户，少数地区的农民居住在单独的农庄里。尤其在南方，有些村庄是一个宗族组成一个村庄，全村居民都是同姓。20 世纪 80 年代初废除了农业集体所有制，中国政府提倡行政村的理念，行政村有一个作为自主行政基本机构的“村委会”，村委会执行某些集体所有制职能。到 2004 年底，中国共有 68 万个这样的行政村。行政村由几个自然村组成。同时，中国也有一些没有村委会职能的村子。

不同村庄的现代化程度以及同外界联系的密切程度各不相同(农业部，2004，5，275—276)。在过去 10 年里，虽然二层混凝土建筑住房已经成为多数经济繁荣地区的常见现象，但大部分地区的住房仍然主要是砖木结构，而且还有大约四分之一的农村住房仍然是土坯房。现代通讯网络也迅速将农村地区联到了一起。截至 2003 年，农村已有 61.9 万个村庄通了电话，比 10 年前大约翻了一倍。同时，64.2 万个村庄通了公路。但在繁荣的沿海三角洲之外的地区，多数村庄都没有现代设施。2003 年只有 34.9 万个农村有自来水，大约 20%的农村家庭能够用上先进的家庭厨房设施(煤气或电炉)，仍然有 80%的农村家庭用煤或者从田间树林里收集来的麦秆和树枝生火做饭，所以村庄天空灰暗，而且烟雾弥漫，屋里的空气也受到污染。虽然中国农村的每个地区都受到中国现代科技和现代化进程的影响，而且有的地区受影响较深，但中国农民在生活工作的许多方面仍然依靠传统技术。

所有村庄的主要活动基本上就是农作，如果村民们需要从事其他工作，他们一般会去附近的一个“集市”，也就是定期的农产品市场。每周一次或者两次，甚或每隔 10 天，来自四乡八村的农民会来这里出售农产品，买卖家畜，并购买其他生产或者消费用品。集市大多数设在有茶馆或零售商店，或者信用社所在的地方。施坚雅(Skinner，1964—1965)曾在一篇较有影响的文章中说，我们可以把整个中国农村看成是松散组成的“标准市场区”(standard market areas)。每个标准
233 市场区包括一个集市和集市周边可以轻松地在一天脚程之内到达的村庄。集市是村民与外部经济和文化领域相互交流的基本场所。因此，标准市场区基本上等于一个普通村民正常情况下对世界进行体察的边界。尽管村民们偶尔也会去一些较大的城镇，但实际上每个人在正常情况下都只会在标准市场区内与村民发生面对面接触。农村也存在传统的地区分级，基本上是按经济实力分为家庭、村庄、集市和更高一级的城市居住区。这种地区分级(和经济功能)已经存在了几百年，现在依然存在。

10.2　农业集体所有制

1949 年之后，中华人民共和国政府在传统基础上又逐渐添加出一种新的组织结构。社会主义组织并没有废除传统的农村组织，而是将现有的组织转变为一种新形式，并由中国政府赋予了新的职能。这里最根本的改变就是将农民组成了集体合作社，由集体统一负责各家各户的农业生产。从 20 世纪 50 年代中期一直到 80 年代初，集体所有制成了农业的支配体制，国家也对农业体制采取了进入和转型办法。集体所有制在 80 年代初期被废除，从此以后，中国政府也不再在农村地区强制采用某种具体的组织形式。但是，由于中国政府一直尝试要重建并重组农业体制，所以体制实验仍在继续进行，

在计划经济的全盛期，政府计划人员为了以相对较低的价格获取农产品的稳定供应而采用了计划经济的农业体制。计划经济的总体发展战略就取决于政府为工业投资调动资源的能力。国家为了控制这些资源，就必须有能力从农村提取资源。政府不仅对农作物直接征收农业税，更重要的是国家用农产品强制收购的形式，尤其是对粮食实施较低的国家定价形式，对农产品征收隐性税。20 世纪 50 年代初，国家就对两种最重要的市场作物比如粮食和棉花，设立了强制销售体制。随之而来的农业集体所有制，就是为了获得农业领域的农产品剩余。

与此同时，从毛泽东开始的整个中国领导层都承诺要用农村组织帮助农村生 234
活转型。毛泽东对中国社会的著名描述是“一穷二白”，中国的农民可以塑造成为典型的社会主义公民。农村集体所有制不仅被看成是一种低成本的有效重建农村的方式，而且还可以提供新的社会服务以及更好的生产投入要素。因此，通过集体化创建的农村体制有多个职能。当然，农村体制的基本任务就是组织农业生产，农业集体也是缴纳服务和商品的组织。这一职能不见于以前的中国农村，它为新的活动形式提供了组织化起点。此外，这种组织形式也不可避免地成了政府控制农村的工具。1970 年以后，政府开始实施计划生育政策，并扩大了对生育行为的控制。集体所有制有助于政府监控农村居民的一举一动，也为政府在农村推行经济和政治创新提供了便利的通道。

10.2.1　农业集体所有制的特征

尽管集体所有制有转型的作用，但它最基本的职能仍然是农业生产，集体所有制有以下三个基本特征：

(1) 土地集中使用，共同耕种。集体所有制由于存在这样的基本特征，所以与其他经济形式下的农民合作不同：合作不仅仅局限在销售和服务，而且还包括耕种本身。土地所有权被转化为“集体所有”，意味着土地归全村的全体居民所有。每个农业家庭保有自己住房的所有权和少量农用家畜的所有权，同时也保有“少量自留地”（大约为可耕地的3%—10%）。其他所有生产资料归集体所有。

(2) 作为基本会计单位的集体。集体本身根据农业任务购买农业投入品（经常是贷款购买），并在收获后卖出农产品。集体会给每一个能够工作的人安排日常工作，劳动力是平等的。集体用收获后卖农产品的收入来偿还购买投入品的债务，并留出一些钱存入集体所有的基金。只有在支付了成本和扣除了存入基金的钱之后，集体才计算出分配给各个农户的净收入，农户们得到的收入有实物（主要
235 是粮食）形式，也有现金形式。最重要的集体基金是累积（或投资）基金和公共福利基金。

随着集体所有制逐渐适应了中国农村的传统社会结构，这一基本会计单位的规模在不同时期也发生过变动。最早的会计单位是农业生产者合作社（APC），合作社的规模一般与一个大的村庄相当。1958年“大跃进”时期，很多农业生产者合作社合并为一个单独的并由5 000多个农户组成的巨大的公社。因此，会计单位的规模也随之扩大（见表10.1）。这种规模巨大且不易控制的组织，使农村在随后而来的“大跃进”造成的三个重要变化中陷入了灾难。首先，公社本身缩小，从而与集市和标准市场区的规模相匹配。其次，会计单位缩小到比原来的农业生产合作社更小的程度。这就是生产队，生产队是一个相对较小的由30—40家农户组成的小群体，与一个小村庄或较大村庄的四邻相对应。1962年到1981年间，生产

表10.1　农业组织的变化

自然单位	1956—1958年	1958—1959年	1962—1981年	1982年至今
标准市场区——集市		公社*（5 000以上农户）	公社（2 000个农户）	村镇（3 000个农户）政府和企业
大村庄	农业生产者合作社*（100—250个家庭）		大队（200家）	村庄
小村庄或邻村	生产队		生产队*（30个农户）	
农户	农户	农户	农户	农户*

注：*基本会计单位。

队成为最基本的会计单位。最后，农村的整个结构被组织成一个三级等级制，由公社、大队（大村庄）和生产队组成。公社和大队负责大部分非农业活动，其中包括工业发展和政府职能，比如医疗和福利、教育及公共安全等。这种基本形态一直持续到 80 年代初期。

（3）依据工分分配到家庭的净收入。在每年工作结束时，个人挣得“工分”会
计入会计账上。年末收获的时候，集体会统一计算出总的净收入，并按一年的总 236
工分平均分配到个人。一般只有到这个时候，集体公社的成员才能知道自己的工分值。根据 1978 年的家庭调查，集体公社平均分配的收入为每人 88.5 元（按当时汇率计算大约为 50 多美元）。但是，88.5 元中大部分是分配的粮食；另外有 25.5 元人民币（约合 15 美元）是现金，现金不到总数的三分之一。除了集体分配的收入外，每家农户还会有自留地的收入。1978 年，私人活动所得共计 36 元人民币（大部分为现金），这主要是出售自留地上的庄稼和家畜所得。另外，每户农户还会有平均 9 元人民币的“其他”收入，其中包括亲戚的汇款。因此，即使在集体所有制条件下，农民的货币收入也主要来自自己的活动，而无法依靠集体所有制为自己提供食物。

工分制使集体对收入的分配拥有极大的权力。然而，为了能够有效调动农民，降低监管成本，集体公社也采用了很多符合社会主义理念的不同的工分分配办法。在“文化大革命”期间，所有的集体公社都被迫采用了“大寨方法”。根据大寨的方法，每个劳动者都要在全村大会上对自己的工作贡献作出评估，并请大家提出意见和批评。但在多数时间和多数地方，还是按照任务完成情况和劳动天数来分配工分。多数集体公社甚至连生计也无法维持，而且他们也清楚地了解经济的脆弱性，因此根本没有沉溺于乌托邦幻想。或许更为重要的是，工分制使集体自己就有能力为各种非生产性活动提供资金。比如说，通过给本地教师和医务人员分配工分，集体公社就可以保证他们能够拿到一份公社的收入。

10.2.2 关于集体所有制的讨论

在理论上，集体所有制可以成为能够对价格和其他经济信号作出反应的市场导向的合作社。实际上，集体所有制的实际决策自主权受到严格限制，这里的部分原因是因为政府领导人无法抵制利用集体所有将自己的工作强派给农民的诱惑。集体所有制是达到政府目标的诱人工具，政府官员永远不可能不插手政策。
因此，集体所有制可以用来实现经济、社会和政治这三类目标。 237

毫无疑问，集体所有制最基本的经济目标就是组织农业生产。很明显，集体所有制无法完成这项任务。集体公社为使农民每天早上下地干活提供了激励（否则就拿不到工分），但这个办法很难让农民整天努力工作。而且，集体公社也很难在40—50户农户之间协调工作，尤其是任务的地点不同，在受到季节严格限制的情况下更是如此。长时间面对面的关系能够保证最重要的任务通过最合理有效的方法完成，却无法提供最有效的工作组织形式。中国的农业生产在多数情况下不存在规模经济，因此，集体所有制无法通过组成较大的单位来提高效率。

但是，集体所有制可以调动资源，可以为生产提供更多的投入。在集体经济初期，占用农田的老坟被平掉，分散的土地被合并，集体所有制采用这种方法有效地增加了土地供给。在农闲季节尤其是冬季，集体所有制动员并鼓励劳动者从事大大小小的建筑工程。20世纪70年代，集体所有制每年都会在农活不忙的几个星期里动员1亿左右的劳动力（农村劳动力的30%）去建造和修复水利灌溉系统。20世纪的20年代，农民实际上每年平均只工作160天，但到了20世纪70年代后期，农民每年平均工作200—275天（Vermeer，1988，157）。中国在农业水利灌溉系统上耗费了巨大的投入。

集体所有制也是组织非农业活动的方便途径。为农业提供生产服务的有农村信用合作社（RCCs）和农村供销合作社（SMCs），这些合作社名义上独立，实际上与农村的集体组织是一个整体。农村信用合作社吸收农户存款，为农村交易提供流动性。农村供销合作社提供随着农业的发展而必须投入的现代农业资料，同时也负责购买农民的盈余产品。集体所有制最为重要的作用就是发展农村产业，这一作用在1970年后尤为明显（见第12章）。集体所有制的社会职能包括提供社会服务，尤其是教育和医疗服务以及防范风险。工分制使集体所有制可以非常方便地为自己的成员提供这类社会服务，做到这一点只需要向本地老师和医护人
238 员奖励工分就行。到了20世纪70年代中期，这一体系已经创造出一个初步的社会服务网络（本节稍后讨论）。比如说，这一体系给120万农村教师发了工资，使入学儿童的人数提高到一个前所未有的水平。

集体所有制也是一个缓冲风险的机制。由于集体所有制可以保证农户的土地，并且在农户急需的时候可以适当地拿出一些钱，所以农户身处一个集体就能减少风险的威胁。1979年，有1 500万农户从政府或集体那里得到了某种形式的帮助，尽管集体作出的贡献仅仅是每户大约3元人民币（NBS，1985，129，132）。

也有许多农户“赊欠”了集体分配的粮食，还有一些较穷的集体公社也欠政府的钱，所以要建立一个基本保障网络。

最后，集体所有制不可避免地也具有政治职能。集体所有制是教育和灌输思想意识的渠道。集体登记制度被用来控制迁移，防止出现未经政府批准的人口流动。1970 年以后，集体所有制还负责贯彻实施计划生育政策，限制农村的生育。尽管集体所有制是三级集体结构的主要部分，但是在中国农村，作为政府最基层组织的公社具有部分政府职能。

集体所有制并不是一个组织农业生产的有效体系。让人惊异的是，集体所有制却是组织农村其他社会经济生活的有效体系。尤其是在“大跃进”之后，1962—1982 年间的农村集体体系使农村平静地进入了一种稳定状态。如表 10.1 所示，公社、大队和生产队组成的三级集体体系很好地适应了传统形式。公社总部设在集镇，所以公社大致上相当于标准市场区。大队则相当于大的村庄。同时，生产队形式也符合周边村庄的情况。这样，就形成了一个规模适度，且每个人都彼此认识，并可以面对面交流的集体。1978 年，一个生产队包括男人、女人和儿童在内平均大约 167 人。这种基本会计单位小于苏联的苏维埃集体农场，而且也能很好地维持农业生产。生产队专注于农业生产，而多数经济与非经济农业职能都由大队和公社负责。因此，三级集体所有制也是组织形式中一种有效的劳动分工形式。这种形式的分工持续了大约 20 年，直到 20 世纪 80 年代发生巨大变革。

10.2.3　集体所有制的农业政策环境：“粮食优先” 239

事实上，农业集体所有体制很少或从来就不具有对市场刺激作出反应的充分自主权。政府要求农业集体将粮食生产放在首要地位。“粮食优先”政策可以用“以粮为纲”的标语来体现。粮食优先的政策贯穿于多数集体农业时期，在“文化大革命”时期尤甚。对粮食生产的重视可以看作是一系列发展战略的结果，发展战略的重点是用低价从农民那里强制收购粮食。政府制定的粮食低价和粮食统购基本是一种隐性税，它使农民为工业化付出了更多的间接成本。但因为粮食价格太低，所以农民几乎没有种植并出售粮食的经济动机，一旦他们满足了自己的基本需求，农户就更愿意寻找政府没有强加繁重隐性税的其他赚钱工作（经济作物或家庭副业）。但是中国政府不想农民分散自己的精力，至少在满足城市粮食供给之前不想他们分散精力。因此，政府利用集体所有制对农户实施了满足或超过粮食统购目标的额外经济压力。这种压力严重妨碍了农业增长，代价也非常巨大(Lardy, 1983)。

● 重视数量不重视价格和市场，意味着农户没有自己的最大化策略，不能优化资源配置。尤其在土地面积被用来完成粮食统购配额的时候，集体所有制对于各种作物需要使用多少土地几乎没有自主权。

● 对产量的重视，意味着即使种植粮食不能增加收入，但多数农业集体都不得不最大限度地增加粮食产出。适宜种植粮食的土地所种植的粮食已经超出了收入最大化的范围。比如说，在富饶的长江三角洲地区，农业集体每年不得不种植三季稻谷，这就要使用更多劳动密集型生产策略，插秧，还要增加化肥和灌溉的投入。增加的投入成本高于增产的粮食价值(Wiens, 1982)。

● 粮食先行政策强调各地在粮食上要自给自足，尤其在“文化大革命”时期更
240 是这样。不适宜种植粮食的土地也不得不种上了粮食，这样做的结果是失去了因地制宜的机会，也减少了地区之间的粮食运输。

通过集体农业实施粮食优先政策在增加粮食产量方面确实很成功，但却是以损害其他产品的生产为代价。1955—1957 年和 1977—1979 年期间，粮食总产量每年增长 2.2%(按每 3 年平均计算，以减少天气的影响)。由于粮食的增长速度比人口的增长稍微快了一点，所以人均产量每年增长 0.2%。从某种程度上讲，粮食之所以有增长还有一个更大的原因，即“大跃进”之后有了粮食进口，粮食进口减轻了中国农民的统购负担，使他们可以留存和消费更多的粮食。但是，棉花和油料作物(排在粮食之后的两种最重要的农作物)产量的增长却大大放缓。在这段时期内，棉花产出平均每年增长 1.5%，油料作物产量每年平均增长 0.5%，两者都低于人口增长。1977—1979 年，人均油料作物的生产比 1955—1957 年减少了 28%。农村地区对禽类、蛋类和鱼类的人均消费也在下降，尽管较高的肉类消费对此有一定的抵消。

粮食优先政策带来的一个矛盾结果是，一项全国统一政策造成了地区结果的巨大差异。有些尤其是适宜粮食生产的“稳产高产地区”，政策实施的结果就比较不错。这种地区的粮食生产占了粮食购销的极大份额，所以他们也能优先得到现代投入物品，比如化肥、机器和电力。这样的地区还可以获得农业“绿色革命”带来的好处(见第 11 章讨论)，生活水平也有显著提高。其他那些在粮食生产上不具备比较优势的地区，只能力争粮食自给自足。一旦他们生产出自给自足的粮食之后，就没有了可以用于种植其他农作物的土地，所以他们只能种植粮食。相比

之下，最初拥有粮食生产比较优势的地区，还可以使用绿色革命技术扩大生产，并将一部分土地转为生产商品作物以增加收入。有时候，这种情况会导致恶劣的“专业化逆转”现象，即那些在粮食生产方面具有较低比较优势的地区，反而在更多地生产粮食。

10.3　第二次农村革命：1979—1984 年的农村改革

我们在第 4 章提到，1978 年后农村政策的放松给农村带来了巨大的变化。
1978 年 12 月的中共十一届三中全会对农村政策做了适度调整，这次政策调整引 241
发了农村社会的巨变。实际上，一开始只采取了两项新的政策：①全面提高农产品收购价格；②重新确立了农业集体的自主管理权。个体农业经营明显受到限制。随着粮食收购价格的提高，政府也没有必要再用特别的经济手段强迫农民出售剩余的粮食了。政府决策者不仅逐渐降低了对粮食优先政策的重视。为了让农村地区出现全新的专业化模式，政府甚至加快了粮食进口。随着价格的提高和强制政策手段减少，集体农业的决策自主权渐渐成为现实。

不久之后，农业集体自主权的扩大就带来了一个未曾预料的结果。在一些地区，农业集体开始尝试对工分分配的方式进行更为激进的改革。很多农业集体不再按照投入（比如劳动天数、声誉或努力程度）计算工分，而是按照一块土地的产出来分配，或是将一个农业小组或农户的报酬与一块具体土地的产出联系起来。有的地方甚至更进一步，直接就把集体的土地承包给了个体农户耕种。那段时间的这种尝试显然考验着农业集体所有制的极限。1978—1979 年，四川省和安徽省都在尝试和保护这种个体农业经营的农民试验。这两个省在“大跃进”时期都经历了大的灾难，试验成功之后，地方政策和试验被推向全国一点都不让人感到奇怪。一开始，这种激进政策仅限于相对贫穷和偏远的地区，粮食盈余地区则因为要稳定政府的粮食收购而受到严格控制。由于贫穷地区的成功，政策允许的范围也随之稳步扩大。

1981—1982 年，被称为“家庭承包”或“家庭责任制”且明显具有一种组织形式的土地承包到户在全国出现。截至 1982 年末，90％以上的中国农户又重新开始了家庭农耕。最初，土地承包给农户只是一年，或者是一个收获期。但人们很快发现，承包时间越长才越有效，于是多数集体所有农业体制开始了 3 年期的承包制度。不久，承包时间又改成 5 年，15 年，后来又在很多地区实行了 50 年承包。

接下来发生的事情相当引人注目。

242 ### 10.3.1 农村组织变革之后带动的生产迅速上升

粮食生产的增长迅猛加速，自从放松对粮食生产的管理，使农户有机会寻找更有效的其他生产之后，粮食生产的增长更为迅猛。尽管已经不再强调粮食生产，但1977—1979年和1983—1985年，粮食产量的增长从之前每年的2.2%升到4.1%。以前每年的产量最多3亿吨，但1984年的丰收使年产量迅速上升到4.07亿吨，这也是几年来第一次有足够用于流通的粮食。1985年，中国自"大跃进"以来第一次成为粮食净出口国。

在中国当时粮食短缺现象比较集中的情况下，粮食产量的快速增长起了重要作用。不过，农业每个部门的产出增长实际上都非常快，棉花和油料作物的增长分别为年均15%和16%。肉类生产的增长也很迅猛，年均增长将近10%。更引人注目的是，这些成果是在劳动密集程度降低的情况下取得的。由于可以自由支配时间，所以农民比在集体计划条件下更珍惜自己的劳动时间，又由于在分配劳动上有了更大的自由，所以农民在更短的工作时间内工作得更加努力，并逐渐把农业耕作转向对劳动需求较少的庄稼，尽管这类庄稼有时候每单位土地的产出价值也会低一些。高粱、小米和甜菜的相对种植比例都有了较大程度的增长：这类作物的生长速度较慢，相对价值也较低，但需要的劳动投入不是很多。对主要粮食作物的劳动投入在集体所有制条件下经历了20年的稳定增长之后也开始减少（见表10.2）。而且，正如讨论结构变化和乡镇企业那一章中所说，大量的劳动力被解放出来并开始向非农业活动转移。农村改革表明，一旦激励政策和政策环境被摆正，就有可能用较少的投入创造更多的产出。

表10.2 每公顷投入的劳动天数

农作物	1953年	1978年	1985年
大米	250	421	328
棉花	300	908	643
小麦	120	461	218

由于很快采用了家庭责任制，所以农村变化非常迅速。但是，农业体制的其
243 他方面变化较慢，多数粮食作物仍然由政府继续征购。因为政府在最低强制收购份额之后再收购粮食支付的是准市场价格，所以存在采用多种价格的趋势。与此同时，国家机构之外的自由市场也在成长，对多数粮食和农副产品的国家销售限

制也在逐渐取消。但是，在销售体制中，政府仍然对很多重要产品实施管制，尤其是对棉花、主要粮食作物和化肥的管制一直实施到 20 世纪 90 年代。事实上，直到 2000 年，政府才最终放开了棉花的价格，允许纺织厂直接向农民购买棉花。所以，20 世纪 80 年代初期土地所有权发生巨大变动之后，农产品的市场销售体制在 20 多年里只能说是在缓慢发展。

10.3.2　改革的副作用：农村公共服务的衰落

成功改革的一项副作用就是降低了农业体制提供非农业产出的功效。农业生产的成功改革告诉我们，农村集体农业不如家庭农业有效率。但是，集体所有体制的消失使农村的社会服务提供出现了真空。农村集体所有制在医疗保健和教育方面有非常重要的作用，在集体所有制消失之后，这两项服务的供应都有所削弱。我们在这里虽然只是集中讨论农村医疗体系，但基础教育的过程也与之类似，尽管没有那么可怕。

在农村地区，农业集体所有制在建设基本医疗保健体系方面具有非常重要的作用。我们在第 9 章讨论过，由于有一个前所未有的组织体系为中国农民提供基本医疗服务，所以中国在提高人口寿命和改善基本医疗条件方面取得了成功。当然，尽管医疗程度非常初级，但对整体健康水平的影响却非常大。健康状况的改善是因为这一体系有三个关键因素：第一，它提供了预防性（不同于治疗性）医疗投资的有效途径；第二，它为一些小病和外伤提供了最基本的医疗服务；第三，它至少在某些地区提供了转送更高级医疗机构的服务。因此，农业集体所有制第一次为广大的农村地区带来了基本的医疗服务。与提供这些服务一样，农业集体所有制在提供防止流行性传染病的医疗服务上也很见效。另外，农业集体所有制还有能力调动大量农民用于公共卫生运动，比如，在稻田里出现蜗牛和血吸虫疫情时，就可以调动大家共同进行抗击。

此外，1965 年 6 月，毛泽东正式宣布“要把医疗工作的重点转到农村地区”。244
20 世纪 60 年代中期以后，政府医疗保健资源随即向农村地区转移。在此之前，中国的医疗用床只有 25%在农村，但到了 20 世纪 70 年代中期，大多数的医疗用床都在农村，总数超过了 60%。70 年代中期，农村地区的医疗服务网络已经建立，全国范围的医疗辅助体系也得到了发展。医疗辅助人员都是仍然从事农业生产的兼职卫生工作者。大队的“赤脚医生”一般都会在县城参加 6 周的训练课程，这也是他们仅有的医疗培训。到 20 世纪 70 年代中期，中国已经拥有大约 150 万名赤脚医生。除此以外，还有一些只接受过最简单培训的医疗辅助人员，这些人只上过简单的急救和卫生课程，这批人的数量大约有 330 万。由于农村医疗护理人员的总数为 480 万，所以中国农村上百万个村庄里，都有 4—5 名兼职医疗辅助人员。

这些医疗辅助人员由大队或生产队支付工分作为报酬。由于给医疗辅助人员分配工分意味着降低了农活的工分值，所以他们事实上是靠当地公社的销项税获得补偿。当然，他们也会为公社社员提供免费服务作为回报。正是因此如此，大部分中国农民都享有被称为“合作医疗服务”的基本医疗保障服务。遇有小病小灾他们就可以去找当地的医疗辅助人员。如果病情严重，他们也可以去公社或者县城的医院。经粗略统计，截至 20 世纪 70 年代末期，大约有 70%—80%的农村人口享受到了合作医疗服务。

20 世纪 80 年代，集体所有制解散，投向农村医疗体制的资源也随之枯竭。生产队不再分配工分，也就没有办法给医疗工作者支付报酬。有些公社通过签订土地合约，由农户向公社支付租金来支持社会服务，那些拥有盈利的乡镇企业的公社也可以使用税收之外的资金为医疗服务拨钱。能够在公共财力之外拿出资金来支持医疗服务的公社的比例也在大幅下降，医疗辅助人员的数量也在急剧减少。当然，原来的“赤脚医生”也消失了，但是政府又引入了一项政策，即以前的赤脚医生（和其他人员）可以在审查后获得“农村医生”资格。到 1992 年，有 80 万名医疗辅助人员获得了农村医生资格，当然还有许多没有拿到资格的医生也在继续
245 执业。农村医疗辅助人员的总数减少到不足 20 世纪 70 年代顶峰时期的四分之一。农村医疗用床的数量也没有增长，因此每 1 000 名农村居民拥有的病床数量在达到 1985 年 1.5 张的最高值之后，一直下降到 2003 年的 0.72 张（Zhang and Kanbur，2005；国家统计局农村社会经济调查，2004，215）。由于公共资金的减少，农村与医疗相关的资源总量也在大幅减少。

没有了资源，“合作医疗服务”也随之消失。享有合作医疗保障的农村人口从原来的 70%—80%下降到 20 世纪 80 年代中期不到 10%。从 1993 年开始，卫生部每 5 年就会开展一次大规模的医疗保障调查，三次调查都反映出同样的结果：大约 80%的农村人口没有任何形式的医疗保险。享有合作医疗服务的人不足农村人口的 10%，而且这 10%的人口几乎都居住在沿海城市附近相对发达的地区。在极少数拥有医疗保险的地区，资金主要来自个人缴费（大约占了资金的三分之

二)，村里拿出的资金占了六分之一，县政府和企业占了另外六分之一(中国社会科学院财政与贸易经济研究所，2004，155—164)。20 世纪 80 年代和 90 年代，中央政府几次谈到要重建农村合作医疗体制，但政策设计不太好，工作也不连续，资金也不太充足。很明显，农村医疗卫生问题非常大，但目前没有好的解决办法。

2003 年，一场以前人们不了解、传染性极高并常常致人死亡的疾病——非典型性肺炎(SARS)——从广东省发端并迅速向外界传播。这种疾病迅速蔓延到包括北京在内的中国各大城市，并引发了恐慌。在城市务工的农民开始逃离城市：2003 年 5 月的前 10 天里，有 450 万农民工返回了家乡，有些人还把这个病带回了家乡(国家人口和计划生育委员会，2003)。随着这些农民工的返乡，中国的领导人以及这个世界都面临一个可怕的现实：农村没有可以应付大量返乡人员的医疗体系，也没有可以用来追踪病情发展的医疗设备，以便在必要的时候对相关人员进行检疫隔离，或对传染病的进一步传播进行控制。如果疾病在中国农村扎根并开始传播，中国政府将无能为力。但最后疫情并没有扩散。由于某种不明原因，一进入夏天，这种新的疾病突然失去了威力，疾病消失的速度与它来时一样迅速。中国幸运地躲过了一场灾难。

这一突发事件充分表明了中国农村医疗体系的不完善程度，中国领导人因此 246
而强化了他们关于建立“新型”合作农村医疗保健体系的共识，即要建立一个在严重的或灾难性的疾病袭来之时能发挥作用，而且将由上级政府提供资助的医疗体系(中国东部地区由当地政府负责，西部地区由中央政府负责)。2003 年，这一项目开始实施，并计划到 2006 年将此项目扩大到中国 40%的县城。中央政府(或较繁荣地区的省政府)决定要为每个项目参与者提供 20 元人民币的资助。但这次与 2003 年一样，仍然只有 14%的中国农村居民加入了合作医疗体系，而且，这 14%中的绝大部分都处于最发达地区(上海占 77%，广东占 30%)。在类似于河北、陕西、甘肃这样的农村大省，合作医疗参与者只有 2%—3%(国家统计局农村调查，2004；Jin Renqing，2005；世界银行，2005)。所以说，新的保障计划还有很长的路要走。

今天，在农村居民需要医疗的时候，他们一般是从自己口袋里掏钱。1998 年，卫生部进行了一次医疗保障情况综合调查。调查发现，农村居民自己支付的医疗费用为 87%，这个数字与城市居民的医疗支付相差极大，城市居民自己掏钱的医疗费用只有 44%(Zhang and Kanbur，2005，193)。尽管城市医疗保障的覆盖率也在下降，但大部分城市居民仍然继续享受某种形式的医疗保险。此外，从 20 世纪 90 年代开始，住院的费用上涨了 6 倍，看病的费用则提高了 8 倍(中国社会科学院财政与贸易经济研究所，2004， 158)。调查结果显示，有 46%的农村居民在接受最新调查时表示，由于医疗费用的问题，他们即使有需要，也不会去医院看病。他们唯一的选择就是等待并寄以期望。因此，如果不对这些制度缺失加以纠正，中国很难以过去的成绩为基础构建当今的基本医疗。

10.4　农村土地市场的出现

中国农村向市场经济的转型，归根到底意味着必须建立功能齐全并有制度支持的市场。我们在第 5 章阐述了农村地区的渐进式改革，以及“模糊”的土地所有权，我们认为，正是这些特征使农村土地市场的发展非常缓慢。一直到 20 世纪 90 年代初期，对中国北方农村的一项详细调查才揭示出，中国农民租赁的土地只有 3%(Benjamin and Brandt， 2002)。或许因为所有可能成为劳动力的人都有自己
247 的土地，所以短期劳动力市场的发展也非常缓慢。事实表明，造成土地市场交易量较低的因素有很多，但最重要的一点是人们根本无法确定，国家与政府是否同意土地交易，以及是否能在出现土地争端的时候提供产权保护。或许同样重要的还有，地方政府和党内干部可以从保持土地集体所有权，包括从定期重新分配土地中获得既得利益。农民们则对通过大规模租赁土地来挑战干部利益有很多顾虑。所以，最终中国不存在支持复杂土地交易的正式土地登记制度。

20 世纪 90 年代末期，由于中国政府的政策开始向人口迁移和全面市场化倾斜，政策制定者也开始关心如何提高土地市场的效率和土地市场的数量。2003 年，《中华人民共和国农村土地承包经营法》的实施显示出政府对土地市场的关注程度。这项法律的基本意图是使农村的土地产权更为清晰和绝对，从而为发展农村土地市场提供便利。农村各个村庄也开始签订新的 30 年租赁期限的土地合同。土地界限的勘界划线更加精确，重建土地登记制度的进程也在加快。土地使用权转让的几个基本形式，包括买卖、租赁和转包都获得了批准，而且有了具体的法律形式。为了完成这些转变，政府开始实施“第二轮土地承包”。截至 2003 年底，中国所有农村几乎都开始了第二轮土地承包。

这些变化与土地市场的快速发展速度一致。1998 年对 6 个农业大省的调查发现，5.3%的土地被出租，9.8%的农村家庭对外出租了自己的土地。2001 年，四

川省报告说，有 5.6%的土地被出租。在发达的沿海地区，这个比例还要高些。2001 年，浙江三个商业化程度最高的县里，出租的土地已经达到 25%—33%。更大的一项调查显示，浙江全省的土地出租比例从 2001 年 3 月的 11.5%上升到了 2003 年底的 22.8%。在珠江三角洲地区，也有 19%的土地被租了出去(中国社会科学院农村发展研究所，2004，90—93)。这些数字表明，在商业化程度较高的沿海地区，土地市场的发展非常迅速。当然，较为贫困的中国内地较为滞后：2002 年，陕西只有 3%的土地出租。然而，这种模式却与中国传统经济条件下盛行的模式相同。租赁和土地多级产权在人口密集且商业化程度较高的中国南方水稻种植区得到了更好的发展。个人所有的小块耕地在贫穷的北方小麦种植地区更占 248
优势。随着更多年轻人离开土地，以及农民开始专业化生产某种特殊市场作物，规模经济要求的小块土地合并就成为必然。政府对土地产权和土地转让的法律支持使产权更为牢固，并因此为劳动力流动和土地再分配提供了便利。

总之，土地市场的发展是按照中国转型战略的原则进行的，改革在不同的市场以不同的速度展开。农村改革以农民对土地的使用权作为开端，随后的改革逐渐向产品市场扩展，并慢慢向更为基础且更为敏感的土地市场、劳动力市场、资本市场以及金融市场发展。在中国农村，向竞争性产品市场的转型比较彻底。但向健康而有活力的土地市场迈进，实际上从新千年以来才刚刚开始。初期的改革给农村变革和重建提供了一个新的舞台。农村土地所有权的巨大改变，以及大规模的农民工外出，预示着中国农村第三波快速甚至更具革命性的变革和重建的开始。

进一步阅读的建议

陈佩华、赵文词和安戈(Chan, Madsen and Unger, 1984)对毛泽东时代广东的一个村庄有精彩阐释，既具有学术性也非常具有可读性。周晓(Zhou, 1996)对农村改革有很好的研究。施坚雅(Skinner, 1964—1965)关于中国农村自发经济组织和政治组织之间的关系，有很好的讨论，该书也对农村公社如何顺应传统模式做了经典解释，并具有较高的可读性。曹锦清(Cao Jinqing, 2000)把自己对当今中国农村的第一手调查和对中国现代历史的分析结合了起来。世界银行(World Bank, 2005)也对中国农村医疗难题有很好的介绍。

数据和图表资料来源

表 10.2：泰勒(Taylor, 1988)，第 740 页和 747 页。

农村经济的数据来源于农业部农村数据，《中国农业统计资料，2003》(2004，5，275—276)；住房数据取自《中国统计年鉴》(*SYC*，2004，392—393)；行政村数据取自《中国统计摘要》(*SAC*，2005，115)。

参考文献

Benjamin，Dwayne，and Loren Brandt(2002). "Property Rights，Labour Markets，and Efficiency in a Transition Economy：The Case of Rural China." *Canadian Journal of Economics*，35(4)，November，689—716.

Cao Jinqing(2000). *China along the Yellow River*，trans. Nicky Harman and Huang Ruhua. London and New York：RoutledgeCurzon.

CASS Institute of Finance and Trade Economics，ed. (2004). *Zhongguo Caizheng Zhengce Baogao 2004/2005. Kexue Fazhanguan：Yinling Zhongguo Caizheng Zhengce Xin Xilu*[*China Fiscal Policy Report 2004/2005. The Scientific Development Concept：Guiding New Train of Thoughts on China's Fiscal Policy*]. Beijing：Zhongguo Caizheng Jingji，2004.

249 CASS Rural(2004). CASS Rural Development Research Institute，with National Bureau of Statistics Rural Survey Group，*Nongcun Jingji Lanpishu，2003—2004 Nian：Zhongguo nongcun jingji xingshi fenxi yu yuce*[*Green Book of China's Rural Economy：2003—2004 Analysis and Forecast on China's Rural Economy*]. Beijing：Shehui Kexue Wenxian.

Chan，Anita，Richard Madsen，and Jonathan Unger(1984). *Chen Village：The Recent History of a Peasant Community in Mao's China*. Berkeley：University of California Press.

Jin Renqing(2005). "Address to the National Fiscal Work Conference." December 19，2005. Accessed at http://www.mof.gov.cn/news/20051221_2205_11287.htm.

Lardy，Nicholas(1983). *Agriculture in China's Modern Economic Development*. New York：Cambridge University Press.

Ministry of Agriculture(2004). *Zhongguo Nongye Tongji Ziliao 2003*. Beijing：Zhongguo Nongye.

NBS[National Bureau of Statistics](1985). *Zhongguo Shehui Tongji Ziliao*[China Society Statistical Materials]. Beijing：Zhongguo Tongji.

NBS Rural Survey(2004). Nongcun Shehui Jingji Diaocha Zongdui，ed. *2004 Nongcun Xiaokang Lanpishu*[*The 2004 Blue Book on Achievement of Well-Being in Rural Areas*]. Beijing：Zhongguo Tongji，2004.

Population Commission(2003). China Population and Birth Planning Commission. "First Dynamic Statistics Done on Rural Population Movements in Order to Combat SARS"[in

Chinese]. May 21, 2003, at www. poultryinfo. org/sars/200352374577. htm.

SAC(Annual). *Zhongguo Tongji Zhaiyao*[Statistical Abstract of China]. Beijing: Zhongguo Tongji.

Skinner, G. W. (1964—1965). "Marketing and Social Structure in Rural China," 3 parts. *Journal of Asian Studies*, 24:3—43, 195—228, 363—399.

SYC(Annual). *Zhongguo Tongji Nianjian*[Statistical Yearbook of China]. Beijing: Zhongguo Tongji.

Taylor, Jeffrey. (1988). "Rural Employment Trends and the Legacy of Surplus Labour, 1978—1986." *China Quarterly*, No. 116. (December), pp. 736—766.

Vermeer, Eduard(1988). *Economic Development in Provincial China: The Central Shaanxi since 1930*. Cambridge: Cambridge University Press.

Wiens, Thomas(1982). "The Limits to Agricultural Intensification: The Suzhou Experience." In U. S. Congress Joint Economic Committee, ed., *China under the Four Modernizations*, 462—474. Washington, DC: U. S. Government Printing Office.

World Bank(2005). "Meeting China's Rural Health Challenges." http://www. worldbank. org. cn/English/content/314y63381193. shtml.

Zhang, Xiaobo, and Ravi Kanbur(2005). "Spatial Inequality in Education and Health Care in China." *China Economic Review*, 16:189—204. See the sources cited therein as well.

Zhou, Kate Xiao(1996). *How the Farmers Changed China: Power of the People*. Boulder, CO: Westview Press.

第 11 章

251 农业：产出、投入和技术

多年来，粮食供应一直是中国面临的最大挑战。从“大跃进”的失败到20世纪80年代，中国的农业能否满足中国不断增长的人口的需要，依然是个悬而未决的基本问题。今天，这一问题已经有了答案：过去的25年里，中国农业不但呈现出养活中国所必需的产能和活力，而且在多数年份里，还保持一定程度的农产品贸易顺差。以粮食——中国最重要的农产品——总产量为指标，1956年和1957年（战争和革命后的恢复期）的粮食产量已经接近2亿吨。从那以后，粮食产量一直持续增加到1998年的5.12亿吨高峰之后才稳定下来。中国的农业是怎样实现持续增长的呢？本章将给出一个简单的事实，即中国农村进行了一场技术革命，这场技术革命始自20世纪70年代。1970年之前，中国的农业生产技术基本上比较原始，也就是说，农业生产技术基本上依赖于传统技术（虽然经过几百年的实践这些传统技术也有所改进），而且完全没有现代投入。20世纪70年代，这种情形开始发生变化，新技术和现代农业资料首次大量涌入中国农村。20世纪80年代和90年代，中国农业技术转型加快，农业产出开始依赖大量现代农业投入的使用。这场正在进行中的革命为农业产出的进一步增加奠定了基础。

在需求方面，中国农业面临新的挑战。由于中国人的收入增加，人们对饮食的更高需求使现有食品市场迅速发生变化。过去，人们的食物基本上就是粮食，但现在中国的消费者对食物品种有了越来越多的要求，这就给农业体制提出了更多更高的要求。中国怎样才能在未来成功地增加粮食生产并多样化农产品品种
252 呢？对这个问题的回答大半取决于技术转型。农业技术转型需要研发和投资。研发才能搞出更好的植物品种、新型化肥并改善种植体系，对土地的投资则能改善土质和控水技术。本章将着重阐述中国农业的技术转型，重点对农业一揽子投

入的变化，如土地、劳动、种子、水利、化肥和机械进行讨论，探讨这些投入带来的产出变化。我们还将在回顾过去之后，对中国农业、农业生态和农学研究体系本身的创新进行讨论。本章还将对重建今日中国农业的三大力量进行研究。新一轮对农业支柱行业的投资也要求提供新鲜产品和优质食物。基于基因工程的新一波技术变革，也会增加某些食物的供应。最后，由于中国已在 2001 年加入世贸组织，所以当前的全球化浪潮不仅为农业专业化提供了新的可能性，也为中国农民带来了新的竞争性挑战。

11.1　1949 年后的农业概况

20 世纪 50 年代，由于恢复了传统农业体系并通过合作化调动了劳动者的积极性，农业生产有了增长。60 年代，可能改变中国农业体系的现代技术开始出现。从 70 年代起，中国的绿色革命引发了农业转型。让人惊讶的是，绿色革命的关键要素——良种、化肥和水利灌溉——与作为传统农业基础的三个要素完全相同（见第 2 章）。但是，绿色革命的这些要素是通过系统运用科学研究，并使用产业方法生产改良的投入品才得以产生的。

1949 年以后，新成立的基于传统农业技术的农村合作社（第 10 章曾予以讨论），被用来加速推动改进农业投入的步伐。这种加速推动尤其在开垦灌溉不足的土地和农民改良土地投入的耗费时间上有所体现。1955—1957 年，人均产量恢复到了原有水平，达到约 300 千克（见图 11.1）。由于当时中国的粮食分配较为公平，所以这些粮食基本满足了全民吃饭的需求。但这一水平没能维持下去。“大跃进”的错误使人均产量降至勉强糊口的水平（图 11.1 没有显示）。令人惊讶的是这样一个事实，60 年代中期，虽然已经从“大跃进”后的最糟糕情况下恢复过来， 253
但人均产量仍然低于 1955—1957 年的水平。这意味着，数百万人仍然处于饥饿的边缘。直到 70 年代末，人均产量慢慢爬升到了 300 千克，明显恢复到了 50 年代的水平。农村改革之后，人均产量最初猛增到 1984 年的 400 千克，但随后增长放缓，直到 1996—1998 年，人均产量才再次超过 400 千克的基准。

从 20 世纪 60 年代中期到 80 年代，产量稳定增长背后的原因何在？从 60 年代开始，中国的科学家开始提出可能推动农业生产迈向更高水平的绿色革命技术。绿色革命技术发端于西方，中国科学家独立自主创造出了可与西方媲美的成就，并在一两个领域取得了超过西方的突破。特别惊人的是，基于现代科学技术的

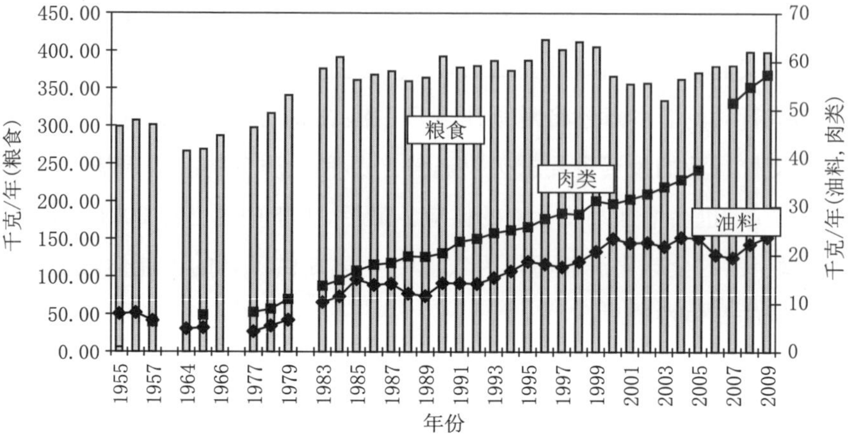

图 11.1　人均农业产量

绿色革命所依赖的改良品种、大面积施肥和精确水利灌溉调节，也是中国传统农
业据以为基础的相同的三个要素。60 年代末到 70 年代，中国农业在土地的集约
254 化使用(利用现代科学给土壤追加养分)过程中成长。新的粮食耕种模式也逐渐
形成，其中包括便利这种集约化的一年三种和不同作物的间作。

在粮食产量有了适度增长的同时，20 世纪 70 年代采用的农业政策却忽视了多种经营和农业商业化的潜在利益。实际上，粮食产量增加的部分原因在于实施了“以粮为纲”的农业政策(见第 10 章)，这种政策只重视粮食生产而排斥许多其他作物。这一政策虽然成功保持了人均粮食产量的增长，但也造成了许多重要的非粮食作物严重减产。比如我们可以从图 11.1 看出，人均油料作物的产量在 70 年代大大低于 50 年代。由于食用油严格按照配给供应，所以每天可用的植物油不超过一汤匙。考虑到中国人做饭离不开用植物油煎炸烹炒，而一汤匙油还不够炒一碟菜，所以，中国家庭一般只能在满足所需卡路里的同时，吃些单调而简单的饭菜。从 1979 年开始，农村政策出现极大变化，农业产量也开始激增。比粮食增产更让人吃惊的是非粮食产品的增长，比如油料作物和肉类的产量就出现了明显增加。农民们不仅对自己从事的经济活动有了更大的自主权，而且很多一年仅有一次收获的农民也作出积极回应，努力工作以更有效地满足市场需求。这种情况也促进了不同地域的产品生产，不同地区的生产又更好地满足了不同的需求，同时也使生产的布局更为适合各地的自然条件。

11.2　农业的技术选择与技术发明

中国的农业与其他国家一样，都取决于土地和劳动之类生产要素的供应。农民在农业生产过程中使用各种投入以及投入的相对比，是由资源的相对稀缺性从而是相对投入价格决定的。图 11.2 显示了经济学家对农业生产(或就任何生产而言)的技术选择进行分析时所采用的标准方法。图 11.2 中，横轴表示土地的量，纵轴表示生产过程中投入劳动的量。曲线为等产量线，在等产量线的任何一点上，给定的产量 x 都可以用与图中该点相应的土地量和劳动量生产出来。等产

255

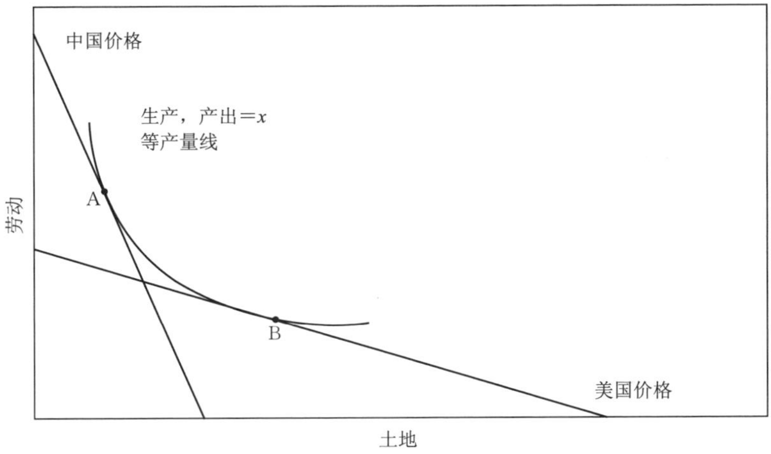

图 11.2　技术选择

量线上不同的点，代表不同的要素比例：等产量线显示出在技术上能生产出产量 x 的投入组合范围。比如像美国这样土地丰裕而劳动力稀缺的国家，我们就可以用图中平缓的直线来表示美国的相对价格：即一个工人的工资等于一大片土地的租金。这条直线上的任何一点都显示出在美国进行生产的相同成本支出。一名美国农民花费最少的成本所能生产的产出是点 B 的 x。陡峭的直线表示在劳动力丰裕而土地稀缺的中国之相对价格：一小片土地的租金等于一个工人的工资，直线上的任何一点等于在中国进行生产所支出的同量成本。一个中国农民花最少的成本将生产出位于点 A 的 x 产出。相对于美国农民而言，一个中国农民将使用劳动密集型生产过程，在小片土地上大量使用劳动。这就是相对价格和成本最小化的直接运用。

这一简单分析可以扩展到更富挑战性的技术变化领域。“诱发创新”假说认为，技术变化也源于经济行为人节省相对稀缺的资源，并利用相对丰裕的资源的
256 成本最小化需求。中国农民尤其看重能让他们节省土地的新技术——比如集约化利用现有土地资源。他们会寻求和采用能让他们在土地上更多使用(相对便宜的)劳动力的新技术。速水佑次郎和拉坦(Hayami and Ruttan, 1985)独创性地以1880—1980年美国和日本农业发展情况阐明了这一过程。这两个国家的发展途径截然不同。美国土地资源丰富，劳动力相对匮乏，所以要开发动力机械来代替相对稀缺的劳动力。日本则劳动力丰裕而土地资源相对匮乏，所以要在高产良种、化肥和水利灌溉调节等所有事情上做文章，以替代相对稀缺的土地资源。虽然发展道路不尽相同，但增长率和产出水平却相当。图11.3表明了东亚和北美的经验所暗含的不同发展途径(注意，图11.3的轴与图11.2不同)。中国和日本一样，遵循的农业技术进步过程主要也是为了提高每单位土地面积的产量。我们可以把这两种途径名之为“机械化”与“化学化”。

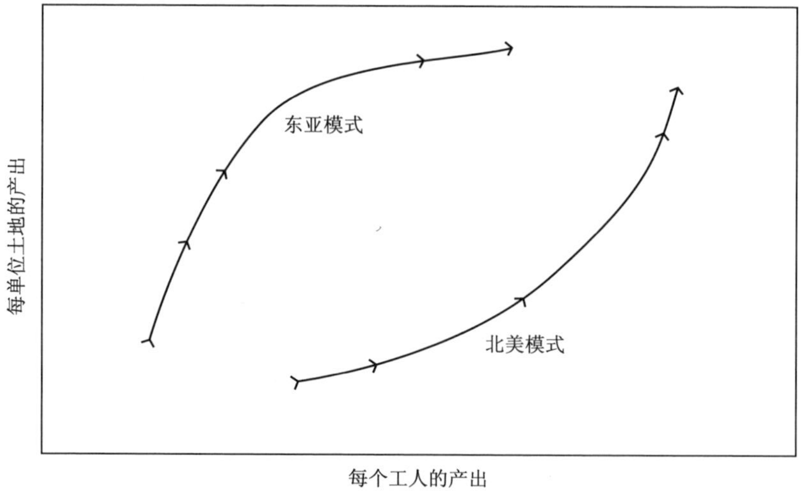

图11.3　诱发创新的途径

接下来，我们要追踪中国农业集约化的发生发展过程。由于发展道路必须
257 总是适应于具体条件，所以农业生产可能有非常严格的区别。比如说，植物生长需要时间，某些耕作也必须在某一具体时间进行。缩短庄稼生长所需的时间有可能，用某种投入代替另一种投入也有可能，但是，时间——还有等待——是基本的要素。在不同气候或农业生态地区，一定有某种作物比其他作物更适应

这个地区的条件。传统上，我们把中国分为种稻和种麦两个区域，然后再划分成很多次区。稻麦两区的分界线位于江淮之间约北纬 33°线左右（见图 1.2）。种稻区水量充沛，生长季长，长期以来一直拥有完善的灌溉网络。绿色革命很容易适用于这里的条件。种麦区水量不足，生长季短。但不管怎样，灌溉网络在不久之前还不多见，所以这里的农民全靠季节性降雨进行生产。除非实施了重要的基础设施建设并采用了技术手段，否则在种麦区还无法应用绿色革命创新。

为了支持各个区域的农业生产增长，中国建立了一个复杂的农业研究机构网络。根据诱发创新假说，中国大部分地区都属于劳动力丰裕而土地资源相对匮乏的地区，所以我们期望看到如日本那种节约土地——或曰扩大耕地——和使用劳动力的技术。由于中国几乎所有适宜耕种的土地都已被开垦，所以扩大可耕地面积并不是中国什么好的选择。既然不可能这样粗放式地发展可耕地面积，土地的集约化使用就非常必要。集约化使用常常要求改良土地，所以可能需要修筑梯田，在丘陵或山地平整出小块平地。20 世纪 50 年代以来，每年一次以上或复种技术在很多不同地区都已大量采用。在浙江，复种指数有时候多于两次，意味着平均来说该省农田一年内播种两次以上，复种包括轮作、间作和套作。轮作指依次轮换种植作物，这就需要在播种、耕耘、收获一种作物之后，再接着另一作物的种植过程。轮作方式多种多样，可能有些复杂，涉及 3—7 年不同作物的连续集约化生产模式。与单作（同一种作物连续反复种植）相比，这种大规模多样化的作物生产对土壤肥力和预防病虫害都有积极影响，同时还能在短期内增加产量。间作指在同一时间内、在同一块地上隔行种植两种作物。这种做法可能会有某些实际好 258
处，比如较高的作物在享受直射阳光的同时，又正好可以给较矮喜阴的作物蔽光。在一种作物的生长条件得到改善的同时，另一种作物的条件正好保持不变。套作介于轮作和间作之间，是指在一块地里种下一种作物且没有收获之前，又在这块地里种上另一种作物。这种技术使第二种作物在开始生长之前，不会对第一种作物产生明显影响。

11.3 绿色革命

“绿色革命”技术是指对包括育种、施肥和水利灌溉在内的一揽子传统投入的升级和改良。高质量的水流调节和输送、人造化学品尤其是化肥的使用和水肥育种等，都是这一体系的内容。中国为开发适应于具体地方条件的高产良种，投入了大量的资金、人力和时间。绿色革命技术的一个重要特征在于，它们形成了一整套互补性技术：每种具体技术的生产力要通过其他技术而获得大幅提升。因此，绿色革命技术的三根支柱，必须同时采用才能取得最佳效果。表现这种互补性的一个简单方法，就是检查不同作物品种施肥后取得的产量。图 11.4 显示，传统作物在一定程度上可以通过施加化肥来增加产量。绿色革命的作物——所谓高产作物或者高产品种——的优越之处在于，它们不是不用施肥就能有更高的产量，而是可以连续施肥，而且施肥量越大，产出越高。

11.3.1 水利灌溉

中国提出的绿色革命三支柱的第一支柱就是遍布全国的高质量水利灌排系统。从 20 世纪 50 年代初期开始，中国就开始建设水利灌溉工程，技术能力也日渐增强。图 11.5 显示了灌溉面积的扩大。冬季农闲时节，由集体农业社动员并派出劳力来从事农田水利灌溉工程建设。正如图 11.5 所示，从集体公社时期直到 20 世纪 70 年代末，农村灌溉面积迅速扩大。20 世纪 80 年代，灌溉面积不仅没有增加，甚至还略微有些减少。灌溉面积不再增加与标志着集体所有制解体的公共品供应的式微有一定的关系。直到 20 世纪 90 年代，确定了一种新的灌区组织形式，灌溉面积才继续扩大。

259

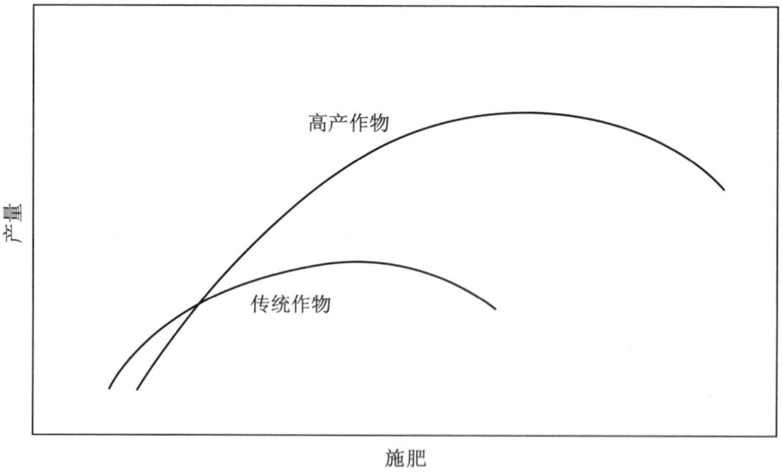

图 11.4　绿色革命：施肥的结果

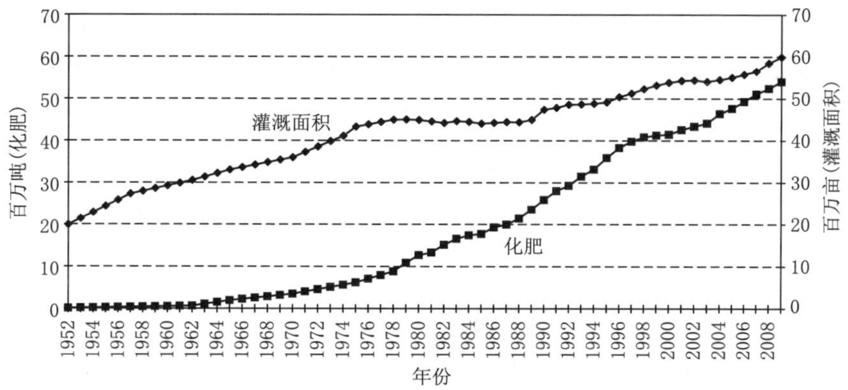

图 11.5　化肥与灌溉面积

为了改善水利灌溉的效果，中国又引进了电机。20 世纪 50 年代，打水要靠人 260
力或畜力牵引。今天，三分之二的灌区浇水通过水泵提水，这就更加有助于提高高产作物生产所必要的控水灌溉的效率。2004 年，中国农村有 5 000 万台电泵，还有更多的大型电机设备也被用来承担灌水浇苗的任务。另一项先进技术是在华北平原打凿管井，用于供水。如第 1 章所详述的，由于城市、工业和农业用水增多，整个黄河流域年年缺水。对于这个土地肥沃、阳光充沛的地区来说，缺水成了扩大生产的一个瓶颈。华北平原很多地区的供水含盐成分较高，因此以水的蒸发(盐碱化)为基础形成了另外一种丰产田。这意味着，从没有额外排水能力的地表水源提取灌溉用水在技术上有些行不通。华北平原地下有许多蓄水层，但中国农民一直无法使用这一丰富的水源，直到开发出能够产生充分水位差，并能从地表以下 30 米处提取淡水的潜水泵，这些水源才大规模用于生产。整个 20 世纪 70 年代，华北平原有数百万台水泵在大力开采蓄水层的水源，因此而导致小麦生产的迅速扩大。但是 30 年后，对蓄水层的过度开采可能正在引发用水危机。因此，华北平原的小麦生产最终将会减少(见第 20 章)。

11.3.2　农用化工产品

绿色革命三支柱技术的第二支柱是包括化肥和杀虫剂在内的农用化工产品。中国传统农业投入体系是大量施加有机肥，有机肥的使用量甚至达到每亩 6 吨。有机肥虽然为传统农作物提供了充足的养分，但投入的劳动非常多，气味难闻，同时也不能像给现代高产作物施肥那样使传统作物提高产量。由于最初只是想提高劳动密集型有机化肥的使用，所以一开始化肥生产发展缓慢(参见图 11.5)。20 世纪 60 年代和 70 年代初，一些小型地方工厂开始生产质量不高的氮肥。1973—

1974 年，中央政府作出发展国内现代氮肥产业的重大决定，并从国外引进了 13 家
261 大型合成氨和尿素工厂。最初计划在设计人员撤走后就在各省仿建这些工厂，但后来发现这类大型高技术工厂的仿建比预期的更为困难，所以后来又重新安排进口，大型国内化肥产业才得以慢慢起步。

正如图 11.5 所示，1978—1996 年，化肥供应实际上已经开始突飞猛进，这段时间内，化肥供应在既有的庞大基数上又增长了 4 倍。仅靠国内生产能力仍然不能满足需要，因此过去 25 年来，中国一直依赖于国际市场。中国宁愿通过进口化肥来增加国内粮食产量，而不愿进口粮食。20 世纪 70 年代中期，中国一直存在隐性且难以满足的化肥需求。随后的改革又给了农民新的强烈激励，所以化肥一直是现代三支柱技术的关键部分。

11.3.3 种子

绿色革命的第三支柱是良种。要获得良种，就必须在科研领域进行大量投资，才能对种子的遗传特征进行改良。投资的结果可以通过改良作物在大量施肥和定时灌溉条件下具有更高的产量而得到证明。1949 年后，中国的农业科研能力发展迅猛，但道路并不平坦(Pardey, Roseboom and Anderson, 1991, 226—234)。在 1949 年前的民国时期，南京政府在自己执政的 10 年时间内就启动了最初的农业科研和发展计划。20 世纪 50 年代，中华人民共和国又建立了以中国农业科学院为首的多层次研究体系。除了在各省建立省级农科院以外，各县还有农技服务站。同时，中国还建立了今天世界上最大的种子生产和分配体系。“大跃进”和“文化大革命”的混乱使农业研究出现了严重问题。但即便在“文化大革命”中，农业技术和农学研究还是有些进步，县、公社和大队也都建立了农技服务站(见表 10.1)。研究的重点是培育和推广适合当地条件的新品种。虽然不太关注农业基础科学，但一些实际工作和适应性工作也取得了进展。1979 年后，中国开始重建研究机构，基础研究也重新开始。省市研究机构一般更关注适合本地条件的研究，因此与其他国家相比，中国的整个研究体系比较分散。

这种全国农业研究体系生产并推广实现绿色革命的技术，其中最重要的是高产作物的改良品种。植物育种项目包括选种和杂交这样的传统植物育种内容，以
262 及逐步推进先进的遗传工程技术。整个 20 世纪 50 年代，因为从国外进口种子使植物存量有所增加，其中包括小麦、棉花、玉米和来自本国的新种子。1964 年，中国科学家开发了第一个真正高产的矮小稻种。正是在此两年前，设在菲律宾的国

际水稻研究所公布了其革命性的高产矮小稻种 IR-8，这一事件常常被称作全球绿色革命的开端。矮小稻种是绿色革命的一个重要突破，由于矮小稻种能把营养成分吸收到谷粒而不是吸入(短而粗的)稻秆中，所以矮小稻种能大量吸收化肥的营养。这一发展解决了作物因长而纤弱发生倒伏的问题。这一问题也是早期一直困扰着研究的问题。中国科学家继取得突破之后，又在 20 世纪 60 年代与国际农业研究机构建立了联系，与各国际粮食研究机构开展了种子的收集和交换。在“文化大革命”的艰难时期，这种联系有助于中国科学家开展工作。

另一个成功经验是各种作物杂交品种的引入和推广。1961 年，杂交玉米引入了中国，截至 1990 年，大约 90%的播种区都已种植了杂交玉米。杂交水稻的引入是在 1976 年，到 1990 年，杂交水稻的播种已经达到 40%以上。杂交品种带来了高产，但杂交产品不能作为下一代作物的种子。中国能够大面积推广杂交水稻是因为中国农民十分信赖农技站推广供应的新一代种子。这里有一个例子，计划经济时期创建并在“文化大革命”中得到强化的制度基础，实际上在后来的市场改革时期，对技术变化的迅速发展和产出的强劲增长都作出了贡献。绿色革命技术是一种互补性技术，中国直到 20 世纪 80 年代，才进入三条腿并立的时代。因此，只有当三个要素同时存在才可能实现潜在的技术收益。事实上，这一技术革命几乎在农村改革引发制度革命的同时就已完成。一些观察家认为，技术变革是 20 世纪 80 年代初期农业生产力提高的最重要的原因。他们强调的是绿色革命三元技术中的最后一元，即化肥的配合使用(Stone, 1990)，以及品种的改良尤其是杂交水稻的采用(Huang and Rozelle, 1996)。这一观点不同于主流解释。主流解释认 263
为，应该承认农村改革的激励因素对生产力提高的作用(McMillan, Whalley and Zhu, 1989; Lin, 1992)。无论是哪种情况，我们都应该承认激励和技术变化两者的重要作用，也应该承认近年来中国农村一直在进行技术革命。这的确也是自 20 世纪 80 年代以来所发生的转变。如果我们观察一下中国农村使用的动力，就能看出近年进一步强化的技术转型。

11.4　农用动力

在传统耕种体系中，牲畜牵引和人的肌肉是动力来源。图 11.6 显示出中国农村使用动力的演变。20 世纪 70 年代初期以前，机械动力相对而言并不重要。农村主要通过使用牲畜，比如耕畜拉犁和负重来增加人力。20 世纪 50 年代，最受欢迎的大耕畜有牛、马、驴和骆驼，因为这些耕畜不仅能提供耕种所需的动力，而且还能提供有机肥，还可以从事运输和提供某种程度的粮食安全。20 世纪 50 年

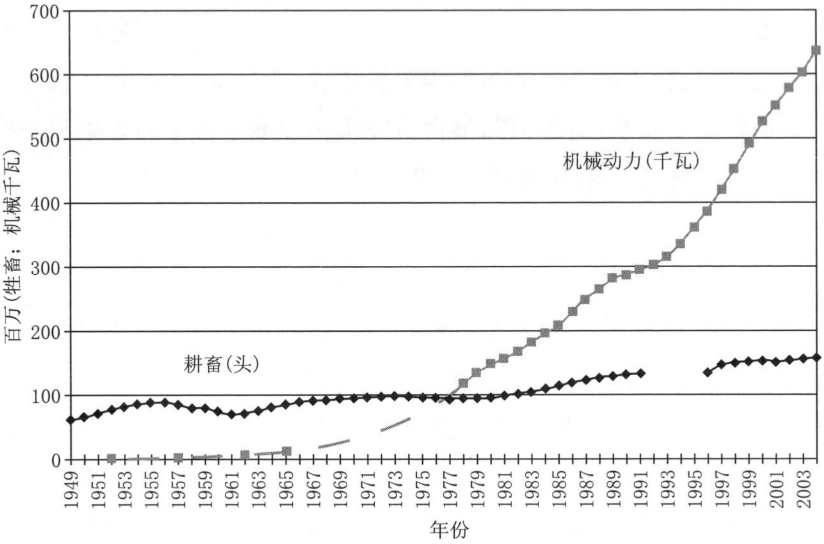

图 11.6　农用动力

264 代上半期，农村经济的恢复也反映在役畜数量的大量增加上。但是，自 1955 年耕畜数目达到高峰并经过集体化之后，耕畜数目首次不再增长，“大跃进”之后，更是出现暴跌。很显然，农户并不情愿让农村集体管理自己的家畜。耕畜数量虽然没有出现苏联那样的灾难性暴跌，但在 1955 年的峰值年份和 1961 年的农业生产力低谷期间，耕畜总量减少了 21%。一直到 20 世纪 70 年代初，耕畜总存量才有所恢复，但在 70 年代末农村改革开始之前，耕畜数量的增长再度停滞不前。

20 世纪 70 年代，机械动力开始在农村发挥重要作用(图 11.6 对耕畜动力和机械动力的规模做了大致对比。1 千瓦的机械动力相当于 0.736 马力。因此，两条线的相对位置大致反映了农村役畜动力和机械动力的总体作用：仅仅在 20 世纪 70 年代末，机械动力才超过了畜力)。劳动增加型技术(labor-augmenting technology)尤其是机械化，是中国一开始向苏联学习的“大推进”工业化战略的一个传统特征。正如我们此前对诱发创新的讨论所说的那样，鉴于中国固有要素禀赋的特点，这种劳动增加型技术未必适合中国的情况。尽管出现了这种明显的错配，但在计划经济体制下，中国的农业规划者还是为发展农业机械，比如类似

不太适合中国条件的大型拖拉机投入了大量资金。中国农民不喜欢使用拖拉机，他们把大型拖拉机当作小卡车，在农村周边拉拉砖瓦和化肥。然而有些农用机械，如前面讨论过的小型电泵等，可以通过打机井和扩展遍布复杂地势的灌溉沟渠而使灌溉面积得以迅速扩张，所以对现代一揽子投入作出了重要贡献。

农业机械动力的发展非常缓慢，机械动力最初只在水利灌溉中使用，然后才在耕作中使用。改革开放之后，农民从使用大型拖拉机拉货改成用卡车拉货和用小拖拉机耕地。所以一些小型拖拉机的数量激增，从1978年的140万辆增加到2004年的1 450万辆（*SYC*，2005，449）。这些小型拖拉机机动灵活，农民也买得起，因此更适合中国农村的生产规模。实际上，机械动力的总体情况与美国这种土地利用农业经济（land-using agricultural economy）的情况很不相同，在美国，多数机械动力主要是由拖拉机和联合收割机构成。而在中国，1995年的全部机器动力中，22%是水压机（水泵等），22%是小型拖拉机，17%是运输设备，另有13%是 265
农业加工设备。中国农村因在农村经济中普遍运用机械动力而得以改变面貌，但这一转变只是晚近才发生的事情。

11.5　产出和产量：集约化的挑战

20世纪90年代末，中国农业成功地把以现代科学为基础的投入与农业生产过程的不断集约化结合了起来。自1952年以来的50年内，中国的粮食总产量增加了3倍。粮食作物仍然只是占耕种面积的2/3，水稻仍然是最重要的粮食作物。由于种子的改良，水稻的增长幅度很大，产量已经达到过去的两倍多。小麦的产量也有很大增长。因为玉米是重要的动物饲料，已经超过小麦成了第二重要的作物。最重要的非粮食作物是棉花，棉花播种面积已经占到播种面积的3%—4%。

表11.1显示，到20世纪末，中国的水稻和小麦产量已经超过世界平均水平，而小麦的产量更是超过了美国。能够取得这些成果，主要是在每亩土地上动用了超过世界平均水平近4倍的人力，超过美国150倍的人力。虽然中国大部分土地都是灌溉土地，但中国农民很少使用拖拉机。最令人吃惊的是，中国每亩地上消耗的化肥几乎是世界平均水平的3倍，是美国的两倍多。农药的数据也实实在在地显示出农药在中国的使用也大大超过了世界和美国的平均水平。

表 11.1 每亩耕地产量和投入之比(1997 年)

	单 位	中 国	世 界	美 国
每亩产量				
水 稻	吨	6.2	3.9	7.0
小 麦	吨	3.7	2.7	2.8
谷 物	吨	4.6	4.3	8.6
大 豆	吨	1.7	2.2	2.6
每亩化肥消耗量	千克	271	94	111
每百亩农民人数	名	310	82	2
土地灌溉	百分比	40	18	13
每千亩拖拉机数	台	6	18	27

266 我们并不清楚中国农业的集约化经营是否可以在已有基础上再前进一步。中国以及中国沿海地区环境已经由于水中含有过量的化肥成分而负担沉重。有毒的杀虫剂危害着鸟类和动物的生活。地下水源和地表水源都显示出严重的过度开发迹象。河北省某些地方地下水位每年下降 1 米以上(Lohmar et al.，2003)。而且，农业工人已经开始放弃农业，如第 6 章指出的那样，自 1991 年起，农业劳动力减少了大约 10%。幸运的是，中国现在可能不需要再走持续集约化的道路了。现在有三股力量正左右着中国农业迈向全新而难以预料但又充满希望的道路：由于收入快速增加而导致的需求结构的变化，由于转基因技术而导致的技术潜力的迸发，以及由于全球化而带来的专业化模式的变化。下面我们将要对这三种趋势进行讨论。

11.6 多样化和未来的挑战

饮食改善的迫切需求将推动中国农业的未来发展。不久之前，中国人的饮食还是以粮食消费为主。晚至 1981 年，中国饮食中平均 94%的卡路里来自植物产品(87%来自粮食)。更惊人的是，90%的蛋白质也来自植物产品(83%来自粮食)，而只有 10%的蛋白质来自动物产品。近年来，相对于今日中国中等收入群体较高的收入弹性而言，需求压力主要集中在食品上，这些食品包括肉类、新鲜水果和蔬菜、禽肉以及蛋。饮食的变化使消费从碳水化合物转向了高蛋白质、脂肪和糖。这一转变实际上在所有那些向中等或中等以上收入迈进的国家都有发生。在这一转变过程中，肥胖问题日趋严重，并非偶然巧合，中国的情况也不例外。

饮食的改善对农业体系提出了新的要求。但这并不一定会减少粮食生产的压力，因为令人啼笑皆非的是，增加肉类消费通常仍然要求有较高的粮食生产水平。这里的逻辑是，用肉类生产向消费者输送卡路里，效果相对较低。一般而言，动物需要通过一个相对“昂贵的”转变过程，才能把蔬菜卡路里转变成更高价值的食品。总之，中国应该继续增加粮食生产，但应该增加不同品种的粮食，而且大部 267
分增加的粮食都应转换为肉类。中国现在正在发展一种新的动物饲料产业，这种动物饲料把谷物和油料粉饼（尤其是大豆的粉饼）混合起来，再加上维生素和蛋白质添加剂。紧随这种新的饲养体系又出现了新型围栏饲养、屠宰和销售网络体系。这种情况在中国各地都有出现，但发展步伐惊人地缓慢。中国传统的“农本”经济仍在坚持自己的固有地位。尤其迄今为止，中国动物蛋白质的最大来源仍然是养猪，中国饲养的牲猪超过全世界的一半以上。值得注意的是，80%的牲猪仍然是以传统的家庭饲养方式饲养的，一般都是农户在自家猪圈里养上几头牲猪。这些家庭饲养户现在仍然具有较高的竞争力，原因在于，他们主要是用家里的剩饭菜和青刈豆料，包括树叶和秸梗、块茎和南瓜饲养牲猪。改良饲料只占全部饲料的36%。这种与众不同且极为有效的小规模经济全部依赖回收利用农家产生的每样东西（Iowa State, 1998）。这个部门的转变将对世界大豆贸易产生重大影响。

中国的生产者正从传统粮食作物生产转向高附加值作物，尤其是棚栽产品的生产。这些棚栽作物虽然可以得到更高的回报，但却极为依赖更复杂的基础设施。储藏和运输高价冷冻食品和易腐食品所需的低温运输设备是关键环节。现今多数城市家庭都有冰箱，他们在超市购买食品的费用也正在增加。对农村来说，虽然这种变化对他们有利，但却需要更复杂的运输和储藏系统。

11.7 转基因生物

中国在生物技术，尤其在转基因研究和发展方面作出了重大努力。而且，中国的转基因生物（GMOs）迅速转入了实践，并取得了若干实质性成果。最引人注目的成果也许是 BT 转基因棉花，这种棉花被植入了一种可以使棉花较少受到虫害侵袭的基因。棉花本身不仅是一种重要的作物，而且也是一种可以承受大剂量农药的植物。现在的虫害已经发展到对多种农药具有抗药性，因此中国的棉农在20 世纪 90 年代末在棉田里使用了几种有毒的鸡尾酒（toxic cocktail）农药（甚至非法使用 DDT）。BT 转基因棉花是 20 世纪 90 年代中期由中国农业科学院研制的，1997 年加以推广（孟山都公司约在同一时期也开发出了 Bt 转基因棉花品种）。 268

Bt 转基因棉花使棉农的棉花产量增加了 8%—10%，最大的补偿是减少了三分之二的棉花农药使用量。Bt 转基因棉花使华北农村在 20 世纪 90 年代一直举步维艰的棉花生产恢复了活力(Pray et al.，2002；Huang et al.，2003)。

中国在生物技术方面作出的巨大努力也应用到了其他农作物身上。与大多数国家不同，中国的研究多由公共基金资助的机构和政府的研究机构，比如中国农业科学院进行。自 20 世纪 90 年代末期以来，政府用于研究生物技术的专项资金快速增加。到 1999 年，中国政府已经投资了 1.12 亿元用于植物生物技术(plant biotechnology)的开发，与发达国家政府的投资水平相当(虽然仍然不及最大的私营农用企业)。政府的这番努力当然可以产生许多不同类型的可预见成果，但其中最重要的莫过于转基因水稻。中国的科研人员尤为擅长构建农作物的抗病虫害能力。不过在水稻方面，我们也会看到不断推出的增加了维生素和蛋白质的新品种。新一轮的技术转变将重塑中国的农业。

11.8 全球化

中国加入世界贸易组织对中国的农业发展具有重大影响。世界贸易组织成员身份限制了中国保护农业的程度。如果政府想要提高农产品价格的话，粮食进口造成的竞争会给出中国农产品价格上升的上限。因此从这个意义上说，全球化限制了中国在农业部门的某些政策选择。而最令人惊讶的是，在最近 10 年中，中国并没有成为粮食净进口大国；相反，中国已经稳步调整了农业支持政策。2004 年开始，政府承诺实施新一轮的补贴和税收减免，这是自 1949 年以来中央政府第一次对农民提供净支持。积极的政府政策也得到了农村的回应，不仅粮食净进口总量一直较为适度，而且中国还出人意料地实现了粮食自给。事实上，中国大量进口的是土地密集型产品，像小麦(最重要)、谷物、棉花和大豆。大宗出口的是稻米。但是，中国已经快速扩张其劳动密集型棚栽产品的出口。像蔬菜、花卉、水果
269 和罐装加工产品的出口量都在持续增加。由于国际贸易可以使中国利用本国和发达国家之间在要素禀赋，甚至在农业部门的差异，所以很明显，中国经济从国际贸易中有利可图。

因为中国是世界上最大的农业生产国，所以生产力的持续增长至关重要。如果中国大陆进入国际粮食市场达到日本和中国台湾地区那样的程度，粮食价格的大幅增长会引发严重的不安。人们常常担心中国对粮食的需求会使世界粮食市

场不堪重负到难以维持的地步(Brown，1995)。这一担心在过去几年中已经大大减弱。中国出人意料地实现了粮食自给，并能在可预见的未来持续这一状况。而且，今日中国显然有足够的外汇可以利用世界市场满足自己的粮食需求。如果粮食价格居高不下，世界其他国家显然也有足够的土地提供更多的粮食。未来的问题是，中国的政策，尤其是中国日渐增加的对国际粮食市场的依赖，在什么程度上才能更进一步使自己适应全球化提供的机会？从这个意义上说，世界经济的深度一体化为生产力增长和全世界的经济利益提供了新的源泉。

进一步阅读的建议

尼伯格和罗思高(Nyberg and Rozelle，1999)与美国农业部(USDA，2002)对农村经济都作过较好的阐述，实际上触及了这一论题的所有方面。林毅夫(Lin，1992)的文章比较经典，该文基于对农业生产函数的估算，提出了非常鲜明而有益的论点。

数据和图表资料来源

图 11.1:《中国统计年鉴》(*SYC*，1911，357；1996，378；2005，462—469)。肉类生产是指动物屠宰后的重量，即猪肉、羊肉和牛肉的生产总量。官方的肉类生产数据依据马恒运、黄季焜和罗思高(Ma，Huang and Rozelle，2004)的数据进行了下调。

图 11.3:速水佑次郎和拉坦(Hayami and Ruttan，1985)。

图 11.5:《中国统计年鉴》(*SYC*，1991，323，331，356；2005，451)。

图 11.6:《中国统计年鉴》(*SYC*，1991，323，331，356；2005，449，467)

表 11.1:盖尔(Gale，2002，8)。

参考文献

Brown，Lester(1995). *Who Will Feed China? Wake-up Call for a Small Planet*. New York：W. W. Norton.

Gale，Fred(2002). "China at a Glance：A Statistical Overview of China's Food and Agriculture." In USDA(2002，5—46).

Hayami，Yujiro，and Vernon W. Ruttan(1985). *Agricultural Development：An International Perspective*. Baltimore：Johns Hopkins University Press.

Huang，Jikun，and Scott Rozelle(1996). "Technological Change：Rediscovering the Engine 270
of Productivity Growth in China's Rural Economy." *Journal of Development Economics*，49:337—369.

Huang，Jikun，Ruifa Hu，Carl Pray，Fangbin Qiao，and Scott Rozelle(2003). "Biotechnology as an Alternative to Chemical Pesticides: A Case Study of Bt Cotton in China." *Agricultural Economics*, 29:55—67.

Iowa State Food and Agriculture Extension(1998). "Pigs in China: Impacts of Chinese Swine Feeding Practices on Future Chinese Feed Grain and Livestock Trade." Available at http://www.fapri.iastate.edu/bulletin/nov98/chineseSwine.htm.

Lin, Justin Y. (1992). "Rural Reform and Agricultural Growth in China." *American Economic Review*, 82:34—51.

Liu, Yunhua, and Xiaobing Wang(2005). "Technological Progress and Chinese Agricultural Growth in the 1990s." *China Economic Review*, 16:419—440.

Lohmar, Brian, Jinxia Wang, Scott Rozelle, Jikun Huang, and David Dawe(2003). *China's Agricultural Water Policy Reforms: Increasing Investment, Resolving Conflicts, and Revising Incentives*, Agriculture Information Bulletin No. 782, Washington, D. C.: U. S. Department of Agriculture, Economic Research Service, http://www.ers.usda.gov/publications/aib782.

Ma, Hengyun, Jikun Huang, and Scott Rozelle(2004). "Reassessing China's Livestock Statistics: An Analysis of Discrepancies and the Creation of New Data Series." *Economic Development and Cultural Change*, 55(2), January, 445—473.

McMillan, John, John Whalley, Lijing Zhu(1989). "The Impact of China's Economic Reforms on Agricultural Productivity Growth." *Journal of Political Economy*, 97(4), August, 781—807.

Nyberg, Albert, and Scott Rozelle(1999). *Accelerating China's Rural Transformation.* Washington, DC: World Bank.

Pardey, P. G., J. Roseboom, and J. Anderson(1991). *Agricultural Research Policy: International Quantitative Perspectives.* New York: Cambridge University Press.

Pray, Carl, Jikun Huang, Ruifa Hu, and Scott Rozelle(2002). "Five years of Bt Cotton in China: The Benents Continue." *Plant Journal*, 31(4):423—430.

Stone, Bruce(1990). "Evolution and Diffusion of Agricultural Technology in China." In Neil G. Kotler, ed., *Sharing Innovation: Global Perspectives on Food, Agriculture and Rural Development*, 35—93. Washington, DC: Smithsonian Institution.

SYC(Annual). *Zhongguo Tongji Nianjian*[Statistical Yearbook of China]. Beijing: Zhongguo Tongji.

USDA(2002). U. S. Department of Agriculture, Economic Research Service. *China's Food and Agriculture: Issues for the 21st Century.* Washington, DC: USDA.

第 12 章

农村产业化：乡镇企业 271

多年以来，农村企业一直是中国经济的重要组成部分，从 1978 年至 1996 年，即乡镇企业(TVEs)黄金时期，其作用尤为重要。在这一时期，乡镇企业一直推动着中国经济从指令性经济向市场经济的转变。由于乡镇企业是在刚性管制弱于城市的农村地区大量产生的，所以乡镇企业进入市场形成了对国有工业企业的竞争，并由此推动了整个经济的市场化进程。乡镇企业增加了农民收入，吸引了从农业释放出来的农村劳动力，并有助于缩小城乡之间的差距。

这一时期，乡镇企业极为不同的所有制形式和公司治理的管理架构，使其特点非常明显。在最初的农村公社制条件下，多数乡镇企业都属于集体所有，乡镇企业不仅呈现出公有制企业不同寻常的迅速增长的情景，同时也形成了终结公有制(国有)企业垄断的竞争性挑战。适应于不同条件的多样化的乡镇企业模式，最终从根本上改变了中国经济的几乎每一个方面。

1995—1996 年，乡镇企业经历了一次更为快速的转型。其中最为明显的转型是乡镇企业的市场化。这一阶段各地使用的方法虽有不同，但在新千年到来之时的结果却是，多数乡镇企业的经营结构已经迅速转化为私人经营结构。对乡镇企业活动的整个经济环境之变化的理解，是理解所有权转换的最好方式。20 世纪 90 年代中期之后，乡镇企业被迫进行了重大重组。当时，产品市场的竞争加剧，信贷不仅越来越稀少，而且越来越昂贵。刚刚市场化的乡镇企业对这些压力作出了反应，虽然有些企业在压力之下破产，并使集体所有的乡镇企业部门萎缩。总之，这一时期这一部门吸纳农村劳动力的能力在不断下降。今天，乡镇企业仍然面对重大挑战，但总的来说，乡镇企业一直在成长和发展，并在中国经济中起着新的作用。今天的农 272
村企业已经采用了新的形式，有了新的职能，且很少与当地政府和社区有联系。

12.1 乡镇企业的缘起

正如我们在第 2 章所说，农村家庭作坊在中国的传统经济中起着重要作用，而且由于多数家庭作坊都是小型的以家庭为基础的面向市场的生产单位，所以被人们称为“农本”。农村家庭纺纱织布，养蚕缫丝，侍弄烟草，碾谷磨面。农村居民自治泥砖，砍伐木头，运送商品到市场，并开办商店、经营企业。中国多数农村地区都紧密结合在一个市场网络之中，并有相应的副业。最重要的非农业生产就是加工农产品并将农产品转换为市场商品的手工艺经营。

在指令性经济条件下，乡村地区种植与加工农产品之间的有机联系遭到破坏。如我们在第 3 章所说的那样，20 世纪 50 年代，国家建立起了对农产品的垄断控制，因此不可避免地切断了农业加工企业的供给渠道。非农业企业主要的原材料供给之物，即粮食、棉花、丝绸、花生和大豆，都在秋收之后立即被国家收走。事实上，在 20 世纪 50 年代，中国农村就渐渐出现了去工业化倾向。由于农村人口都被组织进了农业集体合作社，非农业生产活动日渐减少，因此国家事实上接管了所有的制造生产(Fei Hsiao-t'ung, 1989)。当然，这些政策都是创建指令性经济体制的组成部分。

这种政策对农村地区造成的有害效应不久就显现出来。那些之前从副业活动获得大部分收入的商品化农业地区的农民收入大幅下降。有些以前经济繁荣、人口稠密的地区发现，他们很难依靠少量的人均农业耕地来维持大量的人口。国有工厂的大规模生产也使很多特色手工艺近于消亡。“大跃进”时期的许多政策中，有一种政策就是通过创立公社并鼓励公社社员从事多种多样的非农业经营，来改变乡村地区对农业的依赖。在全新的公社体制下，公社鼓励各个村庄开办工
273 厂，成立建筑队，并从事各种服务性事业。正如我们在第 3 章所说，从农业领域抽调人力对农业造成了灾难，尤其是在那些欠发达省份。事实上，所有这些社办企业在 1961—1962 年都关闭了。

“文化大革命”时期又出现了第二次发展农业生产的努力。1970 年之后，政府鼓励新的一波以“社队企业”为名目的国有背景的农村产业化运动。[①]这次，人们小

① 1982 年后，公社改名为乡镇，生产队回归为村庄。所以，社队企业成了乡镇企业。为保持前后一致性，我从头至尾都称之为乡镇企业。

心翼翼地避免陷入使“大跃进”失败的种种问题。农民跳出农业外出流动受到严格控制，农村企业与农业集体组织绑在一起，人们不断被告知农村企业要“服务于农业”。在“大跃进”时期，公社和生产队都被组织起来为工业发展提供服务，在 20 世纪 70 年代“文化大革命”的政策指引下，农村产业化又很快重新发展起来。

20 世纪 70 年代的农村产业化与传统的农产品加工截然不同。新的“服务于农业”的说法被狭义地理解为给农业提供生产品。20 世纪 70 年代农业政策的重点是“五小工业”，农村企业包括钢铁、水泥、化肥、水电和农具。人们期望农村企业可以复制以重工业为基础的大推进发展战略：相对于城市的工厂来说，“五小工业”很小，但相比于多数国家的农村作坊和工厂来说，“五小工业”又比较大。“五小工业”都是资本密集型企业。而且人们通常认为，“五小工业”具有规模经济的特征（Wong，1982）。相对于必要的大量投资来说，这些企业使用的工人不多，某些部门也非常需要政府的补贴。因此，在 1978 年时，农村企业并没有吸纳多少农村劳动力，农村劳动力几乎全部都在从事农业，1978 年，90％的农业劳动力主要从事的是农业劳动。

20 世纪 70 年代的农村企业是指令性经济的特殊产物。当时，将农村企业整合进指令性经济体制有很充分的理由，所以农村企业一直是指令性经济的一个部分。由于大多数农村企业都是服务于少数当地消费者的低技术含量企业，所以让这些企业留在计划经济体系之外更为现实。与此同时，正如其名称——社队企业——所示，农村企业在农村现有集体结构中的存在非常稳定。农村企业的工人 274
有时候也按照工分获得报酬，农业企业的利润有时候也被用来提升整个农业集体的工分值。从农村企业收取的财政收入通常都由公社政府用于公共事业或用来资助农业工程（Wong，1988，18—21）。在某种意义上，农业企业也分享了因国家对产业的垄断而创造的部分收入。毛泽东时代的中国因推动农业企业的发展而闻名，但培育出来的企业形式却是指令性经济的重要分支。由于中国的小型非农业活动网络从 20 世纪 50 年代就受到压制，因此直到 1978 年，中国都仍然缺少亚洲地区极为盛行发达的小型非农业活动的密集网络。

12.2　乡镇企业发展的黄金时代

1979 年，中央政府的政策转向了农村企业。这是一个非常重要的转向。一般而言，这一时期的解放包括放松对农产品买卖的国家垄断，允许更多的农产品进入农村市场，因此使农村企业有了从事加工制造的可能性。这一新政策是“无论何时，在农村地区加工农产品都具有经济上的合理性，因此农村企业应该逐渐接管加工业”（国家体制改革委员会，1984，97—104）。由于乡镇企业仍是集体企业，所以从意识形态上说，乡镇企业仍然是安全的，政府也鼓励城市企业将工作分包给乡镇企业。一旦允许农村企业从事农业加工，乡镇企业基本上就可以自由从事他们可以找到市场的任何活动了。放松了对农村产业具有极大约束性的“文革”模式，也就允许农村产业对多种多样的市场机会作出反应。当然，国家垄断和国有企业也都在为维持自己的垄断地位而斗争，在一些敏感领域也出现了政策扭曲和转向，减慢了进步的步伐。然而，地方政府官员很快就认识到了乡镇企业发展的经济意义，渐渐开始热心地提倡和发展乡镇企业。事实上，对许多地区来说，乡镇企业是走出贫困的唯一合适道路。

1978 年到 90 年代中期，乡镇企业明显是中国经济最有活力的一个部分。乡镇企业从业人员从 1978 年的 2 800 万人增长到 1996 年 1.35 亿人的顶峰，年增长率达到了 9%。乡镇企业的增加值从 1978 年占国内生产总值不到 6%，增长到了
275 1996 年占国内生产总值的 26%，尽管在这一时期国内生产总值本身的增长也非常迅速。非农业收入的增长提升了农业收入，并对缩减城乡差距作出了贡献。乡镇企业不仅经济增长很快，而且由于为现有国有企业创造了竞争，而成为整个转型过程的“引擎”。所以，乡镇企业带来的经济增长在中国经济的转型过程中起着重要作用。整个 80 年代到 90 年代初期，乡镇企业都在发起对国有企业的竞争，由于不断进取的乡镇企业将价格关系推进到符合基本成本的状况，所以国有企业的垄断利润逐渐消失。国有企业为了能在与乡镇企业的大力竞争中生存，不得不实施新的激励计划并改善企业效率。在外贸领域，进入新型的劳动密集型制造业的乡镇企业也为中国的出口商提供了机会。最终，乡镇企业实质上改变了中国经济的各个方面。

12.3 乡镇企业快速增长的原因

为什么农村产业会如此快速地增长？对于这个问题并没有什么单一的答案，但是有几个因素对乡镇企业的成功贡献颇大：第一，良好的基础；第二，挖掘利用垄断租的能力；第三，有利的制度环境；第四，传统地方模式的振兴；第五，组织的灵活性。

(1) 乡镇企业面对的反映中国真实要素禀赋的要素价格比率。中国基本的经济禀赋状况是：中国拥有丰裕的劳动力，有限的土地以及稀缺的资本。“大推进”战略最不合理的一个地方就是优先促进资本密集型产业。城市工厂面对的是一个由“大推进”战略计划者创造的环境：由于国家对工人的补偿非常慷慨（见第 5 章和第 8 章），所以劳动力非常昂贵。同时，由于免费分配资本或给予较高的补贴，所以资本较为便宜。与之相反，乡镇企业面对的是一个要素价格更为符合中国实际要素禀赋状况的环境。整个 80 年代，农村企业工人的工资比城镇企业工人的工资要低 60%，全部工资报酬则比城市的全部工资报酬少一半多。因此，一旦乡镇企业摆脱了毛泽东时代“五小工业”的约束，它们很快就能挖掘出最具潜力的生产要素。乡镇企业很少能得到资本补贴，它们只能按近似市场利率得到资本，或者以非常高的机会成本从内部筹集资金。因此，乡镇企业劳动成本与固定资本的比率是国营企业的 9 倍（Findlay and Watson，1992）。图 12.1 专门显示了 276 较低资本/劳动力的乡镇企业（这里指村办企业），它们最大的竞争优势就是它们的低工资。由于面对符合实际状况的价格关系，所以乡镇企业的动力是发现最适合于中国经济的盈利性业务。这样，在长期内，它们就处于优势竞争地位。这就是基于乡镇企业的经济基础。

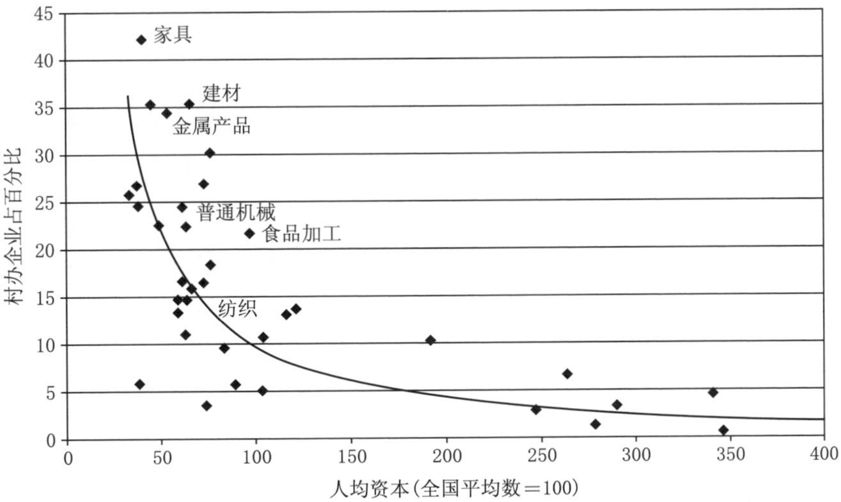

图 12.1　1995 年村办企业全部产业额×资本密集度

(2) 乡镇企业有能力分享国营企业创造的垄断租，并最大限度获取利润。

1978年，乡镇企业就具有了很强的盈利能力；资本的平均利润率达32%。如果我们将上缴的赋税包括进来（乡镇企业多半是由地方政府建立的，所以地方政府要得到一部分税收），总利润率和平均资金利润率达到了40%（资本是指固定资本折旧加上存量）。较高的利润率并不仅仅是更好及更实际地使用生产要素因之较低成本的结果，前面的章节也对这种情况进行了阐述。实际上，在后来几年中，乡镇企业已发展起了服务支撑网络，而且许多乡镇企业在已具备规模经济的情况下，盈利能力反而稳步且大幅下降。

277 如何解释这种快速增长但盈利能力又稳步下降的发展模式？最初，乡镇企业可以从为国营企业创立的有保护的市场中获利。后来，为了减少国家对工业的垄断，中国政府允许乡镇企业进入之前受到保护的市场，与国营企业一起分享垄断利润。首次市场进入的优势非常巨大，大到足以用意外的高额利润清偿最初的进入费用。在这种情况下，虽然乡镇企业持续不断地进入市场，但也只能慢慢创造竞争。一开始，国营企业因为有高盈利的保护，所以很少注意到竞争，只要它们能够低价获得原材料，它们就对少数乡镇企业生产相同的产品毫不在意。随着市场进入的持续发展，乡镇企业与国营企业之间的竞争逐渐开始，国有企业逐渐在竞争中失去了垄断利润，利润率也大幅减少。

现实中空荡荡的商品市场也可以用来解释这种最初高盈利后来盈利能力稳步下降的情况。存在一个空荡荡的商品市场，有两个原因。首先是这种指令性经济根本无法提供多种多样的消费物品，乡镇企业恰逢其时满足了这些在很大程度上无法满足的需求。比如，这种原因可以用来解释温州地区最初的成功。在温州地区，小型农村企业专业生产各种花式和尺寸的纽扣、丝带和塑料带，为无数市场生产这种产品，促进了经济的快速增长。其次，农村突然增加的收入和农村经济的放开也创造了一系列新的市场。比如为满足农村房屋建筑的需要，就有新的农村产业发展起来为这一新的市场提供建筑材料。在这两种情况下，最初的市场进入都能获得较高的利润，而这种潜在的利润自然也会极大地吸引更多的企业进入市场。随着市场进入的发展，市场进入渐渐创造了竞争，并逐渐降低了早期的预期利润。

(3) 有利于乡镇企业发展的制度框架。地方政府渐渐成为乡镇企业发展的狂热支持者。最初，地方政府实际上也是许多乡镇企业的实际所有者，尽管乡镇企业名义上是“集体所有”，但乡镇企业的“集体”从来就没有限制在乡镇企业自身的员工和经理范围内。乡镇企业总体上是由农村集体所有(见第 5 章)，实际上通常由地方乡政府或镇政府代表所有。从 1980 年开始，乡镇企业的所有制开始由地方政府所有往外分化，但地方政府仍然有极大的动力来发展乡镇企业。乡镇企业为地方经济提供了就业和资金，而且它们也是这两者的现实源泉。地方政府至少 278
用以下三种方式，为乡镇企业提供了有利的环境。

a. 乡镇企业的税收较低，所以资金留在地方。乡镇企业的税收较低，尤其是利得税较低。与之相反，国营工业企业虽然从政府的价格政策获利，但它们的利得税较高。有时候，国营企业的利得税甚至达到了 100%。农村企业也从价格政策中获利，却没有相应的高税率负担。这种不平衡的对待方式似乎有些特别，如果我们考虑到改革开放初期中国领导人最初只是将乡镇企业看成增加农业资源的一种工具，这种现象就不奇怪了。乡镇企业的平均利得税也极低：1978 年，利得税仅为 8%，1980 年利得税下降到 6%。从那时起，利得税开始上升，于 1986 年上升到 20%左右，并一直持续到现在。税率虽然较低，但支付给地方政府“所有人”的利润却十分可观。20 世纪 80 年代初，乡镇一级的企业要将全部利润的 30%付给地方政府，以“支持农业”和社会服务，并且还要支付一些诸如“管理费”等额外资金。由于这笔经费属“预算外”资金，所以地方政府特别愿意征收这种费用，它们可以自由留用这笔经费，而不用与上级政府分享(比如预算收入的情况)。而多数地方政府也将这笔资金重新投向新的乡镇企业，或是用来扩大乡镇企业，因为它们还可以从这种投资中获取高回报。

b. 由于地方政府作为乡镇企业的担保人，所以可以获得银行资金。中国乡镇企业有地方政府做后盾，极大地增强了这些新型企业获得资金的渠道。与之相反，其他转型社会主义经济也是在一开始就开办很多新型企业，但这些企业很难获得资金。因此，大多这样的企业都是小型企业，且缺少资金，只能依赖于非正规的资本市场。由于地方政府官员成了乡镇企业的中介和担保人，所以地方银行相信它们可以最终回收贷款。事实上，在某些情况下，地方政府官员还向地方银行施加压力，迫使银行给乡镇企业放贷。

尽管地方政府为乡镇企业提供了支持并作为担保人为乡镇企业提供服务，但多数乡镇企业(不是全部)都有硬预算约束(见框 13.2)。政府的支持可以分散由这些新兴企业引发的风险，尤其是政府还会让本地社区吸纳经营失败的成本。软预算约束(意即对经营失败或投资失误不负责)则会引发中国农村经济的灾难。279

但这并不是说新建企业的完全硬预算约束是最优约束，因为由地方政府为新兴企业提供一定程度的“保险”确实增加了这些企业的福利。由于同意承担市场进入的风险，所以地方政府为新兴企业大规模进入生产行业，并以机械化生产为开端提供了条件，为从小型家庭作坊生产转向规模经济生产创造了机会。

c. 现有信贷机构也愿意支持乡镇企业。由于政府使资本向乡镇企业的流动变得相对便利，所以乡镇企业都能利用中国相对丰裕的家庭储蓄。中国传统的信贷协会和其他非正式的信贷市场也得到了较好的利用。20 世纪 80 年代，由于中国农村家庭储蓄达到了高峰，所以地方农村信用合作社的资金供应也急剧膨胀。农村信用合作社名义上是独立的地方控制的金融合作组织，事实上在改革开放之前就被利用将农村的储蓄资金转到城市使用。随着改革的进行，农村信用合作社的资金越来越多，所以有很大一部分资金被允许在当地用以放贷。这一结果使得农村信用合作社成了乡镇企业的主要融资来源。这样，随着农村信用合作社存款的持续增加，并且由于允许农村信用合作社将更多的地方存款放贷于当地，又由于这批增加的信贷大部分流入了乡镇企业，所以农村信用合作社带给乡镇企业的资金也在增加。地方的资金留在当地，就使这些地方最早享受到乡镇企业的成功发展。一旦利润增加，增加的储蓄像“滚雪球”一样很快流入企业，进行生产规模的扩张。

(4) 传统经济纽带的恢复意味着城市近郊地区有益于农村产业的发展。中国农村产业的发展主要在那些被称为城郊的地区，或者至少是城市之间的中间外围地带。农业产业的分布也有高度的区域集中性，沿海地区存在众多农村企业。1988 年，三个沿海省份，即江苏、浙江和山东，拥有中国农村人口的 17%，却汇集了所有农村产业的 43%以及一半乡镇产业的产出。这种地理上的集中完全是自然形成的。对于开办企业来说，这些属于较好的选址区域，拥有城市发展所需要的很多地方资产。而且，随着城市的发展，乡镇企业也能在城市之间的外围地带
280 为城市之间和城市本身提供运输网络、通讯、市场和技术以及其他能够促进生产力发展的条件。因此，“农村”企业喜欢扎堆在那些可以从城市经济的溢出效应中获利的地方，丝毫不会让人奇怪。

然而，让人印象深刻的是，城市与城市之间的有机联系在指令性经济时代却完全被切断了。因此，从 70 年代开始，甚至在城乡联结略有恢复的情况下，郊区企业便有了很大发展，这就给了乡镇企业一个起步的最低基础。农村企业在城市

周围地区的发展还由于城市国营企业与农村企业的直接合作(主要采用分包形式)而更加容易。在北京、天津和上海三个省级大城市中,估计有 60%—80%的农村产业是因为大城市工厂的分包而产生的。临近省份的这一比例只略低一点,比如,与上海企业的联系“在苏南乡镇企业的发展中起着决定性的作用”(Tao Youzhi, 1988, 100)。这种安排也由于家庭关系而得到发展,那些从农村流动到城市的人,以及在“文化大革命”期间从上海下放农村的城市青年,都有助于农村企业的起步。后来,农村企业也开始从城市获取人才。城市的国有企业也愿意跟它们合作,因为国有企业想获得较高的利润必须削减成本,所以与农村企业进行分包经营日渐具有了吸引力(特别是服装产业)。这种关系也使城市企业得以规避某些国营企业体制中的紧约束。与农村企业有了一定的关系之后,国营企业也能获得它们所需要的资源(尤其是土地和劳动力)。在某些地方,这些资源的计价标准和监管方式没有国有部门严格。乡镇企业也让国营企业管理人员有了某种程度的灵活性,因此可以避开国有部门的刚性控制。

(5) 适合于经济发展的组织多样性。乡镇企业发展中一个简单却重要的方面是不存在任何让乡镇企业遵从的单一组织模式。事实上,政府有时也经营乡镇企业,但更多的乡镇企业则是私人经营。随着时间的推移也出现了一些真正由工人合作开办的企业和员工自己拥有的合作社。乡镇企业有时候也很官僚,但更多情况下具备高度随机应变的能力。在这一方面乡镇企业不同于国营企业,国营企业必须采取统一的组织形式。乡镇企业的这种灵活性使乡镇企业能够抓住一系列
的机会。我们在 12.4 节将会看到,不同地区不同的乡镇产业化“模式”,看起来都 281
很适应于一系列不同的经济条件。

由私人经营的乡镇企业份额也在稳步增长。20 世纪 80 年代,各地开办了很多新型的小企业,许多在集体名义下开办的企业事实上已成了私营企业。有时候,这些企业仍然注册为集体企业,因为从策略上讲,这是一种安全的做法。随着农村产业化的普及,地方官员也与企业主形成了联盟。这种联盟有时候是为了双方的利益,有时候自然更是为了自己的利益。这种公与私之间的结合使成本与利润更加复杂。90 年代之后,私营企业身上的污点消失殆尽,私营企业在乡镇企业中占据了主导地位。在这几个时期,由于乡镇企业并没有拘于一种单一组织形式,所以各地都能随不同的优势与劣势而采取不同的模式。

(6) 结论:快速增长的原因。农村企业是在指令性经济体制的缝隙中成长起

来的。很显然,农村产业的成功发展不能孤立地从体制本身进行解释。指令性经济在 50 年代摧毁了传统多样化的农村经济之后,又为 80 年代全新而多样化的农村经济的出现,创造了特殊的条件。指令性经济对早期乡村企业盈利能力,对与农村企业相符合的不同征税方式,以及新兴农村企业和现有城市国营企业之间的紧密联系,都有很大的影响。再加上采用独一无二的半公半私方式为农村企业提供资金进行帮助,这些“人为”的条件都是 80 年代农村产业爆炸性增长的最直接原因。

但农村企业成长的直接原因还有其他更为基本的因素。在所有这些因素中,农村企业与中国基本要素禀赋的配合才是最重要的因素。第二个重要因素则是农业部门已成为组织化实验的试验场地,中国人的企业家精神在这里得到了充分的表现。最后,中国的巨大规模也起到了重要作用,一个简单的事实是,中国有 2 000 多个县,4 万多个乡镇,超过 100 万个村庄,这些条件都是农村产业成功的重要因素。就算乡镇企业想按微型指令性经济经营,它们也摆脱不了这样的事实,即它们最终还是要与成千上万的其他乡镇和村庄竞争。一旦企业无法赚钱,绝对
282 没有外人来救它们摆脱困境,等待它们的只有破产。在这一基本的竞争环境中,每一个乡镇和村庄都发现,它们面对的是一个相对较硬的预算约束,它们必须要使自己的企业在经济上取得成功。农村企业不仅为国营企业创造了竞争,它们本身也在竞争过程中塑造了自己。最终,农村企业才能克服由于地方政府控制所造成的农村企业劳动力方面的某些劣势和经济体制本身的扭曲。

12.4 乡镇企业发展的多种地区模式

作为对不同地区不同情况的回应,乡镇企业在中国的不同地区出现了不同的发展模式,每一种模式都反映出了决定中国农村经济发展诸种力量的信息。

12.4.1 苏南模式

江苏南部,简称“苏南”,是上海周边长江三角洲地区较为富裕的发展地区。这一地区也是几个世纪以来中国经济最为发达的地区之一。这个地区乡镇企业的主要模式是乡镇和农村政府以及集体所有制占主导地位。这种模式是在 70 年代初期开始在乡镇企业较早兴盛的江苏南部发展起来的。乡镇企业开始发展的时候,也是集体所有制在农村依然较为稳定的时期。随着乡镇企业的扩张,即使在全国各地集体所有制都在衰落之际,集体仍然对农村拥有控制权。由于乡镇企业在这一地区的历史较长,资本来源渠道也多,所以这一地区的乡镇企业较之其

他地区具有规模更大、资本密集度更高，并且技术更为成熟的特点。

苏南模式显示出早期靠近城市的乡镇企业的发展特点。首先，拥有“城市郊区”的位置优势。其次，乡镇企业发展初期处于集体领导下，所以村领导为主要创办人，村领导实际上控制乡镇企业 10 年以上。分包以及与城市国有企业的技术帮助关系一般来说非常重要。由于乡镇企业的利润能支持地方政府，所以一旦这种模式发展起来，集体结构反而会更加稳固。苏南的村庄因为村干部经营整个综合企业，所以往往发展成为“团体村庄”，也就是说，由团体村庄的领导人经营整个综合企业。与此同时，这种团体村庄也保持政府的社会服务，有时候甚至为村民提供福利。由于这种“团体村庄”保护当地利润丰厚的工作机会和福利，所以有时 283
也受到外人的质疑。由于这些地区通常都用乡镇企业的利润直接补助农业，所以当地农民也能享受企业的成功。

12.4.2　温州模式

温州位于浙江省海边，距江苏南部仅 300 千米之遥。温州具有与苏南极不相同的地理状况，所以也有一个极为不同的乡镇企业模式。温州虽然地处沿海，但地势起伏不平，且距对苏南模式影响重大的城市较为遥远。温州模式发展之始，温州经济就以民营所有制为基础。最初，基于个体家庭作坊的温州企业非常小，而且专营一般性的日用品工业。温州企业最初是靠销售纽扣、饰带、塑料身份证夹子以及其他日用品而发展起来。温州的小贩带着这些东西跑遍中国，用这些国营企业很少或根本不生产的多种多样且价格低廉的东西，满足每一个市场的需要。

温州是一个非常特别的地方，有历史悠久的企业文化传统，在过去 25 年中又保持了惊人的经济增长。温州模式的特点在很多地方都有出现，在那些地方，虽然没有位于城市郊区的区位优势，但农民也希望能抓住创业机会。在这样的地区，集体所有制从来也没有为乡镇企业成功地开发出赚钱的机会。因此，在改革开放过程中，集体组织势力较弱且很早就消失了。个体拥有的企业在机会面前很快发展起来，这种企业自然趋向于市场导向的劳动密集型产业。实际上，温州模式最让人印象深刻的是，温州模式较为依赖与市场的全方位生产合作。比如，温州的纽扣产业就是围绕专营纽扣生产每个阶段的私人作坊发展起来的。将塑料板材压制成纽扣圆坯的家庭，在专门的市场将这些纽扣圆胚卖给在圆胚上打眼并最终制成纽扣的家庭，而不同的家庭又专门将堆积如山的纽扣钉到纽扣板上，并最终将纽扣卖到另一个专门的市场。成板钉好的纽扣又卖到在另一个市场活动的小贩手中。通过市场链接的生产链就这样出现了。这种模式显然还在不同商品身上不停地复制，许多民营企业，甚至民营银行都是采用这种温州模式发展起来的。

284 12.4.3 珠江三角洲模式

在珠江三角洲，即香港与广州之间的区域，也是东南沿海大区的核心区域，乡镇企业是在外商投资的激励之下快速发展起来的。这一模式的先行者是香港的商人，他们在珠三角长大，现在回到家乡来开办企业。在这些交易过程中，村领导就是乡村资产的经理人，他们出租土地，并为出口制作签订合同，协调劳动力和社会问题。与苏南模式相同，在这里，起重要作用的因素也是靠近城市（香港）以及地方政府的参与。虽然大企业的生产发展非常迅速，但在珠江三角洲，工厂通常都是出口导向的轻工制造业，生产的是劳动密集型产品。

珠三角模式与苏南模式最大的不同是，珠三角模式更为面向国内和国际开放。当然，这一模式的成功取决于对国际贸易和国际投资的开放，而乡镇企业本身也经常是由外商部分拥有（香港人拥有）所有权。但这些村庄对来自中国其他地方的工人也相当开放，而苏南模式则是趋向于将较好的工作机会卡在自己手里不对外人开放。珠三角大规模的劳动密集型出口企业需要大量的工人，所以现在珠三角已经成为中国流动人口最大的目的地。珠三角的村民由于向国际和国内开放而赚到了大笔的区位“租”。

12.4.4 没有乡镇企业或发展失败的地区

正如第12.3节中第(4)条所述，乡镇企业的发展主要集中于有很强的经济发展潜力的地区，而中国还有很多地区根本就没有乡镇企业，或者乡镇企业的发展非常艰难。一份关于乡镇企业发展多样化形式的调查承认，中国农村地区还有很多地方几乎没有乡镇企业。在那些交通成本昂贵且交通困难的偏远地区，很少有适合乡镇企业发展的创业机会。在缺少乡镇企业对地方经济作出贡献的地区，当地的收入水平肯定很低，村政府也非常穷（甚至濒于崩溃），因此无法为当地居民提供服务。在这些地区，外出流动就成了增加收入的少数几种选择之一。

285 12.5 乡镇企业在新世纪的转型

20世纪90年代之后，乡镇企业经历了一次更为快速的转型。首先，乡镇企业面对更具挑战性的外部环境，其增长率也在大幅下滑。其次，面对这种外部环境，乡镇企业正向以民营为主导的企业转型并重组。最后，随着乡镇企业逐渐适应了新的挑战和机会，新的经济合作形式和竞争形式也发展起来。

12.5.1 变化中的乡镇企业经济环境

20 世纪 90 年代中期，中国的经济环境发生了根本性改变。这一变化与我们在第 4 章中讨论的经济改革战略的变动相关。这一时期，政府政策转向建立市场机制和管理机构。与此同时，宏观经济政策也转向偏紧，目的是控制通货膨胀，并强调银行要有更多的金融独立性和责任。所有这些变化都转化为乡镇企业需要面对的更艰难的竞争环境。一开始，很多乡镇企业难以对此作出反应，乡镇企业的快速发展猛然停了下来。

图 12.2 显示的是全部乡镇企业的就业情况。20 世纪 80 年代末和 90 年代初，乡镇企业为农村居民创造了数百万的新工作岗位。正如图 12.2 中数据显示的那样，1996 年之后，乡镇企业创造工作岗位的步伐突然停顿下来，乡镇企业在 2004 年的就业刚刚达到 1.39 亿人，仅仅略微超过 1996 年的 1.35 亿人高峰值。这一下滑主要反映了宏观经济条件的变化。当时，城市企业也不得不适应更具竞争性的市场经济，它们要么选择关闭企业，要么则更为有效地作出市场反应。城市企业被迫向以前留下空当的市场缝隙扩展，全国性市场营销策略也使它们不得不面对面与乡镇企业竞争。消费品市场也从原来日常用品的短缺变成了什么商品都有的状况。

由于市场一体化和竞争性的增加，乡镇企业失去了原来受保护的地位。现在已经几乎没有或很少有可供乡镇企业开发的市场空当了。此外，由于收入特别是城市收入的增加，消费者需要质量更高的、传统的乡镇企业因为技术落后生产不出来的商品。乡镇企业似乎失去了在经济中的特殊作用。正如我们在第 6 章中所述，经济的结构变化也使乡镇企业的就业减少。由于乡镇企业已不能吸收农业 286
中的过剩劳动力，有几年，全部就业人口中的农村劳动力比重一直没有增加。直到 2000 年之后，重新开始的结构转型才使乡镇企业再度吸纳劳动力。

事实上，1996 年之后，乡镇企业仍然在发展，而且增长率比过去更为接近国内生产总值的增长。国内生产总值中乡镇企业的增加值从 1996 年的 26%上升到 1999 年的 30%，然后在 2004 年趋于平稳。面对压力，乡镇企业似乎提高了劳动效率，虽然没有增加工人但却生产出更多的产品，因此出现了劳动密集程度较低的局面。一般而言，乡镇企业的重要性已经降低，剩下的则更具私营的特点。

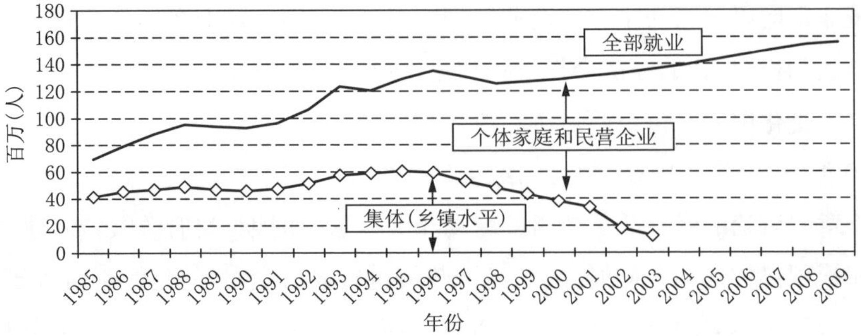

图 12.2　乡镇企业的就业人数

12.5.2　乡镇企业的重建：大规模民营化

图 12.2 显示了乡镇企业所有制状态的急剧变化。有一段时间，集体所有的乡镇企业在整个乡镇企业部门占了主导地位。20 世纪 80 年代之后，虽然私人企业发展迅速，但直到 1995 年，集体所有制的乡镇企业从业人员一直在增长，在这段时间里，集体所有制依然占据了乡镇企业从业人员的一半以上。但在后来的 10 年中，情况也发生了急剧的变化。今天，集体所有制乡镇企业的就业已经不足整个乡镇企业从业人员的 10%。关于所有制的数据可能并不精确，实际上过去有些
287 私人企业就是挂靠在虚拟的集体所有制名下经营。由于国家政策已经承认了私有企业，所以这些企业也脱下了外壳，承认了自己的真实属性。另一方面，集体所有乡镇企业的数据(参见表 12.2)只包括了百分之百由乡镇或村庄所有的企业，因此排除了地方政府继续拥有极大的所有权或控制权的情况。而且，这一基本条件也不会因为得到了更精确的数字而有所改变：一开始乡镇企业只是农村集体所有的旁支，但今天大部分已经成了民营企业。

乡镇企业作为公有企业的独特地位是 1978—1996 年"黄金时代"的独有特征。其他转型经济国家都没有像中国乡镇企业在中国经济中所起作用相同的那种公有制企业(越南尽管也有相同的大规模农村经济，但没有中国那种公共所有的乡镇企业)。人们已经对乡镇企业的合作制作出了一系列解释。一种说法是将乡镇企业的公有制解释成独一无二的讲究合作的中国文化的结果，这一文化使得地方经济行为人在没有详尽明确的契约的情况下也会解决激励问题(Weitzman and Xu, 1994)。这是对乡镇企业的初期发展阶段看似最为有理的一种解释。在没有人口流动的情况下，这意味着地方经济行为人会被迫面对面地相互打交道。另一种说法是将乡镇企业的公有看成是对中央政府实施的政策限制和不可靠的

私人财产权之变通做法(Chang and Wang，1994)。除这两种各为一端的说法外，还有人提出，在一个市场缺失或欠发展的环境中，地方政府才能对信贷、土地和地方经济发展的关系施加强有力的影响。地方政府就像一个多种经营的股份公司，在社会层面上有相对较强的预算体系，在企业层面上却又有经营灵活性。钱颖一和金和辉(Qian and Jin，1998)通过产品层次和信贷市场发展的差异，解释了不同省份公有制的差别。有时候，乡镇企业的公有制也被视为用来激发地方政府官员积极性的权利平衡工具。在地方政府官员具有很大的积极性和硬预算约束的同时，公有制也可以用来保护地方利益，防止利益被上一级政府征收(Che and Qian，1998；Rozelle and Boisvert，1994)。

现在我们已经证明，经济环境的变化逐步降低了公有制的福利，加大了公有制的成本。随着市场竞争和人口流动的增加，地方政府所有人也对乡镇企业经理人采取了更强有力的激励制度(Chen，2000；Chang，McCall and Wang，2003)。公共所有权的内在缺陷也日渐明显，随着市场的发展，政府官员也不再是市场的 288
替代者了。私营化的迅速发展和普及，反映了地方政府对这些变化条件所作出的反应(Li and Rozelle，2003；Dong，Bowles and Ho，2002)。与此同时，全国的意识形态管制也在放松，许多外部因素因此也同时发生了变化。

12.5.2.1 国家政策与地方模式

大约在 1995 年前后，国家对私人所有权的政策开始发生转变，禁止私人企业的现象渐渐放松。与此同时，禁止地方政府私有化公共企业的限制也被废止，中央政府政策的转变是乡镇企业私有化浪潮的必要前提条件。但是，私有化的具体方法和步骤则一律由地方政府决定。因此，我们可以借助于顶峰时期的激励机制来溯源实验的过程，并观察和了解一系列私有化的结果和机制。

12.5.2.2 市场条件和私有化

我们在第 12.5 节中提出，市场竞争的强化是 1996 年后乡镇企业制度改变的重要驱动力。市场竞争与私有化的具体关系如下：

重组的需要：下岗工人　尽管乡镇企业从来就没有类似于国有企业的那种终身就业制度，其公有制的性质却刻意使地方政府尽可能努力提高并保持地方就业率。乡镇企业并没有努力降低工资成本，有时候，为了增加地方的非农业就业，也遵循“两个工人一个岗”的政策。此外，公有制企业也发现它们很难按照经济状况的好坏来解雇工人。我们几乎可以肯定，乡镇企业吸收劳动力的减缓与私营业主增加有关。

可供利用的资本:银行利率的变化　1997—1998年亚洲金融危机之后,中国领导人更关注中国金融体系的稳定和健康。政府对银行风险和盈利能力的关注促使银行更谨慎地审查贷款计划,区别对待不同类别的企业。大约与此同时,地
289 方政府为本地公有制乡镇企业提供担保的能力也在下降。由于乡镇企业的盈利能力从80年代的顶峰开始稳步下滑,所以地方政府也没有了可用于再分配的资金资源,因此也没有了为决策失误的企业提供资金援助的动力。在这种条件下,银行也不再有为由地方政府撑腰的企业贷款的强烈偏好。事实上,有的银行甚至宁可为民营企业贷款,因为民营企业拥有必要时可供抵押的担保物(从公有制企业扣押资产显然更为困难)。一个更为"企业化"的银行部门损坏了公有制的利益,并将乡镇企业推上了私有化的道路。

有管理的劳动力市场　由于中国经济日渐增强的私有化和市场导向,乡镇企业的经营管理人员也发现了机会成本的急剧变动。公有制乡镇企业的管理人员一般都按自己的工作享有高收入和某些特权,但管理人员是在当地社会圈内进行比较:大多数管理人员并没有致富。乡镇企业管理人员非常清楚,民营企业主已经日渐富裕并有权势。弄个最富有的私营企业主排行榜是中国商业媒体最流行并最喜欢做的事情。因此,最好的经营管理人员就不愿坐而接受公共企业给予的报酬,不能私有化,他们宁可一起离开乡镇企业。

通过不同种类市场的影响渠道和最重要的产品市场竞争的强化,再加上对不同所有制形态的相对有效性的评判以及面临的市场压力,地方政府投给私人所有制的"选票"日渐增多,并最终对乡镇企业进行了改造。今天,政府只要求村领导关注政府政策问题。对经营管理人员来说,在新的经济环境中,在管理村庄的政治事务的同时,还兼任两三个职务并成功经营一家企业,几乎是不可能的事情。

12.5.2.3　内部人私有化

由于乡镇企业私有化是从地方开始实施,所以私有化的形式各地也有差别。对许多不同案例进行观察研究可以发现,"内部人私有化"是私有化最普通的形式,也是最常见的形式。也就是说,乡镇企业的私有化通常是由现任经营管理人
290 员或与政府官员有亲密关系的人拥有企业的大部分股份。表12.1显示出对山东和江苏三个调查点进行仔细研究的结果。在政府操作的私有化过程中,内部人私有化非常少见。在大多数私有化过程中,一般并不鼓励内部人私有化,一般总是

力图吸引外部人员出价，以便把企业的价格推高。内部人员则拥有大量的地方信息，他们对企业价值的看法或许较出售乡镇企业的政府官员要多。现任管理人员也处于一种可以操控企业私有化之前之业绩的位置，他们可以使企业的业绩看起来很差，这样就可以用低价购买。由于很难掌握私有化的价格，所以内部人私有化为腐败和侵吞公共财产提供了许多机会。

表 12.1　乡镇企业私有化的股份分配(2000 年山东和江苏的三个调查点)

股份持有人	百分比
管理人员	53
其他董事会成员	25
工人(非管理人员)	18
地方政府	3
其他	2

内部人私有化确实也有优点。现任管理人员有经验，他们对企业的熟悉程度使他们在私有化之后具有经营企业的优势。即使在集体所有制条件下，乡镇企业管理人员也常常与企业保持一种异乎寻常的紧密和牢固的关系。许多管理人员事实上也是以集体的名义创立企业的企业家。在这种情况下，许多管理人员对私有化企业有属于自己的一部分的合理诉求。这里存在一个非常重要的问题，就是私有化的过程是否充分透明和失察。有讽刺意味的是，中国从来没有正式采用这种“私有化”过程，他们宁可模糊而不明确地使用类似“重组”这种说法，这种说法可能阻碍了一个开放而透明的私有化过程的发展。与此同时，乡镇企业一直是一种地方现象，根植于农村地区民众抬头不见低头见的关系之中，从这种意义上看，乡镇企业的管理和私有化是大家的事情。无论如何，事实就是私有化结果充分表明了对这一过程的失察。在私有化和重组过程中，这种失察也确实导致了各地巨大的私有化差别。

12.5.2.4　私有化过程中的地区差异 291

地方对乡镇企业私有化的控制结果是产生了一个试验激励机制的自然实验室。这里有三个值得一提的经验。

● 有些公有制企业，尤其是山东诸城的公有乡镇企业，转型成为工人所有的股份合作公司，一般称之为股份合作企业。工人们都分配有股票购买权，但这种分配并不平等：管理人员拿到的配额一般是普通工人的 20 倍，尽管平均来说大约是 4 倍。每股股票约为人民币 5 000 元，大概是工人一年的工资，可以分期支付并优惠融资。工人们也可以在一年之后，将股票出售给其他工人。这种做法的目的是给予工人一定的权利，同时为股份合作公司创造一种明确的财产权结构。正如表 12.2 显示，至 2003 年底，全国共有 370 万股份制合作企业的工人。

表 12.2　2000 年按注册类型分乡镇企业从业人员

	百万(人)	百分比
内资企业小计	128.4	94.6
私营企业	38.7	28.5
其他企业	31.0	22.8
个体独资企业	29.9	22.0
集体企业	12.4	9.1
有限责任公司	10.3	7.6
股份合作企业	3.7	2.7
股份有限公司	1.8	1.3
联营企业	0.7	0.5
港澳台商投资企业	4.9	3.6
外商投资企业	2.4	1.0
总　计	135.7	100.0

● 在许多地方，政府也在企业里持有一份股份。政府持有股份基本上是打算与新的民营企业共同经营一家合资企业(在这种情况下，地方政府保留的股份大于表 12.1 中在三个调查地点调查的结果)。实际上，我们很难确定今天中国乡镇企业中私人企业的组成部分：地方政府保留的股份可能在 20%—50%之间。

● "带尾巴"的私有化是一个常见做法：在许多地方，地方政府必须面对经理人员的选择，是免费购买乡镇企业还是按"高价"(高于账面的价格)或按"低价"
292 (低于账面的价格)购买，或是同意在今后的 5—10 年给地方政府支付一笔利润。在这种情况下，"尾巴"就是未来的利润份额。这基本上是一种信息提取工具。如果经理人相信这家企业未来会提高利润，就会为了自己的利益出个高价；如果他们对企业的未来前景有所怀疑，他们就会支付较低的价格。这样一种机制有助于克服我们认为在中国现有情况下很严重的内部人信息问题。

尽管有这些地方差异，表 12.2 还是很清楚地表明私有权现在已是中国乡镇企业的主导形式。最近的研究得出的惊人结果是，即使在苏南地区，私有化的进程也相对较快，而这一地区以前主要是以集体所有制企业为主。这些发达地区在许多方面很有特点，但现在可能会失去在集体所有制形式下苏南乡镇企业发展模式的特征。

12.6　21 世纪农村产业新形式的出现

新世纪乡镇企业的转型并没有仅仅限制在私有权这一条转型途径上。乡镇企业已经适应了一种更为开放和更具竞争的环境，乡镇企业与地方政府之间的联系也越来越弱，乡镇企业的市场也日趋一体化。此外，许多乡镇企业成长的温床本身就已经发生了转变，从邻近城市的乡村地区转变为城镇本身，或至少转变成了与新的高速公路网连接在一起的人口密集的"城郊地区"。

一个最为引人注目的发展是在农村和城郊地区出现的高度竞争性的"产业群"。一个产业群的重要特征，是大批企业为一个具体的产品进行生产。典型的产业群包括相互竞争又相互合作，从而形成一个相对完整的产业链的许多(或许成百个)小型企业。产业群或许是由三个到四个大企业与大批小型企业合作而形成。最典型的产业群在生产过程中的不同阶段进行劳动分工，小型企业专门从事特别专门的生产活动。企业之间的关系可能相当复杂，但一般通过有效市场产生间接的关系，即在灵活性和长期合作的碰撞中寻求平衡。产业群一般都生产轻工业消费品，比如诸暨的袜子产业群的短袜生产估计占世界短袜生产的 35%，还有 293
柳市镇生产的低压电器设备。这两个地方都在浙江省内。浙江省被视为产业群发展的中心，省内至少有 519 个得到认可的产业群(Qian, 2003)。

产业群是全世界许多地方出现的一种现象。巴西的制鞋业和意大利的服装与奢侈品产业就显示出许多相同的特征。然而，我们也能在中国的产业群现象中看到一些典型的我们已经在传统中国经济中观察到的中国特征，这些特征已经在早期温州的乡镇企业发展模式中显现。无数小型生产者的聚群与由一系列较小的中间产品市场形成的大市场连接在一起，是具有长期中国传统的产业组织形式。今天，无数以这种组织方式复兴的产业与在世界市场上进行竞争的中国商品相伴相生。事实上，乡镇企业的出口导向性依然很强势，近几年来甚至还有所增长。从这个意义和其他许多方面来看，"乡镇企业"再次进入了一个急剧变化和重组的时期。

进一步阅读的建议

论及乡镇企业的文献极为丰富。首先，有大量描述性和案例研究文章可供对这一主题进行入门研究。比如说，伯德和林青松(Byrd and Lin, 1990)就收集并编撰了一批由中国学者和国际学者撰写的调查报告和分析文章。第二，还有一些文章对乡镇企业现象的制度性基础进行了研究。其他不同观点还有张春和王一江(Chang and Wang，1994)，车嘉华和钱颖一(Che and Qian，1998)，魏茨曼和许成钢(Weitzman and Xu，1994)。

数据和图表资料来源

图 12.1：第三次人口普查办公室(1997，5，46—197，198—233)提供了村级以及全国的资本与劳动。

图 12.2：中国乡镇企业年鉴编辑委员会(2003)；《中国乡镇企业年鉴》(*TVE Yearbook*，2004，102，以及早前的几期)，《中国统计摘要》(*SAC*，2005，44)。

表 12.1：董晓媛、鲍尔斯和何保山(Dong，Bowles and Ho，2002，421)。

表 12.2：《中国乡镇企业年鉴》(*TVE Yearbook*，2004，102)。

参考文献

Byrd，William，and Qingsong Lin，eds. (1990). *China's Rural Industry: Structure，Development and Reform*. New York: Oxford University Press.

Che，J.，and Qian Yingyi(1998). "Insecure Property Rights and Government Ownership of Firms." *Quarterly Journal of Economics*，113(2)，May，467—496(30).

294 Chen，Hongyi(2000). *The Institutional Transition of China's Township and Village Enterprises: Market Liberalization，Contractual Form Innovation and Privatization*. Aldershot: Ashgate.

Chang，Chun，and Yijiang Wang(1994). The Nature of Township-Village Enterprises. *Journal of Comparative Economics*，19(3):434—452.

Chang，Chun，Brian P. McCall，and Yijiang Wang(2003). "Incentive Contracting Versus Ownership Reforms: Evidence from China's Township and Village Enterprises." *Journal of Comparative Economics*，31:414—428.

Dong，Xiao-yuan，Paul Bowles，and Samuel P. S. Ho(2002). "The Determinants of Employee Ownership in China's Privatized Rural Industry: Evidence from Jiangsu and Shandong." *Journal of Comparative Economics*，30:415—437.

Fei Hsiao-t'ung(1989). *Rural Development in China: Prospect and Retrospect*. Chicago: University of Chicago Press.

Findlay，Christopher，and Andrew Watson(1992). "Surrounding the cities from the countryside，"in Ross Garnaut and Guogang Liu，eds.，*Economic Reform and Internationalisation: China and the Pacific Region*. St. Leonards，N. S. W.: Allen and Unwin. pp. 49—78.

Li，Hongbin，and Scott Rozelle(2003). "Privatizing Rural China: Insider Privatization，Innovative Contracts and the Performance of Township Enterprises." *China Quarterly*，

No. 176(December). pp. 981—1005.

Qian, Pingfan(2003). "development of China's Industrial Clusters: Features and Problems." *China Development Review* 5:4(November), pp. 44—51.

Qian, Yingyi, and Hehui Jin(1998). "Public Versus Private Ownership of Firms: Evidence from Rural China." *Quarterly Journal of Economics*, 113(3), August, 773—808.

Rozelle, Scott, and R. N. Boisvert(1994). "Quantifying Chinese Village Leaders' Multiple Objectives." *Journal of Comparative Economics*, 18, February, 25—45.

SAC(Annual). *Zhongguo Tongji Zhaiyao*[Statistical Abstract of China]. Beijing: Zhongguo Tongji.

System Reform Commission(1984). *Jingji Tizhi Gaige Wenjian Huibian 1977—1983*[Collected Economic System Reform Documents 1977—1983] Beijing: Zhongguo Caizheng Jingji.

Tao Youzhi(1988). *Sunan Moshi yu Zhifu zhi Dao*[The Southern Jiangsu model and the Road to Prosperity]. Shanghai: Shanghai Shehui Kexue Yuan.

Third Census Office(1997). Disanci Quanguo Gongye Pucha Bangongshi, ed., *Zhonghua Renming Gongheguo 1995 Nian Disancia Quanguo Gongye Pucha Ziliao Huibian*[The Data of the Third National Industrial Census of the People's Republic of China in 1995]. Beijing: Zhongguo Tongji. Zonghe, Hangyezhuan[Volume 1: Overall, Sectoral].

TVE Bureau(2003). TVE Bureau, Ministry of Agriculture, *Zhongguo Xiangzhen Qiye Tongji Ziliao 1978—2002*[China Township and Village Enterprise Statistical Materials, 1978—2002]. Beijing: Zhongguo Nongye.

TVE Yearbook (Annual). Zhongguo Xiangzhen Qiye Nianjian Bianji Weiyuanhui [China Township and Village Enterprise Yearbook Editorial Commission], ed., *Zhongguo Xiangzhen Qiye Nianjian*[China Township and Village Enterprise Yearbook]. Beijing: Zhongguo Nongye.

Weitzman, Martin, and Chenggang Xu(1994). "Chinese Township-Village Enterprises as Vaguely Defined Cooperatives." *Journal of Comparative Economics*, 18(2):121—145.

Wong, Christine(1982). "Rural Industrialization in the People's Republic of China: Lessons from the Cultural Revolution Decade." In Joint Economic Committee, U. S. Congress, *China under the Four Modernizations*, 394—418. Washington, DC: U. S. Government Printing Office.

Wong, Christine(1988). "Interpreting Rural Industrial Growth in the Post-Mao Period." *Modern China*, 14(1):3—30.

第 4 篇
城市经济

城市商业的繁荣：上海港汇广场的红灯笼（承蒙迈长·费希尔—柯希纳提供照片）

第 13 章

工业：所有权与治理结构 297

中国自1978年开始就一直在进行产业革命，中国工业的几乎每个方面，比如技术基础与制度基础都在转变。自1980年以来，中国工业一直以每年大约15%的实际增长率增长。到20世纪末，中国的工业产出已经是1978年的10倍。因此，中国创造出一个全新的产业：一个产业结构发生了巨大变化的世界工厂。本章主要阐述深植于这一巨变之后的制度变化，第14章则讨论结构变化，亦即工业产出构成的变化。

产业制度变化的核心是从计划经济向市场经济的转变。国有工业是指令性经济的核心，是政府控制最广泛的领域，也是最服从国家目标的企业，其拥有的既得利益也是显而易见的。本章用四节讨论中国工业体制的转变。第13.1节对中国工业所有制的变化进行大致的描述，第13.2节主要讨论工业融资方式的转变。这两节的讨论为更详细地对中国国有工业企业治理的讨论打下了基础。第13.4节对私营化和混合所有制形式进行讨论。

这种研究方法使我们可以首先审视一下推动中国工业体制改革最重要的外部因素的效应：新企业的进入很快创造出一个高度竞争的产品市场。竞争性产品市场是磨炼企业并迫使企业有效经营的最重要的外部力量。在中国，新企业的进入以及竞争性产品市场的出现，最初与我们在第12章所讨论的乡镇企业的出现有关。后来，民营企业与外商投资企业也使所有制结构多样化，有保护市场的丧失又反过来使国有企业丧失了抬高商品价格的权利以及它们一直享有的盈利，并引致工业融资体制的巨大变化和工业企业融资方式的改变。 298

在对推动制度变化的外部动力进行描述之后，接下来本章还要对工业部门的企业管理方式进行分析和讨论。20世纪80年代在国有部门开始启动的局部与渐进的改革，被认为是一种激励机制的改革尝试。80 年代，中国并没有对大批国有企业实施私营化改革，事实上，中国甚至没有将国有企业与国家行政机构分开。但中国还是从根本上强化了国有企业经理人员的激励机制，并使他们转为利润导向型人员。在竞争与融资体制发生变化的压力下，中国在 20 世纪 90 年代中期之后，即在转型的第二阶段，启动了第二波工业改革。新一波改革的重点是股份化国有企业，并改善其管理机制。正如我们将在第 13.4 节讨论的那样，具有重大意义的私营化以及公共企业部门简缩，都发生在这一时期。直到现在，对这一时期种种努力的讨论仍在继续，讨论的重点各不相同。企业管理机制的重大变化主要出现在大中型企业。今天，中国企业面对的是来自全球的深层次竞争，尤其在中国加入世界贸易组织之后，这种竞争更趋激烈。中国的企业是否已经建立了高质量的管理体制，使它们能不断提高生产力并面对全球化竞争，目前我们仍然不甚清楚。

13.1 所有制改革：多样化的产业基础

中国工业转型初期（1978—1993 年），国有企业私有化几乎没有产生作用。反之，新企业的进入才是驱动中国工业所有制结构改组的主导力量。我们在前一章讨论的乡镇企业在这一过程的初期也扮演着重要的角色。直到 21 世纪初，国有企业私营化才真正开始大规模出现。实际上，各种所有制形式基本是 20 世纪 80 年代才在中国开始出现，并逐渐发展成我们今天看到的多样化所有制结构的（见框 13.1）。尽管转变的规模极其巨大，但转变的步伐仍在继续，国有企业也在转变过程中持续发挥着最大作用。即使发展到今天，大型国有企业仍然在中国经济中
299 起着重要的作用。下面的章节将通过我们曾在第 4 章讨论的中国转型两阶段，对中国所有制的变化进行讨论。

框 13.1 所有权与公司治理

所有权由收入权和控制权两个主要部分组成。一笔资产的所有人，在该资产产生的收入的一个部分按合同规定支付给外部合伙人之后，有权拥有剩余的收入。因此，收入权是指对剩余收入的权利。股份公司必须首先将收入支付给借钱给他的银行和债券持有人，接下来才是所有人（股东）的净收入。所有人虽然承担风险，但如果利润增长，也享有较高的利润。从资产控

制可能因合同或公共规则而受到限制的意义看，物质控制权也是一种剩余权利，但资产所有人拥有在完成合约之后的资产处置权。所有权也是剩余权。

由于控制权和收入权并不是同时存在，所以需要有一种公司治理机制来协调参与人的利益。除了最小型的私人企业之外，一般来说，物质控制权都委托给经理人和不拥有财产因此不享有剩余收入权的雇员。即使经理人拥有企业的一份股份，他们对企业资产的实际控制权也大于他们的收入权。所有人需要一种机制来监督并激励经理人，否则他们就无法享有对企业投资的回报。相对而言，少数小股东需要戒备有控制权的大股东。否则，有控制权的大股东可能会运用他们的控制权从企业提走资源，从而恶化了少数股东的利益(这就是掏空过程)。

公司治理是建立一种机制，这种机制主要诱导实际控制企业资产的个人为了所有人而作出企业价值最大化的决策。这一机制也要最小化控制企业的人与拥有企业收入权的人之间的潜在冲突。机制包括详细阐明决策权的分配和企业不同参与者的责任的制度，并对股东将责任委托给经理人的方式给予特别的关注。公司治理机制提供了一个企业可以据之建立目标的企业结构，以及管理公司业绩的方式和达到这些目标的方法(OECD，2004)。

13.1.1　转型第一阶段的所有制改革

在 1978 年，即中国经济转型的前夜，中国工业由成千上万小型公有组织构成。传统的国有企业(即与政府行政机构结为一体的“工作单位”)与 20 世纪 50 年代的情况一样，仍然主导中国工业。国有企业生产占工业产出的 77%。“集体企业”(比如农村集体)则是名义上由企业的工人所有，实际上由地方政府或是其他国家机关控制。城市集体企业生产了工业产出中的 14%，农村乡镇企业生产了剩余的 9%。中国工业企业大多数位于城市，并且多为中等规模。极小型企业实际上并不存在(少于 5%的产出)，跨国公司也不存在。占据主导地位的国有企业 300
也有很多负担。国有企业作为一个典型的工作单位，要负责职工的福利、卫生和对工人的政治信仰的灌输。经理不能灵活安排工作，报酬也非常低，但却要按规定完成计划目标，并处理由不同行政部门下达的大量其他的命令。因此，企业基本没有责任义务或风险。

改革时代出现的乡镇企业，即新的进入者，大多数都没有这些外部责任义务规定的负担。只要允许它们进入工业产业领域，它们很快就进入快速扩张的状态。我们可以用1996年的资料快速看一下变革的过程（表13.1是第8章城市就业所使用的同样的标志性年份）。虽然1996年只是1993年政策变化之后的几年，却代表了具有转型第一阶段特点的全盛时期。从1978—1996年的18年间，乡镇企业（农村集体所有企业）的产出占全部产出的份额从9%上升到28%。城市与农村的全部集体企业于1996年也达到了产出值的最大份额，即如表13.1所示占了总产出的36%。国有企业的全部工业产出却急剧下滑，从1978年的77%下跌到1996年的33%。大约在1990年之后，外商投资企业（FLEs）也有了很大发展。从1978年到1996年，工业经济中国家经营的成分日渐减少，但经济仍然由公有企业主导。公有的乡镇企业一直是工业经济中增长最快的部门，也是工业转型中最具变化的因素。

表13.1　工业产出的所有制构成（现价产出百分数）

	1978年	1996年
国有企业	77	33
集体企业	23	36
（其中乡镇企业）	(9)	(28)
民营企业和个体企业	0	19
外商投资	0	12
（其中外国投资）		(7)
（其中港台投资）		(5)

这一阶段民营企业也在大量涌现。民营企业最初是以小型企业的形式出现。在计划经济条件下，中国的小型企业非常稀少，但潜力却十分巨大。中国当局愿意让小型企业在相对较少的干预下振兴起来。然而，这一阶段的财产权保护却处于最低限度：民营企业如果想发展壮大，面临巨大的障碍。中国政府在民营企业仍然还很弱小
301 时，显示出一种宽容。实际上对民营企业长期的歧视则是集体企业发展如此迅捷的原因之一。到了1996年，中国已发展出一种三元工业结构，即国有、集体和民营（国内和国外）各生产了总产出的三分之一。在渐进主义转型的第一阶段，在经济中保持了大量国有企业的同时，不仅市场在快速发展，所有制的多元化也使人印象深刻。

13.1.2　从1996年至今的所有制改革

新一波工业改革浪潮开始于20世纪90年代中期，如我们在第4章所讨论的那样，改革的战略在这一阶段也发生了改变，其中的一个里程碑就是1994年通过的《公司法》。《公司法》为各种所有制提供了一个都能适应的统一的法律框架。

《公司法》也为“企业化”国有企业，即将国有企业转换为公司，以便更适应市场经济提供了一个法律框架。一旦国有企业转换成公司，就有了出售一些公司股份来多样化所有制形式的选择权。公司的形式也方便了最终的私营化行动，并为新的混合所有制形式提供了一种选择。在这个意义上说，《公司法》的通过意味着政策决策者打算创建一个统一的法律框架，让所有的所有制形式都可以在这一法律框架下运行，并创建了一个竞争性平台。由于这些变革，我们在表 13.1 中指出的分类根据，即各种所有制形式之间的明显界线，在 90 年代中期之后逐渐模糊。《公司法》的通过标志着新一轮制度变革的开始，其影响和后果慢慢才能感觉得到(Lin and Zhu，2001)。事实上，直到今天，《公司法》仍然在发挥作用。

起初，国有企业渐进式重组的效果被我们在第 8 章所阐述的国有部门大规模精简弄得相形见绌。成千上万的国有企业和城市集体企业关闭，失业工人占了国有企业劳动力的 40%，城市集体企业的工人减少了三分之二。工业所有制的变革也因为中国共产党第十五次全国代表大会(1997 年 9 月)通过的“抓大放小”政策而得到发展。所谓“抓大”，是指政策决策者希望集中力量于最大型的中央控制企业，并将这些央企重组为更大型且更有竞争力的企业集团，再将这些企业置于国家控制之下的同时，对它们进行结构改造和再融资。所谓“放小”，是指政策决策者给予地方政府重组自己企业的更大权力，尤其是给了地方政府私有化或关停并
转这些企业的权力。中央与地方政策之间的差异，就是中央和地方国有工业部门 302
在改革时代逐渐形成的极为不同的方式。改革 20 年之后，中央政府的工业渐渐集中于能源、自然资源以及少数有大规模经济的部门。在实际过程中，这些部门常常受到高进入壁垒的保护，所以盈利非常高。正是因为如此，中央政府一直试图保持对这些企业的控制。相反，地方政府在 90 年代仍然经营着所有工业部门的工厂生产，结果是，地方政府经营的工厂不仅在规模上小于中央政府经营的工厂，而且面临更大的竞争力，盈利也少很多。事实上，从 20 世纪 90 年代中期开始，所有的国营中小企业都在亏损。地方政府也有动力关闭亏损企业，相信能在不出问题的前提下，私营化竞争性部门的企业。

20 世纪 90 年代中期之后，中国工业在重组、竞争和私有化三股力量的作用下重新发展起来。这时的经济制度也发生了变化。从 1998 年开始，统计人员仅仅开始收集“规模以上”企业的完整信息。也就是说，只收集年产出值在 500 万元人民币(约合 60 万美元)以上的国有企业和非国有企业的统计数据。规模以上工业

部门的国有比重不断降低，但如表 13.2 所示，这种降低相对较慢。变化最大的是合资企业的增加，合资企业的份额已经迅速增加到 42.1%。但是，合资企业的分类（表 13.2 中第二行）却与国有企业的分类（第一行）重叠：因为在《公司法》下，国有企业已转为合资企业，在这些企业中，国家握有控制权的企业也包括在表 13.2 第一行里。那些超大型企业如中国石油和中国石化，都已在上海证券交易所上市，并向公众出售股份，所以已经成了合资企业，却仍然由政府控制。在规模以上部门中，国有控股企业的产出份额虽然也在逐渐下滑，但集体企业的份额下降更为迅速。在 1996 年达到发展的全盛阶段之后，集体企业开始了私有化进程，并逐渐失去了自己的特点。外商投资企业却以适中的速度持续占据了重要地位。

在表 13.2 显示的规模以上和国有控股企业中，中央政府控制的大型企业集团占了很大比例。2003 年 6 月，对这些企业的控制权转到了一个新的组织机构，
303 即国有资产监督管理委员会（SASAC，简称国资委）手中。国资委是一家专门负责处理中央政府的非金融企业所有权的机构。2004 年和 2005 年，省和市也设置了国有资产管理局。国资委并不直接掌握企业，正如表 13.3 所示，国资委直接控制了国有部门中最大且资产最多的那些企业。国资委控制的最重要部门有石油和炼油、冶金、电力以及军工和通信业。这五个部门的职工总数占到了国资委控制企业所有工人人数的三分之二，资产价值占到了总资产价值的四分之三。中央政府持续大规模、大量地集中投资，使得中央控制的国有部门持续地在中国工业所有制结构中占有重要地位。

表 13.2　工业企业的所有制构成（规模以上产业）　　单位：%

	1998 年	2004 年
国有企业和国家控制的企业	49.6	38.0
合资企业	6.4	42.1
外商投资企业	24.7	30.8
集体企业	19.6	5.3

表 13.3　国有企业和央企所占份额（2002 年）

	工人（百万）	资产（十亿元人民币）
国有独资企业	24.9	8 792
央　企	5.9	4 336
百分比	23.7	48.3

小型企业虽然也绝对重要，但自 90 年代中期以来，小型企业发展的趋势很不清楚。最后一次国家统计局官方报告小型企业产出的数据还是在 1999 年。这些数据表明，小企业，即产出少于 500 万元人民币的企业占了总产出的 42%。自那以后的几年里，小型企业一直经受着相互冲突的压力，私营化和贸易自由化都在扩展小型私人企业可以施展才华的空间。新千年之际，出现了一股要对中国企业"大浪淘沙"的趋势。1997 年后更为激烈的市场竞争不仅暴露出技术落后的小型企业投资不足的弱点，很多小企业也因此倒闭。如我们在第 12 章所指出的那样，这一阶段乡镇企业的就业也在大幅下降。所有这些因素可能改变了截至 1996 年 304
一直是经济转型特征的增加小企业市场份额的趋势。2004 年进行的一次经济普查发现了一些矛盾的指标。一方面，普查中所有 530 万非企业性质的个体企业与 94.7 万民营企业在从事工业生产，这些企业让人震撼地雇用了共计5 900 万工人，企业的数目和工人的人数都稍稍高于之前的估计。但是，经济普查对全部工业部门销售额的估计，与之前规模以上部门待售数据相比较，意味着只有 23%的工业销售额来自小型部门(《2005 年经济普查》，《中国统计年鉴》，2005，488，491)。这一差距意味着，小型企业的份额略有下降，或者我们就要承认，1999 年的小型企业数字一开始就有水分。较大型企业明显偏多的趋势反映出这样一个事实，即许多民营企业现在已经"逐级"上了规模。这些数字也表明，国有部门产出份额下降比国有部门就业的减少更为平缓。由于国有制日渐集中于大型的资本密集型企业——这些企业对能源和原材料的需求已经将价格推高——国有控股企业占总产出的份额按现行价格计算只是略有下滑。2004 年，国有控股企业大约占了工业部门销售额的 29%，规模以上产出的 38%(参见表 13.2)，按照经济普查数据，大约为工业总销售额的 77%。

13.2　工业融资

在计划经济条件下，工业融资并不是一个迫切的问题。在国有企业经营的受保护的市场中，边际利润很高，因此国有企业有较高的利润。这些利润转化为国家预算收入后，又作为大推进工业投资的一个部分投入企业。图 13.1 显示，在改革开放之始的 1978 年，国有企业利润极大，占了国内生产总值的 14%。新企业(尤其是乡镇企业)的进入创造出日渐增强的竞争，因此使国有企业的超额利润在竞争中逐渐消失。到 1996 年，国有企业利润几乎为 0。在这种情况下，政策决策者面临危机：国有企业再也不能依靠保护价格来获取剩余价值，因此除了加速改革，国有企业几乎别无选择。我们在第 8 章描述的国有企业精简、工人下岗以及国有企业终身就业制度的终结，都可以看成是市场竞争对国有企业影响的不可避免的反应。图 13.1 也显示了 2000 年之后国有企业重组
305 所获得的某些成功，并表现出国有部门中一些经过改造的较大企业，也能增进自己的利润，并勉力跟上 2003—2005 年的经济繁荣，将利润提升到大约占国内生产总值的 4%。

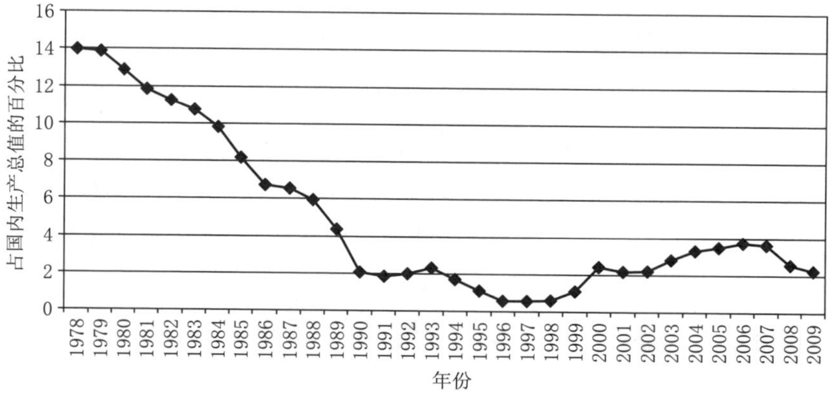

图 13.1　国有工业企业利润占国内生产总值的百分比

受到保护的垄断利润的减少不可避免地影响到工业融资的各个方面。由于国有企业上缴给政府的货币减少，所以政府提供给国有企业投资的货币也大为减少。1978 年，在政府预算中，全部固定投资的 62%投给了国有单位，多数则进入工业企业。到了 1997 年，预算补贴中的工业投资已下降到不足 3%。预算资金的减少迫使国有企业为了维持投资和增长而开拓新的融资来源，国有企业慢慢转向了银行体系。在指令性经济条件下，银行不为任何长期投资融资，银行只提供贸易信贷(即对库存资产进行短期融资)，而且主要是对商业部门。在改革过程中，政策决策者渐渐转向依赖于银行贷款为工业部门融资，这是一个有重要经济后果的决策。这一决策与改革时期发生的宏观经济变化相一致，因为在这一时期，居民储蓄急剧增长，政府储蓄大幅下降，这种情况也与经济中银行职能的重要转变
306 相关联(见第 18 章和第 19 章)。银行对工业融资的开放，减轻了转型过程的痛苦，但也引出了后来银行体系的不良资产问题。在工业部门之内，企业渐渐转而进行间接融资(从银行贷款)，间接融资代替了早期的直接融资体制(从所有者融

资，即从政府拿钱）。

企业经理人有增进企业利润的激励机制之后，银行为工业部门的长期投资融资就出现了。转而向银行贷款与基本的激励原则吻合：如果国有企业必须用自己的利润进行再投资，国有企业肯定会比用政府资金进行再投资更为注意自己的盈利能力以及投资风险。事实上，国有企业虽然增加了银行信贷融资，并且也增加了义务偿债的法律意识，但却没有更多地关注自己的未来偿付能力。人们通常用来度量企业与银行之间关系的方法是银行信贷与股东权益之比，或是负债权益比（有时也称为杠杆率）。权益或股本是指在扣除要支付给银行和其他贷款人的合同款项之后的企业剩余价值。我们可以用总资产价值减去全部债务的近似权益，计算出负债权益指数。因此估算出投资的所有权股本，大约就是企业的国家利益。①表 13.4 显示出中国工业企业债务—权益比的发展趋势以及国际比较。在指令性经济条件下，企业的债务—权益比当然非常低，只有 12%。“由于政府废除了通过预算对企业的直接融资活动”，穆嘉（Holz，2003，140）指出：“这一比率开始一路上扬。”到 1994 年，债务—权益比已经迅速攀升到 211%的顶点。相比较而言，这是一个高比率，正如表 13.4 所示，这一数字略小于银行在经济产业中占主导地位的日本或泰国的数字。虽然 1994 年中国债务—权益比并不像韩国企业有那样高的杠杆率，但与较低的利润率相比，却一直在增长，而且水平比较高。这已经足以警示中国的政策决策者了。到了 20 世纪 90 年代中期，中国企业没有债务的目标一去不复返了，在不到 20 年的时间里，中国企业已经跻身于世界上负债较 307
多的企业之列。银行信贷被用来保持“濒临破产”企业的活动。不断增加的贷款表明，企业仍然受制于软预算约束，它们可以如己所需地依赖于国有银行提供的贷款来维持自己的活动。如果我们将这一数字趋势与图 13.1 结合起来审视，那么表 13.4 可以显示出 90 年代中期中国国有企业陷入的困境。由于现金流消失且债务累积，中国国有企业最终资不抵债（Lardy，1998）。1997 年爆发的亚洲金融危机对韩国和泰国这种经济体的打击尤为严重，这些经济体的大型企业都因为

① 这种方式的权益数字计算，非常类似于中国统计数字来源中提供的“股东净权益”数据。债务/权益比也等于负债/资产÷(1－负债/资产)。正如穆嘉（Holz，2003）所解释的，这一指数只能为时间比较和国际比较提供一个概约基础。原因是，资产应以成本减去折旧为基础，不应以市场价值为基础，另一个原因则是资产的计算范围因时间的变化而变化，国有企业资产现在还包括大量的城市土地使用权，以及一些无形资产如商标和版权。参见穆嘉对此问题的讨论。

高杠杆率和现金流不足而非常脆弱。相反，台湾地区的那些杠杆率相对较低的较小企业却更为灵活。因此，1997 年之后，中国的政策决策人面临严重的挑战和来自相邻经济体的沉痛教训。所有这些因素都有助于让中国政府坚信，必须走出渐进式市场化框框，加大产业重组步伐。

表 13.4　债务—权益比(百分数)

中国国有企业	
1978 年	12
1994 年	211
1998 年	181
2001 年	147
2004 年	146
比较经济体，1988—1996 年的平均数	
韩　国	347
日　本	230
泰　国	201
印度尼西亚	195
德　国	151
美　国	103
马来西亚	91
中国台湾	82

自 1994 年以来，国有企业的债务水平已经下降并日趋稳定。到 2001 年，债务—权益水平已下降到 147%，2004 年的水平与此大致相当。这种债务—权益比的下降反映了财务健康状况的改善，以及大笔银行不良资产的注销。要想全面解释这两种情况不太可能，因为一方面银行收紧了贷款标准，而在 90 年代中期后，银行的行为已经更接近于商业银行的做法了。银行行为的转变开始于宏观经济紧缩时期，这也正好与政府想让无法生存的企业破产的意愿相符合。因此，在 90 年代中期，很多高负债的企业干脆关闭，迫使银行注销大量无法回收的贷款。为了帮助银行注销坏债并让仍能经营的企业进行债务重组，政府又
308 为银行体系注入了数十亿元资金。作为重组的一个部分，追加债务则由银行出售给了政府，并转化为新的权益。在几轮资本化过程中，政府为使银行注销坏债而注入银行的股本总计至少约为国内生产总值的 30%(见第 19 章)。很显然，这些行为导致了国有企业杠杆率的大幅度降低。

另一方面,国有企业总的融资状况也得到了改善,这种改善部分是因为大笔债务注销之后减轻了企业的利息负担,部分是因为负债最重的企业已被关闭。大型国有企业则由于自己的保护性市场地位重又获得盈利能力。如此一来,虽然中国国有企业的债务—权益比不再不同寻常地高企,但仍然与德国大致相等。在德国,银行在经济中的作用非常重要。中国的债务—权益比也大大高于中国台湾或美国的债务—权益比。更重要的是,大多数企业的新融资仍然来自银行,而不是来自资本市场。正如第 19 章所讨论的那样,最近数年,超过 80%的企业经营资金来自银行,股票市场融资只发挥了很小的作用,企业债券融资的作用稍稍大于股票市场。因此,对银行信贷的实际依赖依然是中国工业国有企业的一个重要特征。所以,我们无法保证债务—权益比不会再次攀升。获得银行信贷是企业的投资(或生存)能力的重要决定因素,因此,银行对工业部门有极大的权利。中国企业治理结构改革的一个挑战就是规制银行和工业权益持有人的竞相索取。毕竟,一个合理的企业治理制度的最基本的要求之一,就是要为那些给企业提供资金的人提供保证,保证他们能收到投资回报。

13.3　国有部门企业治理制度转型

计划经济条件的企业与市场导向的现代企业有较大的区别。在计划经济条件下,所谓的“企业”实际上只是一个巨大的行政体制的组成部分。企业就像是一个巨型的社会主义事业的分支,因此企业没有任何战略计划、营销计划、后勤或与市场相关的个体能力。相反,正如我们在第 5 章所讨论的那样, 309
计划经济的企业是一个提供多功能社会单位的服务机构。政府虽然按等级组成行政机构,但事实上履行着真正的所有者权力。政府拿走了所有的企业利润,并负担企业的损失。企业经理在重重管制和限制网的包围下,不断忙于完成由计划人员以人民的名义下达的千变万化的不同命令和任务。但却没有任何使经理人遵守的奖惩条件,激励他们努力增加企业生产能力或盈利能力。要把计划经济的企业转变为利润导向型企业,需要从多方面进行改革。至少,企业必须改变自己的组织形式,自己的客观职能(经理人获得回报的业绩),并对价格或信号作出反应,同时还需要面对“硬预算约束”。也就是说,企业必须对自己的财务业绩和债务负责(见框13.2)。表 13.5 简略呈现了这些因素。

框 13.2　软预算约束

“软预算约束”这一术语是科尔奈(Kornai，1979，1980)在其祖国匈牙利进行社会主义经济研究时提出的。软预算约束是指企业在亏损情况下仍然持续得到融资从而得以生存的情况。充分预算约束是指企业在一个给定时期内以自己的收入来抵补自己的全部支出的情况。在可以获得外部融资的条件下,硬预算约束也会有某种程度的放松,比如用外部融资进行投资或筹资,让企业暂时度过一段艰难时光。充分软预算约束与这样一种情况相关联,即企业可以在相当长的一段时间内持续亏损,但仍然可以持续获取融资或不承担任何损失的风险而进行新的投资。我们在任何经济条件中都可以观察到不同程度的软预算约束,但软预算约束在社会主义经济中尤为普遍。

科尔奈解释说,软预算约束的存在从根本上改变了经理人行为中的激励环境,并改变了社会主义经济的发展动力。没有硬预算约束,经理人不用顾及盈利能力而放手从事像扩张企业、壮大声誉以及创立新企业等目标。因此,经理人最终会对新的投资资金发展出无限制的需求,科尔奈将这一现象称为“投资饥渴”和“扩张驱动”。由于对投资的需求会无限制扩张,所以科尔奈指出,社会主义经济是“资源约束型”,而凯恩斯主义的市场经济则是“需求约束型”。

在转型过程中,很难想象对经理人的激励可以在预算约束没有硬化的条件下与市场经济的要求结合起来。硬预算约束意味着,让企业服从市场纪律,限制对经济的政治化和投资决策。与此同时,好的企业也需要得到贷款,这样企业才能发展,所以充分硬预算约束并不是最优选择。在中国,我们观察到不同硬化程度的预算约束。直到 90 年代末,国有企业差不多都是充分软预算约束型。乡镇企业的情况与此相反,乡镇企业具有相当程度的硬预算约束,尤其在村或城镇的乡镇企业更是如此。尽管政府官员也会出手干预,使个体企业的预算约束稍为软化一点。但民营企业一般都是硬预算约束。

表 13.5 工业企业转型：分析的因素 310

	纯粹计划	转型第一阶段，1979—1993 年	转型第二阶段，1996 年至现在	纯粹市场
组织形式	行政分级体制中的一个组成部分	“激励化的”行政体制组成部分	重组为企业	多种形式的战略合作
管理目标	完成计划与单位利益	合同利润与单位利益	有限制条件的利润	利润以及未来利润流的贴现值
价格体系	计划价格	双轨价格制	有政府干预的市场价格	有规制的市场价格
预算约束	软	软	有限制条件的硬	硬

在不同的转型经济体中，存在两种基本的达到全方位转型的道路。俄罗斯与许多东欧经济体遵循的道路是尽可能快速地打破企业置身于其中的行政隶属关系。通过强调私有化，改革者主张与行政体制快速、完全地决裂并迅速转变所有制。改革者以价格改革为所有制改革的先决条件，但价格一放开，他们就主张迅速私有化。他们希望用这种方法让企业很快摆脱行政干预。摆脱了官僚主管之后，企业马上面临硬预算约束，企业所有者只能依赖于重组和组织化形式，按照自身的利益来实施管理目标。这个理论就是：快速私有化可能是企业管理所有要素中的重组动力。中国在企业改革初期走的道路正好相反：中国一直想利用企业置身于其中的行政关系，在创建“双轨”市场价格的同时，重新安排激励机制和组织形式。改革者希望管理人员成为政府的代理人，尽自己最大努力改善企业的生产能力和盈利能力。他们实施的渐进式改革在表 13.5 的“转型第一阶段，1979—1993 年”中已经表明。

13.3.1 创立企业治理制度：转型第一阶段

中国工业体制改革的初期，企业的组织形式只是稍微有些改变，多数企业依
然与行政隶属机构连在一起。改革者不愿破坏在一个稳定的状态下与所有产业 311
工人有关的工作单位。改革者宁愿尝试不同的激励方法，大力增加给予管理人员的回报，使激励机制与盈利能力结合更为紧密。有的激励办法模仿在农业部门成功的经验；因此农业部门成功的经验又被带入计划经济的核心部门，即国营企业。在整个 20 世纪 80 年代，也存在从“低能”激励到“高能”激励的进步。一开始，利润刺激只是不多的一些奖金和投资基金，所以利润分成部分只占全部企业利润的极少部分。当然，企业留存的边际利润也较少。表 13.2 显示出 20 世纪 80 年代三

个连续阶段的边际留成率(marginal retention rate)，即参数 b。在第一种类型中，如果主要的目标已经完成，国家允许企业提取总利润的一个具体百分比(通常少于10%)：80年代中期，改革者转成累进利润分成型(*progressive profit sharing*)，除了固定的基本留成之外，企业还保留利润增量的一个具体比例(一般大约为20%)。第三种类型是利润包干，每个企业都合同承包上交一个固定的利润量，在承包水平之上的任何利润——企业与其上级单位事先在合同中指明——完全由企业保留。因此，边际留成率常常为100%或接近这一水平。由于奖赏函数的斜率越来越大(即 b 越来越大)，利润导向刺激在一定程度上也越来越强，所以边际留成率也逐渐升高。

利润分成(1979—1983年)

$R = b \times \pi$ $\qquad b < 0.10$

累进式利润分成(1983—1986年)

$R = a + b(\pi - \pi_{t-1})$ $\qquad 0.10 < b < 0.50$

利润包干(1986—1989年)

$R = a + b(\pi - \pi_{合同})$ $\qquad 0.50 < b < 1.0$

在这里，R 是保留利润或奖金，π 是利润。

图13.2 高性能激励机制的创建

312 这种方法之所以能起作用，是因为与这种方法一起出台的还有所谓的价格“双轨制”。在价格双轨条件下，包括国有企业在内的所有企业都可以在完成计划责任之后，按市场价格进行买卖。由于企业的计划生产规模固定，所以即使国有企业也在一定程度上面对市场价格(Byrd, 1991)。有了这种市场价格和高性能激励机制，管理人员就有了扩张市场导向活动的动力。这样的结果就是市场上的交易份额增加。因此，工业经济慢慢融入了市场，淡出了计划。所以“激励”方式有助于废除行政经济，使企业对市场竞争作出反应。

这种激励方法也存在成本和收益。多数国有企业的内部组织基本上没有发生变化，企业不仅要协调自己与直接上级单位的活动，还要协调与其他无数行政单位，比如劳动局、地方政府和预算当局的活动。在这种情况下，最缺乏生产力的企业仍然受到庇护，不用去面对日渐增强的市场竞争。此外，“激励”企业的过程也意味着，企业管理人员在某些方面实际上比之从前与上级行政机关的联系更为紧密。行政官员现在也可以用大量的货币和非现金报酬回报管理人员，管理人员也与他们的上级就利润包干进行谈判，企业的留成资金的确定取决于如何才能完成管理人员谈判的利润目标。企业管理人员与其上级一起工作，相互了解，有范围广泛的互惠利益交易。每家企业都是一个特殊的企业，几乎没有进入“公平竞争平台”的动向，而公平竞争平台才是一个统一进行经营的体制。在这一体制中，市场力量才能公平决定经营成果，预算约束才能硬化。

企业管理人员也获得了权威和自主权。由于企业管理人员与上级机关有着错综复杂的关系，所以，以利润为重心就使企业管理人员有更多的自由活动空间，按自己的意愿制定企业战略。1984 年之后，在企业范围内广泛采用的“厂长责任制”，就明确表明企业的重要经济决策权在厂长手中，而不是在共产党官员手中。管理人员在企业中的地位有所加强，不过由于管理职位的任命权仍在更高一级的党委会手中，所以管理人员也被迫与不可能被解雇的工人们形成联盟，并日益强化自己在企业内的决策权。国有企业的利润留存是一个很实在的东西，所以一旦管理人员在利润的分配方面有了发言权，他也会为工人谋些福利。比如说，大多数中国企业的自建住房实际上就是在 80 年代这一阶段建筑的。因此，单位体制在这一阶段在某些方面有所强化。

企业管理人员日渐增长的权力和经济的日渐市场化开始催生出一系列新的 313
问题。管理人员开始行使企业资产的剩余控制权。从理论上讲，剩余收入控制权应该属于所有者，即属于国家，但企业管理人员控制了大量的留存基金。在短期内，虽然利润包干改善了管理人员与所有人之间的某些冲突，但在长期内，这些优于地方官员并拥有企业环境与内部人信息的企业管理人员，在谈判过程中就有了决定性优势。日益增长的管理权势和日渐衰落的政府对企业的监督，都促成了这些问题的出现。企业管理人员按计划价格和市场价格买卖产品，利用两者之间的差额创造出赚钱的机会，企业管理人员谋求在发放补贴和与其他企业合作方面具有更大的灵活性，以及开发出关联交易的新机会。此外，城市社会也越来越富裕，人的欲望也在增加，所以监管企业管理人员的消费也更加困难。为了创造出一种对管理决策权更好的监管体制，一种让管理人员对他们管理公共资产的行为负责的方式，需要对财产权和公司治理进行根本的重建。

13.3.2　建立公司制企业：转型第二阶段

20 世纪 90 年代中期，一项新的企业改革计划开始实施。新计划的重点虽然是企业的公司化，但同时也在许多不同领域有所动作。最为重要的是，中国的改革者有效地硬化了企业所面对的预算约束，长期亏损经营的“濒临破产的”企业最终被大规模关闭或出售。包括央企在内的工业国有企业的全部数目从 90 年代中期的 12 万家，下跌到 2004 年的 31 750 家。有些连续几年闲置的最差劲的该关闭企业就这么简单地结束了痛苦。还有些企业因为无法对 90 年代末期的新宏观经济状况作出反应，也被关闭。正如稍早时候所述，国有企业的财务状况已经恶化。由于宏观经济政策在 90 年代中期已经收紧，银行也很难得到贷款资金，所以又反过来对企业提出了更严格的贷款标准和偿付条款。受到更具竞争的产品市场和更紧的信贷环境的挤压，许多企业进行了重组并裁减了多余的工人，或是干脆选择倒闭破产。

一揽子互为补充的经济体制的改革，使新一波企业改革成为可能。

314 ● 1994 年底实施的税制改革最终淘汰了利润分享和利润包干的做法，转而实施增值税和所得税(见第 18 章)。虽然这些变革增加了许多企业的边际税率，但降低了综合税，并使税收负担更为公平。此外，税收改革也削弱了国有工业企业与它们的上级行政机构之间的联系。

● 1995 年开始的银行改革也创出了更为职业和独立的银行家(见第 19 章)。

● 20 世纪 90 年代中期的社会保障体制改革，在为破产企业成千上万的工人和退休人员提供资金、保障大多数养老基金并提供福利和失业补贴方面，并不十分成功(见第 8 章)。

● 企业改革之后不久开始的住房制度私有化，创造了成百万新的城市财产所有人(见第 5 章)，其中有的人就是下岗工人。学校和医院也逐渐成了独立的实体。

这些互为补充的改革使改革者认为，他们已经有了提供社会服务的其他方式，并已经能够开始剥去城市单位的多种非核心功能。中央领导人也同意企业改革再往前一步，冒险用一种可接受的政治成本精简国有企业和下岗工人。这些制度变革加上在国有企业内部新创立的公司治理方式，形成了我们在表 13.5 转型第二阶段中罗列的明确的改革战略计划。新的改革措施因改革创新的相互补充性而更为有效。

13.3.2.1 公司化与《公司法》：目标与原则

“公司化”政策的基础是中国的《公司法》，这也是 1993—1994 年改革措施中的突破点。我们以前注意到《公司法》在为所有制的多样化提供载体方面的重要意义，这其中也包括部分或全部的私营化以及法律层次上竞争平台的创建。在这里，我们强调的是《公司法》的其他主要功能，即《公司法》可以改进国有企业的治理方式。在《公司法》体制下，个别国有企业慢慢地一个一个重组为公司式企业。克拉克(Clarke，2003)解释说，传统的国有企业基本上已经消失，为了形成一种关系更为紧密的所有者集团[1]，国有企业有的转化为合资企业(JSC)，有的则成为有限责任公司(LLC)。从国家所有制的角度看，《公司法》制度下的公司设计不仅打 315
算赋予管理人员更多的权力，而且也建立了一个更好的监管体系，以保证管理人员追求与政府所有者相同的利益。

有效的公司治理机制使企业管理的利益与企业所有人的利益趋于一致。其中最关键的制度，就是《公司法》指定董事会为企业最高权力机构。国家指定董事会成员作为自己在企业中的股份持有人，董事会则下达指令，监管并聘用或解雇经理人。国家用这种方法，通过重新定义自己作为纯粹企业所有人的角色而实施所有权。这样的组织变革产生出三个相互联系的优点。

● 自主权。组织变革在一个清晰的法律框架内，给了企业更大的自主权，企业的经理现在是对董事会负责，而且只对董事会负责。企业的管理人员将不再服从于多个政府机构下达的命令。相反，政府的利益和目标通过政府机构和其他所有者任命的董事会，转换成了公司的利益和目标。

● 非政治化与利润最大化。如果有好几方(其中包括有多家分支机构的政府机构)共享所有权，不同各方的利益就被简化为一个最小公分母，即资产净值。新的持有人只有一个途径表达自己的利益，即股东选举权。股东现在共享共同的利益，即利润分配，利润分配鼓励所有人只关注盈利能力这一单一目标(Clarke，2003)。

● 促进专门的政府监管。公司所有权的一个最大问题就是，缺少一个专门的“所有权机构”去积极地提倡公共利益。企业由一个或多个政府机构主管，任务下达不但不清楚，有时还出现相互冲突的任务。实际上，由于企业的盈利能力与所有政府机构都没有直接的利益关系，所以这些机构都缺乏迫使企业达到较高效益水平的强大动力。监管者或许会马虎大意，或者他们会被他们监管的利益所吸引。公司化并不能直接解决这些问题，但却非常清楚地区分出所有权与责任权，并用董事会的任命权将这些权益连接起来。公司形式有助于任命一位有极强的

① 有限责任公司的具体形式甚至可以由政府提出，由企业百分之百所有。

盈利能力的审慎的政府监管人。

那么，在现实中这些目标是如何实现的呢？

316 13.3.2.2 中国的制度实践

缓慢的实施过程 尽管公司化具有重大意义，但实际上《公司法》的实施却非常缓慢。传统的国有企业还大量存在，直到2003年末，中国仍然存在23 000家传统产业国有企业，产出占了国有部门产出的三分之一。与此同时，11万家国有控股公司（不是传统的国有企业）生产了国有部门产出的三分之二。平均而言，公司化企业是国有控股公司的4倍（*SYC*，2004，513）。这些根据《公司法》重组的这些企业也没有有效地实施必要的条款。董事会在《公司法》的法律框架内具有核心地位，但大多数依据《公司法》重组的企业实际上并没有专门的董事会。比如说，至2003年5月，所有在中国股票市场上市的企业都要求拥有三分之一独立董事的董事会，但即使在这些我们期望拥有最佳公司治理机制的企业中，到截止期时，也只有62%的企业有董事会（Green，2004，14）。作为对这一拖了10年的缓慢实施过程的反应，从2005年开始，政府又重新鼓励企业正式构建董事会，并授权于董事会。

监管机构的形成 在政府的所有权重新定义为股份持有人之后，政府的任务仍然是创立一个有效的组织，以实际行使政府的所有权。在一系列不成功的实验之后，2003年6月，中国成立了国有资产监督管理委员会（SASAC，简称国资委）。国资委的首要任务是实施作为国有资产的所有人和持有者的职能，而且要将这些任务与政府作为社会公共管理人的职能分开。与公司化的原则相一致，国资委的任务与以前的机构相比，在三个方面有了更清楚的区别。首先，国资委原则上履行所有者的所有权责任和义务，尤其为了保障政府所有者的权利而履行监管企业经营活动的任务；任命董事会成员；建立任命企业管理人员的程序；批准企业经营中的重大决策。第二，国资委还有权监督一些特殊的非金融企业（最初有196家企业），但只对这些企业履行直接所有权。第三，国资委还授权地方政府建立自己的地方国有资产管理局，并在2005年底，在每个省和自治区履行国有企业所有
317 权。因此，地方国有企业第一次有了明确的法律和规制框架，这一框架得以让地方政府放手对它们的企业进行重组和私营化。

然而，国资委权力的下放带来了一系列难题。其中最重要的就是与共产党任命权的内在冲突。中国政治制度最重要的特点，就是共产党保有传统的

党管干部职能，利用这种职能，党委会可以对国有部门的所有重要岗位进行人员任命。尽管共产党已经丢掉了传统保守的意识形态的内容，日渐实施能人治理和发展导向，但明显没有、也不愿意仅仅只根据利润最大化能力和最大化政府所有权利益来任命企业的董事。事实上，由于共产党本身并不拥有所有权，所以我们并不清楚党委会任命与利润最大化有什么利益关系。共产党明显保留由国资委管理的 196 家企业中 53 个最高职位的直接任命权，并且将其他高级职位的任命权授权给了国资委的党委会(SASAC，2004，99)。由于共产党掌握着企业的任命权，因此，党继续决定企业管理人员的职业道路和激励机制。政治人物与行政官员则以一种经济上合理的方法为重新定义这些关系进行努力。

国有资产管理委员会并不直接收取其所有权股本有权获得的盈利。在改革的早期阶段，多数国有企业都有权保有自己的税后利润。有些国有企业将这笔利润或红利上交，但上交的利润直接就到了母公司或地方政府的手上(有时是通过地方国资局)。中央国资委费尽努力争取到了一些预算权力，但直到现在，国资委的任务充其量也就是财政部的代理机构。与此同时，国资委对收入的控制(和所有权的控制)，也因为直接监督之下的企业的强势而显得很有局限。由中央国资委监管的 196 家“企业”中的多数，事实上都是由前政府部门演变过来的大持股公司。这些大型企业都有成百的下属企业，控制着大量的资金，并对决策权实施战略控制。此外，这些企业一般都保留自己的收入，并只向政府上交赋税(不是利润)。比如说，国资委对实际上生产了全中国电力的五家大型联合企业以及两家电网运营商实施名义上的监管。这些大型联合企业又控制了数百家企业，其中至少包括 10 家上市公司。这些联合企业的运营极不透明，事实上，其官员也都与政府有关系，也很少负责在组织内部履行政府所有权。在各个工业领域内都有国资委监管数目不清的例子。因此，在国资委能够 318
实施政府持股公司职能，并能用一种明确的方式履行由法律监管的所有权之前，还有很长的道路要走。

基于利润和生产能力的监管　然而，国资委日渐增加了对盈利能力，尤其是最大化资产价值的关注。国资委为重组国有资产，关注核心生产能力，最大化(政府)股东价值制定了雄心勃勃的目标。事实上，中央国资委的方法具有很强的美国企业色彩，包括从通用电气的总裁杰克・韦尔奇(Jack Welch)那里学来的操作方法，即每家由国资委监管的企业要么在其相关市场中按 1、2、3 排名，要么一起退出市场。到 2005 年，国资委监管范围内的企业已合并成 169 家，有些非核心业务也被淘汰。

尽管进行了合并，国资委还是一直要求中央一级的政府所有权要有较大的不断发展的作用。按照国资委主任李荣融的说法，国有所有制适合用在四个部门中，即国家安全、自然垄断、重要公共物品或服务，以及重要的国有资源。另外，有些重要的"支柱"行业以及高技术部门，也应该由国家掌控。这一理论说明与我们之前讨论的中国经济的趋势相一致，因为中央政府所有权事实上就集中在这些部门。一种为政府所有权张目的理论建议，国家应继续从竞争性部门退出。这一说法也意味着，要在可见的未来坚持大型央企部门的存在。

在国资委努力增加政府股权价值与其继续政府所有权的理论说明之间，存在一种深层次的紧张或者矛盾。这一说法的出台有利于那些以市场失灵或是践踏公共利益为特征的部门中的政府所有权。但较为理想的情况是，公众利益应该通过其他独立的规制机构有所体现。在这种情况出现之前，还需要加强萌芽状态的监管机构的行政权力，使它们拥有更大的权力以及法律职能和更大的透明度。由于这种转型不可能一蹴而就，所以国资委不可避免地会在委任管理早期阶段拥有规制权和所有权。在一定范围内，国资委本身也有责任纠正市场失灵，并稍微改变一下国有资产价值最大化的责任，关注公共的利益。此外，由
319 于其他的机构比如共产党委员会已经形成了管理人员任命的程序，所以，将管理人员的注意力从对利润最大化问题上转移开来还是有些压力。准确地说，这些多方面的相互不协调的目标，都是首先困扰着政府所有权的内在问题。如果国资委必须纠正市场失灵，并在每一个重要的企业决策中代表公共利益，对国资委来说，激发管理人员使利润最大化并敦促他们负责改善生产能力，将会非常困难。

13.3.2.3 公司治理制度的类型

在中国，对国有企业的监管人员的监管是如何实施的呢？为了回答这一问题，评价一下世界范围内采用的主要公司治理体制非常有用。在所有者本人并不直接从事管理的情况下，其他的制度如何激励管理人员并进行监管？长期以来，在大公司里，所有权与管理权的分离已经成为制度。本节要讨论的是，将管理人员的激励机制与所有者的目标结合在一起的两种重要方法。我们常常将这两种

方法分类为两种体制。

对管理人员实施监管的第一种方法可以称为以*市场为基础*的方法。这是一种主要依赖于股票市场实施的有效公司治理体制，有时也被称为英美体制。在美国和英国，股票持有人非常分散，所以一般来说，股票持有人并不掌握每个公司的内部信息。因此，这些体制对于公共信息的披露有非常强烈的要求，也强烈要求用法律和规制对小股东进行保护。这些体制之所以可以对管理人员实施监管，是因为董事会对任命和辞退管理人员有非常明确的权力，而股东又对董事会有非常明确的权力。失望的“所有人”可以通过出售股票而退出公司，因此，股价就是业绩的敏感指标，较低的股票价格常常导致管理权的更替。从绝对意义上讲，低股价会导致股票疯狂地换手，并使管理权被一组新的投资人替换。在这一体制中，管理人员也可以成为股票持有人，或者说，他们拥有购买股票的优先权，从而进一步将管理人员利益与所有人利益结合到了一起。①

监管的第二种重要方法可称为以*控制为基础*的方法。事实上，银行或创业家族一般都会关注管理人员的业绩。这种体制有时也称为欧陆体制或日本体制，因 320
为在欧洲大陆和日本经济体中，银行在监管企业行为中都起着非常重要的作用。在这一体制中，一个通过融资关系或是通过供给方与消费者关系且能获得企业内部信息的群体，在履行对企业的监控。比之英美体制，通过这一体制获利的股东群体更为广泛。比如在德国，工人的利益由监理会来代表，而在日本的公司决策中，也要顾及关联企业集团的利益；某些利益就是“内部人利益”。这一体制的优点是，它有能力在长期发展中为众多的股票持有者提供利益。其弱点则是缺乏责任心，并在改变企业战略时会出现长期拖延不决的情况。由于银行和关联企业是战略大股东，所以所有权和控制权通常不会被夺走。原因是敌意收购绝对罕见。监管是由银行和其他关联方来实施，而银行和其他关联方一般就在管理人员的背后盯着他们。只要管理既有效又忠心，几乎不会出现干预的局面。但如果银行基于自己的内部信息，看到了问题的发生和发展，他们就会出手干预，甚至换掉管理人员。

中国的国家所有制具有以管制为基础体制的许多特点，也存在一些重大区

① 这一体制的另一个优势是，它具有各种机构相互关联的复杂链条。一些中介机构，比如养老基金、共同基金，现在也持有企业的大部分股份，由于它们的股票份额较大，因此它们监管管理人员非常仔细。因为大多数行为人都共同关注利润和股票市场价格，所以这一体制运转很好。

别。当然，最大的特点是国家在占有股权的同时，也对企业直接履行监管。此外，如表 13.4 所示，自 20 世纪 90 年代以来，银行已经成了中国最可依赖的资金提供方，而重要的银行也都是国有银行。如果我们将中国的体制看成是政府和政府经营的银行一起履行公司控制，那就大错特错了。在多数以控制为基础的体制中，银行都是私人银行，传统上也都是独立的强势行为人，虎视眈眈地坚守着自己的利益。但在中国，银行几乎没有强行要求自己利益的办法，比如说，如果企业破产，银行在法律上无权要求优先偿付。银行也不能直接拥有股票。最重要的是，由于长期以来银行都是政府贷款政策的被动实施者，因此，银行既没有能力也没有得到明确授权去积极地监管企业业绩。在中国，尽管融资方式揭示了银行的重要性，但在公司治理体制中却不存在银行监管的相应功能。中国在某种程度上是一种以控制为基础的体制，但控制权却分散在持股公司、各级国资委和政府及党
321 委手中。这些机构并不始终按照企业业绩或管理激励方式分享利益。

与此同时，中国也没有清楚地创造出一种以市场为基础的公司治理体制。中国的最大企业，绝大多数都已在股票市场上市(2004 年末有 1 377 家)，但它们的规范作用却非常弱。在大多数情况下(约占 79%)，上市企业都有自己的母公司，母公司通常都拥有一份他人无法挑战的股票控制权(Bai et al.，2004)。中国也采取了很多措施改善信息披露要求，并要求董事会有独立董事。独立的财经杂志也开始改善透明度，暴露了一些大的丑闻。然而，由于多数国有企业的竞争能力很低，股票市场也不能有效地规范管理人员，所以这些体制仍然很不成熟。

由于以控制为基础和以市场为基础的管理监管都很薄弱，所以中国的国有企业管理人员具有最大程度的独立性。最有说服力的证据之一，就是管理人员本人的说法。上海证券交易所对上市公司管理人员做过调查，询问他们什么是他们所认为的约束其权力的最重要的内部和外部因素。答案列在表 13.6 中，其中只有 29%的管理人员选择董事会作为他们最重要的内部制约因素，非常奇怪的是，25.8%的受访者回答的第二个最重要的内部制约因素是“自我约束”。这就意味着，他们完全没有觉得自己有什么内部制约因素。另外 20%的回答者指明，每年的股东大会才是他们最重要的内部制约因素。不过，这种制约因素在每年多数时
322 间里不像是能对管理人员实施很大影响的因素。对外部制约因素的回答更加让人吃惊：只有产品市场才能对管理人员施加有约束力的影响。通过他们的说法，我们可以看出，中国的企业管理人员拥有极大的自行处置权和自主权。

表 13.6　2000 年上市公司 CEO 报告的最重要的制约因素

内部制约因素	所占比例	外部制约因素	所占比例
董事会	29.2	产品市场	79.1
管理人员的自我约束	25.8	股票市场	4.8
每年的股东大会	19.9	管理工作者就业市场	4.5
上级行政机关	13.2	劳动力市场	4.0
地方政府	5.4	消费者	3.3
监事会	3.4	银行	2.7
员工	1.7	重要供应商	1.3
企业党委	1.3	新闻媒体	0.3
工会	0.1		
全部	100.0	全部	100.0

当然，这种自主权并不是绝对意义上的自主权。管理人员必须与他们的控股人就自主性进行谈判（Lee and Hahn，2004）。正如特尼夫和张春霖（Tenev and Zhang，2002）所指出的，上市公司与他们母公司之间的界限规定比较随意，控股公司有时会为了自己的利益而利用企业自肥，并因此侵犯了其他持股人的利益。这种情况称为“隧道挖掘”（tunneling）。比如说，母公司有时会直接从上市公司提取款项，或非常容易地借钱，或利用上市公司为自己的借贷担保，或用不公平的价格买卖商品和资产。相反，母公司有时也为了不同的原因向上市公司注入资产，白重恩等人（Bai et al.，2004）发现，如果（国有）控股人持股较多，股票市场定价就较低，如果小股东持股较多，或是股票多集中在小股东手中，股票市场定价也较高。他们将这种现象解释为，众多的小股东对控股公司的隧道挖掘有一定的制约，而一旦管理人员控制了董事会，股票市场的定价也会较低。这里的危险是，内部人员的联盟能在没有外部监管或制约的条件下，获得公司的控制权。

管理业绩的另一个监管人是党组织。党委拥有撤销、调动或是提升管理人员的权力，党委也希望管理人员能够听从党的指示。党委用一种可能会减少管理人员使企业价值最大化和利润的方式，限制了具体企业管理人员的作用。但是，党委也限制了管理人员为了自己的利益而转移企业资源的能力。因此，党委也是公司治理的一种机制，尽管这是成本与利益都比较大的一种机制。实际上，张介和黄曼丽（Chang and Wong，2004）也发现，上市公司的投资回报率在某种程度上也受到企业党委实施的影响。在他们的研究中，党委通过减少过多的管理人员的权力而对业绩的改善施加了影响，但这种影响没有超过由于党委对董事会的干预而引起的业绩下滑。

管理弊病：资产剥离以及关联交易　绝对宽泛的管理自主处置权不可避免地在某些事情上引起管理权力的滥用。虽然对腐败的处罚还算严厉，但除非腐败非常公开，否则总的制度环境使得察觉和处理腐败都相对困难。管理人员在建立子
323 公司和合资企业方面有很大的自由处置权，关联交易的范围也很广泛。因此，将公共资源以稍低于市场的价格出售给关联方，非常容易。由于建立子公司，任命家族成员为公司职员非常简单，所以可以通过一系列活动从公共企业中获取好处(Ding, 2000)。据说，这种活动在中国非常盛行，但我们并没有很好的数据予以说明。这些弊病的存在并不意味着中国的腐败非同寻常。事实上，根据国际监察组织透明国际(anticorruption watchdog group Transparency International)发表的2005年政府清廉度指数(Corruption Perception Index)，中国的腐败情况处于被调查国家的中间水平(在146个国家中排第71位)。按照这一标准，中国的个人腐败略微低于人均收入水平应有的水平(随着人均国内生产总值的上升，腐败比例下降)。对中国公司治理的挑战不在个人腐败，最大的危险是众多具有内部关系的内部人群体将把公共资源转移成他们共同的制度性利益。因此，虽然股票市场制度有助于改变这种情况，但也无法将透明化和外部人监管充分带入国有企业部门。

13.4　私有化与混合所有制

正如前面所述，公司化能带来私有化，不管这种私有化是完全私有化还是通过将股份出售给公众或战略投资人而使所有权多元化。事实上，自90年代末期以来，私有化在中国的意义非常巨大。在乡镇企业部门，私有化的主导形式就是将企业私有化给内部人(现在的管理人员和工人)。在当前这波私有化浪潮中，两种政策先例非常重要。第一种是90年代中期发展起来的转型所有制形式，这种形式最初是为乡镇企业设计，称为股份合作企业。在这些企业中，原来是公有企业的全部股份，都按一定的价格折让出售给了工人和企业管理人员。在所有股份卖完后，企业就转型为股份合作公司，工人则可以在一年后出售自己的股份。在山东省诸城，85%的公有企业(包括32家国有企业和178家乡镇企业)，就是使用这种方式私有化了。这里最重要的创新在于，管理人员持股可以大于普通工人持股数的20倍以上(Huang and Huang, 1998)。第二种先例是在中国著名的电脑企业联想(中国著名的联想电脑公司，在国际上的品牌是Lenovo)转型为公司时

建立的。在这一案例中，管理团队明显对企业的成功有功，因为是他们使公司从
零开始创业。在几经犹豫之后，这批管理人员才被准许持有公司 20%的股份作为 324
创业者权益。为培育中国的高科技产业，并尽力模仿以美国硅谷为首的企业环境，中国也允许大多数新成立的高科技公司给公司创始之时的管理人员分配一些权益。

这两种先例为企业重组尤其是小型企业重组的逐渐加速开启了一条道路。随着“放小”的进行，私有化尤其是内部人私有化和管理层买断(MBOs)，成了中国随处可见的现象。此外，在很多情况下，政府也直接或采用建立子公司的方式保留了企业的小部分股份。科技行业中的混合公司(blended firm)成了普遍的现象。在这种情况下，由于管理团队已经通过管理和权益地位控制了企业，所以国家的小部分股权受到忽视。这些中等规模且主要为私人所有的混合所有制企业，已经成了中国产业中生机勃勃、快速增长的新兴部门。毫无疑问，现在这些企业多数是纯粹的商业经营，而且对盈利能力非常关注。中国工业的未来，大部分寄希望于这些部门的增长。

实际的私有化过程，特别是管理层买断在中国引发了极大争议。有批评指出，管理人员利用企业的资产获得了信贷，然后他们又使用这些贷款为自己个人买卖企业进行融资。既然对企业的理解和控制是现任管理人员的优势，那么这一群体最后在私有化企业中持有较多的股份就不可避免。此外，整个私有化过程非常分散，基本由地方政府(和他们设立的地方国资部门)操作。由于中国从来没有对私有化过程进行过明确的理论表述，或者说，甚至从来没有将私有化作为一种已采用的政策进行宣布，因此，私有化的前进步伐实际上是由地方政府或暗地里由企业管理人员掌握。地方政府对持有公有制企业也没有什么理论说明，他们只是指示要保留一份国家的利益。私有化的延迟或加速都是根据地方利益，这一事实不可避免地为众多弊病放开了空间。

由于保护国有资产的价值是国资委的任务之一，因此国资委一直试图对内部人私有化过程实施限制。国资委在禁止内部人私有化的同时，又提出更多的规
制，力图使私有化过程更有规矩并更为透明。国资委对企业的购买价格，即国有 325
企业的资产净价值也设定了一个较低的底线。国资委还要求进行竞价，鼓励企业通过地区产权交换方式出售，并限制由管理人员使用银行贷款来购买企业。这些要求都是朝正确方向迈出的步伐。公正地说，这种方法也依然非常容易流于形

式。尤其是净资产价格的规定，因为净资产价格并不是市场决定的价格，只是以资产购买价格减去贬值为基础制定的价格，因此引发出扭曲的激励效应。最终，我们在稍早描述过的管理人员手中的高度自主控制权，不可避免地转换了私有化过程。所以，如果我们发现管理人员最终在私有化企业中拥有绝大部分股份，一点都不足为怪。总之，由于这一过程极为分散并极不透明，所以我们对中国的私有化过程基本没有了解。

13.5 结论

企业改革是整个转型过程中极具争议的核心问题。国有工业企业是旧时指令性经济的核心，今天，创建灵活而高效的公司，是走向高水平的市场经济，走向更富生产力和更为开放的国际竞争的前提条件。迄今为止，中国只有少数企业在公司治理方面接近于国际最佳企业。在人们眼中，这些少数企业包括联想电脑公司，几家电信设备制造商如华为和中兴，以及几家耐用消费品生产商如海尔等。这些企业在中国企业中都属于超级企业，而且都在非常短的时间里拥有了惊人的发展能力。但是这些企业凤毛麟角，不能代表中国企业的全部。

回溯整个转型过程，让人既震惊于转型的巨大成功，也震惊于其不断的失败。转型的第一个阶段一定被认为是一个成功过程，尽管这一阶段受到有局限性的改革战略的限制。整个指令性经济结构的消失和废除，是在仍然坚守国营企业，且没有引发灾难性经济衰退的情况下完成的。转型的第二阶段远远超越了第一阶段，比较而言，这一阶段的成就乏善可陈。中国的私有化过程拖延时间太长；政府根本没有很好的理由抓住一般性竞争部门中的企业不放手，所以只有私有化才能改善业绩（Megginson and Netter，2001）。即使在延迟的情况
326 下，中国的私有化也受到折磨——俄罗斯和东欧各国的仓促私有化之相同问题的折磨。所以毫无疑问，由于中国私有化的企业相对较少，而且高度分散，且最大的企业依然保留在国家手中，中国的内部人私有化的负面效应小于俄罗斯。但正因如此，一个创建基础广泛的私有权的机会已经失去，这对中国建立和谐社会也有负面后果。尽管中国已经走过了很长的道路，但中国离一个高度专业化的市场经济还差几步。

进一步阅读的建议

钱颖一(Qian，1995)非常明确地提出了主要的问题。王志浩(Green，2004)、特尼夫和张春霖(Tenev and Zhang，2002)对企业改革的现状做了很好的总结。尤素福、锅岛薰和珀金斯(Yusuf，Nabeshimn and Perkins，2006)在文章中提出了最近的研究成果，并对最新的文献进行了评述。如果想知道关于国资委的资料以及最近的发展动向，见诺顿(Naughton，2005)。经合组织(OECD，2005a，2005b)也有对中国企业部门和公司治理情况的讨论。对20 世纪 80 年代和 90 年代的改革的进一步分析，见诺顿(Naughton，1995)以及吴敬琏(Wu，2005)。

数据和图表资料来源

表 13.1:《中国统计年鉴》(*SYC*，1997,411)，诺顿(1995，329—333)。

表 13.2:《中国统计年鉴》(*SYC*，2003，461—463);《中国统计摘要》(*SAC*，2005，135)，分类不排除在外。

表 13.3:《中国统计摘要》(*SAC*，2003，132)，连玉明(Lian Yuming，2004)。

表 13.4:《中国统计年鉴》和《中国统计摘要》，1998 年之后包括国有企业以及国有控股公司的资料，参见克拉森斯、德扬科夫和郎咸平(Claessens，Djankov and Lang，1998，141)。

表 13.6:上海证券交易所《上市公司治理评价》(2003)。

图 13.1:《中国统计年鉴》(*SYC*，1994，389；1995，395；1996，421；1997，431；1998，457；2003，476，501，506；2004，表 XIV—15)。

图 13.2:讨论可以参见诺顿(Naughton，1995)。

框 13.1:根据经合组织(2004)的定义。

参考文献

Bai，Chong-En，Qiao Liu，Joe Lu，Frank M. Song and Junxi Zhang (2004). "Corporate Governance and Market Valuation in China." *Journal of Comparative Economics*，32：599—616.

Byrd，William(1991). *The Market Mechanism and Economic Reforms in China*. New York：M. E. Sharpe.

Chang，Eric C.，and Sonia M. L. Wong(2004). "Political Control and Performance in China's Listed Firms." *Journal of Comparative Economics*，32:616—636.

Claessens，Stijn，Simeon Djankov，and Larry Lang (1998). "East Asian Corporations：Growth，Financing and Risks over the Last Decade." *Malaysian Journal of Economics*，Vol. XXXV 1 & 2(June/December)，137—156.

Clarke，Donald(2003). "Corporate Governance in China：An Overview." *China Economic Review*，14(4):494—507.

327 Ding, X. L. (2000). "The Illicit Asset Stripping of Chinese State Firms." *China Journal*, no. 43(January), pp. 1—28.

Economic Census(2005). State Council First National Economic Census Leading Small Group Office and National Statistical Bureau. "Diyici quanguo jingji pucha zhuyao shuju gongbao yihao[Announcement of Main Numbers from the First National Economic Census, No. 1]," December 6, 2005, at http://www. stats. gov. cn/zgjjpc/cgfb/t20051214_402296016. htm.

Green, Stephen(2004). *Enterprise Reform and Stock Market Development in Mainland China*. Frankfurt: Deutsche Bank Research, March 25.

Holz, Carsten A. (2003). *China's Industrial State-Owned Enterprises: Between Profitability and Bankruptcy*. Singapore: World Scientific.

Huang Sha'an and Huang Lijun(1988). "A Further Analysis of the 'Zhucheng Phenomenon.'" *Gaige*, no. 2, pp. 38—47.

Kornai, J. (1979). "Resource-Constrained Versus Demand-Constrained Systems," *Econometrica*, 47:801—819.

Kornai, J. (1980). *Economics of Shortage*. Amsterdam: North-Holland.

Lardy, Nicholas (1998). *China's Unfinished Economic Revolution*. Washington, DC: Brookings Institution Press.

Lee, Keun, and Donghoon Hahn(2004). "From Insider-Outsider Collusion to Insider Control in China's SOEs." *Issues and Studies*, 40(2), June, 1—45.

Lian Yuming (2004). "196 Jia Zhongyang Zhishu Qiye Zichan Zong'e da 6. 9 Wanyiyuan" [The Total Assets of the 196 Directly Centrally Controlled Enterprises Has Reached 6. 9 Trillion], pp. 525—527 of *Zhongguo Shuzi Baogao 2004* [China Report in Numbers 2004]. Beijing: Zhongguo Shidai Jingji.

Lin, Yi-min, and Tian Zhu(2001). "Ownership Restructuring in Chinese State Industry." *China Quarterly*, issue 166, pp. 305—341.

Megginson, William L., and Jeffrey M. Netter (2001). "From State to Market: A Survey of Empirical Studies on Privatization." *Journal of Economic Literature*, 39(2):321—389.

Naughton, Barry(1995). *Growing Out of the Plan: Chinese Economic Reform, 1978—1993*. New York: Cambridge University Press.

Naughton, Barry (2005). "SASAC Rising." *China Leadership Monitor*, issue 14, Spring. At www. chinaleadershipmonitor. org. See also issue 8(Fall 2003), "The State Asset Commission: A Powerful New Government Body."

OECD(2004). Organization of Economic Cooperation and Development. "OECD Principles of Corporate Governance," at www. oecd. org/dataoecd/32/18/31557724. pdf.

OECD(2005a). *Governance in China*. Paris: Organization for Economic Cooperation and Development. Chapters 3, 10. Available at http://www.sourceoecd.org/governance/926400842X.

OECD(2005b). *OECD Economic Surveys: China*, issue 13. Chapter 2: "Improving the Productivity of the Business Sector," pp. 79—135 at http://hermia.sourceoecd.org/vl=2758661/cl=12/nw=1/rpsv/~3805/v2005n13/sl/p11.

Qian, Yingyi (1995). "Reforming Corporate Governance in China." In Masahiko Aoki and Hyung-ki Kim, eds., *Corporate Governance in Transitional Economies: Insider Control and the Role of Banks*, 215—252. Washington, DC: World Bank.

SAC(Annual). *Zhongguo Tongji Zhaiyao*[Statistical Abstract of China]. Beijing: Zhongguo Tongji.

SASAC(2004). State Asset Supervision and Administration Commission. *Zhongguo Guoyou Zichan Jiandu Guanli Nianjian*[China State-owned Assets Supervision and Management Yearbook], 99. Beijing: Zhongguo Jingji.

Shanghai Stock Exchange(2003). *Corporate Governance Report*. Shanghai: Shanghai Stock Exchange.

SYC(Annual). *Zhongguo Tongji Nianjian*[Statistical Yearbook of China]. Beijing: Zhong- 328
guo Tongji.

Tenev, Stoyan, and Chunlin Zhang(2002), *Corporate Governance and Enterprise Reform in China*. Washington, DC: World Bank and IFC.

Transparency International(2005). *Global Corruption Report 2005*. Available at http://www.globalcorruptionreport.org/download.html.

Wu Jinglian(2005). *Understanding and Interpreting Chinese Economic Reform*. Singapore: Thomson.

Yusuf, Shahid, Karou Nabeshima, and Dwight Perkins(2006). *Under New Ownership: Privatizing China's State-Owned Enterprises*. Stanford, CA: Stanford University Press and World Bank.

第 14 章

329 结构变化：工业、能源和基础建设

最近20年来，中国工业部门引发了中国经济的快速增长。与这一增长有关的基本结构变化不仅改变了工业本身，也改变了工业部门与其他部门的关系。本章主要阐述与结构变化相关的三个主题。第14.1节是对工业部门的内部变化进行综述，重点关注的是制造业。第14.2节主要从能源供应的布局和能源需求的前景，对中国的能源供应前景进行考察。第14.3节以电信行业为例，对基础设施服务进行了讨论。

中国快速的经济增长给世界能源供应带来了新的巨大需求，并在近期引发了对世界能源资源的关注。事实上，中国已经极大地改善了能源的利用效率。早在改革初期，中国的工业增长模式就舒缓了能源供应的压力，只是由于后来经济持续增长，能源供应的压力才再度出现。市场改革和日益提高的生产能力，给了经济一个“喘息的机会”，但高速发展最终会要求增加能源供应。中国面对的挑战是，要维持这样一个具有持续效率的健康的投资成果。这三个论题对当代中国工业经济的显著变化做了一定程度的介绍，对实现这一目标所涉及的实际问题也进行了深入阐述。

14.1 制造业的增长和结构变化

1949年以后，工业生产快速增长。但截至1978年，中国工业的发展基本集中在少数基础工业材料领域。1953—1978年，人均煤炭产量增加了5倍，钢产量增
330 加了11倍，电力增加了16倍。但是，25年间布的人均产量仅仅增加了30%，许多差异性商品——事实上是所有奢侈品——全部从市场上消失了。占总产量38%的虽然是金属和机械工业，但中国机械制造的技术能力非常低，生产的大多是低

质量低标准的初级产品。如果我们说，中国工业在 70 年代末为每个家庭生产了一口铁锅和一匹蓝布，为国家生产了水泥和机械工具，我们也不过略为有些夸张而已。这一时期的工业受制于许多缺陷，正如我们将在第 14.2 节所述，中国工业不仅是一个资本极度密集型部门，也是一个能源极度密集型部门。

1978 年后，中国力图使在计划经济条件下一直受到忽视且技术含量较低的劳动密集型消费品的生产范围变得多种多样。中国生产所需固定资本投入较少的消费品的机会非常之多，也有很多机会可以生产为特定市场甚至收入相对较低人群所需的补缺品，比如针头线脑之类，还有机会以相对较低的成本产生出新的就业。由此导致的产业结构变化的模式可以使用我们在第 3 章和第 4 章介绍的价值链和部门内联系的一组术语来进行分析。在一个标准的工业模式中，类似中国这样收入水平的国家，主要从事“上游”产业。也就是说，早期的经济发展主要集中在轻工业和消费品制造业，尤其是纺织品和食品行业。工业化的现阶段则会集中于生产中间产品和为下游工业提供生产所需的机械。20 世纪 60 年代的日本和 70 年代的中国台湾地区，也出现过这种模式(有时候叫做“产业深化”)。但是，社会主义的中国曾经与苏联竞赛，超前地发展过一些战略性上游工业。到 1978 年，轻工业和纺织业已经从 50 年代占总产出的 64%下降到只占 27%，这让人误以为，中国已经跨越了早期的劳动密集型制造业发展阶段。事实上，这一阶段才刚刚开始。

因此从 1978 年开始，与发展中市场经济体相比，中国的结构变化呈现出一种非同寻常的特征。我们看到的是一个对先前被忽视的部门进行全面发展的过程，而不是对上游工业的发展过程。我们可以把这一过程称为“补偿性”或“偿付性”工业化过程。鉴于 20 世纪 70 年代苏式“超赶型”工业化实践，中国有机会在 80 年代实施“补偿性”工业化实践。原来一直不受重视且技术含量相对较低的劳动密集型部门，现在有了全方位地实施“补偿性”工业化的绝佳机会。正如表 14.1 所示，在 20 世纪 80 年代和 90 年代，发展最快的部门就是轻工业行业的劳动密集型 331
制造部门。这些先前被忽视的部门中，也有一些技术相对较高的部门，另外也有一些绝对的“低技术”部门。电子器件、塑料产品和服装，每年的增长都达到了 20%，或者更快。在某种意义上，中国一直在致力于填补工业投入—产出矩阵(关联模型)的差距。表 14.1 和表 14.2 中的数据分别采自 1980 年、1985 年和 1995 年进行的中国工业普查数据，这使我们可以对中国工业的变化进行详细的考察。

1980年到1995年，我们采用不变价格基数计算出的工业总产出为年均增长14%（相对于使用可变价格基数计算的年均15.7%的官方数据）。

表14.1　工业实际增长率(1980—1995年)

部　　门	增长率(%)
电子和通讯设备	28.0
家　　具	21.9
塑料产品	20.8
黏土、石头和其他非金属矿产	20.6
木器和藤产品	20.5
人造纤维	20.4
电子元器件	19.8
制　　药	19.5
皮毛产品	19.4
金属产品	19.4
服　　装	19.2
建筑材料	18.9
机械和仪器	16.9
印　　刷	15.9
饮　　料	15.6
纸　　张	15.2
黑色金属	15.1
玩具、手工艺品和杂项	13.7
食品加工和生产	13.3
有色金属	13.2
橡　　胶	12.8
烟　　草	12.8
化　　工	12.5
自 来 水	11.1
纺　　织	10.2
有色金属冶炼	10.2
电力和热水	9.9
黑色金属冶炼	9.3
炼油、焦炭和煤气	8.6
煤	7.7
石油和天然气	4.4
木　　材	3.7

表14.2是对数据的概述。从表中看，工业总产出由各种不同的最终产品构
332 成，其中包括机械电子、轻工制造和塑料产品，等等，这些部分大约增加了17个百
分点。这些部门更有可能从满足顾客需要的产品设计和专业化中创造价值。原
材料和中间产品的生产——特别是能源和金属——下降了大约15个百分点。这

些变化当然与转型战略直接相关。在劳动密集型的轻工制造业，尤其是极小规模的产业中，新生产者的进入至关重要。对外贸易的迅速开放，尤其是 1995 年劳动密集型产业的集中开放，也为这些产业创造了新的机会。

表 14.2　工业总产出份额　　单位：%

部　　门	1980 年	1995 年
矿产品	12	6
标准产品	33	26
半标准产品	25	23
差异化产品	25	42
公共服务	5	3

注：半标准产品包括化工产品、纺织品、木材制品和建筑材料。

产业结构的这一转变给了中国经济一个喘息的空间。在现有资本和能源投入条件下生产的不同组合和差异化的产品，为这一产业机会创造出了更大的价值。绝大多数能源密集型部门，比如冶金、炼油、电力和化工部门的增长，慢于全部工业的增长速度（虽然建筑材料也是能源密集型工业，但增长迅速）。事实上，在整个 80 年代和 90 年代，能源密集型部门的经济增长速度实际上已在下降，这点我们将在下文进行讨论。

1995 年以来，中国工业中已经出现了新型的结构变化。2004 年底完成的经济普查对工业领域中的若干主要变化做了简要说明。普查的具体数据还没有发表，因此这里只能按现行价格对不同部门的产出作一个基本的考察。首先，1995 年后，产业向轻工业和多样化制造业的全面转移已经结束。1995 年到 2004 年，占有中国工业产出一定份额的工业化初期阶段形成的传统轻工业生产急剧下降。食品工业、纺织、服装和皮革制品从占工业销售总值的 24%下降到 17%。与之不同的是，新型高技术含量的产业产出却迅猛增加。电子和通讯设备的份额从占工业销售总值的 4.6%增加到 10.5%。同时，有证据表明，由于产业化的发展和对投资的努力维持，对物资和能源的需求也在激增，因此出现了产业“深化”的现象。 333
电子产量从占工业销售的 4.4%增加到 7.1%，而有色金属和黑色金属则从 9.2%增加到 10.8%。由于这些数据没有经过价格调整，也没有包括非公司性质的家庭企业在内，所以这些数据只能为我们提供参考。但是，这些数据强烈表明，结构变化的新型模式已经出现（2005 年经济普查）。此外，几个能源密集型部门现在的增长速度也已经快于整个工业的增长速度。

地区增长模式。结构变化与地区增长模式的差异密切相关。地区变化不在本书讨论范围，但我们将注意地区变化和结构变化的关系。我们知道，沿海省份的经济增长高于全国平均增长水平。沿海省份在充分利用产业增长战略的巨大变化中占有有利地位。当然，它们在把握时机从事外贸出口以及吸收外国投资和引进世界技术方面，也处于较为有利的地位。另外，沿海省份的确还拥有较好的技术和基础设施禀赋。但是，沿海地区传统上也是劳动密集型制造业发达，新公司进入产业领域竞争最为迅速的地区。沿海省份大多数得益于向“轻工”产业结构的转变，这就与中国“上游”重工业超前发展的典型，即三个东北省份的发展形成了鲜明对比。由于早期专事于能源生产和重型原材料工业而形成的不利局面，东北三省经受着工厂废弃和资源枯竭之苦。东北地区从允许创办小型企业的政策转变中获益相对较少。因此，东北在全国工业产出中所占的份额从 1980 年的 16.1%陡然下降到 2002 年的 8.6%。

14.2 能源

中国是一个能源巨人，但在许多方面也是一个尚未长成的巨人。过去，与能源发展相关的问题数次威胁着中国经济，抑制了中国经济的发展。尽管以往的能源危机已经化解，但在经济快速增长过程中，中国继续面对令人灰心丧气的能源
334 挑战。而且，中国的能源经济也对整个世界提出了两大挑战：第一，将中国快速增长的需求与全球能源经济结合起来；第二，减轻由于中国能源工业的低效率给中国和世界造成的巨大环境代价。赌注不可谓不高。

我们很容易证明中国是一个能源巨人。中国是世界第二大能源消费国和电力生产国（仅次于美国）以及第三大能源生产国（仅次于美国和俄罗斯）。2005 年，中国生产和烧掉了 21.4 亿吨煤，远远超过其他任何国家。图 14.1 显示出 1989 年以来中国能源生产的趋势。1996 年和 2003 年的数据（见框 14.1）有一些我们只能大致做些纠正的严重问题，但长期趋势是清楚的。从 1978 年到 2005 年，全部能源生产每年增长 4.5%，能源消耗则增长了 5.2%（2006 年度报告）。为了填补国内生产和需求之间的缺口，1993 年中国从重要的石油出口国转变为石油净进口国。2005 年，煤炭生产占了中国国内能源生产的 75%，煤炭生产没有显示出下降的趋势。事实上，如果我们忽略 20 世纪 90 年代末期的数据偏差，自 80 年代初以来，煤炭在能源生产中所占的份额一直在向上攀升。

但是，因为中国的石油进口量日益增加，所以能源消费已经不再严重依赖煤炭了。

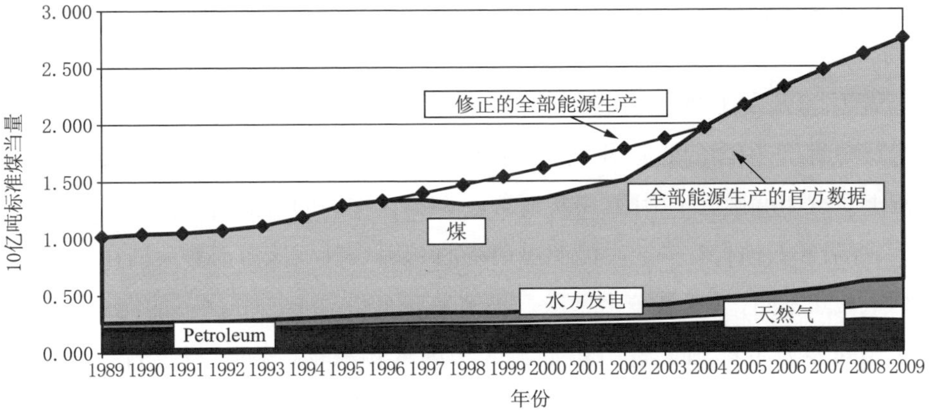

图 14.1　中国能源生产(官方数据和趋势)

框 14.1　中国能源统计 335

近年来，中国能源数据出现了一些严重的问题。根据中国官方的数据，中国的能源生产在持续增长几十年后，于 1996 年开始急剧下降。2000 年，能源生产已经低于 1996 年峰值的 19.3%。煤炭生产的整体下降据说为 29%，而官方的国内生产总值数据却增长了 36%。这些数字很不合情理。我们在本书提到的所有数据问题中，这是最恶劣和最糟糕的一例。实际上，这是 1998 年前后统计数据的准确性失信的一例，当年向新的统计体系的过渡没能获得成功。但是在能源方面，数据不准确基本上是因为一个特殊情况，即我们在第 8 章和第 13 章所描述的企业精简问题。当时，朱镕基总理下令关闭所有没有开采执照的小煤矿。由于地方经济常常依赖地方煤矿，所以地方政府只能假意服从，并且上报虚假报告称，自己的煤矿已经停止生产。官方数据还显示，从 2000 年到 2005 年，煤炭产量迅速恢复增长(2006 年度报告)。这个数据同样让人无法相信，因为它只是反映出数据报告又恢复了准确性。其实，报告中 2005 年的煤炭产量一直保持在 1996 年以来每年增长 5.1%的水平，1978 年到 1996 年的年增长率则一直是 4.6%。长期增长率与其他证据一起，使我们初步得出结论，能源部门统计数据的准确性到2005年已经恢复。为了选择可靠的基准年，同时，国际上有关能源趋势的许多讨论都在用同一种前后矛盾和让人误会的方式使用官方数据①，所以这些数据方面的问题必须设法解决。

表 14.3 显示了 2004 年世界前 10 位能源消费国的能源消费及其构成。从国际对比中看出，中国的能源消费严重依赖煤炭，煤炭消费占能源消耗的 69%；在这一点上只有印度接近于中国，煤炭消费占 54%。中国的石油消费占了能源消费的 22%，煤炭和石油合在一起占能源总消费的 91%。其他能源消费大国在能源消费结构上截然不同，呈现多样化之态。美国消费了世界上四分之一的能源，并从所有主要的能源生产国大量引进能源。法国依赖核能，核能消耗约占其能源的 40%。俄罗斯有巨大的天然气资源，天然气消费超过其能源消费的 50%。除中国之外，全世界都不像中国那样严重依赖煤炭（世界煤炭消费只占能源消费的 21%）。中国与世界最大的差别在天然气方面，天然气在中国的能源组成中不到 3%，而在世界能源消费中要占 27%。天然气和石油仅占中国能源消费的 25%，却占到了世界（除中国之外）能源消费的 66%。

336 **表 14.3　世界前 10 位能源消费大国（2004 年）**

	总　量	石　油	天然气	煤　炭	核　能	水　电
	百万吨石油当量	总能源消费的百分比				
美　国	2 332	40	25	24	8	3
中　国	1 386	22	3	69	1	5
俄罗斯	669	19	54	16	5	6
日　本	515	47	13	23	13	4
印　度	376	32	8	54	1	5
德　国	330	37	23	26	11	2
加拿大	308	32	26	10	7	25
法　国	263	36	15	5	39	6
英　国	227	36	39	17	8	1
韩　国	217	48	13	24	14	1
除中国之外的世界其他国家	8 838	39	27	21	7	6

① 例如，世界银行世界发展指标部分地——但仅仅部分地——修正了中国能源产出不合情理的下跌，然后使用修正过的数字进行比较。

因此,中国仍然绝对依赖作为初级能源时代的煤炭,而世界其他国家则主要依赖石油和天然气。让人吃惊的是,世界其他国家使用相对"清洁"的技术,为自己提供副产品相对较少的廉价能源,如天然气、核能和水电等能源,在中国使用的比例相对较少。这些资源在世界能源消费中占了 40%,但在中国的能源消费中仅占 9%。中国从水力发电中获得了占其总能源消费 5%的水电消费,这个数字比较可观。中国虽然已经开始采用核能发电,但核能发电仍然不到总能源消费的 1%。我们可以从中国对煤炭的依赖来解释中国能源产业的相对低效,以及由此导致的严重环境污染问题(参见第 20 章)。煤炭发电的技术效能必然低于用天然气发电,而且,煤炭发电的副作用也更大。此外,就像我们所讨论的,用煤炭发电也给运输系统造成很大负担——因为煤炭资源主要集中在北方——并且中国采矿和电力生产的低技术效能也加重了环境问题。因此,中国能源问题的根源在于依赖煤炭。当今世界两个快速发展的经济体如中国和印度,都依赖煤炭来推动经济的发展,实为不幸。

14.2.1　经济的能效

1978 年时,中国经济的能效低得惊人。从那以后,虽然能效有了实质性的提高,但中国仍然是一个能源利用相对低效的国家。在 1978—2005 年的 27 年间,中国的能源消耗以每年 5.2%的水平增长,但真实国内生产总值的增长每年约为 10%,因此,今天中国仅只耗费了 3.5 倍于 1978 年耗费的能源,却生产了 10 倍于 337
1978 年的真实国内生产总值。即使真实国内生产总值的增长有些夸大,但合理的计算表明,中国经济的能效还是有所提高。鉴于中国能源数据的缺陷,中国对能源的依赖数据与其他经济体相比虽然并不十分准确,但仍然可用。世界银行世界发展指数用 2000 年价格估算的购买力平价对许多国家生产 1 美元国内生产总值所耗费的能源进行了比较。世界银行对中国的数据进行了调整,以纠正对 2002 年中国能源消耗和国内生产总值修正数据的少算(使用修正的 1995—2005 年增长率),并按 0.24koe* 生产 1 美元计算(按 999 估算)。这个数据比 1978 年生产 1 美元国内生产总值需要 0.92 石油当量已经有了大幅度降低。这一数字已经与其他发展中国家近似。例如,印度尼西亚、马来西亚和韩国的相关数据都在 0.24koe左右。但是,巴西和印度的效能较高(分别是 0.15koe 和 0.20koe)。发

* koe 指每 1 000 美元的国内生产总值的千克石油当量。——译者注

达国家则普遍效能较高(日本是 0.155koe,英国是 0.14koe,美国却是0. 23koe)。因为中国的购买力平价调整相对较大,按汇率估算的单位国内生产总值耗能进行比较,对中国就更为不利了。数据显示,中国每单位产出需要的能源,远远超过其他同类国家。

三个相关因素形成了中国能效和总体能源利用的趋势。首先是结构因素:工业是最大的能源用户,中国工业正在快速增长,并在国内生产总值中占有特别大的份额。而中国在 20 世纪 80 年代和 90 年代初,向轻工业和低能源密集型产业的转移,虽然为自己赢得了一些喘息机会,但只要国内投资持续高涨,这种转变就难以无限期持续。而且,随着现代化的进程,人口的增加也增加了中国对能源的直接消耗(比如照明、电器设备和空调),还有汽车运输。这些因素都趋向于推高单位国内生产总值的能耗。

第二个因素是制度因素。在计划经济条件下,为什么会出现低能效现象可以有许多理由。能源价格受到控制,价格水平较低;计划人员也将能源使用在造成能源浪费和效能较低的项目上;节约能源的激励机制也微弱得几乎没有。随着经济改革的进程,节约能源受到鼓励,节约能源的政策也逐步完善。当前,政府已经放开了对大多数能源产品价格的管制,而在很多仍然存在管制价格的部门(如电力),价格已经提高到能适当反映资源成本的程度。利润导向的厂商也有了节能、
338 寻找新技术手段的动机。

第三个因素是技术因素。中国的改革开放意味着更多先进技术的大量流入。虽然获选的那些技术基本上是因其技术的先进性或低成本,但许多技术在提高能效方面有用处。采用更为清洁的技术需要依靠政府的政策,以及对具体技术之成本收益的权衡,其中有些技术我们在下面将会讨论。有一段时期,中国从这三种因素即结构因素、制度因素和技术因素的积极整合中获益甚多,这使得经济的总体能效有了稳定的提高。但我们不能就此认为,所有三个因素会持续以这样一种有益的方式相互作用。经济的快速增长会不断使能源部门面临重大挑战,能源部门为应对这些挑战还应制定出持久有效的政策。

14.2.2 三大能源部门

14.2.2.1 煤

由于中国正四处寻找能源以满足其经济快速增长的巨大胃口,所以中国已经不能侈谈对能源资源的选择了。为了维持工业增长,中国被迫依赖煤炭,尤其依

赖小型煤矿的生产。从某种意义上说，中国一直如“大跃进”提出的口号那样在“两条腿走路”。在中央政府努力开采大型煤矿的同时，地方政府与越来越多的个体企业也在努力开发小型煤矿、发电厂和工厂。20 世纪 80 年代，中国乡镇企业兴盛之时，多数乡镇集体企业就身处煤炭部门。尽管从理论上说，煤炭资源属于国家，但地方乡镇集体企业甚至个人，都获准对煤炭进行开采。这一趋势连同中国煤炭资源分布高度分散的特性，使小煤矿的开采出现一哄而上的局面。虽然中国大型煤矿集中在华北，但很多县都有零零星星的煤炭存储。比如 1995 年，中国2 200 个县中就有 1 264 个县从事煤矿开采。20 世纪 80 年代末期经济放缓之后，小煤矿在 90 年代再度开始快速增加。1995 年，中国有 34 200 个乡镇集体煤矿，34 700 个个体煤矿，这两类小型煤矿占了整个煤炭产出的 46%，超过了国有大型煤矿。

由于小型煤矿增长较快，中国采煤业出现了技术倒退。这些煤矿的矿工在非常艰苦的条件下工作。事实上，多数小煤矿基本没有安全措施，事故率非常高。 339
2004 年煤矿死亡事故达 6 027 起，且大多数发生在小型煤矿，大型煤矿的事故率则很低。2005 年，中国公开承认了几次较大的伤亡事故，公众对此给予了高度关注，但情况基本没有什么改变。由于没有明确界定煤矿的产权，所以煤矿冲突频频发生。“矿主们”几乎没有投资进行长期维修或环境保护的动力，因此许多矿区危险、肮脏、混乱。此外，煤炭产量虽然有所增加，但这种增长基本是较高污染条件下的低质量产出。这种情况极大地降低了下游用煤单位的能效。因为小煤矿生产的煤几乎从来没有做过预处理，所以根本不能作为清洁燃料供发电厂使用。大多数小煤矿生产的煤都只用于小型低效的工业锅炉，或者更糟，直接用于中国家庭烧火做饭。

所有这些都促使国务院总理朱镕基在 1997 年作出决策，关闭已经失控的小煤矿。但由于严峻的经济现实，他未能完成这一壮举。由于小煤矿采用了符合中国实际要素比例的生产技术：劳动力便宜且资金短缺，所以使用劳动密集型低资本生产技术的煤矿常常拥有成本效益，因此小煤矿仍然存在。又由于外部性不用计入矿主的成本和收益，所以环境成本可以忽略不计，因此小煤矿的盈利非常高。预计在不远的将来，肮脏和危险的小型煤矿将会成为中国能源均势的一个部分。

14.2.2.2　石油和天然气

中国是仅次于墨西哥的世界第六大石油生产国。2004 年，中国日产石油

360 万桶(年产 17 500 万吨)。然而，中国的石油储量并不丰富，已查明的储量和年生产能力的比率仅有 13.4，而全世界的这一比率是 40。因此，中国正以远远超过世界其他主要石油生产国的速度开采自己现存的石油资源(虽然美国和墨西哥的比率与中国相近)。1959 年，中国在东北的黑龙江东北部发现了大庆油田，中国的石油工业由此诞生。在大庆油田开发之后的 20 年里，石油生产的增长非常迅速。但 1978 年后，石油工业的增长率大幅下降，2004 年，年增长率只有 2%。20 世纪末期，大庆油田开始了漫长且不可逆转的衰落，但大庆的石
340 油产量依然占了中国石油生产的近 40%。与以前一样，中国依然只能依赖那少数几家油田。中国不仅很难再找到其他大型油田，而且大庆油田和其他成熟油田的石油开采成本也在不断增加。现在石油都是从条件越来越艰苦、地点越来越遥远、井点越来越分散的地区开采出来的。在这样的条件下，中国还能设法保持生产的正增长，确实令人瞩目。现在大多数的产量增长都来自近海油田——在令人失望的起步之后，近海油田在 90 年代末期开始大量出产石油——或来自遥远的西北地区，尤其是塔里木盆地的新兴油田。这些油田的开采成本和运输成本都远远高于原有的油田。

中国石油需求的快速增长已经大大超过了国内的供给。当中国于 20 世纪 70 年代末期第一次出现在世界经济舞台上的时候，中国还有大量的石油剩余可供出售和出口，1985 年高峰时的出口量为 2 700 万吨(约合每天 50 万桶)。但中国的

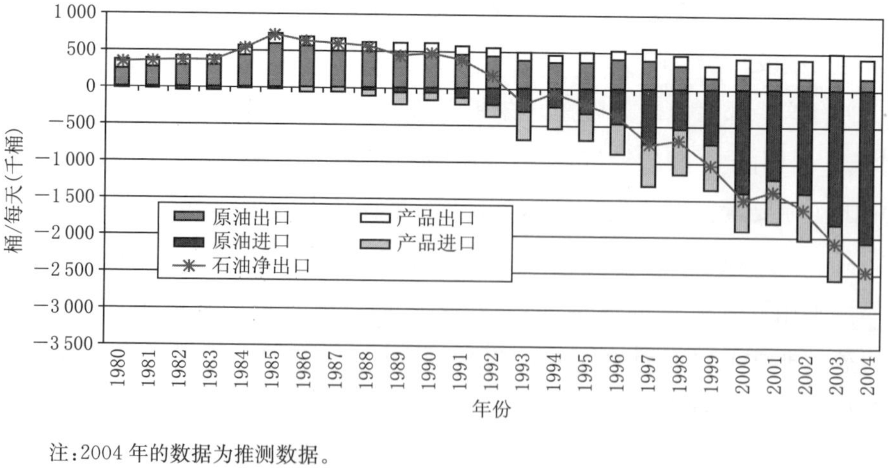

注：2004 年的数据为推测数据。

图 14.2　1980—2004 年中国的石油进出口

石油剩余由于中国国内需求的持续增长而不断下降（见图 14.2）。1993 年，中国已经成了石油净进口国，从那以后，中国的石油进口量也在稳步增长。2004 年，石油日进口量大约 250 万桶，并还在不断增加。与之相比，日本的石油日进口量约 500 万桶。然而，中国的石油进口在未来还将持续增加。如果考虑到中国国内石油生产增长缓慢而石油需求增长迅速的趋势，中国的石油日进口量到 2015 年前后将超过 500 万桶。2004—2005 年，由于世界石油价格一直在高位徘徊，所以中国人日益增长的石油需求引起了广泛的忧虑。但我们应对这样的忧虑保持清醒认识。世界石油市场每天的石油交易量为 4 800 万桶，美国每天进口 1 300 万桶， 341
超过了世界交易量的四分之一。中国 2004 年的石油进口总量仅是世界石油出口总量的约 5%。

14.2.2.3　电能

电力生产也发展迅速。不同寻常的是，尽管中国的许多工厂都已改为使用电能，但电力生产的增长还是慢于工业总产量的增长。1980 年到 1998 年，中国的发电量每年增长 7.8%，增长率似乎不低。因此，当 2003 年中国出现夏季用电需求迅猛增加，并造成许多地方普遍限电时，计划人员极为诧异。作为回应，发电和对电厂的投资也迅速增加。1998 年和 2004 年，发电量每年增长了 11%。同时，这些数据背后也表达出要大力推动电力部门的升级改造，减少低能效的小型燃煤发电厂份额的想法。300 兆瓦或 300 兆瓦以上的相对大型的发电厂在总发电量中占据的份额，1990 年为 17%，1996 年为 29%，今天已经达到了 40%。而且，每发电千瓦时所需的燃煤量也已经相应降低，排放量也有了改进。尽管如此，要想提高发电能力还有很长的路要走。

全然从数量上来考量也令人气馁。一般来说，电力生产应该满足经济发展的需求。然而，中国的人均用电仍然低于中等收入国家。2003 年，中国的人均用电消费是 1 464 千瓦时，这一水平大约与美国 1941 年的用电水平、日本 1962 年的用电水平或者中国台湾地区 1975 年的用电水平相同。这三个发展较早的经济体在人均用电方面都是在 25 年中增加了 4 倍（中国台湾地区所用的时间稍短）。这一事实显示，中国的发电量在随后的 20 年左右也要达到现在的 4 倍。鉴于现在中国的电力生产绝对依赖煤炭，所以就算生产能力有很大提高，4 倍的发电量也意味着煤炭生产起码要提高两倍。我们很难想象，中国的采煤和运输能力能在 2030 年达到 40 亿吨的水平。

14.2.3 能源安全、能源多元化和进口

中国怎样应对其面临的能源挑战？很显然，中国将遵从其自觉的能源来源多
342 元化战略(Wu and Storey, 2005)。未来能源战略的内部环境是中国煤炭资源的不均衡分布。约占中国一半国土面积的北方占有约90%的天然气和石油以及80%的煤。煤炭尤其集中在中国北方的三个省份：山西、陕北和内蒙古西部，这三个地方的煤炭储量几乎占了全国煤炭储量的一半。西南山区和中国西部有丰富的水电资源，但这些水电资源要有长期而大量的投资才能开发出来。中国经济增长速度最快的东南沿海地区，不具有任何能源资源。

过去，能源的分布问题意味着这个国家大部分的运输体系主要是把煤炭从北方运到南方。高峰时期的煤炭运输占了中国长距离铁路运输总量的60%。煤炭还向东穿过华北装船海运，煤炭装船海运不仅是为了出口到外国，也是为了运到中国的东南沿海地区。在未来，中国的国内能源分布问题会与中国能源进口政策相结合，中国现在正在加速成为能源进口大国，并将长期保持这一趋势。

海上石油和西北新疆的塔里木以及鄂尔多斯盆地的天然气生产，将是未来最值得期待的地区。这些油田远离需求中心，需要投资建设昂贵的新基础设施。一条从新疆到上海的新的天然气管道已经在2005年开始送气。西北的发展还有赖于中国从内陆邻国增加进口石油或天然气。2004年，从哈萨克斯坦到中国新疆的输油管道开始动工，但长期目标则是获得从俄罗斯进口能源资源的机会。(中国现在经由铁路从俄罗斯少量进口石油。)中国有一个从东西伯利亚建设一条输油管道的雄心勃勃的计划，但由于俄罗斯的犹豫不决，以及中日对管道主要目的地的竞争而搁置。

南方沿海地区将主要依赖最新且最昂贵，但也是最清洁的资源。南部沿海省份将大量利用核能。2005年，中国正在运行的核电站有9座，但计划增加到30座以上，所有这些核电站都位于沿海省份。南方沿海地区液化天然气(LNG)进口的接收终端可能也在发挥巨大作用。广东和福建就有大量液化天然气接收终端投入使用。当然，更多的石油进口还需要采用油轮。现在，中国进口的石油约60%
343 来自中东，这一数字也不会出现大幅下滑的态势。中国最大的未知数是渤海湾和东海的石油储量。最近，这些油田已经成功开采到石油，但由于中国与日本就这些油田在大陆架矿权问题上存在严重争议，所以这些油田一直未能得到全面勘

探。由于对从中东进口石油的高度依赖,所以中国的决策者被迫尽可能采取多元化的能源供给策略。2004 年,中国宣布进行战略石油储备,目标是逐步建立一个拥有一个月进口量的石油储备(美国的石油储备是 2 个月,日本是 4 个月)。确切地说,最终将出现何种战略组合并不明朗。鉴于石油需求和种种不确定性,中国将会多管齐下,实施石油资源多元化战略,以减少风险,并尽可能获得更多开采石油的机会。

14.3　电信

中国通信基础设施建设的增长极为迅速,通信基础设施建设正在迅速接近中等收入国家的水平。最新的发展是:在整个 20 世纪 80 年代,由于改革开放和经济的迅速发展,中国经济快速转型,但电信的发展大大滞后。电信服务价格仍然牢牢控制在国家手中,这么多年来,邮电部一直保持着自己的垄断地位,既当政策制定者,又当唯一的服务提供商。家用电话则被人们视为奢华消费,按当时中国的收入水平,一般家庭根本消费不起,多数电话都是由政府部门或者公司使用。20 世纪 80 年代,邮电部在多数大城市安装了数字交换系统,升级了中继线线路,但全部投资仍然很低。在 80 年代的大部分时间内,中国在电信业的投资仅占国内生产总值的 0.2%,远远低于国际专家认为升级电信网络所需资金的最低限度,即占国内生产总值的 1.0%。到 1989 年末,中国仍然是每 100 个居民只拥有一部电话,而且只有一半用户是个人付费用户。

进入 20 世纪 90 年代后情况有了重大变化。由于政府认识到电信发展对经济发展的重要性,所以电信基本政策开始转变,家庭也获准可以拥有自己的电话。1993 年,邮电部将电信经营和监管功能正式分开,并创建了一个称之为中国电信的实体来接手经营。与此同时,又从老的邮电部体系外另外创建了一家公司——当然仍然是国有企业——中国联通,与之进行竞争。1994 年 7 月 19 日,作为股份 344
制企业的中国联通首次正式亮相。由于定价政策发生变化,安装电话和提供服务的利润颇丰。安装电话的等待时间从几年缩短到 3—6 个月,尽管电话安装费用极高,但人们对电话的需求依然非常强劲。随着电话安装费用的增加,地方邮电部门(PTAs)在财务方面有了更多的灵活性,比如可以增加降价的幅度。更为重要的是,允许使用贷款作为投资资金。电信行业的投资随之猛增,1993 年,电信投资占到了国内生产总值的 1.5%。随后几年则大致保持在相同的水平。后来,电信企业又进行了几次重组，但基本模式仍然没有发生变化：即电信企业大致按商业原则经营，但基本性质仍然属于中央控制的国有寡头垄断电信企业。因此，电信企业很像我们在第 13 章描述的那种央企模式。

这样的结果给人印象至深。2004 年末，中国拥有 3.12 亿座机用户，3.35 亿手机用户。这是世界上最大的电话体系，而且新增线路的容量在世界上也属最大。截至 2004 年底，中国每 100 人中已经拥有包括手机在内的 51 部电话。按 1989 年的水平衡量，电话用户的增加非常惊人，中国已经超越了像巴西和泰国这样的中等收入国家的水平。而且，中国正在稳步建设省际光纤电缆网络，到 2004 年底，电缆总长已经达到 645 000 千米。这些光纤电缆再加上卫星传输设备，使中国具备了大容量的声音和数据传输能力。随着这些物质基础设施投入使用，2004 年，中国的网络用户也达到了 9 400 万。2005 年 6 月底，中国已经拥有了 3 080 万宽带用户，与美国 3 800 万用户的差距迅速缩小。

收入的快速增长也促使需求大量增加。而且，技术进步也已大大降低了安装现代通讯设施的成本。最明显的是，只要那些想使用手机的人愿意付钱，马上就可以用上手机。安装数字交换和传输设备的成本也在迅速下降。然而实际上，地方电话用户与这一系统的连接——要铺设铜线——还是费钱费时。在许多城市，最大的进步表现在电话座机的快速增加：在拥有三分之二人口的中国农村地区，只拥有三分之一的座机。技术进步给中国提供了“跨越式”发展先进通讯基础设
345 施的良机。总的说来，中国已经抓住了这个良机。但是，要获取潜在的好处，中国还必须有一个合适的制度建设。首先，电信部门要有合适的商业模式，要通过某种程度的竞争，而不是靠完全的垄断来获取大量的利润。中国现在已经能在不需要外国资金或经营伙伴的情况下自行建设通讯基础设施了，这一结果使许多观察家颇为吃惊。中国在加入世贸协议中承诺中国将允许少数外国企业进入某些地方电信网络，2005 年底，中国已经为外国企业的进入制定了适当的法律架构，但实际上还没有哪家企业准备冒险进入。

14.4 基础建设投资的普遍特征

能源和电信的普遍特征是这两个部门都需要对基础建设进行大规模投资。政府的一个基本职能——对发展中经济体尤为重要——就是确保基础设施建设投资的健康增长。一般而言，基础设施建设存在两个必要条件。一是政府要为基

础建设投资提供直接或间接的投资资金；这就包括直接的政府资金以及创造一个规范的市场环境以促进私人投资。二是政府要有一个基础建设计划架构，以利于解决土地用地矛盾并确保各种战略资源的合理配置，以及为私人企业的投资决策提供指导。中国在基础设施建设上的业绩总体而言比较不错，近年更是如此。虽然现在中国的储蓄结构和金融体制有了很大变化（见第 19 章），但中国在基础设施建设方面的投资一直保持着强劲势头。

图 14.3 显示了基础设施建设三个重要领域的主要发展趋势。1993 年之前，基础设施建设投资并不太多。实际上，有些发展规划的策划者认为，按照最优原则，为了支持经济的快速增长，需要将国内生产总值的 6%投资于基础设施建设。由于中国在整个 80 年代一直在沿用现有设施，所以按照这个标准，中国在这个方面的投资明显不足。但 1993 年后，在这三个领域中的基础设施投资一跃而达到了国内生产总值的 6%。1998 年后，基础设施的投资又出现了另一个飞跃，跃至 8%左右。相比较而言，这才是一个实实在在的投资成果。

346

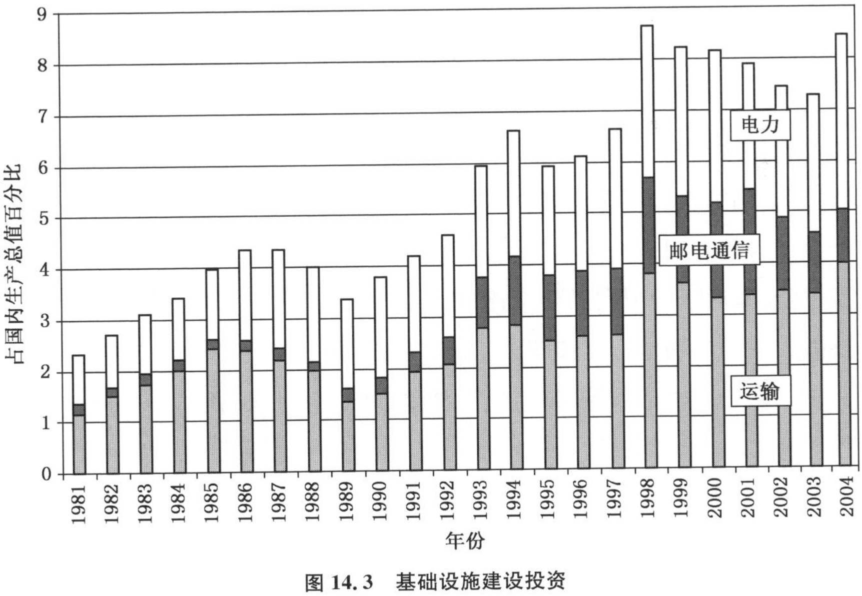

图 14.3　基础设施建设投资

尤其在 1998 年后，与电力和电信部门的重要地位一致，中国在这两个部门的基础设施投资方面出现了强劲势头。对运输部门尤其是高速公路建设的投资也很强劲。中国正在建设自己的全国高速公路网。2004 年，高速公路里程达到了

34 300千米，已经成为仅次于美国的世界第二大高速公路体系。当然，高速公路的迅速扩张是在与汽车运输的迅速发展赛跑。日趋严重的交通拥堵常常被人视为这场竞赛不可能获胜的信号。在特定的地区和特定的时间内，交通运输与电力一样，可能会成为经济增长的制约因素。但是，如果从一个宽泛的视角来看，还没有什么证据表明，这些重要的辅助服务的发展已经落后于经济发展的需求。

但是很显然，中国已经采取了相同的制度形式来管理重要的基础设施部门的发展。在电力、电信和大多数长途运输部门(卡车运输部分除外)，也是由少数国有企业主导业务。所有这些国有企业都受政府明确指令，支持本部门的基础设施发展。这些企业在很大程度上也属于利润导向企业，它们也有足够的市场力量来维持自己的盈利，大多数的利润也被用于该部门的再投资。石油部门的发展情况
347 当然也是如此。在所有这些领域中，中国倾向于保持企业的国家所有权，而不是建立私有企业所遵循的严格的规章制度。这种做法其实非常危险，因为我们现在讨论的这些企业已经拥有巨大的经济利益和巨大的市场支配力，而对这些企业的监管却十分有限。在短期内，这种方法确实也是解决经济问题的一种合理手段。

14.5 结论

即使在经济快速增长期间，中国也面临着令人沮丧的挑战。随着经济的发展，商品生产的结构在很多方面都发生了变化。向劳动密集型和技术密集型最终制造产品的转移表明，中国有能力抓住这一特殊的发展机遇。与此同时，为了克服能源、运输和通讯的内在局限性，需要对基础设施建设进行大量投资，也引发了新的挑战。由于成功地应对和解决了这些问题，所以中国有能力维持经济的快速增长。中国市场经济的发展，创造出一种复杂的、有时取向明显不同的经济，这种市场经济与中央设想的市场经济相差甚远。同样，市场力量也会以人们现在难以预料的方式，塑造未来的发展。

进一步阅读的建议

有关当今中国能源战略的出色导论见辛顿等(Sinton et al.，2005)，还可以查阅设在劳伦斯伯克利(Lawrence Berkeley)国家实验室的中国能源集团网站发表的系列文章，网址为china.lbl.gov/china_policy-cs.html。巴尔塔(Barta，2005)的文章有最新数据。

数据和图表资料来源

事故数据：国家安全生产监督局(2005)。

煤矿数据：《中国煤炭工业年鉴》(1996)。

日本和美国历史电力消费：谢利(Shealy，2004)。

电话用户数据：《中国统计年鉴》(*SYC*，2005，584—585，588)。

宽带连接数据：英国 Point Topic 调查公司(2005)。

表 14.1：产出数据来自《中华人民共和国 1995 年第三次全国工业普查资料汇编》(1997，46—197)；以及《中华人民共和国 1985 年工业普查资料》(1988，88—121)和《中国乡镇企业年鉴》(TVE Yearbook，1996，157—243)。具体部门的价格平减指数只是使用的国有部门数据，部门产出数据被转换成 1995 年价格。价格数据来自第三次普查办公室(1997，30—45)。

表 14.2：与表 14.1 相同。 348

表 14.3：《2005 年 6 月世界能源统计评论》(2005)。

图 14.1：《中国统计年鉴》(*SYC*，2005，255)。根据年鉴的原始数据作了更新(2006)。

图 14.2：吴康和斯托里(Wu and Storey，2005)。

图 14.3：《中国固定资产投资统计年鉴》(1997，37—41)；《中国统计年鉴》(*SYC*，2005，200—203)。

参考文献

Annual Report (2006). National Bureau of Statistics, "Zhonghuan Renmin Gongheguo 2005 Nian Guomin jingji he shehui fazhan tongji gongbao [PRC 2005 National Economy and Society Development Statistical Report]," February 28, 2006 at http://www.stats.gov.cn/tjgb/ndtjgb/qgndtjgb/t20060227_402307796.html.

Barta, Patrick (2005). "China Continues To Fill Up on Oil, But Pace Slackens: Some Forces That Fueled Surge in Demand Dissipate as Local Bottlenecks Ease." *The Wall Street Journal* November 9, 2005; page A1.

BP(2005). British Petroleum. *Statistical Review of World Energy June 2005*. Access at http://www.bp.com/statisticalreview.

Coal Industry Yearbook (1996). *Zhongguo Meitan Gongye Nianjian*[*China Coal Industry Yearbook*]. Beijing: Meitan Gongye.

Economic Census(2005). State Council First National Economic Census Leading Small Group Office and National Statistical Bureau. "Diyici quanguo jingji pucha zhuyao shuju gongbao yihao[Announcement of Main Numbers from the First National Economic Census, No. 1]," December 6, 2005, at http://www.stats.gov.cn/zgjjpc/cgfb/t20051214_402296016.htm.

Energy Information Administration(EIA). www.eia.doe.gov/emeu/cabs/.

Fixed Investment (1997). Fixed Investment Statistics Office, National Statistics Bureau. *Zhongguo Guding Zichan Touzi Tongji Nianjian 1950—1995* [China Fixed Investment Statistical Yearbook 1950—1995]. Beijing: Zhongguo Tongji.

Industrial Census Office (1998). State Council National Industrial Census Leading Small Group Office, ed., *Zhonghua Renmin Gongheguo 1985 Nian Gongye Pucha Ziliao* [People's Republic of China 1985 Industrial Census Materials]. Beijing: Zhongguo Tongji.

Point Topic Ltd, London, at www.dslforum.org/PressRoom/.

Q205DSLsubscribernumberspresentation.ppt.

Shealy, Malcolm (2004). "Chinese Electric Demand." San Francisco: Unpublished discussion paper. July 13.

Sinton, Jonathan, Rachel Stern, Nathaniel Aden and Mark Levine (2005). "Evaluation of China's Energy Strategy Options." Berkeley: Lawrence Berkeley National Laboratory, China Sustainable Energy Probram (LBNL 56609), accessed at http://china.lbl.gov/publications/nesp.pdf.

State Administration of Work Safety (2005). http://www.chinasafety.gov.cn/.

SYC (Annual). *Zhongguo Tongji Nianjian* [*Statistical Yearbook of China*]. Beijing: Zhongguo Tongji.

Third Census Office (1997). Third National Industrial Census Office, ed., *Zhonghua Renming Gongheguo 1995 Nian Disanci Quanguo Gongye Pucha Ziliao Huibian* [The Data of the Third National Industrial Census of the People's Republic of China in 1995]. Beijing: Zhongguo Tongji. Zonghe, Hangyezhuan [Volume 1: Overall, Sectoral].

TVE Yearbook (Annual). Zhongguo Xiangzhen Qiye Nianjian Biaji Weiyuanhui [China Township and Village Enterprise yearbook Editorial Commission], ed., *Zhongguo Xiangzhen Qiye Nianjian* [China Township and Village Enterprise Yearbook]. Beijing: Zhongguo Nongye.

World Bank. *World Development Indicators*. Washington, DC: World Bank. http://devdata.worldband.org./dataonline/.

Wu, Kang and Ian Storey (2005). "China's Energy Dependence, Security Policies, and Oil Diplomacy." Paper prepared for Second Conference on China's Capitalist Transition, East-West Center, Honolulu, Hawaii, August 10.

第 15 章

技术政策与知识经济 349

中国在 21 世纪会发生什么变化呢？之前在讨论发展过程的章节中我们已经指出，中国在生产投入方面的发展非常迅速。中国人力资源的基础庞大，且还在增长之中，同时中国的劳动力也逐渐获得了更加良好的教育。中国较高的储蓄率与投资率，以及快速的基础设施建设，为可持续发展提供了所需的物质资本。总的来说，中国制定了一个较好的经济政策，这使中国能够从国内市场转型和对外开放中获益。因此到 21 世纪中叶，中国毫无疑问会成为世界最大的经济体之一。但是，经济体的规模并不是唯一重要的衡量标准，而且也不会限制中国在未来几十年里发挥国际作用的志向。尽管有巨大的经济规模，但中国只可能成为另一个中等收入的发展中国家么？在可预见的未来，中国仍然会保持今天的现状，即仍然是大量生产劳动密集型产品的世界工厂吗？或者说，中国是否会凭借其新产品、新工艺、创新标准以及突破性发现，一跃而成为位于世界前列的经济体？中国是否会进入发达国家行列，成为世界的创新中心以及新兴东亚科技创新中心呢？

这些问题将取决于中国采用、适应并改变世界科学与技术的步伐。有效采用新技术能通过把投入转变为产出的生产力的提升来支持经济的快速发展。如果中国想在未来几十年里维持经济的快速发展，就有必要使投入与技术型生产力持续快速增长。另外，客观地说，产出的增加也并不仅仅等同于投入增长与生产力增长的加总。在今天的中国，大量的人才和发明创造的开发也才刚刚开始。当这些没有得到充分利用的资源最终发挥出自己的潜能的时候，就会产生出国际性影 350
响。更为经济和更有效地利用知识，是迈向更具创新力社会的重要一步。也许没有什么话题能够比希望把中国推向一个高科技的未来更能有效地把政策制定者和企业领导者以及公众联系在一起的了。

然而，评价中国今天的技术实力仍然是十分复杂的事情。关满博(Seki Mitsuhiro，1994)指出，一般而言，技术实力可以比拟为金字塔。金字塔的底座由基本制造能力组成，比如说一个简单机械店铺的锻造、焊接以及机器制造。中间的部分代表了复杂的生产和流水线技术，比如一个自动化的工厂。金字塔的顶端是科学和研发能力，比如实验室或者科研机构之类。按照关满博的说法，中国的金字塔非同寻常，中国在计划经济时期形成了强大基础，并有一个让人吃惊的强大的金字塔顶端。今天，中国基础性的工业技术已经非常普及，科学与研发的优秀程度也已接近世界先进水平。但是在中间这一部分，中国还很薄弱。在中国，大规模生产与流水线生产的生产力仍然十分低下，中国也基本没有拥有重大前沿技术的顶级企业。由于中间部分的薄弱，所以中国一直在努力加强自已的工业技术水平。中国在努力将其科学能力“下放”到工厂的同时，也在致力于将现有的工厂提升到更高的技术水平。

有一种分析技术的经济学方法是对这样三个部分进行考察：技术投入(指投入研究和开发，即研发的资源数量，以及引导研发的政策策略等)；人力资源基础(指能够反映长期技术努力成果的潜能)；以及决定哪些思想和技术能够真正应用于生产过程的制度和激励机制(Cliff，1998；Liu and White，2001)。技术投入和人力资源基础的增进有助于知识的积累，而制度和激励机制则决定有多少知识可以应用于生产领域。这两方面——产生知识和应用知识——是技术的两个方面；从经济学角度看，应用知识的能力至少与技术投入或者人力资源基础同样重要，但应用知识的能力却更难衡量和评估。第 15.1 节对技术成果进行考察，这部分的考察从研发规模开始，然后转到对研发策略的战略演进的分析。第 15.2 节考
351 察人力资源基础最近的增长情况。第 15.3 节则对技术投入的产出进行了讨论。然后，考察的重点又转向对影响今日技术决策的制度类型和适应性的分析。第 15.4 节主要阐述自新千年开始以来，政府技术发展政策的新投入以及政策的一致性。其他决定技术升级的主要因素是国内企业和国外企业之间互相作用的性质，这也是第 15.5 节的主题。正是这些制度——尤其是政府与跨国公司和国内高科技企业之间的互相影响——在决定中国能否一跃成为高科技经济体方面，有着十分重要的作用。

15.1　追求关键技术：研发成果

发展中国家面临着许多技术性挑战。今天的现代技术基本上全部出自发达国家，发展中国家在全球创新进程中处于边缘化地位。从发达国家中不断涌现的技术革新潮流确保了未来大部分的技术创新也会出自这些国家。当然，对于后起的发展中国家来说，这种不对称现象也可能是一种潜在优势的来源。由于存在这样明显的技术差距，所以发展中国家实际上就有大量可供采用的现代技术。发展中国家可以将重点放在对现有技术的转换和使用上，从而避免了将资源投在具有风险和不确定性的研究项目中。它们应该能够挑选出“最好的”技术，并将选出的技术与自己的廉价生产要素结合起来，从而形成自己企业的竞争优势。

但实际上，发展中国家在开发这些潜在优势时存在巨大困难。确认合适的和有利于自己使用的技术需要耗费时间和技巧。在购买了新技术之后，将新技术应用于生产领域也需要花费大量的努力和资源。而且，由于存在很多需要解决的毛病，所以在很长一段时间内，使用这种新技术的生产力和利润率都非常低。此外，发达国家的企业也慢慢开始把自己的技术看成了收入的来源，所以会运用专利或保密措施来保护自己的知识产权(IPR)。发展中国家也发现，要发展自己的技术水平非常困难，同时，赶上这些技术领先国家也几乎不太可能。事实上，在日本之后，只有韩国、中国台湾和新加坡这几个东亚经济体在技术上有成功的事例。日本和韩国的成功是因为两国都采取了严格限制外国企业在本国进行直接投资的政策。

与 20 世纪 70 年代的日本和韩国相比，大部分发展中国家非常欢迎国外直接 352
投资，欢迎直接投资的主要原因是，它们都认识到了国内技术开发的困难。它们希望外国投资者能够投资技术复杂程度较高的工业，这样，知识和技术就能外溢到本国经济的其他部分。中国属于对外商直接投资广泛开放的类型。因此，尽管中国大量采取了持续而多方面的政策来促进国内技术的发展，但中国的这种政策是在向外商直接投资全面开放的背景下进行的。中国的决策人员试图对过去日本或韩国的技术和产业政策进行模仿，但是，由于经济环境不同以及与跨国技术公司的关系不同，所以政策以及政策的效果也截然不同。中国全面融入国际环境的一个特点，就是最大程度地对外商直接投资开放。

一个国家无论处于什么样的国际环境之中，为了发现和采用新的且更具生产力的技术，都必须在研究和开发上进行资源投资。成功的发展中国家对于研发的投入,一般都遵循一种系统模式。低收入和中低收入的国家通常在研发上的投入非常少,一般不到国内生产总值的 1%。对这些国家来说,再发明一次车轮没有什么意义,它们的投入总量比较适中,而且大部分投入都集中于对国外技术的确认和应用。随着一个经济体向中等收入阶段靠近,本土技术水平将会增长:它们更加适应了现有技术,也更加愿意吸收发达国家的前沿技术,而本国也从事一些有限的基础研究。在研发上的支出也开始增加。比如说,在 80 年代初期,当中国台湾地区和韩国达到中等收入水平时,其研发与国民生产总值比例提升至 1%以上,并且开始从事更具挑战性的创新活动。当经济体达到发达国家收入水平时,研发与国民生产总值之比一般会超过 2%。比如说,韩国在 1992 年就超过了 2%,中国台湾地区超过 2%是在 1999 年。很多国家——日本、瑞士和芬兰——在 90 年代末期就超过了 3%。它们之所以如此,是因为这些国家发现,要获得技术成果,就需要保持技术上的前沿地位,投入当量。表 15.1 是一些比较数据。2003 年,中国研发的支出是国内生产总值的 1.1%,比较符合这种一般性模式。在技术投入方面,中国的研发投入和国内生产总值之比在某种程度上超过了其他国家,比如巴西和印度,但是仍然落后于台湾地区或韩国,中国现在所处的位置正如我们所预期的那样。从另一方面来看,即从每 1 000 名就业人员中所拥有的研究人员来看,中国仍然相当落后,这反映出在传统农
353 业和服务部门仍然存在大量劳动力。规模的大小也非常重要:将所有因素考虑在内,中国拥有世界第四大研发力量,位列美国、日本和欧盟之后。图 15.1 是绝对技术力量和研发与国内生产总值比例的数据。中国的重要性随着中国整体经济的增长,随着研发占经济比例的增加而增长。这些数据也同样显示出韩国和中国台湾地区,即在全球技术进步过程中具有重大影响的重要技术经济体的重要意义。

表 15.1　研发比较指数

	研发支出(占国民生产总值的百分比)	每千人就业人员中的研究人员
中国(2003 年)	1.1	1.2
墨西哥(1999 年)	0.4	
巴西(2000 年)	1.1	
印度(2001 年)	0.9	
中国台湾(2003 年)	2.5	7.1
韩国(2003 年)	2.6	6.8
所有经合组织国家(2000 年)	2.2	6.6
法国(2002 年)	2.2	7.5
美国(1999 年)	2.6	9.3
日本(2003 年)	3.2	10.4
瑞典(2001 年)	4.3	10.6

15.1.1 中国的技术投入发展轨迹

回顾以往,让人觉得矛盾的是,中国技术投入的发展轨迹根本没有遵循技术投入逐渐增强的标准发展模式。20 世纪 50 年代到 1978 年,尽管中国还是一个低收入国家,但仍在推进高科技力量的战略。为了本国的国防建设,中国动员了所有能够动员的知识资源,建立了精英汇聚的研究所,尤其是中国科学院(CAS)更是精英荟萃。从 50 年代末期到 1978 年,政府在科学和技术相关方面的支出,平均占国内生产总值的 1.4%,1964 年甚至已经达到了国内生产总值 1.7%的顶峰水平(这是 1989 年前唯一的研发数据)。正是在这一年,中国第一颗原子弹实验成功。尽管中国在"文革"时期明显反对知识,但中国为了自己的关键技术实际上动员了大量的知识资源。军事技术方面也获得了成功,尤其是对原子弹和氢弹以及洲际导弹的研究。这些重大的成果与我们在第 3 章中描述的计划经济与大推进战略完全如出一辙。

354

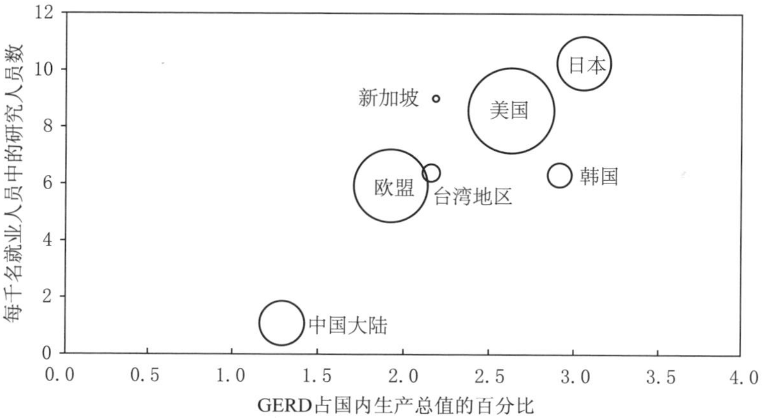

注:图中的气泡大小代表按现行购买力平价计算的研发支出量。GERD 代表总支出或研发。

图 15.1 2001 年有关经济体的研发投入

20 世纪 50 年代,苏联是中国的技术资助者。苏联不仅向中国提供苏联的技术——因而对中国工业和军事技术的每一个方面都产生了重要的影响——而且还帮助建立了能鼓励采用新技术的重要机构。以精英型研究机构中国科学院为首,全国的科研创新体系的组织结构都翻版于苏联模式。中苏的这种合作可能是目前我们所知道的最大规模的跨国联合技术转让。这之后,由于 60 年代初期中国和苏联突然决裂,所以中国一度被切断了技术来源,当时中国没有其他的合作伙伴，也没有接触技术的其他途径。这样，从60年代中期到70年代中期的10年中，中国基本处于一种技术闭关自守的状态。在这一时期，中国的策略是引进一些内含某种具体工业技术的工厂，然后进行逆向仿制，在国内复制这些技术。一些主要的技术例如冶金和合成纤维，就是通过这个方式引进的。而且，中国也对苏联遗留的技术做了进一步的改进，比如发电设备就改进为更大型且更有效率的发电机组。但是总的来说，中国和世界之间的技术差距拉大了。由于切断了与世
355 界技术进步的联系，中国必须自力更生。在某些情况下，中国也没有办法用那些半途而废的苏联工厂进行有效生产，这里面就包括了汽车制造厂。由于接触不到科学与技术进步等重要资源，所以尽管中国做了大量的技术努力，仍然进一步落后于世界先进水平。中国改革开放的主要动力就是对于日渐扩大的与世界的技术差距产生的焦虑。

在改革开放时期，虽然一开始在其他领域就出现了市场化趋向，但中国一直力图保持政府在研发支出上的较高水平。如图15.2所示，1986年，政府在科技方面的预算支出一直保持在国内生产总值1%以上。但是，政府的这一预算支出水平最后也发生了变化。由于国有企业的税收收入减少以及国内生产总值中预算份额的下降，中国也无法承担这种科研经费的支出水平。另外，由于经济效用较低，所以现有的与军事相关的研发也饱受批评。政策决策者也想寻找一个可行的方式来降低研发费用。我们可以得到的第一个研发统计数据是1989年的数据。

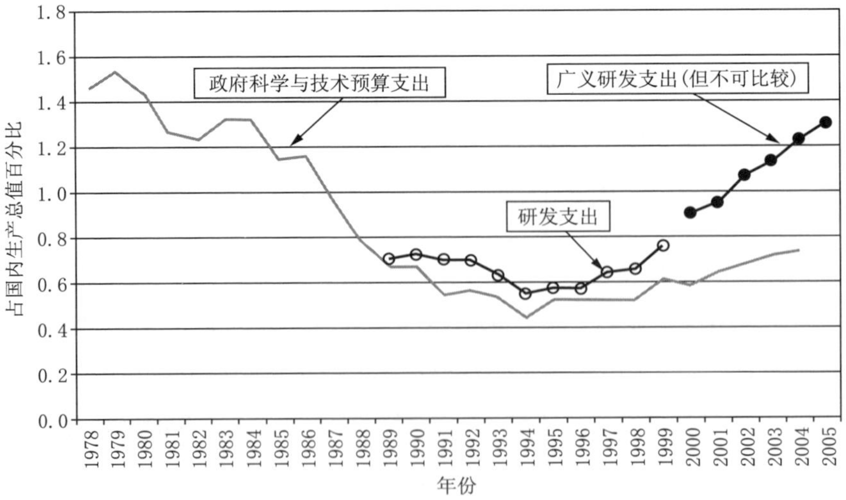

图15.2 研发支出(占国内生产总值的百分比)

1989 年的数据显示，中国用于研发的支出只占了国内生产总值的 0.7%，1994 年，这一数据进一步下滑到 0.6%。由于这一阶段中国的研发费用已经处于甚至低于发展中国家的标准研发发展模式所预计的水平，所以从这个时候开始，中国才表现得像一个“正常”国家。但是，中国的政策决策者并不只是希望成为“正常”国家：他们也在积极寻找办法提升研发占国内生产总值的比例，至少也要提升至 1%以上。2000 年之后，研发的费用事实上开始通过多种渠道增长。如图 15.2 所 356
示，研发总支出的增长快于政府在科学和技术(S&T)方面的支出增长，2005 年，研发支出占国内生产总值比例已经达到了 1.3%。对于一个处于中国这种发展水平的国家而言，这一研发数字虽然较大，但还算合适。一份将商业研发包括在内的调查是报告中的研发总比例提升的部分原因，这很像是过时的统计体系对实际趋势以及研究渠道的多样化所作出的不符实际的反映。我们在下一节将对具体的研发战略和政策与整体研发力量之间的相互作用进行分析。

15.1.2 研发投资策略

中国的政策决策者在投资新技术并提升中国技术地位方面保持着高度一致的看法。然而，在过去 30 年内，实现这个目标所使用的方法极为不同。为方便起见，我们在下面的章节将不同的政策分为七种方式。

15.1.2.1 自力更生

计划经济时期，中国大量的研发成果属于经典的“任务推进”研发模式的结果。首先是中国的领导人提出了几个重要任务，然后计划人员灵活协调多学科和多种技术的研究团队——大把花钱——来完成这些任务。这种做法在全国一致推进优先战略的情况下，进行得非常顺利，从而完成了“两弹一星”的任务(Feigenbaum，1999)。但是这种方法在中国的运用与苏联一样，在把技术向民用经济转移时，效果不是很好。即使在今天，出于安全的考虑，大部分科学家和工程师都会对技术严格保密。每逢计划人员坦陈他们资助研究是为了帮助民用经济时，他们都没有提出有效转移技术的途径。由于计划人员并不具备评估他们资助的技术的能力，所以科学家们乐得自由从事理论研究，很少考虑所从事的研究是否适用于民用经济。科学家和工程师们不具有使自己的研究成果商业化的动机，工厂的管理者也不具有寻找和实现实验室创新的动机。中科院下属一家声誉较高的研究所非常擅长制造十分复杂的计算机，但他们的成果只是一个模型，即一个“样品、展品或献礼物品”，而不是经济中的生产资源。与世界科技的隔离，使得这些缺点更为严重。

357 15.1.2.2 技术购买

在改革开放初期(1978年)，从技术领先国家大量购买工业机械似乎是使中国摆脱技术封闭状态的最快途径。这一阶段，中国由于预期的石油出口似乎会有大笔收入。1978年后，由于第一轮合同谈判失败，所以中国的石油收入没能兑现。但是，政府在工厂和设备的技术方面已经投入了很多资金。20世纪80年代，政府拿出166亿美元用于为现有工厂引进技术，302亿美元用于新的资本建设项目的引进(Wang Huijiong, 1996; Gu Yuefang, 1996)。地方政府也获准可以引进进口设备，但是当时就造成了过度引进和重复引进：80年代初期光是彩色电视机生产线就引进了100多条。由于这种技术引进方法不仅非常昂贵，而且技术向经济领域的传播也没有什么效果，所以后来的中国政策决策者对这种政策的评价极低。80年代，由于中国的预算收入出现下滑(见第18章)，中国再也无力奢侈地从事高技术购买。今天，中国的技术进口已经转至进口“软”技术的许可权，而不再购买具有技术内涵的昂贵的“硬”资产。2003年，中国签署了价值134.5亿美元的技术进口合同，其中95亿美元是用于知识产权的进口，只有39亿美元是用于具有技术内涵的设备之购买(NBS-MOST, 2004, 359)。今天的国际技术买卖是多方技术发展体制的一个重要支柱(Feinstein and Howe, 1997)。

15.1.2.3 技术贸易

20世纪80年代，中国与许多大型跨国公司(MNCs)开始了复杂的谈判协商。中国试图寻找可以提供技术分享的跨国公司合作伙伴，跨国公司因此可以得到优先进入中国市场的回报。中国的目标非常远大，要成为世界技术领先国家。由于谈判双方都拥有一定的垄断力量，所以谈判常常延续数年。跨国公司并不急于拿出自己最先进的技术，而中国最想做的是那些对中国有一定限制的且全面的交易。双方的这种情况最终导致了旷日持久的谈判，合同的实施也被延误，后来还出现了关于遵守合约的争议。但很少有哪个项目真正产生出中方所预期的大规模技术转让。

但也存在成功的个案。牟清和李根(Mu and Lee, 2005)在最近的一篇论文中指出，上海贝尔股份有限公司(合资)就是以“市场准入换取技术”的成功案例。与美国电话电报公司的子公司比利时贝尔公司合资的上海贝尔股份有限公司成

立于 1984 年，生产通信数字转换设备。由于外方并不是技术领先者，所以为了取 358
得进入中国市场的第一进入权，愿意用慷慨的条款签署合约。贝尔公司不仅同意转让技术，还同意在中国生产用于中国通信设备的订制大规模集成芯片(LSI)。在随后的几年中，这家合资企业得到了邮电部的帮助，克服了很多商业上的困难。作为回报，许多中国工程师都在这家企业受训或在企业里轮换工作，还有很多人在这家企业接触到了数字通信交换的理念和技术。根据牟清和李根的说法，这种训练对于发展这门专业技术非常重要。后来，这些技术被用于国内通信设备企业的发展，其中就包括一些很成功的公司，比如华为和中兴(见 15.3 节)。今天，上海贝尔这家合资企业仍然是中国重要的通信设备提供商。法国阿尔卡特(Alcatel)收购比利时贝尔公司后，邮电部拥有的股份由中央政府国有资产监督管理委员会接管(见第 13 章)，使得这家中外合资企业成了为数不多的收归中央监管的中外合资企业之一，这也反映出这家企业的独特历史。

中国的政策决策者已经不再就投资、技术和市场准入进行垄断双方有一定限制的谈判。在大多数情况下，他们更愿意让不同的投资者在市场上进行竞争。然而，一旦政策决策者认为他们有足够的讨价还价的能力来达成自己的目标，他们会继续进行“用市场准入换取技术”的谈判。比如说，中国政府最近已经在与核电站设备提供商进行协商谈判，但大规模购买必须以技术转让为条件。

15.1.2.4 政府培养

20 世纪 80 年代，中国政府相应减少了对研发的直接投入，因此形成了一个更为成熟的研发投资体系。中国减少了对科研机构的预算分配，而代之以竞争补助体系。对于基础科学研究来说，现在的研究机构都要为具体的资助目标准备申请书，并将申请书提交给资助机构，最重要的资助机构当然是国家自然科学基金会。通过这个基金会，政府对科研机构的控制得以加强。为了掌握、转让和推广重要的先进民用技术，一项全新的名为“863 计划”的项目，在实施 1 年 1 个月之后，确定了 10 个优先发展的高科技领域。虽然有时候资金的分散会影响科研的效益，但政府还是鼓励组成以目标为导向的科研团队，并对团队提供资助。人们普遍认
为，“863 计划”的实施比较成功，“863”计划在实施了 11 年之后，被“973 计划”所 359
取代。

除了基础技术开发之外，中国还采用很多方法实施技术推广计划。比如说，

用火炬计划为企业采用新技术提供银行贷款，用星火计划为乡镇企业的技术升级提供资金。在2003年前，这些项目的实施经费达到了800亿元人民币，但这些资金大部分出自企业和银行信贷。因此，中国政府在科研和技术推广的资金安排方面，比原来更具有战略眼光，也更有效益。

15.1.2.5 鼓励分拆

20世纪80年代，政策决策者一直力图鼓励科研机构向民用经济领域转送技术。政府允许研究所和大学与企业签订提供技术服务的合同:研究所和大学以及企业还获准可以建立自己的商业子公司。这种宽容态度使得许多对中国高科技产业发展有重大影响的全新企业得以创立。这些企业是在中国产业组织的一个模糊领域中从事经营:尽管这些企业归分拆他们的国有实体“所有”，但还是被看成是“民办”企业，因为在某种意义上，这些企业并没有直接的上级监管部门。正是因为如此，这些公司拥有极大的经营自由权，所以其中的一些企业成长为著名的电脑企业和IT公司，比如北大方正或清华同方。这些企业中最成功的一家我们已经在第13章有过讨论，这就是联想集团[最初名为Legend(联想)，后来叫Lenovo]。联想于1984年派生于中科院计算机技术研究所，现在已经是北京西北地区新兴的中关村高科技园区非常重要的一家企业(Segal, 2003; Xie and White, 2004)。

联想有一个非常有意思的发展轨迹:一开始，联想只是一家商业企业，只是外国台式电脑的一家经销商。后来联想开始开发自己的生产能力，尽管联想的创始组织主要专攻高科技，但联想却首先专注于低技术的生产制造过程。由于80年代广东比北京的国际贸易更为开放，所以联想将自己的大部分生产制造转移到了广东，并在广东得到了发展。联想在广东主要集中生产劳动密集型的母版和视频卡。这个生产过程需要进口零部件，并将它们安装在模板上，然后再出口。截至1995年，联想获得了巨大的成功，母版和视频
360 卡分别占有了世界市场份额的3%和10%。与此同时，联想也成为中国国内市场重要的个人电脑组装企业，并在2005年占有28%的市场份额。联想获得了模仿现有技术的技能，并专注于生产的组装阶段。今天，联想不仅希望进入高科技制造商行列，并且希望拥有更坚实的科研基础，联想把自己的战略称为“从商业到制造到科技”。2004年，联想接手了IBM的个人电脑业务，这一举动强烈地预示着联想未来发展的潜力。尽管不是所有分拆都像联想

那样成功，但是，民办分拆企业的创建就是中国市场自由化的重要标志。它不仅体现出决策者愿意给予高科技企业额外的市场自由，也为 90 年代末期更加全面的自由化做好了准备。

15.1.2.6　开放外商直接投资

1992 年之后，外商直接投资（FDI）在中国迅速增加（见第 17 章）。短短几年中，外商直接投资成为技术流入的重要来源。出现这种转变的一个重要原因，是中国对外资企业的态度发生了转变。中国政府不再为了提高自己的交换筹码而限制市场准入，不再就个别技术进行讨价还价，中国政府转而采取了更为常规的办法，允许大批有竞争实力的技术提供商进入中国市场。不过，中国的政策决策者还是延续了原来设想的“以市场准入换取技术”的交易方式，但他们对交易条款进行了重新解释。因此，中国出现了外资大批涌入的浪潮，而且大部分外资都进入了中等或高科技部门。跨国公司不仅因为自己的努力获得了市场准入，而且很快就把中国卷入了全球高科技生产网络，因此，跨国公司渐渐成为中国重要的技术成员。反过来，中国对外商投资的政策也反映出中国政府已经意识到，政府资助的技术发展项目根本没能赶上世界先进水平。所以，如果跨国公司愿意将生产转移到中国，中国的经济官员和政策决策者也非常愿意提供市场准入的机会，并承诺为跨国公司提供知识产权保护。中国的“入世”承诺也要推进这种类型的技术转移。

15.1.2.7　支持国内企业

与对外跨国公司的支持相比，中国对国内企业的支持比较滞后。直到 1999
年，中国才允许国内企业，比如民营企业和新兴企业全方位进入高科技领域。与 361
之前只支持大型国有企业的政策不同，政府现在实际上对所有的科技进步企业都给予支持，其中就包括了小型企业、民营新兴公司，以及从学校和科研机构中派生出来的高科技企业。这里有一个重要转变是，政府已经不再把民营企业看成是国有企业的竞争对手了，民营企业现在被视为“国家的”企业：成为佼佼者的非国有企业也可以在全球市场中代表中国。对高科技企业的支持也发生了变化。政府对那些认定为高科技企业的国内企业也提供全方位的支持，这种支持包括政府在税收、低息贷款、优先采购以及其他规制方面的优惠和减免，所有这些我们都将在第 15.4 节中做进一步讨论。

对获取技术的七种方式的简单回顾表明了两件事情。第一，中国一直致力于不断寻求能够有效地支持中国成为技术强国的制度和政策。如果一个政策被证明无效，这个政策就会被放弃，然后再不断尝试新的政策。第二，中国今天积累的技术力量绝对是多方面的。"自力更生"和"购买"技术的方式并没有完全消失，只是有所减少，而且大部分限制在国家安全领域之内。其他的技术成果也可能越来越重要：更广泛的包罗万象的技术交换，跨国企业的相互影响，对科研的战略性支持，以及对于国内高科技企业的全方位支持。中国研发计划的多样性和灵活性强化了其效应(Naughton and Segal, 2002)。

15.2 人力资本的资源基础

我们在第 8 章描述了中国教育水平的普遍提升，这一节的重点是技术人才。由于人口众多，所以中国技术人才总数庞大，2004 年有报道称，中国从事科学研究(全职或相当于全职)的人员达 116 万人，其中 92 万人是科学家或工程师(*SAC*, 2005, 183)。自 1995 年以来，这一数字以每年 5%的速度增长(科学家和工程师是 6.5%)。按照这个速度，到 2015 年，中国从事科研的科学家和工程师会超过其他国家。中国高等教育(大学和技术学校)每年的毕业生人数也在快速增长。1999 年，获得大学学士学位的有 85.8 万人；2005 年达到了 307
362 万人。科学和工程专业毕业的学生占了毕业生的 45%，而经济、管理和法律专业的毕业生占了 25%。从 2004 年开始，受过科学或工程培训的毕业生每年达到了 100 万人(见图 15.3)。因此，中国的人力资本基数不仅在迅速增长，而且是在加速增长。

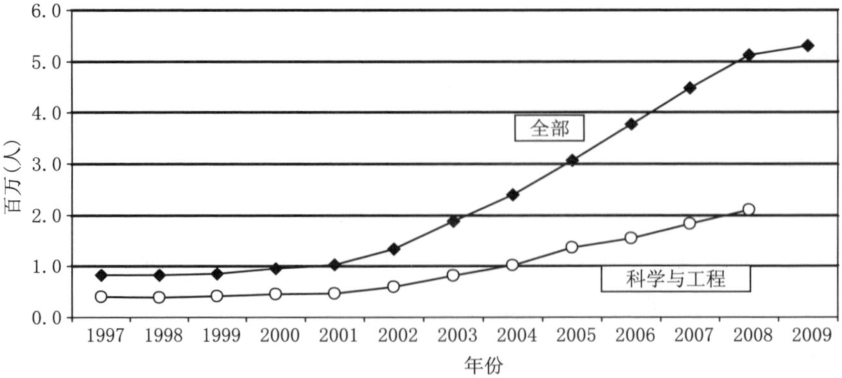

图 15.3 大学和技术学校毕业生

然而，与我们在之前说的一样，使用这些数字必须谨慎。中国三年制的技术学校大约相当于美国的社区大学，这种学校毕业的人数在 2004 年占了毕业生的 43%。这些毕业生虽然受过技术培训，但不应该归类于工程师。中国的教育体制包括了许多成人和职业培训的项目，所以很多人手上都有各式各样的技术证书。官方数据表明，全国 5 600 万国企和公共服务部门的员工中，有 2 800 万人有某种证书，其中包括 1 200 万老师(*SAC*，2005，184)。这些技术证书中有些水平非常低，但是，这些证书还是扩大了拥有某种技能的员工的人数。这种情况与关满博所谓的庞大的金字塔底座之说相一致：技术的扩散表明了在工厂和车间可能存在着提升技术水平的机会。中国的要素禀赋决定了人力资源的廉价，但是，经过培训的人力资本比较稀少，因而比较昂贵。因此，虽然中国有大批的科学家和工程师，但是平均水平依然相对较低。

处于技术金字塔顶端的中国海外学子发挥了重要的作用。2001 年，出国到经 363
合组织(发达)国家大学学习的中国学生共有 12.4 万名。在这些人中，有 5.2 万人(约占 42%)在美国，26%在日本，21%在欧盟。中国的官方数据显示，从 1978 年至 2003 年，中国共有 70 万人留学海外，学成回国人数为 17.2 万名。根据这个计算，学成归国人员达到了四分之一。一项独立调查发现，在美国攻读博士学位的中国学生只有 10%打算在拿到博士学位后回国。这么多年来，在海外攻读学士以上高级学位的科学家和工程师对中国人力资源基础的扩大作出了很大的贡献。首先，很多人确实学成回国，有些人还带回来在美国或其他国家工作的经验，这也提升了他们的价值。大约在 1999 年之后，为鼓励海外学生自愿回国，中国政府做出了巨大的努力，中国经济的繁荣也对吸引更多人回国有很大的帮助。学成回国人员在建立新型高科技企业和提高高校教育水平方面，发挥了巨大的作用。即使海外学生没有回国，他们也对联系国内科学家和工程师与国际研究创新网络方面，发挥了一定的作用(Schaaper，2004；*SYC*，2004，781—782；“China Highlights”，2004；Zweig，2005)。

图 15.1 显示出换算成购买力平价的全部研发投入的规模。经过调整，中国全部研发投入实际上大于韩国，接近于日本的总规模。然而，如果我们按官方汇率进行换算，中国全部研发投入的价值小于韩国，而且只是日本的一小部分。哪一个比较更为合适呢？购买力平价更多地选取了中国本土成本较低的技术人员，但官方汇率选取的大多数是必须进口且须按世界价格水平支付的研发中不可缺

少的高质量投入。所以，真正合适的数据应该处于两者之间。中国的研发投入规模很大，但由于中国的整体发展水平较低，所以效率低于其他国家。

15.3 研发投入的成果

中国的研发投入多年来一直由政府科研机构主宰。20 世纪 80 年代，政府科研机构的经费占了全部研发经费的三分之二。政府科研的集中性不仅限制了研发的经济效益，而且也使我们很难对研发的效应进行评估。政府对研发设备的集
364 中管理与市场经济形成了鲜明的对比，在市场经济中，三分之二的科研人员和三分之二以上的经费都集中在商业部门。近年来，中国企业的研发经费也有了大幅提升。2000 年进行的一项研发调查使我们可以对全部研发经费总数进行估算。这一调查发现，2000 年有 60%的研发是由企业部门进行的，这一数字在 2003 年略有增长，达到了 62%。在人员方面，2000 年有 50%的研发人员是企业员工，到 2003 年，这一数字达到 60%。这些数据表明，与市场经济中的企业相比，中国的企业现在在研发方面的支出相差无几。

但是，由企业从事的研发在中国全部研发中所占份额的增长，在某种程度上或许小于显示的数据。首先，1999 年到 2001 年，许多科研机构转成了企业。有些成为独立的服务提供商，更多的则被合并进入当时由一些国家行政部门创建的新型产业公司。然而，很多机构很难重新制定与企业目标一致的任务，这之后，很多被合并的机构又独立出来，建立了属于自己的企业(Hu Jiayuan, 2005)。而且，中国政府最近展开了一系列税收鼓励政策，支持商业部门的研发：因此我们假定，企业会对这种政策作出应有的反应，它们从事或上报的研发活动会超过以前，甚至超过它们之前确实有所增加的研发活动。

然而，更详细的经济计量研究发现，中国企业层面的研发支出有两个方面的巨大效应，一是企业层次的生产力效应，一是企业吸收技术的能力效应。胡光宙、谢千里和钱锦昌(Hu, Jefferson and Qian, 2005)发现，企业的研发支出与外国技术的转让互为补充，两个方面都对企业的业绩有很大的影响。另外，费希尔—范登和谢千里(Fisher-Vanden and Jefferson, 2005)使用同一数据也发现，企业研发在引导企业采用更具劳动密集型和资本节约型的现有技术方面，有很强的统计学效应。这一发现为下面这一事实提供了强有力的证据，即企业运用研发来开发可以使用中国的丰裕要素、节约稀有要素的生产技术，并因此节省了企业的资金。

另外，毫无疑问的是，一些顶尖的中国 IT 企业，也开始大量投资于研发。比如说，我们在第 15.1 节提到的顶尖的通信制造商华为和中兴，在研发上的投入就分别占了总收入的 14.7%和 7.6%。

中国在专利方面的进展步伐既强势、又稳健。2003 年提交的专利申请就超过了 30 万件。但是，这一数字包括了"使用模式"和设计专利在内，这两者只是对现 365
有技术做了适度的改变。如果我们把范围限制在 105 318 项新发明专利之内，我们就会发现，差不多有一半（48 549 项）的发明是外国人申报的，另外一半多点（56 769 项）的发明则来自中国公民。很显然，专利体系已经开始在中国的外资企业战略中发挥作用，外资企业也在积极采用一切方法保护自己的知识产权。与此同时，中国的投资者也开始发现，非常有必要对自己的知识产权进行保护。另一个证据是跨国公司的中国子公司的行为发生了转变。美国跨国公司的中国子公司也开始在研发方面大笔投入资金。据报道，美国跨国公司中国子公司将资产增值的 9.2%投在了科研上，大大超过其他所有海外子公司平均 3.3%的投资额（NSF，2004）。这个支出数据非同寻常，因为这使中国成为美国海外子公司唯一进行大量科研投入的发展中国家。

在研发配置方面，中国与别国最明显的差别是在非商业部门。虽然政府科研机构在科研中所占份额有所下降，但在 2003 年，政府科研机构的人员仍然占到了人员的 19%，研发支出的 26%。然而，大学科研机构的人员占了人员的 17.3%，支出的 10.5%。这与其他多数国家中政府和大学各自所占份额恰恰相反。一般而言，政府科研通常占到全部研发的大约 10%，大学则占 20%或者更多。因此，中国研发投入的特点就是有一个相对强势的政府部门，相对弱势的大学部门，以及仍然不够成熟的商业研发力量。

15.4　21 世纪政府技术政策的重新定义

自世纪之交开始，中国的技术发展迅速加速。这种加速部分是因为政府政策所引发的研发投入的增加，部分则可能归功于中国的企业已经有了从事投资研发的能力。当然，政府的政策转变有着非常重要的作用。在几十年的市场转型过程中，中国政府推行过不同的产业政策。产业政策以优先发展部门为目标，先从企业中挑选出优胜者（一般是国企），然后努力对新兴市场环境下出现的扭曲进行补
偿（Lu and Tang，1997；Marukawa，2000）。今天，虽然产业政策已包括在技术政 366

策之内，政策工具也多种多样，但是终极目标却比以往更加集中了。

对鼓励高科技发展政策的调整。自1999年以来，政府和企业已经形成了一整套激励政策，以支持知识密集型产业的发展。我们在这里要对接二连三出台的某些具体政策的累积效应进行阐述。虽然没有任何一项政策起到了压倒性作用，但所有这些政策都保证了为推动高科技产业的发展而采取的行动，不仅符合中央政府的要求，而且也不会产生负面影响。首先，1999年以后的政策因为抛掉了当时阻碍科技发展的许多意识形态包袱而促进了科技的发展。由于重新定义的"国家产业"将外资公司、小型私有企业和不同成分的新兴企业包括在内，所以政策决策者可以在消除了意识形态障碍的基础上，创造出新的组织方法。第二，由于放宽了对外商投资项目中某些具体技术转让的限制，计划人员实际上大大促进了技术转让的速度。因此，尽管中国情况复杂，并且常常呈现出集权、放权和准联邦体制的矛盾混合状况，但这些获得批准的政策还是使各级政府的激励手段成为一种组合力量。地方上也可以做任何他们自己想做的事情，或者说，如果他们选择不作为的话，他们就会受到其他地区的激烈竞争。

我们可以将推动高科技产业的发展看成是中国政府今天的主要经济发展政策。推动技术发展是将胡锦涛—温家宝政府（2002—　）的经济政策之方方面面联系起来的一条主线。重新强调作为发展政策基础的人力资源建设，明显与此有关系，因为只有通过人力资本基础的长期发展，才能推动技术产业的发展。高科技贸易的发展已经被放在外贸发展最为优先的位置。贸易促进政策强调，提升出口的关键是推动高科技的出口，尤其是要推动具有中国自主知识产权的高科技产品的出口，政府在推动这类高科技产品出口方面，理所当然地要发挥一定的作用。在公司治理领域，如我们在13章中所述，高科技企业已经走在变化的最前沿，高科技企业的经理人获得了他们所管理的公司的股权。最后，技术政策本身也包含
367 有可以为上千私营企业和国有企业以及外资企业提供大量补助和资金支持的一揽子方法。下面就是若干优惠条款：

税赋优惠。政府对税收准则做了较大的修订，因而企业在研发上的支出实际上并没有成本：对研发支出实行部分税收减免；对销售新技术和与之相关的咨询服务的所有收入免征所得税；对用于研发且中国无法生产的设备的进口，免征海关税，等等。最引人注意的是1999年第18号国务院文件提出的税收优惠政策，

文件提出的减免政策是将国内软件和集成电路生产商的增值税从 17%减少到 3%。(2005 年,美国集成电路企业起诉这一政策违反了 WTO 准则,所以减免程度受到限制。)

补贴信贷。补贴信贷包括使用国内资金支持中小高科技企业,对大企业特定项目的利息补贴,以及进出口银行对高科技出口提供的保证金。

优先采购。政府采办时一般会优先考虑国内高科技企业。在某些情况下,政府的采购政策就是以支持国内 IT 产业的发展为目标,比如说内嵌芯片的智能身份证。

公司治理条例。受美国风险投资和新兴科技企业"硅谷模式"成功的影响,中国的政策决策者为适应有风险投资的新兴企业的需要,对公司治理程序的多个方面做了改动。为了将发明创造和知识产权算成投资,政府改变了进行资本核算的会计规则。原则上,高科技企业可以提留资产净增加值的 35%作为给管理人员的股票期权或给创新者或企业家的报酬。同时,中国还成立了一些规模较小但很活跃的风险投资企业,企业大部分的资金直接或间接来自政府机构,但同时也有一些国外风险投资者在发挥巨大作用。允许新型高科技企业在现有股票市场和二板市场上市的条款,也为风险资本提供了退出渠道。

技术标准的掌控。我们现在发现,中国国内市场可以支持不同于国际 DVD
标准的 VCD 标准,中国的政策决策者对用中国技术标准来为国内企业创造竞争 368
优势越来越有兴趣。中国已经至少在下一代 DVD、3G 数字通话和加密技术方面,为国内企业创造竞争优势做了很大的努力(Linden, 2004; Suttmeier and Yao, 2004)。这些努力是否为中国带来了效益,还有待观察。

与这些条款一起出台的还有一系列临时条款,其中包括低廉的土地价格和协调管理程序,以及宽容大度的由国家资助的实体投资者。政府还对一些项目进行大量投资,比如名为龙芯的本土中央处理器(CPU)的设计制作。2005 年,中国推出了龙芯 2 和龙芯 3 的样机,处理速度达到 1 GHz。上述所有的政策都推动了资源向知识密集型产业的流入。总而言之,也肯定加快了高科技产业的发展。与其他产业政策一样,这些政策也干扰了从其他需要资源的部门(比如农业)抽调资源的行为,也增加了那些不需要额外利润的商人的利润。但是,这些政策并没有过分扭曲经济中的市场信号,扩散到整个经济领域中的总成本也还比较适度。

这些政策中有的非常成功，但是这些政策不可能成为决定中国未来技术发展轨迹的主要因素。这些政策既有成本，也有收益，任何一项具体政策的成本—收益比不一定都是正收益。同时，这些政策也给了地方政府一个强烈的信号，即它们采取的支持高科技产业和技术发展的任何举措都可以接受。这一方法保证了在支持高科技发展方面，各级政府行为的一致性。

15.5 全球生产网络的高度一体化

20 世纪 80 年代和 90 年代，中国大陆因为从台湾地区、香港特区和韩国那里接手了低技术劳动密集型生产阶段（见第 17 章）而快速融入了世界生产网络。准确地说，因为中国专事于技术要求最少的一个生产阶段，所以在与世界生产网络联系的开始阶段，这种联系并不具有技术发展的涵义。甚至在中国开始出口内含高科技零部件的最终产品之时，比如说出口笔记本电脑的时候，这一联系对本土技术能力的影响也非常有限。涉及高科技产品的国际生产网络非常封闭，中国的生产厂商就算有所参与，参与的程度也非常低。由于中国的生产集中于价值链
369 的低技术阶段，同时中国的企业技术也比较薄弱，所以国际上对中国的技术实力实际上有很悲观的看法（Nolan，2002；Steinfeld，2004；Gilboy，2004；Cf. Rosen，2003）。

这种悲观的看法突出显示了中国技术实力中的某些实际缺陷。然而，世界生产格局的快速变更，不会使这种向后看的评价成为对未来的最佳指南。首先不可否认的是，我们已经看到一些处于“高科技”生产阶段的优秀行业正在进入中国。比如说，集成电路行业就基本反映了我们在本章讨论的所有要素。多年来，中国一直在努力培养自己的集成电路产业，但始终没能缩小与世界技术领先者之间的差距。但从 2001 年开始，中国内含更广泛的技术推动政策在吸引合资集成电路工厂来大陆建厂方面非常成功。其中最著名的是半导体制造国际公司（SMIC），这家企业的进入使中国在不到两年的时间里，快速地缩小了与世界科技领先者之间的差距，这是在这一极具活力的行业中作出的非凡业绩。毋庸置疑，大量的税收优惠和隐含补助在这一过程中起了重要作用。中国台湾地区的技术和各种国际渠道进来的资金在创建这一中国“国家产业”中的一流企业方面，也起到了一定作用。尽管推动集成电路产业的政策发挥了一定作用，但很显然，在政策能够发挥作用之前，已经为此奠定了经济基础。由于大型

通信设备以及个人电脑和消费电子器件产业的发展，中国对集成电路已经有了强大的需求。事实上，就在最近一次快速发展之后，中国国内的集成电路企业仍然只能提供国内总需求量的 16%。这一旺盛的需求保证了特定的产业推动政策的成功。

集成电路产业也能反映出全球生产网络组织结构中发生的一些更为普遍的变化。在 20 世纪 90 年代的日子里，"外包"的主要是生产过程中的低技术阶段，由于这个阶段是生产过程中唯一的劳动密集型阶段，所以可以轻易地重新布局在类似中国这样的劳动力资源丰裕的地方。然而，今天的垂直分工过程，或者称"组合"过程，已经比过去前进了一步，已经开始用一种更深远的方式在使制造、服务和创新过程发生转变。生产、服务乃至科研的某些阶段，都可以纳入组合中，因此可以与价值链的其他部分分割开来。在这一组合中的工作或创新结果，可以通过双方都可以接受的接口标准进行总结。这样，下游企业可以利用上游的结果而无需知道组合"内部"究 370
竟在干什么。这就使企业能够推动大力依赖于价值链外包的集中战略。

这种变化对中国的科技发展具有重要意义。导致企业分割价值链和重新布局制造价值链的相同趋势，现在已经日渐对包括研发在内的高科技价值链中的服务产生了影响。通过国际合作和离岸贸易，企业获得了更多的经验；通讯的成本也在持续下降。同时，与以前相比较，制造业已经成了整个价值链中一个更小的部分，制造工艺复杂程度的提升也增加了对设计和其他方面的要求。所以，知识密集型服务就有了更多的"外包"机会，比如软件外包、工程外包和研发外包。在集成电路产业中，半导体制造生产能力的提升非常迅速，提升的速度已经超过了在半导体设计和相关服务方面的技术进步。由于半导体设计已经日渐成为瓶颈，因此降低成本的压力也在增加，所以企业更有可能去选用中国设计的零部件来解决问题(Ernst，2004)。集成电路设计现在已经被分割并进行了组合，其中部分工作——最初是最常规和最定型的部分——被外包到中国。组合的设计模块可以由一个团队进行设计和改进，然后再由另一团队的芯片设计者进行更为复杂的组装和再组装工作。小型集成电路设计工作室现在正在中国蓬勃发展，某些跨国公司为了利用中国低成本的工程技术人员而把设计工作室放到了中国。简而言之，组合化能使中国专注于与中国丰裕的中级工程技术水平相关的劳动密集型活动。由于设计团队拓展了自己的竞争范围，所以这些活动也为技术升级提供了一条新的途径。研发中心也出现了相似的过程：但凡能够常规化和定型化的研发任务，最终都会大规模地转移至中国。

同时，中国国内的企业也在以自己的方式利用国际生产网络。柳卸林（Liu Xielin，2005）曾经指出，许多中国企业都在以低成本方式寻求使用国际技术的途径，并将这种技术与自己的能力结合起来，以满足中国市场的需求。柳卸林以中国手机产业为例：中国的手机制造商最初是购买具有先进技术的零部件（尤其是作为手机功能核心部分的集成电路），然后将零部件组装成适合当地市场需求的成品。一开始，这种制造方式并不是一个高科技的生产过程，而仅仅是一个满足
371 市场需要的过程。然而，柳卸林发现，在产品的设计能力提升后，国内的企业也迅速开始扩大自己的技术能力。联想电脑是另一个例子：联想并不是像许多人所想的那样，是与IBM品牌绑在一起的制造商。相反，联想是一个有着制造和技术开发队伍的强大国内品牌。事实上，联想在2003年将自己100%的笔记本电脑、70%的个人数字助理（PDAs）以及40%的母版用合同外包的方式，外包给了台湾制造商，并因此自创了“国际分包”模式（Jiang，2004）。日益复杂的商业战略是以日益精细的价值链分工为基础的：这个过程会产生这一交往中的关键点，那就是先进的技术会从世界技术领先者那里向中国企业扩散。

然而，全球价值网络的再造要求我们必须围绕知识产权进行新的合作。紧密的合作和信任非常必要。这一点也可以用集成电路产业来说明。我们知道，任何重要的集成电路的生产，都需要有上千的知识产权。没有任何发展中国家，包括中国在内，能够在现有知识产权的基础上进行发明创造，或者说能够按市场价格获取每一个必要知识产权的使用权。事实上，包括英特尔在内，现在没有任何一家企业能够生产不涉及其他竞争者的知识产权的产品。一般来说，企业都需要通过不同的相互交换，使用协议从事生产。有时候，还需要采用不同的方法——有时是艰难的讨价还价——才能体现出交易各方各自知识产权的相对价值，从一家企业流向另一家企业的净资金流，就是在这一基础上决定的（Teece，2000）。这种情况给中国带来了两个非常大的挑战。首先是中国必须加强对知识产权的保护，这样才能在与高科技产业的跨国公司合作中，成为名副其实的合作伙伴。其次是要加强讨价还价的能力，比如中国的企业要有可以与跨国公司的知识产权相交换的东西。有些跨国公司已经开始与中国新兴的集成电路公司共享知识产权，所以已经有了一个开头。为了改善中国在全球生产网络中交换技术信息的地位，中国政府的技术政策应该更多地关注如何为中国的高科技产业创造可以用来讨价还

价的资本。这一过程刚刚开始,但是这一过程一定会改变中国的技术实力。

15.6 结论

中国技术变化的步伐很有可能加速。就像我们已经看到的那样,中国通过各种渠道的作用,已经积累了很多技术成果。政策决策者的方法也具有灵活性和变 372 通性。人力资源基础已从相对较低的水平开始快速增长,这一增长从方方面面都给出了加速的信号。在最近的 5 年到 6 年中,支持使用新技术的制度和激励方式也发生了巨大的变化。现在,政府不仅为技术先驱们提供了丰厚的回报,也为那些能有效地完成进步技术的人们提供了奖励。这些变化都发生在全球化背景之下。在这一背景条件下,日益增加的紧密合作和价值链的精细分工,使技术密集型服务业正在快速重新布局。这些变化不仅非常有利于中国的发展,而且也表现出中国的人力资源和制度框架可以使中国利用这样一个机会。

进一步阅读的建议

关于中国技术发展这一问题,存在乐观与悲观的激烈讨论,这是一个可以开始进行讨论的好地方。乐观者关注于中国快速提升的技术能力和为了促进技术进步而建立的一系列协调机制。比如说,苏迈德和姚向葵(Suttmeier and Yao, 2004)以及柳卸林和怀特(Liu Xielin and White, 2001)就是用一种乐观的态度对中国的情况进行分析。悲观的学者(Gilboy, 2004; Rosen, 2004; Steinfeld, 2004)关注的是中国仍然较低的总体技术水平,以及中国企业开发能力的有限性。费希尔和冯泽威(Fischer and von Zedtwitz, 2004)按时间的不同对技术发展进行了讨论。柳卸林(Liu Xielin, 2005)的文章很有意思,他提出了一个开放的跨境网络新范式。陆丁(Lu, 2000)对计算机行业、沈小白(Shen, 1999)对电信设备行业都作了长篇大论的研究和分析。

数据和图表资料来源

图 15.1:沙普尔(Schaaper, 2004)。

图 15.2:《中国科学技术 40 年,1949—1989》(1990, 202—203);《中国科技统计年鉴》(2004, 2);《中国统计年鉴》(*SYC*, 1998, 716);以及《中国科技统计年鉴》(年报)和《中国统计年鉴》(*SYC* 年报)。

图 15.3:《中国统计年鉴》(*SYC*, 2005, 697)以及稍早的数据。

年报(2006)。

表 15.1:经合组织《主要的科技指标》(2005, 18, 21, 57);《中国科技统计年鉴》(2004)。用修正过的国内生产总值数据进行了重新计算。

参考文献

"China Highlights Achievements by Returned Overseas Chinese"(2004). *People's Daily* [English edition]. March 2, at http://english. people. com. cn/200403/02/ eng20040302_136322. shtml.

Chinese Academy of Sciences[Zhongguo Kexue Yuan]. (1998). *1997 Kexue Fazhan Baogao* [1997 Science Development Report]. Beijing: Kexue.

Cliff, Roger(1998). "China's Potential for Developing Advanced Military Technology," July 8. Santa Monica: RAND Corporation.

Ernst, Dieter(2004). "Internationalisation of Innovation: Why Is Chip Design Moving to Asia?"

Economics Working Paper. Honolulu: East-West Center.

Feigenbaum, Evan(1999). "Soldiers, Weapons and Chinese Development Strategy: The Mao Era Military in China's Economic and Institutional Debate." *China Quarterly*, 158 (June), 285—313.

373 Feinstein, Charles, and Christopher Howe(1997). *Chinese Technology Transfer in the 1990s: Current Experience, Historical Problems and International Perspectives.* Cheltenham: Edward Elgar.

Fischer, William A., and Maximilian von Zedtwitz(2004). "Chinese R & D: Naissance, Renaissance or Mirage?" *R & D Management*, 34(4):349—365. Special issue on Chinese R & D.

Fisher-Vanden, Karen, and Gary Jefferson(2005). "Technology Diversity and Devevlopment: Evidence from China's Industrial Enterprises." Dartmouth College, manuscript, August 16.

Gilboy, George(2004). "The Myth Behind China's Miracle." *Foreign Affairs*, July/August. 33—49.

Gu Yuefang(1996). "On the position of technology import in the process of industrial development," In Jiao Xionghua, ed., *Zhongguo Jishu Yinjin de Jingyan yu Tansuo*[An Exploration of China's Technology Import Experience], Beijing: Zhongguo Biaozhun, pp. 8—45.

Hu, Albert, Gary Jefferson, and Jinchang Qian(2005). "R & D and Technology Transfer: Firm-Level Evidence from Chinese Industry." *Review of Economics and Statistics*, November, 87(4):780—786.

Hu Jiayuan(2005). "Why Is the Conversion of Government Research Institutes Running into So Many Obstacles?" [in Chinese]. *Zhongguo Jingyingbao*, July 19, available at http://www. sasac. gov. cn/gzyj2/200507190157. htm.

Jiang Xiaojuan(2004). "2003—2004: Zhongguo Liiyong Waizi de Fenxi yu Zhanwang[Analysis and Projection of China's Use of Foreign Capital," In Liu Guogong. Wang Luolin and Li Jingwen, eds., *Zhongguo Jingji Qianjing Fenxi 2004 Nian Chunji Baogao*

[Blue Book of China's Economy (Spring 2004)]. Beijing: Shehui Kexue Wenxian, 2004, pp. 202—227.

Linden, Greg (2004). "China Standard Time: A Study in Strategic Industrial Policy." *Business and Politics*, 6(3), Article 4.

Liu Xielin (2005). "China's Developmet Model: An Alternative Strategy for Technological Catch-Up." Hitotsubashi University, Institute of Innovation Research Working Paper. March 22.

Liu Xielin and Steven White (2001). "Comparing Innovation Systems: A Framework and Application to China's transitional Context." *Research Policy*, 30:1094—1114.

Lu Ding and Zhimin Tang (1997). *State Intervention and Business in China: The Role of Preferential Policies*. Cheltenham: Edward Elgar.

Lu, Qiwen (2000). *China's Leap into the Information Age: Innovation and Organization in the Computer Industry*. Oxford: Oxford University Prees.

Marukawa, Tomoo, ed. (2000). *Iko-ki Chugoku no Sangyo Seiasaku* [China's Industrial Policy in Transition]. Chiba: Institute of Developing Economies.

MOFTEC (1999). *Zhongguo Duiwai Jingji Maoyi Baibishu* [White Book on China's Foreign Economics and Trade], 85—86, 131. Beijing: Jingji Kexue.

Mu, Qing, and Keun Lee (2005). "Knowledge Diffusion, Market Segmentation and Technological Catch-up: The Case of the Telecommunication Industry in China." *Research Policy*, 34(6):759—783.

NBS-MOST (Annual). National Bureau of Statistics and Ministry of Science and Technology, eds. *Zhongguo Keji Tongji Nianjian* [China Statistical Yearbook on Science and Technology]. Beijing: Zhongguo Tongji.

National Science Foundation, Division of Science Resources Statistics (2004). *U. S. -China R & D Linkages: Direct Investment and Industrial Alliances in the 1990s*, (NSF 04—306). Arlington, VA, February. Accessed at www. nsf. gov/sbe/srs/infbrief/nsf04306/start. htm.

Naughton, Barry, and Adam Segal (2002). "Technology Development in the New Millennium: China in Search of a Workable Model." In William Keller and Richard Samuels, eds, *Crisis and Innovation: Asian Technology after the Millennium*. 160—186. New York: Cambridge University Press.

Nolan, P. (2002) "China and the Global Business Revolution." *Cambridge Journal of Economics*, 26(1):119—137.

OECD (2005). *Main Science and Technology Indicators*, vol. 2005/1. Paris: OECD. 374
http://iris. sourceoecd. org/vl=917570/cl=32/nw=1/rpsv/cgi-bin/fulltextew. pl?prpsv=/ij/oecdjournals/1011792x/v2005nl/sl/pll. idx.

Rosen, Dan (2003). "Low-Tech Bed, High-Tech Dreams." *China Economic Quarterly*, Q4, pp. 20—27.

SAC(Annual). *Zhongguo Tongji Zhaiyao*[Statistcal Abstract of China]. Beijing: Zhongguo Tongji.

Schaaper, Martin(2004). *An Emerging Knowledge-Based Economy in China? Indicators from OECD Databases*. Paris: OECD, Directorate for Science, Technology and Industry, DSTI/DOC(2004)4, March 22.

Segal, Adam(2003). *Digital Dragon: High-Technology Enterprises in China*. Ithaca and London: Cornell University Press.

Seki Mitsuhiro(1994). *Beyond the Full-Set Industrial Structure: Japanese Industry in the New Age of East Asia*. Tokyo, Japan: LTCB International Libray Foundation.

Shen, Xiaobai(1999). *The Chinese Road to High Technology*. New York: St. Martin's.

Steinfeld. Edward(2004). "Chinese Enterprise Development and the Challenge of Global Integration." In Shahid Yusuf, ed., *East Asian Networked Production*. Washington, DC: World Bank.

Suttmeier, Peter, and Yao Xiangkui(2004). "China's Post-WTO Technology Policy: Standards. Software, and the Changing Nature of Techno-Nationalism." NBR Special Report No. 7, May. At www. nbr. org/publications/specialreport/pdf/SR7. pdf.

SYC(Annual). *Zhongguo Tongji Nianjian*[Statistical Yearbook of China]. Beijing: Zhongguo Tongji.

SYC Annual Report(2006). National Bureau of Statistics, "Zhonghua Renmin Gongheguo 2005 Nian Guomin Jingji he Shehui Fazhan Tongji Gongbao[PRC 2005 National Economy and Society Development Statistical Report]," February 28, 2006 at http://www. stats. gov. cn/tjgb/ndtjgb/qgndtjgb/t20060227_402307796. htm

Technology Statistics Office, NBS(1990). *Zhongguo Kexue Jishu Sishinian 1949—1989*[Statistics on Science and Technology of China 1949—1989]. Beijing: Zhongguo Tongji.

Teece, David(2000). *Managing Intellectual Capital: Organizational, Strategic, And Policy Dimensions.*; New York: Oxford University Press.

Xie, Wei, and Steven White(2004). "Sequential Learning in a Chinese Spin-off: The Case of Lenovo Group Limited." *R & D Management*, 34(4):407—422.

Wang Huijiong et al(1996). "The Mechanism of Technology Import," In Jiao Xionghua, ed., *Zhongguo Jishu Yinjin de Jingyan yu Tansuo*[An Exploration of China's Technology Import Experience], Beijing: Zhongguo Biaozhun, 1996, pp. 268—291.

Zweig, David(2005). "Learning to Compete: China's Strategies to Create a 'Reverse Brain Drain.'" HKUST Center on China's Transnational Relations. Working Paper No. 2, Hong Kong University of Science and Technology, January. Available at http://www. cctr. ust. hk/articles/pdf/triggering. pdf.

第 5 篇

中国与世界经济

出口转内销，2006年的北京王府井大街

第16章

国际贸易 377

中国已经转型成为全球贸易强国。2005年,中国已成为世界第三大贸易国(紧随美国与德国之后),而且,其贸易发展速度远远超过了其他任何一个大型经济体。中国现在达到的开放程度对一个大型的大陆国家来说,十分罕见。2005年,中国的货物贸易总额(出口加上进口)达到了国内生产总值的64%,远远超过其他大型经济体,比如美国、日本、印度和巴西,这些国家的贸易/国内生产总值比率大约为20%,巴西的比率最高,也只有25%。自中国改革开放以来,贸易自由化就是经济改革过程中的基础部分。最近一个阶段的贸易政策改革始于2001年12月11日,即中国正式加入世界贸易组织的日子。中国加入世界贸易组织开启了2001—2003年间中国贸易自由化承诺的改革进程。这一阶段不仅是一个政策改革新阶段,世界贸易组织的成员资格也意味着,中国已经进入了成为全球经济体参与者的时代。

中国开始贸易自由化之时,还是世界上最为闭关锁国的国家之一。在计划经济体制下,对外贸易由少数几家政府垄断企业专营,实际贸易量非常小。1979年之前,中国的贸易/国内生产总值比率从来没有超过10%, 1970—1971年的低点只有5%。给人印象最深的是,30年来中国数次推动贸易自由化,促进贸易发展,而且每次推动自由化都会引发一轮贸易大潮。在其他经济部门中,似乎从来都没有出现过这么明显的持续的渐进性改革,外贸部门的改革不仅对外贸部门的影响非常大,而且对中国经济产生了切切实实的正面影响。图16.1显示了出口和进口占国内生产总值的份额,以及中国地位的迅速改变。1978年,中国的贸易/国内生产总值比率远远低于世界平均水平,从这时起到20世纪90年代初期,中国迅速开放经济,并迅速向世界平均水平靠拢,至20世纪90年代末期,贸易/国内生 378

产总值比率才稳定下来。自 2002 年以来，贸易开放度又再次迅速提升。巨大的体制转型将中国这样一个世界上经济最为孤立的经济体，转型成了全球经济参与者。国际"开放"与国内经济改革是一个互补的过程，人们常用一个术语，即"改革开放"来描述 1978 年之后的这一过程。这一制度性改变就是本章的第一个主题。

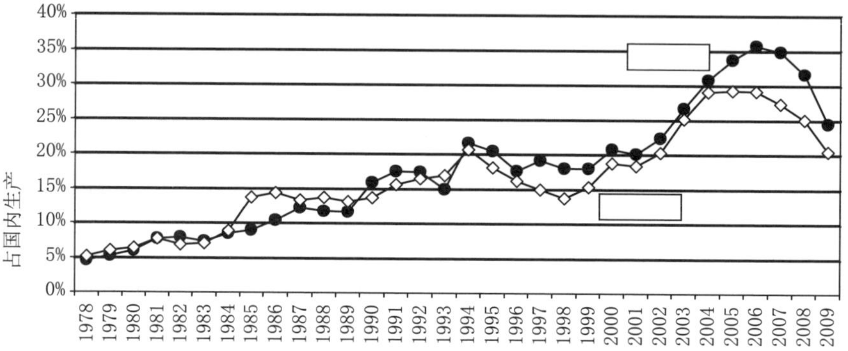

图 16.1　出口和进口(占国内生产总值份额)

在今天的全球经济条件下，贸易与投资越来越紧密地联系在一起。中国也是这样，由对外投资拉动的贸易增长本身，就是东亚经济重组的一个部分(参见第 17 章)。中国遵从的一整套相互关联的自由化政策，也适应了中国所面对的种种机会，其中一个关键的因素是二元体制。这一体制既使中国对出口加工贸易采取了相对自由的政策，同时又保护了国内市场。这些政策一方面使中国满足了外国投资者的愿望，也使中国经济日渐融入了全球生产网络。本章主题在讨论中国贸易的体制特征的形成以及中国贸易的地理和商品结构时，起到了连
379 结的作用。本章结论的重点是中国的贸易所得，通过贸易，尤其是通过与资源和资本丰裕的经济体的贸易，中国这个劳动力丰裕而土地稀少的经济体获益甚多。

16.1　背景

改革开放之前，计划经济体制下的中国并不一直都是一个封闭的经济体。事实上，在中华人民共和国成立初期，即从 1949 年到 1960 年，中国的对外贸易和对外援助都相当开放，当然差不多全部是来自苏联集团。20 世纪 50 年代，中国停止

了自己在革命之前一直依赖的太平洋贸易，将贸易的方向转向了苏联。从 1952 年到 1960 年，中国贸易的三分之二强是与共产党国家进行的，48％的贸易则是面向苏联。贸易部门是中国贸易转型过程中的一个先行部门。这一阶段，中国进口的是钢材、柴油以及机器这类工业品，目的是要建成中国第一个五年计划(1953—1957 年，参见第 3 章)核心内容的工厂。中国出口的是纺织品、加工食品，并通过向苏联借贷为自己不多的贸易赤字融资。在 1958—1960 年的“大跃进”期间，中国狂热的投资冲动增加了自己对进口机器的需要，中国开始鼓励增加与社会主义国家的贸易。

然而，紧随“大跃进”失败而来的经济困难，使形势迅速发生了变化，中国开始缓慢地进入了长时间与世界经济隔绝的状况，中国的贸易全面停滞。工业产品的进口在后“大跃进”经济危机中遭到大幅削减，稀缺的外汇也被用来进口急需的粮食。从苏联的进口也开始迅速减少，1970 年，中国与苏联的贸易只占中国贸易量总额的 1％，而且从 1959 年到 1970 年，这一数字几乎没有发生变化。20 世纪 70 年代初期是中国与世界经济关系的低点，这一阶段也是毛泽东实施自给自足战略的时期。1970—1971 年，中国的进出口只占到国内生产总值的 5％。中国以前可以用来出口的粮食和轻工消费品，现在在国内也出现短缺。此外，中国也几乎不知道任何外国市场的信息：中国最大的唯一的出口市场就是香港。中国也成了加拿大、澳大利亚和阿根廷粮食出口市场的老主顾。有限的外汇也必须精打细算，才能进口那些重要的工业物资和技术，苏联的技术供应中断之后，中国也与日本
和欧洲暂时做了几笔技术买卖。采用绝对自力更生的政策，也是不得已而为之的 380
事情。

70 年代中期，中国经济从“文化大革命”最糟糕的情况中开始复苏，可供出口的轻工消费品的供给(尤其是纺织品)也开始增长。大约与此同时，中国主要的油田大庆油田的石油产量也开始迅速增长，因此有部分石油可用于出口。由于中国的外汇也在增多，所以中国也增加了与日本和西方的技术贸易。化肥厂和钢铁厂就排在需要进口的一系列技术项目的前列。1977—1978 年，这些贸易关系似乎仍在继续成长，雄心勃勃的技术进口计划也在成倍增加。但是，由于油田发展计划成了泡影，进口所需外汇的来源成了问题。中国第一次被迫面对由自己的指令性经济贸易体制造成的内在问题。

16.2 外贸改革的进程

20 世纪 70 年代末期，中国领导人试图改革的外贸体制是一种典型的苏式指令性经济模式。我们将这种控制商品和货币流动且国内经济和国际经济严重分离的状况称为“双层气闸”(double air lock)。第一层气闸是指中央控制的外贸专营，12 家国有外贸公司(FTCs)垄断了中国的进口和出口。只有特许商品才能通过这一层次的控制。第二层气闸是指外汇体制。中国货币(人民币)的币值是人为设定的，且不可兑换。个人如果没有得到特别批准，根本无法将人民币兑换成外币，而这个批准很难拿到。对商品和货币流的控制不仅过多，而且重叠。解开行政控制这堆乱麻的唯一途径，就是列入外贸计划。

设计这种“双层气闸”体制是为了在将国内经济与世界经济隔离开来的同时，让某些重要商品通过这层气闸。国有外贸公司按计划价格购买国内商品，再按世界价格出售。通过气闸进口商品之后，外贸公司都会按照国内计划价格加价出售，而且一般都用盈利产品赚来的利润补贴亏损产品。所以，计划经济价格体系
381 完全不受世界价格的影响。正如我们在第 3 章和第 18 章所讨论的那样，计划经济价格体系的设立主要是为国有工业体制提供优惠待遇。设立相对较低的农产品价格和较高的工业品价格，是为了将利润集中到国营企业，而国营企业则是政府预算的来源。如果允许世界市场价格影响国内价格，世界市场价格就会逐渐破坏计划经济价格体系和政府动员资源的传统制度。计划经济价格体系是由共同的“进口替代工业化”(ISI)发展战略所创造的一种绝对形式的价格关系。按照进口替代产业战略，发展中国家对工业品的进口设置壁垒，而保护自己的新生产业以及(它们希望)培育的产业化。中国也是这样，传统外贸体制的一个作用就是保护国有工业。

在这种控制体制下，外贸只有助于有某种偏好的中国计划人员的利益。对外贸易的目的就是进口中国企业无法生产的产品，并解决国内的短缺或瓶颈(食物或原材料)，或为中国带进一些现代技术(内含在工业机器中)。出口被视为一种不得不做的坏事。出口之所以必要，是因为出口是可以为进口付款的唯一方式。如果物品对国内经济来说是“非必需品”，这种物品就可以出口，但生产出口商品的成本在很大程度上却是不相干的事情。与此同时，非必需品的进口受到了严格的限制。1978—1979 年，中国的计划人员试图加快技术进口的步伐，但他们却突

然发现,自己面临严重的外汇短缺。由于无法增加石油出口,所以根本不能为进口调拨款项。从一开始就不太多的外汇储备,也以惊人的速度在消失。因此,外贸改革从一开始就急切地想增加并多样化外汇来源。中国现在已经与世界经济中的大多数国家从事贸易。而且,中国的四邻都是出口导向经济体,这种情况与其国有垄断贸易体制很不协调。动机与机会使中国启动了经济对外开放计划,这一开放最终使世界经济发生了重大变化。

16.2.1 最初的改革步骤

一开始,中国并没有大规模地开展整个外贸体制的转型,1978—1979 年,中国的决策者在广东和福建等南方省份采取了温和但有创新性的开放新贸易渠道的步骤。中国的目的就是要利用这些省份靠近香港,并在某种程度上靠近台湾的便利。这一时期,广东省是中国外贸的排头兵。1978 年,广东的外贸出口占了中国 382
外贸出口收入的 1/7。但邻近的香港这时已经是一个大型贸易经济体了。事实上,香港的出口面向的是整个中国大陆。1978 年,中国大陆走出了开放的第一步,当时,中国已经允许香港的企业与珠江三角洲的中国大陆企业签订“出口加工”合同。(比如说)一家香港的企业将布匹航运给中国大陆的农村企业,这家企业将布做成衬衣,中国大陆的企业得到加工费,而布和衬衣都由香港企业所有,所以双方并不必须通过外贸体制的气闸。由香港企业创造的出口生产网络就用这种方式扩展到了中国大陆,但中国大陆的工业企业还没有受到进口产品的竞争。

此后不久,广东和福建就建立了四个经济特区。经济特区(在第 17 章有更充分的阐述)为出口加工贸易的扩张提供了一个稳固的基础。与其他出口加工区(EPZs)一样,只要进口的东西在加工区被用来生产并出口,经济特区就允许免关税进口。与其他发展中国家类似的经济特区的政策相同,出口工业可以使中国有选择地推动出口,并仍然实施进口替代产业化体制的政策。经济特区是一块并不过多威胁到国内保护体制的区域。在现有外贸体制条件下,广东和福建也拥有一些特权。省外贸公司也得到了一些自主权和保留自己赚得的外汇的权利。省里的领导也有拓展贸易的强烈动机,两省的官员也因采取灵活变通方式推动贸易而名声远扬。特殊的规定和刺激机制以及上述种种,使毗邻香港的广东省发生了根本性转变,成了一个出口强省。在随后的 15 年里,广东和福建两省的出口增长比中国其他地区快了 2 倍。这些省份基本上从经济发展的停滞状态转变为全球贸易经济中的重要一环。

16.2.2 外贸体制的自由化

在广东和福建的传统外贸体制上打开了几个突破口之后，20 世纪 80 年代中期，中国的决策者又开始实施全国外贸体制的自由化。1984 年，在采用全面放开政策之后，政策的结果却给决策者敲起了警钟。1985 年，进口突然增加了 50%，
383 进口的突然增加使改革者相应减少了一些改革措施。尽管出现了退步，但决策者还是为外贸部门保留了一些弹性，随后的几年内，贸易规章制度发生了转变，旧有外贸体制的垄断被最大程度地废除，改革者创建了一个使后来的贸易和投资得以增长的框架。贸易改革最初阶段的主要因素如下：

贬值。货币的实际价值是贸易改革获得成功的前提条件。改革之前，中国像多数社会主义国家和实施进口替代工业化的经济体一样，实施的是货币高估。1980 年，人民币与美元的汇率为 1 美元兑 1.5 元人民币，按此汇率出口基本无利可图。到了 1986 年，人民币的币值已下滑到 1 美元兑 3.5 元人民币，这表明人民币实际贬值约 60%(计算了中国较高的通货膨胀率之后)。1986 年，改革者又引入了复汇率制度。按照这种汇率体制，计划外的出口商可以在管制较少的二级市场出售自己赚得外汇。而市场上较高的美元价格则有益于进一步驱使人民币贬值。人民币贬值使出口渐渐有利可图，而逐步昂贵的进口价格则抑制了进口需求。从 1986 年开始的实施人民币币值低估的做法一直持续了下来，并至少持续到了 2005 年，尽管这中间也出现过短时间的波动。①80 年代人民币贬值与整个东亚地区汇率重新调整一致，加上日元与新台币相继升值，构成了生产与贸易重组的局面。

取消专营外贸体制。拥有对外贸易自主权的企业数量也开始急剧增长。各工业部门都获准设立自己的外贸公司，以前由国家垄断的省外贸公司也逐渐独

---

① 1994 年，官方汇率固定为 1 美元兑 8.3 元人民币，这次贬值在后来 3 年内因国内通货膨胀而有所抵消。因为这段时间内国内价格较为稳定，所以固定名义汇率成了固定实际汇率。如果设 2003 年人民币的实际价值为 100，则 1980 年的实际价值为 250，但到 1986 年已下滑为 107。在 1986—2003 年这段时间内，平均为 106。有种说法认为，人民币币值在 2003 年已经低估，所以 2003 年的指数不能用作度量过去币值的基数，但一定可以作为 21 世纪中国生产能力得到改善后所获成败的基础。请注意币值变化对本章前面所述开放度计算的影响。由于国内生产总值分母的价值(以国内货币单位计量)相对于贸易分子(以美元计量)下降，所以贬值使经济更显开放。在中国，从 1957 年到 1980 年，平均实际汇率是 1980 年到 2003 年平均实际汇率的 2.5 倍。如果我们使用后面这个更为实际的汇率来计算 1970 年的开放度，则全部贸易占了国内生产总值(升值后)的 12.5%。虽然不像使用同期汇率计算的价值那样绝对，但这仍然是一个相对较低的开放度。

立，很多地方政府和经济特区都建立了外贸公司。到 1988 年，中国已经有了 384
5 000 家外贸公司，但每家都属于国有企业。其中 1 000 家制造厂获得了直接的进出口权。这个期间，出口比进口的放开进程更快：在国内市场仍然受到保护而没有进口产品可与之竞争的同时，几千家企业都在竞相生产制造产品，以供出口。同样重要的是，中国还逐渐改变了原来的贸易计划，开始采用财政激励的方法。1988 年，旧的出口收购计划被取消。在工业领域中已经使用的外汇目标和合同制也同样应用于外贸企业(见第 13 章)。各省按合同规定数字每年向中央财政上交外汇，合同金额外的外汇留归自己所有。

定价原则的重大变化。利润留成或奖金提供了刺激，分权则增进了竞争。由于贬值使出口成了一个潜力巨大的赚钱买卖，所以外贸企业对于成本越来越敏感：由于出口绝大部分是自己的利益，所以外贸公司用一系列形式与国内厂商重新签订合同——合同转包、组建企业以及成批加工，等等，一切努力都是为了降低成本。外贸企业要的是劳动密集型产品的廉价生产商，这种生产商常常只能是乡镇企业。因此，乡镇企业产品的出口份额增长很快，90 年代中期，乡镇企业获取的收入已占到出口总收入的五分之一。从进口方面看，这种体制很适于用来将世界价格信号传递给国内经济。因此，进口开始根据代理人制度定价，也就是说，国内价格等于世界价格加上一个付给进口商的佣金，而不是指派一个等同于国内计划价格的价格。较强的刺激推动贸易公司去争取各种因世界价格差而形成的机会。

关税与非关税壁垒体系的创建。中国的决策者谨慎地向前推动改革。他们小心翼翼地避免犯错，他们害怕进口急速增长，害怕贸易赤字以及严重的债务。随着改革者对计划贸易体制的废除，他们又开始构筑高高的关税壁垒和大量的非关税壁垒以继续对国内市场的保护。在过去的气闸体制下，关税虽然存在，但却全然没有现在这么重要，因为在过去的体制下，外贸企业只要完成了外贸计划就可以分配收益，最后再按要求缴纳赋税就行。20 世纪 80 年代初期，中国颁布了一系列新的高税率的关税，这些高关税一直沿用到了下一个 10 年。1992 年，根据世界银行(1994，56)的分析，中国的关税与其他高度保护本国工业的发展中国家相 385
同：未加权平均关税是 43%，加权平均关税为 32%(与当时的巴西相同)。同样重要的还有非关税壁垒(NTBs)。世界银行的这份研究还发现，51%的进口都会碰到一个或多至四个不同的重叠非关税壁垒。实际上，关税与非关税"被用来作为达到政府目的的补充方式”(67)。①

更为重要的是，非关税壁垒严重限制了外贸经营权的发展。首先，进入国内市场的直接通道保留在国有外贸企业手中，制造厂商有时也有一些有限的外贸经营权，但只是有权进口自己的生产所需用品。此外，外贸企业也被规定只能在一个特定的产品范围内(“营业范围”)从事经营，而且常常局限于一个指定的省份，有时候，连消费者也有限制。一些较大的中央直属外贸公司垄断了某些敏感商品，比如粮食和化肥的进口。指定商品的外贸经营权使大多数国内企业无法利用出口加工合同中相对自由的条款。因此，中国所有的进口都受到了关税、配额以及由国有外贸公司实施的行政指导的规制。

进口替代与鼓励出口。20 世纪 80 年代中期，中国已经从计划贸易体制转型为高关税与多重非关税壁垒以及大量行政裁定的综合体制。这是一种在很多方面都比较典型的发展中国家进口替代战略体制。事实上，对于中国来说，这种转型也有很多优点。虽然这种贸易体制仍然由拥有强大市场力的国营企业掌握，但贸易体制毕竟日渐有了利润和收益取向(按世界价格)。稳步改革创造出了一点非常必要的灵活性，这种灵活性不仅为未来改革的成功提供了先决条件，而且也使外贸体制与国内经济制度的变化相协调。最后，这种变化也与“关税化”进程相符，在这一过程中，关税壁垒首次向关税等值转变，因此，中国才能为了加入世界贸易组织而进行减免关税的谈判。

386 但是这种部分改革的体制绝没有放开到足以引发后来引人注目的中国出口成就。这一体制的净效应其实是阻挠出口，就像其他进口替代制度的情况一样。因此，中国是从东亚借用了一招，并采用了选择性出口推动措施，以抵消至少对某些产品的反出口趋向。出口增值税的部分退税制度开始于 1985 年，扩大于 90 年代。这时候，银行也开始向出口商提供优惠利率，并大量贷款供生产出口产品的新项目投资。地方仍然还有需要完成的出口目标。这些措施最重要的地方就是创造出一个完全不同的出口加工贸易体制，这一体制使出口商得以避开以往的高度集中的外贸垄断。

① 比如，非必需消费品不受非关税壁垒的限制，却受到高关税的限制。政府视为必需品的商品虽然适用的关税较低，却有非关税的约束，而且被“纳入”由中央政府管理的垄断外贸企业手中。比如在 1992 年，粮食、化肥和钢材的进口数量受到了严格的控制，但适用的关税低于 20%。因此占了全部进口额的 14%。最后，一些重要部门如汽车和机器却受到重叠的关税和非关税的限制。

16.3　二元贸易体系：出口加工体系

始于 1978 年在广东的出口加工合同的经验逐渐成长为一种全国全面开花的加工贸易体系。1986 年之后，由于认识到了亚洲出口生产网络的不断重组给中国带来的机会，中国的决策者开始支持“沿海发展战略”，沿海各省所有类型的企业包括乡镇企业，都获准从事这种加工和组装合同。外国投资者也开始大规模进入中国沿海省份，并获准采用更为灵活多变的出口加工合同。按照这种合同，他们还享有零部件和原材料免进口关税的权利。大约到 1987 年，中国已经基本建立了两种不同的贸易体系。根据绝对放开的原则，出口加工或鼓励出口两种贸易体系迅速发展起来，而且不久就在规模上超过了原有体制条件下的贸易规模。虽然偏重于“一般贸易”(OT)的传统贸易体系也在发展，但发展较为缓慢。免除生产投入品的进口关税，使加工贸易体系内的生产有了巨大的成本优势。更为重要的是，在出口加工贸易体系下，出口商(大部分是外商投资企业)也得以避开整个庞大而复杂的进口管制机构，以及在一般贸易体系下限制贸易发展的特定渠道和行政垄断。实质上，外商投资企业与所有的国内企业不同，外商投资企业根本不需要通过国营外贸企业进口。出口加工体系和外商投资企业之间的关系意味着，外 387
商投资企业在外贸体系中有一个与多数国内企业不同的特权地位，尤其是外商投资企业还有可以吸引外国投资的税收优惠(见第 17 章)。

中国出口加工体系采取的所有措施都不是什么新东西：所有的措施都能在东亚实际上也能在全球范围内找到类似的模式。然而，不同寻常之处是这些措施引入中国后的绝对规模。在多数国家，这些优惠措施都会限制在一个指定的严格管理的出口加工区内，中国则基本上是在整个沿海地区创造出一个巨型的出口加工区。虽然人们特别关注中国的经济特区，但出口加工体系的边界实际上已扩展到了经济特区之外，扩展到所有有出口导向的外商投资企业所在的地方。这些体制性措施极大地强化了外商投资企业所拥有的优势。正如我们在第 17 章所讨论的，多数外商投资企业来自香港和台湾等邻近经济体，所以他们多数都具有出口制造和营销的经验。中国的改革与他们的利益相一致，也使他们能够将这些专门知识移植到大陆。

图 16.2 显示出这些因素造成的巨大差异。出口加工体系和外商投资企业成为中国出口扩张的引擎。图 16.2 用线条描绘出这些因素的贡献程度。1996 年，

出口加工贸易上升至全部出口的56%，然后这一体系由于转为更加全面的开放而稳定下来。外商投资企业占出口总额的份额年年都在增长，已经从1985年仅占1%上升到2005年的58%。外商投资企业已经发展起来，在中国出口增长中起到非常重要的作用。1992年到2005年，外商投资企业的份额已占到了出口增量的63%，且其增长还没有显示出有在近年下降的趋势。很显然，外商投资环境的放开在中国的出口成功中起到了根本的作用。与外商投资企业的增长相对应的，就是国内企业相对不太引人注目的表现。主要由国有企业组成的国内出口商也极大地增加了自己的出口，但在进入新的世界市场方面成功率不高。此外，在国有部门经济衰退期间（1995—1999年），国内企业的出口停滞了大约4年。1985年到2004年，全部出口的年增长率为17.6%，国内企业的年增长率为12.5%，表现尚可，但说不上惊人。

388

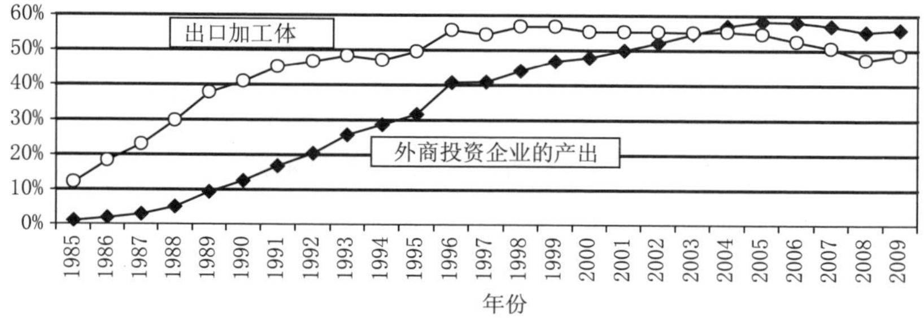

图16.2　出口加工体系与外商投资企业的出口份额

16.4　迈向开放型经济

从20世纪90年代中期开始，基于创建贸易经营机制（functional trading regime）的成就，中国开始向名副其实的开放经济迈进。加入世界贸易组织也是一个强有力的刺激因素。为了强化这种情况并为加入世界贸易组织做准备，获得世界贸易组织成员资格之前的改革就和获得世贸组织成员资格之后所要进行的改革同样重要。这些改革的共同主题就是降低二元贸易体制的范围，为更为开放的经济扫清道路。按世界贸易组织的要求所做的事情，也较为符合改革者的目的，改革者利用世界贸易组织成员资格为诱饵，以推动他们偏好的所有改革。我们首先对1994年包括货币改革在内的所有这些变化进行讨论，然后再讨论加入世界贸易组织所要求的变化。与世界贸易组织相关的自由化的影响是第16.4.3节讨论的内容。

16.4.1　货币自由兑换

1994 年 1 月 1 日，改革者取消了之前 8 年中一直用作重要交易工具的场外外
汇“调剂”的市场。汇率则统一在低于市场兑换率的水平，获取外汇的途径也放开 389
了，并在 18 个月内完成了经常账户的自由兑换。事实上，经常账户可兑换意味着任何商品和服务的授权进口商都可以依据贸易货单而买卖外汇。1994 年的外汇改革是 1993 年底 1994 年初同时启动的财政、金融和贸易改革一揽子协调改革的一个组成部分(见第 4 章)。政策协调的优势之一，就是国家税收体制转为以增值税(VAT)为主。世界贸易组织规则允许出口商部分退还出口增值税。中国的决策者也很快发现了出口退税的好处，因此 1994 年的改革使以前有限的出口退税几乎普遍化了。1994 年的改革虽然略有缺陷，但却使中国成功拥有了一个更为一体化的贸易体系。

然而，1994 年的成功仅仅是部分成功。最初，人们对中国很快进入货币完全自由兑换包括资本账户的自由兑换，并建立“有管理的”人民币浮动汇率制度抱有很大希望。弹性汇率可以对外汇供求的长期变动进行灵活调整，但是，中央银行仍然可以干预外汇市场以稳定货币。起初，货币需求稳定在改革者选择的 1 美元兑换 8.3 元人民币水平上，即过去市场兑换率水平。但改革者高兴得太早，下一步并没有如他们所希望的那样走。在宏观经济波动时期，很难取消对资本账户的限制。随着 1997—1998 年亚洲金融危机的来临，包括人民币在内的所有亚洲货币都面临下滑压力，中国的决策者决定维持原状，保持人民币币值稳定。有管理的浮动也渐渐成了事实上与美元挂钩的固定汇率。2001 年之后，中国的出口开始飞速发展，缺乏资本账户可兑换性的固定汇率和相对较低的人民币币值，成了中国和美国之间意义重大的外交和经济问题。

16.4.2　世界贸易组织成员

1986 年中国正式申请加入关税及贸易总协定(世界贸易组织的前身)，这似乎
是一个进程较快并痛苦相对较少的过程。毕竟，中国当时是市场改革的先行者，
西方至少是像对待 20 世纪 60 年代和 70 年代进入关税及贸易总协定的波兰和匈 390
牙利一样看待中国。事实上，直到 15 年之后的 2001 年 12 月 11 日，中国才最终成为世界贸易组织的第 143 位成员。在这一漫长的谈判过程中，中国和世界的贸易制度都发生了根本性变化。

这一过程之所以如此之长的一个重要原因，肯定是 1989 年的政治风波和 1991 年 12 月的苏联解体。这些事件使西方对中国的态度发生了变化。1989 年

之后，中国就不再能够"轻松"地获得入门赞同票了。更为重要的原因也可能是，中国已成了重要的出口大国，所以中国被人非常严肃地视为竞争性挑战对象：针对中国的反倾销行动也在增加。同时，外资企业与中国相对封闭的国内市场（即我们稍早时候讨论的二元贸易体制的一种）打交道时受到的阻挠，也使那些支持中国可以不对这种作为付出代价就获得发达国家市场准入的票数大大减少。

与此同时，1996 年创立的世界贸易组织乌拉圭回合谈判标志着全球贸易谈判有了重大的改变。原来的协定只限于对"外贸部门"进行明确的描述，而现在则需要对谈判经济体的更根本性的体制特征进行考虑。这种变化部分是因为现代发达经济体现在主要从事服务经济，所以国际协议超出了之前只关注于国际贸易的货物的范围，这一点很容易理解。由于服务总是会在提供的那一瞬间涉及某种物质形态，所以"服务贸易协定"不可避免地涉及对接受国或进口国的规制和投资环境的谈判。乌拉圭回合达成的贸易自由化是发展中国家与发达国家达成的"大交易"。发展中国家的轻工业制成品，尤其是纺织品和农产品，获得了更多地进入发达国家市场的机会。发达国家也得到发展中国家的允诺，要改善发达国家企业在发展中国家经营的环境，并保护它们的经营。这单"大交易"为创建世界贸易组织扫清了道路，也使贸易谈判扩展进入与服务、投资和知识产权相关的新领域。这也是中国要成为世界贸易组织成员所必须做的交易：用更广泛更充分的开放换取自己的轻工产品更多地进入其他国家的机会。这一复杂的交易期限牵涉到一个比初期预想要复杂很多的谈判过程。

391 在贸易方面，从一开始，最根本的问题就是要求中国开放一般贸易，并大幅降低贸易体制中二元体系的作用。最重要的是要求中国承诺不加限制地扩大贸易经营权，其中包括给予国内和国外私营企业贸易经营权。后来，这些新的条款都包括在 2004 年 7 月 1 日生效的外贸法中。根据这一法律，除了少数仍然只允许由国家交易的农业商品外，中国政府不再将贸易限制在让有限的一些国有外贸公司专营的范围内。在这种情况下，中国答应对特保产品实施关税配额制（TRQs），并同意将关税降低至某一最高限度（过此限度即缴纳更高的关税）。这一附加协议尤其迫使中国答应将少部分关税配额分配给非国营贸易商。承诺一个更能让人接受的贸易体制是世界贸易组织外贸领域新增条款的最重要部分。第二重要的就是降低关税的承诺。事实上，中国在 1994 年外汇体制改革之后，在着手准备获取世界贸易组织成员国资格，即在实际协议最终签订之前，就开始降低关税。平均名义关税分阶段从 1992 年的 43％下降到 1999 年的 17％，当年的世界贸易组织谈判最终获得了突破性进展。在实际协议中，中国同意在 2005 年之前将工业平均关税降低到 9.4％，实际上 2004 年已经达到了这一税率。这一协议也同意将农业平均关税降低到 15％，这是一个较容易达到的税率。

16.4.3　开放政策的再审视

本章一开始即根据贸易总额占国内生产总值之比率，对中国的开放度进行了简单的讨论。现在我们先关注进口：毕竟一个经济的进口开放度是贸易总开放度的重要量纲，因为它表明了竞争的开放和获取低成本供给品的机会。图 16.3 显示出作为国内生产总值组成部分的进口的强势上升，以及 1994 年和 1998 年的回落。图 16.3 还进一步将进口分为两类：底下是一般贸易(OT)进口，上面是出口加工(EP)和其他进口。在国内市场销售并体现与国内生产商进行竞争的一般进口，也是在二元贸易体制下关税与非关税壁垒的重点。让人关注的是，一般进口一开始在 20 世纪 80 年代中期增长迅速，并于 1986 年达到了国内生产总值的 12％，但接下来又回落到始点，1997 年甚至低于国内生产总值的 4.1％。进口一方的情况支持我们主要根据出口方情况所描绘的情形：90 年代中期大部分的贸易增长是出口加工的增长，一般贸易体制还没有大规模放开，有的方面甚至收得更 392
紧。由于没有放开一般贸易体制，所以贸易自由化一开始就出现了"错误的开局"，中国因而转向进口替代产业化进程。

以此为基础，我们可以看出与加入世界贸易组织相关联的变化有多大。一般贸易进口与国内生产总值份额从 1997—1998 年的低点突然上升，并于 2004 年超过之前的高点，达到国内生产总值的 13％。由于新兴电子部门(尤其是笔记本电

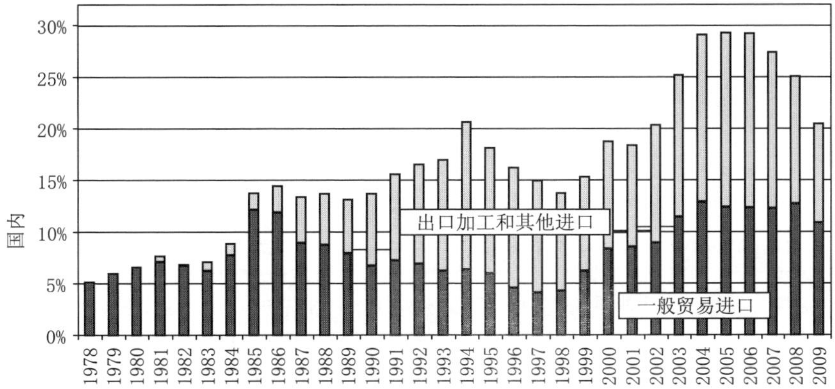

图 16.3　中国经济开放度的度量

脑)增长较快，所以出口加工贸易也有很大增长，并扩大了出口加工贸易条款的适用范围。只有一般贸易进口的大幅增长才能直接归因于由世界贸易组织引致的贸易自由化，同时也是开放度的最佳指标。通过一般贸易出口/国内生产总值比率，从1998年到2004年的6年中，中国对世界贸易的开放度已翻了3倍多。2002年之后，中国外贸的大幅增长也与加入世界贸易组织引发的进口体制的开放直接相关。

16.5 成果：快速增长与结构变化

中国外贸体制自由化的每一个阶段都与出口和进口的巨幅波动相关联。

393 **16.5.1 出口**

1979年之后，由于更为充分地抓住了现有机会，同时赚取外汇也成了优先考虑的事情，所以中国的出口增长迅速。一开始，出口的增长没有偏向性，一直到1985年，石油还是中国最大的单项出口产品，总额达到出口所得的20%。

中国出口构成的根本性变化实际上始于1985年，在这一年，我们已经可以看到沿海发展战略的效应了，即完全成熟的出口加工贸易体系和外商投资企业的不断参与带来的出口增长。1985—1995年，中国的贸易增长非常迅速。而且，出口也更多地转向了劳动密集型产品，自然资源产品的出口大为减少。实际上在改革开放之前，中国的对外贸易有一个很大的矛盾，即明显是中国要素禀赋的轻工业劳动密集型制成品在中国的出口份额中所占比例并不大。但到了1995年，中国位列前茅的出口商品都是劳动密集型工业品。①这一时期最引人注目的是纺织品和服装出口持续稳定的增长，以及体育商品和各种各样制造品的迅速增加。

1996年到2001年贸易的增长放缓。尽管贸易和国内生产总值都以健康的速度发生变化，但贸易占国内生产总值的份额仍然保持稳定。贸易的下滑部分是由

① 一系列研究都描述了中国出口向劳动密集型产品的变化。按照澳大利亚国立大学国际经济数据库(IEDB)的资料，中国劳动密集型产品出口份额从1984年的37%上升到1994年的54%，而农产品和矿产资源密集型产品则从49%下降到15%。另外，根据IEDB所用的分类法，资源密集型产品出口也从占全部出口的14%上升到31%(也是从1984年到1994年)。世界银行(1994年9月)根据美国的要素比例使用不同的分类体系发现，从1980年到1990年，劳动密集型制造品占全部出口的比例从39%上升到74%(非熟练劳动密集型产品分别占全部出口的29%和51%)。见诺顿(Naughton，1996)的讨论。

于外部事件的影响(比如亚洲金融危机),部分是由于 1994—1997 年人民币实际升值 30%。部分是由于在这段时期之内,贸易自由化没有什么大的进展。中国的决策者似乎认可这样的事实,即中国所依赖的出口已经达到了某种程度,未来的经济增长应该由国内需求的增长来拉动。出于国家税收的考虑,出口退税减免也开始降低,出口加工的原材料进口的手续也开始从紧。

但是,加入世界贸易组织标志着贸易体制的重新放开,将带来中国贸易的再度大幅波动。2002 年之后,出口和进口每年增长 20%以上,并持续高位增长。有 394
意义的是,这一轮贸易增长与中国出口产品中机械产品和电子器件所占份额的增长相关联,2003 年,这一份额超过了全部出口的 50%。与此同时,(传统的)劳动密集型工业品的增长,尤其是服装的增长依然强劲。部分原因是预期到 2004 年底纺织品进口配额结束时,生产和出口会转向一直在维持最低成本生产商地位的中国。总之,中国的出口产品构成已经转向了能更好反映中国丰裕劳动力禀赋的方向。

16.5.2 进口

表 16.1 是中国主要的成品出口情况。表 16.2 表明,这些产品大部分是各种各样的制造品再加上机械电子产品。就进口而言,使中国贸易获益增加的是量的增加,而不是产品构成的变化。在进口产品中,资本密集型产品仍然占大约三分之二。此外,对这些商品的进一步考察表明,许多产品基本上是土地替代品,土地替代品的进口扩张了中国有限的土地禀赋。这些产品包括化肥、粮食、人造纤维物和铁矿石等,这些都是中国的主要进口产品。资本密集型产品常常是重工业及加工技术行业产品,比如钢、化学品、人造纤维及塑料原料。技术密集型产品有机器、运输机械和电子产品。基本而言,中国就是这两组商品的净进口大国,也是劳动密集型产品的净输出大国。因此,中国的贸易总体上符合比较优势原则,而且也使中国国内经济获得了巨大的利益。另一个结果是,中国对这些商品,即铜、钢、化肥和石油(日渐增加)的世界市场产生了客观的影响。这些领域都属于单是中国的需求就可以使世界市场发生变动的领域。

表 16.1 显示的是不同生产阶段的中国贸易,表中显示出中国如何进口原材料和零部件,并出口最终产品的情况。实际上,三分之二的中国进口是中间产品的进口,三分之二的中国出口是最终产品的出口。那么,与这一数字相对应的具体商品是哪些类呢? 表 16.2 显示的是 2003 年中国进出口产品的分类。

395 **表 16.1　2002 年由生产决定的贸易**

	进口(百分比)		出口(百分比)
初级产品	10.3	初级产品	2.9
中间产品	63.3	中间产品	37.1
零部件	27.5	零部件	15.5
半成品	35.9	半成品	21.6
最终产品	26.3	最终产品	60.0
消费品	5.1	消费品	40.3
资本品	21.2	资本品	19.7

表 16.2　2003 年中国的贸易构成

	进口(10 亿美元)	出口(10 亿美元)	进口(百分比)	出口(百分比)
0-1. 食品、饮料、烟草	6.5	18.6	1.6	4.2
2-4. 原材料、燃料、油类	66.3	16.3	16.1	3.7
33. 石油	26.7	5.8	6.5	1.3
5，6. 化学材料和工业品材料（不包括 65，纺织品）	98.7	61.7	23.9	14.1
51. 有机化学品	15.9	5.3	3.8	1.2
57. 初级形态的塑料	13.9	0.8	3.4	0.2
67. 铁和钢	22.0	4.8	5.3	1.1
7. 机械和运输设备	192.9	187.9	46.7	42.9
71-74. 工业机械	51.8	22.9	12.6	5.2
75-77. 电子、通讯和电力机械	123.5	150.0	29.9	34.2
8. 各类制成品	33.0	126.1	8.0	28.8
82. 家具	0.5	9.0	0.1	2.1
84. 服装	1.4	52.1	0.3	11.9
85. 鞋类	0.4	13.0	0.1	3.0
89. 杂类	5.6	31.5	1.4	7.2
总计	412.8	438.4	100.0	100.0
注意：具体的机器，运输设备和仪器仪表（71-74，78，79，87）	89.6	44.1	21.7	10.1
注意：纺织品和服装（65，84）	15.6	79.0	3.8	18.0
注意：轻工业产品（8，减去 87 仪器仪表，加上 65 纺织品）	27.0	146.8	6.5	33.5

16.5.3　高科技贸易

中国电子产品出口的急剧增长，尤其是笔记本电脑的出口，实在让人印象深
396 刻。那么，这一趋势是否意味着中国正在成为科技出口大国？正如我们在第 15

章中所说，虽然对这一问题的回答有些复杂，但根据贸易数据可以马上给出的答案是“没有，还没有”。事实上，所有中国出口的高科技电子产品都是加工贸易体系下生产的产品。2005 年，外国私人出口商(FIEs)出口的高科技产品已占到全部高科技出口的 88%，几乎所有的产品都是根据出口加工安排进行的生产。世界范围的电子产品生产是基于全球生产网络，由分布在许多不同国家进行的生产、研发和服务链连接在一起。中国已经成为这一生产网络中的一个节点，但是，对中国从事的实际产品出口和产品加工的观察揭示出，中国主要是集中从事最终的生产组装阶段。这是一种劳动密集型的中级熟练劳动活动，不是“高科技”活动。因此，按技术水平对中国的出口进行分类绝对会让人产生误解。近年来，中国高科技产品的出口显示出急剧增长的态势，然而，中国的实际价值增值一般来说不是来自高科技生产活动，这些产品实际上最好归类于其他近年来一直呈现出口猛增态势的劳动密集型产品(比如服装和玩具)。

16.6　中国外贸的地区结构

贸易使中国沿海地区获益是可以理解的，沿海省份基于与贸易相关的需求，其经济增长大大快于内陆省份。不同的沿海地区用不同的形式对贸易机会作出了反应。首先，如我们期望的那样，接踵而至的贸易政策为广东和福建等东南沿海省份提供了巨大的刺激因素。表 16.3 显示出，中国出口总额中，由广东、福建和海南(1988 年从广东省分离)生产的份额由 1978 年的 16%急剧上升到 90 年代中期的 46%。这些省份在 80 年代从优惠政策中获益最多，其次获益于外国投资的增长和出口加工贸易。广东省受到“先行一步”政策的鼓励，成为了一种经济示范，广东或许会紧随“四小虎”，即韩国、中国台湾、中国香港和新加坡等新兴工业化经济体而成为“第五小虎”。

表 16.3　中国出口的地区份额　　单位:%　397

	1978 年	1994—1998 年	2005 年
东南地区	16	46	36
长江下游地区	34	21	38
东北和北部沿海	39	23	19
中国其他地区	11	10	7

注:东南地区:包括广东、福建和海南。
长江下游地区:包括上海、江苏和浙江。
东北和北部沿海:包括辽宁、吉林、黑龙江、北京、天津、河北和山东。

最初，南部沿海的崛起使传统上一直是中国最富裕和最成熟的商品经济区域，即长江下游(参见第1章)的区域经济增长黯然失色。长江下游地区在20世纪80年代有过强劲的增长，但这一增长并不是与南部沿海地区相同的外贸导向型途径引起的。中国出口总额中长江下游地区所占份额从1978年的34%下降到90年代中期的21%。然而，从90年代中期开始，长江下游地区也开始了自己的与贸易相关联的经济增长过程。受外商投资(参见第17章)大量流入的推动，长江下游地区占中国出口总额的份额在2005年回升到了以前的高峰38%。与之相反，东南地区的份额在2005年却有所下滑，下滑到36%，尽管这一时期东南地区的出口继续保持着对多数经济体来说都是相当稳健的增长步伐。

北方地区的相对地位却在稳步下跌。传统上，东北地区和北部沿海地区的紧密联结是中国贸易的主要力量。北方地区出口种类繁多的一系列商品，其中包括重工业产品，当然也包括石油。20世纪80年代初期，由于国际石油价格达到了历史性高位，因此东北的石油出口也随之增长，从而对赚取外汇作出了贡献。但自从80年代以来，北方地区的出口却相对下降。到2003年，北方地区出口占出口总额的比例下降到20%以下。尤其是东北三省，出口比例下降到了5%，这一区域处于经济边缘化的危险之中。

广东省仍然是最大的出口省份。2005年，广东全省的出口额已占到中国出口总额的31%，技术出口的38%。此外，广东的贸易/国内生产总值比率高得惊人，达到了178%。与马来西亚非常相似，马来西亚的贸易/国内生产总值比率达到了175%。长江下游地区增长迅速，贸易/国内生产总值比率大约在90%，达到了东亚的平均水平(贸易/国内生产总值比率平均为81%)。“中国其他地区”的贸易/国内生产总值比率只有23%，类似于巴西。中国各地区之间的开放度和贸易依存度存在极大的差异。

398 16.7 结论

通过国内经济改革以及敏锐地抓住了由东亚经济重组和外商投资创造的机会，中国获得了贸易上的成功。这一重大的成就可以让我们了解中国所走过的道路：从一个世界上最封闭的经济体发展成世界上最开放的经济大国。而做到这一点只经历了一小段时间的中断和与贸易相关的困境。我们怎么理解一个充分“开放”的、大型的大陆经济体能产生出64%的贸易/国内生产总值比率？首先，我们需要考虑这样一个事实，即贸易在中国国内极为不平等的分布状况。中国有些类似于一个极为开放的沿海经济体与一个不太完整的大陆经济体组成的经济联盟，比如有些类似于马来西亚和巴西组成的联盟。其次，马来西亚和泰国能达到极高的贸易/国内生产总值比率，是因为这些国家是跨境全球生产网络（GPN）的组成部分，这一点在电子器件方面尤为突出。为了使相对简单的加工活动能在不同的地点进行，这些网络还涉及类似贸易的高价值产品的跨境流动。因此，出口部门的增加值相对于贸易流的价值实际上很小。当然，这确实也是中国设计二元贸易体制时首先鼓励从事的那种活动。这一结果却提醒我们注意，贸易/国内生产总值比只是一个开放指标，不是对货物贸易部门规模的度量。事实上，中国出口部门的实际增加值占国民增加值总额的份额，小于我们根据贸易/国内生产总值比率提供的线索所能猜测到的情况。

中国的贸易增加有着巨大的能量。随着贸易机会的成倍增加和利用，与世界贸易组织相关的贸易自由化也降低了交易成本和进口成本。2004 年 12 月末，纺织品配额的废除对中国的出口产生了巨大的影响。纺织品和服装领域的持续性竞争表明了中国的丰裕劳动力禀赋的持续性效应。中国比较优势的基础仍然是劳动密集型制成品，在这个方面，廉价半熟练劳动的灵活供给，将在至少 10 年时间内让中国继续获益。自从加入世界贸易组织以来，一个更为开放和协调的贸易体制已经将中国推进到了世界贸易者的前列。与世界经济的进一步协调也将为中国带来实质性的收益。由于中国的要素禀赋与发达国家的要素禀赋极不相同，所以中国将从全球化中获益匪浅。中国这一劳动力丰裕、土地 399
和资本稀缺型经济体将从基于比较优势的交换中获利，而中国不断增大的、相对而言有较好教育背景的劳动力资源，也可以经由观察和模仿全球最佳经济行为而很快吸收技术和技能。中国是除美国之外比世界上任何其他国家都更能通过全球化获益的国家。

进一步阅读的建议

近年对中国的贸易发展、投资和技术吸收情况的研究，可以见戈利耶、勒穆瓦纳和尤纳尔—凯森齐（Gaulier, Lemoine and Ünal-Kesenci, 2005）。伍广达和耶茨（Ng and Yeats, 2002）也从不同的区域性角度研究过相同的趋势。诺顿（Naughton, 1997）也曾对这些国际网络的信息进行过描述。费希尔和魏尚进（Fishman and Wei, 2004）以及仝月婷（Tong, 2005）根据不同的优势，对中国—香港特区—美国的贸易关系作了说明。近年来，更多的关于中国外贸的文献集中关注中国加入世界贸易组织的影响，这方面做得较好的有拉迪(Lardy，2002)以及世界银行的论文集(2004)。拉尔和阿尔巴拉德霍(Lall and Albaladéjo，2004)考察的是中国—东亚贸易关系的竞争一面。

在商务部网站上可以看到迅速更新的数据和一些分析文章，见 http://www.mofcom.gov.cn/tongjiziliao/tongjiziliao.html。该主页也提供英文内容，但内容不太一致。

数据和图表资料来源

图 16.1：《中国海关统计年鉴》第 12 期。最新资料来自商务部网站：http://www.mofcom.gov.cn/tongjiziliao/tongjiziliao.html 以及 http://gcs.mofcom.gov.cn/tongji2005.shtml。

图 16.2：加工贸易：《中国海关统计年鉴》第 12 期。最新资料来自商务部网站。商务部网站：http://www.mofcom.gov.cn/tongjiziliao/tongjiziliao.html。外商投资企业出口资料来自：《中国统计年鉴》(*SYC*)，最新资料来源于 fdi.gov.cn/。

图 16.3：《中国海关统计年鉴》第 12 期。最新资料来自商务部网站(同图 16.1)。

表 16.1：戈利耶、勒穆瓦纳和尤纳尔—凯森齐(Gaulier，Lemoine and Ünal-Kesenci，2005，24)。

表 16.2：《中国海关统计年鉴》(2003，12)。

表 16.3：《中国统计年鉴》(*SYC*，2005，640—641，以及以前各卷)。

参考文献

Fisman，Raymond，and Shang-jin Wei(2004). "Tax Rates and Tax Evasion：Evidence from 'Missing Imports' in China." *Journal of Political Economy*，112(2)，April.

Gaulier，Guillaume，Françoise Lemoine，and Deniz Ünal-Kesenci(2005). *China's Integration in East Asia：Production Sharing，FDI and High-Tech Trade*. CEPPI Working Paper 2005—2009. Paris：Centre d'Etudes Prospectives et d'Informations Internationales.

Lall，Sanjaya，and M. Albaladejo(2004). "China's Competitive Performance：A Threat to East Asian Manufactured Exports?" *World Development*，32(9)：1441—1466.

Lardy，Nicholas R. (2002). *Integrating China into the Global Economy*. Washington，DC：Brookings Institution Press.

400 Naughton，Barry (1996). "China's Emergence and prospects as a Trading Nation." *Brookings Papers on Economic Activity*，2：273—313.

Naughton，Barry(1997). *The China Circle：Economics and Technology in the PRC，Taiwan，and Hong Kong*. Washington，DC：Brookings Institution Press.

Ng，F.，and A. Yeats(2002). "Major Trade Trends in East Asia：What Are Their Implications for Regional Cooperation and Growth?" Mimeo. World Bank.

SYC(Annual). *Zhongguo Tongji Nianjian*[Statistical Yearbook of China]. Beijing：Zhongguo Tongji.

Tong, Sarah Y. (2005). "The US-China Trade Imbalance: How Big Is It Really?" *China: An International Journal*, 3(1), March, 131—154, at http://muse.jhu.edu/journals/china/v003/3.1tong.pdf.

World Bank(1994). *China: Foreign Trade Reform*. Washington, DC: World Bank.

World Bank(2004). *China and the WTO: Accession, Policy Reform, and Poverty Reduction Strategies*. Washington, DC: World Bank.

第 17 章

401 外商投资

十几年来，中国一直是世界上最重要的外商直接投资目的地之一。投资涌进中国始于 1992 年后。自 1996 年以来，年流入资本一直保持在 400 亿美元以上。目前这一趋势还在稳步上升。2004 年和 2005 年，外商直接投资资本流入为 630 亿美元。这些资本流入显然属于发展中国家最大的资本流入，尽管亚洲和全球经济时有波动，但资本流入依然稳定并且强劲。近年来，进入中国的外商直接投资占了全部发展中国家外商直接投资流入的三分之一。毫无疑问，由外商投资在中国创建的全球制造业网络将在世界经济中扮演重要的角色。

过去 10 年来，外商在中国的直接投资有三个特点。第一，外商直接投资一直是中国获取全球资本的主要形式(相对于证券组合资本或银行贷款而言)。第二，相对于服务业和资源开发行业，中国的直接投资资本流入有很大一部分进入了制造行业。第三，外商直接投资主要来自其他亚洲经济体，特别是中国香港和中国台湾。无论从上述哪个方面看，中国都偏离了世界一般发展模式，上述每一个特点都反映出最初在其他相邻的东亚经济体发展起来的外商直接投资，借出口导向生产网络的跨境重组而发挥的重要作用。这些问题构成了第一节的内容，也是本章的主题。

然而，从现在的情况看，中国外商投资的这些特点未来却未必是好事。本章后面的章节讨论了我们希望看见的新兴模式。首先，外商投资的主要形式揭示出，中国并没有更多地利用其他形式的外国投资，因此中国在很大程度上并没有开发和利用世界储蓄。此外，2001 年 12 月 11 日中国加入世界贸
402 易组织，开启了以前禁止外商进入的许多服务部门的自由化进程。最后，有

证据显示，自 2002 年末以来，已经出现了大量外商直接投资以外的资本向中国流动的现象。但这些资本流入让人奇怪，因为中国的资本账户还没有正式开放。在第 17.6 节中，我们要研究中国的国际收支账户，以追踪资本流入的新形式。

如我们在第 16 章所指出的那样，在中国经济和全球经济中，投资与贸易都紧密相关。本章对投资进行详细的研究，并特别指出了中国逐渐融入全球经济的其他方式。第 17.1 节概述了外商直接投资对中国经济的重要意义。为了追踪外商投资体制放开的某些重要政策改革措施，第 17.2 节主要集中对经济特区进行讨论。第 17.3 节讨论了今天的投资体制，回溯了政策、规制以及法律基础之间的相互作用，然后转而对世界贸易组织的效应进行讨论。第 17.4 节勾画出中国投资体制的特征，研究其他东亚经济体在投资中所起的重要作用，并在第 17.5 节对三个紧密相连的“中华圈”(China Circle)经济体：中国香港、台湾和大陆进行了讨论。最后一节则对资本流动的总体模式进行研究，本节表明了外商直接投资资本流入的部门结构，提出世界贸易组织对外商直接投资进入服务部门，如金融、贸易和销售的影响会更大一些。本章在结论部分对中国的国际收支账户做了简单的讨论。

17.1 中国经济中的外商直接投资

1978 年，中国决定接受外商直接投资，1979 年和 1980 年，中国又打破了计划经济在建设经济特区方面的传统观念。在接下来 20 世纪 80 年代的多数时间里，中国的政策和制度变化更为谨慎，是渐进式的，带有区域性特点。整个 20 世纪 80 年代，外商直接投资的资本流入增长稳定，并造成了广东、福建两省经济的重大变化。但在 90 年代初期之前，外商直接投资对全国经济的影响都十分有限。正如图 17.1 显示，从 1992—1993 年开始，外商直接投资的资本流入从溪流汇成了洪流。最先进入的投资者来自台湾地区和香港地区，台湾地区和香港地区的投资逐渐在数量上占有了重要地位。发达国家投资者紧随其后地跟进，外商直接投资的资本流入大到了足以使中国经济发生根本性变化的程度。

403

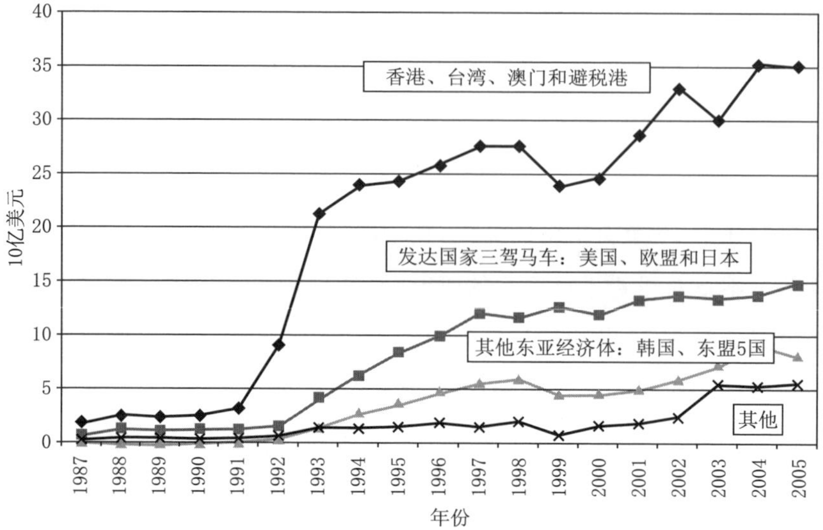

图 17.1　中国大陆外商直接投资的主要来源

1992 年出现了什么变化，从而释放出一波涌入中国的外商投资洪流？1992 年春，邓小平在著名的南巡中发表的一系列引人注目的谈话，标志着中国政策的转变。这是邓小平最后一次在中国政策上打下了自己的个人印迹。这一次，他希望恢复改革进程，消除 1989 年政治风波之后由于经济紧缩而给投资者造成的不确定性。但是，重大的政策决定常常很少对经济发展产生影响，可是为什么这一次如此重要呢？这里有两个因素造成了这一差别。第一，十多年来，中国一直在慢慢为外国投资者营造可信度，并从开放和制度基础建设之中获取经验。然而，这些措施的效应一直因为对 1989 年政治风波之后中国未来的担忧而减弱。在邓小平成功地解除了对中国总体政策方向的忧虑之后，由于制度基础和友好的外商直接投资政策都已到位，所以外国投资者很快作出了反应。第二，在此之前，中国在很大程度上一直将已经进来的外商直接投资限制在出口制造行业，进入中国市场的通道只是有选择地给了几家外国企业。自 1992 年以来，中国就开始选择性地对外国投资者开放了自己的国内市场。新的部门比如房地产也准备对外国投
404 资者开放，制造商也逐渐获准向中国国内市场销售自己的产品。中国市场巨大的潜在规模和迅速成长的态势，在中国吸引外国投资的时候第一次起到了直接作用。

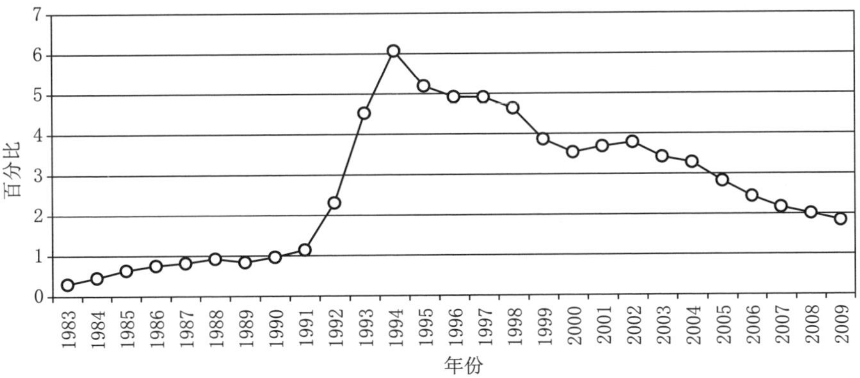

图 17.2　外商直接投资占国内生产总值份额

图 17.2 显示出外商直接投资占中国国内生产总值的份额。20 世纪 80 年代，外商直接投资从未超过国内生产总值的 1%，但资本流入稳定而缓慢地向上爬升，并最终在 1991 年超过 1%。1994 年，外商直接投资超过了国内生产总值的 6%，但接下来又回落到国内生产总值的 5%。自那以后，外商直接投资的增长一直慢于名义国内生产总值。1992 年到 2002 年，外商直接投资平均占国内生产总值的 4%，但从 1992 年以来资本流入在 2005 年第一次下降到国内生产总值的 3%以下。①这些数字明显将中国置于对外商直接投资资本流入相对开放的国家之列。这种情况与中国的发展先行者日本、韩国和中国台湾地区的“东北亚模式”截然不同。日本和韩国在自己经济增长最为重要的时期，外商直接投资的资本流入也一直少于国内生产总值的 1%，台湾地区也就稍高一点。近年来，进入韩国(尤其是韩国)、日本和台湾地区的直接投资也在增加，但进入韩国、日本和台湾地区的直
接投资从来也没有达到其国内生产总值的 2%。中国所依赖的外商直接投资也一 405
直对东亚发展中的经济体，诸如马来西亚、泰国、菲律宾以及印度尼西亚同样重要，进入这些国家的外商直接投资一般也都在国内生产总值的 4%—6%左右。1997—1998 年金融危机之后，有些东南亚国家一直努力在维持这一水平的外商直接投资流入。一般而言，尽管在贸易政策上还有不同程度的保护，但中国还是比较适应这种向外商直接投资敞开大门，尤其敞开出口导向制造业大门的“东南亚模式”。事实上，自 1998 年以来，相同的发展水平和政策取向使许多人都认为，中

① 由于我们通常使用外商直接投资的数值除以国内生产总值，所以外商直接投资/国内生产总值之比在国际比较中非常有用。但是，这个比率也会受到国内生产总值波动的影响。图 17.2 中的趋势就受到 1994 年官方汇率贬值和 1994—1997 年汇率实际升值的严重影响。

国和东南亚国家都在为有限的外商直接投资进行竞争。

事实上，中国的某些地区对外商直接投资的态度比"典型"的东南亚国家更为开放。进入广东和福建的外商直接投资与该地区国内生产总值之比率远远高出全国平均水平。1993—2003年的10年间，进入广东的年均外商直接投资与该省国内生产总值之比率为13%，进入福建的为11%。其他沿海开放地区则落后广东一步：进入上海的直接投资占该市国内生产总值的9%，进入江苏和北京的平均为7%。这些资本流入已经大到足以改变这些地区经济的程度。

外商直接投资的影响是多方面的。首先，外商直接投资有助于总体投资和结构的改变。外商直接投资的总额非常巨大：2004年，实际累计流入已实现投资额超过5 000亿美元。然而，由于中国自己的国内储蓄率就非常高，所以相比于很多国家，中国不太依赖于外商直接投资，事实上，中国对外商直接投资的依赖也低于发展中国家的平均水平。按照联合国的数字，1999—2001年，除中国之外的所有发展中国家，都有一段外商直接投资资本流入大致为固定资本形成总额的15%的经历。正如第6章所讨论的，中国的国内储蓄和投资率都极高，国内资本形成总额已超过国内生产总值的40%。因此，1999—2001年外商直接投资资本流入为全部资本形成的11%，低于平均水平。此外，中国国内生产总值的增长也快于外商直接投资资本流入的增长。所以，外商直接投资占国内生产总值的份额一直在缓慢下滑(见图17.2)。

但是，外商直接投资在带来基础资源的同时，也带来了管理经验、营销渠道和技术。实际上从定义来看，外商直接投资包括对生产过程的部分控制，因此会有一些管理知识的转移。外商直接投资已经成为中国技术转让的重要来源。正如第15章所说，自20世纪80年代中期以来，中国制订了一个积极的技术发
406 展规划。但自1993年以来，跨国公司生产设备的技术转让已明显使其他技术发展形式相形见绌。此外，第16章已经描述过90年代外国私人出口商(FIEs)在中国出口扩张中的核心作用。1992年以后，中国出口增量的三分之二都来自外商投资企业。因此，外商直接投资在中国的工业增长、技术转让和贸易扩张中扮演着重要角色。

17.2 经济特区和经济开发区：逐步开放的投资体制

中国外商直接投资的一个特色就是，各色各样的经济特区和经济开发区大量

涌现。1979 年中国第一批经济特区的建立是向外发出的看得见的承诺经济开放的信号。在接下来的几年中，一系列经济开发区的建立显示出中国一波波的开放高潮。即使在今天，尽管经济特区之特已经少于以前，但很多外商投资仍然落户于不同的经济特区，经济特区内部的商务规则也有很多细微的差别。中国的经济特区政策为什么会有这种倾向？实际上，这种偏向性比较符合二元贸易体制，是这种贸易体制的突出特征(见第 16 章)。只有经济特区才会允许在刚性体制内逐步进步。

1978 年，在正式通过国家改革政策之前，广东的政治家就已开始就经济特区问题进行游说了。1979 年，北京，尤其是邓小平同意改革，意味着经济特区成了政府承诺对外开放的标志。由于中国有一段外国租界的历史(参见第 2 章)，所以经济特区允许外国企业在中国自由经营，不可避免地成为一个敏感问题。经济特区很容易被反对经济改革的保守派描述为对中国主权的侵害。正是因为这种原因，经济特区的建立就成了一个有力的保证手段。中国通过经济特区向外国企业表明，中国会在一个特殊的、容易监管的地方维持一种开放的环境，所以经济特区强化了改革过程的可信度。与此同时，每当改革政策受到质疑，经济特区都发挥了极大的象征作用：1984 年和 1992 年邓小平曾经两次视察深圳，并以对深圳经济活动的支持作为新一轮开放的前奏。

一开始，经济特区与自 20 世纪 70 年代以来就在亚洲广泛存在的出口加工区(EPZs)相类似：都是一些鼓励外商投资进入的地区，在这一地区内，关税较低，而且行政手续和海关程序也较少，并且较简单。更重要的是，对零部件和必需品免征进口关税(见框 17.1)。因此，经济特区是第 10 章所描述的较早发展的出口加 407
工体系的一个部分。但经济特区也与其他亚洲出口加工区有区别(框 17.2)，因为中国的经济特区还是国内经济改革的试验田，所以，经济特区不可避免要在中国经济发展过程中发挥更多的作用。全部股权由母公司拥有的外资子公司在获准进入其他地区之前，就已经获准在经济特区经营了。此外，由于四大经济特区每一个都面对目标投资者的海外华人经济群体(见第 1 章)，所以这些经济特区也是通向外部群体的重要渠道。由于有这些象征意义和体制上的原因，经济特区才会对中国的经济改革极其重要。经济特区也反映出改革第一阶段(如第 4 章所述)中国的决策模式，即双规制通过另创一种新体系开始的渐进式改革，或是在现行体制的缝隙里开始的改革。不过，经济特区并没有马上获得成功。与经济特区激

框 17.1　中国经济特区与亚洲出口加工区的相似性

中国的经济特区就是出口加工区的一种类型。1965 年，亚洲的第一个出口加工区在台湾的高雄建成。到 20 世纪 80 年代，亚洲有 35 个出口加工区，多数国家和地区都有。其中，最引人注目的成功典范是马来西亚的槟榔屿自由贸易区。这一自由贸易区最初是为了发展马来西亚的电子行业而设立的。亚洲所有的出口加工区对投资者提供的刺激手法基本相似。首先，零部件和原材料都可以免税进口，也没有什么行政手续，出口则不用缴纳出口税或销售税。从名义关税角度考虑，出口加工区是处于投资所在国家的“外部”。第二，企业所得税的免交期一般为 3—10 年。第三，管理程序非常有效，经常通过“一站式办公”进行协调，对外企和外国雇用人员豁免的限制条款也可以应用于经济的其他方面。第四，经济特区本身常常被看成一个商业实体，外资企业建设基础设施和供应设施常常会得到资助。

亚洲出口加工区为推动出口提供了一条途径，这一途径不用从根本上改变对国内制造业的适当保护结构。虽然出口加工区在创造就业和赚取外汇这几方面获益，但却以放弃了很大一块税收收入为代价，而且也放弃了与国内经济其他方面的可能联系。许多出口加工区启动较为缓慢，而最后的成本则大于原来的预想。在大多数尝试这种做法的国家，最后都将这种政策看成为成功的政策。出口加工区最初因为工资较低，而且货物的进进出出较为方便，所以很吸引那些可以“随意进出”的投资者，比如服装行业和电子组装行业的投资者。某些加工区也可以在不同程度上超出一些最初的行业范围，对基础较宽泛的工业化进程作出贡献。中国的经济特区具有与其他亚洲出口加工区相同的所有这些基本特征。

408 **框 17.2　中国经济特区与亚洲出口加工区的区别**

中国的经济特区与其他亚洲出口加工区相比则“更为特殊”(Chan，Chen and Chin，1986；Chu，1986)。其他亚洲出口加工区基本上是在一个市场经济中建立的经济，尽管它们都通过进口替代工业化政策避开了世界市场的竞争。中国的经济特区是在一个有计划的管制经济体制中建立起来的，所以经济特区的“游戏规则”与国内经济的游戏规则之间的差异非常大。

● 经济特区常常是经济改革试验的“试验室”。比如说，深圳经济特区就是弹性工资制度（对奖励的支付没有限制）和建设项目投标的最早先行者。在改革的后期，深圳在使用租约发展土地市场方面，以及股票市场方面都属于有重大创新的先行者。

● 与出口加工区相比较，经济特区是拥有较高自主权的政府机构。在经济特区建立之初，特区就获准保留在特区内产生的大部分税收、海关税和外汇收入。

● 经济特区拥有多重功能：特区被视为吸收技术、管理和商业方面先进经验，面向世界的“窗口”。深圳尤其被发展成为向香港居民提供包括旅游、住宅和其他服务在内的“综合性”场所。

● 投资于经济特区的国内企业也获得很多激励。通过设立自己的子公司——即使这些子公司并没有与外国企业合资——中国的国内企业享有更多的灵活性，包括更低的税率（15%，而不是 30%的所得税），以及更便利的海外通道。

考虑到经济特区的多重功能和对国内经济的重要性，看到下面所示中国经济特区具有比其他亚洲出口加工区更大的规模，就不会感到奇怪了：

中国经济特区和亚洲出口加工区的规模（平方公里）

	1980 年最初的规模	1990 年的规模
深　圳	327.5	327.5
珠　海	6.8	121.0
汕　头	1.6	52.6
厦　门	2.5	131.1
台湾地区高雄		0.7
马来西亚槟榔屿		1.2
印度尼西亚巴淡岛		36.6
菲律宾巴丹		3.4

发的较高期望相比，经济特区的起步较为缓慢。外商投资（尤其是高科技投资）最初的表现很让人失望，基础设施建设也很昂贵。经济特区也因便利于走私和腐败而备受攻击。与此同时，外商直接投资也很快开始渗入周围的乡镇。在整个珠江 409

三角洲地区，与小企业签订的出口加工协议有时候也涉及外国企业提供设备和技术，并以最终产品偿还(的外商直接投资形式)。因此从改革开放初期，香港的投资就找到了进入经济特区之外广东许多地方的途径。这种由许多小规模交易组成的经济活动其实非常重要。

改革者不想让他们的标杆失去活力，1984 年开始的第二波开放浪潮以邓小平对深圳经济特区的视察，并在深圳宣布深圳是一个成功的试验为信号。包括上海在内的 14 个沿海城市被选定为新的"开放城市"，允许设立与经济特区有相同规章制度的经济技术开发区(ETDZs)。此外，他们也有权与可能的外国投资者进行积极的谈判，以促进投资资本的流入。在当时，中国法律还没有关于经济特区之外外国所有权问题之条款的情况下，上海很快就批准了 3M 公司建立全资子公司的申请，经济特区和经济开发区很快开始激增。在这种背景下，整个海南省都成了经济特区，珠海、汕头和厦门经济特区也大规模扩张。包括农村地区在内的大片区域都声称要对外商投资开放。广东的珠三角、上海周围的长三角以及靠近厦门经济特区的福建沿海区域都准备对外资开放。这些新开放地区的全部人口达到 1.6 亿。由于农村地区还有一些国有企业(SOEs)，因此，这意味着外国投资者可以在农村建立子公司并与农村集体企业合资，以利用计划经济体制之外的低成本农业劳动力。另外，这么多地区的开放也意味着，地方政府会就吸引外国投资者进行竞争，也会竞相提供一揽子优惠政策。

20 世纪 90 年代初期，另一个经济开发区的创建宣告了中国经济第三波的开放浪潮。第一次创建于中国最发达地区心脏的浦东新区(上海东部)成了一个广告和一种承诺的标志。浦东开发区在开发伊始，就拥有 110 万人口，略微大于深圳。此外，1992—1993 年批准成立的 18 个新的经济技术开发区是一种新型的特
410 区，即高新技术开发区。由于这些特区位于北边和内陆，所以这些特区不仅标志着改革的承诺，还标志着地区性政策的转变。城市房地产对外商投资的开放吸引了大规模的资本流入，尤其是香港资本的流入。一份中央政府文件(1992 年第 4 号)还允许在零售业和其他许多服务行业进行试验。这些不断增加的措施送出了一个强有力的信息：投资不仅受到欢迎，而且还会减少行政干预。这一切都为自 1993 年以来外商直接投资发挥的巨大作用打下了基础。

至 2003 年，获中央政府认可的投资开发区已超过 100 个。其中，6 个是经济特区(原来的 4 个再加海南省和浦东开发区)，54 个国家一级的经济技术开发区，

53 个国家认可的高科技园区，以及 15 个保税区(商品可以合法地存放于国家海关“之外”待完税)。此外，还有数百个由地方政府经营并没有得到中央支持的开发区。似乎是为了纠正某些疏忽，2000 年和 2002 年之间，中国又在内陆地区建立了 17 个国家一级的经济技术开发区。这时，中国已经启动了西部大开发计划，所以，将经济技术开发区的经济特权扩展至西部内陆省份是件很自然的事情。到目前为止，每一个省都至少拥有一个开发区。对外投资的开放虽然有些冒失且遍地开花，却有极强的政府功能。所以，经济特区和经济开发区拥有中国转型过程的许多特征。

17.3　当前的投资体制

今天，中国有一个对外国投资者非常有利的外商投资体制。关税较为适当，与多数国家都达成了投资保护协议，有仲裁机构，多数法律规章条款原则上也差强人意。虽然人民币具有经常账户可兑换性，但利润调回本国还存在一些问题。投资体制的最大特点是权力相对下放和政府官员手中的自主权。正规的条件并不复杂，但每一份投资合同都要得到某一级政府的批准。在多数其他东亚国家和地区，投资合同也要获得批准，一般只有一家投资许可部门对国内或地区内所有提交的外商直接投资项目进行认证。在中国却正好相反，不夸张地说，中国有上百家地方投资部门可以对投资进行审批。省里和(不同的)经济开发区通常也有权批准价值不超过 3 000 万美元的项目，县一级政府则可以批准低于 1 000 万美元的小项目。

实际上，这种分权体制常常有利于外国投资者。外国投资者可以为找到一个 411
有利的一揽子政策而挑动地方政府之间的相互竞争。地方政府也有强烈的动机通过较低的税赋，有时甚至超出法令许可的范围来吸引外国投资者。渴望拉到投资的地方当局也会提供一些土地出租和公用设施使用费的减免条款。有的地方政府为了逃避中央政府监管，也会与投资者串通起来，把一个大项目分为多个小项目。反过来说，外国投资者也有很强的动机对不同地区的政策进行研究，对投资体系的特性加以利用。比如说，中国法定企业所得税是 33%(30%的国税加上 3%的地税)，但是，经济特区和经济技术开发区的生产企业的所得税为 15%，沿海城市和省级开发区实施的税率为 24%。事实上，这些税率都只是一条基线，产品的 70%以上用于出口的企业和“高科技”企业可以享有进一步减免，尽管理论上不会低于10%。此外，在经济特区和经济开发区之内(有时也在经济特区和经济开发区之外)，外商直接投资企业在盈利情况下也会享有头两年免税的优惠，然后是3—5年的税率减半。不用说，这些条款为外商投资在税收和其他融资条款上的讨价还价，提供了巨大的空间。

这些条款虽然会使外国投资者获益，但也制造出难题。人们并不总是搞得清楚谁才是制定税收或土地使用协议的最终审批人。由于地区之间存在竞争，所以外国投资者可能不得不小心翼翼周旋于不同地区或部门领导之间无法协调的复杂关系中。此外，地方政府提供的服务质量也有很大的差别。有的地方政府专业水平较高，有的则因腐败、缺乏训练以及没有监管或缺少透明度而显得笨手笨脚。知识产权(IPR)执行的问题在中国也很严重。国家法律和规章还说得过去，但在很多情况下，地方政府根本没有执行国家规章的动力，反而具有违反法规的强大动机。对外国投资者来说，在这种复杂的制度环境中周旋，成本太大。

在中国，与外商直接投资有关的合同外资形式也逐步发展为一种使外国投资者拥有更高控制权的形式。20世纪80年代初期，外商直接投资的主要形式是合同合资(JVs)和合作开发项目。合同合资是一种不需创建永久性法人实体的灵活联合协议。这种协议形式在某种情况下，尤其与某种服务协议比如宾馆投资协议
412 结合起来，就更为有效。利润则可以用任何双方可接受的形式在合同双方分配。合作开发项目是针对石油开发特定的合同合资形式。80年代中期之后，中国开始大力鼓励采用股权合资(EJVs)方式，股权合资方式成了占主导地位的投资形式。如图17.3显示，从1987年到1996年，过半以上外商直接投资流入都采用的是股权合资形式。股权合资创造了一种外资和国内企业都有一定利害关系的新的法律实体。这一时期股权合资占据主导地位，反映出外资一方普遍相信，在中国经营必须要有长期合作关系；中方也认为，这种合作关系有利于分享信息和技术。不过在现实中，由于股权合资结成的“婚姻”常常不幸福，所以外国投资者发现，他们的动机与中方合作伙伴的动机并不总是一致，尤其在中方合作伙伴是国有企业的情况下更是如此。外方管理人员主要考虑赚取利润或建立市场份额，中方管理人员则常常将维持就业，建一个大公司并获得外国技术放在心上。由于中国正逐步向市场经济发展，所以，外国投资者慢慢感到，如果他们没有中国合作方的帮助，他们也能独立经营，也不会有股权合资企业中常常发生的那么多冲突。所以外国投资者慢慢偏向于全资拥有的子公司形式。中国的规章制度——反映出中

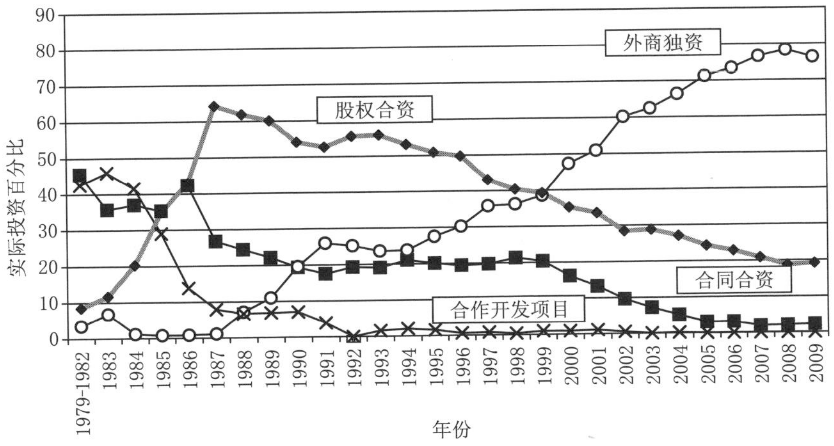

图 17.3　中国的外商直接投资形式

方对合资成功后的失望——也开始在适应这些偏向。外商独资子公司形式的外 413
商直接投资份额开始稳步增加，到 2004 年，外商独资形式的直接投资占全部已实现外商直接投资资本流入的三分之二。

17.4　中国的外资来源

如我们在图 17.1 中所见，进入中国的外商直接投资可以分成四个大而稳定的来源。迄今为止，最大的来源是香港、台湾、澳门和自由港或避税港（稍后讨论）。中国大陆、香港和台湾的经济关系将在下一节作进一步讨论。根据官方数据，香港无疑是中国内地最大的投资者，从 1985—2005 年，香港累计投资占外资总额的 42%。这些数据显示出，官方记录的来自香港和台湾的资本流入在 1998 年以后有所减弱。与此同时，来自不同避税港的投资却在大量增加。2005 年，有 123 亿美元的外商直接投资资本流入来自位于英属维京群岛、百慕大、开曼群岛以及其他避税港的公司。从其他来源我们知道，台湾企业在开曼群岛和维京群岛以及其他“避税港”都有大量投资。香港企业面对自己的政治风险也有动力通过第三方地址来转移投资。一般而言，将这些来自避税港的投资与来自香港和台湾的投资一起考虑还是说得通的。如果我们是这样考虑的，那么如图 17.1 所示，我们可以发现，在 2004—2005 年投资上升到每年 350 亿美元之间，在整个 2001 年，投资仍然较为稳定，大约在 250 亿美元。1985—2005 年期间，香港、台湾、澳门和所有避税港的投资占了中国大陆外商直接投资的 60%。如果避税港的投资一半来自香港，一半来自台湾，那么这些投资在中国大陆的累计投资分别为 47%和 12%，分列第一和第二。①

发达国家由美国和加拿大、日本以及欧盟三个区域组成，它们的投资占 1985—2005 年中国累积外商直接投资的 25%。中国在这一方面表现出非同寻常的特征。因为从世界范围看，1985—2002 年发达国家的外商直接投资总额占到全部外商直接投资的 92%。三大发达经济区域的每一区域的相对权重，大约各占投
414 资总额的 8%(1985—2005 年)。2002 年，美国成了中国大陆第三个最重要的投资者(前两位分别是香港和台湾)。自那以后，美国的投资有下降的趋势。从经济规模和距离远近来看，日本在中国的投资并没有日本应该有的那么多，是件让人想不通的事情。日本的国内生产总值 6 倍于韩国、中国台湾和中国香港的总和，但是日本在中国大陆的投资却只有这三个国家和地区总和的八分之一。20 世纪 90 年代日本长时间的经济停滞可以对日本在中国的有限投资作出主要解释，90 年代日本工商界对中国前景普遍持悲观评价，也是一种解释。自 2003 年以来，日本经济和日本人对中国的看法都有了实质性改变。尽管中日之间还有政治摩擦，但日本在中国的投资大幅度增加。2005 年，日本在中国的投资额为 65 亿美元，是美国 30 亿美元的两倍多。日本经济对中国的潜在影响刚刚开始呈现。近年来，欧盟在中国的投资在某些方面也超过美国，2005 年的投资总额已达到 50 亿美元。

在其他亚洲投资者中，韩国和新加坡显然最为重要。韩国对中国大陆的投资起步较晚，但增长绝对迅速。2004 年，韩国投资猛冲到 62.5 亿美元，在 2005 年回落至 50 亿美元之前，已经一举超过了美国和日本。(注意一个有些奇怪的结果，按照官方数据，投资于中国大陆的前三位投资者分别是香港特区、英属维京群岛和韩国)。日本和韩国对中国的外商直接投资之更为重要的作用，可能是标志着工业调整的一个新的重要阶段。日本和韩国对中国北方各省如山东、辽宁和吉林都有大量投资。经济发展向北方转移客观上有助于扭转东北的相对经济衰落，因此可能对中国经济产生深远的影响。

香港并不仅仅只是中国内地最大的投资者：香港的作用在各个方面都很特

① 开曼群岛和维京群岛这些避税港也是中国自己高技术创业公司的普遍选择。离岸载体的创业有助于中国和离岸投资者的新办企业融资。因此，来自避税港的部分外商直接投资也反映了中国大陆的投资。因为这些高技术企业本身常常在跨国企业保护网络范围之内，所以我们并不确定相比于香港和台湾的投资，大陆投资份额到底有多少。

别。首先，1997 年 7 月 1 日，香港成了中国的特别行政区(SAR)。因此，中国内地最大的外国投资者事实上并不是外商，然而却有大量超出习惯做法之外的理由将香港视作为“外方”。香港有一个与中国内地极不相同的经济体制和行政体制，其经济发展水平远远高于中国内地，香港特别行政区政府实际上对包括贸易规则在内的所有重要决策都有自主决策权，而且还要承认这一事实，即香港长期以来一直是某些国际组织如世界贸易组织的独立成员。由于这些因素，将香港分类为中 415
国内地的外商投资者只不过是大家认可的共识而已。

从 20 世纪 50 年代到 70 年代，香港从一个贸易转口港口成长为一个效益非凡的制造、金融和贸易中心。由于 80 年代香港经济的持续成长，制造业在拥挤的中心城市之外，另外寻找空间就很自然了。由于香港本身面积太小，所以城市经济增长不可避免地意味着企业要到几里之遥的中国内地重新布局。在香港的企业向所谓的郊区挪移时，就创造出了“外商”投资。香港毗邻中国内地的便利也意味着香港的投资者比其他国家的投资者对中国内地的政策变化拥有更多的信息。因此，在中国内地政策变动时，香港的企业很快抓住了新的机会。所以，香港的外商直接投资资本流入份额在中国内地实施新的开放措施后立刻迅速增加。在我们稍早描述的三次开放浪潮的每一波中：即 1979 年第一次开放，1987 年沿海发展战略以及 1992 年的开放，中国内地外商直接投资资本流入的 60%多都来自香港。现在香港外商直接投资的资本流入已达到外资总额的 68%。其他外国投资者只能逐步追踪香港的内部信息。在最近的将来，香港企业似乎还会保持这种先发优势。2004 年 1 月 1 日，中国内地与香港特别行政区实施了更紧密的经济合作安排。这一合作关系认为，包括跨国公司香港子公司在内的香港企业，将享有更早进入中国内地对世界贸易组织开放的某些部门的机会(见 17.6.1 节)。

香港是许多跨国公司子公司的总部所在地，有大约 1 000 家外国公司的地区总部(256 家美国企业，198 家日本企业，106 家中国企业)。在某些情况下，从世界其他地方来的投资可能只是借道香港，但从数据上却表现为香港的投资。有时候，母公司在中国的公司也可能通过子公司投资借道返回中国，或者干脆为自己的目的创造子公司，即所谓的返程投资(round-tripping)。中国企业这样做可能是想获得优惠税收待遇，以及其他只有外商投资企业才能享受的优惠和自主权，并因借道香港子公司而模糊了资金来源。但我们也应该细察，香港经济的一个特色就是香港一直都是一些有北京背景的大公司的总部。比如

中国华润(集团)有限公司和中国招商局集团(分属于中国商业部和运输部)已
416 在香港活跃了50年之久。这些企业也是中国内地的大投资者,如果简单地将它们视为"返程投资"也不正确。事实上,这一关系是一个有很长历史的复杂关系。近年来,由于位于避税港的投资公司总部的增加,这一关系更为复杂。有时候,日益发展的全球化趋势使我们很难将这些公司确定为某一单个经济体的企业。

17.5 中华经济圈

我们有理由将中国大陆、香港和台湾的紧密经济关系称为中华经济圈。中华经济圈出现的基础是20世纪60年代和70年代,香港和台湾发展劳动密集型制造品出口的成功,尤其是向美国市场出口的成功。这两个经济体生产出大量的劳动密集型轻工产品,一开始是香港的塑料花,后来扩展到运动类和旅游类产品,再后来成了巨大的服装和鞋袜部门。这一成功从改革开放之始就对中国显示出重要的示范效应,因为中国的决策者已经看到了这两个经济体的成功,他们期望迎头赶上,并通过经济改革模仿和重复这一成功。80年代中期,当东亚生产网络重组之时,台湾和香港的出口成功经验对中国大陆产生了更为直接的效应。出口商发现,日益增长的工资和成本(包括土地成本)以及币值调整,创造出将生产移向低工资地区的"推力"。与此同时,香港和台湾地区的潜力也在迅速提升:教育水平在提高,工程与科研力量的供应也在增加,商务和金融经验不断积累。受到技术更高和回报更高行业的吸引,台湾和香港从传统劳动密集型制造业撤离,而该制造业的管理人员除了四处寻找其他地点外,别无选择。

中国正在此时推行的向外商投资开放政策,创造了一个将劳动密集型出口生产转移到中国大陆的绝好机会。正如我们在前面章节所述,这一发展是世界范围内日益发展的产业内贸易趋势的组成部分。这种生产链的地理扩散使中间产品和资本品组成的国际贸易份额日渐增长,并引发建设所需生产网络的直接投资的增加。这一过程在中华经济圈内格外有效,原因是台湾和香港的企业在中国大陆经营的交易成本非常低廉。一旦中国大陆的经济体制对外开放,由相同的语言和
417 习俗带来的相似性使他们在大陆经商既轻松又省钱。此外,较低的交易成本也使得一开始只将最具劳动密集型(即典型的低级熟练劳动)的生产阶段移位中国大

陆成为可能，其他活动则保留在香港或是台湾。跨越政治边界迅速创建的生产线，使香港和台湾可以专事于高附加值服务和技术密集型生产，而多数普通制造则搬到了中国大陆。

传统劳动密集型制造业，比如服装和鞋袜生产的搬迁和重建非常快，基本上在 90 年代初期即告完成。比如说，台湾就把鞋袜的生产搬迁到了中国大陆。因此，美国从中国大陆进口鞋“替代了”从台湾进口鞋。电子产业的类似重建始于 1990 年前后。自那以后又出现了许多搬迁浪潮，最近也是最引人注目的就是 2002—2003 年笔记本电脑行业的迁移。在个人电脑（PC）和元器件产业中，键盘和电源器（最具劳动密集型产品）因为成本优势最为明显，所以第一个转到了中国大陆生产。接下来转移到大陆生产的是显示器和电脑主板，以及一系列外延 IT 硬件产品。

表 17.1　2003 年前 10 家高科技产品出口商

中国企业	母公司	归属地	出口额(10 亿美元)
1. 上海达丰(Tech-Front)	广达(Quanta)	中国台湾	5.2
2. 江苏富锦精密工业	江苏鸿海	中国台湾	4.2
3. 苏州华硕电脑	华　硕	中国台湾	3.2
4. 摩托罗拉(中国)	摩托罗拉	美　国	2.8
5. 长城国际	长城/IBM	中国/美国	2.6
6. 东莞出口加工	东　莞	中　国	2.6
7. 戴尔(中国)	戴　尔	美　国	1.7
8. 明基电通	明基(BenQ)	中国台湾	1.7
9. 英特尔(上海)	英特尔	美　国	1.6
10. 希捷(无锡)	希　捷	美　国	1.5

注：出口额指高科技产品出口额。

前面的章节已经指出，外商投资企业的出口份额占到了中国高科技出口的 88%。我们只要看看最大的几家高科技产品出口商，就可以对这一过程有进一步的了解。在表 17.1 中显示的前 10 家高科技出口商中，有 9 家是外商投资企业。所有的外商投资企业不是来自台湾地区（4 家）就是来自美国（5 家）。事实上，美国和台湾地区的企业都处于同一个全球生产网络。比如说，戴尔是排名第七的最大高科技产品出口商，但名列第一的台湾广达公司又是给戴尔提供电 418
脑的最大外部供应商。此外，除摩托罗拉以外，所有这些高附加值出口商都在从事将零部件组装成高附加值最终产品的活动。电脑和笔记本电脑占了高科技产品中很大的份额，一系列最终产品的订单制造则占据了其余部分的大半。就算英特尔公司在上海从事测试和程序设备的活动，也要进口在这里加工生产的集成电路(Jiang, 2004)。

由于制造产业向中国大陆的转移，南方沿海省份工业化进程非常快，台湾和香港则出现某种程度的去工业化进程。香港的产业劳动力在高峰时曾达到接近100万人，但2003年6月已减少到17.2万人。台湾的制造业工人数在1987年的顶峰时期为280万人，但此后不再增长，2003年底的人数为259万。与此同时，广东和福建两省的工业劳动力人数从1985年的600万上升到2001年底的1 100万。由此影响到香港和台湾失去了大约100万个制造业工作岗位，广东和福建则获得大约500万个工作机会。事实上，这些数据可能还低估了广东和福建新的制造业工作的全部数字。从中国其他地方来的流动人口大部分都是流入这些省份，其中有些流动人口在非正规部门从事工作，因而没有反映在官方的就业统计中。

台湾和香港在向较高熟练活动升级的过程中都有过真正的成功，同时也体验到了收入的稳步上升和失业率的相对降低。香港的调整尤为彻底，因为香港在摆脱产业功能的同时，转而更专事于服务业，尤其是金融、运输和通讯的发展。台湾工业部门的调整本身就具有非常重要的特点，随着工业就业职位的减少，全部工业的附加值总额却在持续增加。台湾在摆脱低技术产品的同时，转而生产技术更为复杂的产品。因此，香港和台湾的技术升级走的是一种截然不同却对称的途径。香港从工业领域转了出来，进入了各种商业服务领域，比如金融、营销和会计。台湾则相当成功地改进了技术能力，转为以更高的技术进行生产和商品出口。台湾也一直在寻求成为商业经营和金融中心。台湾和香港都是在20世纪90年代末经历过了巨大的成功，两个经济体都受过90年代末到2001年全球经济波动的伤害。今天，两个经济体都正在恢复之中。

419
17.6 直接投资的情况

我们在前面已经表明了外商直接投资，将产业能力、工作机会和出口市场转到中国，对中国产生巨大影响。中国和其他东亚经济体的紧密关联，尤其是中国大陆与香港和台湾的中华经济圈，创建了一个有绝对竞争力、灵活而且成本低廉的制造业网络。展望未来，中国的挑战将扩展到从对外商投资开放中获益。这种扩展将根据对外国参与者开放的部门和模式实现。

17.6.1 外商直接投资结构：WTO效应

以外商直接投资形式进入中国的资本大部分进入了制造业，其数量大于外商直接投资向世界其他地方的流动。2003年和2004年，进入中国的外商直接投资有70%进入了制造业。2002年底，外商直接投资进入发展中国家制造部门的资本总计只有外商直接投资存量的38%(进入发达国家的更低，只有32%)，但进入服务部门的外商直接投资为外商直接投资存量的55%。与之相反，2003年进入中国服务部门的外商直接投资仅为外商直接投资资本流入的27%。此外，相对而言，其他投资比如证券投资和银行借贷在中国的地位迄今都不太重要。到2002年末，已实现外商投资的62%是在制造业。这在很大程度上可以用来解释中国一直在坚持限制外资进入最重要的服务部门的规定。中国加入世界贸易组织就涉及承诺尽快减少这些壁垒。事实上我们可以认为，加入世界贸易组织的影响对服务部门比对贸易的影响更为引人注目，因为随着进入时间的到来，贸易部门事实上已经放开。但是，这种影响在投资数量上并不明显。相反，工业投资的份额近年来只是略有增加。正如我们在第6章所说的，中国在制造业方面的比较优势仍然强劲，而印度在服务出口方面的势头，也在以相同的方式加速。

进入发展中国家的外商直接投资的绝大部分(以及2001—2002年全部资本流入的部分)在三个服务部门中最为突出：批发和零售贸易(7.4%)、运输和通讯(8.0%)以及金融(11.5%)。在中国正好相反，进入服务部门的外商直接投资多集中在房地产部门，尤其重在房地产开发，进入这一部门的外商直接投资在2003年达到了投资总额的10%。相反，批发和零售(2.1%)、运输和通讯(1.6%)以及 420
金融(0.4%)则明显表现不佳。进入全世界发展中国家(包括中国)这三个部门的资本总计占到外商直接投资总额的27%，其中只有4%的资本进入了中国的这三个部门(*SYC*, 2005, 648; UNCTAD, 2004)。

这些是在世界贸易组织承诺中影响最大的部门。2003—2005年，外商投资企业获得了批发贸易经营权，这在以前是禁止外商投资进入的领域。2005—2008年，运输和通讯部门又向少数外商开放。金融部门也在逐渐向外国参与者开放，2007年向外国参与者开放银行市场就是一个重要的里程碑。这些变化将引发进入中国的外商直接投资进一步扩张以及重大的结构变化，并将开启新一波的国际化和重组。

17.6.2 资本流入的方式

20 世纪 80 年代初期，从政府和国际组织借款是资本流入中国的最重要形式；80 年代中期，从银行借款也成为最重要的资本流入方式。但自 1993 年以来，这些资本流入方式与外商直接投资相比则相形见绌。当然，外商直接投资占据主导地位的一个原因是，迄今为止中国的金融市场都没有对证券资本开放（见第 19 章）。另外，由于外商直接投资可以带入技术和管理经验以及资本，所以中国的决策者从一开始就对直接投资显示出一种偏好。加上考虑到外国借款可能不好管理，因此中国在 20 世纪 90 年代中期一直严格控制对外借贷。由此造成的后果就是国外借贷只占全部资本流入的极小部分。2003 年底，中国的外债总额相比于 4 030 亿美元的外汇储备，还处于可控的 1 940 亿美元（国内生产总值的 14%）。在全部外债中，短期借贷为 770 亿美元（认为风险更大），从政府和国际组织借贷 520 亿美元（认为风险最小，而且常常可以按优惠利率借贷）。

中国一直严格限制资本账户的可兑换性。也就是说，出口商和进口商可以凭借贸易文件自由地将人民币换成外汇，而个人和企业不能空口无凭地大量买进或卖出本币或外币。因此从理论上说，我们很难在国际收支账户上看到其他资本流动的情况。然而，这种说法并不正确。尽管缺少资本账户的可兑换性，短期资本流入流出中国的数量事实上非常巨大。对国际收支账户的审视揭示出，国际收支
421 账户存在某一方向的大数额波动，也存在相当规模的不同支付构成。这一现象部分反映出这样的事实，国际收支某些项目的数据并不十分准确。另外，也反映出由于缺乏资本账户的可兑换性，所以个人和企业利用许多不同的渠道将货币调入或调出中国。审视国际收支账户的标准方法是将国际收支账户分类为经常账户（货物与服务的支付）和资本账户（资产的转移）。只要国际收支账户中的自主交易出现顺差，这个顺差一定等同于（定义上）中央银行官方外汇储备的增加。如果收集的数据不能显示出这种相等性，就需要增加一个“误差与遗漏”项来平衡这一数据平衡。在中国，误差与遗漏数据非常大，而且方向也常常发生变化（Prasad and Wei，2005）。此外，中国的外汇储备也从 2002 年的 2 860 亿美元猛冲到了 2005 年的 8 190 亿美元。

将这一复杂问题简单化的一个方法，就是用非标准方法将国际收支账户分类为三个组成项：货物与服务账户，外商直接投资流入以及其他项目。按照这一分类，我们可以得到前两个组成部分的可信数据，第三个部分则可以根据国际收支

的所有分类项都等同于官方外汇储备的定义要求进行检查。因此,第三个部分包括除外商直接投资资本流动以外的资本账户所有小项,再加上经常账户的两个小项(侨汇和投资利润)以及误差与遗漏项。这种方法包括了所有流入流出中国的短期资本流动。我们在图 17.4 中用国内生产总值百分比的方式显示出这三个组成部分的内容,结果非常令人震惊。自 1996 年以来,贸易收支一直为正,占国内生产总值的 2%以上,但在 2005 年突然跳升。外商直接投资的流入一直保持稳定,自 1996 年以来一直占国内生产总值的 3%—4%。但“其他”部分则数额巨大,而且极不稳定。从 1997—2000 年,这一部分的数字表明,每年有占国内生产总值 6%的短期资本的净流出。值得注意的是,这一流动接下来又换了方向,2003 年的资本流入占国内生产总值之比超过了 5%。根据定义,1997 年的资本流出为 800 亿美元,2003 年的资本流入为 720 亿美元。很显然,这些流动是受到了贬值(流出期)或升值(自 2003 年以来)预期的影响。这些流动从规模和不稳定性上,都与受亚洲金融危机(1997—1998 年)折磨的东亚国家的经历相似。区别只是这些国家在不同程度上放开了资本账户。让人注意的是,尽管从理论上讲中国有资本管制,但中国的资本流出看上去与其他国家的资本流出非常相似。很显然,资本

422

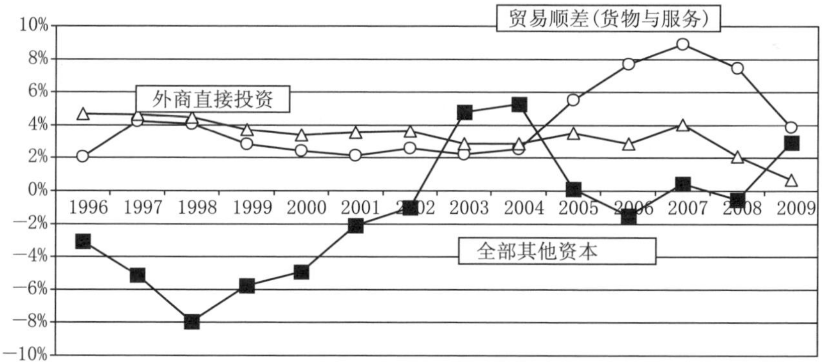

图 17.4　中国的国际收支

管制并没有效果。对中国来说,最有力的说法是,放开资本账户并不是说资本账户开放就一定更好些,而是一个有法可依、有管理的开放资本账户,可能会比一个实质上放开的隐秘的黑市或灰市要更好些(Prasad, Rumbaugh and Wang, 2005)。

17.7　结论

1997—1998 年亚洲金融危机时资本流动的波动性也突出了中国信任外商直

接投资的另一个方面。尽管中国也经历了类似其他东亚经济体经历的金融资本流动波动，与此同时，中国也享有更有可信度的外商直接投资的资本流入。外商直接投资的投资者都会有一个长期承诺，而且在任何情况下，他们的资产也不是那种能很快变现的资本种类。中国外商投资中大量的"长期资本"(patient capital)使金融危机对中国的影响较小。

在下一个五年中，中国面对的挑战是在保持现有体制提供的某些优势的同时，把门开得更大一些。在中国占据主导位置的外商直接投资的外部资本来源具有特殊性，它意味着，用外商直接投资度量的"开放度"要大于用其他量纲来度量
423 的开放度。我们应对过分依赖于一个指标持谨慎态度，我们预期不久将会有进一步的开放。这些开放的浪潮将使中国的服务部门更向外商投资开放，也会使中国更容易遭受短期资本不稳定流动的影响。与此同时，全球制造业网络也将在稳定扩张的情况下，继续将中国作为生产基地使用。

进一步阅读的建议

戈利耶、勒穆瓦纳和尤纳尔—凯森齐(Gaulier, Lemoine and Ünal-Kesenci, 2005)对投资和贸易都进行了很好的描述。普拉塞德和魏尚进(Prasad and Wei, 2005)也对中国使用外国资本的情况做了很好的描述。关于国际收支账户和资本外流的数据，可参见贡特(Gunter, 2004)的讨论。采用很多不同方法评价各国在中国的投资者的差别，可以见冯国柱、伊扎克和邵启发(Fung, Iizaka and Siu, 2003)，冯国柱、刘遵义和李诚(Fung, Lau and Lee, 2004)以及刘明权、许罗丹和刘柳(Liu, Xu and Liu, 2002)。

商务部的英文网站有关于中国外商投资的信息，参见 http://fdi. gov. cn/main/indexen. htm。

数据和图表资料来源

引用的数据有实际利用外商直接投资数据，包括作为出口加工合同或补偿贸易组成部分的"其他"投资(不包括在境外发行股票)。外商投资的国际比较可见联合国贸易和发展会议的《世界投资报告》。《世界投资报告》(2004)提供了关于服务的比较数据。数据来源中并没有给出 2005 年"其他"投资的数字，这是一个估算数字，大约等于外商直接投资总额的 5%。

图 17.1:《中国统计年鉴》(*SYC*, 2005, 644—645)，以及稍早的几卷。最新数据来自 fdi. gov. cn。

图 17.2:《中国统计年鉴》(*SYC*, 2005, 643)，以及稍早的几卷。

图 17.3:《中国统计年鉴》(*SYC*, 2005, 643)，以及稍早的几卷。最新数据来自 fdi. gov. cn。

图 17.4:标准格式的国际收支账户可在《中国统计年鉴》(*SYC*, 2005,82)以及 www.pbc.gov.cn 获得。为建立一个大的分类,服务贸易、投资收益和侨汇都被统一在除外商直接投资和误差与遗漏之外的所有资本流动中。可见相关的讨论文本。最新资料来自《2005 年中国国际收支报告》(2006)。

表 17.1:商务部科技司,"2003 年前 50 名高科技产品出口商",登录网站时间:2004 年 4 月 4 日。网站是:kjs.mofcom.gov.cn/article/200403/200403001923071.xml。

参考文献

Chan, Thomas, E.K.Y. Chen, and Steve Chin(1986). "China's Special Economic Zones: Ideology, Policy and Practice." In Y.C. Jao and C.K. Leung, eds., *China's Special Economic Zones: Policies, Problems and Prospects*, 87—104. Hong Kong: Oxford University Press.

Chu, David K.Y. (1986). "The Special Economic Zones and the Problem of Territorial Containment." In Y. C. Jao and C. K. Leung, eds., *China's Special Economic Zones: Policies, Problems and Prospects*, 21—38. Hong Kong: Oxford University Press.

Fung, K. C., H. Iizaka, and A. Siu(2003). "Japanese Direct Investment in China." *China Economic Review*, 14(3):304—315.

Fung, K. C., Lawrence J. Lau, and Joseph Lee(2004). *United States Direct Investment in China*. Washington, DC: American Enterprise Institute(AEI) Press.

Gaulier, Guillaume, Françoise Lemoine, and Deniz Ünal-Kesenci(2005). *China's Integration in East Asia: Production Sharing, FDI and High-Tech Trade*. CEPPI Working Paper 2005—2009. Paris: Centre d'Etudes Prospectives et d'Informations Internationales. 424

Gunter, Frank R. (2004). "Capital Flight from China, 1984—2001." *China Economic Review*, 15:63—85.

Jiang Xiaojuan(2004). "2003—2004: Zhongguo Liiyong Waizi de Fenxi yu Zhanwang." In Liu Guogong, Wang Luolin, and Li Jingwen, eds., *Zhongguo Jingji Oianjing Fenxi 2004 Nian Chunji Baogao*[Blue Book of China's Economy(Spring 2004)], 202—227. Beijing: Shehui Kexue Wenxian.

Liu Minquan, Luodan Xu, and Liu Liu(2002). "Foreign Investment in China: Firm Strategies." In Shang-jin Wei, Guanzhong James Wen, and Huizhong Zhou, eds., *The Globalization of the Chinese Economy*. Cheltenham: Edward Elgar.

Prasad, Eswar, and Shang-Jin Wei(2005). "The Chinese Approach to Capital Inflows: Patterns and Possible Explanations." Working Paper 11306. Cambridge, MA: National Bureau of Economic Research. Access at http://www.nber.org/papers/w11306.

Prasad, Eswar, Thomas Rumbaugh, and Qing Wang(2005). "Putting the Cart Before the Horse? Capital Account Liberalization and Exchange Rate Flexibility in China." IMF

Policy Discussion Paper, Asia and Pacific Department PDP/05/1. Washington, DC: International Monetary Fund.

SYC(Annual). *Zhongguo Tongji Nianjian* [Statistical Yearbook of China]. Beijing: Zhongguo Tongji.

SAFE(2006). State Administration of Foreign Exchange, International Payments Analysis Small Group. "2005 nian Zhongguo guoji shouzhi baogao[Report on China's international payments in 2005]" Beijing: SAFE, April. Accessed at http://www. safe. gov. cn/model_safe/tjsj/pic/20060428215218906. pdf

UNCTAD(Annual). United Nations Conference on Trade and Development. *World Investment Report*. New York: United Nations. Accessed at http://www. unctad org/Templates/Page. asp? intItemID=1485&lang=1

第6篇
宏观经济与金融

中国人民银行总部，北京（2006年）

第 18 章

宏观经济趋势与宏观经济周期 427

在向市场经济转型的过程中,有效的宏观经济管理政策不仅非常必要,而且很难达成,财政政策与货币政策也都面临着不同寻常的挑战。东欧许多经济体和前苏联都经历过一段引发大规模衰退的严重的宏观经济不稳定时期。与之相反,中国基本上越过了这一宏观经济的最大陷阱。当然,中国也存在着不容忽视的标志着转型过程的宏观经济周期:20 世纪 90 年代中期的通货膨胀周期,以及 90 年代中期以来非常引人注目的通货紧缩压力。但是,恶性通货膨胀很快得到遏止,居民的金融储蓄大体上也保持了价值稳定。最重要的是,对未来的预期并没有受到因严重的宏观经济混乱而导致的极端不确定性的干扰。本章讨论的就是中国转型阶段宏观经济的基本特征。

首先,本章研究了基于宏观经济平衡的国民储蓄的综合性结构变化问题。中国的渐进式转型实现了宏观经济的协调发展:居民、企业和政府部门都能够逐渐调整自己的储蓄和投资决策。储蓄和投资决策所依据的预期,也与经济实际发展的方向相一致。更重要的是,在这种条件下作出的储蓄与投资决策,也与经济稳定和持续增长相符合。其次,本章还研究了政府预算。政府预算是储蓄和投资行为长期变动过程中的重要参与因素,也是财政政策的代言人。一般而言,财政政策是影响宏观经济的最重要的工具之一。然而,在中国,财政颓势和财政重建限制了财政政策的有效性。本章通过对财政体制改革的评价,对财政政策进行了全面的讨论。1994 年的财政和税收改革是整个转型过程中的一 428
个重要里程碑。尽管改革取得了成功,但财政体制的缺陷,尤其是地方农村财政的缺陷,仍然面临着挑战。最后,本章也讨论了信贷与货币政策,信贷与货币政策是近年来宏观经济政策的主要推手。宏观经济数据也给出了一个清楚的周期性模式。

18.1 国民储蓄的趋势

在计划经济条件下，中国的国民储蓄水平很高，在改革过程中(并从那时以来)，国民储蓄仍然维持较高水平，但储蓄的构成和储蓄的机制都发生了巨大变化。我们在这里按照传统方法将经济划分为居民、企业和政府部门。每一个部门都各有自己的收入，每一个部门都从事消费、储蓄和投资。经济的总储蓄和总投资是三个部门储蓄和投资的总和，资金在各个部门转手之后，社会的总储蓄等于总投资。①在计划经济条件下，国有企业包揽了几乎全部储蓄。当然，这一企业部门没有自主权，所以这一部门的剩余要交给政府，由政府来计划并从事大多数投资。居民的收入不仅较低，而且增长也很缓慢，所以居民储蓄水平也较低。因此，最重要的储蓄转化，以及总储蓄和总投资的均衡，都发生在国有部门之内。税收体制并不很重要，银行体系中介资金的作用也不是那么重要。

这种关系紧随着市场转型开始迅速发生变化。更重要的是，居民储蓄从计划经济条件下极低的水平开始迅速增加。② 银行储蓄(现金加银行贷款)短时期内增长了3倍，储蓄占居民收入之比从1978年的2.3%上升到1980—1983年的
429 6.8%。此外，在这一波初始增长之后，居民储蓄率一直持续增长。图18.1是莫迪利亚尼和曹实(Modigliani and Cao, 2004)对中国1953—2000年平均居民储蓄率的整理。如图18.1所示，1995年的居民储蓄已达到国内储蓄的70%，国内生产总值的25%强(*SYC*, 2001, 79)。有文献提出，居民储蓄的迅速增长有三个原因：①收入加速增长；②由于严格的计划生育政策使子孙后代的人数减少，所以在职居民对老年生活的安全感减少；③居民的投资机会增加(Modigliani and Cao, 2004)。虽然对中国的居民储蓄行为还没有进行过权威的研究，但很显然，这一行为在1978年之后出现了极大的变化，较高的居民储蓄并不是1978年之前的"文

① 这段话说明，如果储蓄超过了自愿投资或非自愿投资，未售出商品将成为累积库存。但因为每一个单个部门的储蓄和投资都有差异，所以从来不会出现相同的结果。

② 人们可能会对计划经济体制下只有这么一点居民储蓄感到奇怪：可购买的商品非常少，而且就算有东西买，很多商品也需要有配给券。因此，人们自然认为，因为消费者要搜寻可购买的商品，所以会出现"强制储蓄"和"货币过剩"。确实有大量证据表明，储蓄率事实上非常低。只要我们记得为了交易而累积现金不是储蓄的唯一目的，也不是最重要的目的，我们就不会对这一事实感到奇怪了。重要的是，是否存在预期中的未来机会或风险让我们有必要存钱和延迟今天的消费。

化”特征。[①]强调 1978 年之后变化了的经济环境的重要作用还是有说服力的。中国居民具有理性而稳定的未来预期，中国居民也从来没有体验过类似于苏联那种眼看着自己的银行存款价值被通货膨胀吞掉的情况。更重要的是，家庭经营和住宅投资的机会也在迅速增加。中国居民对这种新机会的反应就是为未来留存更多的货币。

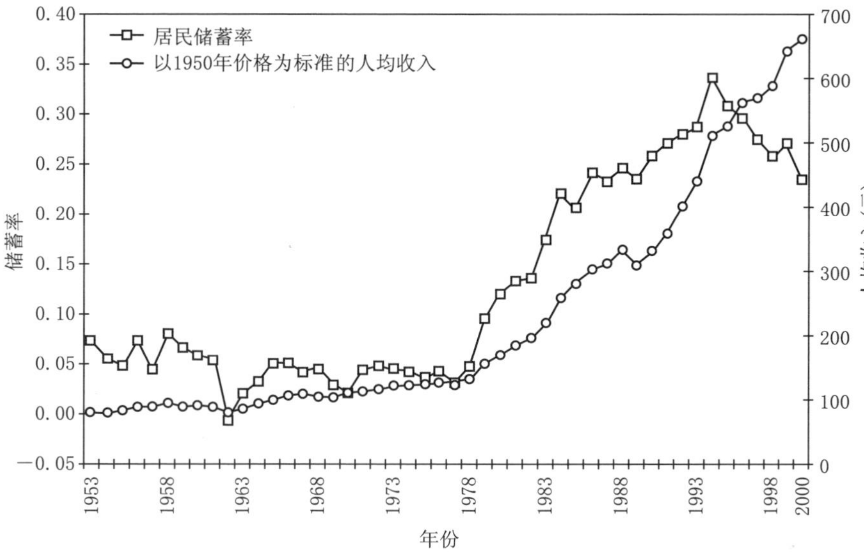

图 18.1　1953—2000 年中国的居民储蓄率和人均收入

由于中国指令性经济中的传统重要部门——国有企业在储蓄中的份额减少， 430
所以，居民储蓄的增长尤为重要。如我们在第 13 章所讨论的那样，由于乡镇企业和私营企业的进入和竞争，国有企业失去了受保护的市场和较高的利润率。很自然，由于它们的盈余仍与过去一样要上缴给政府，所以它们的储蓄能力也在下降。这一趋势的结果就使国民储蓄的重心从政府转到了居民身上。居民储蓄填补了由于国有企业储蓄减少而留下的缺口，这就像是“软切换”(soft handoff)，总的国民储蓄仍然很高。高储蓄为高投资提供了资金，使经济增长得以保持运行。由于有一个合理的经济增长，居民对投资获利的预期也能实现，所以这一体制实现了一段时间的协调发展。

① 居民储蓄率的增长也不能简单地用这些年居民收入的更快增长来解释。相反，储蓄行为的变化是对变化的经济环境的反应。

在新兴体制条件下，居民储蓄相对于投资有了大量盈余。居民将自己的剩余资金存入银行，银行又将钱借给企业（包括但不限于已经背上沉重负债或举债经营的国有企业）及第一次开始赤字运行的政府。银行则因为自己的借贷决策日渐成为宏观经济稳定的关键。此外，政府预算占国内生产总值的份额也在下降，因此，政府在决定宏观经济平衡中的作用也在减弱。事实上，政府预算收入的大幅下降潜在威胁着宏观经济的稳定。一旦政府官员不能直接通过税收部门拿到充足收入，他们就会求助于银行体系来为政府活动提供膨胀性融资。因此在以下几节，我们首先讨论财政体制以及财政体制改革，然后讨论银行和货币体制。

18.2 财政体制和财政体制改革

图 18.2 显示了作为国内生产总值份额的预算的大幅变化情况。从 1978 年开始，财政收入稳步下滑，并于 90 年代初期敲响了警钟。预算收入终于在 1995 年达到了只占国内生产总值 10.8%的低点。如果我们让预算赤字等于国内生产总值的 1%，各级政府（从中央到地方）的支出就要占国内生产总值的 11.8%。我
431 们以 80 年代末 22 个发展中国家为例，这些国家的政府支出平均为国内生产总值的 32%（Hofman，1998）。①面对这样的挑战，决策者不得不处理财政体制这一关键问题。正如我们在第 13 章所述，预算吃紧情况使政策开始大幅度向国有企业倾斜。很显然，与预算吃紧相关的挑战也要求实施财政和税收的改革。这一过程中的重要事件就是 1994 年的财政体制改革。这次改革在很大程度上是用在很多方面都与西方体制相类似的税收体制，替换了传统的收入上缴体制。这一体制使企业可以在更平等的基础上进行竞争，也减少了政府插手生产部门的范围，并使
432 政府可以更多地关注公共品和公共服务的分配。与此同时，财政改革也在不断寻求中央政府与地方政府之间的适当关系准则。

---

① 按照国际货币基金组织的经验，中国的数据已经做了一些（向上的）调整，其中包括了支付给亏损国有企业的补贴。在对中央政府和地方政府财政预算份额的分析中，已经排除了这些补贴。中国的统计学家也修正了他们自己包括各种补贴在内的历史统计数据，我采用另外一种企业补贴历史数据的估算方法。然而，中国的财政数据不包括由准财政实体支出的具体形式的支出，这部分支出必须放在政府支出内进行考虑。更为明显的是，尽管由国有企业支付的养老金和医疗福利支出没有包括在财政数据之内，但这笔支出事实上与政府社会保障计划支出难以区别。这些加起来超过了国内生产总值的 2%。另外，由政府预算外资金支持的某些固定投资也需一起合并为政府支出。这些部分加起来估计为国内生产总值的 3%—4%。因此，经过宽打宽算，中国的预算支出最低也超过了国内生产总值的 17%，但这一数据仍然低于文中引用的发展中国家 32%的平均数。

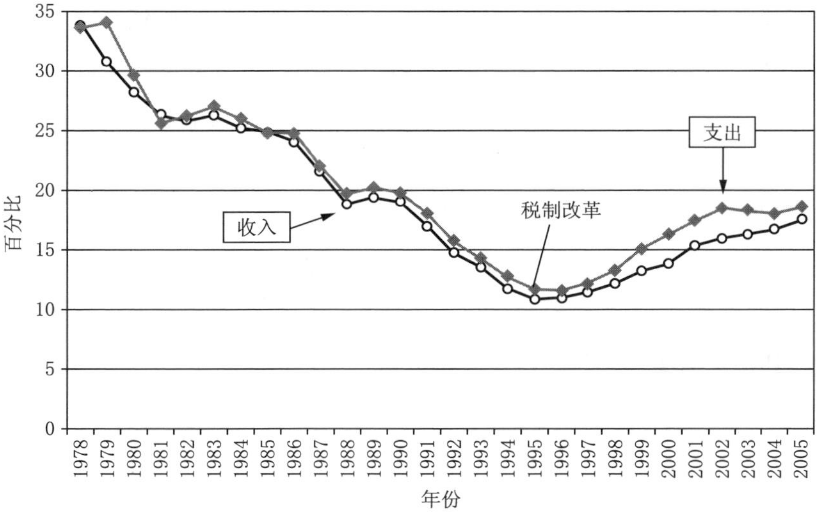

图 18.2　国内生产总值中的预算份额

1978 年以前，政府通过国营企业的利润上缴获得财政收入，当时没有个人或企业所得税，事实上，也不存在真正的税收政策。1979 年后，为了强化国营企业的激励机制，政府引入了不同的利润留存体制。正如我们在第 13 章中所讨论的，政府没有对所采用的制度订立标准，所以每一家国营企业最终都要与自己的上级单位就收入—留存率进行协商。这一制度在推动工业改革中获得了一些成功，却给预算当局留下一个需要一一与企业就税收进行讨价还价的复杂机制。即使在因所有权不同而有不同企业名义税赋的情况下，不同的税赋豁免和特殊情况也很普通。在 90 年代初期，非国营部门上缴的税收是国民生产总值的 60%，但几乎 80%的赋税收入来自国营部门。由于给每个省都分别确定了税收目标和一个针对该省经济状况的长期分成规则，所以中央政府与地方政府的关系也要通过逐一的谈判来确定。这一制度除了本身有问题之外，也无法止住财政的颓势问题。

基于这种考虑并为了解决财政问题，1994 年中国政府制定了财政体制的全面改革计划。这一新体制与许多西方国家使用的联邦制体制相类似，为中央政府和地方政府分别制定了不同的税种。这次财政改革有三个重要的因素：新税种、分税制和税收共享制，以及一个新的中央政府税收代理机构。最重要的新税种就是对大多数制造业商品统一征收 17%的增值税（VAT）。没有正规会计制度的特小型个体企业则以 6%的销售税代替增值税。此外，还对国有企业、集体企业和民营企业实施统一税率为33%的利润税，并统一了个人所得税制，使个人所得税的征收更为严格。对香烟、酒类以及其他奢侈品也实施了"消费税"(实际上是奢侈品税或烟酒消费税)。除此之外，还引入了一系列小型地方税种(或更准确或更规范)。而以前的工商税则因此废除，国营企业的利润合同制也随之消失。

这些新的税收也要在各级政府之间进行分配，中央政府拥有全部的消费税、海关税以及对央企征收的直接税和间接税(中央控制的部门有：铁路、金融机构以
433 及一些大型央企)。省级政府则可以对地方企业征收直接税以及一系列相对适度的税收，其中包括房地产税和污染及资源费。关键的条款是对作为"增量共享"的分配，增量共享的75%归中央政府，25%归地方政府。为征收这些税收，又建立了一个新的中央政府税务主管部门。在以前的体制下，大部分税收收入都是由地方政府的税务局征收，地方再把征收的税款交给中央政府。在新的体制下，中央政府首次征收大部分税收，其中包括所有的增值税，然后再与各省共享。为了管理这一体制，建立了一个拥有实际权威性的中央政府税务机构。

18.2.1 扭转财政颓势

正如图18.2所显示的那样，由于税收体制改革稳定平稳发展，所以预算收入有了增加。从1996年到2005年，预算收入占国内生产总值的份额每年都在增长，2005年预算收入已占国内生产总值的17.5%。如果将准财政支出考虑在内，支出已经占到国内生产总值的18.6%。这个数字虽然很低，但已经使中国接近了我们稍早所说的发展中国家行列。1995年以来，支出构成伴随着总支出的恢复已有了很大变化，正如图18.3所示，1978—1995年，大多数的支出减少都与投资和补贴支出的减少相一致。然而自1995年以来，预算支出中增加的多数部分都是采用民营经济中的经常开支形式。行政管理、教育、养老和社会保障的支出也在迅速增长。因此，与其他发展中市场经济体一样，中国的预算增长也使财政收入增加。这一结果也与其他市场经济体的政府作用相同，政府的预算支出也增加了可为各类活动提供资助的资金。

18.2.2 扩大税基：纳税横向公平原则

财政体制扩大税基、降低税率并统一税种的要求，与为加强企业竞争而创建一个公平环境的要求相符合。税收改革至少在四个主要的横向不公平方面获得了成功，这一不公平是指，由于给予不同的纳税人以不同的待遇，所以扭曲了资源的配置。比如说，依据企业的所有制形式(国有、集体和个体企业)和企业的利润

合同而有不同处理方式的企业利润，就被基本统一为统一利润税（尽管政府也放 434 话要缩小或降低税差，但大规模的利润税减免，尤其是外商投资企业的利润税减免仍在继续）。具有不同税基和税率的多种多样相类似的税种包括产品税和营业税，都并入只有两种税率的增值税。这一改革大大降低了由于不同税率而造成的税收负担的不同。最后，增值税向中央政府的集中使税收的统一使用得到了改善，也改善了地域公平性。地方政府也不能再给自己偏爱的企业减免增值税（Ball，1999，37—45）。这些变化使税收体制更具有透明性，管理成本也有所降低，公众对税制也更容易理解。由于按税制办事变得更为简单，所以税务官员能够转而处理更为重要的应税资产的估价、收税和查账问题。

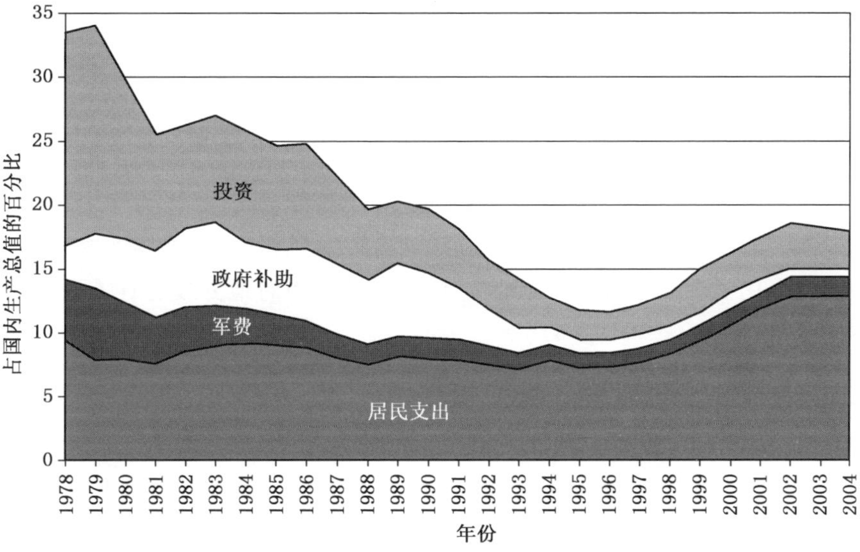

图 18.3　财政支出分类

18.2.3　重建中央与地方的财政关系

1994 年的改革使中央政府征收的税收份额迅速增加。排除借款收入之后，中央政府征收的岁入占国内生产总值之比比 1994 年增加了一倍多（*SYC*，2005，276）。图 18.4 显示出自改革开放以来，中国出现过三种关系中央与地方预算的 435 体制。起初，中央政府基本依靠地方政府转移收入，中央政府支出占了收入的一半多，但中共征收的税收不到收入的 20%。这实际上是“文化大革命”时期权力下放的遗产。在第二个时期即 1985—1993 年，中央政府征收的税收收入与支出大致相当，都是 30%或 30%以上。虽然这一阶段也有中央向地方或地方向中央双

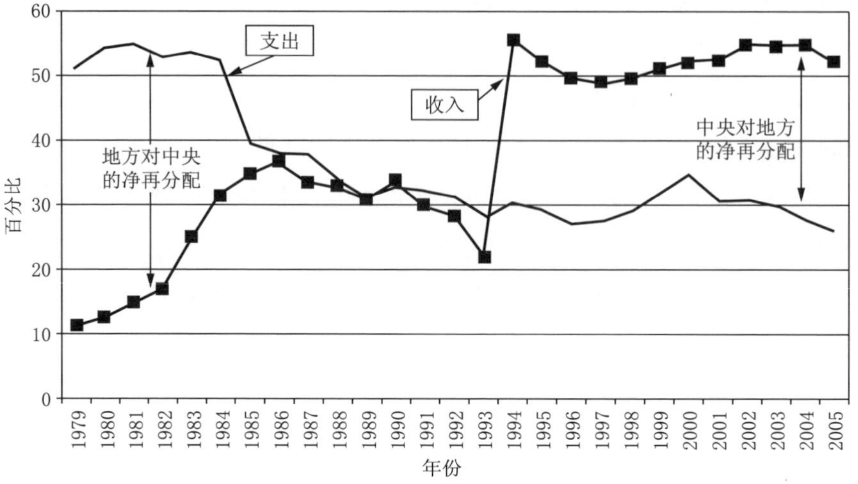

图 18.4　中央政府的预算收入和支出

向的岁入转移，但几乎都相互有所抵消。然而，自 1994 年改革以来，中央政府加大了税收征管第一阶段的征收力度，征收收入略微超过全部岁入的 50%。中央政府支出大约为总支出的 30%，地方政府则依靠中央政府 20%的转移收入生活。这种安排强化了中央政府的总体地位，使中央政府面对地方政府有了更强的讨价还价的地位。

中央政府谈判地位的增强实际上取决于中央政府拥有一个有效的税收征管机构。由于税收征管机构传统上隶属于省政府，所以中央政府很花了一些时间来建立自己的征管机构。由于税收征管机构的组织变动以及将最重要的税种征管划归中央政府，对税收收入的控制权又重新集中到中央政府手中。此外，中央政
436 府还保留了制定税率的权力，确定各种税基的权力也依然保留在中央政府手中。所以，中央政府全面控制了预算程序。然而，地方政府继续控制着绝大部分支出。正如图 18.4 所示，中央政府支出在 2000 年达到高峰，但随后逐渐降低到只占全部支出的 30%，地方政府支出则占到全部预算支出的 70%强，这一数字在 2004 年和 2005 年还在上升。尽管中央政府通过对税收征管的控制和再分配而获得了对地方政府的影响力，但地方政府却支出更多。

18.3　现行财政体制

1994 年与行政改革相关的改革缩减了中央政府的规模，极大地缓解了中央政

府的财政困境。然而，地方政府的财政体制尤其是县级财政体制的情况却不是这样。

18.3.1　各级政府间财政关系原则

因为几乎所有国家都存在不同级别的政府，所以都存在各级政府的财政体制，都有同样的具体问题，即谁应该干什么，谁来征收哪种税，垂直型不平衡如何纠正，以及横向不平衡如何解决，等等。大国政府间相互融资则有更为复杂和正式的体制。发展中国家面临的问题则与技术能力和施政能力相关。那些从中央计划经济向市场导向经济转型的国家面临的问题则与私有化和政府间资产的分配相关联(Bird and Chen，1998，152)。由于中国是一个大国，又是一个发展中国家和转型经济体，所以基本上要面对所有这些政府财政体制都会有的问题。

> 由于中国中央政府有些只有通过地方政府行为才能达成的具体政策目标，比如促进基础建设的发展，或在全国提供基本教育和医疗服务，因此采用可以达到这些目标的具体的条件转移准则，如通过改变激励结构以及中央直接干预和监控能力，可能是一种更好的想法。比如印度尼西亚达成这一目的基本上是通过集中征收税收，然后再根据中央的计划按份额在地区分配(Bird and Chen，1998，174)。

事实上，1994 年的改革可以视为向这个方向迈出了一步，即在某些重要的方 437
面向决策中央集权化而不是决策分权化迈进了一步。可能也有人会对中国的预算支出仍然相对分散化有些奇怪。总之，地方政府支出占国内生产总值的份额自 1996 年以来一直在稳步增长。2005 年，地方政府的支出占到了国内生产总值的 13.7%，而中央政府的支出只占到国内生产总值的 4.8%(见表 18.1)。这些数字意味着更大的权力下放，这种情况在印度也有。20 世纪 90 年代，印度地方政府支出占国内生产总值的 14%，但中央政府支出占到国内生产总值的 16%(Goyal，Khundrakpam and Ray，2004)。如果社会保障支出终有一天合并入中央预算账户，这笔支出将以占国内生产总值 3%的份额增加中央政府支出。总而言之，相对分权管理仍然是中国财政体制的特征。

中国的预算体制会转向更为分散管理的财政联邦体制吗？人们认为分权管理是一件好事，因为政府越是靠近自己服务的民众，就越能在征收和分配资源时反映出民众的愿望。应该注意的是，有效的管理对地方政府的素质有很高的要求。有效的分散管理需要：①负责任的地方政府；②地方政府运行的自主权；

③中央政府给地方政府的指令和授予的权力应该明晰，而且透明；④地方政府征收税收和提供服务的有效能力，以及中央政府管理和监察的能力。在上述每一个方面中国都有了一些进步，但还没有满足真正有效分权管理的要求(Bahl，1999，131)。

18.3.2 农村地方政府财政收入的不足

中国的财政体制形式上仍然是高度集中的体制。地方政府无权开征新税种，也无权改变现有税种的税率。实际上，农村地方政府能够享有的税种非常有限。在农村集体经济已经崩溃的地区或无法赚钱进行补贴的地区，都没有正规的收入来源，所以存在普遍的农村预算危机(见第10章)。因此，为解决薄弱的农村财政体制，中央和地方政府都作出了反应，地方采用了以预算外资金和非正规费用的形式，中央则采用专项转移支付的形式。

438 **表 18.1 预算支出与预算平衡(占国内生产总值百分比)**

	支出		
年份	中央	地方	平衡
1994	3.6	8.4	−1.2
1995	3.3	7.9	−1.0
1996	3.0	8.1	−0.7
1997	3.2	8.5	−0.7
1998	3.7	9.1	−1.1
1999	4.6	10.1	−1.9
2000	5.6	10.4	−2.5
2001	5.3	12.0	−2.3
2002	5.6	12.7	−2.6
2003	5.5	12.7	−2.2
2004	4.9	12.9	−1.3
2005	4.8	13.7	−1.1

18.3.3 预算外资金的征收

与政府财政体制演进尤其是中央政府和地方政府的关系相关的一个重要问题，是各级政府预算外收入的未来作用问题。预算外资金(EBFs)与预算资金相比有两个重要区别：(1)预算外资金产生于分权管理体制而由不同的机构和组织分配；(2)专款专用(Wong，1998，193；Wong，1997；World Bank，2002)。

当前，最为重要并得到完全认可的预算外资金有四个部分(West and Whiting，1998)：公共机构和行政管理机构征收的费用、乡镇统一征收和村级提留资金、社会保险基金缴纳，以及由地方财政部门征收的费用。我们可以将预算外资金看成是地方政府用来弥补自主权、用来逃离严格的中央指令支出，以及增加可调动收入的一种途径(Bahl，1999，84)。然而，这里也存在一些负面因素。

● 对预算外资金的依赖，进一步增加了地区之间和政府机构之间的不平等。之所以会推动不平等的增加，是因为不同地区获取预算外收入的能力不同，还因为预算外收入不会在地区之间进行再分配。

● 地方政府存在某种程度从事财政操纵的动机，以增加预算外收入的数量。
地方增加的钱可以进入预算外账户的越多，地方政府与中央政府共享的钱就越 439
少。这实际上是地方政府针对中央的一种避税结果。

● 尽管反复重申，政府还是发现已经无法控制税费的激增。比如说，在湖南省的一项调查就发现，乡镇企业有 100 多项需要分别上交给 60 多家行政单位和机构的税费。既然预算外资金是一种非正常征收的费用，且又是由地方酌情实施，所以根本无法阻止腐败的地方官员，为给自己的行政开支寻找资金而任意实施一项新的收费。

中央政府力图通过废除这种不合法且不公正的收费来解决这些问题。中央政府已经明确地承认了这样的事实，即在农村地区的征税已经成为农民不满的主要来源。虽然某些收费很不合理，但有些收费还是用于改善类似学校和医院这些服务。农民却很难对此进行区别。最好的解决办法就是让财政具有透明度，并让农村居民参与乡镇财政的决策，包括农民希望有何种服务以及他们打算如何分担负担。事实上，这一目的也是中国政府不那么热心支持村级民主的重要动因。

18.3.4　取消地方税，建立财政转移制度

在 21 世纪的头 10 年里，中央政府解决农村财政问题的一种相对协调的方法渐渐浮出了水面。本质上，这种方法取决于增加上级政府向下级政府的转移，以及降低农业经济中的地方税。这一方法在西部大开发计划(WDP)中第一次体现出来。作为西部大开发计划的一个部分，上级预算单位开始对西部地区贫困县的行政人员和教育单位提供直接补贴，其中大部分补贴给了城市员工。中央政府资金通常用来填补地方社会保障资金的赤字，为政府员工增加工资，使其达到国家标准，并用来给失业工人发放救济。这些转移支付虽然从地域上再分配了预算收入，但却没有直接解决城乡差距或农村地方财政问题。然而，这一方法对农村地

区的支持还在稳步扩大。在某些更为贫困的省份，增加的转移支付用来支持农村
440 教育以及基本医疗保险。中央政府已经作出承诺，要在 2010 年之前将农村教育纳入正式的全国预算体制之内，这就要求中央政府转移支付有更大的增加（2006 年预算报告）。

2004 年，中国几个省区开始了取消农业税的重大政策行动。2005 年，这一行动已在 31 个省、自治区、直辖市中的 22 个得到推广。终结农业税实际上是减少了农民的负担，当然也大大缩小了地方政府的税基。很显然，取消农业税或许只是兑现向地方政府转移资金的承诺。原则上讲，这种转移并不难，因为 600 亿元农业税只占预算收入的 2.2%。但我们也很难保证这笔钱实际上可以去到想让它去的地方。县级财政机构的功能还需要加强，县级政府机构某种程度上已经过于庞大，冗员也很多。事实上，增加转移还不够，还必须对转移进行有效管理。

18.3.5 财政转移的随意性

总之，中央政府从 1994 年财政改革中得到的新的预算权力已经在实际经济行为中得到使用，但这一政策并没有被始终如一地用来解决问题。由于中央政府已经免除了一些资金来源，这笔免掉的款项也被用作向地方政府稳步增加的一笔转移资金。中央政府的主要转移资金就是税赋减免，税赋减免与财政体制的实施相一致，有利于过去给中央交付了大笔款项的省份。在 2000 年中央向地方的财政转移中，47%就是这种税收减免。另外 4.3%的减免是与具体方案和目的相关的规则驱动转移和体制性转移。剩下的就是 48.7%中央特别支付以及可以自由支配的转移（Zhang and Martinez, 2002; Wong, 2005）。这类可随意支配的转移大部分都以专款形式花在一些正当用途上，比如西部开发、教育、社会保障以及贫困地区的政府工资等。

然而，这一体制也有许多缺点，其中两点最为重要。第一，由于没有一个整体的发展框架来指导这种转移，所以将收入转移到低收入地区并不十分有效。向贫困地区转移的影响被其他特殊目的和向富裕地区退税的影响而淹没了（Wong, 2005）。第二，由于这种转移不是规则驱动的转移，所以这种转移具有不当的激励
441 效果。地方政府官员有很强的动机让上级政府将自己看成贫困地区。如果他们改善了自己的管理方法以及辖区人们的生活状况，他们不相信自己还能继续拿到预算资助。

18.4　财政赤字和财政政策

财政政策可以通过预算机构对赤字(刺激需求和总体经济)或盈余(限制需求)的管理而改变宏观经济状况。大体上,由于一直以来财政困境造成的巨大压力,中国财政政策一般是适应宏观经济状况而不是改变宏观经济条件。总的来讲,中国的预算赤字较为温和。在 1979—1980 年有过一段赤字支出之后,中国在 20 世纪 80 年代和 90 年代多数时间内都力图将赤字保持在国内生产总值的 1% 左右。但在 1998 年之后,由于中国面临国有企业精简而造成的失业人数的增加,以及亚洲金融危机的外部效应,积极财政政策又开始投入运转。针对这种背景,中国政府开始实施扩张性财政政策。由于预算收入已经表明,整个政府财政已经有了更为合理的基础,所以毫无疑问,受到预算收入的鼓舞,从 2000 年到 2002 年,政府已经冒险将赤字提高到了国内生产总值的 2%以上(见表 18.1)。但由于 2002 年之后中国经济增长迅速并出现过热,所以 2005 年赤字又回落到国内生产总值的 1.1%。

当前对赤字开支起限制作用的就是担心政府负债可能会无法维持地增长。中国正面临未来支出需求的挑战,其中包括对债务缠身的国有银行的注资和领取养老金人群及失业人群的福利支出。当前,中国公开的公共债务较为适中:2005 年底,中国官方的政府负债只有国内生产总值的 17.9%(2006 年预算报告),但很多政府债务并没有包括在官方负债计数之内。最近中国财政部计算出各种政府债务总计已经达到了国内生产总值的 55%(O'Neill, 2002; Kynge, 2000)。这一数字包括为注资银行体系而发行的特别债券(见第 19 章)和其他内债,以及欠世界银行、亚洲开发银行和外国政府的外债。这一更为现实的数字表明了中国面临的问题。由于总预算收入虽然在增加,但仍然少于国内生产总值的 20%,所以必须重视为大于这一数字的政府负债进行融资的能力。因此,减少财政赤字,让赤字从 2000—2002 年的顶峰降下来,是一个慎重的决定。442
此外,为了满足为未来的负债提供资金的需求,中国一方面需要推动税收体制改革,另一方面要创立一个更为活跃的资本市场,才可以使中国通过税收和私人部门融资而获得更多资金。

18.5 通货膨胀与宏观经济周期

总的来说，自改革开放以来，中国的通货膨胀一直较为温和，与其他转型经济体相比更是如此。不过，中国一直受到持续性“繁荣—衰退”(急剧上升的通货膨胀之后是宏观经济紧缩和缓慢增长期)周期的困扰。图 18.5 显示了三次通货膨胀周期，以及 1998 年之后的通货紧缩时期。

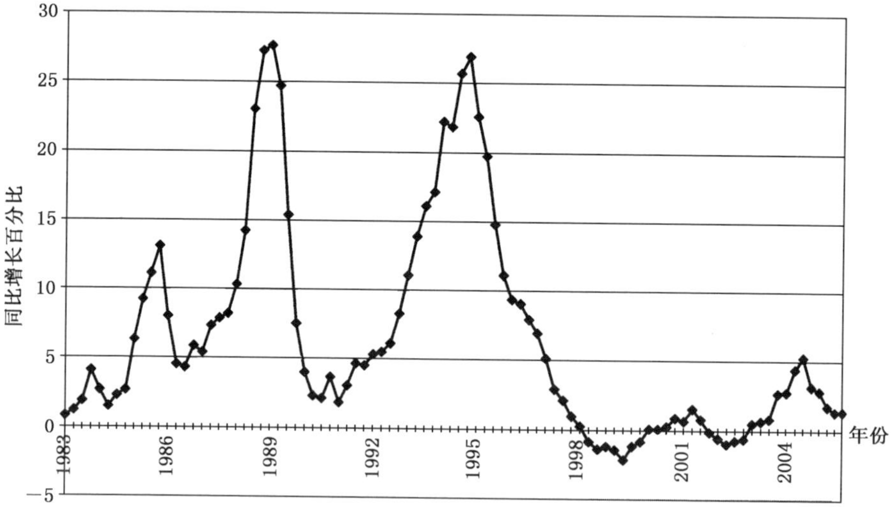

图 18.5　消费价格上涨(季度)

中国的宏观经济周期清楚地显示出中国已经形成一种更宽泛的政治—经济周期范式。与扩张阶段同时出现的常常是分权改革和放松对工业与金融体制的监管，而宽松阶段则常常以体制改革为标志。但是，紧随放松扩张之后而来的常
443 常是通货膨胀和其他宏观经济失衡的迹象。比如说，运输与能源瓶颈或是国际收支难题，都常常与通货膨胀同时发生。为应对这些“警告信号”，政策会转而更为慎重，在宏观经济紧缩措施到位的同时，体制改革也会相应放缓或是完全转向。这种紧缩也常常以政策上更为保守的政策思路为特征。只有在这一段控制通货膨胀并引发经济增长率突然下降的“紧缩”阶段之后，政策环境才会以有利于进一步改革和再次增长的方式产生变化。经济的周期性反复是有成本的，不过这也表明，决策者只要对通货膨胀警告信号作出积极回应，就能够控制通货膨胀的冲击。

1988—1989 年，中国经历了一次冲击其政治和经济基础的通货膨胀危机。通货膨胀损害了经济改革过程，激发了普遍的不满情绪。尽管中国领导人反复表态要把通胀率控制在 10%以下，尽管中国也有过令人痛苦的通货膨胀的历史经历，但高通货膨胀依然出现了。中国曾经在 20 世纪 40 年代经历过恶性通货膨胀，并在 60 年代初期“大跃进”失败后体验过两年严重的通货膨胀。但是，这些历史记忆也没能防止 80 年代宏观经济纪律的败坏。此外，1993—1994 年也爆发过通货膨胀，尽管后果没有那么惨痛。在后面这次通货膨胀中，尽管有通货膨胀，但收入增长很快，所以多数居民体验到了生活水平的实际改善。这些经历都足以使中国政府重新承诺要为抑制通货膨胀而斗争。

在 1993—1994 年通货膨胀急速回升之后，中国的决策者宣称他们打算进行“软着陆”。对中国宏观经济周期的经历进行回顾使我们认识到，过分严厉的紧缩政策与过分扩张的政策一样，是引发周期性范式的元凶，都应该加以谴责。中国这次的宏观政策目标是，要在两年内逐步降低通货膨胀。尽管已经踩了急刹车，决策者还是在不断地踩刹车。到 1997 年末，由于通货膨胀实际上已经到零，所以软着陆的目标已经达到。自那时以来，总体价格稳定的目标也已达到。然而，面对不断变化的环境，决策者还是常常为寻找有效的政策调节点而奋斗。1998 年到 2002 年，中国又陷入通货紧缩。在 1998—2000 年期间，中国的消费者价格连续 26 个月下滑，并在 2001—2002 年又再次连续 14 个月下滑。到 2002 年底，整整 5 年时间内，消费者价格总体下滑 1.5%。从 2003 年开始，宏观经济环境又转向新 444
一轮扩张阶段。2004 年突然上升的通货膨胀结束了之前的通货紧缩，但没有持续下去。2005 年，消费者价格上涨又回落到适中的水平(见图 18.5)。

18.6　货币政策

在计划经济时代，货币的使用受到计划的限制，居民常常面对消费品的短缺。所以，货币并不像在市场经济中那样，拥有充分的购买权。前苏联在市场转型过程中，宏观经济政策主要通过货币政策在稳定经济中的作用而显现。“大爆炸”转型也是一种“大爆炸”稳定。由于价格很快放开，所以稳定货币供给并严格加以控制，防止通货膨胀失控就显得十分重要。在实体经济向全新的货币和宏观经济关系调整过程中，导致了包括大衰退在内的实体经济大动荡。

在中国，货币政策采用了更为渐进的向市场经济货币政策演进的方式。即使使用最狭义的货币定义，即货币流通中的现钞，居民的货币需求也在增加。流通中的现钞需求从1978年占国内生产总值的5.8%稳步上升到1993年占国内生产总值的16.9%，并最终稳定于这一水平。换句话说，由于居民满足于持有大量的货币余额，所以货币流通速度下降。广义的货币需求比如M2的需求，则增长更快（在第19章中讨论）。

对中国货币政策进行充分讨论不在本章范围之内。第19章讨论中国金融体制改革，重点是银行体系的改革。我们在这里只需充分关注中国货币政策的两个基本特征。第一，从定义看，中国的货币政策与前面章节所描述的周期性现象一致。很显然，如果实际资源需求与信贷政策一致，"放开"、分权和体制改革只能引发通货膨胀。事实上，每一次扩张周期都伴随着信贷向实体经济扩张的加速步伐。相反，每一次紧缩阶段，信用创造都被压低到接近于或低于通胀率的水平。
445 货币政策受到推动经济周期的相同的政治—经济力量的推动。

这一事实在某种程度上非常引人关注，因为在我们评论的这一时期中，制定货币政策的正式机构发生了实质性变动。中国设立了中央银行，并名义上根据银行理事会的决定来管理货币政策。指导信贷和货币创造的工具，也改成了由中央银行在必要时按照商业银行的财力进行信贷扩张的准备金要求体制。这里我们不再叙述这一变化，但应注意的是，所有这些变化都不足以用来对周期性过程进行有效的检查。

这一失败可能部分是由于这样一个事实，即中国从来没有放开对利率的管制，因此，利率也从来没有自由地发挥稳定的功能。调整利率是为了使利率保持在一个合理的范围内。然而，调整却从来没有快到足以充分反映出周期性因素。因此，实际利率（名义利率减通货膨胀率）在高通货膨胀时期为负，在低通货膨胀时期为正。从某种意义上说，这种利率扮演着自动不稳定器（automatic *destabilizers*）的角色。在决策者最注重抑制信贷需求的通货膨胀时期，较低的实际利率实际上刺激着信贷需求。由于利率是固定的，所以银行官员一再实施信贷上限，以强化他们通过准备金要求和中央银行贴现而实施的管制，就不再让人奇怪了。

18.7 结论

中国的财政政策和货币政策都不能有效推动宏观经济向稳定均衡状态发展。相反，两者都在逐渐适应中国日渐显现的以市场为基础的经济之发展条件。在转型的前 15 年中，货币政策具有扩张性和调节性特征。自 1998 年以来，中国一直试图在不引发前几年已经熟悉的周期性通货膨胀波动的条件下，用货币政策来缓和通货紧缩对实体经济环境的影响。迄今为止，根据中国现在高投资和高增长这种极具特色的情况，中国已经能够把宏观经济的协调维持在一个较高的水平。

进一步阅读的建议 446

巴尔(Bahl，1999)和布里安(Brean，1998)对中国的财政体制做了较好的审视，卢迈和魏凯(Lu and Wiemer，2005)也对财政体制最近的变化进行了概述。黄佩华(Wong，2005)给出了这一体制近来可能变动的方式。经合组织(OECD，2005)也就预算与政府行政管理之间的相互关系进行了很好的讨论。

数据和图表资料来源

图 18.1：莫迪利亚尼和曹实(Modigliani and Cao，2004，146)。

图 18.2：《中国统计年鉴》(*SYC*，2005，271)以及前几卷。

图 18.3：《中国统计年鉴》(*SYC*，2005，272—275)以及前几卷。

图 18.4：《中国统计年鉴》(*SYC*，2005，276)以及以前几卷。

图 18.5：根据国家统计局在不同地方(中国最新经济统计、中国月度统计、国家统计局网站：www.stats.gov.cn)发布的月度消费者价格指数收集而成。

表 18.1：《中国统计年鉴》(*SYC*，2005，271)以及以前几卷，本文做过一些调整。《预算报告》(2006)。

参考文献

Bahl, Roy(1999). *Fiscal Policy in China: Taxation and Intergovernmental Fiscal Relations*. San Francisco: The 1990 Institute.

Bird, Richard M., and Duanjie Chen(1998), "Intergovernmental Fiscal Relations in China in International Perspective," *Taxation in Modern China*, edited by Donald J. S. Brean. London: Routledge, pp. 151—186.

Brean, Donald J. S., ed. (1998). *Taxation in Modern China*. London: Routledge.

Budget Report(2006). Ministry of Finance. "Report on the Implementation of the Central and Local Budgets for 2005 and on the Draft Central and Local Budgets for 2006." March 5. Beijing: Tenth National People's Congress.

Goyal, Rajan, J. K. Khundrakpam and Partha Ray(2004). "Is India's public finance unsustainable? Or, are the claims exaggerated?" *Journal of Policy Modeling*, 26, 3. pp. 401—420.

Hofman, Bert(1998). " Fiscal Decline and Quasi-Fiscal Response: China's Fiscal Policy and System 1978—1994," in Olivier Bouin, Fabrizio Coricelli, and Francoise Lemoine(eds.), Different Paths to a Market Economy: China and European Economies in Transition. Paris: OECD.

Kynge, James(2000). "China's Fraught Fiscal Future", *Financial Times*, Jan. 11.

Lu, Mai And Calla Wiemer(2005). "An End to China's Agriculture Tax." *China: An International Journal* 3, 2(September):320—330.

Modigliani, Franco and Shi Larry Cao(2004). "The Chinese Saving Puzzle and the Life-Cycle Hypothesis." *Journal of Economic Literature*. Vol. XLII (March), pp. 145—170.

Naughton, Barry(1987). "Macroeconomic Policy and Response in the Chinese Economy: The Impact of the Reform Process." *Journal of Comparative Economics*, XI:3(September).

OECD(2005). *Governance in China*. Paris: Organization for Economic Cooperation and Development. Chapters 6—8. Available at: http://www.sourceoecd.org/governance/926400842X.

SAC(Annual). *Zhongguo Tongji Zhaiyao*[Statistical Abstract of China]. Beijing: Zhongguo Tongji.

SYC(Annual). *Zhongguo Tongji Nianjian*[Statistical Yearbook of China]. Beijing: Zhongguo Tongji.

447 West, Loraine and Susan Whiting(1998). "A Study of Extrabudgetary Revenues and Expenditures" Seattle: University of Washington, Manuscript.

Wong, Christine P. W., ed. (1997). *Financing Local Government in the People's Republic of China*. Hong Kong: Oxford University Press.

Wong, Christine P. W. (1998) "Fiscal Dualism in China." In Donald J. S. Brean, ed., *Taxation in Modern China*, 197—208. London: Routledge.

Wong, Christine P. W. (2005). "Can China Change Development Paradigm for the 21st Century? Fiscal Policy Options for Hu Jintao and Wen Jiabao after Two Decades of Mudding through." Berlin, Germany: Paper prepared for the Asia Department, Stiftung Wissenschaft und Politik.

World Bank(2002). *China: National Development and Subnational Finance: A Review of Provincial Expenditures*. Washington, DC: World Bank.

Zhang, Zhihua and Jorge Martinez(2002). "The System of Equalization Transfers in China." International Studies Program Working Paper, Andrew Young School of Policy Studies, Georgia State University.

第 19 章

金融体制 449

直到现在，中国的金融体制还是滞后于转型过程中其他经济体制的发展。银行部门一直是中国最受保护的产业之一，并且主要是国家所有并受到过度管制，而且不参与国际竞争。这里并不是说金融部门缺少制度创新，恰恰相反，中国基本上对银行体系进行了重组，并试验过一系列的金融创新。但这些创新常常失败，国家也不允许新的金融机构像市场经济体中的金融机构那样，发挥一定的经济职能和独立作用。同时，经济增长与市场经济的发展也对这种金融体制提出了新的要求。

中国的决策者现在对金融体制非常关注，当前正是金融体制急速变动的时期，直到现在，金融仍然掌握在银行尤其是国有银行手中。因此，中国金融体制是以“深化但较窄”为特征（见框 19.1）。由于中国已经进入“入世”承诺阶段，所以中国的银行将受到日渐增加的竞争的影响。更重要的是，中国已经应允外资银行自 2006 年 12 月 11 日开始可以不受地域限制而对国内居民提供本币服务。与此同时，这些特征使人们担心，金融体制已滞后于中国经济发展的其他方面，并可能成为经济脆弱的根源。

第 19.1 节对中国的金融体制做了一个概述。文中评述了金融深化的过程，也强调了这一体制仍然相对较窄。虽然已经有了一个多样化金融体制的制度基础，但这些制度并未能发挥突出作用，金融体制仍然由银行特别是国有银行主导。
第 19.2 节和第 19.3 节着重讨论了银行体系，重点是体制改革和不良资产两个问 450
题。第 19.4 节讨论的是权益（股票）市场，这一市场已经建立，但由于缺乏透明度，而且波动太大，再加上规模有限，所以仍然处于欠发达状况。接下来的章节主要研究非正式的场外交易市场以及留存资金的重要意义。后面则主要探讨了金融体制的风险问题。1997—1998年的亚洲金融危机揭示出，金融体制缺陷与中国相同且经济同样快速成长的经济体，容易出现较大的经济混乱。

框19.1　金融深化与金融宽化

许多国家的金融发展都可以分成金融深化和金融宽化两类。金融深化是指金融资产与国民收入或国内生产总值之比率的增加。金融资产与国内生产总值的比率是对一种程度的度量，即通过金融机构的中介将过去的储蓄转化成投资的程度的度量。金融深化可以在两种情况下发生，一种是相对于收入创造了更多的财富，一种是对控制物质资产的实体拥有金融所有权的形式，间接地持有更多的财富。金融深化表明金融机构在从事自己的主要职能，即将储蓄转化为投资方面的效能。

金融宽化是指大量金融机构和金融工具的增加，金融宽化是随大量购买和出售股票、债券和金融工具的资本市场参与者的增加，使资本市场得到发展而发生的。金融宽化与新型市场交易者，比如股票经纪人的重要性日渐增长相关。更为重要的是，金融宽化也与机构投资者的增加相关联，比如保险公司、养老基金和共同基金。这些机构投资者在持有金融资产的同时，也根据自己客户的特点出售资产。金融宽化意味着储蓄和投资者都有更大的选择，这就要求金融体系更为有效地用不同来源的资金满足不同的用途。在发达经济体，投资者和企业依赖的主要融资中介都是资本市场，而不是银行。持续不断的金融创新和新型证券形式的创造，都来自资本市场，而非银行。

因此，金融深化和金融宽化是经济增长不可或缺的组成部分，一个有效的金融体系可以有效地促进投资项目与潜在投资者之间的信息共享。有效的金融市场也可以有效配置风险，并在平衡不同市场参与者可能具有的不同风险偏好的同时，也能在满足储蓄者的流动性需求(储蓄的短期使用)和为生产项目提供大量资金来源之间找到适当的平衡点。一个有效的金融市场也有助于对借款人进行统一的管理和有效的监督。相互影响的市场体系也为揭示经济冲击，并对经济冲击和道德风险作出反应提供多条途径。由于金融深化与宽化拓宽了金融基础，可以从事更大规模的投资，以及通过对更好投资项目的选择，提高金融市场的效益，金融发展也与一个经济体更快更持久的增长联系在一起(King and Levine, 1993)。金融宽化与金融工具的多样化也使得这一体系能很快对经济变化作出反应，并且可以把最具风险的投资转给那些最能承担风险的投资人。

19.1　计划经济时期和改革时期的金融体制 451

计划经济条件下的金融体制非常简单。政府开办的银行体系事实上就构成了整个金融体制，这一体制提供贸易信贷并为便利商品的交换提供结算服务。信贷使企业可以拥有库存，但不存在给投资项目的长期借贷，当然，也没有股票市场或债券市场。金融体制纯粹是一种“被动”体系，这意味着重要的经济决策从来不是基于金融的原因：比如关于投资的决策就是由计划人员决定，并从政府预算拨款，银行只是为计划安排的物质流动提供方便。然而，中国还有一个很大的小额银行网络，其中包括遍及乡镇为居民提供机会，安全地将储蓄放入银行的农村信用合作社。当然，这是说他们原本有钱的话。中国也有一个贸易信贷体系，虽然效率很低，但还是适时地为交易提供支持。对于当时低收入经济的中国来说，这都是巨大的成就。

今天，中国实质上已经拥有了现代金融体制应该拥有的所有机构。中央银行，即中国人民银行(PBC)制定货币政策并为商业银行提供信用。银行体系也得到发展并日益多样化，银行体系现在已经包括了商业银行、政策银行和独立金融机构等全部金融机构。1992 年在上海和深圳分别建立了股票市场之后，资本市场也发展起来了。自 20 世纪 80 年代以来，金融创新与制度创新一直在持续进行。但金融体制演进的基本特征具有两面性：一方面，金融体制已经变得更为深化(见图 19.1)，另一方面，由于金融体制仍然以银行体系为主导，所以这一体制在某种意义上仍然相当“狭窄”(见表 19.1)。下面我们将依次对这两个方面进行分析。随着中国向市场化迈进，居民和非公司型企业的存款在不断增加，这些储蓄主要流入了银行体系(见第 18 章)。银行体系成了将居民储蓄转化为企业投资的重要渠道，担负起了市场经济的中介职能。由现钞加活期与定期存款度量的 M2 从 1978 年占国内生产总值的 32%，稳步增加到 2005 年的 162%(见图 19.1)。这一数字高于其他经济体，也高于东亚经济体，比如日本。中国金融深化最重要的部

452 分就是居民余额的增加：1978 年到 2005 年，居民储蓄存款从占国内生产总值的 6%增加到占国内生产总值的 77%。这两个比率的增长，意味着中国的金融资源已经可以用于投资。

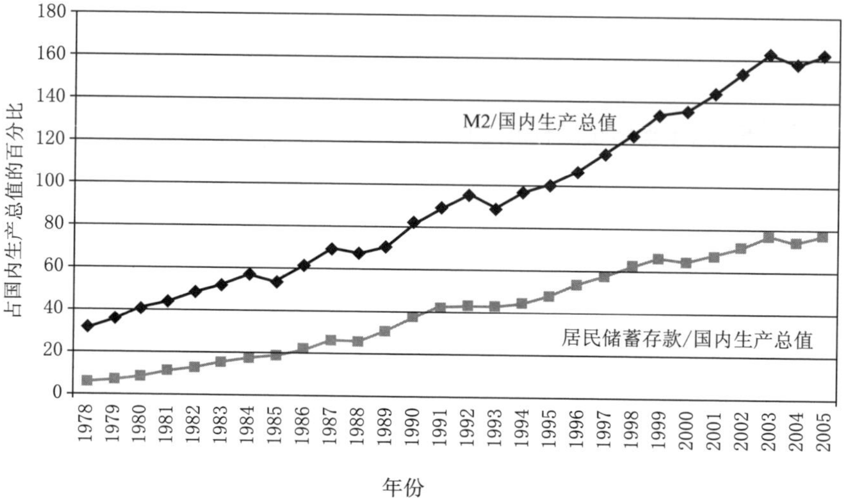

图 19.1　金融深化——M2 和居民存款(国内生产总值的占比)

表 19.1　国内金融市场资金来源的增长(百分比)

年　份	银行信贷	国库券	企业债券	股　票
2000	72.8	14.4	0.5	12.3
2001	75.9	15.7	0.9	7.6
2002	80.2	14.4	1.4	4.0
2003	85.2	10.0	1.0	3.9
2004	82.9	10.8	1.1	5.2
2005	78.1	9.5	6.4	6.0

中国金融体制的稳步深化与其他转型经济体的经历截然相反。预期计划经济向市场经济的转型将会引致金融深化应该有一定的合理性，毕竟一个巨大的需求突然展现在之前无法施展的金融服务面前。事实上，在许多欧洲转型的经济体中，价格的突然松动使压抑的通货膨胀猛然上升，因此抵消了之前累计的资金余
453 额的价值。许多居民发现，他们毕生的储蓄变得一文不值。比如在俄罗斯，1990 年到 1993 年，广义货币(M2)从占国内生产总值的 80%下降到占国内生产总值的 20%。与此同时，伴随"大爆炸"而来的经济混乱导致收入下降，因此新的储蓄下降更甚。在这些经济体中，金融体系的快速收缩更甚于整个经济，因此必须平地重建。

中国更为审慎的转型方法避免了这种金融混乱。银行体系的储蓄受到保护。在高通货膨胀时期(第 18 章中所说的宏观经济周期顶峰)，对居民的现金储蓄存款按照消费者物价指数增长的速度实施补贴利率，从而保护了存款价值。因此，中国的金融深化比其他转型经济体“更深”。

但这一成就也有成本。由于银行体系现金泛滥，政府官员自然有动机利用银行的盈余为自己的项目委托人和中意的项目提供资金。正如我们在第 13 章中所说的，20 世纪 80 年代中期，为国营企业提供资金转向了从银行融资。这种变化的部分原因是在意识到预算收入下降的情况下，有意识的政策反应，也表明了政府意图将投资资金从原来无成本的预算拨付方式转变为有利息负担，并需偿还的贷款方式。然而，银行资金也用来支持有大笔亏损的国营企业。事实上，我们在第 13 章所说的“软预算约束”就是与此对应的情况。所以，事实上亏损企业都可以无限制地拿到银行贷款。从更广泛的意义上说，之所以存在“没有受损者的改革”，主要是因为不应该存活的企业可以得到银行贷款。由于这种形式的信贷从 20 世纪 80 年代一直持续到 90 年代的多数年份，所以国有银行体系中累积了大量的不良贷款。很长一个时期里，决策者宁可继续从银行体系提取资金来支持国有企业部门，也不愿意正视这个问题。如我们在第 19.3.1 节中所讨论过的那样，直到 20 世纪 90 年代末，决策者才开始解决强化银行体系的实际成本问题。

对银行体系的依赖进一步影响到决策者在许可其他金融机构在金融体制中发挥重要作用的问题上，采取了迟疑不决的态度。决策者对金融创新非常敏感，认为金融创新可能会吸走银行体系的资金，毕竟金融创新也要依靠银行提供资金。因此，决策者小心翼翼地保持着对整个金融体制的管制，并努力保证大量的储蓄流入银行体系。这种取向无疑有助于解释中国金融体制的第二个重要特征： 454
中国的金融体制依然由银行体系主导，资本市场依然相对欠发达。资本市场标志着银行融资之外的另一种选择，也有助于一个多样化或宽化金融体制的发展。企业可以通过出售股票或债务筹集资金，并直接为投资进行融资。20 世纪 90 年代初期，中国的股票市场很快发展起来，但现在依然因管制和透明度问题而蹒跚不前。企业债券的发行也受到严格的限制。正如表 19.1 所示，银行在中国的金融体系中占据着主导地位，从某种程度上看，银行在市场上的份额仍然有增长的趋势。在 21 世纪初，银行转移的资金占到正式金融机构资金转移的 80％。在 2005 年出现大量企业借贷之前，企业债券只占到资金筹措的 1％。2003 年，股票市场的资金筹措(稍后还有讨论)减少了 4%,但在这 10 年中仍然是一个比较重要的融资来源。因此,中国的金融体制仍然较窄,并依然由银行占主导地位。其他东亚经济体也有庞大的银行体系,但由于中国最重要的银行都是国有银行,所以中国的金融体制也是国有主导体制。

19.2 银行体系

今天(2005 年),中国的银行体系仍然由以国有机构为核心的银行体系构成,这些国有机构则多源自计划经济体制。表 19.2 列出了主要银行以及这些银行在全部银行资产中所占份额。2003 年,银行的全部资产为 28 万亿元人民币,是当年国内生产总值的两倍多。前三类银行,即四大国有商业银行、股份制商业银行和城市银行,是政府重组的重心,因此得到政府的更多关注。这三类银行占到了全部银行体系资产的四分之三。

19.2.1 国有商业银行

四家国有商业银行直接源自计划经济的银行体系。这些银行都有庞大的组织机构,每家银行都有数万员工,其资产位列世界最大金融机构的前 50 名之内。
455 在计划经济时代,这些银行都是单一政府银行的下属机构,由于政府银行是对金融业实施垄断的唯一组织,所以有时又被称为“垄断银行”。垄断银行的职能主要是会计和出纳,为国有经济各个部门之间的交易记账。20 世纪 80 年代,垄断银行

表 19.2 银行资产

	2003 年		2005 年	
	10 亿元	百分比	10 亿元	百分比
Ⅰ. 国有商业银行(四大行)	15 194	55.0	19 657	52.5
Ⅱ. 股份制商业银行	3 817	13.8	5 812	15.5
Ⅲ. 城市商业银行	1 462	5.3	2 036	5.4
Ⅳ. 其他	7 166	25.9	9 962	26.6
(国有)政策银行	2 125	7.7	—	
农村信用合作社	2 651	9.6	3 721	9.9
农村商业银行	38	0.1		
城市信用合作社	147	0.5		
非银行金融机构	910	3.3		
邮政储蓄	898	3.3		
外资金融机构	397	1.4		
总计:全部金融机构	27 639	100.0	35 964	100.0

被拆分为四家国有商业银行,即“四大行”,四大行各有自己的独立地位,并被指派成不同的行为部门。① 按资产计,最大的银行是中国工商银行(ICBC),中国工商银行接管了城市中的信贷和存储业务。中国农业银行(ABC)也在农村接手了相同的业务,而且中国农业银行拥有的雇员最多,并有 4.4 万个分支机构。中国建设银行的业务主要是从事项目融资,因此中国建设银行接手了旧体制中与投资有关的相对有些技术的员工。中国银行(BOC)实际保留了计划经济时期的海外分支机构,并接管了外贸和外汇业务。中国银行的员工和分支机构都少于其他银行,但员工素质较高,资产也位列第二。四家商业银行很快便显示出不同的个性:中国建设银行和中国银行拥有较高的专业水平,因此重组非常迅速。中国农业银行面对的是最具挑战的经济环境,它的经营活动与它在低收入农村地区的活动相类似。所有这四家银行都担负有旧体制留下的东西:大量冗员、
缺少技术以及缺乏行业定位。最关键的是,每家银行都只习惯于为政府和党的部 456
门提供所需要的信贷。因此,银行顺应政府官员的要求而导致大量无法回收的贷款,就是不可避免之事。

今天,四大行仍然处于重组的过程之中(第 19.3.3 节有讨论)。在 1994 年到 1998 年的这轮银行改革过程中(与经济改革的第二阶段一致,参见第 4 章),大家齐心协力要使四大行以商业原则为基础运营。这一时期也通过了为中央银行和商业银行提供章程的新法律,并可以对商业银行的独立决策提供某种程度的保护。为了转移许多地方政府官员给商业银行的压力和影响,银行总部的权力得到强化,人事权也集中到了北京。中国人民银行组成了一种类似于美国联邦储备银行体制的地区分行体制。由政府直接影响信贷决策的国家信贷计划也最终于 1997 年被废除。商业银行的储备要求有所降低,商业银行的中央银行借款也有缩减。所有这一切变化,都使四大商业银行有了更大的自主权。与此同时,也使四大行的命运与中央政府更紧地连在了一起。从这一时刻起,四大行所有重要的变化,不论好坏,都由中央政府决定。四大国有商业银行仍然是整个金融体制中最重要的部分,2005 年,四大行资产占了整个银行体系资产的 53%。四大行能否成功重组是中国金融体制面对的最重要的挑战。

① 1984 年,中国人民银行也从垄断银行中拆分出来,这是中国人民银行转变为真正的中央银行之漫长过程中的第一步。

19.2.2 股份制商业银行

股份制商业银行呈现出与四大行极为不同的特征。中国一共有11家股份制商业银行，基本都成立于1986—2001年期间。由于每一家股份制商业银行都是新的进入者，因此相对而言，没有来自计划经济时代的包袱。股份制银行的员工更年轻，也受过更多的培训，银行的坏债也相对较少。股份制商业银行也引入了银行体系中的竞争因素，并在稳步获取市场份额。2005年，股份制商业银行的资产已超过了全部银行体系资产的15%。

然而，股份制商业银行并不像起初显示的那样，已经摆脱掉了牵累。事实上，
457 每家股份制银行都有自己的特殊之处，每家股份制银行都有一段独特的历史，都与地方政府官员和地方利益集团有些独特的关系。股份制商业银行并不归中央政府所有，一般由不同的国有企业、政府机构和非国有企业所有。一般而言，地方政府对股份制银行的影响非常巨大。股份制银行中有几家已在股市上市，所以也有少量股份由公众持有。其中，由于政府机构没有持有相应的银行股份，所以中国民生银行宣称自己是私有银行，但这家银行的负责人都与上海和北京的党政官员有长期的紧密和复杂的联系。

19.2.3 城市银行

基于城市信用合作社建立的城市银行共有100家，主要业务是为小型城市企业提供信贷服务。城市商业银行最早建立于1998年，主要由地方政府控制，一般在当地进行经营。相比较于股份制银行，城市银行的规模较小，通常管理水平也较低，资产质量也较差。有些城市银行也因质量较好而引人注目，比如上海银行和南京商业银行。

19.2.4 其他银行

中国的数据常常把上述银行之外的银行归类为“其他”，这部分“其他”占了全部银行资产的四分之一。由于这一分类中的机构具有非常不同的特点，所以这种分类方法具有一定的误导性质。在“其他”分类中，有两家最大的机构源自计划经济时期，但却有极为不同的本质特征。

19.2.4.1 政策银行

在国有商业银行按章程作为商业银行运营时，中国又成立了三家政策银行，接手了支持政府政策目标信贷的业务。成立政策银行的想法是为了让商业银行摆脱承担政治上的民意工程的压力。三家政策银行走过不同的发展道路：国家开

发银行采用一种积极的企业经营的方式，扩展自己在大型基础项目上的资产组合；进出口银行发挥的是正规的出口推动的作用；农业发展银行的建立是为了让它在日渐市场化的农村经济中发挥作用。2003 年，三家政策银行资产共占有全部 458
银行资产的 8%。

19.2.4.2 农村信用合作社

农村信用合作社是 20 世纪 50 年代作为农村集体组织体制的一个部分而发展起来的（参见第 5 章和第 10 章）。农村信用合作社只是松散地与国有金融体制结合在一起，而且从来没有成为“垄断银行”的组成部分。农村信用合作社在将贸易融资带到农村，使农民能够购买现代投入要素来提高农业生产力方面，起着绝对积极的作用。在农村改革的初期阶段，农村信用合作社非常活跃。在乡镇企业的高盈利时代，是农村信用合作社将当地储蓄调拨给乡镇企业，并促进了乡镇企业的发展。整个 80 年代，农村信用合作社的资金来源和收入的增长非常迅速。

然而，在 20 世纪 90 年代竞争尖锐化的环境中，农村信用合作社碰到了极大的难题。乡镇企业的盈利能力突然下降，许多农村信用合作社的客户都出现了偿还贷款的麻烦。农村信用合作社的贷款利率是低于市场利率的固定利率，所以盈利较低。而村领导却常常贷款给自己偏爱的项目。在中国这样一个多变的社会中，以前传统的公社监管已不再有作用。虽然因为农村信用合作社的账目过于混乱，我们并不知道真实的状况，到 2002 年，农村信用合作社的净资产值已经是负数，同时还拥有数百亿元人民币的不良资产。

2003 年，决策者终于开始解决农村信用合作社面临的严峻问题，这次引入的是一个较为全面的重组计划，并根据摆脱城市金融困境的标准向农村信用合作社注入了适量的货币，但相对于中国的农村经济来说，这笔钱的数量还是比较大。包括小额信贷在内的新的信贷计划也引入了农村信用合作社（Gale and Collender，2006）。农村信用合作社被统一为县级机构，有些则被转化为股份制银行。到 2005 年底，银行管理人员报告说，不仅农村信用合作社的净资产值已是正值（1 650 亿元人民币），还减少了 3 250 亿元人民币的不良资产或 15%未偿贷款。最为重要的农村机构的振兴已有了一个开头（CBRC，2006）。

19.2.4.3 外商投资和私人银行

除了我们已经描述的五种银行之外，中国银行业的其他参与者都非常小。有讽刺意味的是，以日本现在麻烦不断的体制为模式建立起来的邮政储蓄体系，是

459 其中最大的一分子。外资银行也占了一个位子，但作用不是很大；事实上，由于国内企业在外汇信贷中越来越具竞争力，由于外资银行扩张的障碍依然难以克服，所以，外资银行2003年在银行资产中所占份额小于其1997年在银行资产中所占的份额。2005年底的一个重要进展，就是准许在20个城市开办真正的民营银行。尽管在某些时间和某些地方，还只是非正式允许民营银行的存在，但也标志着中国政府第一次明确允许了私人融资。放眼未来，外资银行和民营银行会在中国的银行部门起到非常重要的作用。

尽管现在看来，中国银行业的多数"边缘"银行更像是失败的实验残留物，不像是未来金融巨人的萌芽，表19.2中非银行金融机构就有一批失败的实验，其中就有一批是投资公司。投资公司里有一类是国际信托投资公司，这类公司由于1998年广东国际信托和投资公司(GITIC)的破产而大大减少。20世纪80年代，国内信托投资公司剧增，但到了90年代中期又受到大幅精简。目前虽然还有企业投资公司存在，但投资公司的增加受到了严格控制。城市信用合作社是另一类失败的实验：一开始各地都设立了城市信用合作社，后来一些办得比较成功的引起了市政府的注意，因此转变成了"城市银行"；其余的则因为规模和资产质量不合格而没能进行转变。与经济中的其他领域正好相反，中国银行部门的体制实验大部分都不成功。他们反复实施放开的计划，但转过年来又开始紧缩。在这一过程中创立的新金融机构，不是被关闭，就是重组成他们认可的组织。

总之，中国的银行部门仍然受到政府控制实体的主宰。2003年，银行资产的72%由计划经济时代遗留下来的三类银行组成：四大行、三家政策银行以及农村信用合作社。另有19%的资产是在地方政府监管下成立的新银行(包括股份制银行和城市银行)。剩下的9%则为边缘银行，其中包括外资银行以及(现在的)民营银行和过去实验留下来的空架构。中国的银行体系要想进入当代竞争经济尚需要大步迈进。

460 **19.2.5　中央银行与监管机制**

2003年4月，中国建立了独立的银行业监管机构，即中国银行业监督管理委员会(CBRC，简称"中国银监会")，引入中国银监会是为了监督和管理中央银行(PBC)货币政策职能的独立性。中国银监会的建立是在建立银行群体互不干涉的监管关系过程中重要的行政步骤。这是完成中国"入世"承诺的必要条件，也是中国下一阶段金融体制改革的必要条件。

19.3 中国银行体系的弱点

令人惋惜的是，进入 21 世纪的中国银行体系无法适应复杂的市场经济的需要。这种不适应部分是出于这样的事实，即创立于计划经济的银行体制缺乏建立有效的商业银行所需要的技术、激励机制或是文化。因此，中国的金融体制不可避免地要花费时间和资源来建设这些东西。但另外部分原因，则是这种缺乏一定能力的银行体系也是转型时期银行职能造成的结果。

在"无受损者的改革"时期(1978—1993 年)，银行体系在减轻亏损企业工人的竞争压力方面起到了一定作用。软预算约束意味着给不良客户的持续贷款，许多"濒临破产的企业"都靠着从国有银行体系不断拿到贷款而存活。这些企业根本没有办法偿还贷款，因此不可避免地产生了大量的不良贷款(NPLs)。当然，不良贷款的增加也是因为政府对贷款过程的常用控制办法。以经济的普遍政治化和共产党一直以来的惯例为前提，许多亏损项目也能因为照顾或展示的目的，或缺乏经济分析而得到资金。这种状况不可避免。这种情况导致了大量的资源错配，并使银行体系背上沉重的负担。与此同时，对储户实施适当的保护，尤其是在高通货膨胀时期对储户存款余额的保护，意味着银行对自己手上掌握的储蓄付出了相对较高的成本。同时，贷款和存款之间的"差额"非常小，而且常常是负数。比如，1995 年，银行支付给长期存款的年利率为 24%，但长期贷款的年利率为 14%。所以，银行认为自己的盈利能力受到损害，资本也受到侵蚀。至 20 世纪 90 年代 461
中期，银行体系已处于困境之中(Lardy, 1998, 92—127)。

这些情况使银行的不良资产持续增加，同时银行体系自己清偿自己坏账的融资能力也在不断降低。有很多解释认为，坏账负担反映的是转型的成本。中国的政治体制利用银行体系的资源，为那些可能会在改革中受到损失的人进行了赔偿，从而保证了经济转型的过程沿既定轨道前行。但这一过程不可能永远持续。由于坏账不断增加，到 20 世纪 90 年代末，坏账已经占到了全部借款的 40%左右。这个数额非常巨大：国际比较就可表明，不良贷款最多占全部贷款的 5%，才可能被视为经济健康的标志。沉重的负担使银行濒临垮架。此外，银行也无处寻找可以用来解决问题的资源。银行是否拥有充足的金融资源来解决未预期到的不利事件的国际标准，就是巴塞尔标准。巴塞尔标准要求所有银行的资本充足率要达到 8%(经过风险调整)。在四大行被创建为垄断银行的 20 世纪 80 年代中期，四大行达到了这一标准。中国工商银行的资本充足率为 10%，中国银行为 12%。然而，由于银行被迫放出各种贷款，所以在不良资产迅速增加的同时，银行的资本充足率也急速下降到 5%左右。银行已在技术上破产，无法解决自己的问题。

20 世纪 90 年代末，决策者终于改变了方式，他们终于认识到，银行体系的脆弱是一个巨大的潜在问题。毫无疑问，他们也意识到了 1997—1998 年亚洲金融危机的严重程度给国内带来的难题，亚洲金融危机使之前表现良好的经济体，比如韩国、泰国和印度尼西亚一下子陷入了巨大困境，带来了巨大的实际成本。中国的决策者开始认识到，为了防止潜在的经济危机，他们必须向银行体系注入实质性资源，而不是掠夺银行体系。因此，自 1998 年开始，决策者最优先考虑的或许就是强化金融体系。银行部门面临的挑战可以从“存量”和“流量”角度通过对不良资产的研究来理解。存量问题与已经存在于银行资产负债表上的现有坏账存量的清理难题有关系，这里主要反映了过去成本的遗留。流量问题是指需要防范带来新的不良资产的新的贷款决策，而且要在坚实的商业基础上作出当前的贷款决策：这里主要反映的是对银行体系现在和未来维持健康情况的需求。

462 **19.3.1　减少不良资产的措施**

由于银行借贷的数量十分巨大，所以坏账、违约风险和银行体系资本结构调整的成本相对于国内生产总值来说，也非常巨大。2002 年底，中国开始理性地公布不良资产的信息数据(见表 19.3)。两类最为重要的商业银行(四大行加上股份制商业银行)的数据显示，不良资产的总值已经从 2002 年的 2.3 万亿元人民币(占国内生产总值的 19%)下降到 2005 年的 1.2 万亿元人民币(占国内生产总值的 6.7%，见表 19.3)。正如我们随后要分析的那样，虽然对这些数据持有怀疑，但这些数据还是给我们提供了研究的基准。我们也可以根据这些数据，对中国决策者给自己的银行体系提供的资源进行真实的描述。

从 1998 年开始，中国政府已经开始付出巨大努力对银行资本结构进行调整。一开始，财政部发行了 2 700 亿元人民币的特别国债，来帮助四大行补充自己的资本充足率。然后在 1999 年出台了资本结构调整的最重要政策，建立了对应于四大行的四家国有资产管理公司(AMC)。国有资产管理公司按照账面价格购买了四大商业银行的不良资产。由于它们购买的是 1996 年之前放出的贷款，因此，它们似乎是试图在国有部门减缩之前作出的旧有坏贷决策和理论上应该相对较好，并更反映市场的新贷款政策之间，树立起一道“防火墙”。所以，国有资产管理部门的创立是企业改革的整体组成部分(见第 8 章和第 13 章),也是银行本身的重组。然而,审视一下国有资产管理公司的创立使我们注意到,截至 2002 年,国有资产管理部门共从四大行剥离了 1.4 万亿元人民币的不良资产(如表 19.3 所示),这一事实意味着,在国有资产管理公司全部买下四大行的不良资产之前,四大行不良资产总计为 3.5 万亿元人民币(2.1 万亿元加上 1.4 万亿元),差不多相当于国内生产总值的三分之一。从银行身上卸下这么大一个不良资产的部分负担,不仅消除了流动性危机,也为更重要的银行改革打下了基础。

表 19.3　中国银行体系的不良资产

年　份	国有银行		股份制银行		占 GDP 百分比
	10 亿元	占贷款比例	10 亿元	占贷款比例	
2002	2 088	26.2	203	11.9	19.0
2003	1 917	20.4	188	7.9	15.5
2004	1 575	15.6	143	4.9	10.7
2005	1 072	10.5	147	4.2	6.7

国有资产管理公司的任务就是通过对资产的扣押和拍卖,或用债券转股权的方式将买来的资产出售给第三方,从而最大可能地回收银行不良资产的价值(Ma and Fung, 2002)。为支付四大行的资产,国有资产管理公司自己也不得不承担了 1.4 万亿元人民币的债务(通过发行财政部支持的 8 200 亿元人民币的新无记名债券,又从四大行接手了 5 800 亿元央行债券)。现在,国有资产管理公司已经成了中国金融市场重要的参与者与创新者。到 2005 年末,国有资产管理局已经处置了全部不良资产的三分之二,现金回收了 1 770 亿元人民币贷款,占全部不良资产的 13%。对不良资产来说,这是一个相当可观的回收率。但资产回收并没有超出这一水平,由于国有资产管理公司结束了自己的经营,中国政府不得不接手大部分国有资产管理公司的债务。 463

从理论上讲,在国有资产管理公司之后,四大行不应该再得到任何更多的政府紧急援助。紧急援助损害了让银行自己创造硬预算约束的努力,也损害了迫使银行为自己的信贷决策负责的意图。但是,由于问题的重要性,简单地结束紧急援助并不现实。后来采用的解决办法是对每家银行进行注资,这次注资是想让四大行通过重组,成为更强健且更独立的商业银行。为了取得重组的资格,银行方面也首次作出了有效的努力,用自己的金融资源(利润和损失备抵)来冲销最近产生的不良资产。2003年，中国建设银行按50%的账面价格卖掉了1 300亿元人民币的不良资产，并冲销了另外600亿元人民币的不良资产，因此使自己的股本金减少了1 250亿元人民币。此外，它们还最大程度地改善了自己的内部管理和控制。中国建设银行还裁员四分之一，关闭三分之一分支机构，并拨重金于信息技术，以建立一个更为严格管理的组织机构。到2004年底，由于中国建设银行的这一系列行为和中国银行相同的行动，都做得比较到位，所以两家银行共获得了450亿美元的补充资本金。这一次，这笔资金不是来自财政部，而是由国家外汇管理局拨付(因此最终来自央行)。这笔注入资金的用途是充实股本金，由一家新的银行持有公司，即汇金公司操作。因此，汇金公司是一家对银行有管辖权的所有权机构(汇金公司相当于工业与商业领域中的国有资产监督管理委员会)。四大行
464 中的另外两家银行也希望能尽快跟进。上述这些措施都是改善银行现有经营状况，并将其转变为上市股份公司之计划的一个部分(下节将讨论)。在短期内，这些措施在处置不良资产存量方面非常有效。正如表19.3所示，到2005年底，四大国有商业银行已将自己的不良资产降低到了资产总额的10.5%。中国建设银行和中国银行做得更好一些，不良资产下降到只占资产总额的5%，资本充足率上升到10%，这两个数字都接近或超过了国际标准线。但这一成绩耗费了中国政府大笔的资金。综上所有措施，为了给四大行提供一个健康的金融基础，中国政府单单注入四大行的资金额就达到了2.4万亿元人民币(约合3 000亿美元)，这其中也包括计划给中国工商银行和中国农业银行的补充资本金。以这种资金支持为基础，四大行将迅速增长银行体系的经营活力。

19.3.2 “流量”问题：确保优质资产的决策

处理好不良资产的“存量”问题并不够，除非银行能创造出一种合理的激励机制，因此可以通过市场回报和对风险的审慎态度引导新的信贷“流量”，否则中国政府耗费在充足银行资本金上的货币就会打了水漂。实际上，由于今天的紧急援助增加了未来紧急援助的可能性，并意味着银行管理人员可以不对今天的决策负责，所以，减少存量问题会使流量问题的解决更加困难。相反，如果货币可以引出一个健康的金融体系，这笔支出就很值当。

事实上，中国的银行业经营相对来说仍然效益不高。毛利和成本都很高，不良资产的问题仍然存在，处理事情非常缓慢，过程也较为麻烦。对地区银行市场的研究表明，尽管已经有了银行间融资市场，但资金仍然不能向有较高回报的地

方流动(Park and Sehrt, 2001; Boyreau-Debray and Wei, 2005)。所以,这一体制并没有非常有效地完成为最大回报的项目输送资金的任务。对于任何银行体系来说,都需要进行两大重要工作:金融中介和提供流动性服务。也就是说,提供资金使交易得以进行(Meek, 1991)。中国的金融体系也做这两项工作,但效益相对较低,成本相对较高。

最能体现中国的银行效益改善的问题,有以下几个方面:

对银行业务范围的重新定义。在发达经济国家,银行已经越来越不关注信
贷,而是关注"服务收费"。但在中国,2004 年的服务性收入只有资产的 0.17%, 465
只达到其他亚洲经济体的四分之一或五分之一。由于服务性收入较低,坏账费用较高,所以中国商业银行的资产回报在 2004 年只有 0.44%,只及其他亚洲经济体三分之一的水平。在可以扩大收费收入的其他领域中,最赚钱的是信用卡服务。尽管中国的银行已经发行了数亿张借记卡和现金卡,但信用系统和结算网络的缓慢发展,阻碍了信用卡业务的成长。

因此,中国银行业的所有净收入几乎都来自存贷利差。幸运的是,自 1998 年以来,总体价格的稳定为存款利率的下降和贷款利率的持续上升创造了一个环境。银行从存贷利差中获利颇丰。此外,银行资产也出现了多样化现象。10 年之前,银行的绝大部分资产都由对国有企业的贷款组成;今天,消费者信贷是银行资产极为重要的部分。自 90 年代末期住房私有化以来,按揭贷款这一新的业务稳步增长,并于 2004 年底达到了全部贷款发行的 9%左右。政府和银行债券也占了银行资产的大部分,并还在持续增长。银行体系更为多样化的资产组合,使银行体系在面对经济冲击时有了更大的灵活性。

内部监管。信贷决策的监管仍然显现出严重的缺陷。相对于个人贷款来说,信贷员拥有很大的决定权,并在认定信贷风险方面承担了大部分责任。信贷一旦发放,监管力度就大为减弱。虽然信贷部门也是根据偿还状况对信贷进行分类,但对信用等级变化的评估程序或现金流预测的计算都很有限。也很少有机构专门负责准确的分类,并对可疑贷款和不良贷款进行处置。当然,信贷员甚至高层管理人员的固定工资都比较低。过大的自主权和缺乏对贷款决策的控制,引发了很多传闻。实际上,中国建设银行(也就是人们一般认为经营最好的四大行之一)的两位主要原负责人就因为牵连进了腐败传闻而被停职,面临监禁或犯罪指控。所以,腐败确实是不良资产最重要的原由。

激励机制。信贷员的工作合约中也会有因为增加了收入并保持了较低的违约率而获得奖励的条款，但没有因为正确地评估了未来风险或为未来的违约做了
466 提备而获得奖励的条款。（要设计一份能够提出合理的风险共担的合同条款十分困难，中国也确实没有这样做。）既然放贷员可以很容易地用新贷款替代旧贷款，并无限期延迟问题的解决，所以没有人有动力对改善经营所必需的行政和程序进行全面改革。在一段具体的时间内（即 1998—2001 年），为了降低不良资产的绝对值，银行也对激励机制做过修改，放贷决定也更为审慎。在另外的时间里，也有过重点关注不良资产比例的激励方法，对提高新的贷款基础管理水平，也给予了更多的奖励。

资产评估技术和债信文化的发展。信贷人员在尽职调查问题上，如对现金流和偿付能力即风险的评估方面缺乏训练。可疑贷款报告中满是主观的和前后矛盾的评价标准。这些特点意味着，银行仍然十分欠缺依据商业银行原则对优质资产和不良资产的分辨。

19.3.3 当前银行改革方案及未来的前景

2005 年，在注销不良资产及充实银行资本金获得一定成功的基础上，开始了全面的银行改革和重组。改革方案预定的时间也受到了外资银行进入时间已经日益逼近的影响，根据中国的“入世”协议，外资银行的进入时间定在 2006 年 12 月 11 日。正如我们早先所说，2004 年底，四大行中最好的两家，中国建设银行和中国银行已经重组为由汇金公司全资拥有的股份制企业，汇金公司也是中央政府的一个部门。中国建设银行采取的第二步是先向国际战略投资者出售股权，其余股份在香港股票交易所上市。具体来说，中国建设银行将 8.7%的股份卖给了美国银行，6%卖给了淡马锡（Temasek），即新加坡政府所属的投资公司，另外 12%则首次公开发行上市。中国建设银行上市大获成功，上市市值为 670 亿美元。虽然中国建设银行仍然有 70%多的股份掌握在中央政府手中，但也获得了货币与技术的流入。现在中国建设银行的股价会紧跟它的每一步发展。最终可将自己的股权提升至 19.9%的美国银行，允诺要当一名积极的合作伙伴，向中国建设银行总部派出了一支 50 人的技术队伍，并在董事会占有了一席之位。这些步骤表明，中国建设银行在商业职能的发展和银行体系的国际化方面，已进入一个新的阶
467 段。中国银行预计于 2006 年仿照中国建设银行前例，除了其他银行之外，还在协商向苏格兰皇家银行出售 10%的战略股份。

然而，当其他三家银行想步中国建设银行在2005年底取得骄人业绩的后尘，走上同样坦途的同时，未来可能会出现截然不同的结果。由于其他三家银行的吸引力比之中国建设银行要小一些，所以在寻求国外合作者方面困难可能会多一些，而中国政府在吸引战略伙伴方面作出的让步也会小一些。事实上，有些外资银行已经选取股份制商业银行为伙伴，因为它们认为，与四大行相比，股份制银行更有活力，背负的包袱也轻些。最引人关注的是汇丰银行（HSBC）和花旗银行（Citibank）这两家世界上最大的银行，都挑选了股份制银行为自己的合作方：汇丰银行获取了股份制银行中最大的一家，即交通银行19.9%的股份（现行法律允许的最大额），花旗银行则在上海浦东发展银行中占有较小的股份，表现出想要在2006年之后发展自己的银行分支网络的意图。有意义的是，汇丰和花旗都通过自己的战略联姻，获得了进入信用卡领域的机会。很明显，到2010年，由于激烈的竞争，由于外资银行通过四大行的股份，通过与股份制银行的合作，并通过自己的分支机构发挥着巨大的作用，中国银行体系的景象将发生巨大的变化。

中国的银行体系将如何适应这种新的竞争环境？首先，除了四大行和少数股份制银行之外，银行部门中的其他领域进步不大。尽管政府对重组农村信用合作社作出了巨大的努力，但农村信用合作社仍然麻烦很多。政策银行的不良资产负担也比较大，而且最近也没有听到什么关于它们的不良资产评估的信息。这些在银行体系中占了总资产25%的机构，可能拥有的不良资产数额超过了1 000亿美元，而且现在也没有清楚的解决方案。第二，中国政府几乎肯定会对外资银行在中国的扩张实施“软”市场壁垒，通过资本要求和规制延迟来限制分支机构的发展。因此，我们可能会看到一个业务上有些萎缩的延长期。在这个时期中，中国的银行有的会每况愈下，有的则会取得成功。与较大的风险相对应，有利的结果的可能性也非常巨大。

19.4 股票市场：学习中成长

中国的股票市场是借助于地方政府的政策创新而创立起来的。20世纪80年
代末，在中央政府着手建立正式市场之前，上海市和深圳市就竞相在建设股票市 468
场方面进行投资。直到1991年，中央政府才与加速开发上海浦东的决定一起，批
准了股票市场的建立。一得到批准，上海和深圳的市场就迅速发展起来，到2000

年，至少在某种程度上，中国已拥有了仅次于日本的亚洲第二大资本市场。股票市场的创建是一个巨大的成就，但存在的众多缺点却使这一成就比最初显现的要小。2000 年之后，这些缺点日渐显现于中国的市场参与者面前。因之从第二年开始，股票市场一直持续萎缩达 4 年之久。从 2001 年中期到 2005 年中期，中国的国内生产总值增长了 50%强，但股票市场资本减少了 50%多。很显然，某些严重的市场弊病使得市场与中国经济的活力完全脱离。图 19.2 显示出中国股票市场相对于国内生产总值的上升与下降。为什么中国的股票市场会呈现出这样一种趋势？

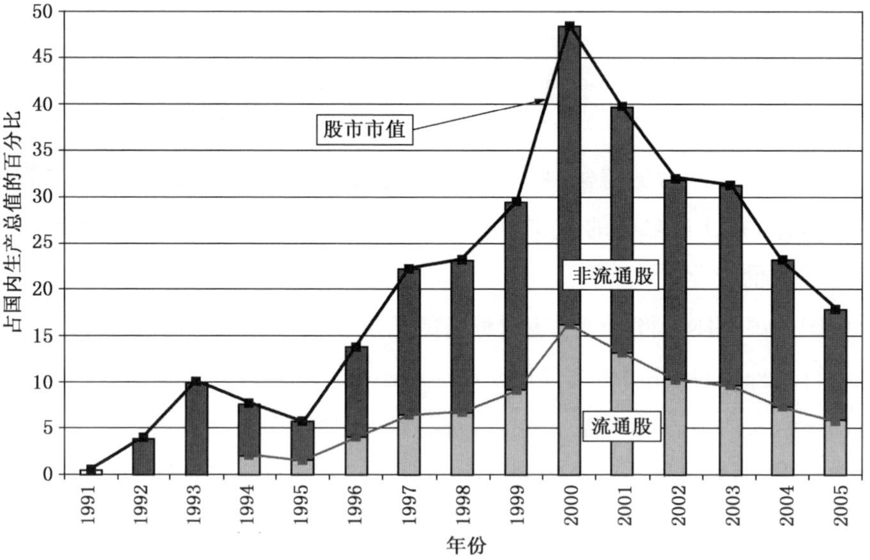

图 19.2　股市市值占国内生产总值的份额

19.4.1　股票市场的诞生：为国有部门筹资

中国股票市场是由最高政治领导层，尤其是当时的总理朱镕基批准成立的。
469 其中的原因主要是股票市场可能会在国有企业部门改革中发挥作用。正如我们在第 13 章中所述，传统的国有企业向股份制企业和有限责任公司的转变，是 20 世纪 90 年代国有企业重组和精简的重心。作为这一政策的一个方面，为了前国有企业而发展股票市场似乎是在希望：通过出售上市公司少量股份而引入新股东的“部分私有化”，会为更多的信息披露提供一个渠道，或许还可以导致进一步的私有化。通过成功的股票出售而实现私有化，在一些西欧国家也有过成功的尝试。更重要的是，在股票市场上市也会为国有企业创造新的资金来源。中国的企业到股票市场上市时，首次公开募股(IPOs)的收入几乎从来没有进入国库(也就是说，国有企业从来不是由政府"卖掉"的)。事实上，所有的出售收入都进入了上市公司自己的腰包或其母公司的腰包。政府官员由于担心国有企业的财务状况也接受了这一安排。企业当然也乐意上市，因为上市的结果是带来一大笔相对而言没有债务负担的新的资金来源。

在股票市场发展的头 10 年中，90%以上的上市公司是国有企业。实际上，几乎所有大型非国防产业企业都已经在股票交易所上市。到 2004 年底，在上海和深圳股票市场上市的企业共 1 377 家，其中多数企业仍然由政府控制。因此，中国股市的初级发展阶段明显是国有企业改革过程的一个部分，而不是独立的私营企业的另一种融资渠道。如果一上市就可以很快走向更为彻底的私有化，那么，这也不一定就是一个坏的开始。不过，从属于国有经济的这种状况已经成为一个天生的缺陷，股票市场的改革已渐渐滞后。这也使我们有了一个经典的案例，即渐进式改革可能会在变化的过程中"搁浅"于途中。

19.4.2　股票市场的特点

19.4.2.1　流通股和非流通股

一家国有企业上市之时，在任何情况下，政府和企业母公司都会持有企业的大部分股权。出于对私有化预定速度的考虑和对控制内部人私有化牟利的担心，所以不允许政府和其他出资人持有的股份进入流通。虽然在 2000 年，流通股股 470
票份额逐渐增加，但最多也只占到流通股的三分之一。2001 年以来，政策决策者一直试图降低流通股和非流通股之间的差别，但直到 2005 年，政府的努力也没有获得成功。由于政府在这方面的无能，流通股和非流通股的状况至少在 2004 年期间基本没有发生变化。

表 19.4 是关于全部中国股票所有权形式的更多信息。中国政府直接拥有股票总值的最大份额，2001 年底为 46%，所以政府才是首次公开发行上市的最大出资人。"出资法人"通常是属于国有企业的上市公司母公司，某些情况下则是政府股份持有公司。政府所有和"出资法人"使上市公司直接或间接地受到政府控制，"法人"所有权从根本上反映出企业出资上市公司的连续权益。尽管从定义上说，法人股不能在市场上流通，却可以通过非公开发行转手，至 2005 年底，有5.3%的法人股通过这种方式售出。企业员工手上也有少部分非流通股(小非)，但这些股份现在实际上已不存在。

表 19.4　上市公司的资本结构

	百分比	
	2001 年	2002 年
Ⅰ. 非流通股	65.3	61.8
ⅠA. 出资人股份	59.8	53.4
政府所有	46.2	—
出资法人股	12.7	—
ⅠB. 法人股的私下处置	4.7	5.3
ⅠC. 职工股	0.5	0.1
Ⅱ. 流通股	34.7	38.2
A 股	25.3	29.9
B 股	3.1	2.9
H 股	6.4	5.4

即使流通股的交易，也存在不同的市场：A 股是股票交易的主要形式，用人民币标价，只适用于中国公民；B 股用外币标价，专为外国投资人设立，中国公民不
471 能持有。H 股则是在香港股票交易所或其他境外市场上市的中国企业的股票。[①]这种市场分割主要是因为人民币的不可兑换性。中国的决策者不仅想集中中国的居民储蓄，而且还想在不存在资本流动可能性的前提下利用外国资本。不同市场的价差情况为：A 股市场的定价高于 B 股或者 H 股，个中原因可能是由于适合中国居民的投资选择非常有限。更一般地说，市场的分割导致了市场的无效：信息披露标准、规则、交易量和风险溢水在各个市场都不相同，流动性和价格效应也较低。

19.4.2.2　较低的竞争性原则

到目前为止，林林总总的股票形式和市场分割造成的最重要结果，就是管制条件下较低的竞争性原则。由于大多数上市公司的主要控制权都牢牢掌握在政府手中，个人股东无法获得控制企业权力的可能性。在这种情况下，市场几乎不可能在企业管理方面发挥什么作用，股票市场在改善企业管理方面的作用也十分有限。到目前为止，中国的股票交易市场也没能在企业管理方面发挥市场功能。此外，在这种政府所有权为主导的体制下，上市在极少的情况下才

① 2005 年 8 月有 117 家企业发行 H 股，但有两家没在香港股票交易所上市，而是在新加坡上市。发行 H 股的企业中有 17 家还同时在纽约或伦敦上市，32 家同时发行 H 股和国内 A 股。在纳斯达克上市的中国企业没有包括在 H 股的计算中。

会导致私有化。而且这种情况都只能在法人股被安排出售给个人投资者的情况下,才会发生。

19.4.2.3 上市配额机会

对国有企业来说,由于上市的赚钱机会如此之大,所以获得上市许可的需求也非常大。从一开始,管理者实质上就正式或非正式地拥有上市配额权。一家企业符合上市要求并不足够,企业还必须在管理者面前争宠才能获得上市许可权。这一必要的程序进一步扭曲了市场正确地给企业定价的能力。

19.4.2.4 空洞的市场

市场的"空洞"意味着股票的供给相当有限,因此价格(尤其是 A 股价格)才会极高。2000 年市场发展的顶峰阶段,中国的股票价格极其昂贵,市盈率高于 40 472
(比较而言,美国标准普尔 500 的市盈率在历史上一直处于 15—25 之间)。当然,迅速成长的企业也应该有较高的市盈率,以实现较高的预期未来收益。即使中国有较高的增长率,中国 A 股的价值一直以来还是非常"昂贵"。相反,非流通股则通过非公开发行出售,由于流动性的限制,所以非流通股的出售折扣较大。中国的股票市场也具有高交易量和高波动性的特征,年交易量一般高于上海和深圳两市场的总市值。如果我们只限于对实际上流通的三分之一股票进行比较,那年交易量超过市值的 3 倍。中国的市场相对来说波动性也很大。

19.4.2.5 披露与规则的不足:关联交易

一直到 2001 年,中国的信息披露和规则标准都十分薄弱。从那时起,中国就不断努力改善信息披露制度。按照已修订的标准,企业的年报现在要放到互联网上,对竞争性企业则强调改善透明度。尽管有这些改进,披露标准和信息可信度仍然落后于发达经济的市场标准。尤其是,由于规则体制对保护作为企业所有者的政府的权利进行了周密的考虑,所以对小股东的保护非常不足。当然在这个市场上,所有流通股的持有人实际上都是小股东。

由于在形式上多数国有企业都已经上市,所以这些现实问题带来了很多麻烦。一般而言,一家国有企业会把自己某些或全部的优质资产合并入一家上市的子公司里,而母公司则保有多数股份,并同时保有对非生产性资产或亏损资产的直接管理权。在某些情况下,母公司会把自己也转入没有生产性资产的空壳公司,依靠子公司的股利支付过日子。在有些情况下,母公司和子公司又会对生产资产进行分割。中石油的母公司——中国石油天然气集团公司(CNPC),也即中国最大的石油生产商，就是这种情况。中石油是一家 H 股上市公司，但只有 10% 的流通股。中国石油天然气集团公司保留了某些油田(不是最大的大庆油田)，保留了多种社会服务组织，以及所有的油田服务业务。因此，中国石油天然气集团公司不仅给中石油销售商品，提供服务，同时也完全依赖于在中石油 90%的股份
473 带来的利润。与此同时，中国石油天然气集团公司也与政府管理人员关系复杂，而这些政府管理人员又对中石油全部的零售业务实施价格管制。由于中国石油天然气集团公司和中石油之间有许多的关联交易，所以，中石油的(小)股东们真的没有办法知道自己持有股票会得到什么，也无法肯定自己在由大股东看管的交易中如何保障自己的权利。

19.4.2.6　政策市场

由于企业信息和股东管理方面的局限性，中国的股票市场不可避免地成为政策市场。各种研究都已经表明，市场波动是对政府政策变动反应的最好解释，尤其是对市场流动性产生影响的政策更能引发市场波动，对个别企业基本面变化作出的反应倒不会引发市场波动。莫尔克、杨贤和俞伟峰(Morck, Yeung and Yu, 1999)对 40 个新兴股票市场作了研究，他们发现，中国股票市场的企业股票价格在某一既定周期内，较之其他股票市场，更趋向于一起变动。基本上，市场投资者都被迫打赌中国政府将支持股票市场的进一步发展，并希望母公司选择刺激自己子公司股票价值的政策。

19.4.2.7　内部人控制与操纵

在世界范围内，多数股票交易市场都是一种自律组织。市场参与者为了双方的利益而设立一种相互监督的合作机制。不幸的是，至少到目前为止，中国的市场为存在很多勾结的机会而限制了自律制度的革新和进化。中国的市场中有三种角色最为重要：经理、券商和管理者。正如我们之前讨论的那样，国有企业的管理者对获得上市机会有极大的兴趣。券商则对交易和上市过程拥有垄断权。截至 2002 年，所有的券商 100%都是由地方政府拥有的国有企业。券商不仅可以灵活地将各方联系到一起进行交易，而且自己也持有股票。中国证券业监督与管理委员会(CSRC)，简称“中国证监会”，不仅拥有股票发行审核权这一稀缺资源，而且也负责监管和审批各种交易。最坏的情况是，三方操纵市场以使自己获利。这
474 种操纵在首次公开募股的过程中看得最清楚。中国的首次公开募股一直以来就比其他市场定价低很多，这就保证任何有幸获准购买首次公开募股的一方都能获

得相当可观的(和快速的)丰厚利润。券商也会对国有企业的上市过程进行引导,并以新股申购权作为对相关利益方的回报,同时也使自己获得利益。中国证监会则只给排队等待上市的企业发放少量入场券,国有企业为了得到入场券就必须拿出钱来,券商则把所有各方弄到一起进行交易。这种内部操纵多年来一直引导着市场的变动。

除了这种长期的制度性市场操纵之外,还有很多令人震惊的涉及个股的市场操纵丑闻。由于许多市场很空洞,所以那些非正规的投资基金都能操纵价格,并能从中获利。也有人认为,中国的市场由个人投资者主宰,因为中国有 7 300 万个人账户的市场投资者(2005 年)。更详细的研究已经反复表明,不同的投资基金控制了大量的账户和交易。公家的钱也经常流入股市进行投机性投资。赌博的机会也因交易的不对称而得到了最大的利用:个人可以保有所有意外获得的收益,但却可以将所有损失计入公共账户。股票市场的不可预见性和易于操纵的特点,使中国最著名的改革派经济学家吴敬琏宣称,中国的股票交易市场"更像是赌场,而不是市场"。

19.4.3　改革的开始:政府减持及"股权分置"改革

中国股票市场的全面改革始于 2001 年。改革主要采用两种政策:第一种是政府非流通股减持,这一政策要求所有新上市公司必须从融资额中拿出 10%以充实社会保险基金;第二种是增进透明度与信息披露。这两个措施引发了我们先前所说的长期市场衰退。虽然出售国有股的政策很快就取消了,但控制措施并没有改变。市场参与者的结论是(或许是正确的):政府从始至终都在为支持市场提供隐含担保。此外,随着信息披露的改善,一系列丑闻也使公众日渐警觉到市场被扭曲和操纵的现实。大批资金开始撤离股票市场。

对这种情况最普通的解释是,由于市场需求没有发生变化,所以市场对增加 475
国有股供应(国有股减持)的做法非常敏感,因为这种做法会降低股票的现值。相对于这种解释,2001 年之后的实际情况是,在国有股的供给没有任何增加的条件下,市场却一直在稳步下滑。在重大政策和市场趋势已定的条件下,随着市场预期持续向下调整,市场大幅下滑也在不断自我强化。此外,券商也一直在市场中起着重要作用。在 2001 年的牛市中,券商成了主要获益者。而在 2001 年开始的熊市中,券商也被套牢并有了严重亏损。多数券商从技术上已经破产,许多券商甚至无法兑现客户的户头。由于券商的流动性极为有限,所以市场没有理由改变方向，因此市场开始了长期下滑。

一直到2005年，政策决策者才最终找到了减持非流通股的方法。这一解决方法是要求每一家上市公司拟定自己非流通股转化的计划。每家公司的流通股股东都必须同意公司的具体提案。事实上，这意味着每家公司都必须给流通股股东派送红股(一般大约每10个流通股派送3个红股)，作为对同意流通股转化的补偿或回报。与此同时，(占主导地位的)非流通股的政府单位，也必须同意在未来3年的禁售期内，只能出售少部分股票。这种方法最终打破了非流通股的僵局，到2005年，200多家公司都通过了非流通股转化的提案，所以到2005年底之前，中国股票市场的长期下滑趋势似乎已经到了终点。一个基于更为健康基础的成长时期，可能会重新出现。

19.4.4 机构投资者

中国股票市场发展的局限性本质上会对机构投资者的发展产生影响。机构投资者包括共同基金、养老基金和保险公司等这些既可以从健康的市场获益，又对市场的健康发展有贡献的投资者。作为大股东，机构投资者非常关注上市公司的表现；作为股票“长期”持有人，机构投资者对改善公司治理和公司业绩也具有
476 长期兴趣。2001年的股票市场改革曾经设想社会保险基金将作为机构投资者，开始在股票市场发挥重要作用，但这一努力的失败使中国股票市场失去了一个意义重大的机构实体。从2001年开始，机构投资者一直在稳步增长，规模都比较小。共同基金的购买量也在增加，但在2005年的前6个月，共同基金的购买量只占市场交易总量的2%多一点。具有意义的发展是从2002年底开始，这一年，中国允许合格境外投资机构(QFII)在股票市场投资。有的共同基金就是由外资银行或外资经纪商操作经营。由于每只基金都有一个获官方同意的具体外币配额，因此基金可以在配额限制范围内投资于人民币A股市场。这一体制可以在仍然对资本的流进流出实施管制的同时，让外资实现在国内股票市场的投资(中国台湾地区和韩国首创)。到2004年底，已获批准的配额达32.5亿美元。中国的保险公司也开始涉足中国股市，由于审慎的原因，股票持有只能占资产的一小部分。从所有这些案例中我们可以看出，新的机构投资者创立的合法形式已经出现，所以投资资本的流动也已经开始。到目前为止，相对于总体市场而言，资本量非常小。当然，市场的长期衰退也限制了机构投资者进入市场的步伐。

19.4.5　中国股市的比较评价

由于这些讨论，我们现在已经有了评价中国股票市场比较发展的良好基础。如图 19.2 所示，中国的股票市场在 2000 年达到顶峰，市值总额占到了国内生产总值的 50%。这个数字表明，中国股票市场的规模已经比得上其他大的发展中国家，具体可见图 19.3。这一数字也会让人产生误解。首先是这个数字有水分，且无法维持，4 年后市值总额已下降到只占国内生产总值的 23%。如图 19.3 所示，2004 年，中国已经掉到了一组用于比较的发展中国家的末位，与墨西哥相同。即使这种比较也会让人产生误解。因为这种比较假定，非流通股具有与流通股相同的价值，而事实上，非流通股在交易的时候总是打折出售。流通股的价值则只占国内生产总值的 7%。可用来进行比较的数字应该处于市值总额和流通股之间。这使得中国不仅处于大的发展中国家末位，更低于发达经济体的水平。

477

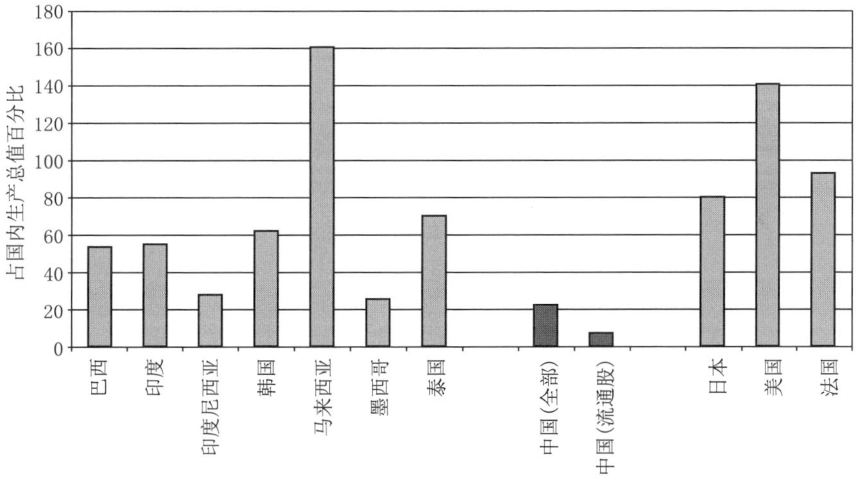

图 19.3　比较视角的中国股市(2004 年)

19.5　债券市场

在中国，相对于银行体系而言，固定收入债券的作用非常有限，即使相对于股票市场也是如此。政府债券是居民、企业和金融机构的另一种可选资产。2003 年末，政府公债总量为 2.26 万亿元人民币，占国内生产总值的 19%。此外，由政策银行发行、用于支持大型基础设施项目的政策公债则占国内生产总值的 10%。这一数量或许没有大到足以为政府债券创造一种具有流动性且功能良好之市场的

地步，其原因是，这个总量中还包括因政府命令而不是市场方式分配给不同机构
的大笔政府债券。而这一数额中也只有少部分在那些自动寻求资产多样化组合
的国内投资人中流通。在企业债券发行出了一些问题之后，近年政府批准发行的
国内债券数量非常少。截至 2004 年底，政府核准发行的企业债券没有超出过 360
478 亿元人民币，所以企业债券实际上微不足道。然而，从 2005 年开始，企业债券的
发行范围开始扩张。2005 年底，企业首次获准发行短期商业本票。总之，中国的
债券市场非常有限，而且比股票市场更落后于经济发展的要求。这一领域的发展
还有很大的空间。

19.6 其他金融市场

中国非正规金融市场不仅规模巨大，而且极为重要，同时也很少有人进行研究。中国非正规金融市场可以分为三层："底层"是非正规农村信贷机构，其中包括在农村地区尤为重要的信贷俱乐部、高利贷和非注册私人银行。近年的法庭判例判定，高利贷者的高利贷利率不能高于官方规定的借款利率的 4 倍。根据居民调查估算，农村非正规金融市场规模已经超过了农村的正规信贷规模（Xu Xiaobo et al.，1994，218—220）。"中层"是许多国有企业或集体企业发行的未经政府正式认可的各种本票、"股票"和借据（包括在本章统计之中）。由于借款人的筹款能力基本取决于地方政府实施具体合约的意愿，所以这些借据存在于法律的灰色领域。"顶层"是许多地方政府安排的没有包括在正式预算内但适用于一些投资目的的大笔资金。比如说，关于固定投资的政府统计表明，"其他"投资来源（银行借贷、政府资金以及私人或企业留存资金）每年约等于国内生产总值的 4%，是正规银行信贷的一半多。这些资金多数由地方政府官员或由他们批准建立的实体控制（比如地方投资公司或投资基金）。因此，中国存在大量没有被官方统计报告完全收录的金融中介机构。

19.7 结论

中国的金融体制面临两项前所未有的挑战。第一项挑战是要在新的金融发
展和开放时期保持稳定。这一挑战主要与银行体系的稳定相关联。图 19.4 通过
M2（现钞加银行活期与定期存款）与国内生产总值之比说明中国银行体系的比较
479 规模。图 19.4 与图 19.3 的图式相同，但比较的结果却相反。中国具有比所有发

展中国家更深的货币深度，这一深度甚至超过日本。正是银行体系的巨大规模，才使人担心中国的金融稳定性。即使给银行体系注入了大笔资本金，并注销了数万亿元人民币的不良资产，但未来出现亏损的潜在可能性仍然十分巨大。原因十分简单，由于金融体系虽然较深但却狭窄，所以银行体系十分庞大，相对于国内生产总值而言，不良资产的数量和违约风险也就非常巨大。同时，中国金融体系中未公开的负债也很庞大。而且，对商业银行和其他金融机构的担心也一直存在。

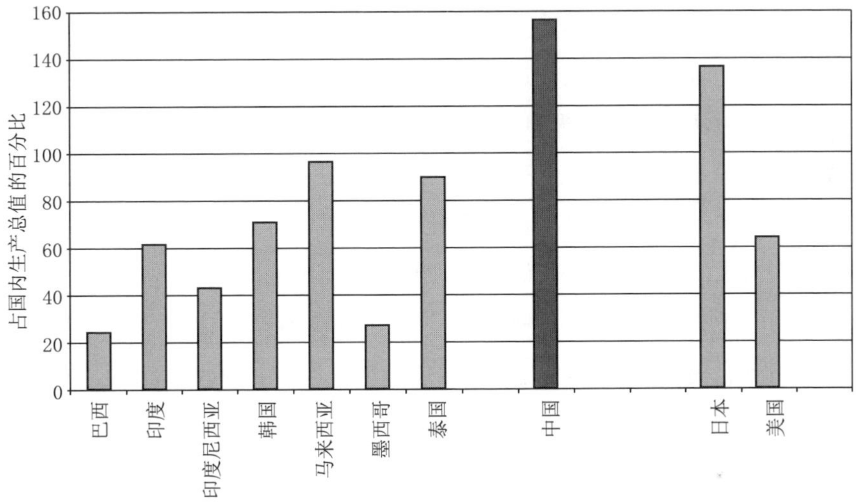

图 19.4　比较视角的中国货币深度：M2 占国内生产总值的份额(2004 年)

首先，商业银行的业绩表面上看起来优于实际表现。2002—2005 年，由于信贷和经济的超常快速增长，中国进入了宏观经济扩张周期。在这段时期中，贷款总额中的绝大部分都是新的信贷，而且由于经济状况良好，所以新贷款中很少出现不良贷款。但是进入周期的下降阶段之后，这些贷款中的很大部分可能会转变成坏贷，尤其在周期性波动较大的条件下更是如此。在政府帮助银行体系摆脱危机困境的同时，政府的财政援助也会给金融体系创造出道德风险的长期成本。事实上，道德风险问题已经从制造"坏账"的信用分析人员那里渗透到了银行体系的 480
所有层次，因为信用分析人员明白，长期内政府将抵补贷款违约者给银行造成的损失，而这些违约人的违约也是因为明白政府会抵补银行的损失。其他的担忧是指在其他金融机构中(商业银行以外)的未公开债务可能非常庞大。众所周知，农村信用合作社和农村开发银行(政策银行之一)的不良资产数量也相当大。其他产生债务的领域也非常脆弱，其中包括证券公司和地方政府担保的开发项目。由于政府负债总额相对较低，所以只要政策决策者仍然注重实施审慎的金融管理政策，这些问题就在可控范围之内。如果采取草率的改变方式，金融问题就会很快出现，并滚雪球式扩大。

第二个挑战是可以通过功能完备的金融体制创造并发展出良性循环。金融监管是改善公司治理的关键部分。反过来，有效金融市场的累积过程也是公民构建自己财富存量的基本过程。中国需要保障这一累积过程以保护在未来10年到20年内这部分老龄化人口的利益。养老基金和共同基金也可以为大部分人口提供社会保障，并要保障这些人在过去几十年中的经济收益不会受到损害。如果有一个有效资本市场可以让养老基金、共同基金和保险公司从事投资的话，它们才可以有效地发挥自己的作用。正如第7章所讨论的，中国独一无二的人口结构将导致人口迅速老龄化，并转过来在未来几年中给养老金制度造成巨大的压力。即将到来的人口老龄化将使中国面临需要在相对较短的时间内创建一个既深且宽的金融体制的挑战。中国公民并没有足够的投资选择来规划自己的未来，他们只能过分依赖政府提供养老金，唯有通过进一步的金融市场改革，中国公民才能有机会进行投资并为未来的安康提供充足的保障。中国的金融体制在真正服务于这些多样化需求之前，仍然需要有进一步的发展步骤。一旦做到了这些，在不同金融领域中日渐完善的体制将相互强化各自的正面效应，并创造出一种更为透明和更加稳定的体系。

由于中国已经在2001年12月加入了世界贸易组织，取消对外资银行业务的限制就提上了议事日程。根据日程表，中国于2006年12月11日允许外资银行可
481 以在没有地域限制的情况下，对中国消费者提供人民币相关业务。即使在5年的准备期之后，适应这种变化都非常困难。中国当代银行业的内部竞争非常弱，竞争在改善银行效率方面的作用也非常有限。我们希望中国的银行可以利用庞大的国内业务网络来获取更多的资金，但外资银行似乎更愿意在更先进的沿海城市积极争夺更有吸引力的借款人。我们预期银行部门会在这一轮激烈的竞争中发生巨大的变化。与此同时，奄奄一息的中国股票市场也完全有可能逐渐复苏过来。5年的下降期内也会使市场上过高的价格下降，在这一过程中采用的机制与政策也有助于消除阻碍健全市场发展的大部分暗礁。如果中国能够在未来的10年中维持住金融稳定，我们预算随着金融部门的进一步宽化和多样化，金融部门

将进入一个快速发展的阶段，日益满足中国经济的发展需求。

进一步阅读的建议

关于比较金融体制和经济发展的文章，可以见莱文(Levine，1997)和艾伦、徐浩辉和马达洛尼(Allen，Chui and Maddaloni，2004)。对中国股票市场的出色研究和介绍见：王志浩(Green，2004a，2004b)，以及沃尔特和侯伟(Walter and Howie，2003)。拉迪(Lardy，1998)首次阐述了中国的银行在 20 世纪 90 年代的困境。星岳雄(Hoshi，1995)则对日本处理“二战”后庞大的坏账问题有过讨论。经合组织(OECD，2005)提供了最新数据。

数据和图表资料来源

欧洲转型经济体的数据来自迪特斯和普劳斯(Dittus and Prowse，1996)，卡皮罗和莱文(Caprio and Levine，1994，16)。2001 年的亚洲经济比较数据来自瑞士信贷第一波士顿银行(CSFB，2002)。香港因为自己的区域内金融功能所以有较高的 M2/GDP 比(281%)。

图 19.1：中国人民银行研究报告(1992)；《中国统计年鉴》(*SYC*，2005，675)。

图 19.2：中国证监会网站。

图 19.3：世界发展指数。

图 19.4：世界发展指数。

表 19.1：中国人民银行(PBC，2002，30；2003，13；2004，18；2005，18)。登录 www.pbc.gov.cn 获得。

表 19.2：中国证监会网站，2003 年。

表 19.3：中国证监会网站，2004 年。数据摘自 www.cbrc.gov.cn/。

表 19.4：中国证监会网站。 482

参考文献

Allen，Franklin，Michael Chui，and Angela Maddaloni(2004). “Financial Systems in Europe, the USA，and Asia.” *Oxford Review of Economic Policy*，20(4)：490—508.

Boyreau-Debray，Genevieve，and Shang-Jin Wei(2005). “Pitfalls of a State-Dominated Financial System：The Case of China.” NBER Working Paper No. 11214，(March). Cambridge，MA：National Bureau of Economic Research. At http://www.nber.org/papers/w11214.pdf

Caprio，Gerald，Jr.，and Ross Levine(1994). “Reforming Finance in Transitional Socialist Economies.” *World Bank Research Observer*，9(1)，January，pp. 1—24.

CBRC. China Bank Regulatory Commission. www.cbrc.gov.cn

CBRC(2006). “The Achievement of Rural Credit Cooperative Reform Are Evident.” www.

cbrc. gov. cn/mod_cn00/jsp/cn004002. jsp?infoID=2279 & type=1.

CSFB(2002). Credit Suisse First Boston (Hong Kong) Equity Research. *China Financial Landscape: Metamorphosis-incomplete*. Hong Kong: CSFB, December 5.

Dittus, Peter, and Stephen Prowse(1996). "Corporate Control in Central Europe and Russia: Should Banks Own Shares?" In Roman Frydman, Cheryl Gray, and Andrzej Rapaczynski, eds., *Corporate Governance in Central Europe and Russia*, vol. 1: *Banks, Funds, and Foreign Investors*, 20—67. Budapest: Central European University Press[Distributed by Oxford University Press].

Gale, Fred, and Robert Collender(2006). "New Directions in China's Agricultural Lending." USDA WRS-06-01. www. ers. usda. gov/publications/WRS0601/WRS0601. pdf

Green, Stephen(2004a). *Enterprise Reform and Stock Market Development in Mainland China*. Frankfurt: Deutsche Bank Research, March 25.

Green, Stephen(2004b). *The Development of China's Stock Market, 1984—2002*. London and New York: RoutledgeCurzon.

Hoshi, Takeo(1995). "Cleaning Up the Balance Sheets: Japanese Experience in the Post-War Reconstruction Period." In Masahiko Aoki and Hyung-Ki Kim, eds., *Corporate Governance in Transitional Economies: Insider Control and the Role of Banks*, 303—59. Washington, DC: World Bank.

King, Robert G., and Levine, Ross(1993)"Finance and Growth: Schumpeter Might Be Right." *Quarterly Journal of Economics*, 108(3), August, 717—738.

Lardy, Nicholas R. (1998). *China's Unfinished Economic Revolution*. Washington, DC: Brookings Institution.

Levine, Ross(1997). "Financial Development and Economic Growth: Views and Agenda." *Journal of Economic Literature*, 35(2), June, 688—726.

Ma, Guonan, and Ben S. C. Fung(2002). *China's Asset Management Corporations*. Basel, Switzerland: Bank for International Settlements. (BIS Working Papers No. 115, August.)

Meek, Paul(1991). "Central Bank Liquidity Management and the Money Market." In Gerard Caprio, Jr., and Patrick Honohan, eds., *Monetary Policy Instruments for Developing Countries*, 17—19. Washington, DC: World Bank.

Morck, Randall, Bernard Yeung, and Wayne Yu(1999). "The information content of stock market: Why do emerging markets have synchronous stock price movement?" *Journal of Financial Economics* 58, 251—260.

OECD(2005). *OECD Economic Surveys: China, Issue* 13. Chapter 3: "Reforming the Financial System to Support the Market Economy," 137—176. http://hermia. sourceoecd. org/vl=2758661/cl=12/nw=1/rpsv/～3805/v2005n13/s1/p11.

Park, Albert, and Kaja Sehrt(2001). "Tests of Financial Intermediation and Banking Reform in China." *Journal of Comparative Economics*, 29:608—644.

PBC(Various years). People's Bank of China, Monetary Policy Analysis Group. *China Monetary Policy Report*. Beijing: China Financial Publishing House. 483

PBC Research(1992). People's Bank of China, Research and Statistics Department, *China Financial Statistics(1952—1991)*. Beijing: Zhongguo Jinrong.

SYC(Annual). *Zhongguo Tongji Nianjian*[Statistical Yearbook of China]. Beijing: Zhongguo Tongji.

Walter, Carl, and Fraser J. T. Howie(2003). *Privatizing China: The Stock Markets and Their Role in Corporate Reform*. New York: Wiley.

Xu Xiaobo et al. (1994). *Zhongguo Nongcun Jinrong de Biange yu Fazhan 1978—1990* [Chinese Rural Finance Change and Development, 1978—1990]. Beijing: Dangdai Zhongguo.

第7篇

结论：中国的未来

从浦东金茂大厦鸟瞰上海

第 20 章

环境质量与可持续增长 487

几百年来，中国有限的自然资源带来的人口压力，已经造成了环境的严重退化。100 年前，中国的大部分地区已经日趋沙漠化。现代经济的增长给中国带来了另一种挑战，大规模的污染和对自然资源难以为继的需求。中国的许多地区都出现了经济快速增长而环境日趋恶化的景象。中国的环境问题到底有多严重？环境问题威胁到了大多数中国公民为高品质生活而作出的努力吗？本章只是对中国的环境问题进行介绍，并不试图对这些问题作出明确的回答。

经济学家常常透过"库兹涅茨环境曲线"来看待环境问题。根据库兹涅茨(Kuznets)的观点，污染和其他环境问题在经济增长的初期会越来越恶化，而当一国达到了中等收入水平时，环境则开始改善。对库兹涅茨的这一模式存在与技术和偏好相关的争论。从技术角度来说，与工业化的早期阶段相关联的是相对简单的生产技术的迅速普及，这种简单的生产技术虽然相对容易掌握，但也会产生大量的副产品和污染。随后，由于有了更为广泛的技术基础，就有了获取更为清洁并更为有效的生产技术的能力。根据偏好原则，穷人为了增加收入和增加消费而优先考虑经济增长，是可以理解的事情。公共环境品质是一种"奢侈品"，因此，在收入较低的阶段，对环境品质的需求非常有限。但在收入增加达到一定水平时，对环境品质的需求会迅速提高。这种观点实际上对环境问题持有一定程度的乐观态度。因为它意味着，随着经济的发展，这些国家将会重视环境问题，也会着手解决自己的环境问题。

至于库兹涅茨环境曲线是否准确描述了发展中国家经历的多样性途径，人们说法不一(Stern, 2004)。不管怎样，这是一个有益的工具，我们可以借这个工具 488
对中国的环境问题进行一个简短讨论。很显然，在过去 20 年里，中国已经经历了严重的环境恶化，同时也有证据表明，中国的库兹涅茨环境质量曲线仍在向下倾斜。库兹涅茨曲线也提醒我们，环境质量说到底是由诸多经济的、技术的和社会的因素综合作用的结果。过去 20 年里，中国在一些重大领域的环保工作取得了长足进步，全民和政府决策层对中国环境问题的重视程度日益增加。对环境问题的分析能力，以及实施和投资更清洁更有效的生产技术的能力，也在日益提高。有时候人们会说，中国以牺牲环境为代价赢得了经济的高速增长，但是，经济发展也为中国提供了解决其他环境问题的手段。这些相互作用的因素是否会使中国的库兹涅茨环境曲线转过拐点往上倾斜，我们还辨不清楚。

中国环境意识提高的标志，就是国家对环境政策的重视和环保机构的设置。20 世纪 80 年代，中国设立了环保机构。1988 年，国家环境保护局（NEPA）获得独立的行政权，成为国务院直属的行政机构。1998 年 3 月政府机构精简，但环保部门却不受政府精简机构的影响，更名为国家环境保护总局（SEPA），上升为部级。地方政府县级以上都设有环保局。1993 年，国家环保局列出了中国亟待解决的对自然生态体系和经济增长都有长期影响的重大环境问题。

我们可以把环境问题分为两组（见图 20.1）。第一组涉及广义上的污染问题。污染造成了巨大的现实成本（current cost）。城市空气污染导致每年 10 万多人死亡，以及数百万美元的医疗成本。中国不仅空气污浊，而且污浊情况日趋严重。同时，从乐观角度说，污染也是环境问题中最容易受到经济发展和不断变化的人口偏好之影响的一个方面。今天，中国城市的空气不比 20 世纪 50 年代西方主要城市的空气更糟，中国的城市居民也开始要求改善他们呼吸的空气。第二组问题涉及资源利用的可持续性。在这些方面，经济活动损害了自然体系本身的补偿能力。但自然资源耗竭需要付出的代价，不一定会在今天的经济中显现出来。实际
489 上，自然资源耗竭的程度可能不会引发问题，但是，因为我们无法确切知道资源耗竭的边界在哪里，或者说，我们不知道自然系统的承载能力会发生什么变化，所以这些可持续性问题将形成对人民福祉的长期挑战。水在两组环境问题中都是至关重要的资源。目前，水也受到严重污染，且正在以不可持续的方式过度利用。在污染和可持续性两个方面，水是最重要的交接领域。人们长期关注的另一个领域是中国能源生产中大量使用并严重依赖的煤炭对气候产生的影响。即使中国大大改善了煤的利用效率，中国快速增长的经济也会使煤炭的使用量稳步增加，从而导致更多地方的空气污染，以及温室气体和全球变暖。

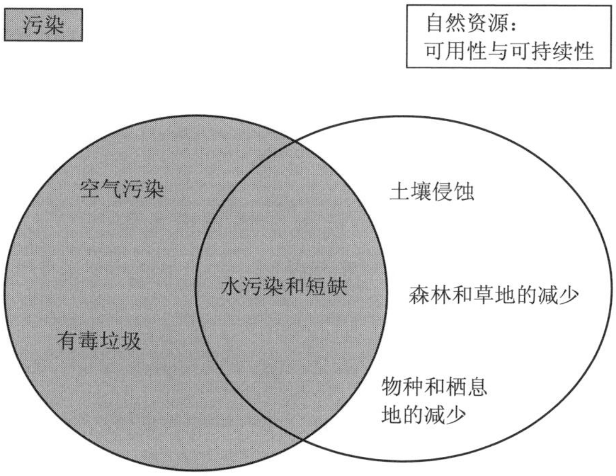

图 20.1　污染与资源的可持续性

20.1　污染

空气和水的污染损害了人类健康、工人的生产效率和农业收成。由于经济规模日益扩大，也产生了更多的废料。1990 年以来，煤的利用翻了一倍。2005 年，煤产量超过了 20 亿吨。煤在燃烧的时候会散发出特殊物质，如硫璜、一氧化物， 490
并向空气中排放温室气体。表现为煤、生物材料（biomass）和石油产品的能源消耗，应对空气污染负主要责任。同时，控制污染的一些努力也开始初见成效。

20.1.1　空气污染

今天，中国的城市，尤其是大城市的空气质量，是由各种相互作用的因素造成的。由于工业排放受到控制，家庭燃料不再使用煤炭，所以空气质量有所改善。但工业的增长和汽车运输的增加也引起了污染程度的增加。这些问题造成的后果各个城市不尽相同，具体的污染情况也有不同。

一直以来，改善空气污染的主要途径就是减少家庭使用燃煤。不久前，城市家庭的取暖和做饭还主要使用燃煤，但城市家用燃煤在 1998 年达到高峰以后出现明显下降的趋势。现在，80％的城市居民都使用燃气做饭。随着燃气、电力和集中供暖的普及，许多城市居民家中的室内空气质量得到明显改善。在农村地区，室内空气污染仍然是个严重问题。大约半数的农村人口仍在使用未经改良的炉灶烧煤炭和柴火，因而在空气中产生出悬浮颗粒、硫璜、氮气、氧化物、一氧化碳和其他污染物。室内空气污染物导致很多呼吸道疾病的产生，呼吸道疾病是农村人口死亡的第一病因和城市人口死亡的第三病因。

由于悬浮颗粒(TSP)的减少，所以很多城市的室外空气污染问题有所改进。尽管煤是悬浮颗粒的主要来源，而且煤的使用还在增加，但由于控制了煤的使用和改变了煤炭开发的方式，悬浮颗粒的稠密度已经下降。现在，大部分煤炭都是在大型而且设备条件更好的发电厂用来发电。虽然二氧化硫的排放仍然保持不变，但因为硫化物监控措施不很得力，所以未能有效地抵消日益增加的煤的使用。在许多城市，空气中的悬浮颗粒和二氧化硫处于世界最高水平之列，超过了世界卫生组织设置的参考线，也超过了中国政府的空气质量标准。

对空气质量影响最大的负面效应还是卡车和轿车的急剧增加。中国汽车的保有量已经从1990年的550万辆增加到2005年的4 300万辆(其中包括1 150万辆摩托车和其他低能耗车辆)。汽车排出的颗粒有硫、一氧化碳、二氧化氮以及易
491 挥发的有机化合物。铅是一种特别有害的污染物，因为铅会对孩子的智力和天资产生不可逆转的影响。直到1999年，中国才开始减少含铅汽油。自20世纪80年代以来，内燃机的主要副产品——二氧化硫急剧上升，二氧化硫导致了臭氧、光化烟雾和温室气体的形成。欧洲航天局近期完成了一项全球监测项目。该项目用卫星监测2003—2004年18个月中全球二氧化硫浓度的分布情况。监测显示，华北平原的二氧化硫浓度居全球之首，而北京周边地区尤为突出。现在，华北的情况已经超过了大量排放二氧化硫但情况较为稳定的美国东北部(Beirle, Platt and Wagner, 2005)。不管怎样，在过去20年里，中国城市的雾越来越多，但沙尘有所减少。

20.1.2 水污染

从1980年起，在工业迅速发展、人口猛增、城市扩大和大量使用化肥农药的压力下，中国地表水和地下水质量急剧恶化。由此而使水污染成了城市和乡村饮水的严重问题。污染物的主要来源包括：

工业废水。纸浆和造纸、冶金、化工厂是严重的污染源。农产品生产过程造成了生化需氧量(oxygen-demand)污染。生化需氧量使水耗尽了氧气，也因此失去了支持植物健康生长的能力。大型工厂的污水处理已经取得了长足进步。今天，大型正规工厂90%的工业废水已经经过了某种程度的污水处理。然而，包括乡镇企业在内的小型工厂，常常没有处理污水的能力。

城市污水。10年前，城市污水几乎没有得到任何妥善处理。中国一直在推动城市污水处理工程的改进。据报道，截至2003年，只有42%的城市污水得到处理。

农业污水。密集使用含硫化肥和农药是农村水源污染的根由。低质量的化肥及含硫化肥(相对于磷肥和钾肥)的过量使用,特别是廉价的碳酸氢铵(可快速溶解,易被冲入溪流、湖泊和蓄水层)的普遍使用,恶化了农业水污染问题。近年来,农药的使用更为普遍,农药的使用已经使一些物种(鸟类)绝迹,一些重要的水体受到污染。畜牧场的动物粪便是产生生物需氧量和大肠杆菌污染的主要根源。根据一项研究,杭州湾的生态平衡之所以受到严重威胁,主要是由于与农业相关的排出物造成了 88%的化学需氧量污染。

这些污染导致水质低劣,尤其导致了水资源短缺的华北地区的水质低劣。492
表 20.1 是一些相关数据。水质如果低于五级,实际上意味着水里有毒,人们接触这样的水显然不安全。这种水甚至不适合灌溉,即使经过净化处理,人们使用起来也不保安全。包括辽河、海河和淮河水系在内的半数的河流,都属于这一范畴,而黄河水的三分之一也属这种情况(见图 20.2,该图显示了这些水系的情况)。这些河流都存在上述三种严重的污染问题。由于生物需氧量和化学需氧量,水已经趋于海藻化,具体表现为氧气耗竭,因此水里只能生长细菌以及鞭毛虫藻,无法存活高级生命形态。大量的重金属,比如铬、汞和铅,长期沉积在水中和河床上。水中还大量含有氯化碳氢化合物(比如聚氯联苯和滴滴涕——虽然禁用,但仍有人使用)。四级水只能用于工业或某些公共用途,不适于人类直接接触。三级水达到了人类直接接触的标准,也可以储存起来,经净化处理后饮用。一级水是没有污染的水,华北地区只有约三分之一河流的水达到了人类可以直接接触的标准。而且,在全部河水流域中,人口居住最多的下游城市的水质最差。

表 20.1　主要河流的水质级别(2003 年)

	河流长度(千米)	每一质量级别占总长度的百分比					
		1 级	2 级	3 级	4 级	5 级	低于 5 级
全　国	134 593	5.7	30.7	26.2	10.9	5.8	20.7
松花江	11 135	0.9	9.2	35.5	32.4	5.2	16.8
辽　河	4 529	1.6	8.8	17.6	8.6	13.5	49.9
海　河	10 719	3.1	17.3	18.2	6.1	2.8	52.5
黄　河	13 721	7.6	14.1	11.8	17.7	16.8	32.0
淮　河	11 621	2.1	8.8	16.8	15.4	8.0	48.9
长　江	38 513	8.9	37.3	31.3	6.4	5.8	10.3
珠　江	16 061	2.0	47.2	25.7	9.2	2.1	13.8

北方水资源严重短缺使污染问题雪上加霜。在旱季，地方水厂为了保证本地用水会截流蓄水，但这样做的同时，也存储了大量污染物。等第一场雨到来的时候，控制闸门的人一旦打开闸门放水，大量污染的废水也冲入了主河道。近年来，各地方当局为减少这类问题加强了地区合作，以确保河水的流动（和冲洗）。到
493 2004年，黄河已经不受阻断地畅流了5年，一改过去每逢旱季就出现的黄河断流现象。但是，这些努力尚未使黄河全流域的水质明显好转。

淮河流域的情况尤其令人忧心。1994年，淮河突如其来的污染毒杀了数不清的鱼类，引发了四处蔓延的疾病，迫使沿河流域的城市和工业进水口全部关闭。伊科诺米（Economy，2004）对这一事件如何惊动了中央政府，并使政府启动了大规模淮河治理规划进行了描述。时任总理李鹏宣称，一定要在2000年前治理好淮河污染，并要求在下一个10年投入600亿元人民币（约合72亿美元）用于淮河的污染治理。然而，这一耗资巨大、雄心勃勃的项目最终并没有实现其目标。实际上，如表20.1所示，淮河依然是中国污染最严重的河流。尽管不缺资金，但地方政府要保护自己的本地工业，不想让它们在生产升级上大把花费资金或是停工。所以，水质改善一直难见成效。

南方河流的污染要轻一些。南方河流污染程度较轻在很大程度上要归因于南方水量充沛，河流具有较强的吸收能力。尽管如此，南方仍有很多严重的污染地区。位于长江上游的直辖市重庆成立于1997年，这座城市的水质就未能达到国家环保局的标准，水中大量含有化学需氧量、铬、汞、铅、氨型氮、石油、酸和大肠杆菌等。与三峡大坝相关的担心是，大坝会将人口高度密集的重庆地区的污染物全部拦住。

20.1.3 污染的代价

空气和水的污染损害了与其密切相关的人们的健康，降低了工人的生产力，使自然资源发生退化。污染造成的损害的代价有多大？中国决策者最担心的危害是什么？大量的研究试图量化污染给中国经济带来的成本，但目前这些研究还没有取得一致意见。

1997年，世界银行雄心勃勃地希望对中国污染的成本进行计算。根据这项研究，整个空气和水的污染成本估计在每年540亿美元左右，或大约占国民生产总值的8%。这些成本当然不会使增长率降低，也不会减少经济增长的意义，但这些持续存在的成本降低了中国全民每年的福利。其最大的损失在于：

- 由城市空气污染导致的健康损害——特别是慢性支气管炎。
- 与室内空气污染有关的健康损害。 494
- 水污染——尤其是重金属污染和中毒引起的慢性疾病。
- 酸雨导致的农作物和森林受损。
- 孩子由于严重的铅中毒而引发的神经系统损害和智力减退。

这项研究对与城市空气污染有关的全部健康损失和生产力损失进行了计算，其中包括去医院和看急诊，以及因病暂停工作和慢性支气管炎使人体日渐衰弱造成的损失。根据这种计算，每年的成本约在 200 亿美元以上，是当今中国最大的一笔单项污染成本。如果中国能达到自己设定的二级空气污染标准，那么，中国每年可避免 17.8 万人的死亡，以及每年因城市空气污染水平超标而给 450 万人带来的危害。根据保守的估算，室内空气污染每年造成 11.1 万人的死亡。由室内燃煤引发的健康问题与吸烟引发的问题大体上程度相当。水污染不仅损害人类健康，也对渔业和农业（由于灌溉用水的污染）有很大影响，因此使清洁水源供应的费用日趋增多。对供水和公共卫生进行改进，可以从根本上减少像肝炎和腹泻这类容易引起婴儿夭亡的严重疾病，减少婴儿的死亡。然而令人奇怪的是，相比其他发展中国家，由水污染引起的疾病在中国并不常见，水污染引起的疾病与空气污染引起的呼吸道疾病相比，其成本相对较小。污染还存在其他的隐性成本。比如，据估算，中国至少有 5 000 个所谓的棕色地带，即化学或固体垃圾场。实际上，这些垃圾场都没有得到清理，也没有人知道它们的隐性成本有多大。

20.1.4　环境污染控制

20 世纪 80 年代，中国开始把控制环境污染放在了重要位置。1997—1998 年后，由于政府重组（国家环境保护总局变成了部级国家机构）以及包括长江发大水在内的一系列与环境有关的灾害的发生，使环境问题渐渐成为优先考虑的问题。因此，资源向各类污染控制工程的流动日益增加。总之，中国官方数据已经表明，2003 年，中国国民生产总值的 1.4%投入了污染控制项目，这确实是实实在在的一大笔钱。这笔钱中的大部分都投入了城市基础建设，其中多数被用于治水治污，其次则用于绿化，还有少量的资金被用于减轻工业污染和新建工厂的污染控制设备（*Environmental Statistics*，2004，7，96）。

中国是较早采用污物处理付费制度的国家。这一制度使专用于减少污染物 495

的资金流稳定增加。2002 年全年，这笔收费的总数超过了 60 亿元人民币（约合 7.5 亿美元）。排污费有一些明显的好处，尤其有助于鼓励企业采用低成本的方法改善自己的环境。然而，中国的这种收费制度也受到了批评。为了给污染物处理的投资增加资金，这笔收费常常又返还给排污企业，但对实际如何花费这笔资金的监管力度则非常不够。腐败和经费挪用一直是某些地区存在的实际问题——而且，地方环保部门实际上也有心对污染企业的污染采取庇护的态度。原因很简单，这样做可以为他们带来持续不断的财源。不管怎样，中国确实已经取得了一些重要成果。一般而言，大型企业工业废料的减排一直是中国环境政策中相对受人称道的一个部分。根据国家环保总局（SEPA，2004）的报告，尽管工业生产仍在急剧增长，但工业废料的排放总量已经稳定下来。按化学需氧量测算的工业污水排放总量，也有了某种程度的减少。1997 年后，工业重金属污染的减少非常显著，石油产品的排放也明显降低。如果这种情况能保持下去，这就是一个重大成就。

20.2 可持续性

并非所有的环境问题都可以追溯至污染，污染问题也不可能有效地按照实际成本或占国内生产总值的百分比进行大致的估价。中国的重大环境问题都与中国对自然资源之巨量需求的协调有关。由于大量且未知的成本都被推到了未来，所以这些问题很难进行量化。而且，也没有哪个市场能反映这些活动的真实成本。在某些情况下，我们也很难或者根本不可能设计出这样一个市场。同时，作为一个转型经济体和发展中国家，中国的市场发展也不很完备。此外，中国还存在一个巨大的危险，即缓慢增加的成本可能会在突然间达到“峰值”。也就是说，成本的增加不是由于对资源需求的线性关系而出现量的增加，而是一旦达到了环境的“承载能力”水平时，可能出现质的增加。

20.2.1 污染和全球变暖的广泛影响

由于中国的经济规模日见增大，中国的污染和资源利用的牵涉面也在增大。比如说，空气污染已经造成了地区性和全球性后果。矿物燃料燃烧后，硫的氧化
496 物和氮与空气中的其他化学物质混合，形成了硫酸和硝酸，硫酸和硝酸又凝结成酸雨。同时，这些气体排放物可以停留在大气中达几天时间，在以酸雨形式落入地球表面之前，还会飘移成百上千千米。中国的南方，特别是四川、贵州、广西和湖南，是酸雨最多的地区。这些地方不仅大量使用含硫量很高的煤，而且连土壤

都是天然的酸性土壤。

中国是造成全球变暖的重要因素。中国是温室气体的第二大排放国，排名美国之后。而且，中国的碳排放还在急剧增加。根据大多数人的估算，中国每年的碳排放约占全球的 15%，而美国的碳排放占全球的 23%。正如我们在第 14 章中所述，20 世纪 90 年代末，由于中国统计报告出了毛病，所以人们严重低估了煤炭的使用，因此也使人们对中国有效控制碳排放的能力持过于乐观的态度。现在我们已经知道，中国碳排放的总量一直在持续增长。假设中国 2005 年的统计报告对煤的总产量计算准确的话，那么，中国的煤炭生产及碳排放自 1996 年以来一直都在增长，而且在某种程度上更加快于 1996 年之前的增长速度，年增长率已经从 1996 年前的 4.6%增加到 5.1%。按照这一增长率，中国将在 2015 年到 2020 年间的某个时候赶上美国，成为世界上最大的二氧化碳排放来源国。

关于中国在世界气候控制体系中所担当的角色，一直以来就存在很大的争议。《京都议定书》中并没有要求包括中国和印度在内的发展中国家控制二氧化碳的排放。批评《京都议定书》的许多评论家认为，如果没有中国和印度的参与，任何全球性制度都没有意义。中国的决策者认为，按照库兹涅茨环境曲线的总体精神，发展应该是第一位的，发展中国家在发展过程中不应受到限制，发展中国家对全球公共事业的贡献可以稍后再议。他们还指出，即使中国的碳排放赶上了美国的碳排放水平，但人均碳排放量仅仅是美国的四分之一。那些持中间观点的人则指出，由于中国受落后技术的局限，所以反而有机会以绝对低的成本减少碳排放。符合各方利益的是建立一种国际制度，这种制度既可以通过排污交易配额，又可以通过其他机制，鼓励中国减少碳排放。

相对而言，中国仍然是一个能源密集型经济体。正如我们在第 14 章所述，2002 年，中国每生产相当于按购买力平价计算的 1 美元国内生产总值，就需要大约 0.23 公升的石油。将这个数字与很多正在工业化的中低收入国家约 0.15—0.25公升的水平作一个比较，中国的能效还有待继续改善。在过去 25 年中，中国一直在稳步减少生产给定的国内生产总值所需的能源投入。中国还是有很多可以继续改善能效的机会。不管怎么说，相比较而言，中国仍然可能是能耗密集型经济体。这里的根本问题是，中国严重依赖煤来发电(见第 14 章)。烧煤很是便宜，但要按环保要求来烧煤就昂贵了许多。中国一些沿海地区正转为进口石油产品，因此中国还是存在选择低污染的替代技术的空间。但是，中国大多数地区在可预见的未来仍将继续依赖燃煤。因此，环境改善一是依靠煤炭的有效使用（尤其是要通过大型的环保发电厂集中发电），二是增大对污染控制设备的投资。此外，中国工业产出总量（见第 6 章）如此巨大这一事实也不可避免地意味着每单位国内生产总值的高能耗。像钢铁、水泥和化工这些行业，显然也是一国经济中最大的能耗大户。据此，中国的温室气体排放必然会持续上升，而且最终会使中国成为全球变暖最大的单一来源国。在此期间，全球变暖已成为事实。

20.2.2 土地资源和水资源的可持续利用

更宽泛的可持续性议题与土地资源和水资源纠缠不休的可持续性问题相关联。因为中国实际上已经没有了尚未开发的可耕地，所以任何情况的现有耕地的减少，都必须审慎对待。同时，现有（或剩下的）农业用地的生产力和价值也一直在增长。土地是否够用似乎不是农业产出或粮食是否够用的主要障碍。除了农业用地转向非农业用途（建设住房、修道路和建工厂）之外，农田退化也是耕地减少的实际原因。污染是农田退化的主要因素，但绝不是最重要的因素。相反，与供水是否合适相关的问题，才是土地退化的主要问题。在错误的时间和地点进行了过度的灌溉，会使土壤受到水的侵蚀，而供水太少，又会导致土地荒漠化（参见表 20.2）。侵蚀性退化集中在中国的西部地区，西部地区总体上供水不足。地面植被稀疏，而季节性降雨则导致大片水土流失，造成侵蚀性退化。1998 年的长江大水就直接与上游乱砍滥伐和侵蚀性退化导致的环境恶化有关。

498 **表 20.2 可耕地退化的主要原因**

	占总体的百分比
侵蚀性	48
荒漠化	18
盐渍化和水涝	7
污染	12

20.2.2.1 荒漠化

荒漠化也是一个大问题。正如我们在第 1 章所强调的，中国是一个干旱国家。瑷珲—腾冲线以西的大片土地都是荒漠。但是，荒漠一直在向东移动，移动的主要原因是中国人类活动的影响。草原和林地的过度开发大大降低了土地植被的再生能力。在日趋恶化的生态缓冲区内，沙漠的蔓延速度非常快。1994 年和 1999 年，国家林业局对沙漠面积进行了大规模调查。调查发现，仅在 5 年时间内，沙漠就增加了 5.2 万平方千米。一个最严重的后果就是沙尘暴迅速增加。2002 年 3 月，两次严重的沙尘暴横扫华北，白天的能见度锐减，空气中的悬浮颗粒笼罩在整个北京上空。这次的沙尘暴掠过中国，影响到了韩国和日本，导致学校放假，有些城市就像穿了一层薄薄的尘衣。

近年来，荒漠化日渐严重的最重要原因之一，就是内蒙古和中国北方其他牧区的草原一直存在过度放牧的现象。在这些地区，集体公社解体后牲畜分配到户，所以畜牧规模迅速扩大。由于每个家庭都在寻求自身放牧收益的最大化，而使“公用品悲剧”(tragedy of the commons)日趋加深。中国有很大一部分是草原，草原占了全部土地面积的 40%以上。对沙漠周边的草原边缘地区日益强化的开发，使一些地区出现了灾难性的后果。中国的决策者已经认识到了 20 多年来沙漠化的危险，但还没有实施能够阻止沙漠化加剧的政策措施。中国现在用植树形成的“防风林带”来抵御沙漠化的进犯。实际上，尽管通过退耕还林、植草和加大灌溉，中国已经成功恢复了 5 700 平方千米的土地，但从 1994 年到 1999 年，沙漠的扩张仍在继续。虽然中国中部离主要水源并不太远的多数地区都得到了改造， 499
但大部分沙漠化发生在中国北方，特别是牧民聚居的边远地区。

20.2.2.2 森林和草原

由于中国的可持续发展政策实际上一直效果不错，所以阻住了日益扩张的沙漠。多年来，政府一直把植树造林作为国策，作为公民的责任，还屡屡当成群众运动进行动员。从长期看，政府对植树造林重大意义的不断强调也得到了很大的回报，中国森林覆盖面积的增长已经超过了过去 40 年的增长。第六个国家林业资源编目(1999—2003 年)显示，森林覆盖面积已经提高到占国土面积的 18.2%(1.75 亿公顷)，甚至高于以前森林资源编目(1994—1998 年)显示的 16.6%的数字。在 1962 年的第一个森林资源编目中，森林覆盖水平极低，只占国土面积的 8.9%(Roumasset, Wang and Burnett, 2004)。但是，这些统计数据掩盖了林地品质事实上的恶化现象。新植的森林植被选用的是少数生长速度较快的树种，这类树种遍及中国人口稠密的居住地区。同时，大量树种繁多且树龄较老的森林林地却不断消失。1998 年，长江上游的乱砍滥伐和毁林导致了长江大水，中国的决策者下令禁止砍伐西南地区的大片森林，这也是他们面对长江洪水的警告所作出的反应。这一严厉措施延缓了对中国现有的最大森林资源的开发速度。从长远来看，对现有森林的保护还有赖于进一步发展产权制度和各种法规，以及对当地居民保护林地实施必要的激励机制。

新千年到来后，中国政府鼓励处于森林和草原边缘的农田通过各种计划实施用途转换。其中最重要的一项就是"退耕还林"，即在5—8年的时间内，为那些将土地从耕地转变为森林或牧场的农民提供补偿，同时也允许农民保有土地所有权。1999年10月，中国西部三个省份四川、陕西和甘肃开始试点退耕还林，到2001年底，这三个省份的农民共计退出了124万公顷的耕地。从2002年到2003年，在全国范围内按此方式退出农业生产的耕地总面积超过200万公顷，但在2004年则下降为73.3万公顷(因为农产品价格较高而执行政策的热情较低)。总之，这一计划使中国约5%的耕地休耕，为中国大片边缘土地提供了休养生息的机会。

500 20.2.2.3 水资源

土地资源和水资源的相互作用也通过以下事实显示出来，即灌溉显然仍是中国水资源的最大用途，灌溉用水大约占全部水资源利用的三分之二，但这一比例已经在缓慢下降。让人忧虑的是，中国现在已经被迫依赖于不可持续的做法来维持当前的城市和农业供水。我们已经指出过中国北方对河水的迫切需要，以及河流受到严重污染的情况。对地下水的过度开发也是一个与之相关的严重问题。用这样一种耗竭资源的方式利用地下水(蓄水层和地表水)，有时候可以称之为"开采水源"(mining water)。这个问题在华北地区尤为严重(Cheng, 2002, 52—63)。20世纪70年代初，华北平原为了实施管井灌溉而大量抽用地下水资源，北京的地下水位从50年代的地下5米下降到1994年的地下50米。因此，从这些地下水源取水不仅更加困难，而且成本更高。现在，私营企业也在打深井卖水，以此增加水的供应，这种做法也增加了对供水可持续性的长期威胁。这个问题对小麦的种植最为严峻。小麦的种植除了正常的雨季供水之外，还要依赖于灌溉(Lohmar and Wang, 2002)。可以想象，如果粮食价格持续低迷，而水的成本又持续上升的话，华北平原可能会中止种植小麦。

城市也一直在增加用水量。由于用水量的增加，许多城市现在不仅取水困难，同时还伴有地面沉陷。包括天津和上海在内的沿海城市就出现过较大的沉陷问题。沿海地区地下水源的枯竭使得盐水侵入水源，因此被迫放弃上千眼水井。虽然这个问题非常严重，但解决这一问题更是代价高昂。在采水、储水和输水的一连串环节中，几乎每个环节都需要进行有效的改进。通常，向农户征收的灌溉用水费用，大约只占供水成本的36%(Lohmar et al., 2003)。较高的价格有助于节约用水，可以把水转向价格更高的非农业用途。但是，我们并不能保证这些有效的措施可以用一种及时有效的方式得到采用。中国的农业是小规模经济，拥有 2 亿多农户，按送水量收费既不划算，也不太有效。水资源利用的问题可能还会由于水坝和灌溉设施的老化而进一步加重。在中国人口集中的繁华地区，许多设施都兴建于 20 世纪 50 年代，其中有的使用的是土坯砖或砖块。这些设施现在已经严重淤塞，迫切需要进行修理和改造。根据尼克姆(Nickum，1998，890)的说法： 501
“现在或是未来的一段时间内，灌溉区面临的主要压力，突出表现在灌溉工程本身的老化。”

上述忧虑促使政府在水利建设方面拿出更多的投资来解决这些问题。在北方城市，过去一直是过度开发河流和使用地表水库，然后是过度利用地下水资源，最后只得求助于长距离调水(Smil，2003，157)。中国政府批准规划一个南水北调工程来减轻华北的用水压力。这项工程有三条可供选择的线路(参见图 20.2)。西线造价昂贵，但可能提供最优质的水源。东线最便宜，但提供的水质最差。中

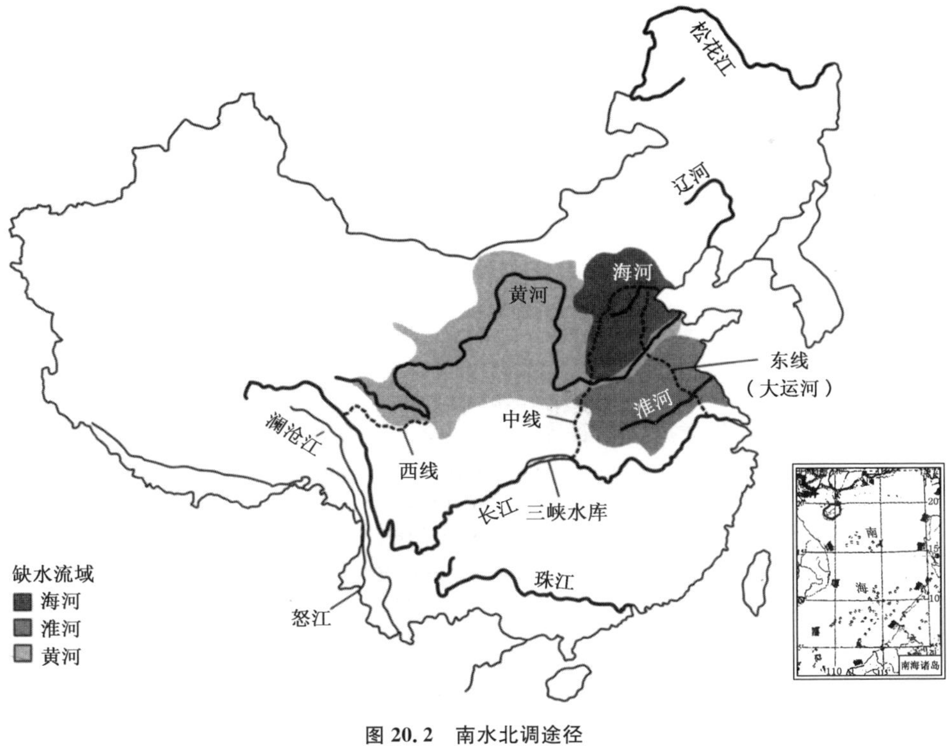

图 20.2　南水北调途径

线或许是最佳折中方案，目前的前期准备工作正在进行之中。事实上，中线将与
502 长江三峡大坝的水库连接起来，大量的水由此可以流向北方，水量大约两倍于美国科罗拉多河输送到加州的水量。这些巨大的基础工程项目当然非常昂贵，而且从长远看，其重要意义远不及在水资源利用方面成百上千的小型改良项目重要，比如升级输水系统，更积极地鼓励消费者节约用水，等等。

20.3 结论

环境恶化已经迫使中国经济付出了重大代价，影响了中国人民的健康水平。此外，公众对环境问题的忧虑日渐增长，公开表达这种忧虑的情况也时有发生。2004年2月，温家宝总理叫停了云南怒江的系列筑坝工程，这是一次里程碑式事件。怒江流经秀美而崎岖的山地地区，这个地区是长江、湄公河和怒江三条大河的上游，三条大河在这里并行而下几乎100千米之后才分道而去。这是一个有着丰富生物多样性的自然区域，几个不同的族群就以此为家，沿江生活在中缅边界的偏远高原。沿着怒江的阶梯瀑布修筑大坝引起了中国国内以及国外的广泛争议，并因此而迫使该计划取消。这次政府对这些反对之声的反应，将开政府有意识地让公众参与经济决策之先河。

中国现在还在为发电而兴建大型筑坝项目。如果中国想要限制矿物燃料使用的增长，修建水电站必不可少。中国大部分可供水力发电的区域都在西南地区。怒江的案例代表了经济增长需要和保护生态及人类多样性之间持续存在的争议。如果想对这种争议加以引导，中国就必须允许公众参与决策过程的讨论。中国已经要求对环境影响进行评估：但如果这种评估要起到想要起到的作用，就必须允许公众参与评议和检查，不过这种情况在中国不太常见。因此，怒江案例为环境影响评估报告发挥作用提供了一个理想的契机。如果类似库兹涅茨环境曲线这样的理论最终在中国成为现实，公众舆论的作用是不可或缺的。环境质量
503 也许是一种奢侈品，环境质量需求的提高更多地与收入的提高相称。即便如此，如果公民无法将他们的偏好转换为有效需求，并对社会资源进行管理，我们将难以看到支持环境改善的持久动力。

可用水的挑战、自然环境的复原以及大气层的破坏和气候变化，是中国面临的最严重问题。我们很容易就能发现，上述每种情况按当前的做法都难以为继；但我们也很难预测这些做法所要付出的代价何时会酿成巨变。在环境进一步恶

化之前，我们仍然还有机会改进环境决策，使环境发生重大变化。

在 2006—2010 年的五年计划中，中国政府要以对环境影响较轻的可持续方式，对经济增长模式重新定位。当然，不管你对环境像计划所宣称的那样如何友好，仅靠某种具体的发展计划不可能使中国的环境质量发生重大变化。这种观念的转变表明，政府的政策将逐渐成为决定中国环境发展轨迹诸多因素中的一个积极因素。政府因素与许多社会的、技术的和经济的因素相结合，就可以使中国走上逐渐改善环境的道路。

进一步阅读的建议

世界银行(2001)以及 1998 年 12 月《中国季刊》(no. 156)的专题“中国的环境问题”，虽然有点过时，但对中国环境问题的中肯介绍仍然非常有用。

斯米尔(Smil, 2003)将自己对中国环境问题的开创性研究汇集成书，并进行了回顾性评价。尽管时间的变化偶然让人看不明白，但大量的数据和精彩的论证还是有效展示了作者的预见性。

国家环境保护总局(SEPA)的英文网站(http: www. sepa. gov. cn/english/)有关于环境问题的年报，也有中国 80 多个城市每日的空气污染数据。

美国驻中国大使馆有一个关于中国环境问题的网上栏目。可以看北京环境科学技术的最新数据，网址是：http://www. usembassy-china. org. cn/sandt/estnews020802. htm。

本章关于沙漠化的讨论可以参见 2002 年 2 月 8 日和 3 月 29 日的文章。清理淮河所费资金的估算可以参见 2004 年 6 月 30 日的文章。

伍德罗·威尔逊(Woodrow Wilson)中心中国环境论坛的中国环境系列有关于具体环境问题的短文。

数据和图表资料来源 504

图 20. 2：南水北调线路图，来自刘昌明(Liu, 1998, 902)。

表 20. 1：《中国环境统计概要》(2004, 18)。

表 20. 2：阿什和埃德蒙兹(Ash and Edmonds, 1998, 860)。

参考文献

Ash, Robert F., and Richard Louis Edmonds(1988). “China's Land Resources, Environment and Agricultural Production.” *China Quarterly*, no. 156, pp. 836—879.

Beirle, S., U. Platt, and T. Wagner(2005). “Potential of monitoring Nitrogen Oxides with satellite instruments,” Heidelberg: Institut für Umweltphysik. Accessed at http://

avdc. gsfc. nasa. gov/ST&WG/ST/ST_200511/Posters/Beirle_aura_poster. pdf

Cheng Shengkui, chief ed. (2002). *2002 Zhongguo Ziyuan Baogao* [2002 China Natural Resources Report]. Beijing: Shangwu Yinshuguan.

Economy, E. (2004). *The River Runs Black: The Environmental Challenge to China's Future*. Ithaca, NY: Cornell University Press.

Environmental Statistics(Annual). National Bureau of Statistics, Population, Society, and Science & Technology Statistics Division. *2004 Zhongguo Huanjing Tongji Gaiyao* [China Environmental Statistics Compendium 2004]. Beijing: Zhongguo Tongji.

Liu Changming(1998). "Environmental Issues and the South-North Water Tranfer Scheme." *China Quarterly*, no. 156(December), pp. 899—910.

Lohmar, Bryan, and Jinxia Wang(2002). "Will Water Scarcity Affect Agricultural Production in China?" In U. S. Department of Agriculture, Economic Research Service, *China's Food and Agriculture: Issues for the 21st Century*, pp. 41—3. Washington, DC: USDA.

Lohmar, Bryan, Jinxia Wang. Scott Rozelle, Jikun Huang, and David Dawe(2003). *China's Agricultural Water Policy Reforms: Increasing Investment, Resolving Conflicts, and Revising Incentives*, U. S. Department of Agriculture, AIB-782, March. http://www. ers. usda. gov/publications/aib782/NEPA (1993). National Environmental Protection Agency. *Environmental Action Plan of China*. Beijing: China Environment Press.

Nickum, James E. (1998). "Is China Living on the Water Margin?" *China Quarterly*. no. 156, (December), pp. 880—898.

Roumasset, James, Hua Wang, and Kimberly Burnett(2004). "Environmental Resources and Economic Growth." Pittsburgh: University of Pittsburgh draft paper.

SEPA(2004). State Environmental Protection Agency, Environmental Information Center, "Analysis Report on the State of the Environment in China." At http://www. sepa. gov. cn/english/SOE/analysis/index. htm

Smil, Vaclav(2003). *China's Past, China's Future: Energy, Food, Environment*. London: RoutledgeCurzon.

Stern, David I. (2004). "The Rise and Fall of the Environmental Kuznets Curve." *World Development*, 32(8): 1419—1439.

World Bank(1997). *Clear Water, Blue Skies: China's Environment in the New Century*. Washington, DC: World Bank.

World Bank(2001)*China: Air, Land, and Water*. Washington, DC: World Bank.

索　引

注:人名、主题词后面的页码表示本书的英文版页码。在本书中,英文版页码列在页边空白处。

528

图书在版编目（CIP）数据

中国经济：转型与增长／（美）巴里·诺顿
（Barry Naughton）著；安佳译．—上海：上海人民出
版社，2016
（世纪中国论坛典藏文库）
书名原文：The Chinese Economy：Transitions and
Growth
ISBN 978-7-208-13993-0

Ⅰ．①中… Ⅱ．①巴… ②安… Ⅲ．①中国经济-经
济发展-研究-现代 Ⅳ．①F124

中国版本图书馆CIP数据核字（2016）第174169号

责任编辑 任俊萍
封面装帧 陈 楠

·世纪中国论坛典藏文库·
中国经济：转型与增长
［美］巴里·诺顿 著
安 佳 译
世纪出版集团
上海人民出版社出版
（200001 上海福建中路193号 www.ewen.co）
世纪出版集团发行中心发行
上海中华印刷有限公司印刷
开本 720×1000 1/16 印张 32.5 插页 4 字数 516,000
2016年8月第1版 2016年8月第1次印刷
ISBN 978-7-208-13993-0/F·2397
定价 115.00元

The Chinese Economy: Transitions and Growth
by Barry Naughton